最新

最新中华人民共和国法律配套解读与实例系列

11

中华人民共和国

刑事诉讼法

配套解读与实例

夏红　毛淑玲　单丽雪　编著

法律出版社
LAW PRESS·CHINA

图书在版编目(CIP)数据

最新中华人民共和国刑事诉讼法配套解读与实例 / 夏红，毛淑玲，单丽雪编著. -- 3 版. -- 北京 ：法律出版社，2019
ISBN 978 - 7 - 5197 - 3820 - 4

Ⅰ. ①最… Ⅱ. ①夏… ②毛… ③单… Ⅲ. ①刑事诉讼法－法律解释－中国②刑事诉讼法－案例－中国 Ⅳ. ①D925.205

中国版本图书馆 CIP 数据核字(2019)第 208358 号

最新中华人民共和国刑事诉讼法配套解读与实例
ZUIXIN ZHONGHUA RENMIN GONGHEGUO XINGSHI SUSONGFA PEITAO JIEDU YU SHILI

夏 红
毛淑玲 编著
单丽雪

责任编辑 董 昱
装帧设计 李 瞻

出版 法律出版社
总发行 中国法律图书有限公司
经销 新华书店
印刷 天津嘉恒印务有限公司
责任印制 吕亚莉

编辑统筹 法规出版分社
开本 710 毫米×1000 毫米 1/16
印张 48
字数 950 千
版本 2019 年 11 月第 3 版
印次 2019 年 11 月第 1 次印刷

法律出版社/北京市丰台区莲花池西里 7 号(100073)
网址/www. lawpress. com. cn
投稿邮箱/info@ lawpress. com. cn
举报维权邮箱/jbwq@ lawpress. com. cn
销售热线/400 - 660 - 8393
咨询电话/010 - 63939796

中国法律图书有限公司/北京市丰台区莲花池西里 7 号(100073)
全国各地中法图分、子公司销售电话：
统一销售客服/400 - 660 - 8393/6393
第一法律书店/010 - 83938432/8433
西安分公司/029 - 85330678
重庆分公司/023 - 67453036
上海分公司/021 - 62071010/1636
深圳分公司/0755 - 83072995

书号：ISBN 978 - 7 - 5197 - 3820 - 4
定价：88.00 元

出版说明

“最新中华人民共和国法律配套解读与实例系列”丛书由相关领域法律专家编写，收录法律标准文本，解读法律重点条文，并对与法律条文相配套的法律、法规、司法解释、审判政策和典型案例予以精要分析。丛书自2014年出版以来，得到了广大读者的关注与厚爱，读者对丛书的内容、编排体例给予了高度评价。2017年丛书全面修订，至今已经两年有余。两年来，随着我国立法的完善与发展，国家出台或者修改了与丛书各个领域联系紧密的法律法规、部门规章及司法解释，如《社会保险法》《公司法》《劳动法》《刑事诉讼法》《民事诉讼法》《公安机关办理行政案件程序规定》《最高人民法院关于适用〈中华人民共和国公司法〉若干问题的规定（五）》《最高人民法院关于适用〈中华人民共和国行政诉讼法〉的解释》等，为了进一步适应新的形势需要，编者再次对本丛书进行了较为系统的修改和完善。

丛书此次修订，重点吸纳最新的配套规定，精选近五年来最高人民法院公报案例、最高人民法院和最高人民检察院指导案例及典型案例，旨在提高案例的典型性和代表性，增强案例的针对性。同时，根据读者需求，增加了保险、监察、安全生产等领域的分册。

丛书编写以实用、易用为原则，汇编体例如下：

1. 法律适用提要。分册皆由该领域法律专家撰写适用提要，帮助读者对每一个立法背景、主要内容、注意事项有更全面深入的理解。

2. 重点法条注释。对重点法条进行条文解读，且每个条文都提炼条文主旨，帮助读者准确理解法条内容。

3. 配套法规解读。对与主体法重点条文配套的其他法律、法规、司法解释、审判政策进行解读，使观点更为鲜明、准确，语言更为通俗、精练，更便于读者理解和适用。

4. 关联法规索引。详细列出与主体法条文相关联的法规的名目，方便读者查询使用。

5. 典型案例精选。选取贴近日常生活的典型纠纷，以案说法、以案析法。

6. 附录相关法规。书末收录一些与本领域相关的法律、法规和司法解释，增强了法律法规的相关性和实效性。

需要说明的是,本丛书“适用提要”“条文主旨”“条文解读”“法规解读”等内容皆是编者为方便读者阅读、理解而编写,非国家正式颁布的法律文本,不具有法律效力。

总之,我们所有的付出都旨在提高本书的实用性,以满足广大读者更高的需求。书中不足之处还望读者在使用过程中不吝赐教,提出您的宝贵意见,以便本书继续修订完善。

法律出版社法规中心

2019 年 9 月

目　录

中华人民共和国刑事诉讼法

《中华人民共和国刑事诉讼法》适用提要

《刑事诉讼法》是规范刑事诉讼活动的基本法律。我国现行《刑事诉讼法》制定于1979年,1996年进行了首次修正。经过实践证明,1996年修改的《刑事诉讼法》,其程序设计和职权配置总体上是科学的、合理的,基本能够适应惩罚犯罪和保障人权的实际需要。但是,我国与时俱进的改革和发展,社会管理模式的创新,对刑事司法活动的规范性提出了更加严格的要求。在1996年到2012年的16年间,"依法治国,建设社会主义法治国家"和"国家尊重和保障人权"先后写入宪法。2012年3月14日,第十一届全国人民代表大会常务委员会第五次会议对《刑事诉讼法》进行第二次修正。

随着改革的深入推进,中国特色社会主义进入新时代。2014年10月,党的十八届四中全会提出坚持走中国特色社会主义法治道路、建设中国特色社会主义法治体系、建设社会主义法治国家,实现科学立法、严格执法、公正司法、全民守法。同时强调,全面依法治国是国家治理的一场深刻革命,要在诉讼领域推进以审判为中心的诉讼制度改革。2018年7月在深圳召开的全面深化司法体制改革推进会提出了新时代司法体制改革"一二三四五"总体战略,从七个方面构建中国特色社会主义制度。

自2014年始,全国人大在刑事司法领域开展了一系列"试验性立法"。2014年6月27日,第十二届全国人大常委会第九次会议表决通过了《关于授权在部分地区开展刑事案件速裁程序试点工作的决定》;2016年9月3日,第十二届全国人大常委会第二十二次会议表决通过了《关于授权在部分地区开展刑事案件认罪认罚从宽制度试点工作的决定》。2016年11月,中共中央办公厅印发《关于在北京市、山西省、浙江省开展国家监察体制改革试点方案》,部署在三省市设立各级监察委员会,从体制机制、制度建设上先行先试、探索实践,为在全国推开积累经验。2017年11月4日,第十二届全国人大常委会第三十次会议通过《关于在全国各地推开国家监察体制改革试点工作的决定》,监察体制改革全国推行。

2018年3月,十三届人大一次会议修改《宪法》,专门就监察委员会作出规定,以宪法的形式明确国家监察委员会和地方各级监察委员会的性质、地位、名称、人员组成、监督方式等,为监察委员会行使职权提供了宪法依据。此次会议上还通过了《中华人民共和国监察法》,对监察机关的职权、职责以及监察措施和程序等进行了系统规定。

2018 年 10 月 26 日,第十三届全国人大常委会第六次会议以 170 票赞成、2 票弃权,表决通过了《全国人民代表大会常务委员会关于修改〈中华人民共和国刑事诉讼法〉的决定》(以下简称《修改决定》)。《中华人民共和国刑事诉讼法(修正草案)》分别于 2018 年 4 月 26 日第十三届全国人大常委会第二次会议一审、8 月 29 日第十三届全国人大常委会第五次会议二审、10 月 23 日第十三届全国人大常委会第六次会议三审,共作出 26 项修改决定,对 2012 年《刑事诉讼法》的 18 个条款进行了修改,新增条款 18 条。修改后的《刑事诉讼法》从 290 条增加到 308 条。

与 1996 年和 2012 年的全面修改相比,2018 年的修改是一次部分性的、有限的、应急性的修改,主要是为应对司法改革的迫切需要。这次修改的意义主要体现在:

解决了《刑事诉讼法》与《监察法》的衔接问题。按照《宪法》《监察法》的规定,修改了检察机关立案管辖的范围;修改了侦查的定义;修改了指定居所监视居住、技术侦查措施、侦查会见的适用范围;对监察留置措施与刑事诉讼强制措施的衔接和监察调查与审查起诉的衔接做了明确规定。

在 2018 年的修改中,认罪认罚从宽原则的确立以及该原则在刑事诉讼程序中的体现和贯彻占篇幅最多,涉及的条文也最多。现行《刑事诉讼法》增加了一项基本原则,即第十五条:"犯罪嫌疑人、被告人自愿如实供述自己的罪行,承认指控的犯罪事实,愿意接受处罚的,可以依法从宽处理。"与此相适应,认罪认罚情况是作为社会危险性的考虑因素之一;侦查、审查起诉、审判程序中均为认罪认罚从宽留出了具体程序空间,明确了犯罪嫌疑人、被告人及辩护人、值班律师的权利;为了简化诉讼程序,与认罪认罚从宽制度相衔接,增加了速裁程序。

进一步增强了辩方的辩护能力。修改后的《刑事诉讼法》中增加了"值班律师"这一主题,并对其诉讼权利义务进行了规定。作为为犯罪嫌疑人、被告人提供法律帮助的主体,值班律师的出现强化了被追诉人的辩护权利。值班律师在认罪认罚从宽案件中发挥了较大的作用。

增加了"缺席审判"这一特别程序,进一步增强了反腐力度。2012 年《刑事诉讼法》中对犯罪嫌疑人、被告人逃匿、死亡案件违法所得的没收程序是对物的追索程序,但仍具有一定的局限性。为了彻底解决被追诉人不能到案的情况,2018 年《刑事诉讼法》修改时增设了缺席审判程序。这将极大地推进我国的腐败追诉工作。

除此之外,2018 年《刑事诉讼法》修改还涉及决定不起诉涉案财物的处理;与《人民法院组织法》《人民陪审员法》相一致的审判组织形式的调整;故意犯罪未执行死刑的死缓期间的计算;不能按时缴纳罚金情况的处理;结合我国海上执法情况变化,增设中国海警局负责海上刑事案件的侦查等。

2018 年的修改,体现了程序分流的理念,旨在构建有中国特色轻罪诉讼体系,认罪认罚从宽原则和程序贯穿诉讼全过程;体现了诉讼契约理念,合作型诉讼模式初见端倪,诉讼中的合意在程序中的作用得以发挥;体现了强力反腐的理念,宽严相济,《刑事诉讼法》与《监察法》紧密衔接,缺席审判成为现实,实现对于腐败犯罪的全面系统追诉体制机制。这次修改对进一步完善中国特色刑事诉讼制度,推进国家治理体系和治理能力现代化具有十分重要的意义。

中华人民共和国刑事诉讼法

（1979 年 7 月 1 日第五届全国人民代表大会第二次会议通过　根据 1996 年 3 月 17 日第八届全国人民代表大会第四次会议《关于修改〈中华人民共和国刑事诉讼法〉的决定》第一次修正　根据 2012 年 3 月 14 日第十一届全国人民代表大会第五次会议《关于修改〈中华人民共和国刑事诉讼法〉的决定》第二次修正　根据 2018 年 10 月 26 日第十三届全国人民代表大会常务委员会第六次会议《关于修改〈中华人民共和国刑事诉讼法〉的决定》第三次修正）

第一编　总　则

第一章　任务和基本原则

本章介绍

本章从第 1 条至第 18 条，共包括 18 个条文，规定了刑事诉讼法的立法目的、立法根据、任务和基本原则以及刑事司法协助制度。其中，第 15 条是 2018 年《刑事诉讼法》修正时增加的条文。将“认罪认罚从宽原则”规定在“总则”之中，体现了我国宽严相济的刑事政策，成为新时期司法机关惩罚犯罪、预防犯罪、保护人民、保障人权、正确实施国家法律的一项基本原则。

第一条　【立法目的】[1]　**为了保证刑法的正确实施，惩罚犯罪，保护人民，保障国家安全和社会公共安全，维护社会主义社会秩序，根据宪法，制定本法。**

---

〔1〕　条文主旨为编者所加，下同。

条文解读

本条是关于《刑事诉讼法》的立法宗旨与根据的规定。

立法宗旨是指制定一部法律所要达到的预期目的与结果。《刑事诉讼法》的立法宗旨包括相互关联的三个方面:其一,保证刑法的正确实施;其二,惩罚犯罪,保护人民;其三,保障国家安全和社会公共安全,维护社会主义社会秩序。本法最直接的社会功能就是通过其所调整的刑事诉讼活动,准确、及时地惩罚犯罪、保护公民的合法权益,以维护国家安全和社会公共安全,维护正常、稳定的社会秩序。

宪法是国家的根本大法。《刑事诉讼法》的制定,必须充分体现宪法的原则精神,不得背离宪法的原则。

关联法规索引

《宪法》第 99 条;《监察法》第 1 条

第二条 【任务】中华人民共和国刑事诉讼法的任务,是保证准确、及时地查明犯罪事实,正确应用法律,惩罚犯罪分子,保障无罪的人不受刑事追究,教育公民自觉遵守法律,积极同犯罪行为作斗争,维护社会主义法制,尊重和保障人权,保护公民的人身权利、财产权利、民主权利和其他权利,保障社会主义建设事业的顺利进行。

条文解读

本条规定了《刑事诉讼法》的任务。《刑事诉讼法》的第一项任务就是要通过正确运用刑事诉讼程序,准确、及时地查明犯罪事实,正确适用法律惩罚犯罪分子,保护公民人身、财产、民主权利不受侵犯,并确保无罪的人不受刑事追究。《刑事诉讼法》的第二项任务就是教育公民自觉遵守法律,积极同犯罪行为作斗争。司法机关应当通过侦查、起诉、审判和执行等活动,对公民进行法治宣传教育,以起到预防和减少犯罪的作用。同时,为了更有效地同犯罪行为作斗争,还必须依靠群众、发动群众,加强群众对司法工作的监督。《刑事诉讼法》的第三项任务是维护社会主义法制,尊重和保障人权,保护公民的人身权利、财产权利、民主权利和其他权利,保障社会主义建设事业的顺利进行。

《刑事诉讼法》在重视对公民人身、民主权利保护的同时,也将公民、法人财产权利纳入通过刑罚手段保护的范围,这对于调动群众在改革开放及现代化建设进程中的积极性至关重要。只有完成了惩罚犯罪、保护人民的任务,才能维护社会主义法制,保障社会主义建设事业的顺利进行。

关联法规索引

《宪法》第 33 条;《全国人民代表大会常务委员会关于授权最高人民法院、最高人民检察院在部分地区开展刑事案件认罪认罚从宽制度试点工作的决定》;《反恐怖主义法》第 6 条;《最高人民法院、最高人民检察院、公安部、国家安全部、司法部关于推进以审判为中心的刑事诉讼制度改革的意见》第 1 条

第三条 【公检法职责分工】对刑事案件的侦查、拘留、执行逮捕、预审,由公安机关负责。检察、批准逮捕、检察机关直接受理的案件的侦查、提起公诉,由人民检察院负责。审判由人民法院负责。除法律特别规定的以外,其他任何机关、团体和个人都无权行使这些权力。

人民法院、人民检察院和公安机关进行刑事诉讼,必须严格遵守本法和其他法律的有关规定。

条文解读

本条共有 2 款,是关于公、检、法三机关职责分工的规定。

第 1 款规定了职责原则;第 2 款规定了严格遵守法定程序原则。具体包括如下三方面内容:第一,侦查权、检察权和审判权作为国家权力的组成部分,具有专属性和排他性,只能由专门机关行使;第二,对刑事案件的侦查权、检察权和审判权,只能由各专门机关按照法律规定的分工分别行使,不能混淆和互相替代;第三,公、检、法三机关进行刑事诉讼活动,从立案、侦查、起诉、审判到执行,都必须严格依照《刑事诉讼法》和其他法律规定的程序进行。公、检、法三机关可依照法律规定设置内部机构,在刑事诉讼中实行业务分工,各司其职,互相制约,保证办案质量。

配套法规及解读

《监察法》(2018 年 3 月 20 日)

第三条 各级监察委员会是行使国家监察职能的专责机关,依照本法对所有行使公权力的公职人员(以下称公职人员)进行监察,调查职务违法和职务犯罪,开展廉政建设和反腐败工作,维护宪法和法律的尊严。

第十一条 监察委员会依照本法和有关法律规定履行监督、调查、处置职责：

（一）对公职人员开展廉政教育，对其依法履职、秉公用权、廉洁从政从业以及道德操守情况进行监督检查；

（二）对涉嫌贪污贿赂、滥用职权、玩忽职守、权力寻租、利益输送、徇私舞弊以及浪费国家资财等职务违法和职务犯罪进行调查；

（三）对违法的公职人员依法作出政务处分决定；对履行职责不力、失职失责的领导人员进行问责；对涉嫌职务犯罪的，将调查结果移送人民检察院依法审查、提起公诉；向监察对象所在单位提出监察建议。

第十五条 监察机关对下列公职人员和有关人员进行监察：

（一）中国共产党机关、人民代表大会及其常务委员会机关、人民政府、监察委员会、人民法院、人民检察院、中国人民政治协商会议各级委员会机关、民主党派机关和工商业联合会机关的公务员，以及参照《中华人民共和国公务员法》管理的人员；

（二）法律、法规授权或者受国家机关依法委托管理公共事务的组织中从事公务的人员；

（三）国有企业管理人员；

（四）公办的教育、科研、文化、医疗卫生、体育等单位中从事管理的人员；

（五）基层群众性自治组织中从事管理的人员；

（六）其他依法履行公职的人员。

《全国人民代表大会常务委员会关于国家安全机关行使公安机关的侦查、拘留、预审和执行逮捕的职权的决定》（1983年9月2日）

第六届全国人民代表大会第一次会议决定设立的国家安全机关，承担原由公安机关主管的间谍、特务案件的侦查工作，是国家公安机关的性质，因而国家安全机关可以行使宪法和法律规定的公安机关的侦查、拘留、预审和执行逮捕的职权。

《全国人民代表大会常务委员会关于中国人民解放军保卫部门对军队内部发生的刑事案件行使公安机关侦查、拘留、预审和执行逮捕的职权的决定》（1993年12月29日）

中国人民解放军保卫部门承担军队内部发生的刑事案件的侦查工作，同公安机关对刑事案件的侦查工作性质是相同的，因此，军队保卫部门对军队内部发生的刑事案件，可以行使宪法和法律规定的公安机关的侦查、拘留、预审和执行逮捕的职权。

《监狱法》（2012年10月26日修正）

第六十条 对罪犯在监狱内犯罪的案件，由监狱进行侦查。侦查终结后，写出起诉意见书连同案卷材料、证据一并移送人民检察院。

《国家安全法》（2015年7月1日）

第四十二条 国家安全机关、公安机关依法搜集涉及国家安全的情报信息，在国家安全工作中依法行使侦查、拘留、预审和执行逮捕以及法律规定的其他职权。有关军事机关在国家安全工作中依法行使相关职权。

《海关法》(2017 年 11 月 4 日修正)

第四条　国家在海关总署设立专门侦查走私犯罪的公安机构,配备专职缉私警察,负责对其管辖的走私犯罪案件的侦查、拘留、执行逮捕、预审。

海关侦查走私犯罪公安机构履行侦查、拘留、执行逮捕、预审职责,应当按照《中华人民共和国刑事诉讼法》的规定办理。

海关侦查走私犯罪公安机构根据国家有关规定,可以设立分支机构。各分支机构办理其管辖的走私犯罪案件,应当依法向有管辖权的人民检察院移送起诉。

地方各级公安机关应当配合海关侦查走私犯罪公安机构依法履行职责。

《最高人民法院、最高人民检察院、公安部、司法部、海关总署关于走私犯罪侦查机关办理走私犯罪案件适用刑事诉讼程序若干问题的通知》(1998 年 12 月 3 日)

根据《国务院关于缉私警察队伍设置方案的批复》(国函〔1998〕53 号)和《国务院办公厅关于组建缉私警察队伍实施方案的复函》(国办函〔1998〕52 号),海关总署、公安部组建成立走私犯罪侦查局,纳入公安部编制机构序列,设在海关总署。缉私警察是对走私犯罪案件依法进行侦查、拘留、执行逮捕、预审的专职刑警队伍,走私犯罪侦查局既是海关总署的一个内设局,又是公安部的一个序列局,实行海关与公安双重垂直领导、以海关领导为主的体制,按照海关对缉私工作的统一部署和指挥,部署警力,执行任务。走私犯罪侦查局在广东分署和全国各直属海关设立走私犯罪侦查分局;走私犯罪侦查分局原则上在隶属海关设立走私犯罪侦查支局。各级走私犯罪侦查机关负责其所在海关业务管辖区域内的走私犯罪案件的侦查工作。

为保证缉私警察队伍依法履行职责,与各行政执法部门、司法机关密切配合,切实加大打击走私犯罪活动的力度,现将走私犯罪侦查机关办理走私案件适用刑事诉讼程序的若干问题通知如下:

一、走私犯罪侦查机关在中华人民共和国海关关境内,依法查缉涉税走私犯罪案件和发生在海关监管区内的走私武器、弹药、核材料、伪造的货币、文物、贵重金属、珍贵动物及其制品、珍稀植物及其制品、淫秽物品、固体废物和毒品等非涉税走私犯罪案件。接受海关调查部门、地方公安机关(包括公安边防部门)和工商行政等执法部门查获移送的走私犯罪案件。

二、走私犯罪侦查机关在侦办走私犯罪案件过程中,依法采取通缉、边控、拘留、执行逮捕、监视居住等措施,以及核实走私罪嫌疑人身份和犯罪经历时,需地方公安机关配合的,应通报有关地方公安机关,地方公安机关应予配合。其中在全国范围通缉、边控走私犯罪嫌疑人,请求国际刑警组织或者境外警方协助的,以及追捕走私犯罪嫌疑人需要地方公安机关调动警力的,应层报公安部批准。

走私犯罪侦查机关决定对走私犯罪嫌疑人采取取保候审的,应通知并移送走私犯罪嫌疑人居住地公安机关执行。罪犯因走私罪被人民法院判处剥夺政治权利、管制以及决定暂予监外执行、假释或者宣告缓刑的,由地方公安机关执行。

走私犯罪侦查机关因办案需要使用技术侦察手段时,应严格遵照有关规定,按照审批程序和权限报批后,由有关公安机关实施。

《国务院办公厅关于海关总署走私犯罪侦查机构职能调整和更名的复函》(国办函〔2002〕83号)

一、同意你署调查局承担的部分查私办案职能转由你署走私犯罪侦查局承担,将走私犯罪侦查局更名为缉私局。

《全国人民代表大会常务委员会关于中国海警局行使海上维权执法职权的决定》(2018年6月22日)

为了贯彻落实党的十九大和十九届三中全会精神,按照党中央批准的《深化党和国家机构改革方案》和《武警部队改革实施方案》决策部署,海警队伍整体划归中国人民武装警察部队领导指挥,调整组建中国人民武装警察部队海警总队,称中国海警局,中国海警局统一履行海上维权执法职责。现就中国海警局相关职权作出如下决定:

一、中国海警局履行海上维权执法职责,包括执行打击海上违法犯罪活动、维护海上治安和安全保卫、海洋资源开发利用、海洋生态环境保护、海洋渔业管理、海上缉私等方面的执法任务,以及协调指导地方海上执法工作。

二、中国海警局执行打击海上违法犯罪活动、维护海上治安和安全保卫等任务,行使法律规定的公安机关相应执法职权;执行海洋资源开发利用、海洋生态环境保护、海洋渔业管理、海上缉私等方面的执法任务,行使法律规定的有关行政机关相应执法职权。中国海警局与公安机关、有关行政机关建立执法协作机制。

《刑事诉讼法》(2018年10月26日修正)

第三百零八条 军队保卫部门对军队内部发生的刑事案件行使侦查权。

中国海警局履行海上维权执法职责,对海上发生的刑事案件行使侦查权。

对罪犯在监狱内犯罪的案件由监狱进行侦查。

军队保卫部门、中国海警局、监狱办理刑事案件,适用本法的有关规定。

※法规解读:上述法律和有关法律问题的决定中的相应内容是《刑事诉讼法》第3条第1款中的"法律特别规定"的情况。

根据这些规定,国家监察机关对所有行使公权力的公职人员进行监察,调查职务违法和职务犯罪;国家安全机关办理危害国家安全的刑事案件;军队保卫部门对军队内部发生的刑事案件行使侦查权;对罪犯在监狱内犯罪的案件由监狱进行侦查;缉私局负责对走私犯罪案件进行侦查;中国海警局履行对海上发生刑事案件的侦查权;检察机关在对诉讼活动实行法律监督中发现的司法工作人员利用职权实施的非法拘禁、刑讯逼供、非法搜查等侵犯公民权利、损害司法公正的案件进行侦查,对公安机关管辖的国家机关工作人员利用职权实施的重大犯罪案件,需要由人民检察院直接受理的时候,经省级以上人民检察院决定,可以由人民检察院立案侦查。同时,检察机关享有批准或者决定逮捕、审查起诉和提起公诉、对刑事诉讼实行法律监督的权力。

上述机关在各自的职权范围内职权。除法律有特别规定的情形外,其他任何机关、团体和个人都无权行使《刑事诉讼法》第3条规定的刑事专有权力。

关联法规索引

《刑事诉讼法》第4条;《人民检察院刑事诉讼规则(试行)》第2条、第5条;《公安机关办理刑事案件程序规定》第3条;《中央军委关于军队执行〈中华人民共和国刑事诉讼法〉若干问题的暂行规定》第2条、第26条、第27条、第29条;《最高人民法院、最高人民检察院、公安部、国家安全部、司法部关于推进以审判为中心的刑事诉讼制度改革的意见》一

第四条 【国家安全机关职权】国家安全机关依照法律规定,办理危害国家安全的刑事案件,行使与公安机关相同的职权。

条文解读

本条是关于国家安全机关在刑事诉讼中职权的规定。

国家安全机关是就特殊的治安领域承担治安保卫任务的国家机关,与公安机关的任务性质相同。它在办理刑事案件时,享有与公安机关相同的职权。根据《国家安全法》等法律法规的规定,国家安全机关对境外机构、组织、个人实施或者指使、资助他人实施的,或者境内组织、个人与境外机构、组织、个人相互勾结实施的危害中华人民共和国国家安全的行为依法予以预防、制止和追究。

配套法规及解读

《全国人民代表大会常务委员会关于国家安全机关行使公安机关的侦查、拘留、预审和执行逮捕的职权的决定》(1983年9月2日)

第六届全国人民代表大会第一次会议决定设立的国家安全机关,承担原由公安机

关主管的间谍、特务案件的侦查工作，是国家公安机关的性质，因而国家安全机关可以行使宪法和法律规定的公安机关的侦查、拘留、预审和执行逮捕的职权。

《国家安全法》(2015 年 7 月 1 日)

第二条 国家安全是指国家政权、主权、统一和领土完整、人民福祉、经济社会可持续发展和国家其他重大利益相对处于没有危险和不受内外威胁的状态，以及保障持续安全状态的能力。

第四十二条第一款 国家安全机关、公安机关依法搜集涉及国家安全的情报信息，在国家安全工作中依法行使侦查、拘留、预审和执行逮捕以及法律规定的其他职权。

第五十二条第一款 国家安全机关、公安机关、有关军事机关根据职责分工，依法搜集涉及国家安全的情报信息。

第七十五条 国家安全机关、公安机关、有关军事机关开展国家安全专门工作，可以依法采取必要手段和方式，有关部门和地方应当在职责范围内提供支持和配合。

《反间谍法》(2014 年 11 月 1 日)

第八条 国家安全机关在反间谍工作中依法行使侦查、拘留、预审和执行逮捕以及法律规定的其他职权。

第十二条 国家安全机关因侦察间谍行为的需要，根据国家有关规定，经过严格的批准手续，可以采取技术侦察措施。

《反间谍法实施细则》(2017 年 11 月 22 日)

第十条 对背叛祖国、危害国家安全的犯罪嫌疑人，依据《反间谍法》第八条的规定，国家安全机关可以通缉、追捕。

第十一条 国家安全机关依法执行反间谍工作任务时，有权向有关组织和人员调查询问有关情况。

第十二条 国家安全机关工作人员依法执行反间谍工作任务时，对发现身份不明、有危害国家安全行为的嫌疑人员，可以检查其随带物品。

第十三条 国家安全机关执行反间谍工作紧急任务的车辆，可以配置特别通行标志和警灯、警报器。

第十四条第一款 国家安全机关工作人员依法执行反间谍工作任务的行为，不受其他组织和个人的非法干涉。

※法规解读：国家安全机关是掌管对外情报和反间谍工作，担负保卫国家安全的专门机关。中国的国家安全工作原来由公安机关负责。1988 年 6 月，第六届全国人民代表大会第一次会议决定，专门设立中华人民共和国国家安全部，主管原由公安机关承担的间谍、特务案件的侦查工作，是国家公安机关性质，属于国务院的组织领导体系。

国家安全机关与公安机关的分工是:前者主要是对外,后者主要是对内,二者互相结合,组成一个完整的保卫国家安全和社会治安的安全体系。根据1983年9月2日中华人民共和国全国人民代表大会常务委员会决定和现行《国家安全法》的规定,国家安全机关可以行使宪法和法律规定的公安机关的侦查、拘留和执行逮捕的职权。

关联法规索引

《反恐怖主义法》第8条;《邮政法》第3条

第五条　【法院、检察院依法独立行使职权】人民法院依照法律规定独立行使审判权,人民检察院依照法律规定独立行使检察权,不受行政机关、社会团体和个人的干涉。

条文解读

本条是关于人民法院、人民检察院依法独立行使职权原则的规定。

本条是相关宪法原则在本法中的体现。人民法院依法独立行使审判权,人民检察院依法独立行使检察权,不受任何行政机关、社会团体和个人的干涉,是我国宪法确立的一项重要的司法原则,对于维护社会主义法制的统一和尊严,有着十分重要的意义。本原则包括以下三方面的内容:首先,人民法院行使审判权,人民检察院行使检察权,在法律规定的职责范围内都是独立的,不受行政机关、社会团体和个人的干涉,但是仍需接受党的领导,接受各级人民代表大会及其常务委员会的监督,并应自觉接受人民群众和社会舆论的监督,这是由我国的政治体制所决定的;其次,人民法院行使审判权、人民检察院行使检察权,必须严格遵守宪法和法律的各项规定,按照法定程序和规则行事,坚决反对"以言代法""以权代法";最后,随着近年来员额制法官、员额制检察官制度的施行,法官与检察官个人司法权能有所增大,但是人民法院、人民检察院依法独立行使审判权和检察权原则,仍然强调人民法院、人民检察院作为一个组织整体,集体对审判权、检察权的行使负责。

配套法规及解读

《人民法院组织法》(2018年10月26日修订)

第四条　人民法院依照法律规定独立行使审判权,不受行政机关、社会团体和个人的干涉。

第八条 人民法院实行司法责任制,建立健全权责统一的司法权力运行机制。

第九条 最高人民法院对全国人民代表大会及其常务委员会负责并报告工作。地方各级人民法院对本级人民代表大会及其常务委员会负责并报告工作。

各级人民代表大会及其常务委员会对本级人民法院的工作实施监督。

第十条 最高人民法院是最高审判机关。

最高人民法院监督地方各级人民法院和专门人民法院的审判工作,上级人民法院监督下级人民法院的审判工作。

第十一条 人民法院应当接受人民群众监督,保障人民群众对人民法院工作依法享有知情权、参与权和监督权。

第三十三条 合议庭审理案件,法官对案件的事实认定和法律适用负责;法官独任审理案件,独任法官对案件的事实认定和法律适用负责。

人民法院应当加强内部监督,审判活动有违法情形的,应当及时调查核实,并根据违法情形依法处理。

第三十四条 人民陪审员依照法律规定参加合议庭审理案件。

第五十二条 任何单位或者个人不得要求法官从事超出法定职责范围的事务。

对于领导干部等干预司法活动、插手具体案件处理,或者人民法院内部人员过问案件情况的,办案人员应当全面如实记录并报告;有违法违纪情形的,由有关机关根据情节轻重追究行为人的责任。

《人民检察院组织法》(2018年10月26日修订)

第四条 人民检察院依照法律规定独立行使检察权,不受行政机关、社会团体和个人的干涉。

第八条 人民检察院实行司法责任制,建立健全权责统一的司法权力运行机制。

第九条 最高人民检察院对全国人民代表大会及其常务委员会负责并报告工作。地方各级人民检察院对本级人民代表大会及其常务委员会负责并报告工作。

各级人民代表大会及其常务委员会对本级人民检察院的工作实施监督。

第十条 最高人民检察院是最高检察机关。

最高人民检察院领导地方各级人民检察院和专门人民检察院的工作,上级人民检察院领导下级人民检察院的工作。

第十一条 人民检察院应当接受人民群众监督,保障人民群众对人民检察院工作依法享有知情权、参与权和监督权。

第三十二条 检察委员会召开会议,应当有其组成人员的过半数出席。

检察委员会会议由检察长或者检察长委托的副检察长主持。检察委员会实行民主集中制。

地方各级人民检察院的检察长不同意本院检察委员会多数人的意见，属于办理案件的，可以报请上一级人民检察院决定；属于重大事项的，可以报请上一级人民检察院或者本级人民代表大会常务委员会决定。

第三十三条 检察官可以就重大案件和其他重大问题，提请检察长决定。检察长可以根据案件情况，提交检察委员会讨论决定。

检察委员会讨论案件，检察官对其汇报的事实负责，检察委员会委员对本人发表的意见和表决负责。检察委员会的决定，检察官应当执行。

第三十四条 人民检察院实行检察官办案责任制。检察官对其职权范围内就案件作出的决定负责。检察长、检察委员会对案件作出决定的，承担相应责任。

第三十六条 人民检察院检察长领导本院检察工作，管理本院行政事务。人民检察院副检察长协助检察长工作。

第三十七条 最高人民检察院检察长由全国人民代表大会选举和罢免，副检察长、检察委员会委员和检察员由检察长提请全国人民代表大会常务委员会任免。

第三十八条 地方各级人民检察院检察长由本级人民代表大会选举和罢免，副检察长、检察委员会委员和检察员由检察长提请本级人民代表大会常务委员会任免。

地方各级人民检察院检察长的任免，须报上一级人民检察院检察长提请本级人民代表大会常务委员会批准。

省、自治区、直辖市人民检察院分院检察长、副检察长、检察委员会委员和检察员，由省、自治区、直辖市人民检察院检察长提请本级人民代表大会常务委员会任免。

第三十九条 人民检察院检察长任期与产生它的人民代表大会每届任期相同。

全国人民代表大会常务委员会和省、自治区、直辖市人民代表大会常务委员会根据本级人民检察院检察长的建议，可以撤换下级人民检察院检察长、副检察长和检察委员会委员。

第四十七条 任何单位或者个人不得要求检察官从事超出法定职责范围的事务。

对于领导干部等干预司法活动、插手具体案件处理，或者人民检察院内部人员过问案件情况的，办案人员应当全面如实记录并报告；有违法违纪情形的，由有关机关根据情节轻重追究行为人的责任。

第四十八条 人民检察院采取必要措施，维护办案安全。对妨碍人民检察院依法行使职权的违法犯罪行为，依法追究法律责任。

※法规解读：上述《人民法院组织法》《人民检察院组织法》的相关条文，体现了人民法院依法独立行使审判权、人民检察院依法独立行使检察权的原则精神。为防止干预司法行为的发生，法律规定任何单位或者个人不得要求法官或检察官从事超出法定职责范围的事务。对于领导干部等干预司法活动、插手具体案件处理，或者法院、检察

院内部人员过问案件情况的，办案人员应当全面如实记录并报告；有违法违纪情形的，由有关机关根据情节轻重追究行为人的责任。上述条文还明确了人民法院行使审判权、人民检察院行使检察权，要在接受人大和人民群众的监督下进行，同时，也进一步强调和完善了主审法官、合议庭及检察官、检委会的办案责任制。

《监察法》（2018 年 3 月 20 日）

第四条 监察委员会依照法律规定独立行使监察权，不受行政机关、社会团体和个人的干涉。

监察机关办理职务违法和职务犯罪案件，应当与审判机关、检察机关、执法部门互相配合，互相制约。

监察机关在工作中需要协助的，有关机关和单位应当根据监察机关的要求依法予以协助。

※法规解读：依据本条精神，行政机关、社会团体、个人不得利用职权、地位干涉监察人员依法行使监察权。监察机关要在本级人大及其常委会监督下开展工作，下级监察机关要接受上级监察机关的领导和监督。同时，在办理职务违法和职务犯罪案件时，监察机关、审判机关、检察机关以及执法部门之间需要互相配合，互相制约，有关机关和单位对于监察机关的工作有依法协助的义务。比如，对于“可以由人民检察院立案侦查”的案件，并不排除监察机关直接调查的可能，而对于涉嫌“腐败型”职务犯罪的案件，检察机关在查办时应当将犯罪线索及时移送监察机关。

关联法规索引

《宪法》第 131 条、第 136 条；《国家安全法》第 41 条；《法官法》第 7 条、第 8 条、第 11 条；《检察官法》第 6 条、第 7 条、第 11 条；《人民检察院监狱检察办法》第 4 条；《人民检察院看守所检察办法》第 4 条；《人民检察院劳教检察办法》第 4 条；《人民检察院监外执行检察办法》第 4 条

第六条 【诉讼基本原则】人民法院、人民检察院和公安机关进行刑事诉讼，必须依靠群众，必须以事实为根据，以法律为准绳。对于一切公民，在适用法律上一律平等，在法律面前，不允许有任何特权。

条文解读

本条规定了《刑事诉讼法》的三项基本原则，即依靠群众原则；以事实为根据、以法

律为准绳原则和公民在适用法律上一律平等原则。

依靠群众原则是指在刑事诉讼中，公、检、法三机关要坚持群众路线和群众观点，发挥群众的智慧和力量；要深入群众进行调查研究，收集证据；要发动群众、组织群众与犯罪行为作斗争；要采取宣传教育等工作方法，努力扩大办案的社会效果。

以事实为根据、以法律为准绳原则是指处理案件应重证据、重调查研究，认定事实必须以查证属实的证据为根据，适用法律又必须以查明的事实为根据；司法人员对案件的程序问题和实体问题的处理，必须以《刑事诉讼法》和其他法律的有关规定为标准，以法律的规定作为评价已经查明的案件事实的尺度。

公民在适用法律上一律平等原则是"公民在法律面前一律平等"的宪法原则在刑事诉讼法中的体现，它是指对任何人涉嫌犯罪，无论其社会政治地位、出身、经济状况、受教育程度、宗教信仰、参加党派等如何，都必须严格依照法律规定进行追诉，在适用法律上不允许有任何歧视或者特殊优待，坚持相同情况同样对待，不同情况不同对待。不允许任何人享有超越法律之外的特权。同时，对一切公民的合法权益都应平等地保护，包括对被告人和犯罪嫌疑人的合法权益也同样要平等保护。

关联法规索引

《宪法》第33条；《行政诉讼法》第5条；《民事诉讼法》第7条；《律师法》第3条；《监察法》第5条；《人民检察院组织法》第6条；《人民法院组织法》第6条；《法官法》第3~6条、第10条；《检察官法》第3~5条、第10条；《最高人民法院、最高人民检察院、公安部等关于防范和打击电信网络诈骗犯罪的通告》第8条、第9条；《最高人民法院、最高人民检察院、公安部、国家安全部、司法部关于在部分地区开展刑事案件认罪认罚从宽制度试点工作的办法》第3条；《关于常见犯罪的量刑指导意见》一、1；《最高人民法院、司法部关于开展刑事案件律师辩护全覆盖试点工作的办法》第20条；《最高人民检察院、公安部关于公安机关办理经济犯罪案件的若干规定》第6条；《中共中央政法委关于切实防止冤假错案的规定》八；《中共中央关于全面推进依法治国若干重大问题的决定》四(三)

第七条　【三机关相互关系】人民法院、人民检察院和公安机关进行刑事诉讼，应当分工负责，互相配合，互相制约，以保证准确有效地执行法律。

条文解读

本条是关于各专门机关分工负责、互相配合、互相制约原则的规定。

在我国刑事诉讼中，对刑事案件的侦查、拘留、执行逮捕、预审，由公安机关负责；检察、批准逮捕、对检察机关直接受理的案件的侦查、提起公诉，由人民检察院负责；审判由人民法院负责。人民法院、人民检察院、公安机关有明确的职权分工，各自只能在法定职权范围内行使职权，各负其责，各尽其职，不能相互混淆和替代；各专门机关在各自履行职能的基础上要相互配合，使案件的处理过程衔接得当，共同实现《刑事诉讼法》的目的；同时，公、检、法三机关还要在刑事诉讼活动中相互监督和约束，防止权力滥用，防止可能发生的错误和偏差，并使已经发生的错误及时得以纠正。

配套法规及解读

《最高人民检察院关于进一步加强公诉工作强化法律监督的意见》(2005 年 6 月 10 日)

——坚持分工负责、互相配合、互相制约。在刑事诉讼中，检察机关与侦查、审判机关之间，以及检察机关的公诉部门与其他部门之间，既要密切配合，形成工作合力，又要严格监督和制约，有效防止权力滥用。公诉部门在加强诉讼监督的同时，也要自觉接受监督。

《最高人民法院关于进一步加强刑事审判工作的决定》(2007 年 8 月 28 日)

第十二条 坚持依法独立审判，保证裁判公正。严格执行人民法院依照法律规定独立行使审判权的宪法原则，以事实为根据，以法律为准绳，独立公正审理刑事案件。正确理解、切实贯彻公检法机关分工负责、互相配合、互相制约的刑事诉讼原则，保证准确有效地执行国家刑事法律。

※法规解读：在刑事案件的具体立案管辖分工上，除法律另有规定的以外，都由公安机关进行侦查；国家监察委成立后，监察机关对所有行使公权力的公职人员进行监察，调查职务违法和职务犯罪；检察机关在对诉讼活动实行法律监督中发现的司法工作人员利用职权实施的非法拘禁、刑讯逼供、非法搜查等侵犯公民权利、损害司法公正的案件进行侦查，对公安机关管辖的国家机关工作人员利用职权实施的重大犯罪案件，需要由人民检察院直接受理的时候，经省级以上人民检察院决定，可以由人民检察院立案侦查。自诉案件，由人民法院直接受理。同时，检察机关享有对刑事诉讼实行法律监督的权力。公、检、法三机关在刑事诉讼中应各司其职，既不能包办代替，越权行事，也不能互相推诿，不负责任，应在正确履行各自职责的基础上，互相支持、互相配合、互相监督、有效制约，正确处理案件，防止和减少错案发生，共同完成刑事诉讼惩罚

犯罪和保护人民的任务。

关联法规索引

《宪法》第140条;《刑事诉讼法》第19条;《最高人民检察院、公安部关于加快看守所监管信息系统与驻所检察管理信息系统联网建设推行监所网络化管理和动态监督工作的通知》;《最高人民检察院、公安部关于公安机关办理经济犯罪案件的若干规定》第6条;《最高人民法院、最高人民检察院、公安部、司法部关于办理恶势力刑事案件若干问题的意见》第4条;《中国共产党政法工作条例》第6条

第八条　【法律监督】人民检察院依法对刑事诉讼实行法律监督。

条文解读

本条是对检察监督原则的规定。

人民检察院是我国专门的法律监督机关。人民检察院对刑事诉讼实行法律监督,是严肃社会主义法治的需要,也是保护犯罪嫌疑人、被告人合法权益的需要,其必须依照本法及有关法律的规定进行,不得违背或超越法律规定、滥用法律监督职能。人民检察院在刑事诉讼活动中,有权对侦查机关的立案侦查、审判机关的审判活动和执行机关的执行活动是否合法进行监督。这种监督贯穿于刑事诉讼活动的始终。

关联法规索引

《宪法》第134条;《人民检察院组织法》第2章;《人民检察院刑事诉讼规则(试行)》第14章;《人民检察院检察建议工作规定》

第九条　【诉讼语言文字】各民族公民都有用本民族语言文字进行诉讼的权利。人民法院、人民检察院和公安机关对于不通晓当地通用的语言文字的诉讼参与人,应当为他们翻译。

在少数民族聚居或者多民族杂居的地区,应当用当地通用的语言进行审讯,用当地通用的文字发布判决书、布告和其他文件。

条文解读

本条共有2款，是关于使用本民族语言文字进行诉讼原则的规定。该原则是宪法精神在刑事诉讼中的体现。

作为一项重要的诉讼权利，各民族公民都有权使用本民族的语言文字进行诉讼活动，无论是作为当事人，还是作为其他诉讼参与人等，都同样享有这一权利。在诉讼中，各民族公民有权用本民族的语言回答问题、发表意见，有权用本民族的文字书写诉讼材料和相关诉讼文书。在少数民族聚居或多民族共居的地区，应当用当地通用的语言进行询问、讯问；起诉书、判决书、布告或其他文书，应当根据实际需要使用当地通用的一种或几种文字；对于不通晓当地通用文字的诉讼参与人，各专门机关有义务为其提供翻译。

民族自治地方通常是某个或某几个少数民族聚居地区，在当地进行刑事诉讼活动，要根据需要配备一定数量通晓和能够熟练运用当地通用语言的司法工作人员，为包括汉族在内的其他不通晓当地民族语言的诉讼参与人提供翻译。规定这一原则的目的在于在刑事诉讼中，排除语言障碍，使其能够真正平等、充分地行使法律规定的各项诉讼权利，同时也有利于全面查清案情，正确处理案件，并可以有效发挥刑事诉讼的全民教育功能，使司法工作更好地接受当地居民群众的监督。

配套法规及解读

《民族区域自治法》(2001年2月28日修正)

第四十七条 民族自治地方的人民法院和人民检察院应当用当地通用的语言审理和检察案件，并合理配备通晓当地通用的少数民族语言文字的人员。对于不通晓当地通用的语言文字的诉讼参与人，应当为他们提供翻译。法律文书应当根据实际需要，使用当地通用的一种或者几种文字。保障各民族公民都有使用本民族语言文字进行诉讼的权利。

※法规解读：本条文中“当地通用的语言文字”是指某地区国家权力机关和行政机关行使权力和履行职务时正式使用的语言文字。通用的语言文字可能是一种，也可能是多种。民族自治地方通常是少数民族聚居或者多民族杂居的地区，在这些地方讯问犯罪嫌疑人、被告人应当使用当地通用的语言，发布判决书、布告和送达传票、通知等文件，也应当使用当地通用的文字。特别是在检察和审判活动中，要根据实际需要，有条件的情况下配备一定数量通晓和能够熟练运用当地通用语言文字的司法人员，为包括汉族在内的其他不通晓当地语言文字的诉讼参与人提供翻译服务。《民族区域自治法》的这条规定是民族平等的重要体现，它有利于保障各民族的诉讼参与人能够平等

地享受和充分地行使各项诉讼权利，对于全面查清案情、正确处理案件、保证诉讼活动的顺利进行具有积极意义，同时也有利于加强民族自治地方居民群众的法制观念，提高他们同违法犯罪行为作斗争的自觉性。

关联法规索引

《宪法》第4条、第139条；《城市民族工作条例》第20条；《国务院实施〈中华人民共和国民族区域自治法〉若干规定》第22条；《最高人民检察院远程视频接访办法（试行）》第18条

第十条 【两审终审】人民法院审判案件，实行两审终审制。

条文解读

本条是关于两审终审制度的规定。

在1955年2月实施的《最高人民法院、司法部关于贯彻执行两审终审制的通知》[法行字第956号、司普字(55)144号，现已失效]中对我国的审级制度是这样解释的：审级制度的规定是鉴于我国地区辽阔，交通不便，如果审级过多，势必造成诉讼拖延，对人民不利，而两审终审既便利人民诉讼，又可以迅速办案，是切合广大人民的利益的。

两审终审是指一个案件至多经过两级人民法院审判即告终结的制度。具体来讲，地方各级人民法院按照第一审程序对案件审理后所作出的判决、裁定，在法定期限内，有上诉权的主体提出上诉，或者同级人民检察院提出抗诉，上一级人民法院就应当依法对上诉、抗诉案件进行审判。第二审人民法院作出的判决和裁定，除依法应予复核的死刑立即执行和死刑缓期两年执行的判决外，是终审的判决和裁定，作出后立即发生法律效力。地方各级人民法院第一审案件的判决和裁定，如果在法定上诉期内，有上诉权的人不上诉，或者同级人民检察院不抗诉，除依法应予复核的死刑立即执行和死刑缓期两年执行的判决外，上诉、抗诉期满判决和裁定发生法律效力。对于已经发生法律效力的判决和裁定，当事人仍不服的，不能再上诉，只能提出申诉。人民检察院、人民法院认为判决、裁定确有错误的，依法按照审判监督程序处理。最高人民法院的第一审判决和裁定，是终审的判决和裁定，这是由最高人民法院是国家最高审判机关的法律地位所决定的。如果认为最高人民法院所作出的第一审判决、裁定确有错误，那么也只能由最高人民检察院或最高人民法院按照审判监督程序处理。

由此可见,并不是每一个刑事案件都必须经过两级审理,有的案件只经过一审,其判决、裁定就发生了法律效力;而有的案件虽经过两次审理,其判决、裁定仍不能发生法律效力。理解两审终审制应该注意以下几个问题:两审终审制只适用于地方各级人民法院的作出判决和裁定;合法的上诉或抗诉是启动第二审程序的前提条件;判处死刑立即的案件,即便经过两审终审后还须经过死刑复核程序,其判决或者裁定才能生效;两审终审的裁判如确有错误,需要按照审判监督程序处理。两审终身制度是我国的审级制度,审级和审理的次数并无必然的联系。

实行两审终审制有利于实现上级法院对下级法院审判工作的有效监督,及时纠正错误裁判,同时也能够避免审级审限的过度扩张,杜绝诉累,提高诉讼效率。

关联法规索引

《行政诉讼法》第7条;《民事诉讼法》第10条;《最高人民法院关于推行十项制度切实防止产生新的超期羁押的通知》第4条

第十一条 【审判公开及辩护权】人民法院审判案件,除本法另有规定的以外,一律公开进行。被告人有权获得辩护,人民法院有义务保证被告人获得辩护。

条文解读

本条是关于公开审判制度和辩护原则的规定。

人民法院审理案件和宣告判决应当公开进行,允许公民到法庭旁听,允许新闻记者采访和报道,除休庭评议以外,法庭审理的全过程都应公之于众。凡是公开审理的案件,应当先期公布案由、被告人姓名、开庭时间和地点,定期宣判的案件应当先期公告。

本条所称的"本法另有规定的"是指《刑事诉讼法》第188条和第285条规定的如下四类案件:有关国家秘密的案件;有关个人隐私的案件;涉及商业秘密的案件;有关未成年人案件。其中,前三类案件一律不公开审理;涉及商业秘密案件,依当事人的申请可以不公开审理。依法不公开审理的案件,与案件无关人员不得旁听。对于不公开审理的案件,应当当庭宣布不公开审理的理由,但判决仍要公开宣布。

辩护权是被追诉人针对控诉进行申辩,说明自己无罪、罪轻或者应当减轻、免除处罚的情节,并提出相应的证明材料,以维护其合法权益的权利。辩护权是犯罪嫌疑人、被告人享有的一项最为基本、最为重要的诉讼权利,在任何情况下,对任何被追诉人(包括罪行特别严重、应当判处死刑的)都不得限制和剥夺其辩护权。赋予刑事被追诉人辩护权,是保障社会主义民主、加强社会主义法制所必需的。当一个公民被控诉犯了罪,处于被指控者的诉讼地位时,允许他充分陈述自己的意见,为自己进行申辩,有利于人民法院全面了解情况、查明案件事实真相,作出正确的处理。被追诉人依法有权自行辩护,也可以委托他人帮助其行使辩护权。

《刑事诉讼法》还明确规定,人民法院有义务保证被告人获得辩护。这是因为人民法院通过审判,将最终确定被告人是否应负刑事责任,关系到被告人实体利益的处分。人民法院既然承担了保证被告人获得辩护的义务,就应当为被告人提供进行辩护的条件,告知其可以委托辩护人辩护,或者在必要时依法帮助其获得法律援助。

公开审判制度和辩护原则既是《刑事诉讼法》规定的两项基本内容,也是《宪法》规定的两项重要原则。公开审判制度是保障审判的民主性和公正性的关键措施,它将审判程序置于社会大众监督之下,增加了审判过程的透明度。辩护原则不仅体现在审判阶段,也体现在侦查、起诉阶段。新修订的《刑事诉讼法》突出强调了侦查和审查起诉阶段对犯罪嫌疑人辩护权的保障,努力促进控辩平等的实现。

配套法规及解读

《最高人民法院关于严格执行公开审判制度的若干规定》(1999年3月8日)

一、人民法院进行审判活动,必须坚持依法公开审判制度,做到公开开庭,公开举证、质证,公开宣判。

三、下列第二审案件应当公开审理:

(一)当事人对不服公开审理的第一审案件的判决、裁定提起上诉的,但因违反法定程序发回重审的和事实清楚依法径行判决、裁定的除外。

(二)人民检察院对公开审理的案件的判决、裁定提起抗诉的,但需发回重审的除外。

四、依法公开审理案件应当在开庭三日以前公告。公告应当包括案由、当事人姓名或者名称、开庭时间和地点。

五、依法公开审理案件,案件事实未经法庭公开调查不能认定。

证明案件事实的证据未在法庭公开举证、质证,不能进行认证,但无需举证的事实除外。缺席审理的案件,法庭可以结合其他事实和证据进行认证。

法庭能够当庭认证的,应当当庭认证。

六、人民法院审理的所有案件应当一律公开宣告判决。

宣告判决,应当对案件事实和证据进行认定,并在此基础上正确适用法律。

七、凡应当依法公开审理的案件没有公开审理的，应当按下列规定处理：

（一）当事人提起上诉或者人民检察院对刑事案件的判决、裁定提起抗诉的，第二审人民法院应当裁定撤销原判决，发回重审；

（二）当事人申请再审的，人民法院可以决定再审；人民检察院按照审判监督程序提起抗诉的，人民法院应当决定再审。

上述发回重审或者决定再审的案件应当依法公开审理。

十、依法公开审理案件，公民可以旁听，但精神病人、醉酒的人和未经人民法院批准的未成年人除外。

根据法庭场所和参加旁听人数等情况，旁听人需要持旁听证进入法庭的，旁听证由人民法院制发。

外国人和无国籍人持有效证件要求旁听的，参照中国公民旁听的规定办理。

旁听人员必须遵守《中华人民共和国人民法院法庭规则》的规定，并应当接受安全检查。

十一、依法公开审理案件，经人民法院许可，新闻记者可以记录、录音、录相、摄影、转播庭审实况。

外国记者的旁听按照我国有关外事管理规定办理。

※法规解读：《最高人民法院关于严格执行公开审判制度的若干规定》是对人民法院具体适用公开审判制度的规定。公开审判既是一项重要的诉讼制度，也是一项重要的宪法原则，它是保障审判的民主性与公正性的关键措施。审判是诉讼的中心环节和主要阶段，审判前的各项诉讼活动的质量在审判中都将得到表现和检验。因此，公开审判制度虽然是对审判阶段的要求，但是它对促进侦查、起诉机关严格依法办案和保证诉讼质量，都有重要作用。所谓公开审判就是庭审过程允许公民旁听，允许新闻记者采访和报道。除特殊案件外，人民法院审理第一审案件应当依法一律公开审理，对于不公开审理的案件，应当当庭宣布不公开审理的理由。需要说明的是，《最高人民法院关于严格执行公开审判制度的若干规定》第2条中规定的不公开审理的案件范围在2012年《刑事诉讼法》修正后已经有所变化，故而应当遵循2012年《刑事诉讼法》的规定处理。

关联法规索引

《宪法》第130条；《最高人民法院、最高人民检察院、公安部关于对涉及重要国家机密的案犯不公开审判问题的通知》；《最高人民法院关于人民法院公开审判刑事案件时一般不要对被告人使用戒具的通知》；《最高人民法院关于人民法院公开审判非涉外案件是否准许外国人旁听或者采访问题的批复》；《最高人民法院关于司法公开的六项规定》;《最高人民法院接受新闻媒体监督的若干规定》;《最高人民法院关于人民法院在互联网公布裁判文书的规定》;《最高人民法院关于建立防范冤假错案工作机制的意见》第4条;《最高人民法院关于人民法院通过互联网公开审判流程信息的规定》

典型案例

令计划受贿、非法获取国家秘密、滥用职权案[1]

※案情简介:2016年7月4日,天津市第一中级人民法院依法对中国人民政治协商会议第十二届全国委员会原副主席、中共中央统战部原部长令计划受贿、非法获取国家秘密、滥用职权案进行了一审宣判,认定令计划犯受贿罪,判处无期徒刑,剥夺政治权利终身,并处没收个人全部财产;犯非法获取国家秘密罪,判处有期徒刑五年;犯滥用职权罪,判处有期徒刑四年,决定执行无期徒刑,剥夺政治权利终身,并处没收个人全部财产。令计划当庭表示服从判决,不上诉。

鉴于令计划案的犯罪事实、证据涉及国家秘密,天津市第一中级人民法院于2016年6月7日依法对该案进行了不公开开庭审理。开庭审理过程中,法庭围绕起诉指控的事实进行调查,控辩双方进行举证、质证,并对证人进行交叉询问。法庭辩论阶段,控辩双方就起诉指控的犯罪事实、法律适用、量刑等问题充分发表了意见。对令计划辩护人提出的符合事实、于法有据的辩护意见,法庭予以采纳。

天津市第一中级人民法院经审理认为,令计划受贿数额特别巨大;非法获取大量国家秘密,犯罪情节严重;滥用职权,造成特别恶劣的社会影响,犯罪情节特别严重。但鉴于其案发后能如实供述自己的罪行,有认罪悔罪表现等法定、酌定从轻处罚情节,依法可从轻处罚。根据令计划犯罪的事实、性质、情节和对于社会的危害程度,法庭依法作出上述判决。

※裁判要旨:本案是由天津市人民检察院第一分院起诉,天津市第一中级人民法院根据最高人民法院下达的指定管辖决定书受理审判的。鉴于令计划案的犯罪事实、证据涉及国家秘密,根据我国《刑事诉讼法》第11条、第188条和第285条的相关规定,该案属于法定不公开审理案件,与案件无关人员不得旁听。但是,对于不公开审理的案件,应当当庭宣布不公开审理的理由,并须按照刑事庭审程序严格进行审理,且公开宣布判决结果。据此,天津市第一中级人民法院受理本案后依法组成合议庭,向令计

[1] 本案根据相关报道整理,参见《犯受贿、非法获取国家秘密、滥用职权罪　令计划一审被判处无期徒刑》,载 https://www.chinacourt.org/article/detail/2016/07/id/2011041.shtml,最后访问时间:2019年4月16日。

划送达了起诉书副本,同时告知其相关诉讼权利和义务。令计划委托的两位律师多次会见令计划,查阅了全案卷宗。开庭前,法庭召集由公诉人、被告人、辩护人参加的庭前会议,就管辖、回避、庭审方式、是否申请非法证据排除、是否申请证人出庭等与审判有关的问题听取了控辩双方的意见,组织控辩双方进行了庭前证据展示。审理结束后,天津市第一中级人民法院当庭公开作出宣判。本案处理过程中,司法机关充分保障了令计划及其辩护人依法享有的各项诉讼权利。

第十二条 【未经法院判决不得确定有罪】 未经人民法院依法判决,对任何人都不得确定有罪。

条文解读

本条是关于未经人民法院依法判决对任何人都不得确定有罪原则的规定。

该原则吸收了西方无罪推定原则的合理内涵,但又不同于西方的无罪推定原则。无罪推定原则的一般表述为:刑事被告人在未经法院判决为有罪的情况下,应被推定为是无罪的。而本条未经法院判决对任何人不得确定有罪原则,是坚持以事实为根据,在法院判决被告人有罪之前,不认其为罪犯,但也不排除其有犯罪嫌疑,而是实事求是进行侦查,客观地收集有罪、无罪、罪重、罪轻的各种证据,根据事实确定犯罪的有无。该原则明确规定只有人民法院才有定罪权,除人民法院以外,其他任何机关和个人包括检察机关都无权行使该权力。在人民法院确定被告人有罪的判决发生法律效力之前,以提起公诉为界,将被追诉的人分别称为犯罪嫌疑人和被告人。控诉方承担证明犯罪嫌疑人、被告人有罪的责任,犯罪嫌疑人和被告人仅在极少数法律规定的情形下承担一定的证明责任,但始终没有证明自己有罪或无罪的义务,不得因被告人不能证明自己无罪就推定其有罪。在审判过程中,经过法定举证、质证程序,法官根据既有证据,综合考量,认定事实,如果认定被告人有罪的证据不足,则应依法宣告其无罪。未经人民法院依法判决对任何人都不得确定有罪原则对于保障公民的合法权益、有效地惩罚罪犯,对于转变我国几千年来沿袭不变的"有罪推定"的意识观念,具有极其重要的意义。

关联法规索引

《人民法院统一证据规定(司法解释建议稿)》第127条;《最高人民法院、最高人民检察院、公安部、国家安全部、司法部关于推进以审判为中心的刑事诉讼制度改革的意见》一

第十三条 【人民陪审员制】 **人民法院审判案件，依照本法实行人民陪审员陪审的制度。**

条文解读

本条是关于人民陪审员制度的规定。

人民法院审判刑事案件依法组成合议庭，除指派审判员参加外，还通过一定的民主方式从普通公民中选出人民陪审员参加，由陪审员和审判员共同组成合议庭审判案件，人民陪审员在审判中享有与审判员同等的权利。2015年4月，中央全面深化改革领导小组审议通过《人民陪审员制度改革试点方案》；十二届全国人大常委会通过了在10个省份选择50个法院开展为期两年的改革试点的授权决定。2017年4月，全国人大常委会决定将试点期限延长一年。改革试点推动了《人民陪审员法》的立法进程，为立法的出台提供了实践经验。2018年4月27日，《人民陪审员法》于十三届全国人大常委会第二次会议上获得通过并公布实施，详细规定了人民陪审员参加审判活动的权利、义务和程序。《人民陪审员法》是我国历史上第一部关于人民陪审员制度的专门法律，它的公布实施是建设中国特色社会主义法治体系、建设社会主义法治国家的一件大事，也是保障公民民主权利、推进司法民主建设新的里程碑。贯彻落实好人民陪审员法，对完善中国特色社会主义司法制度，推进司法为民、公正司法，提升司法公信力，具有十分重要的意义。[1]

配套法规及解读

《人民陪审员法》(2018年4月27日)

第一条 为了保障公民依法参加审判活动，促进司法公正，提升司法公信，制定本法。

第二条 公民有依法担任人民陪审员的权利和义务。

人民陪审员依照本法产生，依法参加人民法院的审判活动，除法律另有规定外，同法官有同等权利。

第三条 人民陪审员依法享有参加审判活动、独立发表意见、获得履职保障等权利。

人民陪审员应当忠实履行审判职责，保守审判秘密，注重司法礼仪，维护司法

〔1〕 参见周强：《在人民陪审员法实施动员部署视频会议上的讲话（摘要）》，载 https://www.chinacourt.org/article/detail/2018/05/id/3321682.shtml，最后访问时间：2019年4月16日。

形象。

第四条 人民陪审员依法参加审判活动,受法律保护。

人民法院应当依法保障人民陪审员履行审判职责。

人民陪审员所在单位、户籍所在地或者经常居住地的基层群众性自治组织应当依法保障人民陪审员参加审判活动。

第五条 公民担任人民陪审员,应当具备下列条件:

(一)拥护中华人民共和国宪法;

(二)年满二十八周岁;

(三)遵纪守法、品行良好、公道正派;

(四)具有正常履行职责的身体条件。

担任人民陪审员,一般应当具有高中以上文化程度。

第六条 下列人员不能担任人民陪审员:

(一)人民代表大会常务委员会的组成人员,监察委员会、人民法院、人民检察院、公安机关、国家安全机关、司法行政机关的工作人员;

(二)律师、公证员、仲裁员、基层法律服务工作者;

(三)其他因职务原因不适宜担任人民陪审员的人员。

第七条 有下列情形之一的,不得担任人民陪审员:

(一)受过刑事处罚的;

(二)被开除公职的;

(三)被吊销律师、公证员执业证书的;

(四)被纳入失信被执行人名单的;

(五)因受惩戒被免除人民陪审员职务的;

(六)其他有严重违法违纪行为,可能影响司法公信的。

第八条 人民陪审员的名额,由基层人民法院根据审判案件的需要,提请同级人民代表大会常务委员会确定。

人民陪审员的名额数不低于本院法官数的三倍。

第九条 司法行政机关会同基层人民法院、公安机关,从辖区内的常住居民名单中随机抽选拟任命人民陪审员数五倍以上的人员作为人民陪审员候选人,对人民陪审员候选人进行资格审查,征求候选人意见。

第十条 司法行政机关会同基层人民法院,从通过资格审查的人民陪审员候选人名单中随机抽选确定人民陪审员人选,由基层人民法院院长提请同级人民代表大会常务委员会任命。

第十一条 因审判活动需要,可以通过个人申请和所在单位、户籍所在地或者经常居住地的基层群众性自治组织、人民团体推荐的方式产生人民陪审员候选人，经司法行政机关会同基层人民法院、公安机关进行资格审查，确定人民陪审员人选，由基层人民法院院长提请同级人民代表大会常务委员会任命。

依照前款规定产生的人民陪审员，不得超过人民陪审员名额数的五分之一。

第十二条　人民陪审员经人民代表大会常务委员会任命后，应当公开进行就职宣誓。宣誓仪式由基层人民法院会同司法行政机关组织。

第十三条　人民陪审员的任期为五年，一般不得连任。

第十四条　人民陪审员和法官组成合议庭审判案件，由法官担任审判长，可以组成三人合议庭，也可以由法官三人与人民陪审员四人组成七人合议庭。

第十五条　人民法院审判第一审刑事、民事、行政案件，有下列情形之一的，由人民陪审员和法官组成合议庭进行：

（一）涉及群体利益、公共利益的；

（二）人民群众广泛关注或者其他社会影响较大的；

（三）案情复杂或者有其他情形，需要由人民陪审员参加审判的。

人民法院审判前款规定的案件，法律规定由法官独任审理或者由法官组成合议庭审理的，从其规定。

第十六条　人民法院审判下列第一审案件，由人民陪审员和法官组成七人合议庭进行：

（一）可能判处十年以上有期徒刑、无期徒刑、死刑，社会影响重大的刑事案件；

（二）根据民事诉讼法、行政诉讼法提起的公益诉讼案件；

（三）涉及征地拆迁、生态环境保护、食品药品安全，社会影响重大的案件；

（四）其他社会影响重大的案件。

第十七条　第一审刑事案件被告人、民事案件原告或者被告、行政案件原告申请由人民陪审员参加合议庭审判的，人民法院可以决定由人民陪审员和法官组成合议庭审判。

第十八条　人民陪审员的回避，适用审判人员回避的法律规定。

第十九条　基层人民法院审判案件需要由人民陪审员参加合议庭审判的，应当在人民陪审员名单中随机抽取确定。

中级人民法院、高级人民法院审判案件需要由人民陪审员参加合议庭审判的，在其辖区内的基层人民法院的人民陪审员名单中随机抽取确定。

第二十条　审判长应当履行与案件审判相关的指引、提示义务，但不得妨碍人民陪审员对案件的独立判断。

合议庭评议案件，审判长应当对本案中涉及的事实认定、证据规则、法律规定等事项及应当注意的问题,向人民陪审员进行必要的解释和说明。

第二十一条 人民陪审员参加三人合议庭审判案件,对事实认定、法律适用,独立发表意见,行使表决权。

第二十二条 人民陪审员参加七人合议庭审判案件,对事实认定,独立发表意见,并与法官共同表决;对法律适用,可以发表意见,但不参加表决。

第二十三条 合议庭评议案件,实行少数服从多数的原则。人民陪审员同合议庭其他组成人员意见分歧的,应当将其意见写入笔录。

合议庭组成人员意见有重大分歧的,人民陪审员或者法官可以要求合议庭将案件提请院长决定是否提交审判委员会讨论决定。

第二十四条 人民法院应当结合本辖区实际情况,合理确定每名人民陪审员年度参加审判案件的数量上限,并向社会公告。

第二十五条 人民陪审员的培训、考核和奖惩等日常管理工作,由基层人民法院会同司法行政机关负责。

对人民陪审员应当有计划地进行培训。人民陪审员应当按照要求参加培训。

第二十六条 对于在审判工作中有显著成绩或者有其他突出事迹的人民陪审员,依照有关规定给予表彰和奖励。

第二十七条 人民陪审员有下列情形之一,经所在基层人民法院会同司法行政机关查证属实的,由院长提请同级人民代表大会常务委员会免除其人民陪审员职务:

(一)本人因正当理由申请辞去人民陪审员职务的;

(二)具有本法第六条、第七条所列情形之一的;

(三)无正当理由,拒绝参加审判活动,影响审判工作正常进行的;

(四)违反与审判工作有关的法律及相关规定,徇私舞弊,造成错误裁判或者其他严重后果的。

人民陪审员有前款第三项、第四项所列行为的,可以采取通知其所在单位、户籍所在地或者经常居住地的基层群众性自治组织、人民团体,在辖区范围内公开通报等措施进行惩戒;构成犯罪的,依法追究刑事责任。

第二十八条 人民陪审员的人身和住所安全受法律保护。任何单位和个人不得对人民陪审员及其近亲属打击报复。

对报复陷害、侮辱诽谤、暴力侵害人民陪审员及其近亲属的,依法追究法律责任。

第二十九条 人民陪审员参加审判活动期间,所在单位不得克扣或者变相克扣其工资、奖金及其他福利待遇。

人民陪审员所在单位违反前款规定的,基层人民法院应当及时向人民陪审员所在单位或者所在单位的主管部门、上级部门提出纠正意见。

第三十条 人民陪审员参加审判活动期间,由人民法院依照有关规定按实际工作日给予补助。

人民陪审员因参加审判活动而支出的交通、就餐等费用,由人民法院依照有关规定给予补助。

第三十一条 人民陪审员因参加审判活动应当享受的补助,人民法院和司法行政机关为实施人民陪审员制度所必需的开支,列入人民法院和司法行政机关业务经费,由相应政府财政予以保障。具体办法由最高人民法院、国务院司法行政部门会同国务院财政部门制定。

第三十二条 本法自公布之日起施行。2004 年 8 月 28 日第十届全国人民代表大会常务委员会第十一次会议通过的《全国人民代表大会常务委员会关于完善人民陪审员制度的决定》同时废止。

《人民法院组织法》(2018 年 10 月 26 日修订)

第二十九条 人民法院审理案件,由合议庭或者法官一人独任审理。

合议庭和法官独任审理的案件范围由法律规定。

第三十条 合议庭由法官组成,或者由法官和人民陪审员组成,成员为三人以上单数。

合议庭由一名法官担任审判长。院长或者庭长参加审理案件时,由自己担任审判长。

审判长主持庭审、组织评议案件,评议案件时与合议庭其他成员权利平等。

第三十一条 合议庭评议案件应当按照多数人的意见作出决定,少数人的意见应当记入笔录。评议案件笔录由合议庭全体组成人员签名。

第三十二条 合议庭或者法官独任审理案件形成的裁判文书,经合议庭组成人员或者独任法官签署,由人民法院发布。

第三十三条 合议庭审理案件,法官对案件的事实认定和法律适用负责;法官独任审理案件,独任法官对案件的事实认定和法律适用负责。

人民法院应当加强内部监督,审判活动有违法情形的,应当及时调查核实,并根据违法情形依法处理。

第三十四条 人民陪审员依照法律规定参加合议庭审理案件。

※法规解读:从上述《人民陪审员法》和《人民法院组织法》的相关条文可以看出,我国目前的人民陪审制是吸收了陪审团因素的参审式陪审制。它是将公民和职业法官结为一体,以合作方式进行审判,除法律另有规定,在认定事实和适用法律方面,公民与职业法官拥有相同的权利。让陪审员参与案件的审判,是体现司法民主、防止司法腐败的重要措施。上述《人民陪审员法》第 15 ~ 17 条规定的几类适用陪审员审理的

一审刑事、民事、行政案件,或由于其涉及群体、公共利益,或由于其社会影响性较大,或由于案情复杂需要陪审员参审,或基于当事人的申请,这些案件适用陪审制审判更能够保证其公正性和正确性。人民陪审员法对陪审员参加的合议庭组成规定了两种模式,即三人合议庭和七人合议庭,后者适用于一些有重大社会影响的案件。三人合议庭原则上法官与陪审员同权。七人合议庭有所不同,对事实问题,陪审员和法官同权,包括发表意见、表决,对法律适用问题,陪审员只发表意见,不参加表决。二审程序是终审程序,审理结果对当事人影响更大,对审判人员的业务素质要求更高,所以第二审程序的合议庭只能由审判员组成,不适用人民陪审制。

关联法规索引

《最高人民法院关于人民陪审员参加审判活动若干问题的规定》;《最高人民法院政治部关于人民陪审员工作若干问题的答复》;《最高人民法院、司法部人民陪审员培训、考核、奖惩工作办法》;《最高人民法院关于适用〈中华人民共和国人民陪审员法〉若干问题的解释》

典型案例

吴某故意杀人案〔1〕

※**案情简介**:在2000年9月,被告人吴某及其妻周某至被害人金某住处,吴某因感情问题向金某实施报复,将金某殴打致死。案发后,吴某、周某四处潜逃并更换虚假身份,于2017年7月被公安机关抓获。由于被告人吴某涉嫌构成故意杀人罪,到案后不认罪,加上案发时间与被告人到案时间间隔17年之久,案件事实与在案证据均存在较大争议,案情相当复杂。上海市第一中级人民法院遂决定组成七人合议庭进行审理,由上海市第一中级人民法院刑一庭余剑副庭长担任审判长,两名审判员和系统随机抽取的四名人民陪审员担任合议庭成员。庭审中,四名人民陪审员认真听取了公诉机关、被告人及其辩护人的意见,并对案情事实部分进行了发问。

※**裁判要旨**:《人民陪审员法》第16条第1项明确规定,对于“可能判处十年以上有期徒刑、无期徒刑、死刑,社会影响重大的第一审刑事案件”,需要由人民陪审员和法官组成七人合议庭对案件进行审理。七人合议庭是我国人民陪审制度的重大改革之

〔1〕 本案根据相关报道整理,参见王博:《奇案共判! 3名法官4位陪审员超豪华审判团队!》,载http://www.sohu.com/a/244867277_648294,最后访问时间:2019年4月16日。

一。人民陪审员参加七人合议庭审判案件,对事实认定,独立发表意见,并与法官共同表决;对法律适用,可以发表意见,但不参加表决。诚如全国人大常委会法工委刑法室副主任李寿伟所言,七人合议庭是人民陪审员制度改革的一个创新。采用七人合议庭审理,既是扩大司法领域人民民主的重要方式,也是强化庭审中心地位,推动庭审实质化的关键举措。一方面,七人合议庭中人民陪审员地位的强化推动了陪审实质化,四名来自不同行业、背景的人民陪审员,均围绕案件事实进行了有针对性的发问,有效破解了陪而不审的困境。另一方面,七人合议庭在审理中着重突出庭审中心地位,通过加强举证方式、用通俗易懂的语言解释“法律术语”等,确保了诉讼证据出示在法庭、案件事实查明在法庭、控辩意见发表在法庭,强化实质裁判。本案是上海首个采用“3+4”七人合议庭审理的一起重大刑事案件。

第十四条 【保障诉讼权利】人民法院、人民检察院和公安机关应当保障犯罪嫌疑人、被告人和其他诉讼参与人依法享有的辩护权和其他诉讼权利。

诉讼参与人对于审判人员、检察人员和侦查人员侵犯公民诉讼权利和人身侮辱的行为,有权提出控告。

条文解读

本条共有2款,是关于保障犯罪嫌疑人、被告人及其他诉讼参与人诉讼权利原则的规定。

为强调犯罪嫌疑人、被告人的诉讼权利保护问题,《刑事诉讼法》特将这两种主体单独列出,并突出规定对其辩护权的保护。本条第1款之“其他诉讼参与人”是指被害人、自诉人、附带民事诉讼原告人与被告人、法定代理人、诉讼代理人、辩护人、证人、鉴定人和翻译人员。诉讼参与人在刑事诉讼活动中由于参与的诉讼关系不同、所处的诉讼地位不同,所以享有的诉讼权利也不同。

犯罪嫌疑人、被告人及其他诉讼参与人的诉讼权利是一种法定权利,在刑事诉讼中,公、检、法三机关有义务保障其诉讼权利,并且有责任采取措施排除他们在行使诉讼权利过程中的各种障碍。犯罪嫌疑人、被告人及其他诉讼参与人有权运用法律手段维护自己的诉讼权利,对于审判人员、检察人员和侦查人员侵犯其诉讼权利和对其进行人身侮辱的行为,有权提出控告。有关机关对于控告应认真核实,对侵权行为应当认真、严肃查处。

配套法规及解读

《最高人民法院、最高人民检察院、公安部、国家安全部、司法部关于推进以审判为中心的刑事诉讼制度改革的意见》(2016年10月11日)

十七、健全当事人、辩护人和其他诉讼参与人的权利保障制度。

依法保障当事人和其他诉讼参与人的知情权、陈述权、辩论辩护权、申请权、申诉权。犯罪嫌疑人、被告人有权获得辩护,人民法院、人民检察院、公安机关、国家安全机关有义务保证犯罪嫌疑人、被告人获得辩护。

依法保障辩护人会见、阅卷、收集证据和发问、质证、辩论辩护等权利,完善便利辩护人参与诉讼的工作机制。

《公安机关办理刑事案件程序规定》(2012年12月13日)

第九条 公安机关在刑事诉讼中,应当保障犯罪嫌疑人、被告人和其他诉讼参与人依法享有的辩护权和其他诉讼权利。

※法规解读:在刑事诉讼中,赋予诉讼参与人相应的诉讼权利,并要求司法机关切实保障这些诉讼权利的实现,是揭露、证实和惩罚犯罪、保障无辜者不受刑事追究的现实要求,是民主制度在刑事诉讼中的具体体现。犯罪嫌疑人、被告人和其他诉讼参与人在刑事诉讼活动中有权对剥夺其辩护权、侵犯其诉讼权利和自身及他人遭受人身侮辱的行为提出控告,寻求有关部门的司法保护。

关联法规索引

《法官法》第3~6条、第10条;《检察官法》第3~5条、第10条;《法官职业道德基本准则》第10条;《检察官职业行为基本规范(试行)》第11条;《最高人民法院、最高人民检察院、公安部、国家安全部、司法部关于推进以审判为中心的刑事诉讼制度改革的意见》十七;《最高人民法院、最高人民检察院、公安部、国家安全部、司法部关于在部分地区开展刑事案件认罪认罚从宽制度试点工作的办法》第5条

第十五条 【认罪认罚从宽】 犯罪嫌疑人、被告人自愿如实供述自己的罪行,承认指控的犯罪事实,愿意接受处罚的,可以依法从宽处理。

条文解读

本条为2018年《刑事诉讼法》修改时新增条文,是关于认罪认罚从宽原则的规定。

认罪认罚从宽体现了我国宽严相济的刑事政策。本次《刑事诉讼法》修改将认罪

认罚从宽原则在总则中予以明确，为具体程序规定中的认罪认罚各项措施提供了基本依据。本条包括三层含义，即“认罪”“认罚”“从宽处理”。其中，“认罪”是指犯罪嫌疑人、被告人自愿如实供述自己的罪行，或者对侦查机关已经掌握并指出的犯罪事实，明确主动表示承认；“认罚”是指犯罪嫌疑人、被告人明确表示愿意接受司法机关给予的处罚，即对司法机关根据其犯罪事实、情节、认罪、悔罪、赔偿或者和解等情况所给出的刑罚明确表示接受，特别是对人民检察院提出的量刑建议明确表示接受；“从宽处理”既包括量刑上的从宽，也包括程序上的从简，是指犯罪嫌疑人、被告人同意人民检察院的量刑建议，在遵循罪责刑相适应原则的基础上，较一般的自首和坦白给予更大的从宽幅度，同时对认罪认罚的犯罪嫌疑人、被告人适用轻缓的强制措施，作出轻缓的程序性处理，或者适用更为便利的诉讼程序。需要注意的是，本条所指之“认罪认罚从宽”必须同时具备“认罪”和“认罚”两个方面的要素，只有其一的态度和行为，虽可根据《刑法》和《刑事诉讼法》的规定从宽处罚，但不构成本条规定的“从宽”条件。

配套法规及解读

《全国人民代表大会常务委员会关于授权最高人民法院、最高人民检察院在部分地区开展刑事案件认罪认罚从宽制度试点工作的决定》(2016年9月3日)

为进一步落实宽严相济刑事政策，完善刑事诉讼程序，合理配置司法资源，提高办理刑事案件的质量与效率，确保无罪的人不受刑事追究，有罪的人受到公正惩罚，维护当事人的合法权益，促进司法公正，第十二届全国人民代表大会常务委员会第二十二次会议决定：授权最高人民法院、最高人民检察院在北京、天津、上海、重庆、沈阳、大连、南京、杭州、福州、厦门、济南、青岛、郑州、武汉、长沙、广州、深圳、西安开展刑事案件认罪认罚从宽制度试点工作。对犯罪嫌疑人、刑事被告人自愿如实供述自己的罪行，对指控的犯罪事实没有异议，同意人民检察院量刑建议并签署具结书的案件，可以依法从宽处理。试点工作应当遵循刑法、刑事诉讼法的基本原则，保障犯罪嫌疑人、刑事被告人的辩护权和其他诉讼权利，保障被害人的合法权益，维护社会公共利益，完善诉讼权利告知程序，强化监督制约，严密防范并依法惩治滥用职权、徇私枉法行为，确保司法公正。

最高人民法院、最高人民检察院会同有关部门根据本决定，遵循刑法、刑事诉讼法的基本原则，制定试点办法，对适用条件、从宽幅度、办理程序、证据标准、律师参与等作出具体规定，报全国人民代表大会常务委员会备案。试点期限为二年，自试点办法印发之日起算。

2014年6月27日第十二届全国人民代表大会常务委员会第九次会议授权最高人民法院、最高人民检察院在上述地区开展的刑事案件速裁程序试点工作，按照新的试点办法继续试行。

最高人民法院、最高人民检察院应当加强对试点工作的组织领导和监督检查，保证试点工作积极、稳妥、有序进行。试点进行中，最高人民法院、最高人民检察院应当就试点情况向全国人民代表大会常务委员会作出中期报告。试点期满后，对实践证明可行的，应当修改完善有关法律；对实践证明不宜调整的，恢复施行有关法律规定。

《最高人民法院、最高人民检察院、公安部、国家安全部、司法部 关于在部分地区开展刑事案件认罪认罚从宽制度试点工作的办法》(2016年11月16日)

为确保刑事案件认罪认罚从宽制度试点工作依法有序开展，根据刑法、刑事诉讼法和《全国人民代表大会常务委员会关于授权最高人民法院、最高人民检察院在部分地区开展刑事案件认罪认罚从宽制度试点工作的决定》，结合司法工作实际，制定本办法。

第一条 犯罪嫌疑人、被告人自愿如实供述自己的罪行，对指控的犯罪事实没有异议，同意量刑建议，签署具结书的，可以依法从宽处理。

第二条 具有下列情形之一的，不适用认罪认罚从宽制度：

(一)犯罪嫌疑人、被告人是尚未完全丧失辩认或者控制自己行为能力的精神病人的；

(二)未成年犯罪嫌疑人、被告人的法定代理人、辩护人对未成年人认罪认罚有异议的；

(三)犯罪嫌疑人、被告人行为不构成犯罪的；

(四)其他不宜适用的情形。

第三条 办理认罪认罚案件，应当遵循刑法、刑事诉讼法的基本原则，以事实为根据，以法律为准绳，保障犯罪嫌疑人、被告人依法享有的辩护权和其他诉讼权利，保障被害人的合法权益，维护社会公共利益，强化监督制约，确保无罪的人不受刑事追究，有罪的人受到公正惩罚，确保司法公正。

第四条 办理认罪认罚案件，应当坚持下列原则：

贯彻宽严相济刑事政策，充分考虑犯罪的社会危害性和犯罪嫌疑人、被告人的人身危险性，结合认罪认罚的具体情况，确定是否从宽以及从宽幅度，做到该宽则宽，当严则严，宽严相济，确保办案法律效果和社会效果。

坚持罪责刑相适应，根据犯罪的事实、性质、情节、后果，依照法律规定提出量刑建议，准确裁量刑罚，确保刑罚的轻重与犯罪分子所犯罪行和应当承担的刑事责任相适应。

坚持证据裁判，依照法律规定收集、固定、审查和认定证据。

第五条 办理认罪认罚案件，应当保障犯罪嫌疑人、被告人获得有效法律帮助，确保其了解认罪认罚的性质和法律后果，自愿认罪认罚。

法律援助机构可以根据人民法院、看守所实际工作需要，通过设立法律援助工作站派驻值班律师、及时安排值班律师等形式提供法律帮助。人民法院、看守所应当为值班律师开展工作提供便利工作场所和必要办公设施，简化会见程序，保障值班律师依法履行职责。

犯罪嫌疑人、被告人自愿认罪认罚，没有辩护人的，人民法院、人民检察院、公安机关应当通知值班律师为其提供法律咨询、程序选择、申请变更强制措施等法律帮助。

人民法院、人民检察院、公安机关应当告知犯罪嫌疑人、被告人申请法律援助的权利。符合应当通知辩护条件的，依法通知法律援助机构指派律师为其提供辩护。

第六条 人民法院、人民检察院、公安机关应当将犯罪嫌疑人、被告人认罪认罚作为其是否具有社会危害性的重要考虑因素，对于没有社会危险性的犯罪嫌疑人、被告人，应当取保候审、监视居住。

第七条 办理认罪认罚案件，应当听取被害人及其代理人意见，并将犯罪嫌疑人、被告人是否与被害人达成和解协议或者赔偿被害人损失，取得被害人谅解，作为量刑的重要考虑因素。

第八条 在侦查过程中，侦查机关应当告知犯罪嫌疑人享有的诉讼权利和认罪认罚可能导致的法律后果，听取犯罪嫌疑人及其辩护人或者值班律师的意见，犯罪嫌疑人自愿认罪认罚的，记录在案并附卷。

犯罪嫌疑人向看守所工作人员或辩护人、值班律师表示愿意认罪认罚的，有关人员应当及时书面告知办案单位。

对拟移送审查起诉的案件，侦查机关应当在起诉意见中写明犯罪嫌疑人自愿认罪认罚情况。

第九条 犯罪嫌疑人自愿如实供述涉嫌犯罪的事实，有重大立功或者案件涉及国家重大利益，需要撤销案件的，办理案件的公安机关应当层报公安部，由公安部提请最高人民检察院批准。

第十条 在审查起诉过程中，人民检察院应当告知犯罪嫌疑人享有的诉讼权利和认罪认罚可能导致的法律后果，就下列事项听取犯罪嫌疑人及其辩护人或者值班律师的意见，记录在案并附卷：

（一）指控的罪名及适用的法律条款；

（二）从轻、减轻或者免除处罚等从宽处罚的建议；

（三）认罪认罚后案件审查适用的程序；

（四）其他需要听取意见的情形。

犯罪嫌疑人自愿认罪，同意量刑建议和程序适用的，应当在辩护人或者值班律师在场的情况下签署具结书。

第十一条 人民检察院向人民法院提起公诉的，应当在起诉书中写明被告人认罪认罚情况，提出量刑建议，并同时移送被告人的认罪认罚具结书等材料。

量刑建议一般应当包括主刑、附加刑，并明确刑罚执行方式。可以提出相对明确的量刑幅度，也可以根据案件具体情况，提出确定刑期的量刑建议。建议判处财产刑的，一般应当提出确定的数额。

第十二条 对适用速裁程序的案件，人民检察院一般应当在受理后十日内作出是否提起公诉的决定；对可能判处的有期徒刑超过一年的，可以延长至十五日。

第十三条 犯罪嫌疑人自愿如实供述涉嫌犯罪的事实，有重大立功或者案件涉及国家重大利益的，经最高人民检察院批准，人民检察院可以作出不起诉决定，也可以对涉嫌数罪中的一项或者多项提起公诉。

具有法律规定不起诉情形的，依照法律规定办理。

第十四条 最高人民检察院批准不起诉的，或者经公安部提请批准撤销案件的，人民检察院、公安机关对查封、扣押、冻结的财物及其孳息，应当调查权属情况，查明是否属于违法所得或者依法应当追缴的其他涉案财物。案外人对查封、扣押、冻结的财物及其孳息提出权属异议的，应当进行审查。

确认查封、扣押、冻结的财物及其孳息属于违法所得、违禁品或者供作案所用的本人财物，除依法返还被害人的以外，应当在撤销案件或者作出不起诉决定后三十日内予以收缴，一律上缴国库。对查封、扣押、冻结的财物及其孳息不能确认属于违法所得或者依法应当追缴的其他涉案财物的，不得收缴。

第十五条 人民法院审理认罪认罚案件，应当告知被告人享有的诉讼权利和认罪认罚可能导致的法律后果，审查认罪认罚的自愿性和认罪认罚具结书内容的真实性、合法性。

第十六条 对于基层人民法院管辖的可能判处三年有期徒刑以下刑罚的案件，事实清楚、证据充分，当事人对适用法律没有争议，被告人认罪认罚并同意适用速裁程序的，可以适用速裁程序，由审判员独任审判，送达期限不受刑事诉讼法规定的限制，不进行法庭调查、法庭辩论，当庭宣判，但在判决宣告前应当听取被告人的最后陈述。

适用速裁程序审理案件，人民法院一般应当在十日内审结；对可能判处的有期徒刑超过一年的，可以延长至十五日。

第十七条 具有下列情形之一的，不适用速裁程序审理：

（一）被告人是盲、聋、哑人的；

（二）案件疑难、复杂，或者有重大社会影响的；

（三）共同犯罪案件中部分被告人对指控事实、罪名、量刑建议有异议的；

（四）被告人与被害人或者其代理人没有就附带民事赔偿等事项达成调解或者和

解协议的；

（五）其他不宜适用速裁程序的情形。

第十八条 对于基层人民法院管辖的可能判处三年有期徒刑以上刑罚的案件，被告人认罪认罚的，可以依法适用简易程序审判，在判决宣告前应当听取被告人的最后陈述，一般应当当庭宣判。

第十九条 人民法院适用速裁程序或者简易程序审查的认罪认罚案件，有下列情形之一的，应当转为普通程序审理：

（一）被告人违背意愿认罪认罚的；

（二）被告人否认指控的犯罪事实的；

（三）其他不宜适用速裁程序或者简易程序审理的情形。

第二十条 对于认罪认罚案件，人民法院依法作出判决时，一般应当采纳人民检察院指控的罪名和量刑建议，但具有下列情形的除外：

（一）被告人不构成犯罪或者不应当追究刑事责任的；

（二）被告人违背意愿认罪认罚的；

（三）被告人否认指控的犯罪事实的；

（四）起诉指控的罪名与审理认定的罪名不一致的；

（五）其他可能影响公正审判的情形。

第二十一条 人民法院经审理认为，人民检察院的量刑建议明显不当，或者被告人、辩护人对量刑建议提出异议的，人民法院可以对建议人民检察院调整量刑建议，人民检察院不同意调整量刑建议或者调整量刑建议后被告人、辩护人仍有异议的，人民法院应当依法作出判决。

第二十二条 对不具有法定减轻处罚情节的认罪认罚案件，应当在法定刑的限度以内从轻判处刑罚，犯罪情节轻微不需要判处刑罚的，可以依法免予刑事处罚，确实需要在法定刑以下判处刑罚的，应当层报最高人民法院核准。

第二十三条 第二审人民法院对被告人不服适用速裁程序作出的第一审判决提起上诉的案件，可以不开庭审理。经审理认为原判认定事实和适用法律正确、量刑适当的，应当裁定驳回上诉，维持原判；原判认定事实没有错误，但适用法律有错误，或者量刑不当的，应当改判；原判事实不清或者证据不足的，应当裁定撤销原判，发回原审人民法院适用普通程序重新审判。

第二十四条 人民法院、人民检察院、公安机关工作人员在办理认罪认罚案件中，有刑讯逼供、暴力取证或者权钱交易、放纵罪犯等滥用职权、徇私枉法情形，构成犯罪的，依法追究刑事责任；尚不构成犯罪的，依法给予行政处分或者纪律处分。

第二十五条 国家安全机关依法办理认罪认罚案件，适用本办法中有关公安机关的规定。

第二十六条 办理犯罪嫌疑人、被告人认罪认罚案件，本办法有规定的，按照本办法执行；本办法没有规定的，适用刑法、刑事诉讼法等有关规定。

第二十七条 原刑事案件速裁程序试点相关规定可以参照执行，本办法另有规定的除外。

第二十八条 本办法在北京、天津、上海、重庆、沈阳、大连、南京、杭州、福州、厦门、济南、青岛、郑州、武汉、长沙、广州、深圳、西安试行。

第二十九条 本办法自发布之日起试行二年。

《监察法》(2018年3月20日)

第三十一条 涉嫌职务犯罪的被调查人主动认罪认罚，有下列情形之一的，监察机关经领导人员集体研究，并报上一级监察机关批准，可以在移送人民检察院时提出从宽处罚的建议：

(一)自动投案，真诚悔罪悔过的；

(二)积极配合调查工作，如实供述监察机关还未掌握的违法犯罪行为的；

(三)积极退赃，减少损失的；

(四)具有重大立功表现或者案件涉及国家重大利益等情形的。

※法规解读：上述决定、办法及法律条文的精神和内容是《刑事诉讼法》第15条的立法背景和依据。试点的主要内容是对犯罪嫌疑人、被告人自愿如实供述自己的罪行，且对指控的犯罪事实没有异议，同意人民检察院量刑建议并签署具结书的案件，可以依法从宽处理。此类案件可以适用速裁程序实现简案快审，既维护了当事人的合法权益，也节约了司法资源。

关联法规索引

《最高人民法院、最高人民检察院、公安部、司法部关于办理恶势力刑事案件若干问题的意见》三

第十六条 【不追究刑事责任情形】 有下列情形之一的，不追究刑事责任，已经追究的，应当撤销案件，或者不起诉，或者终止审理，或者宣告无罪：

(一)情节显著轻微、危害不大，不认为是犯罪的；

(二)犯罪已过追诉时效期限的；

(三)经特赦令免除刑罚的；

（四）依照刑法告诉才处理的犯罪，没有告诉或者撤回告诉的；

（五）犯罪嫌疑人、被告人死亡的；

（六）其他法律规定免予追究刑事责任的。

条文解读

本条是关于不追究刑事责任的情形的规定。

根据本条规定，刑事案件只要存在条文中所列六种情形中的任何一种，就不能追究犯罪嫌疑人、被告人的刑事责任。对于刑事诉讼开始前或者在立案审查阶段已经发现的，应作出不立案的决定。在侦查阶段发现的，侦查机关应当决定撤销案件。在审查起诉阶段发现的，检察机关应当作出不起诉处理的决定。在审判阶段发现的，对于符合本条规定的第一种情形的，应判决宣告无罪；对于被告人死亡的，根据已经查明的案件事实和认定的证据材料，能够确认被告人无罪的，应判决宣告无罪，否则应裁定终止审理；对于符合其他情形的，应裁定终止审理。

本条规定有利于保证国家追诉权的统一、正确行使，防止任意扩大追诉范围，防止和纠正对不应当追究刑事责任的人错误地进行追究。

配套法规及解读

《刑法》（2017 年 11 月 4 日修正）

第八十七条 犯罪经过下列期限不再追诉：

（一）法定最高刑为不满五年有期徒刑的，经过五年；

（二）法定最高刑为五年以上不满十年有期徒刑的，经过十年；

（三）法定最高刑为十年以上有期徒刑的，经过十五年；

（四）法定最高刑为无期徒刑、死刑的，经过二十年。如果二十年以后认为必须追诉的，须报请最高人民检察院核准。

第八十八条 在人民检察院、公安机关、国家安全机关立案侦查或者在人民法院受理案件以后，逃避侦查或者审判的，不受追诉期限的限制。

被害人在追诉期限内提出控告，人民法院、人民检察院、公安机关应当立案而不予立案的，不受追诉期限的限制。

第九十八条 本法所称告诉才处理，是指被害人告诉才处理。如果被害人因受强制、威吓无法告诉的，人民检察院和被害人的近亲属也可以告诉。

※法规解读：《刑法》第 87 条规定，对于已过追诉时效期限的犯罪，因为犯罪分子

对社会已无危害,故没有必要再追究其刑事责任。但《刑法》第88条同时规定,在人民检察院、公安机关、国家安全机关立案侦查或者在人民法院受理案件以后,逃避侦查或者审判的,不受追诉期限的限制。被害人在追诉期限内提出控告,人民法院、人民检察院、公安机关应当立案而不予立案的,不受追诉期限的限制。

《刑法》第98条所指"告诉才处理"是针对侮辱罪、诽谤罪、暴力干涉婚姻自由罪和虐待罪而言的,这四类犯罪为告诉才处理的犯罪,即把被害人的告诉作为追究犯罪人刑事责任的条件,如果没有告诉或者告诉以后又撤诉的,就不能追究犯罪人的刑事责任。其中,侮辱、诽谤严重危害社会利益和国家利益的或者暴力干涉婚姻致人死亡及虐待致人死亡的除外。而且本条还强调,如果被害人因受强制、威吓无法告诉的,人民检察院和被害人的近亲属也可以告诉,对此应依法追究。

《全国人民代表大会常务委员会关于在中华人民共和国成立七十周年之际对部分服刑罪犯予以特赦的决定》(2019年6月29日)

第十三届全国人民代表大会常务委员会第十一次会议审议了全国人民代表大会常务委员会委员长会议关于提请审议《全国人民代表大会常务委员会关于在中华人民共和国成立七十周年之际对部分服刑罪犯予以特赦的决定(草案)》的议案,为庆祝中华人民共和国成立70周年,体现依法治国理念和人道主义精神,根据宪法,决定对依据2019年1月1日前人民法院作出的生效判决正在服刑的下列罪犯实行特赦:

一、参加过中国人民抗日战争、中国人民解放战争的;

二、中华人民共和国成立以后,参加过保卫国家主权、安全和领土完整对外作战的;

三、中华人民共和国成立以后,为国家重大工程建设做过较大贡献并获得省部级以上"劳动模范""先进工作者""五一劳动奖章"等荣誉称号的;

四、曾系现役军人并获得个人一等功以上奖励的;

五、因防卫过当或者避险过当,被判处三年以下有期徒刑或者剩余刑期在一年以下的;

六、年满七十五周岁、身体严重残疾且生活不能自理的;

七、犯罪的时候不满十八周岁,被判处三年以下有期徒刑或者剩余刑期在一年以下的;

八、丧偶且有未成年子女或者有身体严重残疾、生活不能自理的子女,确需本人抚养的女性,被判处三年以下有期徒刑或者剩余刑期在一年以下的;

九、被裁定假释已执行五分之一以上假释考验期的,或者被判处管制的。

上述九类对象中,具有以下情形之一的,不得特赦:

(一)第二、三、四、七、八、九类对象中系贪污受贿犯罪,军人违反职责犯罪,故意杀人、强奸、抢劫、绑架、放火、爆炸、投放危险物质或者有组织的暴力性犯罪，黑社会性质的组织犯罪，贩卖毒品犯罪，危害国家安全犯罪，恐怖活动犯罪的罪犯，其他有组织犯罪的主犯，累犯的；

（二）第二、三、四、九类对象中剩余刑期在十年以上的和仍处于无期徒刑、死刑缓期执行期间的；

（三）曾经被特赦又因犯罪被判处刑罚的；

（四）不认罪悔改的；

（五）经评估具有现实社会危险性的。

对本决定施行之日符合上述条件的服刑罪犯，经人民法院依法作出裁定后，予以释放。

本决定自2019年6月29日起施行。

※法规解读：特赦是我国宪法规定的一项重要制度。中华人民共和国成立后，分别于1959年、1960年、1961年、1963年、1964年、1966年对确认改恶从善的蒋介石集团、伪满洲国和伪蒙疆自治政府的战犯进行赦免，直至1975年赦免全部在押战犯，共实施了七次特赦。除第七次无条件赦免外，前六次都以“确实已改恶从善”作为赦免罪犯的主要标准和具体前提条件；除第一次特赦对象包括反革命罪犯和普通刑事罪犯、战犯外，其余六次均为战争罪犯。

1954年宪法、1978年宪法和1982年宪法都对特赦有明确规定。但是从1975年到现在40多年中我们没有适用过这项制度。2015年在举国纪念抗日战争和世界反法西斯战争胜利70周年的历史时刻，为体现我们制度的优越、制度的自信、制度的感召，为有利于化解一切消极因素，调动积极因素，构建社会的和谐和祥和，彰显德政的感召力，这次人大常委会作出决定，特赦部分罪犯。本次特赦主要涉及四类罪犯。

2019年6月29日，为庆祝中华人民共和国成立70周年，体现依法治国理念和人道主义精神，针对上述九类罪犯实行特赦。

关联法规索引

《刑法》第13条；《最高人民法院关于适用〈中华人民共和国刑事诉讼法〉的解释》第1条、第180条、第181条；《人民检察院刑事诉讼规则（试行）》第8~19条、第157条、第170条；《公安机关办理刑事案件程序规定》第183条、第184条

第十七条 【外国人刑事责任的处理】 对于外国人犯罪应当追究刑事责任的,适用本法的规定。

对于享有外交特权和豁免权的外国人犯罪应当追究刑事责任的,通过外交途径解决。

条文解读

本条共有 2 款,是关于追究外国人刑事责任适用我国刑事诉讼法原则的规定。

追究外国人刑事责任适用我国刑事诉讼法原则,明确了我国刑事诉讼法对外国人的效力,它体现了刑事诉讼法中的国家主权原则。我国是具有完全主权的社会主义国家,有权对我国领域内的一切人和事物实行管辖;对外国人在中国领域以外对中华人民共和国国家和公民的犯罪,按照我国法律程序,由我国的司法机关追究其刑事责任,以刑事管辖权保护国家和公民的利益。

对于享有外交特权和豁免权的外国人犯罪应当追究刑事责任的,应通过外交途径解决,而不是由我国的公安司法机关依照本法进行追究。对这些犯罪人,一般采取的方式有宣布其为不受欢迎的人,令其限期离境,建议派遣国依法处理或者宣布驱逐出境。这是依据国际惯例和国家之间平等互惠原则进行的,同时也体现了我国的主权原则。

配套法规及解读

《外交特权与豁免条例》(1986 年 9 月 5 日)

第十四条 外交代表享有刑事管辖豁免。

外交代表享有民事管辖豁免和行政管辖豁免,但下列各项除外:

(一)外交代表以私人身份进行的遗产继承的诉讼;

(二)外交代表违反第二十五条第三项规定在中国境内从事公务范围以外的职业或者商业活动的诉讼。

外交代表免受强制执行,但对前款所列情况,强制执行对其人身和寓所不构成侵犯的,不在此限。

外交代表没有以证人身份作证的义务。

《领事特权与豁免条例》(1990 年 10 月 30 日)

第十四条 领事官员和领馆行政技术人员执行职务的行为享有司法和行政管辖豁免。领事官员执行职务以外的行为的管辖豁免,按照中国与外国签订的双边条约、协定或者根据对等原则办理。

领事官员和领馆行政技术人员享有的司法管辖豁免不适用于下列各项民事诉讼:

(一)涉及未明示以派遣国代表身份所订的契约的诉讼;

(二)涉及在中国境内的私有不动产的诉讼,但以派遣国代表身份所拥有的为领馆使用的不动产不在此限;

(三)以私人身份进行的遗产继承的诉讼;

(四)因车辆、船舶或者航空器在中国境内造成的事故涉及损害赔偿的诉讼。

※法规解读:上述两个条文表明,对于享有外交特权和豁免权的外国人犯罪而应当追究刑事责任的,应依照国际法中关于外交特权、豁免权的有关公约的规定,以及《外交特权与豁免条例》和《领事特权与豁免条例》的规定,只能由外事部门通过外交途径解决,而不应由我国刑事司法部门管辖。实行这项原则是维护国家主权与尊严的需要,也是保持国家之间正常关系的需要。

关联法规索引

《刑法》第11条;《外交部、最高人民法院、最高人民检察院、公安部、国家安全部、司法部关于处理涉外案件若干问题的规定》;《最高人民法院关于适用〈中华人民共和国刑事诉讼法〉的解释》第9条;《公安机关办理刑事案件程序规定》第12章

第十八条 【刑事司法协助】根据中华人民共和国缔结或者参加的国际条约,或者按照互惠原则,我国司法机关和外国司法机关可以相互请求刑事司法协助。

条文解读

本条是关于刑事司法协助制度的规定。

刑事司法协助主要指国家之间的协助,即不同国家的司法机关之间,根据各国缔结或参加的国际公约,或者按照对等互惠原则,可以相互请求,代为进行某些诉讼行为。在实践中,我国也根据互惠原则,对与我国尚未签订司法协助条约的国家通过外交途径提供个案的刑事司法协助。我国刑事司法协助的范围包括:代为送达司法文书和司法外文书;调查取证,包括听取当事人、犯罪嫌疑人的陈述,询问证人、被害人、鉴定人,进行鉴定、检查和司法勘验,收集其他证据,移交赃款、赃物,诉讼移管等。2018年10月十三届全国人大六次会议表决通过的《国际刑事司法协助法》,对刑事司法协助的具体合作内容、要件及执行程序等作了明确规定。

配套法规及解读

《国际刑事司法协助法》(2018年10月26日)

第六条 国家监察委员会、最高人民法院、最高人民检察院、公安部、国家安全部等部门是开展国际刑事司法协助的主管机关,按照职责分工,审核向外国提出的刑事司法协助请求,审查处理对外联系机关转递的外国提出的刑事司法协助请求,承担其他与国际刑事司法协助相关的工作。在移管被判刑人案件中,司法部按照职责分工,承担相应的主管机关职责。

办理刑事司法协助相关案件的机关是国际刑事司法协助的办案机关,负责向所属主管机关提交需要向外国提出的刑事司法协助请求、执行所属主管机关交办的外国提出的刑事司法协助请求。

※法规解读:《国际刑事司法协助法》对我国与外国在刑事案件调查、侦查、起诉、审判及执行等活动中相互提供协助行为的内容、要件与程序等问题作了具体规定,涵盖了除引渡外,与国际刑事司法合作有关的另外两部分内容,即刑事司法协助和移管被判刑人。具体包括刑事司法协助请求的提出、接收和处理,送达文书,调查取证,安排证人作证或者协助调查,查封、扣押、冻结涉案财物,没收、返还违法所得及其他涉案财物,移管被判刑人等。需要指出的是,本法第6条将国家监察委员会确定为开展国际刑事司法协助的主管机关之一,并明确了监察机关和国内有关机关在刑事司法协助中的职责分工,赋予了监察机关在腐败犯罪案件调查等活动中,与外国有关部门和机构开展反腐败国际合作和刑事司法协助的职责,使国际刑事司法协助法和监察法形成有序衔接,为各国共同打击跨国犯罪,为监察机关依法履行职责,为我国推进反腐败国际追逃追赃工作提供了坚实的法律基础。

《最高人民法院关于适用〈中华人民共和国刑事诉讼法〉的解释》(2012年12月20日)

第四百零七条 涉外刑事案件宣判后,外国籍当事人国籍国驻华使、领馆要求提供裁判文书的,可以向受理案件的人民法院所在地的高级人民法院提出,人民法院可以提供。

第四百零八条 根据中华人民共和国缔结或者参加的国际条约,或者按照互惠原则,人民法院和外国法院可以相互请求刑事司法协助。

外国法院请求的事项有损中华人民共和国的主权、安全、社会公共利益的,人民法院不予协助。

第四百零九条 请求和提供司法协助,应当依照中华人民共和国缔结或者参加的国际条约规定的途径进行;没有条约关系的,通过外交途径进行。

※法规解读:上述法条规定了人民法院与外国法院进行刑事司法协助的条件。

如我国与有关国家共同参加或者缔结的国际条约中规定有刑事司法协助内容的，人民法院和外国法院可以相互请求刑事司法协助；如我国与有关国家没有缔结司法协助条约，也没有共同参加载有司法协助条款的国际公约的，人民法院与该国法院也可以按照互惠原则相互请求刑事司法协助。对外国法院请求人民法院提供刑事司法协助的，应当进行审查，如请求的事项有损我国主权、安全、社会公共利益的，应不予协助；反之，则应根据有关国际条约规定或依照互惠原则处理。在我国与有关国家签订的司法协助条约中，均对司法协助条约的联系途径有明确约定；在我国缔结或者参加的国际公约中，通常也要求指定负责办理司法协助事项的中央机关。请求和提供司法协助，应当依照有关国际条约规定的途径进行；没有条约关系的，则应通过外交途径进行，即通过各自的外交部门提出、接受司法协助请求，反馈执行协助请求的结果。

第四百一十条 人民法院请求外国提供司法协助的，应当经高级人民法院审查后报最高人民法院审核同意。

外国法院请求我国提供司法协助，属于人民法院职权范围的，经最高人民法院审核同意后转有关人民法院办理。

※法规解读：该条规定了最高人民法院对司法协助的审核程序。

其中第1款修改了1998年《最高人民法院关于适用〈中华人民共和国刑事诉讼法〉的解释》第326条的相应内容，规定人民法院请求外国提供司法协助的，高级人民法院负有相应的审查责任，高级人民法院确认请求事项、请求书及所附文件等没有问题的，才能报最高人民法院审核。

第四百一十一条 人民法院请求外国提供司法协助的请求书及其所附文件，应当附有该国文字译本或者国际条约规定的其他文字文本。

外国法院请求我国提供司法协助的请求书及其所附文件，应当附有中文译本或者国际条约规定的其他文字文本。

※法规解读：该条对司法协助请求书及其所附文件的文本要求作了规定。

我国法院请求外国提供司法协助的请求书及其所附文件，应当附有该国文字译本或者国际条约规定的其他文字文本；外国法院请求我国提供司法协助的请求书及其所附文件，应当附有中文译本或者国际条约规定的其他文字文本。这样规定，是为了方便协助国按照请求国的要求，及时执行协助事项。

第四百一十二条 人民法院向在中华人民共和国领域外居住的当事人送达刑事诉讼文书，可以采用下列方式：

（一）根据受送达人所在国与中华人民共和国缔结或者共同参加的国际条约规定的方式送达；

（二）通过外交途径送达；

（三）对中国籍当事人，可以委托我国驻受送达人所在国的使、领馆代为送达；

（四）当事人是自诉案件的自诉人或者附带民事诉讼原告人的，可以向有权代其接受送达的诉讼代理人送达；

（五）当事人是外国单位的，可以向其在中华人民共和国领域内设立的代表机构或者有权接受送达的分支机构、业务代办人送达；

（六）受送达人所在国法律允许的，可以邮寄送达；自邮寄之日起满三个月，送达回证未退回，但根据各种情况足以认定已经送达的，视为送达；

（七）受送达人所在国法律允许的，可以采用传真、电子邮件等能够确认受送达人收悉的方式送达。

※法规解读：该条是在1998年《最高人民法院关于适用〈中华人民共和国刑事诉讼法〉的解释》第327条的基础上修改而来的，对人民法院向在中华人民共和国领域外居住的当事人送达刑事诉讼文书的方式作了规定。

其中的第5项和第7项，是参考《民事诉讼法》第267条规定增加的内容。需要注意的是，向在我国领域外居住的外国籍当事人送达诉讼文书的，如受送达人所在国与我国有条约关系的，应当根据条约规定的方式送达；没有条约关系的，则通过外交途径送达。另外，采取邮寄、传真、电子邮件等方式送达诉讼文书的，必须以受送达人所在国的法律允许为前提。

关联法规索引

《引渡法》；《最高人民检察院关于检察机关办理司法协助案件有关问题的通知》；《人民检察院刑事诉讼规则（试行）》第16章；《公安部通过外交途径办理刑事司法协助案件的若干程序》；《司法部司法协助外事司关于在与美国的刑事司法协助中采用有关证明格式的通知》；《公安机关办理刑事案件程序规定》第13章

第二章　管　　辖

本章介绍

本章从第 19 条至第 28 条,共包括 10 个条文,是关于刑事诉讼管辖问题的规定,其内容包括职能管辖和审判管辖两个方面。职能管辖方面,规定了公安机关、人民检察院、人民法院三机关各自直接立案受理的刑事案件范围。审判管辖方面,规定了级别管辖、地域管辖、管辖权的转移、共同管辖的处理、专门管辖等内容。2018 年《刑事诉讼法》修正时,将原第 18 条改为第 19 条,修改了公安机关、人民检察院和人民法院案件管辖分工的规定。

第十九条　【职能管辖】刑事案件的侦查由公安机关进行,法律另有规定的除外。

人民检察院在对诉讼活动实行法律监督中发现的司法工作人员利用职权实施的非法拘禁、刑讯逼供、非法搜查等侵犯公民权利、损害司法公正的犯罪,可以由人民检察院立案侦查。对于公安机关管辖的国家机关工作人员利用职权实施的重大犯罪案件,需要由人民检察院直接受理的时候,经省级以上人民检察院决定,可以由人民检察院立案侦查。

自诉案件,由人民法院直接受理。

条文解读

本条共有 3 款,是关于职能管辖的规定。2018 年《刑事诉讼法》修正时对该条第 2 款作了修改,调整了人民检察院立案侦查的案件范围。

为了使公安司法机关的任务同其职责相适应,以利于准确、及时地查明案情和有效地惩治犯罪,本条对公、检、法三机关直接受理刑事案件的权限作了明确划分。公安机关是刑事案件的主要侦查机关,负责对刑事诉讼法“法律另有规定”之外的所有刑事案件的侦查工作。“法律另有规定的除外”情况主要是指人民检察院管辖的自侦案件;人民法院直接受理的自诉案件;国家安全机关依法立案侦查的危害国家安全的刑事案件;军队保卫部门依法立案侦查的军队内部发生的刑事案件;中国海警局在履行海上维权执法职责时立案侦查的海上刑事案件;监狱依法立案侦查的罪犯在监狱内犯罪的案件以及依据国家监察法由监察机关立案调查的案件。

可以由人民检察院立案侦查的案件主要包括两大类:(1)检察机关在对诉讼活动实行法律监督中发现的司法工作人员利用职权实施的非法拘禁、刑讯逼供、非法搜查等侵犯公民权利、损害司法公正的犯罪。这里的司法工作人员是指有侦查、检察、审判、监管职责的工作人员;这里的诉讼活动包括立案、侦查、审判、执行的全过程。这些犯罪大多是由于执法不严格、司法不规范、违反法定程序或者适用法律错误等原因造成的,不具有“腐败型”犯罪的典型性,属于人民检察院履行法律监督职责范围。(2)对公安机关管辖的国家机关工作人员利用职权实施的重大犯罪案件,需要由人民检察院直接受理的时候,经省级以上人民检察院决定,可以由人民检察院立案侦查。这类案件本属公安机关管辖,而公安机关不便立案、应当立案拒不立案或者虽然立案但怠于侦查,因此经省(自治区、直辖市)人民检察院或者最高人民检察院决定,检察机关可以依法立案侦查。需要注意的是,本款规定的两类案件“可以由人民检察院立案侦查”,没有排除监察机关直接调查的可能。对于涉嫌“腐败型”职务犯罪的案件,检察机关在查办时应当将犯罪线索及时移送监察机关。

人民法院直接受理自诉案件,具体包括:告诉才处理的案件、被害人有证据证明的轻微刑事案件、被害人有证据证明对被告人侵犯自己人身权利、财产权利的行为应当依法追究刑事责任,且有证据证明曾经提出控告,而公安机关或者人民检察院不予追究被告人刑事责任的案件。

配套法规及解读

《最高人民法院关于适用〈中华人民共和国刑事诉讼法〉的解释》(2012 年 12 月 20 日)

第一条 人民法院直接受理的自诉案件包括:

(一)告诉才处理的案件:

1. 侮辱、诽谤案(刑法第二百四十六条规定的,但严重危害社会秩序和国家利益的除外);

2. 暴力干涉婚姻自由案(刑法第二百五十七条第一款规定的);

3. 虐待案(刑法第二百六十条第一款规定的);

4. 侵占案(刑法第二百七十条规定的)。

(二)人民检察院没有提起公诉,被害人有证据证明的轻微刑事案件:

1. 故意伤害案(刑法第二百三十四条第一款规定的);

2. 非法侵入住宅案(刑法第二百四十五条规定的);

3. 侵犯通信自由案(刑法第二百五十二条规定的);

4. 重婚案(刑法第二百五十八条规定的);

5. 遗弃案(刑法第二百六十一条规定的);

6. 生产、销售伪劣商品案(刑法分则第三章第一节规定的,但严重危害社会秩序和国家利益的除外);

7. 侵犯知识产权案(刑法分则第三章第七节规定的,但严重危害社会秩序和国家利益的除外);

8. 刑法分则第四章、第五章规定的,对被告人可能判处三年有期徒刑以下刑罚的案件。

本项规定的案件,被害人直接向人民法院起诉的,人民法院应当依法受理。对其中证据不足、可以由公安机关受理的,或者认为对被告人可能判处三年有期徒刑以上刑罚的,应当告知被害人向公安机关报案,或者移送公安机关立案侦查。

(三)被害人有证据证明对被告人侵犯自己人身、财产权利的行为应当依法追究刑事责任,且有证据证明曾经提出控告,而公安机关或者人民检察院不予追究被告人刑事责任的案件。

※法规解读:该条是在1998年《最高人民法院关于适用〈中华人民共和国刑事诉讼法〉的解释》第1条的基础上修改而来的,对人民法院可直接受理的自诉案件的范围作了规定。

这次修改将“人民检察院虽没有提起公诉,但被害人有证据证明的轻微刑事案件”中规定的“应当移送公安机关立案侦查”改为“应当告知被害人向公安机关报案或者移送公安机关立案侦查”,增加了被害人的程序主动性和自主权;同时,为保障被害人告诉权的充分行使,对于人民法院受理的公诉转自诉案件,不再要求被害人提供公安机关或人民检察院不予受理的书面决定,但必须有证据证明曾经提出过控告。

关联法规索引

《全国人民代表大会常务委员会关于中国海警局行使海上维权执法职权的决定》;《刑事诉讼法》第4条、第210条、第308条;《监察法》第11条、第15条;《最高人民法院、最高人民检察院、公安部、国家安全部、司法部、全国人大常委会法制工作委员会关于实施刑事诉讼法若干问题的规定》1~3;《最高人民法院关于人民法院应否受理当事人不服治安管理处罚而提起的刑事自诉问题的批复》;《最高人民法院、最高人民检察院、公安部、国家工商行政管理局关于依法查处盗窃、抢劫机动车案件的规定》第15条;《最高人民检察院关于人民检察院直接受理立案侦查案件范围的规定》;《最高人民法院、最高人民检察院、公安部、国家安全部、司法部、海关总署关于走私和犯罪侦查机关办理走私犯罪案件适用刑事诉讼程序若干问题的通知》;《公安部关于办理利用经济合同诈骗案件有关问题的通知》;《海关总署关于贯彻执行〈关于刑事诉讼法实施中若干问题的规定〉的通知》第1条;《中国人民解放军总政治部、军事法院、军事检察院关于〈中华人民共和国刑法〉第十章所列刑事案件管辖范围的通知》;《最高人民法院、最高人民检察院、公安部关于印发〈办理骗汇、逃汇犯罪案件联席会议纪要〉的通知》;《最高人民法院、最高人民检察院、公安部关于旅客列车上发生的刑事案件管辖问题的通知》;《公安部关于受害人居住地公安机关可否对诈骗犯罪案件立案侦查问题的批复》;《国家林业局、公安部关于森林和陆生野生动物刑事案件管辖及立案标准》第1条;《最高人民检察院关于新疆生产建设兵团各级人民检察院案件管辖权的规定》;《最高人民法院关于新疆生产建设兵团人民法院案件管辖权问题的若干规定》;《人民检察院刑事诉讼规则(试行)》第8条、第9条、第11条、第12条;《公安机关办理刑事案件程序规定》第14条、第21条、第28条、第29条

第二十条 【基层法院管辖】基层人民法院管辖第一审普通刑事案件,但是依照本法由上级人民法院管辖的除外。

条文解读

本条是关于基层人民法院管辖范围的规定。

根据《人民法院组织法》的规定,我国的基层人民法院包括:县、自治县人民法院、不设区的市人民法院和市辖区人民法院。同时基层人员根据地区、人口和案件情况,可以设立若干人民法庭。人民法院是基层人民法院的组成部分。在人民法院组织体系中,基层人民法院数量多、分布广、接近犯罪地和人民群众,有利于及时调查取证,也便于当事人参加诉讼活动,所以《刑事诉讼法》将绝大多数普通刑事案件规定由基层人民法院管辖。

关联法规索引

《人民法院组织法》第24条、第26条

第二十一条 【中级法院管辖】中级人民法院管辖下列第一审刑事案件:

(一)危害国家安全、恐怖活动案件;

(二)可能判处无期徒刑、死刑的案件。

条文解读

本条是关于中级人民法院第一审刑事案件管辖的规定。

《刑事诉讼法》将中级人民法院管辖的第一审刑事案件规定为两类:一类是危害国家安全和恐怖活动的案件。考虑到国家安全的至关重要性以及当前国际社会恐怖活动猖獗态势的严重性,将此类犯罪的级别管辖权限交由中级人民法院是符合实际需要的。另一类是可能判处无期徒刑、死刑的案件。可能判处无期和死刑的案件大多是性质较为严重的刑事案件,且未来对被告人可能判处较重的刑罚,如果处理不当,会严重侵犯公民的合法权利,造成无可挽回的后果。此类案件由中级人民法院管辖有利于保证对案件的正确处理。

需要注意的是,立法对中级人民法院管辖的第一审刑事案件作出列举式规定,并不是说这些案件必须由中级人民法院管辖,而是指这两类案件最低应由中级人民法院进行第一审,不排除高级人民法院和最高人民法院对这些案件进行第一审的可能性。另外,对于一人犯数罪、共同犯罪和其他需要并案审理的案件,只要其中一人或者一罪属于中级人民法院管辖的,全案由中级人民法院管辖。

配套法规及解读

《反恐怖主义法》(2018年4月27日修正)

第三条　本法所称恐怖主义,是指通过暴力、破坏、恐吓等手段,制造社会恐慌、危害公共安全、侵犯人身财产,或者胁迫国家机关、国际组织,以实现其政治、意识形态等目的的主张和行为。

本法所称恐怖活动,是指恐怖主义性质的下列行为:

(一)组织、策划、准备实施、实施造成或者意图造成人员伤亡、重大财产损失、公共设施损坏、社会秩序混乱等严重社会危害的活动的;

(二)宣扬恐怖主义,煽动实施恐怖活动,或者非法持有宣扬恐怖主义的物品,强制他人在公共场所穿戴宣扬恐怖主义的服饰、标志的;

(三)组织、领导、参加恐怖活动组织的;

(四)为恐怖活动组织、恐怖活动人员、实施恐怖活动或者恐怖活动培训提供信息、资金、物资、劳务、技术、场所等支持、协助、便利的;

(五)其他恐怖活动。

本法所称恐怖活动组织,是指三人以上为实施恐怖活动而组成的犯罪组织。

本法所称恐怖活动人员,是指实施恐怖活动的人和恐怖活动组织的成员。

本法所称恐怖事件,是指正在发生或者已经发生的造成或者可能造成重大社会危害的恐怖活动。

※法规解读：随着社会的发展，国与国之间的往来与交流日益频繁，各种政治、经济、文化因素的影响范围也日益扩大，由此带来的各种矛盾也会在一定条件下产生激化，国际恐怖主义势力有所抬头，恐怖分子已经成为影响世界和平与发展的重要因素。我国作为国际社会的重要成员，当然也面临着恐怖活动的现实威胁，故中华人民共和国第十二届全国人民代表大会常务委员会第十八次会议于2015年12月27日通过了《反恐怖主义法》，自2016年1月1日起施行。该法于2018年4月24日经过第十二届全国人民代表大会常务委员会第十八次会议决定修改。考虑到这类案件社会危害性较大，案件的情节也比较复杂，规定由中级人民法院作为一审管辖较为适宜。这样也有利于更好地打击这类犯罪。

《最高人民法院关于适用〈中华人民共和国刑事诉讼法〉的解释》（2012年12月20日）

第十二条 人民检察院认为可能判处无期徒刑、死刑，向中级人民法院提起公诉的案件，中级人民法院受理后，认为不需要判处无期徒刑、死刑的，应当依法审判，不再交基层人民法院审判。

※法规解读：该条文中"可能判处无期徒刑、死刑"的案件，是指除危害国家安全案件和恐怖活动案件以外，依照我国《刑法》规定，可能判处无期徒刑或者死刑的刑事案件。这种表述仅指在案件审判前从司法的角度所作的一种预测或判断，而不是指《刑法》上规定的法定刑中所包含的无期徒刑、死刑案件，更不是要求这些案件经中级人民法院审理后，一定会判处无期徒刑或死刑。所以，在司法实践中，对于人民检察院认为可能判处无期徒刑、死刑而向中级人民法院提起公诉的刑事案件，中级人民法院审理后，如果认为不需要判处无期徒刑以上刑罚的，应当依法审理并作出判决，不再交由基层人民法院审理。

《最高人民法院、最高人民检察院、公安部、司法部关于办理恐怖活动和极端主义犯罪案件适用法律若干问题的意见》（2018年3月16日）

二、正确适用程序

（一）组织、领导、参加恐怖组织罪，帮助恐怖活动罪，准备实施恐怖活动罪，宣扬恐怖主义、煽动实施恐怖活动罪，强制穿戴宣扬恐怖主义服饰、标志罪，非法持有宣扬恐怖主义物品罪的第一审刑事案件由中级人民法院管辖；宣扬极端主义罪，利用极端主义破坏法律实施罪，强制穿戴宣扬极端主义服饰、标志罪，非法持有宣扬极端主义物品罪的第一审刑事案件由基层人民法院管辖。高级人民法院可以根据级别管辖的规定，结合本地区社会治安状况、案件数量等情况，决定实行相对集中管辖，指定辖区内特定的中级人民法院集中审理恐怖活动和极端主义犯罪第一审刑事案件，或者指定辖区内特定的基层人民法院集中审理极端主义犯罪第一审刑事案件，并将指定法院名单报最高人民法院备案。

※法规解读：鉴于恐怖活动和极端主义犯罪特殊的案件性质与严重的社会危害性，上述文件明确了该类犯罪一审案件的级别管辖，规定组织、领导、参加恐怖组织罪，帮助恐怖活动罪，准备实施恐怖活动罪，宣扬恐怖主义、煽动实施恐怖活动罪，强制穿戴宣扬恐怖主义服饰、标志罪，非法持有宣扬恐怖主义物品罪的第一审刑事案件由中级人民法院管辖；宣扬极端主义罪，利用极端主义破坏法律实施罪，强制穿戴宣扬极端主义服饰、标志罪，非法持有宣扬极端主义物品罪的第一审刑事案件由基层人民法院管辖。同时，考虑到打击该类犯罪的现实需要，针对具体地区的特殊情况，可以由高级人民法院根据级别管辖的规定，决定实行相对集中管辖，指定辖区内特定的中级人民法院集中审理恐怖活动和极端主义犯罪第一审刑事案件，或者指定辖区内特定的基层人民法院集中审理极端主义犯罪第一审刑事案件，并将指定法院名单报最高人民法院备案。

关联法规索引

《人民法院组织法》第23条；《最高人民法院关于适用〈中华人民共和国刑事诉讼法〉的解释》第10条、第13条；《最高人民法院关于人民法院办理接收在台湾地区服刑的大陆居民回大陆服刑案件的规定》第2条；《最高人民法院、最高人民检察院、公安部、中国证券监督管理委员会关于办理证券期货违法犯罪案件工作若干问题的意见》第10条；《最高人民检察院关于人民检察院立案侦查司法工作人员相关职务犯罪案件若干问题的规定》二

第二十二条　【高级法院管辖】高级人民法院管辖的第一审刑事案件，是全省（自治区、直辖市）性的重大刑事案件。

条文解读

本条是关于高级人民法院管辖范围的规定。

高级人民法院在地方各级人民法院体系中是最高一级的法院组织。高级人民法院的大量工作是下级人民法院报请审理的第一审案件、最高人民法院制定管辖的第一审案件、对中级人民法院判决和裁定的上诉、抗诉案件、按照审判监督程序提起的再审案件、中级人民法院报请复核的死刑案件。同时还要对全省（自治区、直辖市）性的重

大刑事案件的审判工作进行监督。为了尽量避免分散它在上述审理及监督工作方面的时间和精力,法律不应给高级人民法院规定过多的一审管辖案件,只能是少数在全省(自治区、直辖市)有重大影响的重大刑事案件。这样既能保证对这些案件的正确处理,又能保证高级人民法院集中主要精力解决审判中的重大复杂问题,监督、指导下级人民法院的审判工作。

关联法规索引

《人民法院组织法》第21条;《最高人民法院关于新疆生产建设兵团人民法院案件管辖权问题的若干规定》

典型案例

陈希同贪污、玩忽职守案[1]

※案情简介:被告人陈希同,曾任北京市市长、国务委员、中共中央政治局委员、北京市委书记。1998年2月27日被逮捕。

1998年6月5日,北京市人民检察院向北京市高级人民法院提起公诉,北京市高级人民法院审理被告人陈希同贪污、玩忽职守一案。北京市高级人民法院经过审理认定:被告人陈希同任北京市市长、市委书记期间,自1991年7月至1994年11月,在对外交往中接受贵重礼物22件,总计价值人民币555,956.2元,不按照国家有关规定交公,由个人非法占有。被告人陈希同任北京市市长期间,于1990年和1992年指使、纵容王宝森动用财政资金,在北京市八大处公园和怀柔县雁栖湖畔修建两座豪华别墅。违规建造别墅及购置设备款共计人民币3521万元。陈希同任北京市委书记后,自1993年1月至1995年2月,经常带情妇某某与王宝森等人,到两座别墅吃住享乐,两座别墅成为陈希同、王宝森享乐的场所。其间,耗用服务管理费人民币240万元,吃喝挥霍公款人民币105万元。一审法院依照《中华人民共和国刑法》第12条第1款、第394条、第382条第1款、第383条第1款第1项、第69条第1款和1979年《中华人民共和国刑法》第187条的规定,认定陈希同犯贪污罪,判处有期徒刑十三年,犯玩忽职守罪,判处有期徒刑四年,决定执行有期徒刑十六年,赃物予以没收,上缴国库。

陈希同不服北京市高级人民法院判决上诉,案件经最高人民法院二审后,认为原

---

[1] 本案根据《陈希同贪污、玩忽职守上诉案裁定书》,载《最高人民法院公报》1998年第3期。由于本案时间的原因,该案例中所使用的法律条文均为判决时的版本。

审判决认定上诉人陈希同贪污罪、玩忽职守罪的事实，有证人证言、物证、书证、赃物估价证明、审计说明等证据证实，足以认定。陈希同在对外交往中接受贵重礼物，没有按照国家规定交公，直至1995年2月，其秘书陈健涉嫌犯罪被审查，陈希同让身边工作人员清理了有关礼物后，也未向任何人说明礼物要做捐助使用，相反却让其子陈小同将部分礼物从其办公室拿走。且陈希同提出的证人，均不能证实陈希同的上诉理由和二审辩护人的辩护意见。陈希同指使、纵容王宝森违规建造豪华别墅并在其中享乐，耗费公款数额特别巨大，其行为依法应当受到刑事处罚。陈希同及辩护人对此提出的“不应再追究刑事责任”的上诉理由和辩护意见于法无据。

最高人民法院认为：上诉人陈希同身为国家机关工作人员，在对外交往中接受贵重礼物不按照国家规定交公，非法占为己有的行为，已构成贪污罪；违背职责指使、纵容王宝森动用财政资金违规建造两座豪华别墅，并在其中吃住享乐，使公共财产、国家和人民利益遭受重大损失的行为，已构成玩忽职守罪，均应依法惩处。陈希同的上诉理由及二审辩护人的辩护意见不能成立，不予采纳。一审判决认定上诉人陈希同的犯罪事实和适用法律正确、量刑适当，审判程序合法。本案经合议庭评议后，最高人民法院审判委员会第1016次会议讨论决定，并依照《中华人民共和国刑事诉讼法》第189条第1项的规定，于1998年8月20日裁定，驳回上诉，维持原判。

※裁判要旨：我国《刑事诉讼法》对高级人民法院受理的第一审刑事案件采用的是概况式规定。“全省（自治区、直辖市）性的重大刑事案件”的具体标准由高级人民法院根据案件情况及社会发展状况等综合因素进行考量。本案中，陈希同被捕前身居高位，曾任北京市市长、市委书记，其利用职务之便，贪污受贿数额巨大。无论从其职务影响性，还是从其犯罪数额的角度，均在北京市产生了巨大的影响。因此，本案由北京市高级人民法院进行管辖是正确的。

第二十三条　【最高人民法院管辖】最高人民法院管辖的第一审刑事案件，是全国性的重大刑事案件。

条文解读

本条是关于最高人民法院管辖范围的规定。

根据《宪法》和《人民法院组织法》的规定，最高人民法院是全国最高审判机构，只有全国性的重大刑事案件才属于最高人民法院第一审管辖范围。这是因为最高人民法院的主要职责为：进行审判理论和实践研究，制定有关法律适用问题的通知、批复，对现行法律作司法解释，解答有关疑难案件的问题，监督和指导地方各级人民法院、专门人民法院的审判工作,复核死刑案件。所以它只能担负具有全国性重大影响的少数刑事案件的一审审判。这样既能保证最高人民法院集中主要精力解决审判中的重大复杂问题,监督、指导下级人民法院的审判工作,又能保证那些具有全国性影响,其处理结果往往涉及党和国家的方针政策,甚至具有国际影响的、地方法院无法胜任的案件能够得到正确审理。

关联法规索引

《人民法院组法》第16条、第17条

第二十四条 【级别管辖变通】上级人民法院在必要的时候,可以审判下级人民法院管辖的第一审刑事案件;下级人民法院认为案情重大、复杂需要由上级人民法院审判的第一审刑事案件,可以请求移送上一级人民法院审判。

条文解读

本条是关于人民法院级别管辖变通的规定。

根据本条规定,人民法院对属于自己管辖的第一审刑事案件,在必要的时候可以改变案件管辖,即所谓管辖权的转移,它实际上是把案件从有管辖权的下级人民法院上移给本来无管辖权的上级人民法院,从而使上级人民法院取得管辖权。

这种变通具体来讲有两种情况:一是上级人民法院监督、指导下级人民法院审判工作时,发现下级人民法院管辖的刑事案件案情复杂、涉及面广、影响大,下级人民法院没有足够的力量来审判或者下级人民法院对法律政策的适用界限不清、难以认定,审判有困难的,那么上级人民法院就可以把案件提上来由自己审判,以保证办案的质量。上级人民法院认为有必要审理下级人民法院管辖的第一审刑事案件,应当向下级人民法院下达改变管辖决定书,并书面通知同级人民检察院、被告人的羁押场所和当事人。二是下级人民法院对自己管辖的第一审刑事案件,认为案情复杂、重大,自己没有足够力量审判或者审判有阻力、有困难,或者对法律政策的适用把握不准等,需要由上级人民法院审判的时候,可以在案件审理期限届满十五日前,书面请求移送至上一级人民法院审判,由上级人民法院决定是否同意。

配套法规及解读

《最高人民法院关于适用〈中华人民共和国刑事诉讼法〉的解释》(2012年12月20日)

第十五条　基层人民法院对可能判处无期徒刑、死刑的第一审刑事案件，应当移送中级人民法院审判。

基层人民法院对下列第一审刑事案件，可以请求移送中级人民法院审判：

(一)重大、复杂案件；

(二)新类型的疑难案件；

(三)在法律适用上具有普遍指导意义的案件。

需要将案件移送中级人民法院审判的，应当在报请院长决定后，至迟于案件审理期限届满十五日前书面请求移送。中级人民法院应当在接到申请后十日内作出决定。不同意移送的，应当下达不同意移送决定书，由请求移送的人民法院依法审判；同意移送的，应当下达同意移送决定书，并书面通知同级人民检察院。

※法规解读：为避免实践中由于理解上的歧义而产生的不规范操作，该条将基层人民法院向中级人民法院移送管辖的案件情形做了区分，第1款规定了应当移送的情形，即“基层人民法院对可能判处无期徒刑、死刑的第一审刑事案件，应当移送中级人民法院审判”。第2款规定了可以移送的情形，即“基层人民法院对下列第一审刑事案件，可以请求移送中级人民法院审判：(一)重大、复杂案件；(二)新类型的疑难案件；(三)在法律适用上具有普遍指导意义的案件”。这样规定，明确了基层人民法院向中级人民法院移送审判案件的具体类型，以保障相关案件的正确审理。

《最高人民法院关于适用〈中华人民共和国刑事诉讼法〉的解释》(2012年12月20日)

第十三条　一人犯数罪、共同犯罪和其他需要并案审理的案件，其中一人或者一罪属于上级人民法院管辖的，全案由上级人民法院管辖。

第十四条　上级人民法院决定审判下级人民法院管辖的第一审刑事案件的，应当向下级人民法院下达改变管辖决定书，并书面通知同级人民检察院。

《最高人民法院关于规范上下级人民法院审判业务关系的若干意见》(2010年12月28日)

第三条　基层人民法院和中级人民法院对于已经受理的下列第一审案件，必要时可以根据相关法律规定，书面报请上一级人民法院审理：

(一)重大、疑难、复杂案件；

(二)新类型案件；

(三)具有普遍法律适用意义的案件；

(四)有管辖权的人民法院不宜行使审判权的案件。

第四条 上级人民法院对下级人民法院提出的移送审理请求,应当及时决定是否由自己审理,并下达同意移送决定书或者不同意移送决定书。

第五条 上级人民法院认为下级人民法院管辖的第一审案件,属于本意见第三条所列类型,有必要由自己审理的,可以决定提级管辖。

※法规解读:上述条文的相关内容均是关于级别管辖变通的具体规定,进一步明确了上级法院提级管辖和下级法院移送审理的适用条件、案件类型及适用程序。

关联法规索引

《人民检察院刑事诉讼规则(试行)》第13条、第14条

第二十五条 【审判地域管辖】刑事案件由犯罪地的人民法院管辖。如果由被告人居住地的人民法院审判更为适宜的,可以由被告人居住地的人民法院管辖。

条文解读

本条是关于人民法院地域管辖原则的规定。

地域管辖是指不同地区的同级人民法院在第一审刑事案件上的审判权限的分工,它所要解决的是某一刑事案件应由同级中的哪一个法院进行第一审审判的问题。一般情况下,地域管辖实行以犯罪地人民法院管辖为主的原则。这里说的"犯罪地",是指犯罪行为发生地和犯罪结果发生地。由犯罪地法院管辖,有利于保护和勘验现场,便于全面收集和核实证据,可以迅速查明案情,便于当事人和其他诉讼参与人就近参加诉讼,也便于当地群众旁听审判,发挥审判的法制教育功能。根据《最高人民法院关于适用〈中华人民共和国刑事诉讼法〉的解释》第2条的规定,犯罪地包括犯罪行为发生地和犯罪结果发生地。针对或者利用计算机网络实施的犯罪,犯罪地包括犯罪行为发生地的网站服务器所在地,网络接入地,网站建立者、管理者所在地,被侵害的计算机信息系统及其管理者所在地,被告人、被害人使用的计算机信息系统所在地,以及被害人财产遭受损失地。在某些特定案件中,犯罪地要结合案件的具体情况确定,如根据《最高人民法院、最高人民检察院、公安部关于办理非法集资刑事案件若干问题的意见》的规定,非法集资刑事案件中的"主要犯罪地"包括非法集资活动的主要组织、策划、实施地,集资行为人的注册地、主要营业地、主要办事机构所在地,集资参与人的主

要所在地等;《最高人民法院、最高人民检察院、关于办理非法从事资金支付结算业务、非法买卖外汇刑事案件适用法律若干问题的解释》规定,非法从事资金支付结算业务、非法买卖外汇刑事案件中的犯罪地,包括犯罪嫌疑人、被告人用于犯罪活动的账户开立地、资金接收地、资金过渡账户开立地、资金账户操作地,以及资金交易对手资金交付和汇出地等;《最高人民法院、最高人民检察院、公安部、司法部、生态环境部关于办理办理环境污染刑事案件有关问题座谈会纪要》规定,跨区域环境污染犯罪案件犯罪地包括环境污染行为发生地和结果发生地。"环境污染行为发生地"包括环境污染行为的实施地以及预备地、开始地、途经地、结束地以及排放、倾倒污染物的车船停靠地、始发地、途经地、到达地等地点;环境污染行为有连续、持续或者继续状态的,相关地方都属于环境污染行为发生地。"环境污染结果发生地"包括污染物排放地、倾倒地、堆放地、污染发生地等。

但是,被告人流窜作案,主要犯罪地难以确定,而其居住地群众更了解案件情况,或者可能对被告人适用缓刑、管制或者单独适用剥夺政治权利等刑罚,需要在其居住地执行的,或者有其他表明由被告人居住地的人民法院管辖更为适宜的情况的,可以由被告人居住地的人民法院管辖,即所谓地域管辖以居住地管辖为辅原则。

本条所说的"居住地",是指被告人的户籍所在地和居所地。

配套法规及解读

《刑法》(2017 年 11 月 4 日修正)

第六条 凡在中华人民共和国领域内犯罪的,除法律有特别规定的以外,都适用本法。

凡在中华人民共和国船舶或者航空器内犯罪的,也适用本法。

犯罪的行为或者结果有一项发生在中华人民共和国领域内的,就认为是在中华人民共和国领域内犯罪。

※法规解读:本条是关于我国刑事属地管辖权的规定。

这是我国《刑法》关于刑法空间效力的基本原则。这里的"领域",是指我国国境以内的全部区域,包括领陆、领水和领空。根据国际条约和惯例,以下两部分属于我国领土的延伸,适用我国《刑法》:我国的船舶或者航空器;我国驻外使领馆内。所谓"法律有特别规定",主要是指:(1)《刑法》第 11 条关于"享有外交特权和豁免权的外国人的刑事责任,通过外交途径解决"的规定。(2)《刑法》第 90 条关于"民族自治地方不能全部适用本法规定的,可以由自治区或者省的人民代表大会根据当地民族的政治、经济、文化的特点和本法规定的基本原则,制定变通或者补充的规定,报请全国人民代表大会常务委员会批准施行"的规定。(3)现行《刑法》施行后由国家立法机关制定的特别刑法的规定。(4)我国香港特别行政区基本法和澳门特别行政区基本法作出的例外规定。

《最高人民法院关于适用〈中华人民共和国刑事诉讼法〉的解释》(2012年12月20日)

第二条 犯罪地包括犯罪行为发生地和犯罪结果发生地。

针对或者利用计算机网络实施的犯罪,犯罪地包括犯罪行为发生地的网站服务器所在地,网络接入地,网站建立者、管理者所在地,被侵害的计算机信息系统及其管理者所在地,被告人、被害人使用的计算机信息系统所在地,以及被害人财产遭受损失地。

※法规解读:该条针对当前犯罪行为复杂化和犯罪地多变化的特点,为及时有效惩罚犯罪,维护被害人合法权益,减少不断增多的指定管辖及管辖争议问题,将“犯罪地”概念作了明确界定,即犯罪地包括犯罪行为发生地和犯罪结果发生地。同时,考虑到当前网络时代的特殊问题,该条第2款明确了针对或者利用计算机网络犯罪的管辖问题。

关联法规索引

《公安部关于办理利用经济合同诈骗案件有关问题的通知》;《最高人民检察院关于对服刑罪犯暂予监外执行期间在异地又犯罪应由何地检察院受理审查起诉问题的批复》;《公安部关于打击拐卖妇女儿童犯罪适用法律和政策有关问题的意见》;《公安部关于受害人居住地公安机关可否对诈骗犯罪案件立案侦查问题的批复》;《最高人民法院、最高人民检察院、海关总署关于印发〈办理走私刑事案件适用法律若干问题的意见〉的通知》;《最高人民法院、最高人民检察院、公安部关于印发〈办理毒品犯罪案件适用法律若干问题的意见〉的通知》;《最高人民法院、最高人民检察院、公安部、司法部印发〈关于依法惩治拐卖妇女儿童犯罪的意见〉的通知》;《最高人民法院、最高人民检察院、公安部关于办理网络赌博犯罪案件适用法律若干问题的意见》;《最高人民法院、最高人民检察院、公安部印发〈关于办理侵犯知识产权刑事案件适用法律若干问题的意见〉的通知》;《公安部、最高人民法院、最高人民检察院等关于印发〈关于办理流动性团伙性跨区域性犯罪案件有关问题的意见〉的通知》;《人民检察院刑事诉讼规则(试行)》第15条;《最高人民法院关于适用〈中华人民共和国刑事诉讼法〉的解释》第3～11条;《最高人民法院、最高人民检察院、公安部关于信用卡诈骗犯罪管辖有关问题的通知》、《最高人民法院、最高人民检察院、公安部关于办理电信网络诈骗等刑事案件适用法律若干问题的意见》五;《最高人民法院、最高人民检察院、公安部、司法部关于办理恐怖活动和极端主义犯罪案件适用法律若干问题的意见》三、(二);《最高人民法院、最高人民检察院、公安部、司法部关于“套路贷”刑事案件若干问题的意见》三、11;《最高人民法院、最高人民检察院、公安部关于办理非法集资刑事案件若干问题的意见》

七;《最高人民法院、最高人民检察院关于办理非法从事资金支付结算业务、非法买卖外汇刑事案件适用法律若干问题的解释》第10条;《最高人民法院、最高人民检察院、公安部、司法部、生态环境部关于办理办理环境污染刑事案件有关问题座谈会纪》第12条;《公安机关办理刑事案件程序规定》第15条、第16条

第二十六条 【共同管辖处理】几个同级人民法院都有权管辖的案件,由最初受理的人民法院审判。在必要的时候,可以移送主要犯罪地的人民法院审判。

条文解读

本条是关于共同管辖的规定。

司法实践中情况非常复杂,有时某个案件依据地域管辖原则并不能确定由哪个法院来行使管辖权,为了避免有管辖权的人民法院对案件互相争办或者推诿,影响案件的及时处理,或者造成审判工作重复,支出不必要的人力、财力、物力,本条规定,对几个同级人民法院都有管辖权的案件,由最初受理的人民法院审判。但是,在必要的时候,也可以移送主要犯罪地的人民法院管辖。这里说的"主要犯罪地",是指案件涉及多个地点时,对该犯罪的成立起主要作用的地点(包括一人犯数罪时主要罪行的实行地)。这里说的"必要的时候",主要是指对审判工作的顺利进行来讲,存在特殊需要的时候。在司法实践中,对于共同犯罪的被告人,在地域管辖上适用就主不就从的原则,即主犯归哪个法院管辖,整个案件就归哪个法院管辖。

配套法规及解读

《最高人民法院关于适用〈中华人民共和国刑事诉讼法〉的解释》(2012年12月20日)

第十七条 两个以上同级人民法院都有管辖权的案件,由最初受理的人民法院审判。必要时,可以移送被告人主要犯罪地的人民法院审判。

管辖权发生争议的,应当在审理期限内协商解决;协商不成的,由争议的人民法院分别层报共同的上级人民法院指定管辖。

※法规解读:本条是关于优先管辖与移送管辖的规定。

根据本条可知,几个同级人民法院都有权管辖的案件,如被告人数个犯罪或同一犯罪不同情节分散于几个同级法院管辖区内,哪个法院最先受理了起诉,一般应当由其审判,即优先管辖,以使案件得到及时处理。只有在必要的时候,才可以将案件移送

主要犯罪地的人民法院审判。主要犯罪地即最严重或影响最大的犯罪或犯罪情节所在地,如果由这些地方的人民法院审判将更有利于诉讼顺利进行、更有利于核实证据材料和查明事实、准确处理案件或者便于对群众进行法制教育的,就可认为有移送主要犯罪地法院审判的必要。但最初受理的人民法院在移送案件前必须先与犯罪地的人民法院协商并征得其同意,受移送法院接受移送后,不能再将案件移送其他同级人民法院,确需移送的,应报经上级人民法院决定。

关联法规索引

《最高人民法院、最高人民检察院、公安部关于公安部证券犯罪侦查局直属分局办理经济犯罪案件适用刑事诉讼程序若干问题的通知》;《人民检察院刑事诉讼规则(试行)》第 17 条;《最高人民法院、最高人民检察院、公安部、司法部关于依法惩治拐卖妇女儿童犯罪的意见》二、5;《公安机关办理刑事案件程序规定》第 23 条

第二十七条　【指定管辖】上级人民法院可以指定下级人民法院审判管辖不明的案件,也可以指定下级人民法院将案件移送其他人民法院审判。

条文解读

本条是关于指定管辖的规定。

指定管辖主要用于解决管辖不明或者管辖争议问题。所谓"管辖不明",主要是指该案的管辖问题在法律中没有明确规定。所谓"管辖争议",包括积极管辖争议和消极管辖争议两种。积极管辖争议是指有两个或者两个以上的人民法院想要对案件进行管辖而引发的争议;消极管辖争议是指没有人民法院依法对案件行使管辖权而引起的管辖问题。根据本条规定,几个同级法院就同一案件的管辖问题发生争议时,首先应当协商解决,协商不成时由最初受理案件的人民法院在审限内报争议各方共同上一级人民法院指定管辖。上级人民法院有权指定下级人民法院审理该案件,也可以直接指令已经受理该案的人民法院将案件移送其他人民法院审判。此外,当有管辖权的法院不宜行使管辖权时,也可以由上级人民法院以指定的方式确定案件由哪个法院管辖。在指定管辖的程序上,上级人民法院应当在开庭前将指定管辖决定书分别送达被指定管辖的人民法院及其他对管辖权有争议的人民法院。原受理的人民法院不再行使管辖权。收到上级人民法院指定管辖的决定书后,对于公诉案件,应当将全部案卷材料退回提起公诉的人民检察院并书面通知当事人;对于自诉案件,应当将全部案卷材料

移送被指定管辖的人民法院并书面通知当事人。

配套法规及解读

《最高人民法院关于适用〈中华人民共和国刑事诉讼法〉的解释》(2012年12月20日)

第十六条　有管辖权的人民法院因案件涉及本院院长需要回避等原因,不宜行使管辖权的,可以请求移送上一级人民法院管辖。上一级人民法院可以管辖,也可以指定与提出请求的人民法院同级的其他人民法院管辖。

第十七条　两个以上同级人民法院都有管辖权的案件,由最初受理的人民法院审判。必要时,可以移送被告人主要犯罪地的人民法院审判。

管辖权发生争议的,应当在审理期限内协商解决;协商不成的,由争议的人民法院分别层报共同的上级人民法院指定管辖。

第十八条　上级人民法院在必要时,可以指定下级人民法院将其管辖的案件移送其他下级人民法院审判。

第十九条　上级人民法院指定管辖的,应当将指定管辖决定书分别送达被指定管辖的人民法院和其他有关的人民法院。

第二十条　原受理案件的人民法院在收到上级人民法院改变管辖决定书、同意移送决定书或者指定其他人民法院管辖决定书后,对公诉案件,应当书面通知同级人民检察院,并将案卷材料退回,同时书面通知当事人;对自诉案件,应当将案卷材料移送被指定管辖的人民法院,并书面通知当事人。

※法规解读:上述解释中的五个条文是关于指定管辖的具体规定。

指定管辖是一种裁定管辖。具体是指,当管辖情况不明,或者管辖发生争议,或者有管辖权的法院事实上不能或者不适宜管辖时,由上级法院指定某一下级法院审理该案件的制度。指定管辖后,接受指定的人民法院取得对案件的管辖权。这样可以避免案件无人管辖或管辖争议久拖不决的现象发生。上级人民法院指定其他人民法院管辖后,原受理案件的人民法院应将案件依其为公诉案件还是自诉案件分别处理,两种处理方式均需书面通知当事人。

关联法规索引

《海事特别程序法》第10条;《行政诉讼法》第22条;《民事诉讼法》第36条、第37条;《人民检察院刑事诉讼规则(试行)》第16条、第18条;《公安机关办理刑事案件程序规定》第19条、第20条

第二十八条 【专门管辖】 专门人民法院案件的管辖另行规定。

条文解读

本条是关于专门管辖的规定。

专门管辖是指各专门人民法院在审判第一审刑事案件范围上的分工。它既包括专门人民法院与普通人民法院之间审判第一审刑事案件范围上的分工,同时也包括各专门人民法院之间在受理刑事案件范围上的分工。

根据《人民法院组织法》第 15 条第 1 款的规定,专门人民法院包括军事法院和海事法院、知识产权法院、金融法院等。其中,军事法院管辖的刑事案件主要包括:军人违反军人职责罪的案件;涉及国家军事秘密的案件;现役军人在服役期间犯罪并且在退役前即予以追究的案件;现役军人在入伍前实施但需与服役期内犯罪一并审理的案件。现役军人和非军人共同犯罪,如果不涉及国家军事秘密,则分别由军事法院和地方人民法院或其他专门人民法院管辖。海事法院内设海事审判庭和海商审判庭,管辖第一审海事和海商案件,其收案范围包括海事侵权纠纷案件、海商合同纠纷案件、海事执行案件和海事请求保全案件等。知识产权法院是为了加强知识产权运用和保护,健全技术创新激励机制而设立的审判机构。金融法院的设置旨在提供专业化的金融领域司法救济,目的在于参与全球范围内的金融规则构建。

专门法院的具体管辖问题,法律有专门的规定。

关联法规索引

《最高人民法院、最高人民检察院、公安部、国家安全部、司法部、解放军总政治部办理军队和地方互涉刑事案件规定》;《最高人民法院关于审理拒不执行判决、裁定案件具体适用法律若干问题的解释》第 7 条;《最高人民法院关于适用〈中华人民共和国刑事诉讼法〉的解释》第 4 ~ 9 条、第 11 条、第 22 条;《公安机关办理刑事案件程序规定》第 23 ~ 27 条

第三章　回　　避

本章介绍

本章从第 29 条至第 32 条，共包括 4 个条文，对刑事诉讼中的回避问题作了明确规定，具体内容包括回避的种类、申请回避的主体、回避的条件、适用范围和程序等。刑事诉讼中的回避，是指与案件本身或案件当事人有利害关系或者其他特殊关系的侦查、检察和审判人员，包括书记员、翻译人员、鉴定人，不得参加本案处理工作的一项诉讼制度。

第二十九条　【回避事由和方式】审判人员、检察人员、侦查人员有下列情形之一的，应当自行回避，当事人及其法定代理人也有权要求他们回避：

（一）是本案的当事人或者是当事人的近亲属的；

（二）本人或者他的近亲属和本案有利害关系的；

（三）担任过本案的证人、鉴定人、辩护人、诉讼代理人的；

（四）与本案当事人有其他关系，可能影响公正处理案件的。

条文解读

本条是关于回避事由和方式的规定。

刑事诉讼中的回避是指根据《刑事诉讼法》和有关法律规定，同案件有利害关系或者同案件当事人有其他特殊关系可能影响案件公正处理的侦查、检察、审判人员等，不得参与该案诉讼活动的一项诉讼制度。规定回避制度的目的在于保证公正客观地处理案件，防止先入为主和徇私舞弊。对于当事人及其法定代理人来说，提出回避申请是法律赋予他们保护自己合法权益的一项诉讼权利。

回避的适用人员是指在法定回避情形下应当回避的办案人员，根据本条和相关法律法规，具体包括侦查人员、检察人员（含检察委员会委员）、审判人员（含审判委员会委员）以及参与侦查、起诉、审判活动的人民陪审员、书记员、翻译人员和鉴定人。回避的种类有三种：自行回避、申请回避和指令回避。依照法律规定，侦查、检察、审判人员具有法定回避情形之一的应当自行主动要求回避，这是自行回避。案件的当事人和法定代理人认为侦查、检察、审判人员中具有法定回避情形的，有权向公安司法机关提出申请，要求他们回避，这是申请回避。此外，根据司法解释，应当回避的人员，本人没有自行回避，当事人和法定代理人也没有申请其回避的，本部门的负责人可以决定其回避，即指令回避。

我国实行有因回避制度。无论是自行回避还是申请回避，都必须有回避的理由，即本条所规定的四种情形，只要存在其中一种情形，有关的侦查、检察、审判人员就应当自行回避，当事人及其法定代理人也可以申请其回避。以上回避的适用人员在遇到法律规定的四种情形以及本法第29条规定的情形时，应当主动向所在机关或聘请、指派机关提出回避申请。已经参加过本案侦查、起诉的侦查、检察人员不能再担任本案的审判人员；参加过本案侦查的侦查人员，不能担任本案的检察人员；在一个审判程序中参与过本案审判工作的合议庭组成人员、书记员不能再参与本案其他程序的审判。

本条规定的第1项情形所指的"本案的当事人"，具体指本案的被害人、自诉人、犯罪嫌疑人、被告人、附带民事诉讼的原告人和被告人；"当事人的近亲属"是指上述同案当事人有夫、妻、父、母、子、女或同胞兄弟姊妹关系的人。第2项情形中所指的"利害关系"，是指案件的处理过程，特别是处理结果会对本人或者其近亲属的利益产生某种影响。第3项情形对"担任过本案的证人、鉴定人、辩护人、诉讼代理人的"要求回避，主要是为了防止这些人员先入为主，主观臆断，以利于客观全面地收集和判断其他证据，公正处理案件。第4项情形中所谓"与本案当事人有其他关系"，法律没有作具体规定，它是一项弹性所指，意即本条第1款第1、2、3项所规定的以外的情形，所有可能影响案件公正处理的关系。

配套法规及解读

《最高人民法院关于适用〈中华人民共和国刑事诉讼法〉的解释》(2012年12月20日)

第二十三条 审判人员具有下列情形之一的，应当自行回避，当事人及其法定代理人有权申请其回避：

(一)是本案的当事人或者是当事人的近亲属的；

(二)本人或者其近亲属与本案有利害关系的；

(三)担任过本案的证人、鉴定人、辩护人、诉讼代理人、翻译人员的；

(四)与本案的辩护人、诉讼代理人有近亲属关系的；

(五)与本案当事人有其他利害关系，可能影响公正审判的。

第二十五条 参与过本案侦查、审查起诉工作的侦查、检察人员，调至人民法院工作的，不得担任本案的审判人员。

在一个审判程序中参与过本案审判工作的合议庭组成人员或者独任审判员,不得再参与本案其他程序的审判。但是,发回重新审判的案件,在第一审人民法院作出裁判后又进入第二审程序或者死刑复核程序的,原第二审程序或者死刑复核程序中的合议庭组成人员不受本款规定的限制。

※法规解读:上述条文对审判人员需要回避的具体情形作了规定。其中,第23条规定,审判人员与本案(或本案当事人)有利害关系,可能影响公正审判的,应自行回避或被当事人及其法定代理人申请回避;第25条规定,审判人员由于工作原因参与过本案其他刑事诉讼活动的,亦需要回避。另外,对于发回重新审判的案件,由于原第二审程序或复核程序的合议庭组成人员对案情比较熟悉,清楚发回重审的原因,在第一审人民法院作出裁判后又进入第二审程序或者死刑复核程序的,由原第二审或复核程序合议庭继续审理可以兼顾公正与效率,所以规定原第二审程序或者死刑复核程序中的合议庭组成人员不受本款回避规定的限制。

《法官法》(2019年4月23日修订)

第二十三条　法官之间有夫妻关系、直系血亲关系、三代以内旁系血亲以及近姻亲关系的,不得同时担任下列职务:

(一)同一人民法院的院长、副院长、审判委员会委员、庭长、副庭长;

(二)同一人民法院的院长、副院长和审判员;

(三)同一审判庭的庭长、副庭长、审判员;

(四)上下相邻两级人民法院的院长、副院长。

第二十四条　法官的配偶、父母、子女有下列情形之一的,法官应当实行任职回避:

(一)担任该法官所任职人民法院辖区内律师事务所的合伙人或者设立人的;

(二)在该法官所任职人民法院辖区内以律师身份担任诉讼代理人、辩护人,或者为诉讼案件当事人提供其他有偿法律服务的。

《检察官法》(2019年4月23日修订)

第二十四条　检察官之间有夫妻关系、直系血亲关系、三代以内旁系血亲以及近姻亲关系的,不得同时担任下列职务:

(一)同一人民检察院的检察长、副检察长、检察委员会委员;

(二)同一人民检察院的检察长、副检察长和检察员;

(三)同一业务部门的检察员;

(四)上下相邻两级人民检察院的检察长、副检察长。

第二十五条　检察官的配偶、父母、子女有下列情形之一的,检察官应当实行任职回避:

（一）担任该检察官所任职人民检察院辖区内律师事务所的合伙人或者设立人的；

（二）在该检察官所任职人民检察院辖区内以律师身份担任诉讼代理人、辩护人，或者为诉讼案件当事人提供其他有偿法律服务的。

※法规解读：上述《法官法》与《检察官法》的相关条文是对我国法官、检察官任职回避的规定。完善的法官、检察官任职回避制度是法治国家的必然要求。为维护司法权威，防止法官、检察官与亲属之间进行法律"勾兑"，损害司法公正，《法官法》与《检察官法》规定，有夫妻关系、直系血亲关系、三代以内旁系血亲以及近姻亲关系的法官之间、检察官之间，不得同时担任同一法院或检察院、同一审判庭或业务部门的相关职务，且不得担任上下两级法院或检察院的院长、副院长或检察长、副检察长。在遴选法官、检察官时或法官、检察官入额前，相关人事部门要对其直系亲属的职业状况进行调查，对拟入职法官、检察官填报的直系亲属职业信息进行认真核实。如其配偶、父母、子女担任该法官、检察官所任职人民法院、人民检察院辖区内律师事务所的合伙人或者设立人，或在该法官、检察官所任职人民法院、人民检察院辖区内以律师身份担任诉讼代理人、辩护人，或者为诉讼案件当事人提供其他有偿法律服务的，该法官、检察官不具备遴选或入额的任职资格。同时，对于已入职的法官、检察官的直系亲属，在其从事上述相关律师等业务时，同步设定了职业禁止。

关联法规索引

《监察法》第58条；《人民陪审员法》第18条；《法官法》第36条；《检察官法》第37条；《公务员法》第74～78条；《精神卫生法》第33条；《职业病防治法》第54条；《人民检察院刑事诉讼规则（试行）》第2条、第5条、第20条、第30条、第32～33条；《最高人民法院、最高人民检察院、公安部等关于进一步规范司法人员与当事人、律师、特殊关系人、中介组织接触交往行为的若干规定》第4条；《公安机关办理刑事案件程序规定》第30条、第31条、第36条、第38条、第39条；《国家监察委员会特约监察员工作办法》第11条第4项

第三十条 【办案人员行为之禁止】审判人员、检察人员、侦查人员不得接受当事人及其委托的人的请客送礼，不得违反规定会见当事人及其委托的人。

审判人员、检察人员、侦查人员违反前款规定的，应当依法追究法律责任。当事人及其法定代理人有权要求他们回避。

条文解读

本条共有2款，是关于办案人员接受请客送礼、违反规定与当事人及其委托人会见作为回避理由的规定。

根据《法官法》、《检察官法》和《人民警察法》的规定，审判人员、检察人员和侦查人员有秉公执法、清正廉明的法定义务，不得接受当事人及其代理人利益输送，或者违反有关规定会见当事人及其代理人，因为那样不仅会损害司法人员的中立、公正形象，削弱司法机关的威信，而且极易导致徇私枉法行为的发生。根据有关规定，审判人员还不得为本案当事人推荐、介绍代理人或辩护人，不得向本案当事人及其委托的人借款、借用交通工具、通信工具或者其他物品，或者接受当事人及其委托人购买商品、装修住房以及其他方面给予的好处。

本条所称的"当事人"，是指被害人、自诉人、犯罪嫌疑人、被告人、附带民事诉讼的原告人和被告人；"委托的人"，是指接受当事人所托的人，不仅指委托的诉讼代理人或辩护人，还包括其他受当事人委托办理特定事项的人；"违反法律规定"，是指违反《法官法》第46条第8项、《检察官法》第47条第8项、《人民警察法》第22条第9项的规定；"依法追究法律责任"，是指依法给予警告、记过、记大过、降级、撤职、开除以及降低工资和等级等行政处分，如果构成犯罪的，应当依法追究刑事责任。

依本条规定，审判人员、检察人员和侦查人员如果接受当事人或其委托的人的请客送礼，私自会见当事人及其委托的人，即构成当事人及其法定代理人申请回避的一项理由，当事人及其法定代理人可以依法申请其回避。

配套法规及解读

《最高人民法院关于适用〈中华人民共和国刑事诉讼法〉的解释》(2012年12月20日)

第二十四条　审判人员违反规定，具有下列情形之一的，当事人及其法定代理人有权申请其回避：

(一)违反规定会见本案当事人、辩护人、诉讼代理人的；

(二)为本案当事人推荐、介绍辩护人、诉讼代理人，或者为律师、其他人员介绍办理本案的；

(三)索取、接受本案当事人及其委托人的财物或者其他利益的；

(四)接受本案当事人及其委托人的宴请，或者参加由其支付费用的活动的；

(五)向本案当事人及其委托人借用款物的；

(六)有其他不正当行为，可能影响公正审判的。

※法规解读：本条对审判人员违反规定实施的不正当行为进行列举式规定，这些行为或者情形的出现，使审判人员与案件具有了某种利益上的牵连关系，此种牵连关系可能会对公正审判造成不利影响，因此也将其列为当事人及其法定代理人可申请回避的理由。

关联法规索引

《人民警察法》第22条第9项；《仲裁法》第34条第4项；《民事诉讼法》第44条；《法官法》第46条第8项；《检察官法》第47条第8项；《最高人民法院关于审判人员在诉讼活动中执行回避制度若干问题的规定》第1～3条；《最高人民法院、司法部关于规范法官和律师相互关系维护司法公正的若干规定》第6～8条；《公安机关办理刑事案件程序规定》第31条

第三十一条 【回避的决定及效力】审判人员、检察人员、侦查人员的回避，应当分别由院长、检察长、公安机关负责人决定；院长的回避，由本院审判委员会决定；检察长和公安机关负责人的回避，由同级人民检察院检察委员会决定。

对侦查人员的回避作出决定前，侦查人员不能停止对案件的侦查。

对驳回申请回避的决定，当事人及其法定代理人可以申请复议一次。

条文解读

本条共有3款，是关于回避的决定权主体及回避决定的效力的规定。

当事人及其法定代理人对审判人员、检察人员和侦查人员提出回避申请，或者有关人员自己提出回避要求，是否具备法定的情形、是否准许，必须经过一定程序的审查，经过有权决定的个人或组织的同意。在未经同意前，应当回避的人员不能擅自回避。所以本条第1款规定了回避的决定权由谁来行使的问题。根据本条规定，审判人员、检察人员、侦查人员的回避，分别由院长、检察长、公安机关负责人决定。院长的回避，应经本院审判委员会按照少数服从多数的原则决定。检察长和公安机关负责人的回避，由同级人民检察院检察委员会决定。审判委员会、检察委员会讨论院长、检察长回避时，由副院长、副检察长主持，院长、检察长本人不得参加。需要注意的是，针对已经出庭支持公诉的检察人员提出的回避申请，人民法院应当通知指派该检察人员出庭的人民检察院，由该院检察长或者检察委员会决定。

本条第2款根据侦查机关办案活动的特点和办理刑事案件的需要，为了保证侦查

活动顺利进行，防止犯罪嫌疑人逃跑、证据灭失或侦查线索中断，规定对侦查人员的回避作出决定前，侦查人员不能停止对案件的侦查。根据有关规定，被决定回避的公安机关负责人、侦查人员，在回避决定作出以前所进行的诉讼活动是否有效，由作出决定的机关根据案件情况决定。被决定回避的检察人员，在回避决定作出以前所取得的证据和进行的诉讼行为是否有效，由检察委员会或者检察长根据案件具体情况决定。

根据本条第3款的立法精神，对于当事人及其法定代理人提出回避申请的，公安司法机关应当将是否同意回避的决定和理由告知当事人及其法定代理人。当事人及其法定代理人对驳回申请回避的决定不服，可以申请复议一次。对复议的处理决定，应及时告知提请复议的当事人及其法定代理人。在审查复议申请期间，一般不应影响诉讼程序的重新开始和继续进行。

配套法规及解读

《最高人民法院关于适用〈中华人民共和国刑事诉讼法〉的解释》(2012年12月20日)

第二十六条 人民法院应当依法告知当事人及其法定代理人有权申请回避，并告知其合议庭组成人员、独任审判员、书记员等人员的名单。

第二十七条 审判人员自行申请回避，或者当事人及其法定代理人申请审判人员回避的，可以口头或者书面提出，并说明理由，由院长决定。

院长自行申请回避，或者当事人及其法定代理人申请院长回避的，由审判委员会讨论决定。审判委员会讨论时，由副院长主持，院长不得参加。

第二十八条 当事人及其法定代理人依照刑事诉讼法第二十九条和本解释第二十四条规定申请回避，应当提供证明材料。

第二十九条 应当回避的审判人员没有自行回避，当事人及其法定代理人也没有申请其回避的，院长或者审判委员会应当决定其回避。

※法规解读：上述条文是关于自行回避、申请回避及指令回避的具体规定。

审判人员自行回避和当事人、法定代理人申请审判人员回避的，可以口头或者书面提出，由院长决定，院长被申请回避或自行回避的，由审判委员会决定。应当回避而没有自行回避，也没有当事人和其法定代理人申请回避，而院长或审委会认为其确实符合回避条件的，应当决定其回避，以免影响案件公正审理。

第三十条 对当事人及其法定代理人提出的回避申请，人民法院可以口头或者书面作出决定，并将决定告知申请人。

当事人及其法定代理人申请回避被驳回的，可以在接到决定时申请复议一次。不属于刑事诉讼法第二十八条、第二十九条[1]规定情形的回避申请，由法庭当庭驳回，并不得申请复议。

※法规解读：该条第1款对作出回避决定的形式予以明确，规定对当事人及其法定代理人提出的回避申请，人民法院可以口头或者书面作出决定，并将决定告知申请人。该条第2款对1998年《最高人民法院关于适用〈中华人民共和国刑事诉讼法〉的解释》第28条“被驳回回避申请的当事人及其法定代理人对决定有异议，可以当庭申请复议一次”的内容作了修改，规定“当事人及其法定代理人申请回避被驳回的，可以在接到决定时申请复议一次”，即将“当庭申请复议”改为“接到决定时申请复议”，这样使不开庭审理案件的当事人及其法定代理人也能够申请复议，同时也取消了当事人必须在开庭时才能申请复议的时间限制。

关联法规索引

《人民检察院刑事诉讼规则(试行)》第23～28条；《最高人民检察院关于对检察机关办案部门和办案人员违法行使职权行为纠正、记录、通报及责任追究的规定》第4条；《公安机关办理刑事案件程序规定》第32～35条

第三十二条　【其他人员的回避】本章关于回避的规定适用于书记员、翻译人员和鉴定人。

辩护人、诉讼代理人可以依照本章的规定要求回避、申请复议。

条文解读

本条共有2款，是关于其他人员回避的规定。

本条第1款规定了书记员、翻译人员和鉴定人的回避，第2款规定了辩护人、诉讼代理人要求回避和申请复议的权利。

书记员，在有的法律法规中又称为记录人。规定书记员、翻译人员和鉴定人也要依法实行回避，主要是考虑这三种工作也关系到案件的公正处理，应客观中立进行，实行回避有利于保护当事人合法权益，防止在办案过程中出现徇私舞弊现象。根据有关法律法规，书记员、翻译人员和鉴定人的回避，一般应当按照诉讼进行的阶段，分别由公安机关负责人、检察长或院长决定。但协助公诉人出庭支持公诉的检察院书记员的

〔1〕 现行《刑事诉讼法》第二十九条、第三十条。

回避,由该院检察长决定。

根据有关规定,公安机关侦查阶段被决定回避的鉴定人、记录人和翻译人员,在回避决定作出以前所进行的诉讼活动是否有效,由作出决定的机关根据案件情况决定。被决定回避的检察院书记员,在回避决定作出以前所取得的证据和进行的诉讼行为是否有效,由检察长根据案件的具体情况决定。

辩护人的范围包括律师、人民团体或者犯罪嫌疑人、被告人所在单位推荐的人,犯罪嫌疑人、被告人的监护人、亲友等,但是正在被执行刑罚或者依法被剥夺、限制人身自由的人除外;诉讼代理人包括公诉案件的被害人及其法定代理人委托代为参加诉讼的人和附带民事诉讼的当事人及其法定代理人、自诉案件的自诉人及其法定代理人委托代为参加诉讼的人。在刑事诉讼中,辩护人和诉讼代理人是为了帮助当事人行使诉讼权利、维护当事人合法权益而参加诉讼的,在某种程度上,他们是当事人的代表,只有赋予他们当事人应有的诉讼权利,才能真正保障和维护当事人诉讼权利的实现,《刑事诉讼法》在多个条文中都体现了对辩护人和诉讼代理人诉讼权利的强调,本条亦不例外。

关联法规索引

《全国人民代表大会常务委员会关于司法鉴定管理问题的决定》;《最高人民法院、最高人民检察院、公安部、国家安全部、司法部、全国人大常委会法制工作委员会关于刑事诉讼法实施中若干问题的规定》第8条;《检察人员任职回避和公务回避暂行办法》;《最高人民法院关于审判人员在诉讼活动中执行回避制度若干问题的规定》;《最高人民法院关于适用〈中华人民共和国刑事诉讼法〉的解释》第33条、第34条;《人民检察院刑事诉讼规则(试行)》第34条;《公安机关办理刑事案件程序规定》第38条、第39条

第四章　辩护与代理

本章介绍

本章从第 33 条至第 49 条，共包括 17 个条文，是关于刑事诉讼中的辩护与代理问题的规定。具体规定了辩护的种类，辩护人的范围，担任辩护人的条件，辩护人的责任，辩护人的权利和义务，犯罪嫌疑人、被告人委托辩护人的时间及被告人拒绝与更换辩护，刑事诉讼代理等内容。其中，第 36 条是 2018 年《刑事诉讼法》修正时新增条文，对值班律师制度作了规定。

第三十三条　【自行辩护与委托辩护】 犯罪嫌疑人、被告人除自己行使辩护权以外，还可以委托一至二人作为辩护人。下列的人可以被委托为辩护人：

（一）律师；

（二）人民团体或者犯罪嫌疑人、被告人所在单位推荐的人；

（三）犯罪嫌疑人、被告人的监护人、亲友。

正在被执行刑罚或者依法被剥夺、限制人身自由的人，不得担任辩护人。

被开除公职和被吊销律师、公证员执业证书的人，不得担任辩护人，但系犯罪嫌疑人、被告人的监护人、近亲属的除外。

条文解读

本条共有 3 款，是关于辩护种类、辩护人的范围以及不得担任辩护人的情形的规定。

在刑事诉讼中，由于犯罪嫌疑人、被告人处于被指控的诉讼地位，人身自由常常受到限制，为了客观、公正、全面地弄清案情和正确适用法律，保障犯罪嫌疑人、被告人的合法权益能够得到有效维护，法律赋予了犯罪嫌疑人、被告人与其诉讼地位相适应的辩护权。犯罪嫌疑人、被告人行使辩护权的方式主要有两种：一种是自行辩护；另一种是委托辩护人为其提供辩护。

自行辩护是犯罪嫌疑人、被告人自己针对指控进行反驳和辩解的行为。自行辩护是刑事诉讼中犯罪嫌疑人、被告人不可剥夺的诉讼权利，贯穿于刑事诉讼始终，是本源性的诉讼权利。委托辩护是指犯罪嫌疑人、被告人依法委托律师或其他公民担任辩护人,协助其进行辩护的行为。在整个刑事诉讼过程中,犯罪嫌疑人和被告人都有权自行辩护。犯罪嫌疑人自被侦查机关第一次讯问或者采取强制措施之日起,有权委托辩护人,但在侦查期间,只能委托律师作为辩护人;自诉案件被告人有权随时委托辩护人。犯罪嫌疑人、被告人在押的,也可以由其监护人、近亲属代为委托辩护人。同一个犯罪嫌疑人或被告人最多只能同时委托两名辩护人。

根据本条规定,可以被犯罪嫌疑人、被告人委托为辩护人的范围极为广泛,他们可以是:律师;人民团体或者犯罪嫌疑人、被告人所在单位推荐的人;犯罪嫌疑人、被告人的监护人、亲友。辩护人范围的广泛性有利于犯罪嫌疑人、被告人及时委托辩护人,使自己的诉讼权利及时得到保障。

本条第2款和第3款规定了不得担任被告人、犯罪嫌疑人辩护人的两种情形,其中第3款是2018年《刑事诉讼法》修正时增加的内容。根据本条第2款的规定,正在被执行刑罚或者依法被剥夺、限制人身自由的人,不得担任辩护人。"依法被剥夺、限制人身自由的人",是指依照法律被采取对刑事强制措施、治安拘留、强制隔离戒毒等人身自由被剥夺或者受到限制的人。需要指出的是,这里规定的是"正在"被执行刑罚或者被剥夺、限制人身自由的人,曾经被判处刑罚或者治安拘留等处罚,已执行完毕,或者采取刑事强制措施已被解除的不在此限。根据本条第3款的规定,被开除公职和吊销律师、公证员执业证书的人不能担任辩护人。"被开除公职的人"是指因各种违法违纪行为,开除所担任公职的人。"被吊销律师、公证员执业证书的人"是指因违反律师法、公证法等规定,被主管部门吊销律师执业证书、公证员执业证书的人。此款规定的目的是为了严肃法纪,保障法律权威,防止某些因违法违纪被开除公职的人员、被吊销律师执证书或被吊销公证员执业证书的人员,继续以各种名义从事法律服务活动,扰乱法律服务秩序,损害当事人合法权益。同时,考虑到以亲情维系的家庭社会关系的稳定问题,法律规定如果上述人员是犯罪嫌疑人、被告人的监护人、近亲属的,可以担任犯罪嫌疑人、被告人的辩护人。

配套法规及解读

《最高人民法院、最高人民检察院、公安部、国家安全部、司法部、全国人大常委会法制工作委员会关于实施刑事诉讼法若干问题的规定》(2012年12月26日)

4. 人民法院、人民检察院、公安机关、国家安全机关、监狱的现职人员,人民陪审员,外国人或者无国籍人,以及与本案有利害关系的人,不得担任辩护人。但是,上述人员系犯罪嫌疑人、被告人的监护人或者近亲属,犯罪嫌疑人、被告人委托其担任辩护人的,可以准许。无行为能力或者限制行为能力的人,不得担任辩护人。

一名辩护人不得为两名以上的同案犯罪嫌疑人、被告人辩护,不得为两名以上的未同案处理但实施的犯罪存在关联的犯罪嫌疑人、被告人辩护。

《最高人民法院关于适用〈中华人民共和国刑事诉讼法〉的解释》(2012年12月20日)

第三十五条 人民法院审判案件,应当充分保障被告人依法享有的辩护权利。

被告人除自己行使辩护权以外,还可以委托辩护人辩护。下列人员不得担任辩护人:

(一)正在被执行刑罚或者处于缓刑、假释考验期间的人;

(二)依法被剥夺、限制人身自由的人;

(三)无行为能力或者限制行为能力的人;

(四)人民法院、人民检察院、公安机关、国家安全机关、监狱的现职人员;

(五)人民陪审员;

(六)与本案审理结果有利害关系的人;

(七)外国人或者无国籍人。

前款第四项至第七项规定的人员,如果是被告人的监护人、近亲属,由被告人委托担任辩护人的,可以准许。

第三十六条 审判人员和人民法院其他工作人员从人民法院离任后二年内,不得以律师身份担任辩护人。

审判人员和人民法院其他工作人员从人民法院离任后,不得担任原任职法院所审理案件的辩护人,但作为被告人的监护人、近亲属进行辩护的除外。

审判人员和人民法院其他工作人员的配偶、子女或者父母不得担任其任职法院所审理案件的辩护人,但作为被告人的监护人、近亲属进行辩护的除外。

※法规解读:根据《刑事诉讼法》第33条的规定,可以被犯罪嫌疑人、被告人委托为辩护人的范围极为广泛,具体包括:律师;人民团体或者犯罪嫌疑人、被告人所在单位推荐的人;犯罪嫌疑人、被告人的监护人及亲友。辩护人范围的广泛性有利于对犯罪嫌疑人、被告人诉讼权利的及时保护,但在司法实践中需要注意的是,根据《最高人民法院、最高人民检察院、公安部、国家安全部、司法部、全国人大常委会法制工作委员会关于实施刑事诉讼法若干问题的规定》第4条以及《最高人民法院关于适用〈中华人民共和国刑事诉讼法〉的解释》第35条的规定,下列人员由于其自身情况特殊,或者职务身份冲突等原因,不得担任辩护人:(1)被宣告缓刑假释考验期间或者刑罚尚未执行完毕的人;(2)依法被剥夺、限制人身自由的人;(3)无行为能力或者限制行为能力的人;(4)人民法院、人民检察院、公安机关、国家安全机关、监狱的现职人员;(5)本院的人民陪审员;(6)与本案审理结果有利害关系的人;(7)外国人或者无国籍人。其中,第(4)、(5)、(6)、(7)项规定的人员,如果是被告人的近亲属或者监护人,由被告人委托

担任辩护人的，可以作为辩护人参加诉讼，人民法院可以准许。《最高人民法院关于适用〈中华人民共和国刑事诉讼法〉的解释》第36条对审判人员和人民法院其他工作人员及其配偶、子女、父母担任辩护人的禁止情形作了规定，但需要注意的是，当这些主体作为被告人的监护人、近亲属时，允许其以辩护人的身份参与案件程序。

第三十八条 一名被告人可以委托一至二人作为辩护人。

一名辩护人不得为两名以上的同案被告人，或者未同案处理但犯罪事实存在关联的被告人辩护。

※法规解读：该条第2款将1998年《最高人民法院关于适用〈中华人民共和国刑事诉讼法〉的解释》第35条"在共同犯罪的案件中，一名辩护人不得为两名以上的同案被告人辩护"的规定修改为"一名辩护人不得为两名以上的同案被告人，或者未同案处理但犯罪事实存在关联的被告人辩护"，以解决司法实践中被告人虽非共同犯罪人，但犯罪事实存在紧密关联，或虽为共同犯罪案件但未同案处理等情形的辩护适用问题，有效防止因利益冲突而损害被告人的合法权益，保证案件的公正审理。

《律师法》(2017年9月1日修正)

第七条 申请人有下列情形之一的，不予颁发律师执业证书：

(一)无民事行为能力或者限制民事行为能力的；

(二)受过刑事处罚的，但过失犯罪的除外；

(三)被开除公职或者被吊销律师、公证员执业证书的。

第十三条 没有取得律师执业证书的人员，不得以律师名义从事法律服务业务；除法律另有规定外，不得从事诉讼代理或者辩护业务。

第五十三条第二款 被吊销律师执业证书的，不得担任辩护人、诉讼代理人，但系刑事诉讼、民事诉讼、行政诉讼当事人的监护人、近亲属的除外。

※法规解读：上述条文规定了律师执业证书不能获得的情况、没有律师执业证书及被吊销律师执业证书的人员从事法律服务业务和充任辩护人等身份的禁止性规定。为全面推进依法治国，保障司法体制改革的有效进行，规范律师等法律职业队伍，国家逐步建立起统一的法律职业资格准入制度，对于因违法违纪被开除公职的人员、被吊销执业证书的律师和公证员，除法律另有规定外，终身禁止从事法律职业，包括担任犯罪嫌疑人和被告人的辩护人。

《法官法》(2019年4月23日修订)

第三十六条 法官从人民法院离任后两年内，不得以律师身份担任诉讼代理人或者辩护人。

法官从人民法院离任后，不得担任原任职法院办理案件的诉讼代理人或者辩护人，但是作为当事人的监护人或者近亲属代理诉讼或者进行辩护的除外。

法官被开除后，不得担任诉讼代理人或者辩护人，但是作为当事人的监护人或者近亲属代理诉讼或者进行辩护的除外。

《检察官法》(2019 年 4 月 23 日修订)

第三十七条 检察官从人民检察院离任后两年内，不得以律师身份担任诉讼代理人或者辩护人。

检察官从人民检察院离任后，不得担任原任职检察院办理案件的诉讼代理人或者辩护人，但是作为当事人的监护人或者近亲属代理诉讼或者进行辩护的除外。

检察官被开除后，不得担任诉讼代理人或者辩护人，但是作为当事人的监护人或者近亲属代理诉讼或者进行辩护的除外。

※法规解读：上述《法官法》《检察官法》的相关条文对法官、检察官离任及被开除后的“诉讼代理禁止”作了规定，具体包括三种情形：法官或检察官离任后的两年内，不得以律师身份从事代理或辩护活动；法官或检察官离任后，终身不得担任原任职法院、检察院办理案件的诉讼代理人或者辩护人；法官或检察官被开除的，终身不得担任诉讼代理人或者辩护人。其中，在后两种情形下，允许该原法官或检察官以当事人的监护人或近亲属身份代理诉讼或者进行辩护。法律如此规定，是为了维护法官、检察官的任职回避制度，同时也是为了规范律师队伍，最大限度地保护当事人利益，保障司法公正，提高司法公信力。

关联法规索引

《宪法》第 130 条；《律师法》第 11 条、第 55 条；《监狱法》第 7 条；《法官法》第 24 条；《检察官法》第 25 条；《全国人大常委会关于被剥夺政治权利的人可否充当辩护人的决定》；《人民检察院刑事诉讼规则(试行)》第 34 条、第 38～40 条；《公安机关办理刑事案件程序规定》第 42 条；《律师办理刑事案件规范》第 9～12 条；《最高人民法院、最高人民检察院、公安部、国家安全部、司法部关于依法保障律师执业权利的规定》第 2～48 条；《法律援助条例》第 2 条；《司法部关于一个律师可否为同一案件两个以上被告人辩护等问题的批复》

第三十四条 【委托辩护人的时间】 犯罪嫌疑人自被侦查机关第一次讯问或者采取强制措施之日起，有权委托辩护人；在侦查期间，只能委托律师作为辩护人。被告人有权随时委托辩护人。

侦查机关在第一次讯问犯罪嫌疑人或者对犯罪嫌疑人采取强制措施的时候，应当告知犯罪嫌疑人有权委托辩护人。人民检察院自收到移送审查起诉的

案件材料之日起三日以内，应当告知犯罪嫌疑人有权委托辩护人。人民法院自受理案件之日起三日以内，应当告知被告人有权委托辩护人。犯罪嫌疑人、被告人在押期间要求委托辩护人的，人民法院、人民检察院和公安机关应当及时转达其要求。

犯罪嫌疑人、被告人在押的，也可以由其监护人、近亲属代为委托辩护人。

辩护人接受犯罪嫌疑人、被告人委托后，应当及时告知办理案件的机关。

条文解读

本条共有4款，是关于委托辩护人的时间的规定。

联合国《关于律师作用的基本原则》中规定："一切个人都有权请求由其选择一名律师协助保护和确立其权利并在刑事诉讼的各阶段为其辩护。"本条规定解除了公诉案件被追诉人在辩护权行使上的限制，真正实现了在保障被告人辩护权、促进诉讼民主方面与国际社会的接轨。本条第1款将犯罪嫌疑人有权委托辩护人的时间提前至侦查阶段，以有效保护犯罪嫌疑人的辩护权。另外，本条第1款规定了"在侦查期间，只能委托律师作为辩护人"，排除了侦查期间非律师作为辩护人的可能，也明确了律师在侦查阶段介入刑事诉讼的身份，解决了1996年《刑事诉讼法》修正时侦查阶段律师身份不明的遗留问题。

本条第2款关于"侦查机关在第一次讯问犯罪嫌疑人或者对犯罪嫌疑人采取强制措施的时候，应当告知犯罪嫌疑人有权委托辩护人"的规定，确认了侦查机关的"诉讼关照义务"，以便于犯罪嫌疑人依法行使委托辩护权。本条第2款"人民法院自受理案件之日起三日以内，应当告知被告人有权委托辩护人"，该规定既适用于公诉案件也适用于自诉案件，即无论哪种起诉方式，被告人均有权在审判阶段随时委托辩护人。

本条第2款"犯罪嫌疑人、被告人在押期间要求委托辩护人的，人民法院、人民检察院和公安机关应当及时转达其要求"和第3款"犯罪嫌疑人、被告人在押的，也可以由其监护人、近亲属代为委托辩护人"的规定，主要是考虑到在犯罪嫌疑人、被告人被采取羁押性强制措施的情况下，自行委托辩护人存在一定的困难，为进一步保障其辩护权的行使，可以由其监护人、近亲属代为委托辩护人。

本条第4款"辩护人接受犯罪嫌疑人、被告人委托后，应当及时告知办理案件的机关"的规定，主要是为了保证公安司法机关及时了解情况，确保侦查诉讼的顺利进行，保障诉讼活动规范有序。这一规定属于工作中的衔接性规定。这里所规定的"告知"，是指辩护人在接受委托后，将接受委托的有关情况告知办案机关，提交有关委托手续。"办理案件的机关"，是指辩护人接受委托时办理该案件的侦查机关、人民检察院或者人民法院。侦查机关、人民检察院和人民法院收到有关委托手续后，应当记录在案并随案移送。犯罪嫌疑人、被告人另行委托辩护人的，新接受委托的辩护人也应当依照本款规定将接受委托的情况告知办案机关。

配套法规及解读

《最高人民法院关于适用〈中华人民共和国刑事诉讼法〉的解释》(2012年12月20日)

第四十条 审判期间，在押的被告人要求委托辩护人的，人民法院应当在三日内向其监护人、近亲属或者其指定的人员转达要求。被告人应当提供有关人员的联系方式。有关人员无法通知的，应当告知被告人。

※法规解读：该条对《刑事诉讼法》第34条第2款“犯罪嫌疑人、被告人在押期间要求委托辩护人的，人民法院、人民检察院和公安机关应当及时转达其要求”的具体适用问题作了明确，规定审判期间，在押的被告人要求委托辩护人的，人民法院应当在3日内向其监护人、近亲属或者其指定的人员转达要求。需要注意的是，为避免推荐律师、介绍案件之嫌，不宜直接向有关律师事务所、律师转达被告人的委托辩护要求。

关联法规索引

《最高人民法院、最高人民检察院、公安部、国家安全部、司法部、全国人大常委会法制工作委员会关于实施刑事诉讼法若干问题的规定》第5条；《人民检察院办理未成年人刑事案件的规定》第16条；《最高人民法院关于适用〈中华人民共和国刑事诉讼法〉的解释》第39条；《公安机关办理刑事案件程序规定》第43条；《人民检察院刑事诉讼规则(试行)》第35～37条；《最高人民法院、司法部关于扩大刑事案件律师辩护全覆盖试点范围的通知》二

第三十五条 【指派辩护】 犯罪嫌疑人、被告人因经济困难或者其他原因没有委托辩护人的，本人及其近亲属可以向法律援助机构提出申请。对符合法律援助条件的，法律援助机构应当指派律师为其提供辩护。

犯罪嫌疑人、被告人是盲、聋、哑人，或者是尚未完全丧失辨认或者控制自己行为能力的精神病人，没有委托辩护人的，人民法院、人民检察院和公安机关应当通知法律援助机构指派律师为其提供辩护。

犯罪嫌疑人、被告人可能被判处无期徒刑、死刑，没有委托辩护人的，人民法院、人民检察院和公安机关应当通知法律援助机构指派律师为其提供辩护。

条文解读

本条共有3款，是关于指派辩护的规定。

刑事诉讼中的指派辩护是通过法律援助的方式实现的，主要内容包括：

第一，指派辩护（法律援助）的起始时段为“侦查阶段”。人民法院、人民检察院和公安机关有义务通知法律援助机构为符合法定条件，但没有委托辩护人的犯罪嫌疑人、被告人指派律师提供辩护。

第二，指派辩护分为依申请指派辩护和强制指派辩护两种类型。本条第1款规定的是依申请而进行的指派辩护（法律援助）。有权提出法律援助申请的主体为经济困难或者其他原因没有委托辩护人的犯罪嫌疑人、被告人本人及其近亲属。他们需要向法律援助机构作出明确的意思表示，即提出法律援助的申请。法律援助机构对申请进行审查后，对于符合条件的，法律援助机构有义务为其指派律师提供法律援助。

本条第2款和第3款是对强制指派辩护适用范围的规定。综合刑事诉讼中的相关规定，刑事诉讼中强制指派辩护（法律援助）的对象包括：犯罪嫌疑人、被告人是盲、聋、哑人，未成年人，尚未完全丧失辨认或者控制自己行为能力的精神病人，可能被判处无期徒刑、死刑的，没有委托辩护人的。与依申请所进行的指派辩护（法律援助）不同的是，犯罪嫌疑人、被告人符合法定情形的，不需要其本人或者其近亲属提出申请，而是由负责不同诉讼阶段的专门机关与法律援助机构联络，完成指派辩护事宜。

第三，法律援助机构负责指派律师为犯罪嫌疑人、被告人提供辩护。无论指派辩护（法律援助）发生在侦查、审查起诉还是审判阶段，指派律师提供辩护的责任都由法律援助机构承担。

配套法规及解读

《最高人民法院关于适用〈中华人民共和国刑事诉讼法〉的解释》（2012年12月20日）

第四十一条　人民法院收到在押被告人提出的法律援助申请，应当在二十四小时内转交所在地的法律援助机构。

第四十二条　对下列没有委托辩护人的被告人，人民法院应当通知法律援助机构指派律师为其提供辩护：

（一）盲、聋、哑人；

（二）尚未完全丧失辨认或者控制自己行为能力的精神病人；

（三）可能被判处无期徒刑、死刑的人。

高级人民法院复核死刑案件，被告人没有委托辩护人的，应当通知法律援助机构指派律师为其提供辩护。

第四十三条 具有下列情形之一，被告人没有委托辩护人的，人民法院可以通知法律援助机构指派律师为其提供辩护：

（一）共同犯罪案件中，其他被告人已经委托辩护人；

（二）有重大社会影响的案件；

（三）人民检察院抗诉的案件；

（四）被告人的行为可能不构成犯罪；

（五）有必要指派律师提供辩护的其他情形。

※法规解读：上述条文规定了法律援助的适用。其中，第41条规定了人民法院对收到的在押被告人提出的法律援助申请，转交所在地的法律援助机构的时间；第42条和第43条分别对应当通知法律援助机构指派律师提供辩护和可以通知法律援助机构指派律师提供辩护的情形作了具体规定。第42条列举了三种应当为被告人强制指派辩护人的情形，即在这几种情况下，法院通知法律援助机构为被告人指派辩护人，否则就违反了《刑事诉讼法》的规定。第43条列举了可以为被告人指派辩护人的情形，在这些情形下，人民法院可以根据具体情况，决定是否通知法律援助机构为被告人指派辩护人，即非强制指派辩护。2012年的《刑事诉讼法》扩大了法律援助的范围，因此，新的司法解释增加了第42条第1款第3项和第2款的内容，即对可能判处无期徒刑的案件也应当提供法律援助；高级人民法院复核死刑案件，被告人没有委托辩护人的，应当通知法律援助机构指派律师为其提供辩护。其中，第2款规定是考虑到死刑的严酷性，一旦执行，生命不可挽回。为防止冤错案件的发生，确保案件审判质量，对可能判处死刑的案件必须慎之又慎，因此更要充分保证被告人行使辩护权，如果被告人没有委托辩护人的，法院应为其指派。应该指出的是，指派辩护人的规定同样适用于二审死刑案件，即如果第一审人民法院已判处死刑的被告人提出上诉而没有委托辩护人的，第二审人民法院应当为其指派辩护人。值得注意的是，根据2012年《刑事诉讼法》的规定，指派将不再由人民法院直接进行，而是由法律援助机构进行。指派的辩护人不能是普通的辩护人，而应当是依法承担法律援助义务的律师，其费用按照国家规定由国家统一支付，不能向被告人收取，切实保证被告人获得法律援助。

《人民检察院刑事诉讼规则(试行)》(2012 年 11 月 22 日修订)

第三十六条　人民检察院侦查部门在第一次开始讯问犯罪嫌疑人或者对其采取强制措施的时候,应当告知犯罪嫌疑人有权委托辩护人,并告知其如果经济困难或者其他原因没有聘请辩护人的,可以申请法律援助。对于属于刑事诉讼法第三十四条规定情形的,应当告知犯罪嫌疑人有权获得法律援助。

人民检察院自收到移送审查起诉的案件材料之日起三日以内,公诉部门应当告知犯罪嫌疑人有权委托辩护人,并告知其如果经济困难或者其他原因没有聘请辩护人的,可以申请法律援助。对于属于刑事诉讼法第三十四条规定情形的,应当告知犯罪嫌疑人有权获得法律援助。

告知可以采取口头或者书面方式。口头告知的,应当记入笔录,由被告知人签名;书面告知的,应当将送达回执入卷。

※法规解读:在公诉案件中,检察机关代表国家对犯罪行为行使追诉权,其结果可能导致对被追诉人刑事责任的认定及严厉的刑事处罚,从而会危及被追诉人的财产权和人身权,甚至是生命权。在诉讼进行中,由于公诉机关掌控着强大的国家公权力,拥有相对丰厚的司法资源,对被追诉人有罪、罪重证据的提取和收集能力优势明显,因此对于公诉案件,尤其是被追诉人不认罪或者对量刑建议有争议的案件,为保证办案质量,避免冤案错案的发生,必须在程序上确保被追诉人能够有效地参与诉讼,充分行使辩护权,并最终影响到人民法院作出关系其自身利益的判决。这样做也是为了使被追诉人的人格尊严得到重视,诉讼主体地位得以强调。在具体操作过程中应当注意,不能让被追诉人因经济困难或者其他原因而丧失委托辩护人的权利,所以本条规定,人民检察院自收到移送审查起诉的案件材料之日起三日以内,公诉部门应当告知犯罪嫌疑人有权委托辩护人,并告知其如果经济困难或者其他原因没有聘请辩护人的,可以申请法律援助。对于属于《刑事诉讼法》第 35 条规定情形的,应当告知犯罪嫌疑人有权获得法律援助。

关联法规索引

《人民检察院刑事诉讼规则(试行)》第 41 ~ 44 条;《最高人民法院关于适用〈中华人民共和国刑事诉讼法〉的解释》第 44 条、第 45 条;《法律援助条例》第 12 条;《公安机关办理刑事案件程序规定》第 44 条、第 45 条;《最高人民法院、最高人民检察院、公安部、国家安全部、司法部关于推进以审判为中心的刑事诉讼制度改革的意见》二十;《最高人民法院关于为深化两岸融合发展提供司法服务的若干措施》19

第三十六条 【值班律师】法律援助机构可以在人民法院、看守所等场所派驻值班律师。犯罪嫌疑人、被告人没有委托辩护人,法律援助机构没有指派律师为其提供辩护的,由值班律师为犯罪嫌疑人、被告人提供法律咨询、程序选择建议、申请变更强制措施、对案件处理提出意见等法律帮助。

人民法院、人民检察院、看守所应当告知犯罪嫌疑人、被告人有权约见值班律师,并为犯罪嫌疑人、被告人约见值班律师提供便利。

条文解读

本条是2018年《刑事诉讼法》修正时新增的条文,是对值班律师制度的规定。

本条共有2款,第1款规定了如下几项内容:由法律援助机构负责值班律师的派驻工作;派驻值班律师的场所主要包括作为审判场所的人民法院、作为关押犯罪嫌疑人场所的看守所等,人民检察院等部门在刑事诉讼过程中涉及需要值班律师参与的案件时,根据需要也可派驻值班律师;"派驻"和"值班"的形式可以是在人民法院、看守所等设立法律援助工作站或者值班律师办公室,也可以是建立值班律师通讯录,在犯罪嫌疑人、被告人需要服务时及时安排值班律师提供;可以担任值班律师的包括社会律师和法律援助律师,值班律师的职责,是为犯罪嫌疑人、被告人提供法律咨询、程序选择建议、申请变更强制措施、对案件处理提出意见等法律帮助;值班律师为犯罪嫌疑人提供法律帮助的条件是犯罪嫌疑人、被告人没有委托辩护人,或者法律援助机构没有指派律师为其提供辩护。需要注意的是,修正后的《刑事诉讼法》赋予了值班律师申请变更强制措施的主体资格,但是没有赋予其辩护人资格,值班律师的工作性质是为犯罪嫌疑人、被告人提供法律帮助。

第2款是关于人民法院、人民检察院、看守所应当告知犯罪嫌疑人、被告人有权约见值班律师,以及为犯罪嫌疑人、被告人约见值班律师提供便利的规定。

值班律师制度是近几年实施的速裁程序和认罪认罚从宽制度试点经验的总结,也是将来我国刑事案件辩护律师全覆盖的一项重要举措。

配套法规及解读

《最高人民法院、最高人民检察院、公安部、国家安全部、司法部关于开展法律援助值班律师工作的意见》(2017年8月8日)

为深入贯彻落实中共中央办公厅、国务院办公厅《关于完善法律援助制度的意见》(中办发〔2015〕37号),充分发挥法律援助值班律师在以审判为中心的刑事诉讼制度改革和认罪认罚从宽制度改革试点中的职能作用,依法维护犯罪嫌疑人、刑事被告人诉讼权利,加强人权司法保障,促进司法公正,现提出以下意见。

一、法律援助机构在人民法院、看守所派驻值班律师,为没有辩护人的犯罪嫌疑人、刑事被告人提供法律帮助。

人民法院、人民检察院、公安机关应当告知犯罪嫌疑人、刑事被告人有获得值班律师法律帮助的权利。犯罪嫌疑人、刑事被告人及其近亲属提出法律帮助请求的,人民法院、人民检察院、公安机关应当通知值班律师为其提供法律帮助。

二、法律援助值班律师应当依法履行下列工作职责:

(一)解答法律咨询。

(二)引导和帮助犯罪嫌疑人、刑事被告人及其近亲属申请法律援助,转交申请材料。

(三)在认罪认罚从宽制度改革试点中,为自愿认罪认罚的犯罪嫌疑人、刑事被告人提供法律咨询、程序选择、申请变更强制措施等法律帮助,对检察机关定罪量刑建议提出意见,犯罪嫌疑人签署认罪认罚具结书应当有值班律师在场。

(四)对刑讯逼供、非法取证情形代理申诉、控告。

(五)承办法律援助机构交办的其他任务。

法律援助值班律师不提供出庭辩护服务。符合法律援助条件的犯罪嫌疑人、刑事被告人,可以依申请或通知由法律援助机构为其指派律师提供辩护。

三、法律援助机构可以根据人民法院、人民检察院、看守所实际工作需要,通过设立法律援助工作站派驻值班律师或及时安排值班律师等形式提供法律帮助。

工作站应当悬挂统一标牌,配备必要的办公设施,设立指引标识,并放置法律援助格式文书以及相关业务介绍资料。

工作站应当公示法律援助范围、条件、值班律师工作职责及当日值班律师基本信息等。

四、法律援助机构综合社会律师和法律援助机构律师政治素质、职业道德水准、业务能力、执业年限等确定法律援助值班律师人选,建立法律援助值班律师名册。有条件的地方可以组建法律援助值班律师库。

五、法律援助机构根据人民法院、看守所法律援助工作站法律咨询需求量和当地律师资源状况,合理安排值班律师工作时间。律师值班可以相对固定专人或者轮流值班,在律师资源短缺地区可以探索采用现场值班和电话、网络值班相结合的方式。

六、法律援助机构应当将值班律师名册或人员信息送交或告知人民法院、人民检察院、公安机关及看守所。法律援助值班律师在人民法院、看守所法律援助工作站提供值班律师服务应持律师执业证书,实行挂牌上岗,向当事人表明法律援助值班律师身份。

值班律师在接待当事人时,应当现场记录当事人咨询的法律问题和提供的法律解答，解释法律援助的条件和范围，对认为初步符合法律援助条件的当事人引导其申请法律援助。

社会律师和法律援助机构律师应当接受法律援助机构的安排提供值班律师服务。值班律师应当遵守相关法律规定、职业道德、执业纪律，不得误导当事人诉讼行为，严禁收受财物，严禁利用值班便利招揽案源、介绍律师有偿服务及其他违反值班律师工作纪律的行为。值班律师应当依法保守工作中知晓的国家秘密、商业秘密和当事人隐私，犯罪嫌疑人、刑事被告人或者其他人准备或者正在实施危害国家安全、公共安全以及严重危害他人人身安全的犯罪事实和信息除外。

七、法律援助机构要加强对法律援助值班律师工作运行的业务指导，组织开展对值班律师职责、服务内容、执业纪律、刑事诉讼法律知识方面的业务培训，及时统计汇总犯罪嫌疑人、刑事被告人涉嫌罪名、简要案情、咨询意见等信息，定期运用征询所驻单位意见、当事人回访等措施了解值班律师履责情况，对值班律师实行动态化管理。

法律援助机构要向律师协会通报法律援助值班律师履责情况。律师协会要将法律援助值班律师履责情况纳入律师年度考核及律师诚信服务记录。

司法行政机关要加强对律师提供值班律师服务的日常监督管理，总结并不断提升值班律师服务质量水平。对律师在值班律师工作中违反职业道德和执业纪律的行为依法依规处理。

八、人民法院、人民检察院、看守所为法律援助工作站提供必要办公场所和设施。看守所为法律援助值班律师会见提供便利。

人民法院、人民检察院、公安机关、国家安全机关、司法行政机关建立刑事法律援助工作联席会议制度，定期沟通法律援助值班律师工作情况。

九、对于律师资源短缺的地区和单位，法律援助机构要根据律师资源和刑事法律援助需求等，统筹调配律师资源，探索建立政府购买值班律师服务机制，保障法律援助值班律师工作正常有序开展。

十、国家安全机关适用本意见中有关公安机关的规定。

※法规解读：上述意见规定了开展法律援助值班律师工作的具体要求和相关内容。法律援助机构可以根据人民法院、看守所实际工作需要，通过设立法律援助工作站派驻值班律师、及时安排值班律师等形式提供法律帮助。人民法院、看守所应当为值班律师开展工作提供便利场所和必要的办公设施，简化会见程序以保障值班律师依法履行职责。犯罪嫌疑人、被告人自愿认罪认罚，没有辩护人的，人民法院、人民检察院、公安机关应当通知值班律师为其提供法律咨询、程序选择、申请变更强制措施等法律帮助。人民法院、人民检察院、公安机关应当告知犯罪嫌疑人、被告人申请法律援助的权利。符合应当通知辩护条件的，依法通知法律援助机构指派律师为其提供辩护。

同时，根据上述意见，法律援助值班律师还可以引导和帮助犯罪嫌疑人、刑事被告人及其近亲属申请法律援助，转交申请材料；对刑讯逼供、非法取证情形代理申诉、控告等。特别是对认罪认罚案件，上述意见明确规定应当保障犯罪嫌疑人、被告人获得有效法律帮助，确保其了解认罪认罚的性质和法律后果，自愿认罪认罚。法律援助值班律师制度的建立与以审判为中心的刑事诉讼制度改革和认罪认罚从宽制度改革工作的推进相辅相成，对维护犯罪嫌疑人、刑事被告人诉讼权利，加强人权司法保障，促进司法公正具有极其重要的实践意义。

关联法规索引

《刑事诉讼法》第173条、第174条；《最高人民法院、司法部关于开展刑事案件律师辩护全覆盖试点工作的办法》；《关于在部分地区开展刑事案件认罪认罚从宽制度试点工作的办法》；《关于完善法律援助制度的意见》；《法律援助条例》；《最高人民法院关于进一步深化司法公开的意见》6(5)；《全国刑事法律援助服务规范》7

第三十七条　【辩护人的责任】辩护人的责任是根据事实和法律，提出犯罪嫌疑人、被告人无罪、罪轻或者减轻、免除其刑事责任的材料和意见，维护犯罪嫌疑人、被告人的诉讼权利和其他合法权益。

条文解读

本条是关于辩护人的责任的规定。

立法明确并区分了辩护人的双重责任：一是实体性辩护，即辩护人应“根据事实和法律，提出犯罪嫌疑人、被告人无罪、罪轻或者减轻、免除其刑事责任的材料和意见”。辩护人的实体性辩护责任，系围绕犯罪嫌疑人、被告人定罪量刑等实体问题而展开。二是程序性辩护，即辩护人应“维护犯罪嫌疑人、被告人的诉讼权利和其他合法权益”，包括为犯罪嫌疑人申请取保候审、申请变更解除强制措施、申请排除非法证据以及代为提起上诉等。

配套法规及解读

《最高人民法院、最高人民检察院、公安部、司法部关于进一步严格依法办案确保办理死刑案件质量的意见》(2007年3月9日)

27. 律师应当恪守职业道德和执业纪律，办理死刑案件应当尽职尽责，做好会见、阅卷、调查取证、出庭辩护等工作,提高辩护质量,切实维护犯罪嫌疑人、被告人的合法权益。

※法规解读: 本条规定是从律师执业要求角度,规定了死刑案件中律师的相关职责。需要指出的是,律师辩护人在办理死刑案件的诉讼工作中,主要是对犯罪指控和举证进行辩解和反驳,并不承担证明犯罪嫌疑人、被告人无罪的举证责任。

关联法规索引

《律师法》第31条;《司法部关于一个律师可否为同一案件两个以上被告人辩护等问题的批复》一;《最高人民法院、司法部关于充分保障律师依法履行辩护职责确保死刑案件办案质量的若干规定》九;《律师执业管理办法》第31条;《全国刑事法律援助服务规范》8.5.1.4(f);《律师办理刑事案件规范》第5条

第三十八条 【辩护律师侦查期间的权利】 辩护律师在侦查期间可以为犯罪嫌疑人提供法律帮助;代理申诉、控告;申请变更强制措施;向侦查机关了解犯罪嫌疑人涉嫌的罪名和案件有关情况,提出意见。

条文解读

本条是关于侦查期间辩护律师权利的规定。一方面确认了为犯罪嫌疑人提供法律帮助的律师的辩护人身份,另一方面明确界定了辩护律师在侦查阶段从事辩护活动的内容与范围。

辩护律师在侦查期间的辩护活动空间除了"为犯罪嫌疑人提供法律帮助""代理申诉、控告""向侦查机关了解犯罪嫌疑人涉嫌的罪名和案件有关情况"以外,还包括"申请变更强制措施""提出意见"的权利,这表明辩护律师的诉讼地位有所提升,权能有所扩大,有利于辩护律师在实践中顺利地行使辩护权。

本条既然规定辩护律师"可以"向侦查机关了解犯罪嫌疑人涉嫌的罪名和案件有关情况,这就意味着是辩护律师的一项权利,即指控信息的知悉权。相应地,侦查机关就有应辩护律师的要求而告知其案件基本信息的义务。当然,基于侦查保密原则的要求,辩护律师在侦查阶段有权知悉的指控信息,应限于案件的基本信息,包括涉嫌罪名、采取强制措施的情况,即种类、时间和地点等。

关联法规索引

《律师法》第28条;《最高人民法院、最高人民检察院、公安部、国家安全部、司法部、全国人大常委会法制工作委员会关于实施刑事诉讼法若干问题的规定》第6条;《最高人民法院、司法部关于充分保障律师依法履行辩护职责确保死刑案件办理质量的若干规定》一;《公安机关办理刑事案件程序规定》第40条

第三十九条　【辩护人会见通信权】辩护律师可以同在押的犯罪嫌疑人、被告人会见和通信。其他辩护人经人民法院、人民检察院许可,也可以同在押的犯罪嫌疑人、被告人会见和通信。

辩护律师持律师执业证书、律师事务所证明和委托书或者法律援助公函要求会见在押的犯罪嫌疑人、被告人的,看守所应当及时安排会见,至迟不得超过四十八小时。

危害国家安全犯罪、恐怖活动犯罪案件,在侦查期间辩护律师会见在押的犯罪嫌疑人,应当经侦查机关许可。上述案件,侦查机关应当事先通知看守所。

辩护律师会见在押的犯罪嫌疑人、被告人,可以了解案件有关情况,提供法律咨询等;自案件移送审查起诉之日起,可以向犯罪嫌疑人、被告人核实有关证据。辩护律师会见犯罪嫌疑人、被告人时不被监听。

辩护律师同被监视居住的犯罪嫌疑人、被告人会见、通信,适用第一款、第三款、第四款的规定。

条文解读

本条共有5款,是关于辩护人同在押的犯罪嫌疑人、被告人会见和通信的规定。

第1款是关于律师同在押的犯罪嫌疑人、被告人会见和通信权利的规定。会见和通信都是辩护人同犯罪嫌疑人、被告人进行沟通的方式,这是确保辩护人能够有效履行职责的途径。虽然律师辩护人和非律师辩护人均有此项权利,但是非律师辩护人需要经过人民法院或者人民检察院的许可才能行使。

第2款是关于律师会见在押犯罪嫌疑人的规定。《律师法》简化了律师会见犯罪嫌疑人的规定,不再需要侦查机关的许可。本条吸收了《律师法》的内容,一般情况下辩护律师持"三证"即可会见在押的犯罪嫌疑人、被告人。"三证"为律师执业证书、律师事务所证明和委托书或者法律援助公函。辩护律师要求会见的,看守所有义务及时安排。同时为了确保辩护律师会见权能够及时实现,规定从辩护律师提出会见要求到

见到犯罪嫌疑人或者被告人之间的时间最长为48小时。

第3款规定了特殊案件侦查阶段的辩护律师会见问题。一般情况下,看守所应当遵照本条第2款的规定安排辩护律师与犯罪嫌疑人会见。但是一些特殊案件,为了确保侦查的顺利进行,需要侦查机关许可,辩护律师才能会见犯罪嫌疑人。本款中列举了两种案件:一是刑法分则第一章规定的危害国家安全罪。二是恐怖活动犯罪,即以制造社会恐慌、危害公共安全或者胁迫国家机关、国际组织为目的,采取暴力、破坏、恐吓等手段,造成或者意图造成人员伤亡、重大财产损失、公共设施损坏、社会秩序混乱等严重危害社会的行为,以及煽动、资助或者以其他方式协助实施上述活动,构成犯罪的行为。包括组织、领导和参加恐怖活动组织罪,资助恐怖活动罪,投放虚假危险物质罪,编造、故意传播虚假恐怖信息罪,以及以制造社会恐慌、危害公共安全或者胁迫国家机关、国际组织为目的而实施的放火、爆炸、投放危险物质、破坏交通工具、破坏电力设备、劫持航空器等恐怖活动犯罪。侦查机关允许辩护律师会见犯罪嫌疑人的,应当通知看守所。需要指出的是,本条第3款在2018年修正时,删除了"特别重大贿赂犯罪案件",目的是与《监察法》的规定及人民检察院立案侦查范围的调整相衔接。

第4款是关于辩护人会见在押犯罪嫌疑人时了解内容的规定以及会见不被监听的规定。辩护律师在会见在押的犯罪嫌疑人、被告人时交谈的内容可以包括:了解案件有关情况;提供法律咨询;提供其他适当的法律帮助。另外,自案件移送审查起诉之日起,辩护人可以向犯罪嫌疑人、被告人核实有关证据。

第4款还吸收了修订后的《律师法》第33条的规定,明确辩护律师会见犯罪嫌疑人、被告人时不被监听。这里的"不被监听"既包括不被利用技术手段、设备等进行监听,也包括不允许"侦查机关派员在场",即所谓的"看得见,听不见",确保真正意义上的律师与当事人谈话内容的保密性。这与有关国际公约的规定一致。

第5款是关于辩护律师同被监视居住的犯罪嫌疑人、被告人会见和通信的规定。《刑事诉讼法》第77条第1款第2项规定,被监视居住的犯罪嫌疑人、被告人未经执行机关批准不得会见他人或者通信;第78条规定,执行机关在侦查期间,可以对被监视居住的犯罪嫌疑人的通信进行监控。因此,有必要对辩护律师如何同被监视居住的犯罪嫌疑人、被告人会见和通信作出明确规定。根据前述4款规定,辩护律师可以同被监视居住的犯罪嫌疑人、被告人会见、通信,除危害国家安全犯罪、恐怖活动犯罪案件,在侦查期间辩护律师会见被监视居住的犯罪嫌疑人,应当经侦查机关许可以外,辩护律师会见被监视居住的犯罪嫌疑人、被告人不需经有关机关许可或者批准;辩护律师会见被监视居住的犯罪嫌疑人、被告人,可以了解有关案件情况,提供法律咨询等;自案件移送审查起诉之日起,可以向犯罪嫌疑人、被告人核实有关证据。辩护律师会见被监视居住的犯罪嫌疑人、被告人时不被监听。

关联法规索引

《律师法》第33条;《最高人民法院、最高人民检察院、公安部、司法部印发〈关于进一步严格依法办案确保办理死刑案件质量的意见〉的通知》;《最高人民法院、司法部印发〈关于充分保障律师依法履行辩护职责确保死刑案件办理质量的若干规定〉的通知》;《最高人民法院、最高人民检察院、公安部、国家安全部、司法部、全国人大常委会法制工作委员会关于实施刑事诉讼法若干问题的规定》第7条;《最高人民法院关于适用〈中华人民共和国刑事诉讼法〉的解释》第48条;《公安机关办理刑事案件程序规定》第48~52条;《最高人民检察院关于依法保障律师执业权利的规定》第7条;《最高人民法院、最高人民检察院、公安部、国家安全部、司法部关于依法保障律师执业权利的规定》第7条

第四十条　【辩护人查阅摘抄复制权】辩护律师自人民检察院对案件审查起诉之日起,可以查阅、摘抄、复制本案的案卷材料。其他辩护人经人民法院、人民检察院许可,也可以查阅、摘抄、复制上述材料。

条文解读

本条是关于辩护人阅卷权的规定。

根据本条的规定,辩护人阅卷的时间从人民检察院对案件审查起诉之日起,就意味着侦查阶段辩护律师无此权限。辩护人阅卷的方式可以为查阅、摘抄、复制。辩护人阅卷的范围包括本案的案卷材料,即侦查机关移送人民检察院和人民检察院移送人民法院的案卷中的各种材料,包括其中证明犯罪嫌疑人、被告人是否有罪、犯罪情节轻重的所有证据材料、诉讼文书等。这有助于辩护人更加全面地了解案件情况,确保辩护的有效性。律师辩护人和非律师辩护人在行使阅卷权时,还是有些差别,非律师辩护人需要经过人民法院或者人民检察院的许可才能行使上述权利。

配套法规及解读

《律师法》(2017年9月1日修正)

第三十四条　律师担任辩护人的,自人民检察院对案件审查起诉之日起,有权查阅、摘抄、复制本案的案卷材料。

《最高人民法院关于适用〈中华人民共和国刑事诉讼法〉的解释》(2012年12月20日)

第四十七条 辩护律师可以查阅、摘抄、复制案卷材料。其他辩护人经人民法院许可,也可以查阅、摘抄、复制案卷材料。合议庭、审判委员会的讨论记录以及其他依法不公开的材料不得查阅、摘抄、复制。

辩护人查阅、摘抄、复制案卷材料的,人民法院应当提供方便,并保证必要的时间。

复制案卷材料可以采用复印、拍照、扫描等方式。

※法规解读:《律师法》第34条规定了律师辩护人查阅、摘抄和复制案卷的权利;刑事诉讼法司法解释对审判阶段辩护人的阅卷权给予了明确。复制案卷材料可以采用复印、拍照、扫描等方式。

关联法规索引

《最高人民法院、最高人民检察院、公安部、司法部关于进一步严格依法办案确保办理死刑案件质量的意见》(三);《最高人民法院、司法部关于充分保障律师依法履行辩护职责确保死刑案件办理质量的若干规定》;《最高人民法院、最高人民检察院、公安部等印发〈关于办理刑事案件严格排除非法证据若干问题的规定〉的通知》第21条;《人民法院办理刑事案件第一审普通程序法庭调查规程(试行)》第41条第2款;《最高人民法院、最高人民检察院、司法部关于逐步实行律师代理申诉制度的意见》九;《最高人民法院、司法部印发〈关于开展刑事案件律师辩护全覆盖试点工作的办法〉的通知》第13条;《律师办理刑事案件程序规范》第一章第四节

第四十一条 【辩护人申请调取证据权】辩护人认为在侦查、审查起诉期间公安机关、人民检察院收集的证明犯罪嫌疑人、被告人无罪或者罪轻的证据材料未提交的,有权申请人民检察院、人民法院调取。

条文解读

本条规定了辩护人有申请调取有利于犯罪嫌疑人、被告人的证据材料的权利。

本条目的在于防范和纠正公安机关、人民检察院因疏忽而未提交或因追求胜诉而刻意隐匿对辩方有利的证据的情况,因而赋予辩护人申请调取上述证据的权利。但需要注意的是,根据本条规定,辩护人有权申请调取的证据仅限于“在侦查、审查起诉期间公安机关、人民检察院收集的证明犯罪嫌疑人、被告人无罪或者罪轻的证据材料未

提交的”，即公安机关、人民检察院在侦查、审查起诉期间已经收集到，却未提交的对辩方有利的证据。由于诉讼进程的承接关系，因而辩护人需要向人民检察院、人民法院提出申请。

配套法规及解读

《最高人民法院关于适用〈中华人民共和国刑事诉讼法〉的解释》(2012年12月20日)

第四十九条 辩护人认为在侦查、审查起诉期间公安机关、人民检察院收集的证明被告人无罪或者罪轻的证据材料未随案移送，申请人民法院调取的，应当以书面形式提出，并提供相关线索或者材料。人民法院接受申请后，应当向人民检察院调取。人民检察院移送相关证据材料后，人民法院应当及时通知辩护人。

※法规解读：该条文在《刑事诉讼法》第41条的基础上，对辩护人的调查取证权做了进一步规定。辩护人认为在侦查、审查起诉期间公安机关、人民检察院收集的证明犯罪嫌疑人、被告人无罪或者罪轻的证据材料未提交的，有权申请人民检察院、人民法院调取。人民法院接受申请后，应当向人民检察院调取。人民检察院移送相关证据材料后，人民法院应当及时通知辩护人。需要注意的是，辩护人申请人民法院调取上述证据的，应当以书面形式提出，并提供相关线索或者材料，以防止辩护人滥用此项权利。

关联法规索引

《最高人民法院印发〈关于依法切实保障律师诉讼权利的规定〉的通知》六；《最高人民法院、最高人民检察院、公安部、国家安全部、司法部、全国人大常委会法制工作委员会关于刑事诉讼法实施中若干问题的规定》第8条；《最高人民法院、最高人民检察院、公安部、司法部关于进一步严格依法办案确保办理死刑案件质量的意见》(三)；《人民检察院刑事诉讼规则(试行)》第52条、第56条；《人民法院量刑程序指导意见(试行)》八

第四十二条 【辩护人证据展示义务】 辩护人收集的有关犯罪嫌疑人不在犯罪现场、未达到刑事责任年龄、属于依法不负刑事责任的精神病人的证据，应当及时告知公安机关、人民检察院。

条文解读

本条是关于辩护人将有关无罪证据告知公安机关、人民检察院的规定。

这是刑事诉讼证明责任分配的特殊规则。其主要目的在于及时澄清案情，既避免犯罪嫌疑人无谓陷入讼累，又避免国家司法资源的浪费。需要注意的是，辩护人证据展示义务的范围仅限于犯罪嫌疑人不在犯罪现场、未达到刑事责任年龄、属于依法不负刑事责任的精神病人这三类证据。由于该三类证据是关系到犯罪嫌疑人有罪与否以及刑事诉讼有无必要继续进行的关键证据，且辩护方更容易知悉及获得该三类证据，因此该三类证据属于依法应转移证明责任的积极辩护主张。故立法要求辩护人一旦收集到该三类证据，应当及时向公安机关、人民检察院告知，以便于公安机关、人民检察院在核实证据后作出是否终止刑事诉讼的决定。值得注意的是，该条规定并未违背本法第 12 条中蕴含的无罪推定的内核精神，且这种证明责任的特殊分配对辩护方证明的要求低于控方。

关联法规索引

《人民检察院刑事诉讼规则（试行）》第 51 条；《人民法院统一证据规定（司法解释建议稿）》第 132 条；《最高人民检察院关于依法保障律师执业权利的规定》第 7 条；《人民法院办理刑事案件庭前会议规程（试行）》第 18 条；《全国刑事法律援助服务规范》8.5.1.2　c) f)；《公安机关办理刑事案件程序规定》第 50 条

第四十三条　【律师调查取证权】辩护律师经证人或者其他有关单位和个人同意，可以向他们收集与本案有关的材料，也可以申请人民检察院、人民法院收集、调取证据，或者申请人民法院通知证人出庭作证。

辩护律师经人民检察院或者人民法院许可，并且经被害人或者其近亲属、被害人提供的证人同意，可以向他们收集与本案有关的材料。

条文解读

本条共有 2 款，规定了辩护律师的调查取证权。

律师作为辩护人，职责是依据事实和法律为犯罪嫌疑人、被告人进行辩护，提出犯罪嫌疑人、被告人无罪、罪轻的证明或者减轻、免除其刑事责任的材料和意见，以维护犯罪嫌疑人、被告人的合法权益。在刑事诉讼中，仅凭阅卷和会见被追诉人往往无法为有效的辩护进行充分准备，而是应当积极收集有利于被追诉人一方的证据，并根据掌握的证据去进行辩护。

辩护律师的调查取证权包括自行调查取证和申请调查取证两种。本条第1款首先规定的是辩护律师可以向证人或者有关单位和个人收集与本案有关的材料，但是辩护律师在收集与本案有关的材料时必须经过证人或有关单位和个人的同意。这表明了辩护律师在调查取证时应当尊重他们的意愿，如果证人或者有关单位的个人不同意，即使他们持有直接影响对犯罪嫌疑人、被告人定罪量刑的重要证据，辩护律师也不得强迫他们提供。为了避免因证人或者有关单位和个人拒绝与律师合作，使案件得不到公正、正确的处理，法律又进一步规定，辩护律师也可以申请人民检察院、人民法院收集、调取证据或者申请人民法院通知证人出庭作证。

本条第2款规定的是辩护律师向被害人及其近亲属、被害人提供的证人收集证据材料的诉讼权利。辩护律师可以向被害人及其近亲属、被害人提供的证人收集证据材料，但有两个方面的限制，首先，必须经过人民检察院、人民法院的许可；其次，必须经被害人及其近亲属、被害人提供的证人同意。未经人民检察院、人民法院的许可和被害人及其近亲属、被害人提供的证人的同意，辩护律师不得擅自、强行收集有关证据材料，否则就是违法；即使收集到了有关材料，也不能在法庭上使用。

需要注意的是，本条规定的诉讼权利，是辩护律师特有的，其他辩护人没有调查取证的权利。因为辩护律师是国家的法律工作者，有维护法律尊严、依法从事法律服务的法定义务，同时又受到律师职业纪律的约束，能够确保其调查取证权的合法、规范地行使。

配套法规及解读

《最高人民法院关于适用〈中华人民共和国刑事诉讼法〉的解释》(2012年12月20日)

第五十条　辩护律师申请向被害人及其近亲属、被害人提供的证人收集与本案有关的材料，人民法院认为确有必要的，应当签发准许调查书。

第五十一条　辩护律师向证人或者有关单位、个人收集、调取与本案有关的证据材料，因证人或者有关单位、个人不同意，申请人民法院收集、调取，或者申请通知证人出庭作证，人民法院认为确有必要的，应当同意。

第五十二条　辩护律师直接申请人民法院向证人或者有关单位、个人收集、调取证据材料，人民法院认为确有收集、调取必要，且不宜或者不能由辩护律师收集、调取的，应当同意。人民法院收集、调取证据材料时，辩护律师可以在场。

人民法院向有关单位收集、调取的书面证据材料，必须由提供人签名，并加盖单位印章；向个人收集、调取的书面证据材料，必须由提供人签名。

人民法院对有关单位、个人提供的证据材料，应当出具收据，写明证据材料的名称、收到的时间、件数、页数以及是否为原件等,由书记员或者审判人员签名。

收集、调取证据材料后,应当及时通知辩护律师查阅、摘抄、复制,并告知人民检察院。

※**法规解读:**上述法条对《刑事诉讼法》相关规定作了进一步阐释。

辩护律师申请向被害人及其近亲属、被害人提供的证人收集与本案有关的材料,人民法院认为确有必要的,应当签发准许调查书。这是法律专门赋予律师调查取证的权利,其他辩护人不享有这个权利。律师为了辩护的需要,经证人或者其他有关单位和个人同意,向他们收集证实被告人是否犯罪、罪重还是罪轻的物证、书证、视听资料和证人证言等证据。辩护律师向证人或者有关单位、个人收集、调取与本案有关的证据材料,因证人或者有关单位、个人不同意,申请人民法院收集、调取,或者申请通知证人出庭作证,人民法院认为确有必要的,应当同意。对于辩护律师申请人民法院收集、调取证据,人民法院同意的,不得向律师签发准许调查决定书,让律师收集、调取证据,而应当依照规定直接收集、调取相关证据,并在收集、调取证据材料后,及时通知辩护律师查阅、摘抄、复制,且告知人民检察院。

关联法规索引

《律师法》第35条;《人民检察院刑事诉讼规则(试行)》第52条、第53条;《海关总署关于贯彻执行〈关于刑事诉讼法实施中若干问题的规定〉的通知》;《律师办理刑事案件规范》第76~80条

第四十四条 【辩护人的义务】辩护人或者其他任何人,不得帮助犯罪嫌疑人、被告人隐匿、毁灭、伪造证据或者串供,不得威胁、引诱证人作伪证以及进行其他干扰司法机关诉讼活动的行为。

违反前款规定的,应当依法追究法律责任,辩护人涉嫌犯罪的,应当由办理辩护人所承办案件的侦查机关以外的侦查机关办理。辩护人是律师的,应当及时通知其所在的律师事务所或者所属的律师协会。

条文解读

本条共有2款,规定了辩护人的义务。

第1款是关于不得干扰司法机关诉讼活动义务的规定。适用主体范围包括“辩护人或者其他任何人”,所谓“其他任何人”泛指不特定主体。干扰司法机关诉讼活动的行为包括帮助犯罪嫌疑人、被告人隐匿、毁灭、伪造证据或者串供,威胁、引诱证人作伪

证,以及其他干扰司法机关诉讼活动的行为。

第2款是关于干扰司法机关诉讼活动行为追究法律责任的规定。首先本条款明确肯定了依法追究的原则,同时,为了确保案件侦办的公正性,防止打击报复,本条款特别规定,辩护人涉嫌犯罪的案件,应当由办理辩护人所侦办案件的侦查机关以外的侦查机关办理。并且对于辩护人是律师的情况,侦查机关还应当将律师受到追诉的情况及时告知其所在的律师事务所和所属的律师协会,以保障律师权益。

关联法规索引

《律师法》第40条;《最高人民法院、最高人民检察院、公安部、国家安全部、司法部、全国人大常委会法制工作委员会关于实施刑事诉讼法若干问题的规定》第9条;《人民检察院刑事诉讼规则(试行)》第60条;《最高人民法院、最高人民检察院、公安部、国家安全部、司法部关于推进以审判为中心的刑事诉讼制度改革的意见》十八;《最高人民法院、司法部关于充分保障律师依法履行辩护职责确保死刑案件办理质量的若干规定》

第四十五条　【被告人拒绝与更换辩护】在审判过程中,被告人可以拒绝辩护人继续为他辩护,也可以另行委托辩护人辩护。

条文解读

本条是关于被告人拒绝辩护人继续辩护和更换辩护人的规定。

犯罪嫌疑人和被告人是辩护权的主体。辩护人的辩护权派生于犯罪嫌疑人、被告人的辩护权,因而犯罪嫌疑人和被告人有权随时终止这种委托,并决定自行辩护或者委托其他辩护人辩护。依本条规定,被告人的拒绝是无条件的,只要有明确的意思表示就具有法律效力,辩护人就应该立即终止辩护,解除委托辩护合同,退出诉讼。被告人提出另行委托辩护人的,也是其行使辩护权的另外一种表现形式,但变更辩护人不应影响审判的正常进行。需要注意的是,对于符合强制指派辩护的情形,即被告人是盲、聋、哑人,尚未完全丧失辨认或者控制自己行为能力的精神病人,开庭审理时不满18周岁的未成年人以及可能判处无期徒刑、死刑的,其有权拒绝法律援助机构为其指派的辩护律师。但该被告人需要另行委托辩护人,或者由人民法院通知法律援助机构另行为其指派辩护律师。

配套法规及解读

《最高人民法院关于适用〈中华人民共和国刑事诉讼法〉的解释》(2012年12月20日)

第四十五条 被告人拒绝法律援助机构指派的律师为其辩护,坚持自己行使辩护权的,人民法院应当准许。

属于应当提供法律援助的情形,被告人拒绝指派的律师为其辩护的,人民法院应当查明原因。理由正当的,应当准许,但被告人须另行委托辩护人;被告人未另行委托辩护人的,人民法院应当在三日内书面通知法律援助机构另行指派律师为其提供辩护。

第四十六条 审判期间,辩护人接受被告人委托的,应当在接受委托之日起三日内,将委托手续提交人民法院。

法律援助机构决定为被告人指派律师提供辩护的,承办律师应当在接受指派之日起三日内,将法律援助手续提交人民法院。

※法规解读:上述两条司法解释是对被告人拒绝辩护人和要求另行委托辩护人的细化处理。辩护权是被告人的一项诉讼权利,被告人有权接受辩护人为其提供辩护,也有权拒绝或更换辩护人。原则上,这种拒绝或变更请求是无条件的,只要有明确的意思表示就具有法律效力,但同时需要遵守上述法条中规定的除外情形要求。

关联法规索引

《律师法》第32条、第39条;《最高人民法院、司法部关于充分保障律师依法履行辩护职责确保死刑案件办理质量的若干规定》二;《人民检察院刑事诉讼规则(试行)》第43条;《最高人民法院、最高人民检察院、公安部、司法部关于刑事诉讼法律援助工作的规定》第15条第2款;《未成年人刑事检察工作指引(试行)》第27条;《最高人民法院、司法部关于开展刑事案件律师辩护全覆盖试点工作的办法》第6条;《最高人民法院、司法部关于扩大刑事案件律师辩护全覆盖试点范围的通知》二

第四十六条 【诉讼代理】公诉案件的被害人及其法定代理人或者近亲属,附带民事诉讼的当事人及其法定代理人,自案件移送审查起诉之日起,有权委托诉讼代理人。自诉案件的自诉人及其法定代理人,附带民事诉讼的当事人及其法定代理人,有权随时委托诉讼代理人。

人民检察院自收到移送审查起诉的案件材料之日起三日以内,应当告知被

害人及其法定代理人或者其近亲属、附带民事诉讼的当事人及其法定代理人有权委托诉讼代理人。人民法院自受理自诉案件之日起三日以内,应当告知自诉人及其法定代理人、附带民事诉讼的当事人及其法定代理人有权委托诉讼代理人。

条文解读

本条共有2款,是关于刑事诉讼代理的规定。

刑事诉讼代理,是指在刑事诉讼中,代理人接受公诉案件的被害人及其法定代理人或者近亲属、自诉案件的自诉人及其法定代理人、附带民事诉讼的当事人及其法定代理人的委托,在委托授权范围内以被代理人的名义参加诉讼,由被代理人承担代理行为法律后果的一项诉讼活动。由此可见,诉讼代理人参加刑事诉讼,是基于委托授权,其参加诉讼的目的在于给被代理人提供法律帮助,维护被代理人的合法权益。诉讼代理人参加诉讼的时间:公诉案件自案件移送审查起诉之日起;自诉案件自人民法院受理起诉之日起(包括自诉人在起诉前委托诉讼代理人提起诉讼)。诉讼代理人参加诉讼也享有一定的诉讼权利、承担一定的诉讼义务。根据诉讼代理人的诉讼地位,诉讼代理人也必须与辩护人一样依据事实和法律开展代理,不得干扰司法机关的诉讼活动,否则也应当承担相应的法律责任。从诉讼地位上看,刑事诉讼中的诉讼代理人是以被代理人的名义参加诉讼的,其代理活动必须根据被代理人的意志进行,在授权范围内进行诉讼,超越授权范围进行诉讼活动产生的后果,除非得到被代理人的追认,否则被代理人不予承担。需要注意的是,在自诉案件中,被告人依法有权提起反诉,反诉的当事人同样可以委托代理人。反诉案件的诉讼代理人一般都具有双重身份,既是本诉中被告人的辩护人,又是反诉中自诉人的诉讼代理人,因此必须办理双重委托手续,明确代理权限。此外,在刑事申诉活动中,当事人及其法定代理人、近亲属也有权聘请诉讼代理人。

本条第2款是关于人民检察院、人民法院告知义务的规定。人民检察院、人民法院应当在收到案件材料或者受理案件之日起三日内向被害人及其法定代理人或者近亲属、附带民事诉讼的当事人及其法定代理人、自诉人及其法定代理人告知其有权委托代理人。

配套法规及解读

《最高人民法院关于适用〈中华人民共和国刑事诉讼法〉的解释》(2012年12月20日)

第五十四条 人民法院自受理自诉案件之日起三日内,应当告知自诉人及其法定代理人、附带民事诉讼当事人及其法定代理人,有权委托诉讼代理人,并告知如果经济困难的,可以申请法律援助。

※法规解读:本条是关于自诉案件中人民法院应当在何期限内告知自诉人及其法定代理人、附带民事诉讼的当事人及其法定代理人有权委托诉讼代理人的规定。如果自诉人及其法定代理人、附带民事诉讼当事人及其法定代理人经济困难的,人民法院应告知其可以申请法律援助。

本条规定的"告知"是人民法院的一项法定义务,自诉人等也依本条规定而享有被告知权,不告知或逾期告知等违反本条规定的行为,属于违背诉讼程序的行为,也是对诉讼当事人诉讼权利的侵犯。

关联法规索引

《律师法》第30条、第32条、第36条;《法律援助条例》第11条;《人民检察院刑事诉讼规则(试行)》第55条;《最高人民法院、中国残疾人联合会关于在审判执行工作中切实维护残疾人合法权益的意见》9;《最高人民检察院关于印发〈人民检察院强制医疗决定程序监督工作规定〉的通知》第八条(二);《最高人民法院巡回法庭审判管理工作指导意见》7;《最高人民法院关于审理环境公益诉讼案件的工作规范(试行)》第43条第1款

第四十七条 【诉讼代理人的范围】委托诉讼代理人,参照本法第三十三条的规定执行。

条文解读

本条是关于诉讼代理人范围的规定。

依照本条规定,委托诉讼代理人参照本法第33条的规定执行,故诉讼代理人的范围包括:(1)依法取得律师资格获得执业证书并经执业注册登记的律师;(2)工会、妇联、共青团、学联等群众性团体或当事人所在单位应当事人的要求,为其推荐的熟悉法律、有代理能力的合适人员;(3)当事人的亲属或关系较密切的朋友。具有法律禁示性

情形的主体不能作为诉讼代理人。《律师法》第41条规定：曾经担任法官、检察官的律师，从人民法院、人民检察院离任后二年内，不得担任诉讼代理人或者辩护人。被吊销律师执业证书的，不得担任辩护人、诉讼代理人，但系刑事诉讼、民事诉讼、行政诉讼当事人的监护人、近亲属的除外。

配套法规及解读

《最高人民法院关于适用〈中华人民共和国刑事诉讼法〉的解释》(2012年12月20日)

第五十五条 当事人委托诉讼代理人的，参照适用刑事诉讼法第三十二条[1]和本解释的有关规定。

第五十六条 诉讼代理人有权根据事实和法律，维护被害人、自诉人或者附带民事诉讼当事人的诉讼权利和其他合法权益。

第五十七条 经人民法院许可，诉讼代理人可以查阅、摘抄、复制本案的案卷材料。

律师担任诉讼代理人，需要收集、调取与本案有关的证据材料的，参照适用本解释第五十一条至第五十三条的规定。

※法规解读：上述条文对诉讼代理人的委托程序、责任、权利义务等问题作了明确规定。《刑事诉讼法》虽没有规定诉讼代理人阅卷、取证的诉讼权利，但也没有明确禁止。实践表明，诉讼代理人如果没有了解案件情况的途径及诉讼权利，就难以落实立法设置诉讼代理制度以有效维护当事人合法权益的重要目的和功能。所以，该司法解释第57条规定，经人民法院许可，诉讼代理人可以查阅、摘抄、复制本案的案卷材料。但是无论律师还是非律师担任诉讼代理人，查阅、摘抄、复制案卷均需法院许可；律师担任诉讼代理人并需要收集或者调查取证的，参照适用辩护律师的有关规定。

关联法规索引

《律师法》第36条、第41条、第47条、第53条；《法官法》第36条；《检察官法》第37条

---

[1] 现行《刑事诉讼法》第三十三条。

第四十八条 【辩护律师的保密义务】 辩护律师对在执业活动中知悉的委托人的有关情况和信息,有权予以保密。但是,辩护律师在执业活动中知悉委托人或者其他人,准备或者正在实施危害国家安全、公共安全以及严重危害他人人身安全的犯罪的,应当及时告知司法机关。

条文解读

本条规定了辩护律师的保密义务。

应当注意的是,本条所谓"在执业活动中知悉的委托人的有关情况和信息",不仅是指委托人的个人隐私、商业秘密等,还应包括案件情况本身。所谓"应当予以保密",不仅应理解为向社会大众保密,还应当理解为向公安司法机关保密,即使公安司法机关要求其作证,律师也有权免予作证或拒绝作证。当然,根据本条规定,"律师在执业活动中知悉委托人或者其他人,准备或者正在实施危害国家安全、公共安全以及严重危害他人人身安全的犯罪的"除外,即在上述情形中,律师有义务将真实情况及时告知公安司法机关。需要注意的是,辩护律师保密义务的例外,仅限于危害国家安全、公共安全和严重危害他人人身安全的犯罪,不能做扩大性解释。为了确保律师执业的连续性和稳定性,确保辩护律师与当事人之间基本的信任关系,辩护人在一般情况下依然应当严守保密义务。

配套法规及解读

《最高人民法院关于适用〈中华人民共和国刑事诉讼法〉的解释》(2012 年 12 月 20 日)

第六十条 辩护律师向人民法院告知其委托人或者其他人准备实施、正在实施危害国家安全、公共安全以及严重危害他人人身安全犯罪的,人民法院应当记录在案,立即转告主管机关依法处理,并为反映有关情况的辩护律师保密。

※法规解读:法律规定辩护律师在执业活动中对委托人的有关情况和信息负有保密义务,但是这种义务在特定情况下会被突破,即当其知悉委托人或者其他人,准备或者正在实施危害国家安全、公共安全以及严重危害他人人身安全的犯罪时,应当及时告知司法机关。上述司法解释规定,当律师向人民法院告知此类相关情况时,人民法院应当记录在案,立即转告主管机关依法处理,并为反映有关情况的辩护律师保密,以维护律师的人身、名誉、财产安全和相关业务活动的顺利进行。

关联法规索引

《律师法》第 38 条;《人民检察院刑事诉讼规则(试行)》第 59 条;《公安机关办理刑事案件程序规定》第 54 条

第四十九条　【辩护人、诉讼代理人申诉控告权】辩护人、诉讼代理人认为公安机关、人民检察院、人民法院及其工作人员阻碍其依法行使诉讼权利的,有权向同级或者上一级人民检察院申诉或者控告。人民检察院对申诉或者控告应当及时进行审查,情况属实的,通知有关机关予以纠正。

条文解读

本条是关于辩护人、诉讼代理人申诉控告权的规定。

本条中所规定的申请或者控告权是辩护人、诉讼代理人诉讼权利的保障机制。受理此种申诉或者控告的机关为检察机关,此项工作是检察机关对刑事诉讼进行法律监督的一个具体表现。如果辩护人、诉讼代理人在刑事诉讼活动中,认为公安司法机关及其工作人员阻碍其依法行使诉讼权利的,可以向同级或者上一级人民检察院提出申诉或者控告。人民检察院有义务对申诉或者控告进行审查,对于情况属实的,要通知有关机关予以纠正。人民检察院对辩护人、诉讼代理人申诉或者控告的审查过程,也是对各专门机关刑事诉讼活动进行监督的一个环节和途径。

关联法规索引

《律师法》第 36 条、第 37 条;《最高人民法院、最高人民检察院、公安部、国家安全部、司法部、全国人大常委会法制工作委员会关于实施刑事诉讼法若干问题的规定》第 10 条;《最高人民法院关于认真贯彻律师法依法保障律师在诉讼中执业权利的通知》;《人民检察院刑事诉讼规则(试行)》第 54 条、第 57 条、第 58 条;《公安机关办理刑事案件程序规定》第 191 条;《最高人民法院、最高人民检察院、公安部、司法部关于依法处理涉法涉诉信访工作衔接配合的规定》第 4 条

第五章　证　　据

本章介绍

刑事诉讼活动的实质就是查明案件事实、正确适用法律的过程，而查明案件事实的唯一根据就是证据。因此可以说，证据及其收集、审查、核实与认定是刑事诉讼的核心问题。本章从第50条至第65条，共包括16个条文，对刑事诉讼证据的概念及法定种类、证据的收集和审查判断原则、证人资格与义务以及对证人的保护等问题作了明确规定。

第五十条　【证据及种类】 可以用于证明案件事实的材料，都是证据。

证据包括：

（一）物证；

（二）书证；

（三）证人证言；

（四）被害人陈述；

（五）犯罪嫌疑人、被告人供述和辩解；

（六）鉴定意见；

（七）勘验、检查、辨认、侦查实验等笔录；

（八）视听资料、电子数据。

证据必须经过查证属实，才能作为定案的根据。

条文解读

本条共有3款，是对证据概念和法定证据种类及定案证据要求的规定。

证据是进行刑事诉讼活动的依据，是司法公正的基础，是证明案件事实的唯一手段。离开证据，整个刑事诉讼活动将无法顺利进行。本条把证据定义为“可以用于证明案件事实的材料”，科学地把握和揭示了证据概念的内涵。

为了在司法实践中便于区分，本条第2款根据证据的外部形式和证明方式把证据分成八大类，这八大类是证据在法律上的分类，是证据的法定形式。在证据的八大类中，物证是以其外在特征、存在状态或物质属性来证明案件真实情况的物品和痕迹；书证是以其记载的内容或反映的思想来证明案件真实情况的书面材料或其他物质材料；证人证言是证人就其所了解的案件情况向公安司法机关所作的陈述；被害人陈述是被害人就其受害情况和其他与案件有关的情况向公安司法机关所作的陈述；犯罪嫌疑人、被告人的供述和辩解是犯罪嫌疑人、被告人就有关案件的情况向公安司法机关所作的陈述；鉴定意见是公安司法机关指派或聘请的人对案件中某些专门性问题进行鉴定后制作的书面意见；勘验、检查、辨认、侦查实验笔录是办案人员对与犯罪有关的场所、物品、尸体等进行勘验、检查、辨认、实验后所作的记录；视听资料和电子证据是以录音、录像、计算机或其他高科技设备存储的信息证明案件真实情况的材料。

不论何种形式的证据都必须经过查证属实，才能作为定案的根据。

配套法规及解读

《最高人民法院、最高人民检察院、公安部关于办理刑事案件收集提取和审查判断电子数据若干问题的规定》(2016 年 9 月 20 日)

一、一般规定

第一条　电子数据是案件发生过程中形成的，以数字化形式存储、处理、传输的，能够证明案件事实的数据。

电子数据包括但不限于下列信息、电子文件：

（一）网页、博客、微博客、朋友圈、贴吧、网盘等网络平台发布的信息；

（二）手机短信、电子邮件、即时通信、通讯群组等网络应用服务的通信信息；

（三）用户注册信息、身份认证信息、电子交易记录、通信记录、登录日志等信息；

（四）文档、图片、音视频、数字证书、计算机程序等电子文件。

以数字化形式记载的证人证言、被害人陈述以及犯罪嫌疑人、被告人供述和辩解等证据，不属于电子数据。确有必要的，对相关证据的收集、提取、移送、审查，可以参照适用本规定。

※法规解读：由于《刑事诉讼法》及相关司法解释对于电子数据概念的界定较为模糊，司法实践中常常对电子数据的范围难以准确把握。上述条文从注册信息、渠道、载体、内容四个方面较大程度地囊括了现阶段刑事实务中存在的各类电子数据。同时，考虑到现阶段跨地区、跨国犯罪较多的情况，电子数据外延范围不仅包括当下我国网民普遍使用的 WeChat 跨平台通讯工具，也包括在境外拥有较多用户的 Line、WhatsApp 等即时通讯软件，行为人通过实名制电话号码注册的账号、以私信或朋友圈对外交流的私人及公开传播渠道、储存信息的手机端及供应商云端以及最后的内容部分，均属于电子数据的范围。

《最高人民检察院关于CPS多道心理测试鉴定结论能否作为诉讼证据使用问题的批复》(1999年9月10日)

CPS多道心理测试(俗称测谎)鉴定结论与刑事诉讼法规定的鉴定结论不同,不属于刑事诉讼法规定的证据种类。人民检察院办理案件,可以使用CPS多道心理测试鉴定结论帮助审查、判断证据,但不能将CPS多道心理测试鉴定结论作为证据使用。

※法规解读:这是最高人民检察院在司法解释中确立的特殊证据规则,即测谎鉴定结论排除规则。它反映了我国最高检察机关的观点。很明显,这一规则并非以取得方式不合法为由将测谎结论排除在诉讼证据之外,而是以测谎结论不符合法定证据形式为由作出的。

在刑事诉讼实践中,考虑到测谎结论的特点,通常的做法是将其作为鉴定意见(1996年《刑事诉讼法》中称为鉴定结论,下同)的一种,全面考察测谎员的经验和能力、测谎技术水平与操作程序的规范性,排除瑕疵测谎结论,并遵循测谎结论有限采纳规则,即测谎结论不能被采纳为证明被告人是否有罪的证据,但是在被测试人自愿的前提下,测谎结论可被采纳为证实或反驳被告人、被害人、证人诚实性的品格证据使用。

《最高人民检察院关于"骨龄鉴定"能否作为确定刑事责任年龄证据使用的批复》(2000年2月21日)

犯罪嫌疑人不讲真实姓名、住址、年龄不明的,可以委托进行骨龄鉴定或其他科学鉴定,经审查,鉴定结论能够准确确定犯罪嫌疑人实施犯罪行为时的年龄的,可以作为判断犯罪嫌疑人年龄的证据使用。如果鉴定结论不能准确确定犯罪嫌疑人实施犯罪行为时的年龄,而且鉴定结论又表明犯罪嫌疑人年龄在刑法规定的应负刑事责任年龄上下的,应当依法慎重处理。

※法规解读:上述批复是最高人民检察院关于"骨龄鉴定"的鉴定意见能否作为定案依据问题的司法解释。鉴定意见是指在司法实践中,为了解决与案件事实有关的各种专门性问题,由具有专门知识的鉴定人采用多种技术手段来进行科学鉴定后提出的书面意见。常见的鉴定意见包括法医鉴定报告、指纹鉴定报告、血迹鉴定报告等。尽管鉴定意见具有相当程度的科学性,但由于受到鉴定人资质、技术水平、鉴定方法与操作程序等多方面因素的影响,鉴定意见毕竟不能代表科学本身,不能作为最后的结论使用。司法机关仍然要结合全案情况和其他证据对其进行审查判断,查证属实之后,才能作为定案的根据。

《最高人民法院关于适用〈中华人民共和国刑事诉讼法〉的解释》(2012年12月20日)

第八十六条 经人民法院通知,鉴定人拒不出庭作证的,鉴定意见不得作为定案的根据。

鉴定人由于不能抗拒的原因或者有其他正当理由无法出庭的，人民法院可以根据情况决定延期审理或者重新鉴定。

对没有正当理由拒不出庭作证的鉴定人，人民法院应当通报司法行政机关或者有关部门。

※法规解读：该条对鉴定人拒不出庭作证的处理问题作了规定。

依据该条第1款，只要经人民法院通知，无论鉴定人不出庭的理由是否正当，也不论是否基于不能抗拒的原因，该鉴定意见都不得作为定案的根据。依据该条第2款，如果鉴定人由于不能抗拒的原因或者有其他正当理由无法出庭的，人民法院可以根据案件具体情况，决定延期审理，等待不能出庭的原因消除，鉴定人出庭作证；也可以将该鉴定意见排除，进行重新鉴定。依据该条第3款，对没有正当理由拒不出庭作证的鉴定人，人民法院应当通报司法行政机关或者有关部门。需要注意的是，根据相关规定，司法行政部门仅对经检察机关、公安机关、国家安全机关审查合格的所属鉴定机构和鉴定人进行备案登记，对其无管理职能。所以，对于检察机关、公安机关、国家安全机关所属鉴定机构的鉴定人没有正当理由拒不出庭的，人民法院应当通报相应检察机关、公安机关、国家安全机关；对于其他司法鉴定人没有正当理由拒不出庭的，人民法院应当通报司法行政机关。这些机关或部门对无正当理由拒不出庭作证的鉴定人可依据相关规定给予相应处罚。

关联法规索引

《行政诉讼法》第33条；《民事诉讼法》第63条；《监察法》第33条；《全国人民代表大会常务委员会关于司法鉴定管理问题的决定》；《最高人民法院、最高人民检察院、公安部、司法部关于办理黑恶势力刑事案件中财产处置若干问题的意见》8；《最高人民法院关于互联网法院审理案件若干问题的规定》第10条；《公安机关办理刑事案件程序规定》第56条；《公安机关办理刑事案件电子数据取证规则》

典型案例

陈满申诉案[1]

※案情简介：陈满，男，1963年2月生。1992年12月25日19时30分许，海南省海

〔1〕　本案根据最高人民检察院第十二批指导性案例（检例第26号）（2012年12月18日发布）整理，载http://www.spp.gov.cn/spp/zxjy/qwfb/201608/t20160811_362936.shtml，最后访问时间：2019年4月7日。

口市振东区上坡下村109号发生火灾。19时58分,海口市消防中队接警后赶到现场救火,并在灭火过程中发现室内有一具尸体,立即向公安机关报案。20时30分,海口市公安局接报警后派员赴现场进行现场勘查及调查工作。经走访调查后确定,死者是居住在109号的钟某,曾经在此处租住的陈满有重大作案嫌疑。同年12月28日凌晨,公安机关将犯罪嫌疑人陈满抓获。1993年9月25日,海口市人民检察院以陈满涉嫌故意杀人罪,将其批准逮捕。1993年11月29日,海口市人民检察院以涉嫌故意杀人罪对陈满提起公诉。海口市中级人民法院一审判决认定以下事实:1992年1月,被告人陈满搬到海口市上坡下村109号钟某所在公司的住房租住。期间,陈满因未交房租等,与钟某发生矛盾,钟某声称要向公安机关告发陈满私刻公章帮他人办工商执照之事,并于同年12月17日要陈满搬出上坡下村109号房。陈满怀恨在心,遂起杀害钟某的歹念。同年12月25日19时许,陈满发现上坡下村停电并得知钟某要返回四川老家,便从宁屯大厦窜至上坡下村109号,见钟某正在客厅喝酒,便与其聊天,随后从厨房拿起一把菜刀,趁钟某不备,向其头部、颈部、躯干部等处连砍数刀,致钟某当即死亡。后陈满将厨房的煤气罐搬到钟某卧室门口,用打火机点着火焚尸灭迹。大火烧毁了钟某卧室里的床及办公桌等家具,消防队员及时赶到,才将大火扑灭。经法医鉴定:被害人钟某身上有多处锐器伤、颈动脉被割断造成失血性休克死亡。

1994年11月9日,海口市中级人民法院以故意杀人罪判处陈满死刑,缓期二年执行,剥夺政治权利终身;以放火罪,判处有期徒刑九年,决定执行死刑,缓期二年执行,剥夺政治权利终身。

1994年11月13日,海口市人民检察院以原审判决量刑过轻,应当判处死刑立即执行为由提出抗诉。1999年4月15日,海南省高级人民法院驳回抗诉,维持原判。判决生效后,陈满的父母提出申诉。

2001年11月8日,海南省高级人民法院经复查驳回申诉。陈满的父母仍不服,向海南省人民检察院提出申诉。2013年4月9日,海南省人民检察院经审查,认为申诉人的申诉理由不成立,不符合立案复查条件。陈满不服,向最高人民检察院提出申诉。

最高人民检察院复查认为,原审判决据以定案的证据不确实、不充分,认定原审被告人陈满故意杀人、放火的事实不清,证据不足。

一、原审裁判认定陈满具有作案时间与在案证据证明的案件事实不符。原审裁判认定原审被告人陈满于1992年12月25日19时许,在海口市振东区上坡下村109号房间持刀将钟某杀死。根据证人杨某春、刘某生、章某胜的证言,能够证实在当日19时左右陈满仍在宁屯大厦,而根据证人何某庆、刘某清的证言,19时多一点听到109号传出上气不接下气的“啊啊”声,大约过了30分钟看见109号起火。据此,有证据证明陈满案发时仍然在宁屯大厦,不可能在同一时间出现在案发现场,原审裁判认定陈满在19时许进入109号并实施杀人、放火行为与证人提供的情况不符。

二、原审裁判认定事实的证据不足，部分重要证据未经依法查证属实。原审裁判认定原审被告人陈满实施杀人、放火行为的主要证据，除陈满有罪供述为直接证据外，其他如公安机关火灾原因认定书、现场勘查笔录、现场照片、物证照片、法医检验报告书、物证检验报告书、刑事科学技术鉴定书等仅能证明被害人钟某被人杀害，现场遭到人为纵火；在案证人证言只是证明了发案时的相关情况、案发前后陈满的活动情况以及陈满与被害人的关系等情况，但均不能证实犯罪行为系陈满所为。而在现场提取的带血白衬衫、黑色男西装等物品在侦查阶段丢失，没有在原审法院庭审中出示并接受检验，因此不能作为定案的根据。

三、陈满有罪供述的真实性存在疑问。陈满在侦查阶段虽曾作过有罪供述，但其有罪供述不稳定，时供时翻，且与现场勘查笔录、法医检验报告等证据存在矛盾。如陈满供述杀人后厨房水龙头没有关，而现场勘查时，厨房水龙头呈关闭状，而是卫生间的水龙头没有关；陈满供述杀人后菜刀扔到被害人的卧室中，而现场勘查时，该菜刀放在厨房的砧板上，且在菜刀上未发现血迹、指纹等痕迹；陈满供述将"工作证"放在被害人身上，是为了制造自己被烧死假象的说法，与案发后其依然正常工作、并未逃避侦查的实际情况相矛盾。

2015年2月10日，最高人民检察院按照审判监督程序向最高人民法院提出抗诉。

2015年4月24日，最高人民法院作出再审决定，指令浙江省高级人民法院再审。

2015年12月29日，浙江省高级人民法院公开开庭审理了本案。法院经过审理认为，原审裁判据以定案的主要证据即陈满的有罪供述及辨认笔录的客观性、真实性存疑，依法不能作为定案依据；本案除原被告人陈满有罪供述外无其他证据指向陈满作案。因此，原审裁判认定原审被告人陈满故意杀人并放火焚尸灭迹的事实不清、证据不足，指控的犯罪不能成立。2016年1月25日，浙江省高级人民法院作出再审判决：撤销原审判决裁定，原审被告人陈满无罪。

※裁判要旨：陈满的有罪供述及辨认笔录为本案原审裁判据以定案的主要证据，但是这两项证据的客观性、真实性存疑，依法不能作为定案依据，且本案除原被告人陈满有罪供述外无其他证据指向陈满作案。故根据《刑事诉讼法》第50条第2款"证据必须经过查证属实，才能作为定案的根据"以及第55条第1款"只有被告人供述，没有其他证据的，不能认定被告人有罪和处以刑罚"的规定，浙江省高级人民法院作出"撤销原审判决裁定，原审被告人陈满无罪"的再审判决是正确的。

马冰法医精神病鉴定〔1〕

※案情简介：马冰（化名）认为他偷盗邻居张三（化名）的弟弟花生之事被张三发现，还被张三的儿子发到网上。他时常感觉张三在夜间砸他家的墙，遂怀恨在心，购买刀具伺机报复。2012年9月12日上午9时许，马冰朝张三兄弟家的夹道里扔石头，张三发现后双方争执，马冰持刀刺中张三，并在追赶张三中连续刺其胸部、腰部、背部11刀，致张三心脏破裂死亡。作案后，马冰在家中被抓获。他供述，杀死张三是因为2012年农历3月听村民李四（化名）说，张三的儿子在网上说他偷花生的事，还说村里人都是这么说的，认为是张三告诉他儿子的。还有农历正月，自己在家时常听见后墙响，认为一定是张三砸他家的墙，马冰两次去砸张三家的墙，均被张三发现。

办案机关调查发现，马冰时年24岁，身体健康。父亲早故，母亲改嫁，与爷爷相依为命。爷爷与张氏兄弟交好，常托付他们教育马冰。马冰小学毕业后不再念书，平时宅在家里，不爱说话，比较老实不惹事。考虑马冰家族未发现精神病史，平时未见其精神异常，加上作案动机明确，辩护人未提出马冰精神有问题，故司法机关未进行法医精神病鉴定。

一审马冰因犯故意杀人罪被判处死刑。二审时律师调查发现马冰所称张三儿子在网上公布其偷花生一事纯系乌有，村民李四当时外出打工，从未向马冰说及此事，感觉马冰可能存在精神异常，申请进行法医精神病鉴定。法院审查后认为辩护律师的申请符合本案实际，确有必要进行鉴定，遂批准委托司法鉴定机构对马冰作案时是否有精神障碍进行鉴定，如果有精神障碍，评定其刑事责任能力（精神障碍对其作案行为辨认和控制能力的影响程度）。

司法鉴定科学技术研究所司法鉴定中心依法受理委托，指派三名具有法医精神病鉴定资格的鉴定人进行鉴定。鉴定人认真查阅了卷宗中文书、询问笔录、讯问笔录、一审判决书。向看守所管教人员调查了解马冰的表现和生活情况，管教人员反映马冰在关押期间表现得越来越内向，沉默少语，死刑判决后表示不上诉，问他有什么想法就"嘿嘿"笑两声，人变得越来越懒，不讲卫生，时而莫名发笑，有点痴呆。精神检查发现，马冰意识清楚，情感淡漠，目光茫然，不时莫名独自发笑。他说，偷花生的事被上网公布是听李四站在李家院子里说的，杀人也是因为此事。还经常听见张三说他的坏话，内容是说他偷东西一年多了，在看守所都能听见，作案前也听到其他不熟悉的人说他坏话，男声女声都有，但是就是找不到人。他坚信是张三儿子把他偷花生的事在网上

〔1〕 本案根据司法部司法鉴定09号指导案例整理(2018年4月12日发布)，载http://www.moj.gov.cn/news/content/2018-04/12/bnyw_18145.html，最后访问时间：2019年4月7日。

公布的,他对被判死刑感到无所谓。

鉴定人分析认为,马冰无端怀疑自己偷花生一事被人在网上公布,怎样解释说服都无效,还凭空听见旁人说他坏话、听到有人砸他家墙壁,应该属于妄想与幻听,症状已持续一年多,涉案阶段也是如此,作案行为与精神症状直接相关,被精神症状驱动,丧失了对作案行为的实质性辨认能力。按照现行精神障碍诊断标准及刑事责任能力评定规范综合判断,鉴定意见为:马冰患"精神分裂症",作案时处于发病期,受精神病的影响,实质性辨认和控制能力完全丧失,应评定为无刑事责任能力。

二审法院通知鉴定人出庭作证。法庭上,被害人的代理人、公诉人提出质疑,马冰在作案前并没有表现出任何精神异常,仅凭管教的点滴反映,为什么鉴定为精神病?会不会是伪装精神病?

鉴定人回答说:法医精神病鉴定首先要排除伪装的可能。本案被鉴定人马冰从未接触过精神病学知识,其症状出现、演化符合疾病发展规律,到案后供述前后一致,旁证调查证实其怀疑内容的荒唐性。检查时症状流露自然,否认自己有精神病,据此可排除伪装精神病可能。精神分裂症是一组病因未明的精神病,多起病于青壮年,症状表现多样,具有思维、情感、行为等多方面障碍及精神活动不协调,诊断标准非常严格。大家比较容易发现、认同以行为紊乱为主要表现的所谓"武疯子",但是以思维障碍为主的"文疯子"的异常行为或精神活动比较隐蔽,一般人难以察觉其存在精神异常。如本案的马冰,周围人觉得他只是不愿与人多接触,年轻怕吃苦不愿外出打工,只有深入了解后才能发现他在偷花生后,逐渐出现了无端怀疑被人网上传播、凭空听见周围人议论此事,讲他坏话,砸他家墙壁等,现实检验能力丧失,与检查所见相互印证,其表现完全符合诊断精神分裂症的症状标准、病程标准、严重程度标准和排除标准,因此鉴定结论为马冰患有精神病。

经审理,法院采信司法鉴定意见,认定马冰作案时处于精神病的发病期,辨认和控制能力完全丧失,未追究其刑事责任,转而依法对其实施强制医疗。

※裁判要旨:鉴定意见是我国《刑事诉讼法》第50条规定的法定证据种类之一,在司法实践中发挥着重要的证明作用。法医精神病鉴定是指运用司法精神病学的理论和方法,对涉及与法律有关的精神状态、法定能力(如刑事责任能力、受审能力、服刑能力、民事行为能力、监护能力、被害人自我防卫能力、作证能力)、精神损伤程度、智能障碍等问题进行鉴定。本案对法医精神病鉴定的启动、鉴定机构资质和条件等做了较好诠释。目前法医精神病鉴定的启动权主要由侦查机关、检察机关和人民法院等办案机关掌握,当事人或其委托的律师认为有必要的,可以提出鉴定申请。从事法医精神病鉴定的鉴定机构,应当具备法律规定的设立条件。对被鉴定人进行法医精神病鉴定的,应当通知委托人或者被鉴定人的近亲属到场见证。接受委托的鉴定机构应当指定

本机构二名以上鉴定人进行鉴定。对于疑难复杂的鉴定，可以指定多名鉴定人进行；重新鉴定，则应当至少有一名鉴定人具有高级技术职称。

第五十一条 【举证责任】公诉案件中被告人有罪的举证责任由人民检察院承担，自诉案件中被告人有罪的举证责任由自诉人承担。

条文解读

本条规定了刑事诉讼中被告人有罪证明的责任承担。

在刑事公诉案件中，证明责任分配的一般规则是公诉人承担证明责任。在审判中，公诉人要向法庭提供充分的证据证明其指控的犯罪事实成立，而且其证明要达到法定的标准，否则法院应宣布被告人无罪，辩方在审判中享有证明被告人无罪或罪轻的权利，该权利可以行使也可以放弃，而且不能因为其不能证明自己无罪或罪轻就得出对被告人不利的结论。在刑事自诉案件中，证明责任一般由自诉人承担，这也是司法活动中“谁主张，谁举证”原则的体现。如果自诉人不能用充分的证据证明其指控的犯罪事实，在开庭审判之前，法官应当说服自诉人撤诉，或者用裁定驳回其起诉；经开庭审理之后，法官则应当判决被告人无罪。也就是说，自诉人举证不能或不充分，就要承担败诉的风险。

关联法规索引

《行政诉讼法》第34条；《人民法院办理刑事案件排除非法证据规程（试行）》第6条

第五十二条 【证据的收集】审判人员、检察人员、侦查人员必须依照法定程序，收集能够证实犯罪嫌疑人、被告人有罪或者无罪、犯罪情节轻重的各种证据。严禁刑讯逼供和以威胁、引诱、欺骗以及其他非法方法收集证据，不得强迫任何人证实自己有罪。必须保证一切与案件有关或者了解案情的公民，有客观地充分地提供证据的条件，除特殊情况外，可以吸收他们协助调查。

条文解读

本条是关于公安、司法机关人员依法收集证据的规定。

收集证据是公安司法机关根据法律规定的范围和程序，发现、提取、固定、检验和保管与案件有关的证据材料的诉讼活动。收集证据是运用证据的前提和基础。根据本条规定，办理刑事案件的专门机关要履行客观全面收集证据及严格依照法律规定的程序收集证据的义务。严禁以非法的方法收集证据，尤其禁止以刑讯逼供或者威胁、引诱、欺骗等非法方法收集证据。根据有关规定，以刑讯逼供或者威胁、引诱、欺骗等非法方法获取的证人证言、被害人陈述、犯罪嫌疑人、被告人供述不能作为定案的根据。物证、书证的取得明显违反法律规定，可能影响公正审判的，应当予以补正或者作出合理解释；否则，该物证、书证不能作为定案的根据。

公安司法机关的取证，必须保证一切与案件有关或了解案情的公民，有客观地、充分地提供证据的条件，除特殊情况外，还可以吸收他们协助调查。这既是确保案件公正办理的前提，同时也是依靠群众原则在办理案件过程中的体现。本条中的"特殊情况"，主要是指一些可能妨碍诉讼顺利进行的情形，如可能导致泄露国家秘密、犯罪嫌疑人逃跑或者造成串供、毁灭、隐匿证据等情况。

值得注意的是，本条"不得强迫任何人证实自己有罪"的表述，学界将其称为"反对强迫自证其罪"特权。这一规定，一方面是为了强化对刑讯逼供等非法取证行为的禁绝态度，另一方面也是为实现与国际公约对接，即为我国加入《公民权利和政治权利国际公约》作准备。

配套法规及解读

《最高人民法院关于适用〈中华人民共和国刑事诉讼法〉的解释》(2012年12月20日)

第六十九条　对物证、书证应当着重审查以下内容：

(一)物证、书证是否为原物、原件，是否经过辨认、鉴定；物证的照片、录像、复制品或者书证的副本、复制件是否与原物、原件相符，是否由二人以上制作，有无制作人关于制作过程以及原物、原件存放于何处的文字说明和签名；

(二)物证、书证的收集程序、方式是否符合法律、有关规定；经勘验、检查、搜查提取、扣押的物证、书证，是否附有相关笔录、清单，笔录、清单是否经侦查人员、物品持有人、见证人签名，没有物品持有人签名的，是否注明原因；物品的名称、特征、数量、质量等是否注明清楚；

(三)物证、书证在收集、保管、鉴定过程中是否受损或者改变；

(四)物证、书证与案件事实有无关联；对现场遗留与犯罪有关的具备鉴定条件的血迹、体液、毛发、指纹等生物样本、痕迹、物品，是否已作DNA鉴定、指纹鉴定等，并与被告人或者被害人的相应生物检材、生物特征、物品等比对；

（五）与案件事实有关联的物证、书证是否全面收集。

第七十条 据以定案的物证应当是原物。原物不便搬运，不易保存，依法应当由有关部门保管、处理，或者依法应当返还的，可以拍摄、制作足以反映原物外形和特征的照片、录像、复制品。

物证的照片、录像、复制品，不能反映原物的外形和特征的，不得作为定案的根据。

物证的照片、录像、复制品，经与原物核对无误、经鉴定为真实或者以其他方式确认为真实的，可以作为定案的根据。

第七十一条 据以定案的书证应当是原件。取得原件确有困难的，可以使用副本、复制件。

书证有更改或者更改迹象不能作出合理解释，或者书证的副本、复制件不能反映原件及其内容的，不得作为定案的根据。

书证的副本、复制件，经与原件核对无误、经鉴定为真实或者以其他方式确认为真实的，可以作为定案的根据。

《最高人民法院、最高人民检察院、公安部、国家安全部、司法部关于推进以审判为中心的刑事诉讼制度改革的意见》（2016年7月20日）

四、……

对物证、书证等实物证据，一般应当提取原物、原件，确保证据的真实性。需要鉴定的，应当及时送检。证据之间有矛盾的，应当及时查证。所有证据应当妥善保管，随案移送。

※法规解读：上述条文规定是收集、运用证据时适用最佳证据规则的体现。

在收集、调取书证时，必须首先收集、调取书证的原件，只有在原件遗失或毁坏、无法获取时才能以副本或复制件代替；在收集、调取物证时，也必须首先收集、调取原物，只有在原物不便搬运、不易保存或者依法应当返还被害人时，才可以拍摄足以反映原物外形或者内容的照片、录像来代替。根据最佳证据规则，上述条文规定了书证原件与副本或复制件，物证原物与复制品、照片、录像等在证据证明力大小上的比较与要求。复制件或复制品毕竟不是原件、原物本身，它们只是对原件、原物的复制与描绘。由于技术设备与保管环节可能会出现问题，常常会导致内容发生差错。因此，在运用证据时，必须要求副本、复制件，照片、录像只有经与原件、原物核实无误或者经鉴定证明真实的，才具有与原件、原物同等的证明力。

《最高人民法院、最高人民检察院、公安部关于办理刑事案件收集提取和审查判断电子数据若干问题的规定》（2016年9月20日）

二、电子数据的收集与提取

第七条 收集、提取电子数据，应当由二名以上侦查人员进行。取证方法应当符合相关技术标准。

第八条　收集、提取电子数据，能够扣押电子数据原始存储介质的，应当扣押、封存原始存储介质，并制作笔录，记录原始存储介质的封存状态。

封存电子数据原始存储介质，应当保证在不解除封存状态的情况下，无法增加、删除、修改电子数据。封存前后应当拍摄被封存原始存储介质的照片，清晰反映封口或者张贴封条处的状况。

封存手机等具有无线通信功能的存储介质，应当采取信号屏蔽、信号阻断或者切断电源等措施。

第九条　具有下列情形之一，无法扣押原始存储介质的，可以提取电子数据，但应当在笔录中注明不能扣押原始存储介质的原因、原始存储介质的存放地点或者电子数据的来源等情况，并计算电子数据的完整性校验值：

（一）原始存储介质不便封存的；

（二）提取计算机内存数据、网络传输数据等不是存储在存储介质上的电子数据的；

（三）原始存储介质位于境外的；

（四）其他无法扣押原始存储介质的情形。

对于原始存储介质位于境外或者远程计算机信息系统上的电子数据，可以通过网络在线提取。

为进一步查明有关情况，必要时，可以对远程计算机信息系统进行网络远程勘验。进行网络远程勘验，需要采取技术侦查措施的，应当依法经过严格的批准手续。

第十条　由于客观原因无法或者不宜依据第八条、第九条的规定收集、提取电子数据的，可以采取打印、拍照或者录像等方式固定相关证据，并在笔录中说明原因。

第十一条　具有下列情形之一的，经县级以上公安机关负责人或者检察长批准，可以对电子数据进行冻结：

（一）数据量大，无法或者不便提取的；

（二）提取时间长，可能造成电子数据被篡改或者灭失的；

（三）通过网络应用可以更为直观地展示电子数据的；

（四）其他需要冻结的情形。

第十二条　冻结电子数据，应当制作协助冻结通知书，注明冻结电子数据的网络应用账号等信息，送交电子数据持有人、网络服务提供者或者有关部门协助办理。解除冻结的，应当在三日内制作协助解除冻结通知书，送交电子数据持有人、网络服务提供者或者有关部门协助办理。

冻结电子数据，应当采取以下一种或者几种方法：

（一）计算电子数据的完整性校验值；

（二）锁定网络应用账号；

（三）其他防止增加、删除、修改电子数据的措施。

第十三条 调取电子数据，应当制作调取证据通知书，注明需要调取电子数据的相关信息，通知电子数据持有人、网络服务提供者或者有关部门执行。

第十四条 收集、提取电子数据，应当制作笔录，记录案由、对象、内容、收集、提取电子数据的时间、地点、方法、过程，并附电子数据清单，注明类别、文件格式、完整性校验值等，由侦查人员、电子数据持有人（提供人）签名或者盖章；电子数据持有人（提供人）无法签名或者拒绝签名的，应当在笔录中注明，由见证人签名或者盖章。有条件的，应当对相关活动进行录像。

第十五条 收集、提取电子数据，应当根据刑事诉讼法的规定，由符合条件的人员担任见证人。由于客观原因无法由符合条件的人员担任见证人的，应当在笔录中注明情况，并对相关活动进行录像。

针对同一现场多个计算机信息系统收集、提取电子数据的，可以由一名见证人见证。

第十六条 对扣押的原始存储介质或者提取的电子数据，可以通过恢复、破解、统计、关联、比对等方式进行检查。必要时，可以进行侦查实验。

电子数据检查，应当对电子数据存储介质拆封过程进行录像，并将电子数据存储介质通过写保护设备接入到检查设备进行检查；有条件的，应当制作电子数据备份，对备份进行检查；无法使用写保护设备且无法制作备份的，应当注明原因，并对相关活动进行录像。

电子数据检查应当制作笔录，注明检查方法、过程和结果，由有关人员签名或者盖章。进行侦查实验的，应当制作侦查实验笔录，注明侦查实验的条件、经过和结果，由参加实验的人员签名或者盖章。

第十七条 对电子数据涉及的专门性问题难以确定的，由司法鉴定机构出具鉴定意见，或者由公安部指定的机构出具报告。对于人民检察院直接受理的案件，也可以由最高人民检察院指定的机构出具报告。

具体办法由公安部、最高人民检察院分别制定。

※法规解读：针对电子数据的特殊性，除常见的封存、扣押等证据收集、提取方式外，上述条文中还增加了冻结等模式。今后，在通常情况下收集、提取电子数据时，应同时扣押电子数据的原始储存介质，并通过粘贴封条、信号屏蔽、切段电源等隔绝措施保证电子数据的完整以及不可变更状态；对于不能、不便扣押原始储存介质的，可以将电子数据从第三方控制之下力求完整地将数据复制到公安部门、检察机关自身的数据

库下,对电子数据进行有效保存;对于无法根据上述两项进行处理的,采取较为传统的打印、拍照等方式进行固定;对于特殊情况,可考虑采取冻结电子数据的措施。

关联法规索引

《最高人民法院关于适用〈中华人民共和国刑事诉讼法〉的解释》第62条;《最高人民法院、最高人民检察院、公安部关于办理网络犯罪案件适用刑事诉讼程序若干问题的意见》;《监察法》第18条;《最高人民检察院关于办理涉互联网金融犯罪案件有关问题座谈会纪要》五;《公安机关办理刑事案件程序规定》第57条、第60~63条

第五十三条 【运用证据要求】公安机关提请批准逮捕书、人民检察院起诉书、人民法院判决书,必须忠实于事实真象。故意隐瞒事实真象的,应当追究责任。

条文解读

本条是关于司法文书的忠于事实真相义务的规定。

提请批准逮捕书、起诉意见书、起诉书、判决书分别是公安机关、检察机关、审判机关代表国家追究犯罪、行使法定职权在法律文书上的集中体现,具有特定的法律效力和意义。因此,司法人员在制作这些法律文书时必须忠于事实真相,不但要查清犯罪嫌疑人、被告人是否构成犯罪、构成何种犯罪以及罪行中的有关事实、情节,而且要有充分证据予以佐证。

对于故意隐瞒事实真相、蓄意使有罪的人逃避法律追究或使无辜者错受法律追究的,要追究其应负的法律责任。对于不构成犯罪的,应根据《人民警察法》《检察官法》《法官法》的有关规定,予以行政或纪律处分;对于受到刑事追究的无辜者应按照《国家赔偿法》的有关规定予以赔偿。对于情节严重,构成犯罪的,应依法追究刑事责任。

关联法规索引

《检察官职业行为基本规范(试行)》第10条;《最高人民检察院关于印发〈人民检察院乡(镇)检察室工作条例〉的通知》第7条;《最高人民法院关于完善人民法院司法责任制的若干意见》四;《最高人民检察院关于完善人民检察院司法责任制的若干意见》六;《最高人民法院关于进一步全面落实司法责任制的实施意见》第46条;《公安机关办理刑事案件程序规定》第64条

第五十四条　【取证主体、对象及妨碍取证的法律责任】 人民法院、人民检察院和公安机关有权向有关单位和个人收集、调取证据。有关单位和个人应当如实提供证据。

行政机关在行政执法和查办案件过程中收集的物证、书证、视听资料、电子数据等证据材料，在刑事诉讼中可以作为证据使用。

对涉及国家秘密、商业秘密、个人隐私的证据，应当保密。

凡是伪造证据、隐匿证据或者毁灭证据的，无论属于何方，必须受法律追究。

条文解读

本条共有4款，规定了收集证据的主体、对象及妨碍取证的法律责任。

根据本条第1款规定，在刑事诉讼中，为了查明案件真实情况，人民法院、人民检察院和公安机关有权向有关单位和个人收集、调取证据。有关单位和个人应当如实提供证据。根据有关规定，辩护律师有权自行取证或者申请人民检察院、人民法院调查取证。只有公安司法人员和律师才有权收集证据，其他任何机关、企事业单位、人民团体和公民个人，都无权收集和调取证据。

本条第2款的立法目的在于明确行政执法机关在执法过程中所收集的物证、书证、视听资料、电子证据等证据材料的证据能力，以解决这一长期困扰司法实践的疑难问题。据此，行政执法机关在行政执法过程中所收集的物证、书证等证据材料自始即具有证据能力，无须再经过所谓证据“转化”即可在刑事诉讼中作为证据使用。

根据本条第3款规定，有些证据涉及国家秘密，为了维护国家利益和公共利益，对这类证据应当保密；同时，为满足实际需要，对涉及“商业秘密”和“个人隐私”的证据也作了保密性规定。

为了保障刑事诉讼的顺利进行，严惩妨碍诉讼的行为，本条第4款规定，对伪造证据、隐匿证据或者毁灭证据的所有行为人，都应依法追究法律责任。

配套法规及解读

《最高人民法院关于适用〈中华人民共和国刑事诉讼法〉的解释》(2012年12月20日)

第六十五条　行政机关在行政执法和查办案件过程中收集的物证、书证、视听资料、电子数据等证据材料，在刑事诉讼中可以作为证据使用；经法庭查证属实，且收集程序符合有关法律、行政法规规定的，可以作为定案的根据。

根据法律、行政法规规定行使国家行政管理职权的组织,在行政执法和查办案件过程中收集的证据材料,视为行政机关收集的证据材料。

※法规解读:依据该条规定,行政机关在行政执法和查办案件过程中收集的物证、书证、视听资料、电子数据等证据材料,在刑事诉讼中可以作为证据使用。需要注意的是,这里的"行政机关"不限于工商、税务等行政机关,也包括证券监管部门等根据法律、法规行使国家行政管理职权的组织。但是,实践中受行政机关委托,代表行政机关行使职权的组织不属于"行政机关",故其在行政执法和查办案件过程中收集的有关证据材料,不能视为行政机关收集的证据材料。

第六十六条 人民法院依照刑事诉讼法第一百九十一条[1]的规定调查核实证据,必要时,可以通知检察人员、辩护人、自诉人及其法定代理人到场。上述人员未到场的,应当记录在案。

人民法院调查核实证据时,发现对定罪量刑有重大影响的新的证据材料的,应当告知检察人员、辩护人、自诉人及其法定代理人。必要时,也可以直接提取,并及时通知检察人员、辩护人、自诉人及其法定代理人查阅、摘抄、复制。

第六十八条 公开审理案件时,公诉人、诉讼参与人提出涉及国家秘密、商业秘密或者个人隐私的证据的,法庭应当制止。有关证据确与本案有关的,可以根据具体情况,决定将案件转为不公开审理,或者对相关证据的法庭调查不公开进行。

※法规解读:上述第66条是关于人民法院收集、调取证据的具体程序和规范。第68条规定了庭审中审判长对公开审判的案件是否涉及国家秘密及个人隐私的审查和处理。"国家秘密"是指关系国家安全和利益,依照法定程序确定,在一定时间内只限一定范围的人员知悉的事项;"个人隐私"是指个人生活中不愿公开或不愿为他人知悉的秘密。国家秘密关系国家安全和利益,个人隐私受到尊重是个人的重要人身权利。《保密法》《刑法》《侵权责任法》等法律对国家秘密、个人隐私的保护均作了规定。办案机关及其工作人员对在办案过程中接触到的涉及国家秘密、个人隐私的证据,应当妥善保管,不得遗失、泄露,不得让不该知悉的人知悉。

关联法规索引

《刑法》第305~307条;《监察法》第18条;《人民检察院刑事诉讼规则(试行)》第64条;《最高人民法院、最高人民检察院、公安部关于办理刑事案件收集提取和审查判断电子数据若干问题的规定》第4条;《最高人民法院、司法部关于开展刑事案件律师

---

[1] 现行《刑事诉讼法》第一百九十六条。

辩护全覆盖试点工作的办法》第21条;《公安机关办理刑事案件程序规定》第58~63条;《农业部关于加强农业行政执法与刑事司法衔接工作的实施意见》三;《国家质量监督检验检疫总局、公安部关于在打击制售假冒伪劣商品违法犯罪中加强行政执法与刑事司法衔接工作的通知》二、四;《国家食品药品监督管理局、公安部关于做好打击制售假劣药品违法犯罪行政执法与刑事司法衔接工作的通知》三;《国家工商行政管理总局、公安部、最高人民检察院关于加强工商行政执法与刑事司法衔接配合工作若干问题的意见》七;《国家食品药品监管总局、公安部、最高人民法院、最高人民检察院、国务院食品安全办关于食品药品行政执法与刑事司法衔接工作办法》第6条、第18条;《环境保护部、公安部、最高人民检察院关于环境保护行政执法与刑事司法衔接工作的办法》;《国务院法制办、中央纪委、最高人民法院、最高人民检察院、公安部、国家安全部、司法部、人力资源社会保障部关于加强行政执法与刑事司法衔接工作的意见》

第五十五条 【重调查、不轻信口供】 对一切案件的判处都要重证据,重调查研究,不轻信口供。只有被告人供述,没有其他证据的,不能认定被告人有罪和处以刑罚;没有被告人供述,证据确实、充分的,可以认定被告人有罪和处以刑罚。

证据确实、充分,应当符合以下条件:

(一)定罪量刑的事实都有证据证明;

(二)据以定案的证据均经法定程序查证属实;

(三)综合全案证据,对所认定事实已排除合理怀疑。

条文解读

本条共有2款,是关于口供审查判断准则和证据确实充分要求的规定。

第1款规定了口供审查与判断的基本准则。口供是一种重要的直接证据,但由于犯罪嫌疑人、被告人与案件处理结果有着直接的利害关系,口供的内容必然也会受到其诉讼地位和复杂心理活动的影响,虚假的可能性也比较大,对口供的真实性应当严格审查,对口供的采信也应当慎之又慎。为此,本款要求对一切案件的判处都要重证据,重调查研究,不轻信口供。仅有被告人的供述,没有其他证据的,不能认定被告人有罪和对其处以刑罚;反过来,即便没有口供,但其他证据确实充分,足以证明被告人有罪的,可以认定被告人有罪和对其处以刑罚。

第2款对什么是"证据确实、充分"予以了说明。刑事诉讼的证明对象主要是犯罪构成要件和量刑情节的事实,包括:(1)被指控犯罪构成要件的事实;(2)与犯罪行为轻重有关的各种量刑情节的事实;(3)排除行为的违法性、可罚性和行为人刑事责任的事实;(4)刑事诉讼程序的事实。因此,"证据确实、充分"首先要求定罪事实与量刑事实均有证据证明,同时,能够作为定案根据的证据必须逐一经过法定程序查证属实,在每一个证据之间、证据与案件事实之间不存在矛盾或出现的矛盾得以合理排除,运用证据认定案情的过程要符合逻辑规则与经验法则,证据的得出需有确定性和排他性。本条通过关于"证据确实、充分"这一证明标准的立法解释,引入了排除合理怀疑的证明标准。据此,我国的刑事案件证明标准可以表述为"案件事实清楚,证据确实、充分,能够排除合理怀疑"。

配套法规及解读

《最高人民法院、最高人民检察院、公安部、国家安全部、司法部关于办理死刑案件审查判断证据若干问题的规定》(2010年6月24日)

第五条　办理死刑案件,对被告人犯罪事实的认定,必须达到证据确实、充分。

证据确实、充分是指:

(一)定罪量刑的事实都有证据证明;

(二)每一个定案的证据均已经法定程序查证属实;

(三)证据与证据之间、证据与案件事实之间不存在矛盾或者矛盾得以合理排除;

(四)共同犯罪案件中,被告人的地位、作用均已查清;

(五)根据证据认定案件事实的过程符合逻辑和经验规则,由证据得出的结论为唯一结论。

办理死刑案件,对于以下事实的证明必须达到证据确实、充分:

(一)被指控的犯罪事实的发生;

(二)被告人实施了犯罪行为与被告人实施犯罪行为的时间、地点、手段、后果以及其他情节;

(三)影响被告人定罪的身份情况;

(四)被告人有刑事责任能力;

(五)被告人的罪过;

(六)是否共同犯罪及被告人在共同犯罪中的地位、作用;

(七)对被告人从重处罚的事实。

※法规解读:本条较为具体地确立了死刑案件的证明标准。

死刑案件的证明标准存在自身特殊性,这种特殊性表现在不仅要求认定被告人犯罪构成事实,包括应对被告人从重处罚的事实和死刑适用事实的存在,同时要求认定被告人实施的犯罪行为达到排除其他可能性的程度。具体是指认定被告人是否犯罪、犯何种罪的事实,决定是否对其判处刑罚、判处何种刑罚依据的事实,证明构成某种犯罪的各项要件和影响量刑的各种情节的事实,都要有办案机关经法定程序收集的证据证明。

《公安机关办理刑事案件程序规定》(2012年12月13日)

第六十六条 公安机关移送审查起诉的案件,应当做到犯罪事实清楚,证据确实、充分。证据确实、充分,应当符合以下条件:

(一)认定的案件事实都有证据证明;

(二)认定案件事实的证据均经法定程序查证属实;

(三)综合全案证据,对所认定事实已排除合理怀疑。对证据的审查,应当结合案件的具体情况,从各证据与待证事实的关联程度、各证据之间的联系等方面进行审查判断。

只有犯罪嫌疑人供述,没有其他证据的,不能认定案件事实;没有犯罪嫌疑人供述,证据确实、充分的,可以认定案件事实。

※法规解读:本条规定从公安机关的角度确立了刑事诉讼证明标准。

具体是指认定被告人是否犯罪、犯何种罪的事实,是否有证据证明。认定事实和收集证据的程序的合法性,以及办案人员在所有证据均查证属实的基础上,经过对证据的综合审查,运用法律知识和逻辑、经验进行推理、判断,对于认定的事实,已没有符合常理的、有根据的怀疑,实际上达到确信的程度,才能认定案件"证据确实、充分"。正确理解和切实执行法定证明标准是预防冤错案件发生的必要条件。

关联法规索引

《最高人民检察院关于进一步加强公诉工作强化法律监督的意见》Ⅰ(三);《最高人民法院关于为构建社会主义和谐社会提供司法保障的若干意见》第17条;《最高人民法院、最高人民检察院、公安部、司法部关于进一步严格依法办案确保死刑案件质量的意见》Ⅰ(四);《人民检察院刑事诉讼规则(试行)》第62条、第63条;《最高人民法院关于全面推进以审判为中心的刑事诉讼制度改革的实施意见》第1条;《最高人民法院、最高人民检察院、公安部、国家安全部、司法部关于办理刑事案件严格排除非法证据若干问题的规定》第1条;《人民检察院办理死刑第二审案件和复核监督工作指引(试行)》第49条;《公安机关办理刑事案件程序规定》第8条、第9条

典型案例

齐某强奸、猥亵儿童案〔1〕

※案情简介：被告人齐某，男，1969年1月出生，原系某县某小学班主任。2011年夏天至2012年10月，被告人齐某在担任班主任期间，利用午休、晚自习及宿舍查寝等机会，在学校办公室、教室、洗澡堂、男生宿舍等处多次对被害女童A（10岁）、B（10岁）实施奸淫、猥亵，并以带A女童外出看病为由，将其带回家中强奸。齐某还在女生集体宿舍等地多次猥亵被害女童C（11岁）、D（11岁）、E（10岁），猥亵被害女童F（11岁）、G（11岁）各一次。

2013年4月14日，某市人民检察院以齐某犯强奸罪、猥亵儿童罪对其提起公诉。5月9日，某市中级人民法院依法不公开开庭审理本案。9月23日，该市中级人民法院作出判决，认定齐某犯强奸罪，判处死刑缓期二年执行，剥夺政治权利终身；犯猥亵儿童罪，判处有期徒刑四年六个月；决定执行死刑，缓期二年执行，剥夺政治权利终身。被告人未上诉，判决生效后，报某省高级人民法院复核。

2013年12月24日，某省高级人民法院以原判认定部分事实不清为由，裁定撤销原判，发回重审。

2014年11月13日，某市中级人民法院经重新审理，作出判决，认定齐某犯强奸罪，判处无期徒刑，剥夺政治权利终身；犯猥亵儿童罪，判处有期徒刑四年六个月；决定执行无期徒刑，剥夺政治权利终身。齐某不服提出上诉。

2016年1月20日，某省高级人民法院经审理，作出终审判决，认定齐某犯强奸罪，判处有期徒刑六年，剥夺政治权利一年；犯猥亵儿童罪，判处有期徒刑四年六个月；决定执行有期徒刑十年，剥夺政治权利一年。

某省人民检察院认为该案终审判决确有错误，提请最高人民检察院抗诉。最高人民检察院经审查，认为该案适用法律错误，量刑不当，应予纠正。2017年3月3日，最高人民检察院依照审判监督程序向最高人民法院提出抗诉。

2017年12月4日，最高人民法院依法不公开开庭审理本案，最高人民检察院指派检察员出席法庭，辩护人出庭为原审被告人进行辩护。

法庭调查阶段，针对原审被告人不认罪的情况，检察员着重就齐某辩解与在案证据是否存在矛盾，以及有无其他证据或线索支持其辩解进行发问和举证，重点核实以下问题：案发前齐某与被害人及其家长关系如何，是否到女生宿舍查寝，是否多次单独

〔1〕 本案根据最高人民检察院第十二批指导性案例（检例第42号）（2012年12月18日发布）整理，载http://www.spp.gov.cn/spp/zxjy/qwfb/201811/t20181118_399378.shtml，最后访问时间：2019年4月7日。

将女生叫出教室,是否带女生回家过夜。齐某当庭供述与被害人及其家长没有矛盾,承认曾到女生宿舍查寝,为女生揉肚子,单独将女生叫出教室问话,带女生外出看病以及回家过夜。通过当庭讯问,进一步印证了被害人陈述细节的真实性、客观性。

法庭辩论阶段,检察员发表出庭意见:

首先,原审被告人齐某犯强奸罪、猥亵儿童罪的犯罪事实清楚,证据确实充分。(1)各被害人及其家长和齐某在案发前没有矛盾。报案及时,无其他介入因素,可以排除诬告的可能。(2)各被害人陈述内容自然合理,可信度高,且有同学的证言予以印证。被害人对于细节的描述符合正常记忆认知、表达能力,如齐某实施性侵害的大致时间、地点、方式、次数等内容基本一致。因被害人年幼、报案及作证距案发时间较长等客观情况,具体表达存在不尽一致之处,完全正常。(3)各被害人陈述的基本事实得到本案其他证据印证,如齐某卧室勘验笔录、被害人辨认现场的笔录、现场照片、被害人生理状况诊断证明。

其次,原审被告人齐某犯强奸罪情节恶劣,且在公共场所当众猥亵儿童,某省高级人民法院判决对此不予认定,属于适用法律错误,导致量刑畸轻。(1)齐某奸淫幼女"情节恶劣"。齐某利用教师身份,多次强奸二名幼女,犯罪时间跨度长。本案发生在校园内,对被害人及其家人伤害非常大,对其他学生造成了恐惧。齐某的行为具备《最高人民法院、最高人民检察院、公安部、司法部关于依法惩治性侵害未成年人犯罪的意见》第25条规定的多项"更要依法从严惩处"的情节,综合评判应认定为"情节恶劣",判处十年有期徒刑以上刑罚。(2)本案中齐某的行为属于在"公共场所当众"猥亵儿童。公共场所系供社会上多数人从事工作、学习、文化、娱乐、体育、社交、参观、旅游和满足部分生活需求的一切公用建筑物、场所及其设施的总称,具备由多数人进出、使用的特征。基于对未成年人保护的需要,《最高人民法院、最高人民检察院、公安部、司法部关于依法惩治性侵害未成年人犯罪的意见》第23条明确将"校园"这种除师生外,其他人不能随便进出的场所认定为公共场所。司法实践中也已将教室这种相对封闭的场所认定为公共场所。本案中女生宿舍是20多人的集体宿舍,和教室一样属于校园的重要组成部分,具有相对涉众性、公开性,应当是公共场所。《最高人民法院、最高人民检察院、公安部、司法部关于依法惩治性侵害未成年人犯罪的意见》第23条规定,在公共场所对未成年人实施猥亵犯罪,"只要有其他多人在场,不论在场人员是否实际看到",均可认定为当众猥亵。本案中齐某在熄灯后进入女生集体宿舍,当时就寝人数较多,床铺之间没有遮挡,其猥亵行为易被同寝他人所感知,符合上述规定"当众"的要求。

原审被告人及其辩护人坚持事实不清、证据不足的辩护意见,理由:一是认定犯罪的直接证据只有被害人陈述,齐某始终不认罪,其他证人证言均是传来证据,没有物证,证据链条不完整。二是被害人陈述前后有矛盾,不一致。且其中一个被害人在第一次陈述中只讲到被猥亵,第二次又讲到被强奸,前后有重大矛盾。

针对辩护意见,检察员答辩:一是被害人陈述的一些细节,如强奸的地点、姿势,结合被害人年龄及认知能力,不亲身经历,难以编造。二是齐某性侵次数多、时间跨度长,被害人年龄小,前后陈述有些细节上的差异和模糊是正常的,恰恰符合被害人的记忆特征。且被害人对基本事实和情节的描述是稳定的。有的被害人虽然在第一次询问时没有陈述被强奸,但在此后对没有陈述的原因做了解释,即当时学校老师在场,不敢讲。这一理由符合孩子的心理。三是被害人同学证言虽然是传来证据,但其是在犯罪发生之后即得知有关情况,因此证明力较强。四是齐某及其辩护人对其辩解没有提供任何证据或者线索的支持。

2018年6月11日,最高人民法院召开审判委员会会议审议本案,最高人民检察院检察长列席会议并发表意见:一是最高人民检察院抗诉书认定的齐某犯罪事实、情节符合客观实际。性侵害未成年人案件具有客观证据、直接证据少,被告人往往不认罪等特点。本案中,被害人家长与原审被告人之前不存在矛盾,案发过程自然。被害人陈述及同学证言符合案发实际和儿童心理,证明力强。综合全案证据看,足以排除合理怀疑,能够认定原审被告人强奸、猥亵儿童的犯罪事实。二是原审被告人在女生宿舍猥亵儿童的犯罪行为属于在"公共场所当众"猥亵。考虑本案具体情节,原审被告人猥亵儿童的犯罪行为应当判处十年有期徒刑以上刑罚。三是某省高级人民法院二审判决确有错误,依法应当改判。

2018年7月27日,最高人民法院作出终审判决,认定原审被告人齐某犯强奸罪,判处无期徒刑,剥夺政治权利终身;犯猥亵儿童罪,判处有期徒刑十年;决定执行无期徒刑,剥夺政治权利终身。

※裁判要旨:奸淫幼女具有《最高人民法院、最高人民检察院、公安部、司法部关于依法惩治性侵害未成年人犯罪的意见》规定的从严处罚情节,社会危害性与《刑法》第236条第3款第2项至第4项规定的情形相当,可以认定为该款第1项规定的"情节恶劣"。而本案行为人齐某在教室、集体宿舍等场所实施猥亵行为,且当时有多人在场,无论在场人员是否实际看到,都应当认定其犯罪行为是在"公共场所当众"实施的,符合"情节恶劣"情形。

从程序法角度讲,对一切案件的判处都要重证据,重调查研究,不轻信口供。只有被告人供述,没有其他证据的,不能认定被告人有罪和处以刑罚;没有被告人供述,证据确实、充分的,可以认定被告人有罪和处以刑罚。本案中,被害人陈述稳定自然,对于细节的描述符合正常记忆认知、表达能力,被告人辩解没有证据支持,结合生活经验对全案证据进行审查,能够形成完整的证明体系,可以认定案件事实。

于英生申诉案[1]

※案情简介:于英生,男,1962 年 3 月生。1996 年 12 月 2 日,于英生的妻子韩某在家中被人杀害。安徽省蚌埠市中区公安分局侦查认为于英生有重大犯罪嫌疑,于 1996 年 12 月 12 日将其刑事拘留。1996 年 12 月 21 日,蚌埠市中市区人民检察院以于英生涉嫌故意杀人罪,将其批准逮捕。在侦查阶段的审讯中,于英生供认了杀害妻子的主要犯罪事实。蚌埠市中区公安分局侦查终结后,移送蚌埠市中市区人民检察院审查起诉。蚌埠市中市区人民检察院审查后,依法移送蚌埠市人民检察院审查起诉。1997 年 12 月 24 日,蚌埠市人民检察院以涉嫌故意杀人罪对于英生提起公诉。蚌埠市中级人民法院一审判决认定以下事实:1996 年 12 月 1 日,于英生一家三口在逛商场时,韩某将 2800 元现金交给于英生让其存入银行,却不愿告诉这笔钱的来源,引起于英生的不满。12 月 2 日 7 时 20 分,于英生送其子去上学,回家后再次追问韩某 2800 元现金是哪来的。因韩某坚持不愿说明来源,二人发生争吵厮打。厮打过程中,于英生见韩某声音越来越大,即恼羞成怒将其推倒在床上,然后从厨房拿了一根塑料绳,将韩某的双手拧到背后捆上。接着又用棉被盖住韩某头面部并隔着棉被用双手紧捂其口鼻,将其捂昏迷后匆忙离开现场到单位上班。约 9 时 50 分,于英生从单位返回家中,发现韩某已经死亡,便先解开捆绑韩某的塑料绳,用菜刀对韩某的颈部割了数刀,然后将其内衣向上推至胸部、将其外面穿的毛线衣拉平,并将尸体翻成俯卧状。接着又将屋内家具的柜门、抽屉拉开,将物品翻乱,造成家中被抢劫、韩某被奸杀的假象。临走时,于英生又将液化气打开并点燃一根蜡烛放在床头柜上的烟灰缸里,企图使液化气排放到一定程度,烛火引燃液化气,达到烧毁现场的目的。后因被及时发现而未引燃。经法医鉴定:死者韩某口、鼻腔受暴力作用,致机械性窒息死亡。

1998 年 4 月 7 日,蚌埠市中级人民法院以故意杀人罪判处于英生死刑,缓期二年执行。于英生不服,向安徽省高级人民法院提出上诉。

1998 年 9 月 14 日,安徽省高级人民法院以原审判决认定于英生故意杀人的部分事实不清,证据不足为由,裁定撤销原判,发回重审。被害人韩某的父母提起附带民事诉讼。

1999 年 9 月 16 日,蚌埠市中级人民法院以故意杀人罪判处于英生死刑,缓期二年执行。于英生不服,再次向安徽省高级人民法院提出上诉。

2000 年 5 月 15 日,安徽省高级人民法院以原审判决事实不清,证据不足为由,裁

---

〔1〕 本案根据最高人民检察院第十二批指导性案例(检例第 25 号)(2012 年 12 月 18 日发布)整理,载 http://www.spp.gov.cn/spp/zxjy/qwfb/201608/t20160811_362936.shtml,最后访问时间:2019 年 4 月 7 日。

定撤销原判,发回重审。

2000年10月25日,蚌埠市中级人民法院以故意杀人罪判处于英生无期徒刑。于英生不服,向安徽省高级人民法院提出上诉。2002年7月1日,安徽省高级人民法院裁定驳回上诉,维持原判。

2002年12月8日,于英生向安徽省高级人民法院提出申诉。2004年8月9日,安徽省高级人民法院驳回于英生的申诉。后于英生向安徽省人民检察院提出申诉。

安徽省人民检察院经复查,提请最高人民检察院按照审判监督程序提出抗诉。最高人民检察院经审查,于2013年5月24日向最高人民法院提出再审检察建议。

最高人民检察院审查认为,原审判决、裁定认定于英生故意杀人的事实不清,证据不足,案件存在的矛盾和疑点无法得到合理排除,案件事实结论不具有唯一性。

一、原审判决认定事实的证据不确实、不充分。一是根据安徽省人民检察院复查调取的公安机关侦查内卷中的手写"现场手印检验报告"及其他相关证据,能够证实现场存在的2枚指纹不是于英生及其家人所留,但侦查机关并未将该情况写入检验报告。原审判决依据该"现场手印检验报告"得出"没有发现外人进入现场的痕迹"的结论与客观事实不符。二是关于于英生送孩子上学以及到单位上班的时间,缺少明确证据支持,且证人证言之间存在矛盾。原审判决认定于英生9时50分回家伪造现场,10时20分回到单位,而于英生辩解其在10时左右回到单位,后接到传呼并用办公室电话回此传呼,并在侦查阶段将传呼机提交侦查机关。安徽省人民检察院复查及最高人民检察院审查时,相关人员证实侦查机关曾对有关人员及传呼机信息问题进行了调查,并调取了通话记录,但案卷中并没有相关调查材料及通话记录,于英生关于在10时左右回到单位的辩解不能合理排除。因此依据现有证据,原审判决认定于英生具有20分钟作案时间和30分钟伪造现场时间的证据不足。

二、原审判决定罪的主要证据之间存在矛盾。原审判决认定于英生有罪的证据主要是现场勘查笔录、尸检报告以及于英生曾作过的有罪供述。而于英生在侦查阶段虽曾作过有罪供述,但其有罪供述不稳定,时供时翻,供述前后矛盾。且其有罪供述与现场勘查笔录、尸检报告等证据亦存在诸多不一致的地方,如于英生曾作有罪供述中有关菜刀放置的位置、拽断电话线、用于点燃蜡烛的火柴梗丢弃在现场以及与被害人发生性行为等情节与现场勘查笔录、尸检报告等证据均存在矛盾。

三、原审判决认定于英生故意杀人的结论不具有唯一性。根据从公安机关侦查内卷中调取的手写"手印检验报告"以及DNA鉴定意见,现场提取到外来指纹,被害人阴道提取的精子也不是于英生的精子,因此存在其他人作案的可能。同时,根据侦查机关蜡烛燃烧试验反映的情况,该案存在杀害被害人并伪造现场均在8时之前完成的可能。原审判决认定于英生故意杀害韩某的证据未形成完整的证据链,认定的事实不能排除合理怀疑。

2013年6月6日，最高人民法院将最高人民检察院再审检察建议转安徽省高级人民法院。2013年6月27日，安徽省高级人民法院对该案决定再审。2013年8月5日，安徽省高级人民法院不公开开庭审理了该案。安徽省高级人民法院审理认为，原判决、裁定根据于英生的有罪供述、现场勘查笔录、尸体检验报告、刑事科学技术鉴定、证人证言等证据，认定原审被告人于英生杀害了韩某。但于英生供述中部分情节与现场勘查笔录、尸体检验报告、刑事科学技术鉴定等证据存在矛盾，且韩某阴道擦拭纱布及三角内裤上的精子经DNA鉴定不是于英生的，安徽省人民检察院提供的侦查人员从现场提取的没有比对结果的他人指纹等证据没有得到合理排除，因此原审判决、裁定认定于英生犯故意杀人罪的事实不清、证据不足，指控的犯罪不能成立。2013年8月8日，安徽省高级人民法院作出再审判决：撤销原审判决裁定，原审被告人于英生无罪。

※**裁判要旨**：坚守防止冤假错案底线，是保障社会公平正义的重要方面。检察机关既要依法监督纠正确有错误的生效刑事裁判，又要注意在审查逮捕、审查起诉等环节有效发挥监督制约作用，努力从源头上防止冤假错案发生。在监督纠正冤错案件方面，要严格把握纠错标准，对于被告人供述反复，有罪供述前后矛盾，且有罪供述的关键情节与其他在案证据存在无法排除的重大矛盾，不能排除有其他人作案可能的，应当依法进行监督。

本案原审判决定罪的主要证据之间存在矛盾，认定于英生故意杀人的结论不具有唯一性。于英生供述中部分情节与现场勘查笔录、尸体检验报告、刑事科学技术鉴定等证据存在矛盾，且韩某阴道擦拭纱布及三角内裤上的精子经DNA鉴定不是于英生的，安徽省人民检察院提供的侦查人员从现场提取的没有比对结果的他人指纹等证据没有得到合理排除，因此，本案证据不符合《刑事诉讼法》第55条第2款的规定，原审判决、裁定认定于英生犯故意杀人罪的事实不清、证据不足，指控的犯罪不能成立。安徽省高级人民法院根据最高人民法院转来的最高人民检察院的再审检察建议，作出的再审判决是正确的。

聂树斌故意杀人、强奸妇女案[1]

※**案情简介**：1994年9月23日下午，在石家庄市电化厂宿舍区，聂树斌因被石家庄市公安局郊区分局民警怀疑为犯罪嫌疑人而被抓。10月1日，聂树斌被刑事拘留；10月9日，因涉嫌故意杀人、强奸妇女被逮捕。次年3月3日，石家庄市人民检察院以

---

〔1〕 本案根据《最高人民检察院关于聂树斌故意杀人、强奸妇女一案的检察意见》整理，载 http://www.spp.gov.cn/zdgz/201702/t20170209_180501.shtml，最后访问时间：2019年4月29日。

故意杀人罪、强奸妇女罪,对聂树斌提起公诉。石家庄市中级人民法院于3月15日作出刑事附带民事判决。判决聂树斌"犯故意杀人罪、强奸妇女罪,判处死刑,剥夺政治权利终身。"

当时的判决书认定:"聂树斌于1994年8月5日17时许,骑自行车尾随下班的石家庄市液压件厂女工康菊花,至石郊孔寨村的石粉路中段,聂故意用自行车将骑车前行的康菊花别倒,拖至路东玉米地内,用拳猛击康的头、面部,致康昏迷后,将康强奸。尔后用随身携带的花上衣猛勒康的颈部,致康窒息死亡。"

聂树斌不服,向河北省高级人民法院提出上诉。河北省高级人民法院维持了死刑判决。随后聂被执行死刑。

2005年1月18日,河南省荥阳市公安局干警抓获了河北省公安厅网上通缉逃犯王书金。王书金供述其曾经多次强奸、杀人,其中一起是1994年8月,在其打工的石家庄市液压件厂旁边的一块玉米地里,奸杀了一名30多岁的妇女。该案直指聂案。于是此事迅速被媒体披露并引起社会反响。

2014年12月12日,最高人民法院指令山东省高级人民法院对聂树斌案进行复查,开启了中国异地复审的先河。

2016年6月最高人民法院决定再审聂案,2016年12月2日,最高人民法院第二巡回法庭对原审被告人聂树斌故意杀人、强奸妇女再审案公开宣判,宣告撤销原审判决,改判聂树斌无罪。

本案从案发到原审被告人被改判无罪,历时22年之久,办案过程复杂,案卷内容及证据材料较多,在此不便全部展示,特摘引"最高人民检察院关于聂树斌故意杀人、强奸妇女一案的检察意见",以对本案无罪判决中证据的认定问题作一诠释:

本院认为,原审判决采信的证据中,直接证据只有原审被告人聂树斌的有罪供述,现场勘查笔录、尸体检验报告、物证及证人证言等证据均为间接证据,仅能证实被害人康某某死亡的事实,单纯依靠间接证据不能证实被害人康某某死亡与聂树斌有关,而原审被告人聂树斌有罪供述的真实性、合法性存疑,不能排除他人作案可能,原审判决认定事实不清,证据不足,依据现有证据不能认定聂树斌实施了故意杀人、强奸妇女的行为。主要理由如下:

一、被害人死亡原因不具有确定性,原审判决所采信的尸体检验报告证明力不足

尸体检验仅是对头皮剥离,而没有对尸体全面进行解剖,就认定"全身未发现明显创口及骨折"缺乏依据。山东省高级人民法院复查时组织法医专家对被害人死因进行论证,认为现有资料分析被害人死因无法明确,死亡原因判断确有困难。尸体检验报告仅凭尸体颈部缠绕衬衣,即作出被害人系窒息死亡的结论,依据不充分,结论不具有唯一性,原审判决认定聂树斌用随身携带的花衬衣猛勒被害人康某某的颈部,致康某

某窒息死亡的依据不足。

二、作案工具来源不清，原审判决认定花衬衣系作案工具存在重大疑问

（一）花衬衣来源不清。虽然聂树斌供述偷拿了一件衬衣，并对该衬衣进行了辨认，但失主梁某并不能证实确实丢失过衬衣；而让聂树斌辨认的花衬衣曾被清洗，且未对现场提取的花衬衣进行清洗的过程作出记载和说明。现场提取的花衬衣与让聂树斌辨认、随案移送的花衬衣是否同一，存在重大疑问。

（二）聂树斌供述偷拿花衬衣动机不合常理。聂树斌多次供述偷拿衬衣是准备自己穿，但根据物证照片及现场勘查笔录记载，该衬衣仅是衣长61.5厘米的女士上衣，且多处破损，聂树斌供述偷拿花衬衣的动机不符合常理。

三、聂树斌始终未能供述出被害人携带钥匙的情节

被害人丈夫侯某某、同事余某某均证实被害人康某某携带一串钥匙，现场勘查笔录和现场照片亦证实被害人"左脚西侧偏南30公分处有一串钥匙"，而聂树斌在案所有供述，当被问及被害人随身携带何物时，其均未提及被害人随身携带钥匙这一情节，即使在侦查人员提示下，仍然未能供出上述情节。根据聂树斌多次供述，其与被害人有过较长时间的近距离接触，在被害人未带其他物品，只穿一件连衣裙的情形下，却无法供出该情节，致使认定聂树斌为作案人存在重大疑问。

四、原审判决所采信的指认笔录和辨认笔录存在重大瑕疵，不具有证明力

按照辨认笔录记载，聂树斌对被害人及花衬衣的辨认，是采取将被害人生前照片及其他两张女性照片和现场提取衬衣及其他三件衬衣（2件长袖、1件短袖），按照顺序排列进行辨认，但对此卷内均无相应的照片附卷；对被害人自行车的辨认，是采取将现场提取的自行车与其他三辆二六型黑色自行车进行辨认，由于聂树斌供述的被害人自行车是一辆比二六型小的高翘把自行车，故辨认对象与被害人自行车之间存在明显差异，违反了混同辨认的原则，丧失了对被告人口供的印证作用；对强奸杀人现场及藏匿被害人衣物现场指认过程，均无现场照片附卷，亦无见证人在场，指认的真实性存疑。

五、证实聂树斌实施强奸的证据严重不足

案发后没有提取被害人阴道拭子及送检，仅是对被害人所穿连衣裙及短裤送检鉴定，均未检测出精斑。原审判决认定聂树斌实施强奸行为的证据只有被告人的有罪供述，而无其他任何证据予以证实，依据法律规定，不应认定其犯强奸妇女罪。

六、聂树斌供述的真实性、合法性存在疑问

（一）聂树斌到案经过与原案缺乏直接关联，确定其为犯罪嫌疑人缺乏充足依据。根据抓获经过和刑事案件破案报告记载，侦查机关是依据群众反映，有一男青年经常在附近闲转的线索，将聂树斌抓获。但群众提供的线索内容与原案缺乏关联性，将案发近50天后出现在案发地附近的聂树斌确定为犯罪嫌疑人的依据不足。

（二）聂树斌的有罪供述前后矛盾，说法不一。关于作案时间，聂树斌并没有供述出作案的具体日期，而其对作案时间的供述在车间主任葛某某对其进行批评后第二天和受到批评的当天之间不断变化，前后存在多次反复；关于取得花衬衣的具体位置，聂树斌供述曾有“三轮车把上”、“从破烂堆上拿的”和“褂子在道边放着”等多种说法，前后存在较大出入；关于脱被害人内裤，是在实施强奸被害人之前，还是强奸之后，聂树斌的供述前后不一。

（三）聂树斌供述偷拿花衬衣的情节因证人证言而变化。因证人梁某不能证实丢失过花衬衣，且证实的外出时间与聂树斌供述偷拿衬衣的时间、地点存在明显矛盾，即聂树斌偷拿三轮车把上的衬衣时，三轮车应正被梁某骑出拾垃圾，故侦查机关再次讯问聂树斌时，先是问其是否看到电化厂东墙外有破烂堆，在得到肯定答复后，再讯问其“到底是从哪拿的花衬衣”，聂树斌随即改称不是从三轮车把上拿的，而是“从破烂堆上拿的”。聂树斌供述存在“随证而供”情形，侦查机关讯问过程明显具有指供倾向。

（四）聂树斌到案后供述缺失。1994年9月23日，聂树斌被抓获归案，9月24日，侦查机关决定对聂树斌监视居住，直至10月9日，聂树斌一直被押于留营派出所。在案证据显示，聂树斌第一份讯问笔录时间为9月28日。从聂树斌到案至作出第一次有罪供述间隔五天时间，而卷内没有一份此期间的讯问笔录，侦查机关没有作出合理解释。

综上，聂树斌有罪供述的证明力较弱，可信度不高，且与物证、鉴定意见和辨认笔录之间不能形成相互印证关系，原案的定罪证据之间没有形成完整封闭的证据锁链，不能排除他人作案的可能性，原审判决认定聂树斌犯故意杀人罪、强奸妇女罪的证据不确实、不充分，应当依法宣告原审被告人聂树斌无罪。

※裁判要旨：最高人民法院二巡基本采纳了上述最高人民检察院关于聂树斌案的检察意见，2016年12月2日，在宣告聂树斌无罪的判决书中指出：“原判据以定案的证据没有形成完整锁链，没有达到证据确实、充分的法定证明标准，也没有达到基本事实清楚、基本证据确凿的定罪要求。原审认定聂树斌犯故意杀人罪、强奸妇女罪的事实不清、证据不足。根据1979年《刑事诉讼法》的相关规定，不能认定聂树斌有罪。对申诉人及其代理人、最高人民检察院提出的应当改判聂树斌无罪的意见，本院予以采纳。”

从对聂树斌案诸项证据的审查评断来看，本案据以定案的直接证据只有聂树斌的有罪口供，而该口供因真实性、合法性得不到确证应予排除，退一步讲，即使按照当时的法律规定，该口供不被排除，本案也不能仅凭口供孤证定案；本案其他证据均为间接证据，而这些间接证据的一部分源于应予排除的口供之衍生证据，再一部分自身存在矛盾或属违法取得，还有一部分是应被推定为对指控不利而对被告人有利的证据（这部分包括被告人的无罪辩解及证明被告人无作案时间的考勤表等直接证据),这些证据矛盾重重,瑕疵无数,根本不能形成有罪证据链。因此,本案实际上没有任何成立犯罪的有效证据,根据《刑事诉讼法》第55条第2款,本案不具备"证据确实、充分"的必要条件,因此对聂树斌故意杀人、强奸妇女的犯罪指控不能成立,聂树斌应被宣布无罪。

第五十六条 【非法证据排除规则】采用刑讯逼供等非法方法收集的犯罪嫌疑人、被告人供述和采用暴力、威胁等非法方法收集的证人证言、被害人陈述,应当予以排除。收集物证、书证不符合法定程序,可能严重影响司法公正的,应当予以补正或者作出合理解释;不能补正或者作出合理解释的,对该证据应当予以排除。

在侦查、审查起诉、审判时发现有应当排除的证据的,应当依法予以排除,不得作为起诉意见、起诉决定和判决的依据。

条文解读

本条规定确立了刑事诉讼中的非法证据排除规则。

本条第1款首先对非法言词证据的范围作了规定,即采用刑讯逼供等非法方法取得的犯罪嫌疑人、被告人供述和采用暴力、威胁等非法方法取得的证人证言、被害人陈述。之前曾有司法解释对"引诱、欺骗"等非法手段获取的言词证据不能作为定案或指控根据的规定,本条针对我国司法实际,强调对采用刑讯逼供等非法手段获取的证据的排除,并非意味着"引诱""欺骗"手段就是合法的。由于在司法实践中,"威胁""引诱""欺骗"的含义及标准不好界定,很多讯(询)问技巧、策略很难与之区别开来,如果这些讯(询)问方法被一味排除,将给侦查工作带来较大冲击。因此,对此问题应根据案情作具体处理。如果采用"威胁""引诱""欺骗"的方法严重违反了法律的规定,使被告人被迫作出供述,并且严重损害了口供的客观真实性,应当予以排除。

根据该条规定,在收集物证、书证这样的实物证据时,如果存在违反法定程序取证的情形,且达到严重影响司法公正的程度,那么首先要对该不合法行为予以补正或者作出合理解释,在不能补正或者不能作出合理解释的情况下,该证据应当予以排除。

值得注意的是,就"排除"而论,对于非法言词证据应绝对排除,不存在例外规定;而对于非法实物证据,则应实行裁量排除。另外,本规定所要排除的仅是非法言词和实物证据本身,不包括它们的派生证据,即所谓的"毒树之果"。

本条第2款确定了公安机关、检察机关、审判机关如果分别在侦查、审查起诉和审判过程中发现有第1款规定的应当排除的证据的,必须依法予以排除,而不能将其作为起诉意见、起诉决定和判决等相应文书的依据。该款事实上是将非法证据排除规则适用于整个刑事诉讼过程，有助于进一步严格规范侦查、检察、审判各机关的取证行为，充分保障犯罪嫌疑人、被告人的合法权益，也有助于维护国家法律的统一正确实施。

需要强调的是，在司法实践中，检察机关要对侦查人员的刑讯逼供行为提起公诉，通常需要以情节严重、造成严重后果为前提，在这种情况下获取的供述应当予以排除。但是，确立非法言词证据规则的主要功能在于维护司法尊严，保障基本人权，因此，即使刑讯逼供行为没有达到情节严重的程度，没有构成犯罪，但如果其侵害了公民的宪法性权利，影响了被告人供述的真实性和自愿性，也应当予以排除。

配套法规及解读

《最高人民法院关于适用〈中华人民共和国刑事诉讼法〉的解释》(2012年12月20日)

第九十五条 使用肉刑或者变相肉刑，或者采用其他使被告人在肉体上或者精神上遭受剧烈疼痛或者痛苦的方法，迫使被告人违背意愿供述的，应当认定为刑事诉讼法第五十四条规定的"刑讯逼供等非法方法"。

认定刑事诉讼法第五十四条[1]规定的"可能严重影响司法公正"，应当综合考虑收集物证、书证违反法定程序以及所造成后果的严重程度等情况。

《公安机关办理刑事案件程序规定》(2012年12月13日)

第六十七条 采用刑讯逼供等非法方法收集的犯罪嫌疑人供述和采用暴力、威胁等非法方法收集的证人证言、被害人陈述，应当予以排除。

收集物证、书证违反法定程序，可能严重影响司法公正的，应当予以补正或者作出合理解释；不能补正或者作出合理解释的，对该证据应当予以排除。

在侦查阶段发现有应当排除的证据的，经县级以上公安机关负责人批准，应当依法予以排除，不得作为提请批准逮捕、移送审查起诉的依据。

人民检察院认为可能存在以非法方法收集证据情形，要求公安机关进行说明的，公安机关应当及时进行调查，并向人民检察院作出书面说明。

《最高人民法院、最高人民检察院、公安部、国家安全部、司法部关于推进以审判为中心的刑事诉讼制度改革的意见》(2016年7月20日)

四、……

侦查机关应当依法收集证据。对采取刑讯逼供、暴力、威胁等非法方法收集的言

---

[1] 现行《刑事诉讼法》第五十六条。

词证据,应当依法予以排除。侦查机关收集物证、书证不符合法定程序,可能严重影响司法公正,不能补正或者作出合理解释的,应当依法予以排除。

……

※法规解读:依据《刑事诉讼法》第56条的规定,非法证据包括非法言词证据和非法实物证据,上述司法解释依据这种区分对非法证据的排除做了进一步阐释。从中我们可以看出,对于采用刑讯逼供等非法方法收集的犯罪嫌疑人、被告人供述和采用暴力、威胁等非法方法收集的证人证言、被害人陈述,应当一律予以排除;而收集物证、书证违反法定程序,可能严重影响司法公正的,应当予以补正或者作出合理解释;不能补正或者作出合理解释的,对该证据应当予以排除。

《最高人民法院、最高人民检察院、公安部、国家安全部、司法部关于办理刑事案件排除非法证据若干问题的规定》(2010年6月24日)

第一条 采用刑讯逼供等非法手段取得的犯罪嫌疑人、被告人供述和采用暴力、威胁等非法手段取得的证人证言、被害人陈述,属于非法言词证据。

第二条 经依法确认的非法言词证据,应当予以排除,不能作为定案的根据。

※法规解读:上述条文对非法言词证据的内涵和外延进行了界定,统一了司法实践中具体认定非法言词证据的标准,同时确定了应对非法言词证据予以排除的规则。根据该规则要求,凡是通过非法程序或手段,包括刑讯逼供取得的证人证言、被害人陈述、被告人供述,均应予以排除,不能作为定案的根据。非法言词证据排除规则的宗旨在于限制、防止国家滥用权力,保证公民权利不受侵犯。它体现了强调程序公正的价值观念。

《最高人民法院、最高人民检察院、公安部、国家安全部、司法部关于办理刑事案件严格排除非法证据若干问题的规定》(2017年6月20日)

为准确惩罚犯罪,切实保障人权,规范司法行为,促进司法公正,根据《中华人民共和国刑事诉讼法》及有关司法解释等规定,结合司法实际,制定如下规定。

一、一般规定

第一条 严禁刑讯逼供和以威胁、引诱、欺骗以及其他非法方法收集证据,不得强迫任何人证实自己有罪。对一切案件的判处都要重证据,重调查研究,不轻信口供。

第二条 采取殴打、违法使用戒具等暴力方法或者变相肉刑的恶劣手段,使犯罪嫌疑人、被告人遭受难以忍受的痛苦而违背意愿作出的供述,应当予以排除。

第三条 采用以暴力或者严重损害本人及其近亲属合法权益等进行威胁的方法,使犯罪嫌疑人、被告人遭受难以忍受的痛苦而违背意愿作出的供述,应当予以排除。

第四条 采用非法拘禁等非法限制人身自由的方法收集的犯罪嫌疑人、被告人供述,应当予以排除。

第五条 采用刑讯逼供方法使犯罪嫌疑人、被告人作出供述,之后犯罪嫌疑人、被告人受该刑讯逼供行为影响而作出的与该供述相同的重复性供述,应当一并排除,但下列情形除外:

(一)侦查期间,根据控告、举报或者自己发现等,侦查机关确认或者不能排除以非法方法收集证据而更换侦查人员,其他侦查人员再次讯问时告知诉讼权利和认罪的法律后果,犯罪嫌疑人自愿供述的;

(二)审查逮捕、审查起诉和审判期间,检察人员、审判人员讯问时告知诉讼权利和认罪的法律后果,犯罪嫌疑人、被告人自愿供述的。

第六条 采用暴力、威胁以及非法限制人身自由等非法方法收集的证人证言、被害人陈述,应当予以排除。

第七条 收集物证、书证不符合法定程序,可能严重影响司法公正的,应当予以补正或者作出合理解释;不能补正或者作出合理解释的,对有关证据应当予以排除。

二、侦查

第八条 侦查机关应当依照法定程序开展侦查,收集、调取能够证实犯罪嫌疑人有罪或者无罪、罪轻或者罪重的证据材料。

第九条 拘留、逮捕犯罪嫌疑人后,应当按照法律规定送看守所羁押。犯罪嫌疑人被送交看守所羁押后,讯问应当在看守所讯问室进行。因客观原因侦查机关在看守所讯问室以外的场所进行讯问的,应当作出合理解释。

第十条 侦查人员在讯问犯罪嫌疑人的时候,可以对讯问过程进行录音录像;对于可能判处无期徒刑、死刑的案件或者其他重大犯罪案件,应当对讯问过程进行录音录像。

侦查人员应当告知犯罪嫌疑人对讯问过程录音录像,并在讯问笔录中写明。

第十一条 对讯问过程录音录像,应当不间断进行,保持完整性,不得选择性地录制,不得剪接、删改。

第十二条 侦查人员讯问犯罪嫌疑人,应当依法制作讯问笔录。讯问笔录应当交犯罪嫌疑人核对,对于没有阅读能力的,应当向他宣读。对讯问笔录中有遗漏或者差错等情形,犯罪嫌疑人可以提出补充或者改正。

第十三条 看守所应当对提讯进行登记,写明提讯单位、人员、事由、起止时间以及犯罪嫌疑人姓名等情况。

看守所收押犯罪嫌疑人,应当进行身体检查。检查时,人民检察院驻看守所检察人员可以在场。检查发现犯罪嫌疑人有伤或者身体异常的,看守所应当拍照或者录像,分别由送押人员、犯罪嫌疑人说明原因,并在体检记录中写明,由送押人员、收押人员和犯罪嫌疑人签字确认。

第十四条 犯罪嫌疑人及其辩护人在侦查期间可以向人民检察院申请排除非法证据。对犯罪嫌疑人及其辩护人提供相关线索或者材料的,人民检察院应当调查核实。调查结论应当书面告知犯罪嫌疑人及其辩护人。对确有以非法方法收集证据情形的,人民检察院应当向侦查机关提出纠正意见。

侦查机关对审查认定的非法证据,应当予以排除,不得作为提请批准逮捕、移送审查起诉的根据。

对重大案件,人民检察院驻看守所检察人员应当在侦查终结前询问犯罪嫌疑人,核查是否存在刑讯逼供、非法取证情形,并同步录音录像。经核查,确有刑讯逼供、非法取证情形的,侦查机关应当及时排除非法证据,不得作为提请批准逮捕、移送审查起诉的根据。

第十五条 对侦查终结的案件,侦查机关应当全面审查证明证据收集合法性的证据材料,依法排除非法证据。排除非法证据后,证据不足的,不得移送审查起诉。

侦查机关发现办案人员非法取证的,应当依法作出处理,并可另行指派侦查人员重新调查取证。

三、审查逮捕、审查起诉

第十六条 审查逮捕、审查起诉期间讯问犯罪嫌疑人,应当告知其有权申请排除非法证据,并告知诉讼权利和认罪的法律后果。

第十七条 审查逮捕、审查起诉期间,犯罪嫌疑人及其辩护人申请排除非法证据,并提供相关线索或者材料的,人民检察院应当调查核实。调查结论应当书面告知犯罪嫌疑人及其辩护人。

人民检察院在审查起诉期间发现侦查人员以刑讯逼供等非法方法收集证据的,应当依法排除相关证据并提出纠正意见,必要时人民检察院可以自行调查取证。

人民检察院对审查认定的非法证据,应当予以排除,不得作为批准或者决定逮捕、提起公诉的根据。被排除的非法证据应当随案移送,并写明为依法排除的非法证据。

第十八条 人民检察院依法排除非法证据后,证据不足,不符合逮捕、起诉条件的,不得批准或者决定逮捕、提起公诉。

对于人民检察院排除有关证据导致对涉嫌的重要犯罪事实未予认定,从而作出不批准逮捕、不起诉决定,或者对涉嫌的部分重要犯罪事实决定不起诉的,公安机关、国家安全机关可要求复议、提请复核。

四、辩护

第十九条 犯罪嫌疑人、被告人申请提供法律援助的,应当按照有关规定指派法律援助律师。

法律援助值班律师可以为犯罪嫌疑人、被告人提供法律帮助,对刑讯逼供、非法取证情形代理申诉、控告。

第二十条　犯罪嫌疑人、被告人及其辩护人申请排除非法证据，应当提供涉嫌非法取证的人员、时间、地点、方式、内容等相关线索或者材料。

第二十一条　辩护律师自人民检察院对案件审查起诉之日起，可以查阅、摘抄、复制讯问笔录、提讯登记、采取强制措施或者侦查措施的法律文书等证据材料。其他辩护人经人民法院、人民检察院许可，也可以查阅、摘抄、复制上述证据材料。

第二十二条　犯罪嫌疑人、被告人及其辩护人向人民法院、人民检察院申请调取公安机关、国家安全机关、人民检察院收集但未提交的讯问录音录像、体检记录等证据材料，人民法院、人民检察院经审查认为犯罪嫌疑人、被告人及其辩护人申请调取的证据材料与证明证据收集的合法性有联系的，应当予以调取；认为与证明证据收集的合法性没有联系的，应当决定不予调取并向犯罪嫌疑人、被告人及其辩护人说明理由。

五、审判

第二十三条　人民法院向被告人及其辩护人送达起诉书副本时，应当告知其有权申请排除非法证据。

被告人及其辩护人申请排除非法证据，应当在开庭审理前提出，但在庭审期间发现相关线索或者材料等情形除外。人民法院应当在开庭审理前将申请书和相关线索或者材料的复制件送交人民检察院。

第二十四条　被告人及其辩护人在开庭审理前申请排除非法证据，未提供相关线索或者材料，不符合法律规定的申请条件的，人民法院对申请不予受理。

第二十五条　被告人及其辩护人在开庭审理前申请排除非法证据，按照法律规定提供相关线索或者材料的，人民法院应当召开庭前会议。人民检察院应当通过出示有关证据材料等方式，有针对性地对证据收集的合法性作出说明。人民法院可以核实情况，听取意见。

人民检察院可以决定撤回有关证据，撤回的证据，没有新的理由，不得在庭审中出示。

被告人及其辩护人可以撤回排除非法证据的申请。撤回申请后，没有新的线索或者材料，不得再次对有关证据提出排除申请。

第二十六条　公诉人、被告人及其辩护人在庭前会议中对证据收集是否合法未达成一致意见，人民法院对证据收集的合法性有疑问的，应当在庭审中进行调查；人民法院对证据收集的合法性没有疑问，且没有新的线索或者材料表明可能存在非法取证的，可以决定不再进行调查。

第二十七条　被告人及其辩护人申请人民法院通知侦查人员或者其他人员出庭，

人民法院认为现有证据材料不能证明证据收集的合法性,确有必要通知上述人员出庭作证或者说明情况的,可以通知上述人员出庭。

第二十八条 公诉人宣读起诉书后,法庭应当宣布开庭审理前对证据收集合法性的审查及处理情况。

第二十九条 被告人及其辩护人在开庭审理前未申请排除非法证据,在法庭审理过程中提出申请的,应当说明理由。

对前述情形,法庭经审查,对证据收集的合法性有疑问的,应当进行调查;没有疑问的,应当驳回申请。

法庭驳回排除非法证据申请后,被告人及其辩护人没有新的线索或者材料,以相同理由再次提出申请的,法庭不再审查。

第三十条 庭审期间,法庭决定对证据收集的合法性进行调查的,应当先行当庭调查。但为防止庭审过分迟延,也可以在法庭调查结束前进行调查。

第三十一条 公诉人对证据收集的合法性加以证明,可以出示讯问笔录、提讯登记、体检记录、采取强制措施或者侦查措施的法律文书、侦查终结前对讯问合法性的核查材料等证据材料,有针对性地播放讯问录音录像,提请法庭通知侦查人员或者其他人员出庭说明情况。

被告人及其辩护人可以出示相关线索或者材料,并申请法庭播放特定时段的讯问录音录像。

侦查人员或者其他人员出庭,应当向法庭说明证据收集过程,并就相关情况接受发问。对发问方式不当或者内容与证据收集的合法性无关的,法庭应当制止。

公诉人、被告人及其辩护人可以对证据收集的合法性进行质证、辩论。

第三十二条 法庭对控辩双方提供的证据有疑问的,可以宣布休庭,对证据进行调查核实。必要时,可以通知公诉人、辩护人到场。

第三十三条 法庭对证据收集的合法性进行调查后,应当当庭作出是否排除有关证据的决定。必要时,可以宣布休庭,由合议庭评议或者提交审判委员会讨论,再次开庭时宣布决定。

在法庭作出是否排除有关证据的决定前,不得对有关证据宣读、质证。

第三十四条 经法庭审理,确认存在本规定所规定的以非法方法收集证据情形的,对有关证据应当予以排除。法庭根据相关线索或者材料对证据收集的合法性有疑问,而人民检察院未提供证据或者提供的证据不能证明证据收集的合法性,不能排除存在本规定所规定的以非法方法收集证据情形的,对有关证据应当予以排除。

对依法予以排除的证据,不得宣读、质证,不得作为判决的根据。

第三十五条 人民法院排除非法证据后,案件事实清楚,证据确实、充分,依据法律认定被告人有罪的,应当作出有罪判决;证据不足,不能认定被告人有罪的,应当作出证据不足、指控的犯罪不能成立的无罪判决;案件部分事实清楚,证据确实、充分的,依法认定该部分事实。

第三十六条　人民法院对证据收集合法性的审查、调查结论,应当在裁判文书中写明,并说明理由。

第三十七条　人民法院对证人证言、被害人陈述等证据收集合法性的审查、调查,参照上述规定。

第三十八条　人民检察院、被告人及其法定代理人提出抗诉、上诉,对第一审人民法院有关证据收集合法性的审查、调查结论提出异议的,第二审人民法院应当审查。

被告人及其辩护人在第一审程序中未申请排除非法证据,在第二审程序中提出申请的,应当说明理由。第二审人民法院应当审查。

人民检察院在第一审程序中未出示证据证明证据收集的合法性,第一审人民法院依法排除有关证据的,人民检察院在第二审程序中不得出示之前未出示的证据,但在第一审程序后发现的除外。

第三十九条　第二审人民法院对证据收集合法性的调查,参照上述第一审程序的规定。

第四十条　第一审人民法院对被告人及其辩护人排除非法证据的申请未予审查,并以有关证据作为定案根据,可能影响公正审判的,第二审人民法院可以裁定撤销原判,发回原审人民法院重新审判。

第一审人民法院对依法应当排除的非法证据未予排除的,第二审人民法院可以依法排除非法证据。排除非法证据后,原判决认定事实和适用法律正确、量刑适当的,应当裁定驳回上诉或者抗诉,维持原判;原判决认定事实没有错误,但适用法律有错误,或者量刑不当的,应当改判;原判决事实不清楚或者证据不足的,可以裁定撤销原判,发回原审人民法院重新审判。

第四十一条　审判监督程序、死刑复核程序中对证据收集合法性的审查、调查,参照上述规定。

第四十二条　本规定自2017年6月27日起施行。

※法规解读:上述条文在《刑事诉讼法》第56条以及《最高人民法院、最高人民检察院、公安部、国家安全部、司法部关于办理刑事案件排除非法证据若干问题的规定》的基础上,进一步细化了相关操作规范,使部分模糊的条文内容更加明晰。比如,扩大了非法证据的排除范围,明确规定了“采取殴打、违法使用戒具等暴力方法或者变相肉刑的恶劣手段”“威胁”“非法限制人身自由”的排除后果,同时突出了“使犯罪嫌疑人、被告人遭受难以忍受的痛苦而违背意愿作出的供述”的相关要求;第5条在设定了两

种例外情形的基础上，首次提出了重复性供述的排除规则，规定“采用刑讯逼供方法使犯罪嫌疑人、被告人作出供述，之后犯罪嫌疑人、被告人受该刑讯逼供行为影响而作出的与该供述相同的重复性供述，应当一并排除”；第9条明确了对拘留逮捕后的犯罪嫌疑人进行讯问的地点要求，重申了讯问地点的重要性。这些内容对于实现程序正义、保障人权的真正实现具有重要意义。同时，条文对刑事诉讼各个阶段排除非法证据的职责和程序也作了明确规定，它可以看作是我国非法证据排除规则的新发展。

《人民法院办理刑事案件排除非法证据规程（试行）》（2017年11月27日）

为贯彻落实最高人民法院、最高人民检察院、公安部、国家安全部、司法部《关于推进以审判为中心的刑事诉讼制度改革的意见》和《关于办理刑事案件严格排除非法证据若干问题的规定》，规范非法证据排除程序，准确惩罚犯罪，切实保障人权，有效防范冤假错案，根据法律规定，结合司法实际，制定本规程。

第一条 采用下列非法方法收集的被告人供述，应当予以排除：

（一）采用殴打、违法使用戒具等暴力方法或者变相肉刑的恶劣手段，使被告人遭受难以忍受的痛苦而违背意愿作出的供述；

（二）采用以暴力或者严重损害本人及其近亲属合法权益等进行威胁的方法，使被告人遭受难以忍受的痛苦而违背意愿作出的供述；

（三）采用非法拘禁等非法限制人身自由的方法收集的被告人供述。

采用刑讯逼供方法使被告人作出供述，之后被告人受该刑讯逼供行为影响而作出的与该供述相同的重复性供述，应当一并排除，但下列情形除外：

（一）侦查期间，根据控告、举报或者自己发现等，侦查机关确认或者不能排除以非法方法收集证据而更换侦查人员，其他侦查人员再次讯问时告知诉讼权利和认罪的法律后果，被告人自愿供述的；

（二）审查逮捕、审查起诉和审判期间，检察人员、审判人员讯问时告知诉讼权利和认罪的法律后果，被告人自愿供述的。

第二条 采用暴力、威胁以及非法限制人身自由等非法方法收集的证人证言、被害人陈述，应当予以排除。

第三条 采用非法搜查、扣押等违反法定程序的方法收集物证、书证，可能严重影响司法公正的，应当予以补正或者作出合理解释；不能补正或者作出合理解释的，对有关证据应当予以排除。

第四条 依法予以排除的非法证据，不得宣读、质证，不得作为定案的根据。

第五条 被告人及其辩护人申请排除非法证据，应当提供相关线索或者材料。“线索”是指内容具体、指向明确的涉嫌非法取证的人员、时间、地点、方式等；“材料”是指能够反映非法取证的伤情照片、体检记录、医院病历、讯问笔录、讯问录音录像或者同监室人员的证言等。

被告人及其辩护人申请排除非法证据，应当向人民法院提交书面申请。被告人书写确有困难的，可以口头提出申请，但应当记录在案，并由被告人签名或者捺印。

第六条　证据收集合法性的举证责任由人民检察院承担。

人民检察院未提供证据，或者提供的证据不能证明证据收集的合法性，经过法庭审理，确认或者不能排除以非法方法收集证据情形的，对有关证据应当予以排除。

第七条　开庭审理前，承办法官应当阅卷，并对证据收集的合法性进行审查：

（一）被告人在侦查、审查起诉阶段是否提出排除非法证据申请；提出申请的，是否提供相关线索或者材料；

（二）侦查机关、人民检察院是否对证据收集的合法性进行调查核实；调查核实的，是否作出调查结论；

（三）对于重大案件，人民检察院驻看守所检察人员在侦查终结前是否核查讯问的合法性，是否对核查过程同步录音录像；进行核查的，是否作出核查结论；

（四）对于人民检察院在审查逮捕、审查起诉阶段排除的非法证据，是否随案移送并写明为依法排除的非法证据。

人民法院对证据收集的合法性进行审查后，认为需要补充证据材料的，应当通知人民检察院在三日内补送。

第八条　人民法院向被告人及其辩护人送达起诉书副本时，应当告知其有权在开庭审理前申请排除非法证据并同时提供相关线索或者材料。上述情况应当记录在案。

被告人申请排除非法证据，但没有辩护人的，人民法院应当通知法律援助机构指派律师为其提供辩护。

第九条　被告人及其辩护人申请排除非法证据，应当在开庭审理前提出，但在庭审期间发现相关线索或者材料等情形除外。

第十条　被告人及其辩护人申请排除非法证据，并提供相关线索或者材料的，人民法院应当召开庭前会议，并在召开庭前会议三日前将申请书和相关线索或者材料的复制件送交人民检察院。

被告人及其辩护人申请排除非法证据，未提供相关线索或者材料的，人民法院应当告知其补充提交。被告人及其辩护人未能补充的，人民法院对申请不予受理，并在开庭审理前告知被告人及其辩护人。上述情况应当记录在案。

第十一条　对于可能判处无期徒刑、死刑或者黑社会性质组织犯罪、严重毒品犯罪等重大案件，被告人在驻看守所检察人员对讯问的合法性进行核查询问时，明确表示侦查阶段没有刑讯逼供等非法取证情形，在审判阶段又提出排除非法证据申请的，应当说明理由。人民法院经审查对证据收集的合法性没有疑问的，可以驳回申请。

驻看守所检察人员在重大案件侦查终结前未对讯问的合法性进行核查询问，或者未对核查询问过程全程同步录音录像，被告人及其辩护人在审判阶段提出排除非法证据申请，提供相关线索或者材料，人民法院对证据收集的合法性有疑问的，应当依法进行调查。

第十二条 在庭前会议中，人民法院对证据收集的合法性进行审查的，一般按照以下步骤进行：

（一）被告人及其辩护人说明排除非法证据的申请及相关线索或者材料；

（二）公诉人提供证明证据收集合法性的证据材料；

（三）控辩双方对证据收集的合法性发表意见；

（四）控辩双方对证据收集的合法性未达成一致意见的，审判人员归纳争议焦点。

第十三条 在庭前会议中，人民检察院应当通过出示有关证据材料等方式，有针对性地对证据收集的合法性作出说明。人民法院可以对有关材料进行核实，经控辩双方申请，可以有针对性地播放讯问录音录像。

第十四条 在庭前会议中，人民检察院可以撤回有关证据。撤回的证据，没有新的理由，不得在庭审中出示。

被告人及其辩护人可以撤回排除非法证据的申请。撤回申请后，没有新的线索或者材料，不得再次对有关证据提出排除申请。

第十五条 控辩双方在庭前会议中对证据收集的合法性达成一致意见的，法庭应当在庭审中向控辩双方核实并当庭予以确认。对于一方在庭审中反悔的，除有正当理由外，法庭一般不再进行审查。

控辩双方在庭前会议中对证据收集的合法性未达成一致意见，人民法院应当在庭审中进行调查，但公诉人提供的相关证据材料确实、充分，能够排除非法取证情形，且没有新的线索或者材料表明可能存在非法取证的，庭审调查举证、质证可以简化。

第十六条 审判人员应当在庭前会议报告中说明证据收集合法性的审查情况，主要包括控辩双方的争议焦点以及就相关事项达成的一致意见等内容。

第十七条 被告人及其辩护人在开庭审理前未申请排除非法证据，在庭审过程中提出申请的，应当说明理由。人民法院经审查，对证据收集的合法性有疑问的，应当进行调查；没有疑问的，应当驳回申请。

人民法院驳回排除非法证据的申请后，被告人及其辩护人没有新的线索或者材料，以相同理由再次提出申请的，人民法院不再审查。

第十八条 人民法院决定对证据收集的合法性进行法庭调查的，应当先行当庭调查。对于被申请排除的证据和其他犯罪事实没有关联等情形，为防止庭审过分迟延，可以先调查其他犯罪事实，再对证据收集的合法性进行调查。

在对证据收集合法性的法庭调查程序结束前,不得对有关证据宣读、质证。

第十九条　法庭决定对证据收集的合法性进行调查的,一般按照以下步骤进行:

(一)召开庭前会议的案件,法庭应当在宣读起诉书后,宣布庭前会议中对证据收集合法性的审查情况,以及控辩双方的争议焦点;

(二)被告人及其辩护人说明排除非法证据的申请及相关线索或者材料;

(三)公诉人出示证明证据收集合法性的证据材料,被告人及其辩护人可以对相关证据进行质证,经审判长准许,公诉人、辩护人可以向出庭的侦查人员或者其他人员发问;

(四)控辩双方对证据收集的合法性进行辩论。

第二十条　公诉人对证据收集的合法性加以证明,可以出示讯问笔录、提讯登记、体检记录、采取强制措施或者侦查措施的法律文书、侦查终结前对讯问合法性的核查材料等证据材料,也可以针对被告人及其辩护人提出异议的讯问时段播放讯问录音录像,提请法庭通知侦查人员或者其他人员出庭说明情况。不得以侦查人员签名并加盖公章的说明材料替代侦查人员出庭。

庭审中,公诉人当庭不能举证或者为提供新的证据需要补充侦查,建议延期审理的,法庭可以同意。

第二十一条　被告人及其辩护人可以出示相关线索或者材料,并申请法庭播放特定讯问时段的讯问录音录像。

被告人及其辩护人向人民法院申请调取侦查机关、人民检察院收集但未提交的讯问录音录像、体检记录等证据材料,人民法院经审查认为该证据材料与证据收集的合法性有关的,应当予以调取;认为与证据收集的合法性无关的,应当决定不予调取,并向被告人及其辩护人说明理由。

被告人及其辩护人申请人民法院通知侦查人员或者其他人员出庭说明情况,人民法院认为确有必要的,可以通知上述人员出庭。

第二十二条　法庭对证据收集的合法性进行调查的,应当重视对讯问录音录像的审查,重点审查以下内容:

(一)讯问录音录像是否依法制作。对于可能判处无期徒刑、死刑的案件或者其他重大犯罪案件,是否对讯问过程进行录音录像;

(二)讯问录音录像是否完整。是否对每一次讯问过程录音录像,录音录像是否全程不间断进行,是否有选择性录制、剪接、删改等情形;

(三)讯问录音录像是否同步制作。录音录像是否自讯问开始时制作,至犯罪嫌疑人核对讯问笔录、签字确认后结束;讯问笔录记载的起止时间是否与讯问录音录像反映的起止时间一致;

（四）讯问录音录像与讯问笔录的内容是否存在差异。对与定罪量刑有关的内容，讯问笔录记载的内容与讯问录音录像是否存在实质性差异，存在实质性差异的，以讯问录音录像为准。

第二十三条 侦查人员或者其他人员出庭的，应当向法庭说明证据收集过程，并就相关情况接受发问。对发问方式不当或者内容与证据收集的合法性无关的，法庭应当制止。

经人民法院通知，侦查人员不出庭说明情况，不能排除以非法方法收集证据情形的，对有关证据应当予以排除。

第二十四条 人民法院对控辩双方提供的证据来源、内容等有疑问的，可以告知控辩双方补充证据或者作出说明；必要时，可以宣布休庭，对证据进行调查核实。法庭调查核实证据，可以通知控辩双方到场，并将核实过程记录在案。

对于控辩双方补充的和法庭庭外调查核实取得的证据，未经当庭出示、质证等法庭调查程序查证属实，不得作为证明证据收集合法性的根据。

第二十五条 人民法院对证据收集的合法性进行调查后，应当当庭作出是否排除有关证据的决定。必要时，可以宣布休庭，由合议庭评议或者提交审判委员会讨论，再次开庭时宣布决定。

第二十六条 经法庭审理，具有下列情形之一的，对有关证据应当予以排除：

（一）确认以非法方法收集证据的；

（二）应当对讯问过程录音录像的案件没有提供讯问录音录像，或者讯问录音录像存在选择性录制、剪接、删改等情形，现有证据不能排除以非法方法收集证据的；

（三）侦查机关除紧急情况外没有在规定的办案场所讯问，现有证据不能排除以非法方法收集证据的；

（四）驻看守所检察人员在重大案件侦查终结前未对讯问合法性进行核查，或者未对核查过程同步录音录像，或者录音录像存在选择性录制、剪接、删改等情形，现有证据不能排除以非法方法收集证据的；

（五）其他不能排除存在以非法方法收集证据的。

第二十七条 人民法院对证人证言、被害人陈述、物证、书证等证据收集合法性的审查、调查程序，参照上述规定。

第二十八条 人民法院对证据收集合法性的审查、调查结论，应当在裁判文书中写明，并说明理由。

第二十九条 人民检察院、被告人及其法定代理人提出抗诉、上诉，对第一审人民法院有关证据收集合法性的审查、调查结论提出异议的，第二审人民法院应当审查。

第三十条 被告人及其辩护人在第一审程序中未提出排除非法证据的申请，在第

二审程序中提出申请,有下列情形之一的,第二审人民法院应当审查:

(一)第一审人民法院没有依法告知被告人申请排除非法证据的权利的;

(二)被告人及其辩护人在第一审庭审后发现涉嫌非法取证的相关线索或者材料的。

第三十一条 人民检察院应当在第一审程序中全面出示证明证据收集合法性的证据材料。

人民检察院在第一审程序中未出示证明证据收集合法性的证据,第一审人民法院依法排除有关证据的,人民检察院在第二审程序中不得出示之前未出示的证据,但在第一审程序后发现的除外。

第三十二条 第二审人民法院对证据收集合法性的调查,参照上述第一审程序的规定。

第三十三条 第一审人民法院对被告人及其辩护人排除非法证据的申请未予审查,并以有关证据作为定案的根据,可能影响公正审判的,第二审人民法院应当裁定撤销原判,发回原审人民法院重新审判。

第三十四条 第一审人民法院对依法应当排除的非法证据未予排除的,第二审人民法院可以依法排除相关证据。排除非法证据后,应当按照下列情形分别作出处理:

(一)原判决认定事实和适用法律正确、量刑适当的,应当裁定驳回上诉或者抗诉,维持原判;

(二)原判决认定事实没有错误,但适用法律有错误,或者量刑不当的,应当改判;

(三)原判决事实不清或者证据不足的,可以在查清事实后改判;也可以裁定撤销原判,发回原审人民法院重新审判。

第三十五条 审判监督程序、死刑复核程序中对证据收集合法性的审查、调查,参照上述规定。

第三十六条 本规程自2018年1月1日起试行。

※法规解读:上述文件是为贯彻落实《最高人民法院、最高人民检察院、公安部、国家安全部、司法部关于推进以审判为中心的刑事诉讼制度改革的意见》和《关于办理刑事案件严格排除非法证据若干问题的规定》,深入推进以审判为中心的刑事诉讼制度改革,加强庭审实质化,最高人民法院制定的"三项规程"[1]之一,重点针对非法证据排除程序适用中存在的启动难、证明难、认定难、排除难等问题,进一步明确了人民法院审查和排除非法证据的具体规则和程序。

---

〔1〕《人民法院办理刑事案件庭前会议规程(试行)》、《人民法院办理刑事案件排除非法证据规程(试行)》和《人民法院办理刑事案件第一审普通程序法庭调查规程(试行)》(简称"三项规程")。

关联法规索引

《人民检察院刑事诉讼规则(试行)》第65~67条;《最高人民法院、最高人民检察院、公安部、国家安全部、司法部关于办理刑事案件排除非法证据若干问题的规定》;《最高人民法院、最高人民检察院、公安部关于办理刑事案件收集提取和审查判断电子数据若干问题的规定》第22~28条;《上海市高级人民法院关于非法证据排除规则适用的调研报告——完善非法证据排除规则积极推进诉讼制度改革》

第五十七条 【检察机关调查核实排除非法证据职责】人民检察院接到报案、控告、举报或者发现侦查人员以非法方法收集证据的,应当进行调查核实。对于确有以非法方法收集证据情形的,应当提出纠正意见;构成犯罪的,依法追究刑事责任。

条文解读

基于检察机关的法律监督地位,本条规定从立法上赋予了其调查、核实、排除非法证据的职责。

人民检察院发现侦查人员采用非法方法收集证据的途径是多种多样的,可以是报案、控告、举报或者在日常监督检察过程中发现的。人民检察院发现侦查人员采用非法方法收集证据的线索后,应当着手进行调查和核实,查证属实的,应当向侦查机关提出纠正意见,敦促其改正。对于其中情节严重,构成犯罪的,依法追究行为人的刑事责任。

关联法规索引

《人民检察院刑事诉讼规则(试行)》第67条、第68条;《最高人民法院、最高人民检察院、公安部、国家安全部、司法部关于推进以审判为中心的刑事诉讼制度改革的意见》六;《最高人民法院、最高人民检察院、公安部、国家安全部、司法部关于办理刑事案件排除非法证据若干问题的规定》;《最高人民法院、最高人民检察院、公安部、国家安全部、司法部关于办理刑事案件严格排除非法证据若干问题的规定》第16~18条;《人民法院办理刑事案件排除非法证据规程(试行)》第20条;《人民检察院办理死刑第二审案件和复核监督工作指引(试行)》第54条;《人民检察院公诉人出庭举证质证工作指引》第10条、第18条;《最高人民检察院、公安部关于公安机关办理经济犯罪案件的若干规定》第43条

第五十八条 【非法证据调查程序】法庭审理过程中，审判人员认为可能存在本法第五十六条规定的以非法方法收集证据情形的，应当对证据收集的合法性进行法庭调查。

当事人及其辩护人、诉讼代理人有权申请人民法院对以非法方法收集的证据依法予以排除。申请排除以非法方法收集的证据的，应当提供相关线索或者材料。

条文解读

本条共有2款，规定了审判阶段启动非法证据调查程序的方式。

在法庭审理过程中，人民法院对于非法证据的调查有两种方式：

一是审判人员依职权调查，即审判人员认为可能存在本法第56条规定的以非法方法收集证据的情形的，应当主动启动程序对证据收集的合法性进行调查；二是依申请调查，即辩护人在开庭审理前或者庭审中，提出被告人审判前供述是非法取得的，法庭在公诉人宣读起诉书之后，应当进行当庭调查。

本条第2款赋予了当事人及其辩护人、诉讼代理人排除非法证据申请权及附随义务。根据本条款规定，当事人及其辩护人、诉讼代理人享有向人民法院提出排除非法证据的申请权。但是该项申请权同时附随了一项提供线索或者材料的义务。但需要注意的是，由于在刑讯逼供等非法取证案件中辩方举证的困难性，辩方抗辩时无须承担举证责任，仅需通过陈述意见、提供线索或材料等方式，起到初始证明推动作用即可。

配套法规及解读

《最高人民法院、最高人民检察院、公安部、国家安全部、司法部、全国人大常委会法制工作委员会关于实施刑事诉讼法若干问题的规定》(2012年12月26日)

11. 刑事诉讼法第五十六条[1]第一款规定："法庭审理过程中，审判人员认为可能存在本法第五十四条[2]规定的以非法方法收集证据情形的，应当对证据收集的合法性进行法庭调查。"法庭经对当事人及其辩护人、诉讼代理人提供的相关线索或者材料进行审查后，认为可能存在刑事诉讼法第五十四条规定的以非法方法收集证据情形的，应当对证据收集的合法性进行法庭调查。法庭调查的顺序由法庭根据案件审理情

[1] 现行《刑事诉讼法》第五十八条。
[2] 现行《刑事诉讼法》第五十六条。

况确定。

《最高人民法院关于适用〈中华人民共和国刑事诉讼法〉的解释》(2012年12月20日)

第一百条 法庭审理过程中,当事人及其辩护人、诉讼代理人申请排除非法证据的,法庭应当进行审查。经审查,对证据收集的合法性有疑问的,应当进行调查;没有疑问的,应当当庭说明情况和理由,继续法庭审理。当事人及其辩护人、诉讼代理人以相同理由再次申请排除非法证据的,法庭不再进行审查。

对证据收集合法性的调查,根据具体情况,可以在当事人及其辩护人、诉讼代理人提出排除非法证据的申请后进行,也可以在法庭调查结束前一并进行。

法庭审理过程中,当事人及其辩护人、诉讼代理人申请排除非法证据,人民法院经审查,不符合本解释第九十七条规定的,应当在法庭调查结束前一并进行审查,并决定是否进行证据收集合法性的调查。

第一百零一条 法庭决定对证据收集的合法性进行调查的,可以由公诉人通过出示、宣读讯问笔录或者其他证据,有针对性地播放讯问过程的录音录像,提请法庭通知有关侦查人员或者其他人员出庭说明情况等方式,证明证据收集的合法性。

公诉人提交的取证过程合法的说明材料,应当经有关侦查人员签名,并加盖公章。未经有关侦查人员签名的,不得作为证据使用。上述说明材料不能单独作为证明取证过程合法的根据。

第一百零二条 经审理,确认或者不能排除存在刑事诉讼法第五十四条规定的以非法方法收集证据情形的,对有关证据应当排除。

人民法院对证据收集的合法性进行调查后,应当将调查结论告知公诉人、当事人和辩护人、诉讼代理人。

第一百零三条 具有下列情形之一的,第二审人民法院应当对证据收集的合法性进行审查,并根据刑事诉讼法和本解释的有关规定作出处理:

(一)第一审人民法院对当事人及其辩护人、诉讼代理人排除非法证据的申请没有审查,且以该证据作为定案根据的;

(二)人民检察院或者被告人、自诉人及其法定代理人不服第一审人民法院作出的有关证据收集合法性的调查结论,提出抗诉、上诉的;

(三)当事人及其辩护人、诉讼代理人在第一审结束后才发现相关线索或者材料,申请人民法院排除非法证据的。

※法规解读:上述条文对证据收集的合法性审查、调查的有关问题作了规定。

其中,第100条规定了审查、调查证据合法性的条件和时间等。证据合法性审查和法庭调查是两个既相互关联又相互区别的环节。非法证据排除程序的启动权在审判人员，但是并非一有申请提出，他们就会启动排除程序，而是要综合全案情况进行证据收集的合法性审查；启动法庭调查程序的主体是审判人员，只有审判人员通过审查认为证据收集的合法性有疑问，可能存在以非法方法收集证据情形的，才应对证据收集的合法性进行法庭调查。第101条规定了证据收集合法性调查的方法。法庭决定对证据收集的合法性进行调查的，可以由公诉人通过出示、宣读讯问笔录或者其他证据，有针对性地播放讯问过程的录音录像，提请法庭通知有关侦查人员或者其他人员出庭说明情况等方式，证明证据收集的合法性。需要强调的是，公诉人提交的取证过程合法的说明材料，不能单独作为证明取证过程合法的根据。第102条规定了证据收集合法性调查结论。人民法院对证据收集的合法性进行调查后，应当将调查结论告知公诉人、当事人和辩护人、诉讼代理人。第103条对二审程序中的证据合法性审查与调查问题作了规定。需要注意的是，对于当事人在第一审结束前收集到相关线索或者材料，未及时申请人民法院排除非法证据，而在第二审时才提出的，人民法院不再启动非法证据排除程序，但是应当纳入第二审综合审查中一并解决，对相关证据的采信应当特别慎重。

《最高人民法院、最高人民检察院、公安部、国家安全部、司法部关于办理刑事案件排除非法证据若干问题的规定》(2010年6月24日)

第十三条　庭审中，检察人员、被告人及其辩护人提出未到庭证人的书面证言、未到庭被害人的书面陈述是非法取得的，举证方应当对其取证的合法性予以证明。

对前款所述证据，法庭应当参照本规定有关规定进行调查。

※法规解读：本条第1款规定了对书面证人证言、被害人陈述合法性的审查、认定问题。通常来讲，“程序性裁判”可以由控辩双方中的任何一方来发动。表现在对证人证言、被害人陈述合法性的质疑上，控诉方和被告方都可以向法庭提出证据展示的申请，也可以要求法庭否定对方某一证据的可采性。当然，控辩双方根据本条规定分别承担证明责任时，所要达到的证明标准有所不同。相比之下，检察机关举证时仍应达到“确实、充分”的证明标准，而被告方所要达到的证明标准可以适当降低。

第十四条　物证、书证的取得明显违反法律规定，可能影响公正审判的，应当予以补正或者作出合理解释，否则，该物证、书证不能作为定案的根据。

※法规解读：本条规定确立了对非法取得的物证、书证应实行裁量排除的规则。

为了平衡打击犯罪与保障人权的关系，为实现建立非法证据排除规则的真正目的，本条对以非法搜查、扣押等手段取得的实物证据，并未采取类似对非法言词证据那样的绝对排除方式，而是实行裁量排除规则。

关联法规索引

《最高人民法院、最高人民检察院、公安部、国家安全部、司法部关于办理刑事案件排除非法证据若干问题的规定》;《最高人民法院、最高人民检察院、公安部、国家安全部、司法部关于办理刑事案件严格排除非法证据若干问题的规定》第23~41条;《人民法院办理刑事案件排除非法证据规程(试行)》

第五十九条 【证据合法性证明】在对证据收集的合法性进行法庭调查的过程中,人民检察院应当对证据收集的合法性加以证明。

现有证据材料不能证明证据收集的合法性的,人民检察院可以提请人民法院通知有关侦查人员或者其他人员出庭说明情况;人民法院可以通知有关侦查人员或者其他人员出庭说明情况。有关侦查人员或者其他人员也可以要求出庭说明情况。经人民法院通知,有关人员应当出庭。

条文解读

本条共有2款,规定了人民检察院对证据收集合法性的证明责任。

根据本条第1款的规定,人民检察院承担证明证据收集合法的举证责任,而被告方仅需提出抗辩,尽到学者所谓的"争点形成责任"义务即可,而由检察机关承担证明其证据收集合法的举证责任。为此,本条同步建立了侦查人员或者其他人员出庭作证制度。

在刑事诉讼证明活动中,人民检察院作为公诉机关,是诉讼程序的启动者,是要求法院作出判决的人,所以,它应该向法院提供证据支持其要求和主张;同时,由于检察机关已经做好了起诉准备,处于举证的便利地位,承担证明责任亦顺理成章。

本条第2款是关于侦查人员或者其他人员出庭说明情况的规定。与前款相联系,当人民检察院运用现有证据材料不能证明证据收集合法性问题时,就可以提请人民法院传召在侦查程序收集相关证据的人员,包括侦查人员和其他人员出庭说明情况。有关侦查人员或者其他人员遇到上述情况,也可以主动要求出庭说明情况。一经人民法院通知,侦查人员和其他相关人员就有出庭作证的义务。

配套法规及解读

《最高人民法院、最高人民检察院、公安部、国家安全部、司法部关于办理刑事案件排除非法证据若干问题的规定》(2010年6月24日)

第七条 经审查,法庭对被告人审判前供述取得的合法性有疑问的,公诉人应当向法庭提供讯问笔录、原始的讯问过程录音录像或者其他证据,提请法庭通知讯问时其他在场人员或者其他证人出庭作证,仍不能排除刑讯逼供嫌疑的,提请法庭通知讯问人员出庭作证,对该供述取得的合法性予以证明。公诉人当庭不能举证的,可以根据刑事诉讼法第一百六十五条[1]的规定,建议法庭延期审理。

经依法通知,讯问人员或者其他人员应当出庭作证。

公诉人提交加盖公章的说明材料,未经有关讯问人员签名或者盖章的,不能作为证明取证合法性的证据。

控辩双方可以就被告人审判前供述取得的合法性问题进行质证、辩论。

※法规解读:本条主要确认了非法言词证据排除规则中的证明责任,并明确了控诉方承担证明责任的方式以及讯问人员出庭作证问题。

根据本条第1款的规定,公诉人承担举证责任的方式是首先向法庭提供讯问笔录、原始的讯问过程录音录像或者其他证据,提请法庭通知讯问时其他在场人员或者其他证人出庭作证,如果仍不能排除刑讯逼供嫌疑的,才提请法庭通知讯问人员出庭作证,对该供述取得的合法性予以证明。但如果讯问人员首先选择主动出庭作证的,应予支持并优先采用这一方式。本款规定中的"其他证据"是指公安机关的情况说明、看守所健康检查证明或者医院就诊证明等;"讯问时其他在场人员"是指除讯问人员以外的其他在场的记录人,录音录像资料制作人,翻译人员或者通晓聋、哑手势的辅助人员等;"其他证人"是指了解审讯情况的看守人员、监管人员等。

根据本条第2款的规定,经依法通知,讯问人员或者其他人员应当出庭作证。如果因为讯问人员或者其他人员不能出庭作证,从而导致不能排除被告人供述系非法取得的,法院应直接决定将该供述予以排除,使之不能作为定案的根据。

本条第3款对公诉人提交的加盖公章的说明材料的形式进行了规定,主要是用来说明侦查人员在讯问过程中没有实施刑讯逼供行为。

本条第4款规定了在庭上对证据合法性审查的方式。应当明确的是,这种质证与辩论,对控辩双方的证明标准要求仍不一样。

第十一条 对被告人审判前供述的合法性,公诉人不提供证据加以证明,或者已提供的证据不够确实、充分的,该供述不能作为定案的根据。

※法规解读:本条规定了非法言词证据排除规则的证明标准。

按照刑事诉讼的基本规律,在刑事诉讼中,控诉方应承担其指控的犯罪事实成立的证明责任,且需要达到确实、充分的程度。因此,公诉机关对于被告人及其辩护人提出的被告人庭前供述系非法取得的线索和证据,理应相应承担证明被告人庭前供述系

[1] 现行《刑事诉讼法》第一百六十七条。

合法取得的证明责任。在公诉机关不举证或者已提供的证据不够确实、充分的情况下，就应承担不能以该证据证明指控的犯罪事实的法律后果，即该供述不能作为定案的根据。

关联法规索引

《人民检察院刑事诉讼规则（试行）》第72条；《最高人民法院关于适用〈中华人民共和国刑事诉讼法〉的解释》第101条；《最高人民法院、最高人民检察院、公安部、国家安全部、司法部关于推进以审判为中心的刑事诉讼制度改革的意见》八；《人民检察院公诉人出庭举证质证工作指引》二；《公安机关办理刑事案件程序规定》第68条；《最高人民法院、最高人民检察院、公安部、国家安全部、司法部关于办理刑事案件排除非法证据若干问题的规定》；《最高人民法院、最高人民检察院、公安部、国家安全部、司法部关于办理刑事案件严格排除非法证据若干问题的规定》第16～18条；《人民法院办理刑事案件排除非法证据规程（试行）》第6条

第六十条 【严格排除原则】 对于经过法庭审理，确认或者不能排除存在本法第五十六条规定的以非法方法收集证据情形的，对有关证据应当予以排除。

条文解读

本条规定了非法证据的排除程序及证明标准。

在刑事诉讼中，检察机关不仅要承担证明证据收集合法的举证责任，且应当证明至“证据确实、充分，事实清楚，能够排除合理怀疑”的程度。本条所谓“不能排除存在本法第五十六条规定的以非法方法收集证据情形的”，意指承担举证责任的检察机关未能举证达到“排除合理怀疑”的证明标准，此时将认定有关证据为非法证据，并予以排除。

配套法规及解读

《最高人民法院、最高人民检察院、公安部、国家安全部、司法部关于办理刑事案件排除非法证据若干问题的规定》（2010年6月24日）

第二条 经依法确认的非法言词证据，应当予以排除，不能作为定案的根据。

第十一条 对被告人审判前供述的合法性，公诉人不提供证据加以证明，或者已提供的证据不够确实、充分的，该供述不能作为定案的根据。

第十二条 对于被告人及其辩护人提出的被告人审判前供述是非法取得的意见，第一审人民法院没有审查，并以被告人审判前供述作为定案根据的，第二审人民法院应当对被告人审判前供述取得的合法性进行审查。检察人员不提供证据加以证明，或者已提供的证据不够确实、充分的，被告人该供述不能作为定案的根据。

※法规解读：人民法院没有审查，或者审查后认为可以排除非法取证的可能，并以被告人审判前供述作为定案根据的，被告人可以提出上诉。第二审人民法院应当对被告人审判前供述取得的合法性进行审查。在二审阶段，检察机关应同样对被告人供述取得的合法性承担证明责任，如果检察人员不提供证据加以证明或者已提供的证据不够确实、充分的情况下，该供述不能作为定案的根据。如果排除该供述导致原判决事实不清或证据不足的，二审法院可改判或发回原审法院重审。

关联法规索引

《最高人民法院、最高人民检察院、公安部、国家安全部、司法部关于办理死刑案件审查判断证据若干问题的规定》第2条；《人民检察院刑事诉讼规则》第66条；《最高人民法院关于适用〈中华人民共和国刑事诉讼法〉的解释》第102条、第103条；《最高人民检察院关于切实履行检察职能防止和纠正冤假错案的若干意见》第13条；《最高人民法院关于依法切实保障律师诉讼权利的规定》五；《最高人民法院关于全面推进以审判为中心的刑事诉讼制度改革的实施意见》第21条；《未成年人刑事检察工作指引（试行）》第53条；《最高人民法院、最高人民检察院、公安部、国家安全部、司法部关于办理刑事案件严格排除非法证据若干问题的规定》第2～4条、第6条、第7条、第34条；《人民法院办理刑事案件排除非法证据规程（试行）》第1～3条、第26条；《人民检察院办理死刑第二审案件和复核监督工作指引（试行）》第11条、第50条

第六十一条 【证言的审查判断】证人证言必须在法庭上经过公诉人、被害人和被告人、辩护人双方质证并且查实以后，才能作为定案的根据。法庭查明证人有意作伪证或者隐匿罪证的时候，应当依法处理。

条文解读

本条是有关证言审查判断的规定。

所有证据都必须查证属实，才能作为定案的根据，证人证言也不例外。证人证言是证人对感知情况的反应，但是感知案情时的客观条件、证人的主观因素、证人的记忆

能力和表达水平等,都会影响到证言的可靠性。因此,证人证言必须在法庭上经过控辩双方的质证并且经过查证属实,才能作为定案的根据。证人有如实提供证言的义务,因此,有意作伪证或者隐匿罪证的,应当依法追究法律责任。

关联法规索引

《刑法》第306条、第307条;《刑事诉讼法》第43条;《最高人民法院、最高人民检察院、公安部、国家安全部、司法部关于推进以审判为中心的刑事诉讼制度改革的意见》十一、十二、十三;《最高人民法院、司法部关于开展刑事案件律师辩护全覆盖试点工作的办法》第21条;《人民检察院公诉人出庭举证质证工作指引》第32条;《中华全国律师协会律师办理电子数据证据业务操作指引》第二章第五节

典型案例

张某某故意伤害案[1]

※案情简介:2009年11月2日18时许,被告人张某某将其驾驶的红色广州本田飞度车停靠在位于杭州市拱墅区的杭州银行市府大楼支行门前的停车位后离开。18时30分许,被告人张某某返回该停车位并欲驾车离开,收费人员谢某某要求其支付4元停车费,被告人张某某称没有带钱。在未支付停车费且与谢某某协商未果的情况下,被告人张某某发动车辆欲离开。被害人谢某某扳住汽车驾驶室左侧不让其离开,被告人张某某仍驾车前行、右拐至密渡桥路,快速驶离现场。扳住车并跟随的谢某某被甩离轿车,并摔倒在密渡桥路莫干山路叉口的人行道旁,造成严重颅脑损伤。被告人张某某继续驾车前行至密渡桥路杭州市人民政府北门附近停下。当日18时50分许,公安民警接群众报警后赶至现场将被告人张某某带走。

2010年2月25日,经杭州市公安局司法鉴定中心鉴定,谢某某头部损伤符合钝性外力作用所致,其严重颅脑损伤致左侧额颞顶枕急性硬膜下血肿、广泛性脑挫裂伤、脑疝、颅骨骨折等,恢复较差,损伤程度达到重伤标准。同年5月31日,经杭州明皓司法鉴定所鉴定,谢某某在2009年11月2日至特重型颅脑损伤后,造成迁延性昏迷状态伴四肢瘫,为人体损伤一级残疾、一级护理依赖。

杭州市拱墅区人民法院审理杭州市拱墅区人民检察院指控被告人张某某犯故意

〔1〕 本案根据俞城峰:《刑辩律师如何击破证人证言》整理,具体参见 http://www.110.com/ziliao/article-349181.html,最后访问时间:2019年5月5日。

伤害罪一案,于2011年3月25日作出(2010)杭拱刑初字第395号刑事判决书。拱墅区法院认为,被告人张某某因停车费与收费员谢某某发生争执,其明知谢某某扳其车窗阻止其离开现场,仍驾车快速前行、右转,致使谢某某被甩离汽车、摔致重伤(一级伤残)。其明知驾车行驶的行为将置扳拉其车窗的原告人于危险境地,仍快速前行、右转,其主观上对危害后果持放任的心态。故,认定被告人张某某犯故意伤害罪,判处有期徒刑六年。被告人张某某不服,向杭州市中级人民法院提出上诉。

本案辩护的关键点是上诉人(原审被告人)张某某在车子倒车、前行、右拐的过程中是否均"明知"被害人谢某某扳住其车窗欲阻止其驾车离开。如果其在倒车、前行、右拐的过程中都明知,那么构成故意伤害罪没有问题,但是,如果其仅仅是对倒车之前被害人谢某某扳住其车窗"明知",而对车子前行、右拐时被害人谢某某扳住其车窗不"明知",那么本案的定性将会发生错误,其至多构成过失致人重伤罪,量刑应当在三年以下有期徒刑或拘役。

人民法院据以定罪量刑的事实都必须有证据证明,因此原判罗列了以下证据:证人洪某某、王某某、沈某某、熊某某、丁某某、谢某的证言、监控录像光盘、民警接处警现场录音、现场照片、案发地点照片、侦查实验笔录、照片及光盘、法医学人体损伤程度鉴定书、收条、抓获经过、户籍证明、被告人张某某的供述等。但这些证据并不是全部与证明上诉人张某某"明知"被害人谢某某扳住其车窗欲阻止其驾车离开这一事实有关联性,于是原判又专门列举了四大证据以证明其"明知"。这四大证据是:(1)证人洪某某的证言,证实其目睹张某某在停车费争执未解决、收费员扳窗阻止的情况下,强行驾车离开;(2)证人沈某某的证言,证实事发后女驾驶员(上诉人张某某)称以为对方抓车窗的手已经放掉及所驾轿车车窗被扳得不灵活等;(3)公安民警接处警现场录音,证实事发后上诉人张某某曾表示对被害人扳其车窗知情的事实;(4)侦查实验,证实公安民警经模拟案发经过,确认车辆行驶中驾驶员足够通过反光镜看见在驾驶左侧扳拉车窗、体型与收费员相仿的人员。

通过对上述证据进行逐一、详细的审查、分析和质证,辩护人认为其他证据的证明力均弱于证人洪某某的证言,原审法院合议庭组成人员通过自由心证形成"被告人张某某明知谢某某扳其车窗阻止其离开现场,仍驾车快速前行、右转"内心确信最根本的依据就是证人洪某某的证言,因为证人洪某某是本案唯一的目击证人,其见证了事件发生的全过程。这样一位关键证人,若其证言不具有真实性,那么将直接导致上诉人张某某蒙受冤屈。因此,本案中,辩护人将重点锁定在证人洪某某的证言。

经过审查,辩护人发现证人洪某某的书面证言存在三大疑点,且这些疑点得不到合理的解释和排除。鉴于证人洪某某的书面证言存在上述三大严重问题,且其证言对本案的定罪量刑有重大影响,因此有必要通知证人洪某某出庭接受控辩双方的质证。

二审开庭之前,辩护人向杭州市中级人民法院递交了书面的《关于要求通知证人洪某某出庭作证的申请书》,之后得到回应:证人洪某某届时将出庭作证。

庭审中,通过辩护律师与检察院的当庭对质及询问出庭的证人,很清晰有力地证明了证人话语的自相矛盾。这个案件也因此因为证人证言的虚假而进行了改判。

※裁判要旨:本案一审法院认为被告人张某某因停车费与收费员谢某某发生争执,其明知谢某某扳其车窗阻止其离开现场,仍驾车快速前行、右转,致使谢某某被甩离汽车、摔致重伤(一级伤残)。其明知驾车行驶的行为将置扳拉其车窗的原告人于危险境地,仍快速前行、右转,其主观上对危害后果持放任的心态。故而人民法院认定被告人张某某犯故意伤害罪,判处有期徒刑六年。但是证人证言的可疑、不真实以及之后通过二审法庭的庭审对证人证言的矛盾的证实过程,使这起案件最终改判。刑事诉讼过程中,证人证言在证据中有着重要的地位。特别是在只有一个证人的犯罪案件、各被告人互为证人且相互推诿的共同犯罪案件、行贿受贿等对向犯罪案件中,证人证言的重要性尤为突出。刑辩律师通过审查书面证人证言、询问出庭证人等手段,发现证人证言中存在的问题并一举推翻证人证言的合法性、真实性和关联性,在诉讼过程中将会起到四两拨千斤的效果。这个案例更加真实地反映了所有证据都必须经过查证属实,才能作为定案的根据,证人证言也不例外。

第六十二条 【证人的资格与义务】凡是知道案件情况的人,都有作证的义务。

生理上、精神上有缺陷或者年幼,不能辨别是非、不能正确表达的人,不能作证人。

条文解读

本条共有 2 款,是关于证人的资格与义务的规定。

依照本条第 1 款的规定,在一般情况下,凡是知道案件情况的人,都有作证的义务,无论其性别、职业、宗教信仰等差异,以及是否与案件有利害关系,都可以成为证人,承担作证的义务并享有法定的权利。证人之所以为证人,是因为其对案情的亲身感知,因此,证人只能是自然人而不能是单位。也因为证人资格的根源在于证人对案情的感知,因此诉讼中的证人身份一经形成就具有不可替代性,在本案诉讼中不能再担任侦查人员、检察人员、审判人员、鉴定人和翻译人员。

本条第 2 款表明,因生理上、精神上有缺陷或者年幼而不能辨别是非、不能正确表达的人,由于其不能向公安司法机关提供对查清案件事实有价值的情况,故不能作证人。需要注意的是,即便生理上、精神上有缺陷或者年幼,但能够辨别是非并且能正确表达自己所了解到的案情的,可以作为证人提供证言。判断一个人能否作证,关键是看其能否辨别是非、正确表达,对此公安司法机关在必要时可以进行审查或者鉴定。

配套法规及解读

《最高人民法院关于适用〈中华人民共和国刑事诉讼法〉的解释》(2012年12月20日)

第七十四条 对证人证言应当着重审查以下内容:

(一)证言的内容是否为证人直接感知;

(二)证人作证时的年龄,认知、记忆和表达能力,生理和精神状态是否影响作证;

(三)证人与案件当事人、案件处理结果有无利害关系;

(四)询问证人是否个别进行;

(五)询问笔录的制作、修改是否符合法律、有关规定,是否注明询问的起止时间和地点,首次询问时是否告知证人有关作证的权利义务和法律责任,证人对询问笔录是否核对确认;

(六)询问未成年证人时,是否通知其法定代理人或者有关人员到场,其法定代理人或者有关人员是否到场;

(七)证人证言有无以暴力、威胁等非法方法收集的情形;

(八)证言之间以及与其他证据之间能否相互印证,有无矛盾。

第七十五条 处于明显醉酒、中毒或者麻醉等状态,不能正常感知或者正确表达的证人所提供的证言,不得作为证据使用。

证人的猜测性、评论性、推断性的证言,不得作为证据使用,但根据一般生活经验判断符合事实的除外。

※法规解读:上述条文对证人证言的审查以及排除作了规定。

证人是通过自身耳闻目睹知道案件情况的人,由他向司法机关就案件情况提供证言,对于司法机关查明案件事实,惩治犯罪,保障无罪的人不受刑事追究,具有不可替代的重要意义。《刑事诉讼法》第62条第2款对证人资格作了明确规定,即只有生理上、精神上有缺陷或者年幼,不能辨别是非、不能正确表达的人,才不能作证人。与案件有直接利害关系的人如不属于不能辨别是非、不能正确表达的人,就不能被排除在证人范围之外。当然,由于某证人与案件有直接利害关系,包括亲属关系、朋友关系以及相互敌视的对立关系,就有可能影响该证人证言的客观真实性,故在采纳他的证言时需要严格审查,如能认定其真实可靠,该证言仍可被采用。上述司法解释第75条第1款对证人作证能力的判断作了规定。实践中,对于证人是否"不能辨别是非、不能正确表达”,可以通过通知证人出庭接受询问予以判断;同时,根据案件具体情况,还应特别审查证人在感知相关内容时的认知能力和生理、精神状况。处于明显醉酒、中毒或者麻醉等状态,不能正常感知或者正确表达的证人所提供的证言,不得作为证据使用。

关联法规索引

《人民法院统一证据规定(司法解释建议稿)》第61条;《公安机关办理刑事案件程序规定》第69条;《中共中央纪律检查委员会关于查处党员违纪案件中手机、鉴别、使用证据的具体规定》第3条;《中国共产党纪律检查机关案件检查工作条例实施细则》第3条

第六十三条 【证人及其近亲属的保护】人民法院、人民检察院和公安机关应当保障证人及其近亲属的安全。

对证人及其近亲属进行威胁、侮辱、殴打或者打击报复,构成犯罪的,依法追究刑事责任;尚不够刑事处罚的,依法给予治安管理处罚。

条文解读

本条共有2款,规定了对证人及其近亲属的保护。

要保障证人有客观、充分提供证据的条件,履行作证的法定义务,如实地提供案件的真实情况,首先要保证证人及其近亲属的人身安全和财产安全,这既是惩罚犯罪的需要,也是保障诉讼参与人诉讼权利的重要体现。因此,人民法院、人民检察院和公安机关应当根据案件情况,为证人及其近亲属的安全提供必要的保障,以鼓励证人同犯罪作斗争,支持配合司法机关的工作,为他们消除后顾之忧。通过对威胁、侮辱、殴打或者打击报复证人行为的惩处,一方面保护证人及其近亲属的合法权益,另一方面对试图损害证人及其近亲属合法权益的人予以震慑和教育。

本条第2款明确规定了对威胁、侮辱、殴打或者打击报复证人及其近亲属行为的处罚种类,即构成犯罪的,依法追究刑事责任;尚不够刑事处罚的,依法给予治安管理处罚。

本条规定适应了对证人及其近亲属的安全予以保护的社会客观需要,有利于刑事诉讼任务的实现。

关联法规索引

《最高人民检察院、公安部、财政部关于保护、奖励职务犯罪举报人的若干规定》第11条;《最高人民法院、最高人民检察院、公安部、司法部关于办理黑社会性质组织犯罪案件若干问题的规定》四;《公安机关办理刑事案件程序规定》第70~73条;《公安机关办理刑事案件证人保护工作规定》

第六十四条 【特殊保护措施】对于危害国家安全犯罪、恐怖活动犯罪、黑社会性质的组织犯罪、毒品犯罪等案件,证人、鉴定人、被害人因在诉讼中作证,本人或者其近亲属的人身安全面临危险的,人民法院、人民检察院和公安机关应当采取以下一项或者多项保护措施:

(一)不公开真实姓名、住址和工作单位等个人信息;

(二)采取不暴露外貌、真实声音等出庭作证措施;

(三)禁止特定的人员接触证人、鉴定人、被害人及其近亲属;

(四)对人身和住宅采取专门性保护措施;

(五)其他必要的保护措施。

证人、鉴定人、被害人认为因在诉讼中作证,本人或者其近亲属的人身安全面临危险的,可以向人民法院、人民检察院、公安机关请求予以保护。

人民法院、人民检察院、公安机关依法采取保护措施,有关单位和个人应当配合。

条文解读

本条共有3款,是有关对特殊案件证人、鉴定人、被害人及其近亲属采取特殊保护措施的规定。

鉴于司法实践中危害国家安全犯罪、恐怖活动犯罪、黑社会性质的组织犯罪、毒品犯罪等案件具有极为严重的社会危险性与危害性、对这些案件加大打击力度的必要性以及这些案件取证的不易性,为准确、及时地查明案情,打击犯罪、保护无辜,避免发生证人等因在诉讼中作证而遭受打击报复的情况,保障诉讼活动的顺利进行,本条确立了在这些案件中,公、检、法机关对证人、鉴定人、被害人及其近亲属采用特殊措施予以保护的司法保护制度。

根据本条规定,承担特殊保护义务的机关是人民法院、人民检察院和公安机关,予以特殊保护的对象包括证人、鉴定人、被害人及其近亲属。需要提供特殊保护的条件是:(1)案件属于危害国家安全犯罪、恐怖活动犯罪、黑社会性质的组织犯罪、毒品犯罪等性质;(2)相关主体因在诉讼中作证导致其本人或者近亲属人身安全面临危险。采用特殊保护的程序有两种:(1)依申请进行,证人、鉴定人、被害人本人及其近亲属有申请保护的权利;(2)依职权进行,各专门机关有义务采取措施对身处危险之中的相关人员给予保护。特殊保护措施可以是下述方法中的一项或者是多项:不公开真实姓名、住址和工作单位等个人信息;采取不暴露外貌、真实声音等出庭作证措施;禁止特定的人员接触证人、鉴定人、被害人及其近亲属;对人身和住宅采取专门性保护措施;其他必要的保护措施。

根据本条第3款的规定,有关单位和个人有配合专门机关对证人等及其近亲属进行保密的义务。

配套法规及解读

《人民检察院刑事诉讼规则(试行)》(2012年11月22日修订)

第七十六条 对于危害国家安全犯罪、恐怖活动犯罪、黑社会性质的组织犯罪、毒品犯罪等案件,人民检察院在办理案件过程中,证人、鉴定人、被害人因在诉讼中作证,本人或者其近亲属人身安全面临危险,向人民检察院请求保护的,人民检察院应当受理并及时进行审查,对于确实存在人身安全危险的,应当立即采取必要的保护措施。人民检察院发现存在上述情形的,可以主动采取保护措施。

人民检察院可以采取以下一项或者多项保护措施:

(一)不公开真实姓名、住址和工作单位等个人信息;

(二)建议法庭采取不暴露外貌、真实声音等出庭作证措施;

(三)禁止特定的人员接触证人、鉴定人、被害人及其近亲属;

(四)对人身和住宅采取专门性保护措施;

(五)其他必要的保护措施。

人民检察院依法决定不公开证人、鉴定人、被害人的真实姓名、住址和工作单位等个人信息的,可以在起诉书、询问笔录等法律文书、证据材料中使用化名代替证人、鉴定人、被害人的个人信息。但是应当另行书面说明使用化名的情况并标明密级。

人民检察院依法采取保护措施,可以要求有关单位和个人予以配合。

对证人及其近亲属进行威胁、侮辱、殴打或者打击报复,构成犯罪或者应当给予治安管理处罚的,人民检察院应当移送公安机关处理;情节轻微的,予以批评教育、训诫。

《公安机关办理刑事案件程序规定》(2012年12月13日)

第七十一条 对危害国家安全犯罪、恐怖活动犯罪、黑社会性质的组织犯罪、毒品犯罪等案件,证人、鉴定人、被害人因在侦查过程中作证,本人或者其近亲属的人身安

全面临危险的,公安机关应当采取以下一项或者多项保护措施:

(一)不公开真实姓名、住址和工作单位等个人信息;

(二)禁止特定的人员接触证人、鉴定人、被害人及其近亲属;

(三)对人身和住宅采取专门性保护措施;

(四)其他必要的保护措施。

证人、鉴定人、被害人认为因在侦查过程中作证,本人或者其近亲属的人身安全面临危险,向公安机关请求予以保护,公安机关经审查认为符合前款规定的条件,确有必要采取保护措施的,应当采取上述一项或者多项保护措施。

公安机关依法采取保护措施,可以要求有关单位和个人配合。

案件移送审查起诉时,应当将采取保护措施的相关情况一并移交人民检察院。

※法规解读:上述两个条文分别是最高人民检察院、公安部根据《刑事诉讼法》第64条的规定,对于人民检察院、公安机关在办理危害国家安全犯罪、恐怖活动犯罪、黑社会性质的组织犯罪、毒品犯罪等特殊案件时,证人、鉴定人、被害人因在侦查过程或诉讼中作证,本人或者其近亲属的人身安全面临危险的,人民检察院、公安机关应当采取的特殊保护措施的规定。

关联法规索引

《国际刑事司法协助法》第五章;《最高人民法院、最高人民检察院、公安部、国家安全部、司法部、全国人大常委会法制工作委员会关于实施刑事诉讼法若干问题的规定》第12条;《最高人民法院、最高人民检察院、公安部、司法部关于办理黑社会性质组织犯罪案件若干问题的规定》四;《公安机关办理刑事案件程序规定》第70~73条;《公安机关办理刑事案件证人保护工作规定》

第六十五条 【证人作证补助制度】证人因履行作证义务而支出的交通、住宿、就餐等费用,应当给予补助。证人作证的补助列入司法机关业务经费,由同级政府财政予以保障。

有工作单位的证人作证,所在单位不得克扣或者变相克扣其工资、奖金及其他福利待遇。

条文解读

本条共有2款,确立了证人作证补助制度。

本法第62条第1款规定了证人作证的诉讼义务，根据权利义务对等原则，证人也应享有相应的诉讼权利。因此，立法既应考虑到确立避免其人身遭受打击报复的司法保护制度，也应考虑到确立对其因作证而受到经济损失予以弥补的经济补偿制度，从而全方位解除其作证的后顾之忧，以保障诉讼活动的顺利进行。

本条第1款规定了证人作证补助制度。补助的范围主要是证人因履行作证义务而实际支出的费用，具体包括交通、住宿、就餐等费用。证人作证补助的经费由同级政府予以财政保障，确保证人作证补助资金的充足、到位。

本条第2款规定了单位对证人作证的支持义务。证人作证是维护国家司法公正的需要，虽然证人作证的义务由其个人承担，国家也为保障证人履行作证义务提供了补助，但是对于有工作单位的证人而言，工作单位的态度和立场还是能够在一定程度上影响作证的积极性的。为此，全社会都应当有积极鼓励和支持证人作证的意识和义务，从而形成良好的法治范围。故而，本条特别规定了证人所在工作单位的支持证人作证义务。该义务具体表现为禁止所在单位克扣或者变相克扣其工资、奖金及其他福利待遇。

关联法规索引

《人民检察院刑事诉讼规则（试行）》第77条；《公安机关办理刑事案件程序规定》第73条

第六章　强制措施

本章介绍

本章从第 66 条至第 100 条，共包括 35 个条文，是关于刑事诉讼中强制措施的规定。强制措施是刑事诉讼中的一项重要制度，是指侦查、检察和审判机关为保证刑事诉讼的顺利进行，依法对犯罪嫌疑人、被告人所采取的在一定期限内暂时限制或剥夺其人身自由的法定强制方法。我国的刑事诉讼强制措施包括拘传、取保候审、监视居住、拘留和逮捕，共五种。2018 年《刑事诉讼法》修正时本章修改了 2 条，其内容涉及指定居所监视居住和逮捕条件的规定。

第六十六条　【拘传、取保候审、监视居住的概括性规定】人民法院、人民检察院和公安机关根据案件情况，对犯罪嫌疑人、被告人可以拘传、取保候审或者监视居住。

条文解读

本条是关于拘传、取保候审、监视居住的概括性规定。

拘传是人民法院、人民检察院或公安机关对未被羁押的犯罪嫌疑人、被告人强制其到案接受讯问的一种强制措施。取保候审是人民法院、人民检察院或公安机关责令犯罪嫌疑人、被告人缴纳保证金或提出保证人，并出具保证书，保证其不逃避或妨碍侦查、起诉和审判，并随传随到的一种强制措施。监视居住是人民法院、人民检察院或公安机关为防止犯罪嫌疑人、被告人逃避侦查、起诉和审判，而限定其不得离开住所或者指定居所，并监视其行动的一种强制措施。适用监视居住的条件和取保候审不完全相同。当犯罪嫌疑人、被告人被取保候审而不能提供保证人也不交纳保证金时，可适用监视居住措施。

根据本条规定，拘传、取保候审、监视居住的适用权力属于人民法院、人民检察院和公安机关，其他任何机关、团体和个人均无此项权力。人民法院、人民检察院和公安机关可以根据犯罪行为的严重程度、犯罪嫌疑人或被告人的个人情况以及案情，选择适用拘传、取保候审和监视居住这三种强制措施。

配套法规及解读

《最高人民法院关于适用〈中华人民共和国刑事诉讼法〉的解释》(2012年12月20日)

第一百一十三条 人民法院审判案件,根据情况,对被告人可以决定拘传、取保候审、监视居住或者逮捕。

对被告人采取、撤销或者变更强制措施的,由院长决定。

第一百一十四条 对经依法传唤拒不到庭的被告人,或者根据案件情况有必要拘传的被告人,可以拘传。

拘传被告人,应当由院长签发拘传票,由司法警察执行,执行人员不得少于二人。

拘传被告人,应当出示拘传票。对抗拒拘传的被告人,可以使用戒具。

第一百一十五条 拘传被告人,持续的时间不得超过十二小时;案情特别重大、复杂,需要采取逮捕措施的,持续的时间不得超过二十四小时。不得以连续拘传的形式变相拘禁被告人。应当保证被拘传人的饮食和必要的休息时间。

※法规解读:以上条文是关于拘传、取保候审和监视居住适用的具体程序性规定。

根据本司法解释第113条的规定,人民法院在审判过程中,应当根据相关法律法规,结合案件具体情况,运用一定的自由裁量权决定是否对被告人适用拘传、取保候审或者监视居住。这些强制措施的撤销或变更应当由院长决定,防止权力滥用。

第114条、第115条是关于拘传的适用和限制性规定。拘传是保证法庭正常审理的一种强制措施,本司法解释中规定,只有对于以下两种情况的被告人可以适用拘传:一是经过传唤无正当理由拒不到庭的,二是根据案件情况认为有必要的。此处应注意与民事审判中拘传的适用相区别,后者是经过两次传票传唤拒不到庭的。刑事领域中对拘传的适用条件较宽,这与刑事案件的紧迫性是密不可分的。为防止拘传被滥用,本司法解释中同时规定执行拘传的人员不得少于二人并应出具拘传票,拘传被告人,持续的时间不得超过12小时;案情特别重大、复杂,需要采取逮捕措施的,持续的时间不得超过24小时。不得以连续拘传的形式变相拘禁被告人。应当保证被拘传人的饮食和必要的休息时间。

关联法规索引

《全国人民代表大会常务委员会关于国家安全机关行使公安机关的侦查、拘留、预审和执行逮捕的职权的决定》第38条;《人民检察院刑事诉讼规则(试行)》第78~82条;《公安机关办理刑事案件程序规定》第74~76条

第六十七条　【取保候审的条件与执行】人民法院、人民检察院和公安机关对有下列情形之一的犯罪嫌疑人、被告人，可以取保候审：

（一）可能判处管制、拘役或者独立适用附加刑的；

（二）可能判处有期徒刑以上刑罚，采取取保候审不致发生社会危险性的；

（三）患有严重疾病、生活不能自理，怀孕或者正在哺乳自己婴儿的妇女，采取取保候审不致发生社会危险性的；

（四）羁押期限届满，案件尚未办结，需要采取取保候审的。

取保候审由公安机关执行。

条文解读

本条共有2款，是关于取保候审的适用条件与执行主体的规定。

根据本条规定，人民法院、人民检察院和公安机关有权决定适用取保候审强制措施。总体而言，取保候审适用于犯罪行为较轻微，犯罪嫌疑人、被告人社会危险性较小的情况。由于取保候审对犯罪嫌疑人、被告人的人身限制较小，如果其具有较大的社会危险性，则难以预防可能会对刑事诉讼活动造成妨碍。在具体的适用中，有些行为人的主观恶性较小，社会危险性不大，有些则可能由于自身的状况，如疾病或者怀孕、哺乳等情形，而客观上影响了其造成社会危险性的能力。取保候审具体适用于以下情况：可能判处管制、拘役或者独立适用附加刑的；可能判处有期徒刑以上刑罚，采取取保候审不致发生社会危险性的；患有严重疾病、生活不能自理，怀孕或者正在哺乳自己婴儿的妇女，采取取保候审不致发生社会危险性的；羁押期限届满，案件尚未办结，需要采取取保候审的。立法如此规定的目的在于强化对人权的尊重以及防止超期羁押和不必要的羁押。

除了本条第1款第1项的规定外，其他适用取保候审强制措施的，均需要对行为人的社会危险性进行评价，如果虽具有特定的客观情况，但是仍可能造成社会危险的，则不符合取保候审的适用条件。

本条第2款规定了取保候审的执行机关。人民法院、人民检察院和公安机关等专门机关在各自所处的诉讼阶段均有权决定采取取保候审措施，无论是哪个机关作出的决定，均由公安机关负责执行。但国家安全机关决定取保候审的，以及人民检察院、人民法院在办理国家安全机关移送的犯罪案件时决定取保候审的，由国家安全机关执行。

配套法规及解读

《最高人民法院关于适用〈中华人民共和国刑事诉讼法〉的解释》(2012年12月20日)

第一百一十六条 被告人具有刑事诉讼法第六十五条第一款规定情形之一的,人民法院可以决定取保候审。

对被告人决定取保候审的,应当责令其提出保证人或者交纳保证金,不得同时使用保证人保证与保证金保证。

《公安机关办理刑事案件程序规定》(2012年12月13日)

第七十七条 公安机关对具有下列情形之一的犯罪嫌疑人,可以取保候审:

(一)可能判处管制、拘役或者独立适用附加刑的;

(二)可能判处有期徒刑以上刑罚,采取取保候审不致发生社会危险性的;

(三)患有严重疾病、生活不能自理,怀孕或者正在哺乳自己婴儿的妇女,采取取保候审不致发生社会危险性的;

(四)羁押期限届满,案件尚未办结,需要继续侦查的。

对拘留的犯罪嫌疑人,证据不符合逮捕条件,以及提请逮捕后,人民检察院不批准逮捕,需要继续侦查,并且符合取保候审条件的,可以依法取保候审。

第七十八条 对累犯,犯罪集团的主犯,以自伤、自残办法逃避侦查的犯罪嫌疑人,严重暴力犯罪以及其他严重犯罪的犯罪嫌疑人不得取保候审,但犯罪嫌疑人具有本规定第七十七条第一款第三项、第四项规定情形的除外。

第七十九条 需要对犯罪嫌疑人取保候审的,应当制作呈请取保候审报告书,说明取保候审的理由、采取的保证方式以及应当遵守的规定,经县级以上公安机关负责人批准,制作取保候审决定书。取保候审决定书应当向犯罪嫌疑人宣读,由犯罪嫌疑人签名、捺指印。

※法规解读:上述条文分别规定了人民法院、公安机关取保候审的适用条件以及执行程序。

根据《刑事诉讼法》的相关规定,适用取保候审的情形仅限于犯罪嫌疑人、被告人社会危险性不大、所涉嫌的罪名较轻这样的情况,而对于具有一定社会危险性或者可能影响案件办理的被告人,选择适用取保候审时都比较谨慎。需要注意的是,人民法院对被告人决定取保候审的,应当责令其提出保证人或者交纳保证金,但不得同时使用保证人保证与保证金保证。公安机关需要对犯罪嫌疑人取保候审的,应当制作呈请取保候审报告书,说明取保候审的理由、采取的保证方式以及应当遵守的规定,经县级以上公安机关负责人批准,制作取保候审决定书。取保候审决定书应当向犯罪嫌疑人宣读,由犯罪嫌疑人签名、捺指印。

关联法规索引

《全国人民代表大会常务委员会关于国家安全机关行使公安机关的侦查、拘留、预审和执行逮捕的职权的决定》第38条;《全国人民代表大会常务委员会法制工作委员会关于对“犯罪嫌疑人被监视居住期满后能否转取保候审”问题的答复意见》;《看守所条例》第26条;《最高人民法院、最高人民检察院、公安部、国家安全部、司法部、全国人大常委会法制工作委员会关于实施刑事诉讼法若干问题的规定》第13条;《最高人民法院关于取保候审期间国家不承担赔偿责任问题的批复》;《最高人民法院、最高人民检察院、公安部、国家安全部关于取保候审若干问题的规定》第2条;《人民检察院刑事诉讼规则(试行)》第83~85条;《最高人民法院、最高人民检察院、公安部、国家安全部关于机关事业单位工作人员被采取刑事强制措施和受刑事处罚实行向所在单位告知制度的通知》《劳动部办公厅对〈关于取保候审的原固定工不签订劳动合同的请示〉的复函》;《公安部关于监视居住期满后能否对嫌疑人采取取保候审强制措施问题的批复》

第六十八条 【取保候审的保证方式】人民法院、人民检察院和公安机关决定对犯罪嫌疑人、被告人取保候审,应当责令犯罪嫌疑人、被告人提出保证人或者交纳保证金。

条文解读

本条规定了取保候审的保证方式。

根据本条规定,办案机关决定对犯罪嫌疑人、被告人适用取保候审的,应当责令犯罪嫌疑人、被告人提出保证人或者缴纳保证金。由此可见,取保候审的保证方式有两种:一种是保证人保证方式,又称人保,即犯罪嫌疑人、被告人提出保证人并出具保证书,由保证人承担保证该犯罪嫌疑人、被告人不逃避或妨碍侦查、起诉和审判并履行随传随到的义务。另一种是保证金保证方式,又称财保,即犯罪嫌疑人、被告人向公安司法机关交纳一定数额的保证金并以此保证该犯罪嫌疑人、被告人不逃避或妨碍侦查、起诉和审判并随传随到。根据《最高人民法院、最高人民检察院、公安部、国家安全部关于取保候审若干问题的规定》第5条的规定,保证金的起点数额为1000元,具体数额应由办案机关综合考虑被取保候审人的社会危险性、案件性质及严重程度、具体案情、被取保候审人的经济状况等作出决定。保证金应以人民币交纳,由县级以上执行机关统一收取和管理。

在诉讼实践中,两种保证方式都能发挥积极的作用。保证人保证方式可以通过保证人与被取保候审人之间的关系，对被取保候审人实行精神上和心理上的强制，也可以利用保证人监督被取保候审人的活动。保证金保证方式则通过对被取保候审人施加一定的经济压力，保证其自觉地履行义务，不致妨碍刑事诉讼的进行。需要注意的是，对同一被取保候审人，人保和财产保不能同时适用。

配套法规及解读

《最高人民法院关于适用〈中华人民共和国刑事诉讼法〉的解释》(2012年12月20日)

第一百一十七条 对下列被告人决定取保候审的，可以责令其提出一至二名保证人：

(一)无力交纳保证金的；

(二)未成年或者已满七十五周岁的；

(三)不宜收取保证金的其他被告人。

《公安机关办理刑事案件程序规定》(2012年12月13日)

第八十条 公安机关决定对犯罪嫌疑人取保候审的，应当责令犯罪嫌疑人提出保证人或者交纳保证金。

对同一犯罪嫌疑人，不得同时责令其提出保证人和交纳保证金。

※法规解读：上述条文是关于取保候审执行方式的规定。

取保候审有保证人保证和保证金保证两种方式。适用保证人保证必须符合法定的两项条件之一：其一是经济有困难导致无力缴纳的，其二是具有不宜收取保证金情形的，如未成年人等特殊情况的。采取保证人保证的必须出具保证书，而采取保证金保证的则仅限于交纳现金。这种程序性规定有利于执行机关在实践中的操作，防止其他财务保证中的价值争议问题。对同一犯罪嫌疑人、被告人决定取保候审的，不能同时使用保证人保证和保证金保证。

关联法规索引

《最高人民法院、最高人民检察院、公安部、国家安全部、司法部、全国人大常委会法制工作委员会关于刑事诉讼法实施中若干问题的规定》第14条；《最高人民法院、最高人民检察院、公安部、国家安全部关于取保候审若干问题的规定》第4～8条；《人民检察院刑事诉讼规则(试行)》第86～87条；《公安部关于人民检察院不起诉人民法院终止审理或者判决无罪的案件公安机关已采取的取保候审是否合法及应否退还已没收的保证金问题的答复》

第六十九条　【保证人的条件】保证人必须符合下列条件：
（一）与本案无牵连；
（二）有能力履行保证义务；
（三）享有政治权利，人身自由未受到限制；
（四）有固定的住处和收入。

条文解读

本条是关于保证人条件的规定。

保证人应当具备一定条件，才能恰当履行取保候审监督义务。办案机关应当严格审查保证人条件，只有经审查合格的，才有资格做保证人。本条规定保证人的条件共有四项，其中"与本案无牵连"是指保证人不能是本案的当事人，即被害人、自诉人、犯罪嫌疑人、被告人、附带民事诉讼的原告人和被告人，同时也不能是本案的证人、鉴定人和翻译人员。"有能力履行保证义务"是指保证人有能力履行本法第68条规定的义务。保证人是否有能力履行保证义务，在司法实践中应综合考虑。首先，保证人应具有完全民事行为能力，未成年人、精神病人等无民事行为能力人或限制民事行为能力人是无法履行保证人义务的；其次，保证人不能有足以影响其履行保证义务的身体缺陷及其他缺陷；最后，保证人的言行对被保证人即犯罪嫌疑人、被告人具有一定的影响力，能够确实起到保证该犯罪嫌疑人、被告人不逃避或妨碍侦查、起诉和审判的作用。

采取保证人形式取保候审的，执行机关发现保证人丧失了担保条件时，应当书面通知决定机关。决定机关收到执行机关的书面通知后，应当责令被取保候审人重新提出保证人或者缴纳保证金，或者作出变更强制措施的决定，并通知执行机关。

配套法规及解读

《最高人民法院关于适用〈中华人民共和国刑事诉讼法〉的解释》（2012年12月20日）

第一百二十一条　被告人被取保候审期间，保证人不愿继续履行保证义务或者丧失履行保证义务能力的，人民法院应当在收到保证人的申请或者公安机关的书面通知后三日内，责令被告人重新提出保证人或者交纳保证金，或者变更强制措施，并通知公安机关。

※法规解读：本条是关于保证人丧失担保条件后如何处理的规定。

在司法实践中，对一些经济困难的犯罪嫌疑人或被告人取保候审时，办案单位从人性化角度考虑,一般是责令其提出保证人,而保证人的选择往往具有随意性,保证人对被保证人的活动难以起到监督作用,以致影响了刑事诉讼的正常进行。因此,我国《刑事诉讼法》第69条规定了保证人的条件。被告人被取保候审期间,保证人不愿继续履行保证义务或者丧失履行保证义务能力的,人民法院应当在收到保证人的申请或者公安机关的书面通知后三日内,责令被告人重新提出保证人或者交纳保证金,或者变更强制措施,并通知公安机关。

关联法规索引

《人民检察院刑事诉讼规则(试行)》第88条、第95条;《最高人民法院关于适用〈中华人民共和国刑事诉讼法〉的解释》第118条;《公安机关办理刑事案件程序规定》第81~82条、第102条

第七十条 【保证人的义务及法律责任】保证人应当履行以下义务:

(一)监督被保证人遵守本法第七十一条的规定;

(二)发现被保证人可能发生或者已经发生违反本法第七十一条规定的行为的,应当及时向执行机关报告。

被保证人有违反本法第七十一条规定的行为,保证人未履行保证义务的,对保证人处以罚款,构成犯罪的,依法追究刑事责任。

条文解读

本条规定了保证人的义务及违反法定义务应承担的责任。

保证人应当监督被保证人遵守本法第71条规定的义务,发现被保证人可能发生或已经发生违反该规定的行为的,及时向执行机关报告。

保证人不认真履行义务的,必须承担一定的法律责任。按照《最高人民法院、最高人民检察院、公安部、国家安全部关于取保候审若干问题的规定》,被取保候审人违反相关义务规定,保证人未及时报告的,经查证属实后,由县级以上执行机关对保证人处1000元以上2万元以下罚款,并将有关情况及时通知决定机关。对保证人罚款属于刑事司法行为,不能提起行政诉讼。根据案件事实,认为已经构成犯罪的被告人在取保候审期间逃匿的,如果保证人与该被告人串通,协助其逃匿以及明知藏匿地点而拒绝向司法机关提供的,对保证人应当依照《刑法》有关规定追究刑事责任。具有前述规定情形的,如果取保候审的被告人同时也是附带民事诉讼的被告人,保证人还应当承担

连带赔偿责任,但应当以其保证前附带民事诉讼原告人提起的诉讼请求数额为限。《刑事诉讼法》这一规定,使保证人的保证责任得到了具体落实,从而增加了取保候审制度的可操作性。

配套法规及解读

《最高人民法院关于适用〈中华人民共和国刑事诉讼法〉的解释》(2012 年 12 月 20 日)

第一百二十二条 根据案件事实和法律规定,认为已经构成犯罪的被告人在取保候审期间逃匿的,如果系保证人协助被告人逃匿,或者保证人明知被告人藏匿地点但拒绝向司法机关提供,对保证人应当依法追究刑事责任。

※法规解读:本条是关于保证人法律责任的规定。

对于保证人帮助已构成犯罪的被告人逃匿的,以及明知藏匿地点而拒绝向司法机关提供的,依照《刑法》,可能构成包庇罪等刑事犯罪的,应承担相应的刑事责任。

关联法规索引

《最高人民检察院、公安部关于适用刑事强制措施有关问题的规定》第 6 条;《最高人民法院、最高人民检察院、公安部、国家安全部关于取保候审若干问题的规定》第 16~18 条;《人民检察院刑事诉讼规则(试行)》第 89~98 条;《公安机关办理刑事案件程序规定》第 99~101 条

第七十一条 【被取保候审人的义务】被取保候审的犯罪嫌疑人、被告人应当遵守以下规定:

(一)未经执行机关批准不得离开所居住的市、县;

(二)住址、工作单位和联系方式发生变动的,在二十四小时以内向执行机关报告;

(三)在传讯的时候及时到案;

(四)不得以任何形式干扰证人作证;

(五)不得毁灭、伪造证据或者串供。

人民法院、人民检察院和公安机关可以根据案件情况,责令被取保候审的犯罪嫌疑人、被告人遵守以下一项或者多项规定:

(一)不得进入特定的场所;

（二）不得与特定的人员会见或者通信；

（三）不得从事特定的活动；

（四）将护照等出入境证件、驾驶证件交执行机关保存。

被取保候审的犯罪嫌疑人、被告人违反前两款规定，已交纳保证金的，没收部分或者全部保证金，并且区别情形，责令犯罪嫌疑人、被告人具结悔过，重新交纳保证金、提出保证人，或者监视居住、予以逮捕。

对违反取保候审规定，需要予以逮捕的，可以对犯罪嫌疑人、被告人先行拘留。

条文解读

本条共有 4 款，是关于被取保候审人在被取保候审期间应当遵守的义务及违反法定义务的法律责任的规定。

第 1 款和第 2 款是关于被取保候审人法定义务的规定。《刑事诉讼法》将被取保候审人的法定义务分成两个部分，第一部分为固定义务，即所有的被取保候审人均应当遵守的义务，具体包括：未经执行机关批准不得离开所居住的市、县；住址、工作单位和联系方式发生变动的，在 24 小时以内向执行机关报告；在传讯的时候及时到案；不得以任何形式干扰证人作证；不得毁灭、伪造证据或者串供。其中第 2 项义务的规定更加契合现代人的生活方式和生活节奏变化快的现实情况。除此之外，本条第 2 款还规定了被取保候审人的附随性义务。取保候审的决定机关可以根据案件及犯罪嫌疑人或者被告人的实际情况，责令被取保候审人遵守其中的一项或者几项。决定机关要求被取保候审人遵守的，就成为其在被取保候审期间应当遵守的义务之一，未要求其遵守的，则不是其义务。附随性义务可以是：不得进入特定的场所；不得与特定的人员会见或者通信；不得从事特定的活动；将护照等出入境证件、驾驶证件交执行机关保存。

第 3 款和第 4 款规定了被取保候审人违反法定义务的法律责任。对于以保证金方式取保候审的犯罪嫌疑人或者被告人，未遵守取保候审法定义务的，可以部分或者全部没收保证金。同时，根据被取保候审人违反法定义务的情况，可以责令具结悔过。仍旧符合取保候审条件的，要求其重新提交保证金，或者提供保证人。不再符合取保候审条件的，可以变更强制措施。如果被取保候审人严重违反相关义务，需要予以逮捕的，在逮捕之前可以对其先行拘留，以防止其继续妨碍诉讼的顺利进行。

配套法规及解读

《最高人民法院关于适用〈中华人民共和国刑事诉讼法〉的解释》(2012 年 12 月 20 日)

第一百二十三条　人民法院发现使用保证金保证的被取保候审人违反《刑事诉讼法》第六十九条[1]第一款、第二款规定的,应当提出没收部分或者全部保证金的书面意见,连同有关材料一并送交负责执行的公安机关处理。

人民法院收到公安机关已经没收保证金的书面通知或者变更强制措施的建议后,应当区别情形,在五日内责令被告人具结悔过,重新交纳保证金或者提出保证人,或者变更强制措施,并通知公安机关。

人民法院决定对被依法没收保证金的被告人继续取保候审的,取保候审的期限连续计算。

※法规解读:该条文是人民法院对保证金的没收及处理程序的规定。人民法院发现使用保证金保证的被取保候审人违反《刑事诉讼法》第 71 条第 1 款、第 2 款规定的,应当提出没收部分或者全部保证金的书面意见,连同有关材料一并送交负责执行的公安机关处理。公安机关处理之后,人民法院区别情形,在五日内责令被告人具结悔过,重新交纳保证金或者提出保证人,或者变更强制措施,并将相关情况通知公安机关。

关联法规索引

《人民检察院刑事诉讼规则(试行)》第 92 ~ 97 条;《公安机关办理刑事案件程序规定》第 85 条、第 86 条

第七十二条　【保证金数额确定及缴纳】取保候审的决定机关应当综合考虑保证诉讼活动正常进行的需要,被取保候审人的社会危险性,案件的性质、情节,可能判处刑罚的轻重,被取保候审人的经济状况等情况,确定保证金的数额。

提供保证金的人应当将保证金存入执行机关指定银行的专门账户。

条文解读

本条共有 2 款,是关于保证金数额确定及缴纳的规定。

保证金是取保候审的方式之一。收取一定数额的保证金旨在通过金钱的方式担

[1] 现行《刑事诉讼法》第七十一条。

保犯罪嫌疑人、被告人不逃避侦查、起诉和审判，以确保刑事诉讼活动的顺利进行。但是保证金要确定一个合理的数额，既要能够对犯罪嫌疑人、被告人的行为起到约束作用，又不至于因数额畸高导致变相限制犯罪嫌疑人、被告人适用取保候审措施，更不能数额偏低而变相放纵犯罪。因此，根据本条第 1 款的规定，取保候审保证金的数额要由决定机关进行综合考虑，考虑的内容包括：诉讼活动正常进行的需要、被取保候审人的社会危险性、案件的性质、情节、可能判处的刑罚以及被取保候审人的经济状况等。我国相关法律规则规定，取保候审保证金应当为人民币，起点数额为 1000 元。

本条第 2 款规定了取保候审保证金的缴纳方式。取保候审保证金应当存入执行机关指定银行的专门账户。县级以上执行机关应当在其指定的银行设立取保候审保证金专用账户。取保候审保证金由县级以上执行机关统一收取和管理。

配套法规及解读

《最高人民法院关于适用〈中华人民共和国刑事诉讼法〉的解释》（2012 年 12 月 20 日）

第一百一十九条 对决定取保候审的被告人使用保证金保证的，应当依照刑事诉讼法第七十条[1]第一款的规定确定保证金的具体数额，并责令被告人或者为其提供保证金的单位、个人将保证金一次性存入公安机关指定银行的专门账户。

第一百二十条 人民法院向被告人宣布取保候审决定后，应当将取保候审决定书等相关材料送交当地同级公安机关执行；被告人不在本地居住的，送交其居住地公安机关执行。

对被告人使用保证金保证的，应当在核实保证金已经存入公安机关指定银行的专门账户后，将银行出具的收款凭证一并送交公安机关。

※法规解读：上述条文对确定保证金数额、交纳事项以及以保证金取保的具体程序等问题作了规定。

对决定取保候审的被告人使用保证金保证的，应当确定保证金的具体数额，并责令被告人或者为其提供保证金的单位、个人将保证金一次性存入公安机关指定银行的专门账户。由于《刑事诉讼法》没有规定保证金的上下限额，也没有限定币种，故该条文考虑到实际情况的复杂性，对此也仅作了原则性规定。目前实践中仍适用《关于取保候审若干问题的规定》的规定，保证金起点数额为 1000 元，并以人民币交纳。提供保证金的人应当将银行出具的交纳保证金的凭证交由决定机关核实。决定机关核实

---

〔1〕 现行《刑事诉讼法》第七十二条。

无误后，将取保候审决定书、银行出具的收款凭证以及案由、犯罪人的基本情况等相关材料一并送交执行机关。执行机关核实后，通知被取保候审人居住地派出所执行。

关联法规索引

《最高人民法院、最高人民检察院、公安部、国家安全部关于取保候审若干问题的规定》第4～15条；《人民检察院刑事诉讼规则（试行）》第90条；《公安机关办理刑事案件程序规定》第83条、第84条

第七十三条 【退还保证金】犯罪嫌疑人、被告人在取保候审期间未违反本法第七十一条规定的，取保候审结束的时候，凭解除取保候审的通知或者有关法律文书到银行领取退还的保证金。

条文解读

本条是关于保证金退还的规定。

取保候审保证金的性质在于"保证"，通过金钱方式对被取保候审人的行为进行约束。因此，当被取保候审人遵守了相关义务规定，取保候审结束时，应当按照取保候审的相关规则退还保证金。所谓"取保候审结束的时候"，主要是指案件审结、交付执行或者案件虽未审结，但公安司法机关依法解除或变更取保候审措施的情形。退还保证金需持有解除取保候审通知书或者有关的法律文书办理，县级以上执行机关应当制作退还保证金决定书，通知银行如数退还保证金，并书面通知决定机关。执行机关应当及时向被取保候审人宣布退还保证金的决定，并书面通知其到银行领取退还的保证金。

关联法规索引

《最高人民法院、最高人民检察院、公安部、国家安全部关于取保候审若干问题的规定》第6条、第12条、第21条、第25条；《人民检察院刑事诉讼规则（试行）》第107条；《最高人民法院关于适用〈中华人民共和国刑事诉讼法〉的解释》第124条；《公安机关办理刑事案件程序规定》第97条；《公安部关于人民检察院不起诉人民法院终止审理或者判决无罪的案件公安机关已采取的取保候审是否合法及应否退还已没收的保证金问题的答复》

第七十四条 【监视居住的条件】 人民法院、人民检察院和公安机关对符合逮捕条件,有下列情形之一的犯罪嫌疑人、被告人,可以监视居住:

(一)患有严重疾病、生活不能自理的;

(二)怀孕或者正在哺乳自己婴儿的妇女;

(三)系生活不能自理的人的唯一扶养人;

(四)因为案件的特殊情况或者办理案件的需要,采取监视居住措施更为适宜的;

(五)羁押期限届满,案件尚未办结,需要采取监视居住措施的。

对符合取保候审条件,但犯罪嫌疑人、被告人不能提出保证人,也不交纳保证金的,可以监视居住。

监视居住由公安机关执行。

条文解读

本条共有3款,规定了监视居住强制措施的适用条件与执行。

本条的主要立法目的在于单独规定监视居住的适用条件和范围,从而将监视居住与取保候审脱钩,以解决之前监视居住定位不清的问题。监视居住同取保候审类似,都是限制犯罪嫌疑人、被告人人身自由的强制措施,但限制自由的程度不同。取保候审的要义仅在于保证人或保证金的提供,而监视居住则是对犯罪嫌疑人活动区域及行动的严格监控,很显然后者更为严厉。考虑到监视居住的特点和实际执行情况,《刑事诉讼法》将监视居住定位于减少羁押的替代措施,并规定与取保候审不同的适用条件是较为妥当的做法。

需要指出的是,本条之所以规定被监视居住的对象必须"符合逮捕条件",是因为监视居住本身就是逮捕的一种变通执行方式,即罪该逮捕但因为特殊原因(疾病、生产等)而变更强制措施的情形。具体而言,包括:患有严重疾病、生活不能自理的;怀孕或者正在哺乳自己婴儿的妇女;系生活不能自理的人的唯一扶养人;因为案件的特殊情况或者办理案件的需要,采取监视居住措施更为适宜的;羁押期限届满,案件尚未办结,需要采取监视居住措施的;对符合取保候审条件,但犯罪嫌疑人、被告人不能提出保证人,也不缴纳保证金的。

关联法规索引

《人民检察院刑事诉讼规则(试行)》第109条;《最高人民法院关于适用〈中华人

民共和国刑事诉讼法〉的解释》第 125 条;《公安机关办理刑事案件程序规定》第 105 条

第七十五条 【监视居住的执行】 监视居住应当在犯罪嫌疑人、被告人的住处执行;无固定住处的,可以在指定的居所执行。对于涉嫌危害国家安全犯罪、恐怖活动犯罪,在住处执行可能有碍侦查的,经上一级公安机关批准,也可以在指定的居所执行。但是,不得在羁押场所、专门的办案场所执行。

指定居所监视居住的,除无法通知的以外,应当在执行监视居住后二十四小时以内,通知被监视居住人的家属。

被监视居住的犯罪嫌疑人、被告人委托辩护人,适用本法第三十四条的规定。

人民检察院对指定居所监视居住的决定和执行是否合法实行监督。

条文解读

本条共有 4 款,规定了监视居住的执行场所、指定居所监视居住的通知、被监视居住人委托辩护人以及对监视居住决定和执行的监督等问题。

2018 年《刑事诉讼法》修正时,对本条第 1 款做了修改,删去了"对特别重大贿赂犯罪",经"上一级人民检察院"批准,可以在指定居所监视居住的内容。这一修改,主要是为了与《监察法》的规定以及本次《刑事诉讼法》修改后对人民检察院立案侦查的案件范围做出的调整相衔接。根据《监察法》与本次《刑事诉讼法》修改后的相关规定,人民检察院不再对贿赂犯罪案件进行侦查,因而对该类犯罪也就不再行使指定居所监视的批准权。

本条的立法目的在于解决监视居住的执行问题,尤其是指定居所监视居住的执行问题,并着眼于将监视居住与变相羁押相区别,"不得指定在羁押场所、专门的办案场所执行"。作为一项长时间限制犯罪嫌疑人、被告人人身自由的强制措施,监视居住对犯罪嫌疑人、被告人的生活权益影响极大,因此对其执行方式的规定应非常慎重。本条仅规定对于犯罪嫌疑人、被告人无固定住处的,或者涉嫌危害国家安全犯罪、恐怖活动犯罪的犯罪嫌疑人,监视居住在住处执行可能有碍侦查的,经公安机关批准,可以在指定的居所执行,但是不得在羁押场所和专门的办案场所执行。其他情形均应在犯罪嫌疑人、被告人的住处执行。

本条第 2 款、第 3 款为体现《刑事诉讼法》所倡导的"尊重和保障人权"的理念,同时也是为了杜绝超期羁押,维护司法的公正性与权威性,作出了"应当在执行监视居住后二十四小时以内,通知被监视居住人的家属"的规定并强调了被监视居住的犯罪嫌疑人、被告人可以委托辩护人的权利。为防止这一措施在实践中被滥用，本条还规定人民检察院对指定居所监视居住的决定和执行实行监督。

配套法规及解读

《最高人民法院关于适用〈中华人民共和国刑事诉讼法〉的解释》(2012 年 12 月 20 日)

第一百二十五条 对具有刑事诉讼法第七十二条[1]第一款、第二款规定情形的被告人，人民法院可以决定监视居住。

人民法院决定对被告人监视居住的，应当核实其住处；没有固定住处的，应当为其指定居所。

第一百二十六条 人民法院向被告人宣布监视居住决定后，应当将监视居住决定书等相关材料送交被告人住处或者指定居所所在地的同级公安机关执行。

对被告人指定居所监视居住后，人民法院应当在二十四小时内，将监视居住的原因和处所通知其家属；确实无法通知的，应当记录在案。

※法规解读：对被告人监视居住的，应当在其住处进行，没有固定住处的，应当为其指定居所。同时，监视居住决定书等相关材料要送交被告人住处或者指定居所所在地的同级公安机关执行。需要注意的是，对被告人指定居所监视居住后，人民法院应当在 24 小时内，将监视居住的原因和处所通知其家属；确实无法通知的，也要记录在案。这些规定意在保障被告人家属的知情权，也体现了《刑事诉讼法》保障人权的理念。

关联法规索引

《监察法》第 11 条、第 22 条；《律师法》第 33 条；《最高人民法院、最高人民检察院、公安部、国家安全部、司法部、全国人大常委会法制工作委员会关于实施刑事诉讼法若干问题的规定》第 15 条；《人民检察院刑事诉讼规则(试行)》第 113～120 条；《人民检察院对指定居所监视居住实行监督的规定》；《最高人民法院、最高人民检察院、公安部、国家安全部关于机关事业单位工作人员被采取刑事强制措施和受刑事处罚实行向所在单位告知制度的通知》；《最高人民检察院、公安部关于适用刑事强制措施有关问题的规定》第 10～12 条；《最高人民法院关于充分发挥审判职能作用切实加强产权司法保护的意见》第 7 条；《最高人民检察院关于充分履行检察职能加强产权司法保护的

---

〔1〕 现行《刑事诉讼法》第七十四条。

意见》第 5 条;《最高人民检察院关于充分发挥职能作用营造保护企业家合法权益的法治环境支持企业家创新创业的通知》二、第二;《最高人民法院关于为深化两岸融合发展提供司法服务的若干措施》第 5 条;《公安机关办理刑事案件程序规定》第 107 ~ 110 条、第 374 条;《律师办理刑事案件规范》第 55 条

第七十六条　【监视居住期限的折抵】指定居所监视居住的期限应当折抵刑期。被判处管制的,监视居住一日折抵刑期一日;被判处拘役、有期徒刑的,监视居住二日折抵刑期一日。

条文解读

本条是有关在指定居所监视居住的期限折抵刑期的规定。

无论是在指定居所监视居住,还是在住处监视居住,被监视居住人都被限制基本人身自由,因此,原则上监视居住都应当可以折抵刑期。但考虑到指定居所监视居住对于被监视人基本人身自由的限制程度大于在住处监视居住的,故只规定了指定居所监视居住的期限应当折抵刑期。折抵的方法为:被判处管制的,监视居住一日折抵刑期一日;被判处拘役、有期徒刑的,监视居住二日折抵刑期一日。这种规定从刑事诉讼需要和公民人权保护的角度,对监视居住措施进行了重新定位,既有利于发挥这一措施保证诉讼正常进行的作用,也体现了人道主义原则和对公民人身权利的维护和保障。

第七十七条　【被监视居住人的义务】被监视居住的犯罪嫌疑人、被告人应当遵守以下规定:

(一)未经执行机关批准不得离开执行监视居住的处所;

(二)未经执行机关批准不得会见他人或者通信;

(三)在传讯的时候及时到案;

(四)不得以任何形式干扰证人作证;

(五)不得毁灭、伪造证据或者串供;

(六)将护照等出入境证件、身份证件、驾驶证件交执行机关保存。

被监视居住的犯罪嫌疑人、被告人违反前款规定,情节严重的,可以予以逮捕;需要予以逮捕的,可以对犯罪嫌疑人、被告人先行拘留。

条文解读

本条共有2款,是有关被监视居住的犯罪嫌疑人、被告人的义务的规定。

第1款规定了被监视居住的犯罪嫌疑人、被告人的义务,具体包括:未经执行机关批准不得离开执行监视居住的处所;未经执行机关批准不得会见他人或者通信;在传讯的时候及时到案;不得以任何形式干扰证人作证;不得毁灭、伪造证据或者串供;将护照等出入境证件、身份证件、驾驶证件交执行机关保存。同时,根据社会发展的现实需要,本款第6项还规定,被监视居住的犯罪嫌疑人、被告人须"将护照等出入境证件、身份证件、驾驶证件交执行机关保存"。

第2款规定了被监视居住人违反义务的法律后果,其中作出"需要予以逮捕的,可以对犯罪嫌疑人、被告人先行拘留"的规定,是考虑到当发现犯罪嫌疑人、被告人在被监视居住期间所实施的行为已证明其有逃避侦查、起诉和审判的迹象,有继续发生危害的可能,采取监视居住已不足以防止其社会危险性的发生,即有必要逮捕,然而逮捕审批来不及完成时,可对其先行拘留以控制事态恶化。

配套法规及解读

《人民检察院刑事诉讼规则(试行)》(2012年11月22日修订)

第一百一十五条 人民检察院核实犯罪嫌疑人住处或者为其指定居所后,应当制作监视居住执行通知书,将有关法律文书和案由、犯罪嫌疑人基本情况材料,送交监视居住地的公安机关执行,必要时人民检察院可以协助公安机关执行。

人民检察院应当告知公安机关在执行期间拟批准犯罪嫌疑人离开执行监视居住的处所、会见他人或者通信的,批准前应当征得人民检察院同意。

第一百一十六条 公安机关在执行监视居住期间向人民检察院征询是否同意批准犯罪嫌疑人离开执行监视居住的处所、会见他人或者通信时,人民检察院应当根据案件的具体情况决定是否同意。

※法规解读:上述条文规定了对犯罪嫌疑人采取监视居住措施的决定、执行程序以及犯罪嫌疑人离开执行监视居住的处所、会见他人或者通信时的审批手续。

监视居住执行通知书由人民检察院制作并交由监视居住地的公安机关执行。被监视居住的犯罪嫌疑人在有正当理由的情况下,有离开其所居住的市、县或者住处的权利。但为保证案件侦查审理的正常进行,应当经执行机关批准,并征得决定机关同意。所以上述条文规定,犯罪嫌疑人离开执行监视居住的处所、会见他人或者通信的,公安机关在批准前应当征得人民检察院同意。本条规定主要是为了防止影响侦查和审判工作的顺利进行而制定,也有利于促进公安、检察机关的合作。

关联法规索引

《居民身份证法》第15条;《全国人民代表大会常务委员会关于〈中华人民共和国刑事诉讼法〉第七十九条第三款的解释》;《律师法》第33条;《最高人民检察院、公安部关于适用刑事强制措施有关问题的规定》第14~17条;《人民检察院刑事诉讼规则(试行)》第118条;《公安机关办理刑事案件程序规定》第111条、第113~116条

第七十八条　【监视居住监控方式】执行机关对被监视居住的犯罪嫌疑人、被告人,可以采取电子监控、不定期检查等监视方法对其遵守监视居住规定的情况进行监督;在侦查期间,可以对被监视居住的犯罪嫌疑人的通信进行监控。

条文解读

本条是关于监视居住执行方式的规定。

本条的立法目的在于解决对被监视居住人的监督、控制问题。电子监控方式,将现代科学技术成果应用于被监视居住人的监管中,显然有很强的时代特征。本条中规定的“不定期检查”等监视方法,除了指执行机关人员亲临访视外,还应包括电话查访等。同时,本条特别规定了对于在侦查期间可以对被监视居住人的通信方式进行监控。但是,对通信监控的方式要严格限定于在侦查期间,一旦诉讼进入审查起诉或者审判程序,则不允许对被监视居住人采用通信监控。

无论是电子监控,还是不定期检查等监视方式均对传统的监视居住执行方式进行了较大的改进,通过监控的灵活性、不定时性来促进监视居住执行的实效性和可操作性。需要注意的是,对于被监视对象在监督方式的选择上,既要以犯罪嫌疑人、被告人涉嫌罪行的性质、轻重等区别对待,也应注意“度”的把握,尽量采取对当事人及其家属权益影响较小的监督方式,故本条采用授权性规范模态词——“可以”,而不是“必须”,以便根据实际需要进行调节。

关联法规索引

《反恐怖主义法》第53条;《人民检察院刑事诉讼规则(试行)》第117条;《公安机关办理刑事案件程序规定》第112条

第七十九条 【取保候审和监视居住的期限和解除】 人民法院、人民检察院和公安机关对犯罪嫌疑人、被告人取保候审最长不得超过十二个月，监视居住最长不得超过六个月。

在取保候审、监视居住期间，不得中断对案件的侦查、起诉和审理。对于发现不应当追究刑事责任或者取保候审、监视居住期限届满的，应当及时解除取保候审、监视居住。解除取保候审、监视居住，应当及时通知被取保候审、监视居住人和有关单位。

条文解读

本条共有2款，是关于取保候审、监视居住的期限和解除所作的规定。

取保候审和监视居住是两种非羁押性的强制措施。为了有利于案件的及时终结，有利于打击犯罪和保护公民的合法权益，保障法制的权威性和严肃性，本条规定适用取保候审的期限为12个月，由于监视居住的约束性强于取保候审，故规定监视居住最长不得超过6个月。

为保障人权和案件审理的时效性，在取保候审和监视居住期间，不得中断对案件的侦查、起诉和审判。如果遇有必须中断对案件的侦查、起诉和审判的情况，如被告人潜逃或犯罪嫌疑人患有严重疾病等，必须首先解除取保候审或监视居住的适用。同时，为了进一步保障被取保候审和监视居住的犯罪嫌疑人、被告人的合法权益，本条还规定了解除取保候审和监视居住的两种情况：其一，发现具有本法第16条规定的情况，不应追究刑事责任的；其二，取保候审、监视居住的期限届满的。此时，无论案件是否终结，被告人的刑事责任能否确定，都要因期限届满这一法律事实，而必须解除取保候审、监视居住的适用。取保候审、监视居住的解除决定由原决定适用的机关作出，解除适用的决定作出后，应及时通知被取保候审人、被监视居住人以及负责执行的有关单位。

配套法规及解读

《最高人民法院关于适用〈中华人民共和国刑事诉讼法〉的解释》(2012年12月20日)

第一百二十七条 人民检察院、公安机关已经对犯罪嫌疑人取保候审、监视居住，案件起诉至人民法院后，需要继续取保候审、监视居住或者变更强制措施的，人民法院应当在七日内作出决定，并通知人民检察院、公安机关。

决定继续取保候审、监视居住的，应当重新办理手续，期限重新计算；继续使用保证金保证的，不再收取保证金。

人民法院不得对被告人重复采取取保候审、监视居住措施。

※**法规解读**：本条是关于重新办理取保候审、监视居住程序的规定。

为保障人权，防止案件久拖不决，避免侵害犯罪嫌疑人、被告人的合法权利，《刑事诉讼法》将取保候审最长期限限定为12个月，监视居住最长时限限定为6个月。但如果对同一人的被取保候审或者监视居住的最长时限做统一计算，可能会造成侦查、审查起诉时间稍长，导致审理期间的取保候审或监视居住时限届满的情况。案件进入审理阶段，对于被告人出庭、配合法院审理有一定的要求，因此本条规定取保候审、监视居住的时限在案件起诉后重新计算，并且这种重新起算不得重复采用。同时，需要继续取保候审、监视居住或者变更强制措施的，人民法院应当在七日内作出决定，并通知人民检察院、公安机关。

关联法规索引

《最高人民法院、最高人民检察院、公安部、国家安全部关于取保候审若干问题的规定》第3条、第20条、第22～25条；《人民检察院刑事诉讼规则（试行）》第119条、第120条、第122～128条；《最高人民法院、最高人民检察院、公安部、国家安全部关于机关事业单位工作人员被采取刑事强制措施和受刑事处罚实行向所在单位告知制度的通知》；《公安机关办理刑事案件程序规定》第117～119条

第八十条 【逮捕的权限划分】 逮捕犯罪嫌疑人、被告人，必须经过人民检察院批准或者人民法院决定，由公安机关执行。

条文解读

本条是关于逮捕的批准、决定和执行权的规定。

依据本条精神，有权决定或批准逮捕的国家机关是人民法院和人民检察院。公安机关在侦查过程中认为需要对犯罪嫌疑人、被告人进行逮捕的，必须由县级以上公安机关负责人签署提请批准逮捕书，连同案卷材料和证据一并移送同级人民检察院审查，经批准后，才能由公安机关执行。各级人民检察院对自侦案件认为有必要逮捕犯罪嫌疑人、被告人时，应当直接作出决定逮捕通知书；人民法院在审判过程中，对没有被逮捕的被告人，认为需要逮捕的，可作出逮捕的决定，并由本院院长批准。

公安机关是有权执行逮捕的国家机关。无论是人民检察院批准的逮捕，还是人民检察院、人民法院各自决定的逮捕，都必须交由公安机关执行。另外。根据国家法律的授权，国家安全机关也有权执行逮捕。

需要注意的是，为保证人大代表正常行使人民赋予的各项职权，对各级人大代表需要逮捕时，人民法院、人民检察院无权直接决定，必须报请同级人大或常委会获准许可；另外，在涉外案件的批捕程序中，还要报上级人民检察院备案并抄报外事部门或外交部等相关部门。

除了人民法院、人民检察院、公安机关、国家安全机关外，其他任何国家机关、团体、个人都无权批准、决定和执行逮捕。对于违法实施拘禁行为构成犯罪的，应依法追究其刑事责任。

配套法规及解读

《最高人民法院关于适用〈中华人民共和国刑事诉讼法〉的解释》(2012年12月20日)

第一百三十一条 人民法院作出逮捕决定后，应当将逮捕决定书等相关材料送交同级公安机关执行，并将逮捕决定书抄送人民检察院。逮捕被告人后，人民法院应当将逮捕的原因和羁押的处所，在二十四小时内通知其家属；确实无法通知的，应当记录在案。

※法规解读：本条是关于作出逮捕决定后，人民法院的通知义务的规定。

逮捕是国家司法机关所采取的、在一定时间内完全剥夺犯罪嫌疑人或被告人人身自由的强制措施。鉴于这种强制措施的特殊性，出于对被告人人权的考虑，公安机关执行逮捕决定后，决定逮捕的人民法院应当及时将逮捕的原因和羁押的处所通知被逮捕人的家属，确实无法通知的，在24小时之内又无法查出的，则应当将原因记录在案。

关联法规索引

《宪法》第37条、第74条；《海关法》第4条；《刑事诉讼法》第3条；《人民检察院组织法》第20条；《检察官法》第7条；《最高人民法院、最高人民检察院、公安部、国家安全部关于机关事业单位工作人员被采取刑事强制措施和受刑事处罚实行向所在单位告知制度的通知》；《最高人民法院、最高人民检察院、公安部关于办理非法集资刑事案件若干问题的意见》第7条；《最高人民法院、最高人民检察院、公安部、司法部、生态环境部关于办理环境污染刑事案件有关问题座谈会纪要》第12条；《最高人民检察院、公安部关于公安机关办理经济犯罪案件的若干规定》第13条

第八十一条　【逮捕的条件】对有证据证明有犯罪事实，可能判处徒刑以上刑罚的犯罪嫌疑人、被告人，采取取保候审尚不足以防止发生下列社会危险性的，应当予以逮捕：

（一）可能实施新的犯罪的；

（二）有危害国家安全、公共安全或者社会秩序的现实危险的；

（三）可能毁灭、伪造证据，干扰证人作证或者串供的；

（四）可能对被害人、举报人、控告人实施打击报复的；

（五）企图自杀或者逃跑的。

批准或者决定逮捕，应当将犯罪嫌疑人、被告人涉嫌犯罪的性质、情节，认罪认罚等情况，作为是否可能发生社会危险性的考虑因素。

对有证据证明有犯罪事实，可能判处十年有期徒刑以上刑罚的，或者有证据证明有犯罪事实，可能判处徒刑以上刑罚，曾经故意犯罪或者身份不明的，应当予以逮捕。

被取保候审、监视居住的犯罪嫌疑人、被告人违反取保候审、监视居住规定，情节严重的，可以予以逮捕。

条文解读

本条共有4款，是关于逮捕的适用条件的规定，其中第2款为2018年《刑事诉讼法》修正时增加的内容。

逮捕是对犯罪嫌疑人、被告人实行羁押，暂时剥夺其人身自由的强制方法，是最为严厉的强制措施。根据本条第1款规定，逮捕的条件主要有以下三个方面：(1)证据条件：有证据证明有犯罪事实；(2)罪责条件：可能判处徒刑以上刑罚；(3)社会危险性条件，本款明确规定了五种社会危险性的情形：可能实施新的犯罪；有危害国家安全、公共安全或者社会秩序的现实危险；可能毁灭、伪造证据，干扰证人作证或者串供；可能对被害人、举报人、控告人实施打击报复；企图自杀或者逃跑。

第2款是关于批准或决定逮捕时评估社会危险性及需要考虑的因素的规定。为完善刑事案件认罪认罚从宽制度，本次修正在逮捕条件中把认罪认罚作为与犯罪性质、情节并列的认定犯罪嫌疑人、被告人是否具有社会危险性的考虑因素。其中"犯罪性质"主要是指犯罪的类型、侵犯的客体、可能适用的罪名等情况，"犯罪情节"是指犯罪本身情节严重程度以及是否具有相关法定或酌定量刑情节的情况，"认罪认罚的情况"，是指犯罪嫌疑人是否自愿认罪，能否如实供述自己的罪行，是否同意量刑建议和程序适用以及是否愿意接受处罚等情况。根据本款规定，在综合评估及考量犯罪嫌疑人、被告人上述因素，以确定社会危险性而做出批准或者决定逮捕时，对于不致发生社会危险性的犯罪嫌疑人、被告人，可以取保候审或者监视居住。

第3款规定，对有证据证明有犯罪事实，可能判处十年有期徒刑以上刑罚的，或者可能判处徒刑以上刑罚，曾经故意犯罪或者身份不明的犯罪嫌疑人、被告人，应当予以逮捕。该规定有利于司法机关对逮捕条件的理解和掌握，也能有效解决侦查实践中存在的各种矛盾。

第4款是关于逮捕与其他强制措施衔接的规定。刑事诉讼中的强制措施有五种，作为这个体系中最严厉的强制措施，逮捕可以在适用其他强制措施不足以防范对刑事诉讼活动造成影响的情况下适用。据此，当被取保候审、监视居住的犯罪嫌疑人、被告人严重违反相关规定时，决定机关可以对其予以逮捕。

配套法规及解读

《全国人民代表大会常务委员会关于〈中华人民共和国刑事诉讼法〉第七十九条第三款[1]的解释》(2014年4月24日)

全国人民代表大会常务委员会根据司法实践中遇到的情况，讨论了刑事诉讼法第七十九条第三款关于违反取保候审、监视居住规定情节严重可以逮捕的规定，是否适用于可能判处徒刑以下刑罚的犯罪嫌疑人、被告人的问题，解释如下：

根据刑事诉讼法第七十九条第三款的规定，对于被取保候审、监视居住的可能判处徒刑以下刑罚的犯罪嫌疑人、被告人，违反取保候审、监视居住规定，严重影响诉讼活动正常进行的，可以予以逮捕。

※法规解读：本解释是对违反规定取保候审、监视居住规定的，可能判处徒刑以下刑罚的犯罪嫌疑人、被告人，可以予以逮捕的规定。

根据《刑事诉讼法》第81条第4款的规定，可能判处有期徒刑以“上”刑罚的被追诉人，违反相关强制措施法律规定的，可以适用逮捕措施，以保障刑事诉讼程序的顺利进行。全国人大常委会根据司法实践中遇到的实际情况，对于采用取保候审、监视居住强制措施的，可能判处有期徒刑以“下”刑罚的被追诉人，若遇到违法相关强制措施法定义务，并且严重影响诉讼活动顺利进行的，也授权专门机关享有逮捕权限。这一规定，一方面体现了强制措施的目的在于确保诉讼顺利进行，另一方面也体现了强制措施的选用与对诉讼程序的危害性之间的正比例关系。

---

〔1〕 现行《刑事诉讼法》第八十一条第四款。

《人民检察院刑事诉讼规则(试行)》(2012年11月22日修订)

第一百三十九条 人民检察院对有证据证明有犯罪事实,可能判处徒刑以上刑罚的犯罪嫌疑人,采取取保候审尚不足以防止发生下列社会危险性的,应当予以逮捕:

(一)可能实施新的犯罪的,即犯罪嫌疑人多次作案、连续作案、流窜作案,其主观恶性、犯罪习性表明其可能实施新的犯罪,以及有一定证据证明犯罪嫌疑人已经开始策划、预备实施犯罪的;

(二)有危害国家安全、公共安全或者社会秩序的现实危险的,即有一定证据证明或者有迹象表明犯罪嫌疑人在案发前或者案发后正在积极策划、组织或者预备实施危害国家安全、公共安全或者社会秩序的重大违法犯罪行为的;

(三)可能毁灭、伪造证据,干扰证人作证或者串供的,即有一定证据证明或者有迹象表明犯罪嫌疑人在归案前或者归案后已经着手实施或者企图实施毁灭、伪造证据,干扰证人作证或者串供行为的;

(四)有一定证据证明或者有迹象表明犯罪嫌疑人可能对被害人、举报人、控告人实施打击报复的;

(五)企图自杀或者逃跑的,即犯罪嫌疑人归案前或者归案后曾经自杀,或者有一定证据证明或者有迹象表明犯罪嫌疑人试图自杀或者逃跑的。

有证据证明有犯罪事实是指同时具备下列情形:

(一)有证据证明发生了犯罪事实;

(二)有证据证明该犯罪事实是犯罪嫌疑人实施的;

(三)证明犯罪嫌疑人实施犯罪行为的证据已经查证属实的。

犯罪事实既可以是单一犯罪行为的事实,也可以是数个犯罪行为中任何一个犯罪行为的事实。

第一百四十条 对有证据证明有犯罪事实,可能判处十年有期徒刑以上刑罚的犯罪嫌疑人,应当批准或者决定逮捕。

对有证据证明有犯罪事实,可能判处徒刑以上刑罚,犯罪嫌疑人曾经故意犯罪或者不讲真实姓名、住址,身份不明的,应当批准或者决定逮捕。

※法规解读:上述条文对"有证据证明有犯罪事实"的情形予以明确,并对具体情况的相应处理问题作了规定。

简言之,"有证据证明有犯罪事实"是指有已经查证属实的证据表明是犯罪嫌疑人实施了犯罪事实。具体来说,在实践中适用这条规定还应注意审查证据的客观性、关联性和合法性。但这并不代表主要犯罪事实已经查清,因为倘若满足了主要犯罪事实已经查清的条件,也就没有必要通过逮捕保障侦查等程序的实施了。因此在实践中,对于"有证据证明有犯罪事实"的把握应当宽严适当,以在不侵害人权的前提下保障案件的正常侦查、审查起诉和审理。

《最高人民检察院、公安部关于逮捕社会危险性条件若干问题的规定(试行)》(2015年10月9日)

第二条 人民检察院办理审查逮捕案件,应当全面把握逮捕条件,对有证据证明有犯罪事实、可能判处徒刑以上刑罚的犯罪嫌疑人,除刑诉法第七十九条第二、三款[1]规定的情形外,应当严格审查是否具备社会危险性条件。公安机关侦查刑事案件,应当收集、固定犯罪嫌疑人是否具有社会危险性的证据。

第三条 公安机关提请逮捕犯罪嫌疑人的,应当同时移送证明犯罪嫌疑人具有社会危险性的证据。对于证明犯罪事实的证据能够证明犯罪嫌疑人具有社会危险性的,应当在提请批准逮捕书中专门予以说明。对于证明犯罪事实的证据不能证明犯罪嫌疑人具有社会危险性的,应当收集、固定犯罪嫌疑人具备社会危险性条件的证据,并在提请逮捕时随卷移送。

第四条 人民检察院审查认定犯罪嫌疑人是否具有社会危险性,应当以公安机关移送的社会危险性相关证据为依据,并结合案件具体情况综合认定。必要时可以通过讯问犯罪嫌疑人、询问证人等诉讼参与人、听取辩护律师意见等方式,核实相关证据。依据在案证据不能认定犯罪嫌疑人符合逮捕社会危险性条件的,人民检察院可以要求公安机关补充相关证据,公安机关没有补充移送的,应当作出不批准逮捕的决定。

第五条 犯罪嫌疑人"可能实施新的犯罪",应当具有下列情形之一:

(一)案发前或者案发后正在策划、组织或者预备实施新的犯罪的;

(二)扬言实施新的犯罪的;

(三)多次作案、连续作案、流窜作案的;

(四)一年内曾因故意实施同类违法行为受到行政处罚的;

(五)以犯罪所得为主要生活来源的;

(六)有吸毒、赌博等恶习的;

(七)其他可能实施新的犯罪的情形。

第六条 犯罪嫌疑人"有危害国家安全、公共安全或者社会秩序的现实危险",应当具有下列情形之一:

(一)案发前或者案发后正在积极策划、组织或者预备实施危害国家安全、公共安全或者社会秩序的重大违法犯罪行为的;

(二)曾因危害国家安全、公共安全或者社会秩序受到刑事处罚或者行政处罚的;

(三)在危害国家安全、黑恶势力、恐怖活动、毒品犯罪中起组织、策划、指挥作用或

---

〔1〕 现行《刑事诉讼法》第八十一条第三款、第四款。

者积极参加的；

（四）其他有危害国家安全、公共安全或者社会秩序的现实危险的情形。

第七条 犯罪嫌疑人“可能毁灭、伪造证据，干扰证人作证或者串供”，应当具有下列情形之一：

（一）曾经或者企图毁灭、伪造、隐匿、转移证据的；

（二）曾经或者企图威逼、恐吓、利诱、收买证人，干扰证人作证的；

（三）有同案犯罪嫌疑人或者与其在事实上存在密切关联犯罪的犯罪嫌疑人在逃，重要证据尚未收集到位的；

（四）其他可能毁灭、伪造证据，干扰证人作证或者串供的情形。

第八条 犯罪嫌疑人“可能毁灭、伪造证据，干扰证人作证或者串供”，应当具有下列情形之一：

（一）扬言或者准备、策划对被害人、举报人、控告人实施打击报复的；

（二）曾经对被害人、举报人、控告人实施打击、要挟、迫害等行为的；

（三）采取其他方式滋扰被害人、举报人、控告人的正常生活、工作的；

（四）其他可能对被害人、举报人、控告人实施打击报复的情形。

第九条 犯罪嫌疑人“企图自杀或者逃跑”应当具有下列情形之一：

（一）着手准备自杀、自残或者逃跑的；

（二）曾经自杀、自残或者逃跑的；

（三）有自杀、自残或者逃跑的意思表示的；

（四）曾经以暴力、威胁手段抗拒抓捕的；

（五）其他企图自杀或者逃跑的情形。

第十条 人民检察院对于以无社会危险性不批准逮捕的，应当向公安机关说明理由，必要时可以向被害人说明理由。对于社会关注的重大敏感案件或者可能引发群体性事件的，在作出不捕决定前应当进行风险评估并做好处置预案。

※法规解读：上述条文对逮捕的社会危险性条件进行了细致的诠释，解决了诸多理论和实践中长期讨论的问题。特别是对于“可能实施新的犯罪”“有危害国家安全、公共安全或者社会秩序的现实危险”“可能毁灭、伪造证据，干扰证人作证或者串供”“可能毁灭、伪造证据，干扰证人作证或者串供”“企图自杀或者逃跑”等问题都进行了详细列举式说明。

关联法规索引

《最高人民检察院、公安部关于依法适用逮捕措施有关问题的规定》；《最高人民检察院、最高人民法院、海关总署关于办理走私刑事案件适用法律若干问题的意见》四；

《人民检察院刑事诉讼规则(试行)》第141条、第142条;《最高人民法院关于适用〈中华人民共和国刑事诉讼法〉的解释》第128~130条;《最高人民检察院、中国残疾人联合会关于在检察工作中切实维护残疾人合法权益的意见》第10条;《公安机关办理刑事案件程序规定》第129~133条

典型案例

王玉雷不批准逮捕案[1]

※案情简介:王玉雷,男,1968年3月生,河北省顺平县人。

2014年2月18日22时许,河北省顺平县公安局接到王玉雷报案称:当日22时许,其在回家路上发现一名男子躺在地上,旁边有血迹。次日,顺平县公安局对此案立案侦查。经排查,顺平县公安局认为报案人王玉雷有重大嫌疑,遂于2014年3月8日以涉嫌故意杀人罪对王玉雷刑事拘留。

2014年3月15日,顺平县公安局提请顺平县人民检察院批准逮捕王玉雷。顺平县人民检察院办案人员在审查案件时,发现该案事实证据存在许多疑点和矛盾。在提讯过程中,王玉雷推翻了在公安机关所作的全部有罪供述,称有罪供述系被公安机关对其采取非法取证手段后作出。顺平县人民检察院认为,该案事实不清,证据不足,不符合批准逮捕条件。鉴于案情重大,顺平县人民检察院向保定市人民检察院进行了汇报。保定市人民检察院同意顺平县人民检察院的意见。2014年3月22日,顺平县人民检察院对王玉雷作出不批准逮捕的决定。

顺平县人民检察院在审查公安机关的报捕材料和证据后认为:

一、该案主要证据之间存在矛盾,案件存在的疑点不能合理排除。公安机关认为王玉雷涉嫌故意杀人罪,但除王玉雷的有罪供述外,没有其他证据证实王玉雷实施了杀人行为,且有罪供述与其他证据相互矛盾。王玉雷先后九次接受侦查机关询问、讯问,其中前五次为无罪供述,后四次为有罪供述,前后供述存在矛盾;在有罪供述中,对作案工具有斧子、锤子、刨锛三种不同说法,但去向均未查明;供述的作案工具与尸体照片显示的创口形状不能同一认定。

二、影响定案的相关事实和部分重要证据未依法查证,关键物证未收集在案。侦查机关在办案过程中,对以下事实和证据未能依法查证属实:被害人尸检报告没有判断出被害人死亡的具体时间,公安机关认定王玉雷的作案时间不足信;王玉雷作案的

---

[1] 根据《最高人民检察院关于印发最高人民检察院第七批指导性案例的通知》(检例第27号)整理。

动机不明;现场提取的手套没有进行DNA鉴定;王玉雷供述的三种凶器均未收集在案。

三、犯罪嫌疑人有罪供述属非法言词证据,应当依法予以排除。2014年3月18日,顺平县人民检察院办案人员首次提审王玉雷时发现,其右臂被石膏固定、活动吃力,在询问该伤情原因时,其极力回避,虽然对杀人行为予以供认,但供述内容无法排除案件存在的疑点。在顺平县人民检察院驻所检察室人员发现王玉雷胳膊打了绷带并进行询问时,王玉雷自称是骨折旧伤复发。监所检察部门认为公安机关可能存在违法提讯情况,遂通报顺平县人民检察院侦查监督部门,提示在批捕过程中予以关注。鉴于王玉雷伤情可疑,顺平县人民检察院办案人员向检察长进行了汇报,检察长在阅卷后,亲自到看守所提审犯罪嫌疑人,并对讯问过程进行全程录音录像。经过耐心细致的思想疏导,王玉雷消除顾虑,推翻了在公安机关所作的全部有罪供述,称被害人王某被杀不是其所为,其有罪供述系被公安机关采取非法取证手段后作出。

2014年3月22日,顺平县人民检察院检察委员会研究认为,王玉雷有罪供述系采用非法手段取得,属于非法言词证据,依法应当予以排除。在排除王玉雷有罪供述后,其他在案证据不能证实王玉雷实施了犯罪行为,因此不应对其作出批准逮捕决定。

2014年3月22日,顺平县人民检察院对王玉雷作出不批准逮捕决定。后公安机关依法解除王玉雷强制措施,予以释放。

顺平县人民检察院对此案进行跟踪监督,依法引导公安机关调查取证并抓获犯罪嫌疑人王斌。2014年7月14日,顺平县人民检察院以涉嫌故意杀人罪对王斌批准逮捕。2015年1月17日,保定市中级人民法院以故意杀人罪判处被告人王斌死刑,缓期二年执行,剥夺政治权利终身。被告人王斌未上诉,一审判决生效。

※裁判要旨:检察机关办理审查逮捕案件,要严格坚持证据合法性原则,既要善于发现非法证据,又要坚决排除非法证据。非法证据排除后,其他在案证据不能证明犯罪嫌疑人实施犯罪行为的,应当依法对犯罪嫌疑人作出不批准逮捕的决定。要加强对审查逮捕案件的跟踪监督,引导侦查机关全面及时收集证据,促进侦查活动依法规范进行。本案提醒办案人员要严格坚持非法证据排除规则,严格把握作出批准逮捕决定的条件。

严格坚持非法证据排除规则。根据我国《刑事诉讼法》第81条的规定,逮捕的证据条件是"有证据证明有犯罪事实",这里的"证据"必须是依法取得的合法证据,不包括采取刑讯逼供、暴力取证等非法方法取得的证据。检察机关在审查逮捕过程中,要高度重视对证据合法性的审查,如果接到犯罪嫌疑人及其辩护人或者证人、被害人等关于刑讯逼供、暴力取证等非法行为的控告、举报及提供的线索,或者在审查案件材料时发现可能存在非法取证行为,以及刑事执行检察部门反映可能存在违法提讯情况的，应当认真进行审查，通过当面讯问犯罪嫌疑人、查看犯罪嫌疑人身体状况、识别犯罪嫌疑人供述是否自然可信以及调阅提审登记表、犯罪嫌疑人入所体检记录等途径，及时发现并排除非法证据。

严格把握作出批准逮捕决定的条件。构建以客观证据为核心的案件事实认定体系，高度重视无法排除合理怀疑的矛盾证据，注意利用收集在案的客观证据验证、比对全案证据，守住“犯罪事实不能没有、犯罪嫌疑人不能搞错”的逮捕底线。要坚持惩罚犯罪与保障人权并重的理念，重视犯罪嫌疑人不在犯罪现场、没有作案时间等方面的无罪证据以及侦查机关可能存在的非法取证行为的线索。综合审查全案证据，不能证明犯罪嫌疑人实施了犯罪行为的，应当依法作出不批准逮捕的决定。要结合办理审查逮捕案件，注意发挥检察机关侦查监督作用，引导侦查机关及时收集、补充其他证据，促进侦查活动依法规范进行。

第八十二条 【拘留的条件】公安机关对于现行犯或者重大嫌疑分子，如果有下列情形之一的，可以先行拘留：

（一）正在预备犯罪、实行犯罪或者在犯罪后即时被发觉的；

（二）被害人或者在场亲眼看见的人指认他犯罪的；

（三）在身边或者住处发现有犯罪证据的；

（四）犯罪后企图自杀、逃跑或者在逃的；

（五）有毁灭、伪造证据或者串供可能的；

（六）不讲真实姓名、住址，身份不明的；

（七）有流窜作案、多次作案、结伙作案重大嫌疑的。

条文解读

本条是关于拘留适用条件的规定。

本条表明公安机关有权采用拘留措施。公安机关适用拘留的对象为现行犯或者重大嫌疑分子。采取拘留措施必须具备两个条件：其一，拘留的对象必须是正预备犯罪、实行犯罪或者犯罪后被及时发觉的现行犯或者是有一定的证据证明很可能是实施犯罪行为的重大嫌疑分子，如被害人或者在场亲眼看见的人指认他犯罪的；在身边或者住处发现有犯罪证据的；犯罪后企图自杀、逃跑或者在逃的；有毁灭、伪造证据或者串供可能的；不讲真实姓名、住址，身份不明的；有流窜作案、多次作案、结伙作案重大嫌疑的。其二，必须有法定的紧急情况。如果不具有紧急情况，就应当报请检察院批准逮捕或者在查清犯罪事实后采取其他强制措施。值得一提的是，拘留的后果有很大可能导致正式逮捕,因此本条有关适用拘留的用语是“先行拘留”。

配套法规及解读

《最高人民法院、最高人民检察院、公安部、国家安全部、司法部、全国人大常委会法制工作委员会关于实施刑事诉讼法若干问题的规定》(2012年12月26日)

16. 刑事诉讼法规定,拘留由公安机关执行。对于人民检察院直接受理的案件,人民检察院作出的拘留决定,应当送达公安机关执行,公安机关应当立即执行,人民检察院可以协助公安机关执行。

《人民检察院刑事诉讼规则(试行)》(2012年11月22日修订)

第一百二十九条 人民检察院对于有下列情形之一的犯罪嫌疑人,可以决定拘留:

(一)犯罪后企图自杀、逃跑或者在逃的;

(二)有毁灭、伪造证据或者串供可能的。

※法规解读:上述条文是关于拘留措施的决定和执行的规定。

刑事诉讼中的拘留,称为刑事拘留。它是公安机关、人民检察院遇有紧急情况,暂时限制罪该逮捕的现行犯或重大嫌疑人的人身自由的一种强制方法。公安机关和检察机关均具有刑事拘留权,而绝大部分的拘留决定都是由公安机关作出的,人民检察院对犯罪嫌疑人决定拘留的情形仅限于两种:其一,犯罪后企图自杀、逃跑或者在逃的;其二,有毁灭、伪造证据或者串供可能的。公安机关负责拘留措施的执行工作。拘留犯罪嫌疑人,应当由办案人员提出意见,部门负责人审核,检察长决定。人民检察院拘留犯罪嫌疑人的时候,必须出示拘留证。人民检察院作出拘留决定后,应当将有关法律文书和案由、犯罪嫌疑人基本情况的材料送交同级公安机关执行。必要时人民检察院可以协助公安机关执行。

关联法规索引

《最高人民检察院、公安部、财政部关于保护、奖励职务犯罪举报人的若干问题》第12条;《公安机关办理刑事案件程序规定》第120条、第121条

第八十三条 【异地执行拘留、逮捕】公安机关在异地执行拘留、逮捕的时候,应当通知被拘留、逮捕人所在地的公安机关,被拘留、逮捕人所在地的公安机关应当予以配合。

条文解读

本条是关于拘留、逮捕的异地执行的规定。

对于异地执行拘留、逮捕的，执行地公安机关应当持《拘留证》《逮捕证》及办案协作函件及执行人员的工作证件与协作地县级以上公安机关联系。协作地公安机关接到要求配合的协作函件之后，应当对其进行认真审查，对于手续合法、证件确实的，应当派员协助执行拘留、逮捕。如果由于情况紧急，如犯罪嫌疑人有逃跑、自杀可能，执行地公安机关派员到异地执行拘留、逮捕在时间上来不及的，或者犯罪嫌疑人经常在异地生活、工作的，执行地县级以上公安机关可以将《拘留证》《逮捕证》及办案协作函件送达协作地公安机关，委托协作地公安机关对犯罪嫌疑人执行拘留、逮捕。协作地公安机关在抓获犯罪嫌疑人后，应当立即通知委托地公安机关。由委托地公安机关立即携带正式法律文书提解，并且提解的侦查人员不得少于二人。

关联法规索引

《公安机关办理刑事案件程序规定》第 339 条、第 340 条

第八十四条 【公民扭送】对于有下列情形的人，任何公民都可以立即扭送公安机关、人民检察院或者人民法院处理：

（一）正在实行犯罪或者在犯罪后即时被发觉的；

（二）通缉在案的；

（三）越狱逃跑的；

（四）正在被追捕的。

条文解读

本条规定了扭送的适用情形。

扭送，是指公民将具有法定情形的人强制移送公、检、法机关处理的行为。公民扭送的规定体现了《刑事诉讼法》鼓励公民自觉与犯罪作斗争，帮助专门机关及时制止和查获犯罪分子的精神，对于调动广大人民群众与犯罪分子作斗争的积极性，也有非常重要的意义，是我国刑事诉讼中专门机关和群众路线相结合原则的重要体现。本条规定对于四种情形可以立即扭送，包括正在实行犯罪或者犯罪后及时被发觉的；通缉在案的；越狱逃跑的；正在被追捕的。公、检、法机关对被扭送的人，不管是否属于自己管辖的范围，都应当接受并立即讯问。需要采取紧急措施的，应当先采取紧急措施。对

不属自己管辖的,应将人犯连同讯问笔录、物证等移送主管机关处理。

需要注意的是,扭送在性质上只是公民配合专门机关工作的一种辅助手段,尽管具有一定的强制性,但不是法律规定的强制措施,也不允许公民以扭送之名,采用殴打、侮辱或其他非法方式处置被扭送人。

关联法规索引

《铁路法》第 49 条;《最高人民法院关于拘留和羁押问题的批复》《人民检察院刑事诉讼规则(试行)》第 137 条;《最高人民法院、最高人民检察院、公安部、司法部关于办理"套路贷"刑事案件若干问题的意见》第 11 条;《公安部关于改革完善受案立案制度的意见》二、(一)1.

第八十五条 【拘留的执行】公安机关拘留人的时候,必须出示拘留证。

拘留后,应当立即将被拘留人送看守所羁押,至迟不得超过二十四小时。除无法通知或者涉嫌危害国家安全犯罪、恐怖活动犯罪通知可能有碍侦查的情形以外,应当在拘留后二十四小时以内,通知被拘留人的家属。有碍侦查的情形消失以后,应当立即通知被拘留人的家属。

条文解读

本条包括 2 款内容,规定了拘留执行的基本程序。

第 1 款规定,公安机关拘留人的时候,必须出示拘留证。拘留是在紧急情况下依法临时剥夺某些现行犯或者重大嫌疑分子人身自由的一种强制措施,其适用必须严格限制。依据本条要求,公安机关在拘留人时,必须经过县级以上公安机关负责人批准,签发拘留证,而且在执行拘留时必须出示拘留证。符合拘留条件,但因情况紧急来不及办理拘留手续的,应当在将犯罪嫌疑人带至公安机关后立即办理法律手续。

第 2 款强调了拘留后的羁押地点和拘留后通知家属两项内容。

拘留后被拘留人的羁押地点应当为看守所,执行机关应当在拘留犯罪嫌疑人 24 小时内将被拘留人押送至看守所。这一规定,同《刑事诉讼法》第 118 条的精神一致。

关于拘留后通知家属的问题,综合考虑惩治犯罪和保护犯罪嫌疑人、被告人权利的需要,有必要对采取拘留措施后不通知家属的例外情形作出严格限制。故本款将拘留后因有碍侦查不通知家属的情形,仅限于涉嫌危害国家安全犯罪、恐怖活动犯罪,并规定有碍侦查的情形消失以后,应当立即通知被拘留人的家属。人民检察院决定拘留的案件，由人民检察院负责通知。“有碍侦查”，是指“同案的犯罪嫌疑人可能逃跑，隐匿、毁弃或者伪造证据”等情形；“无法通知”，是指“犯罪嫌疑人不讲真实姓名、住址，身份不明”或者无法联络到家属等情形。无法通知的情形需在笔录中记明。

关联法规索引

《精神卫生法》第18条；《人民检察院刑事诉讼规则（试行）》第131条、第133条；《最高人民法院、最高人民检察院、公安部、国家安全部关于机关事业单位工作人员被采取刑事强制措施和受刑事处罚实行向所在单位告知制度的通知》；《公安机关办理刑事案件程序规定》第122条、第123条

第八十六条 【拘留后案件的办理】公安机关对被拘留的人，应当在拘留后的二十四小时以内进行讯问。在发现不应当拘留的时候，必须立即释放，发给释放证明。

条文解读

本条是关于拘留后及时讯问犯罪嫌疑人的规定。

拘留后及时讯问的重要目的之一，是进一步确定拘留是否正确。因此，公安机关应当在拘留后24小时内进行首次讯问。讯问应当按照本法第2编第2章第2节的规定进行。经讯问，发现不应当拘留的，应当立即释放。

关联法规索引

《人民检察院刑事诉讼规则（试行）》第134～136条；《公安机关办理刑事案件程序规定》第124条

第八十七条 【提请批准逮捕】公安机关要求逮捕犯罪嫌疑人的时候，应当写出提请批准逮捕书，连同案卷材料、证据，一并移送同级人民检察院审查批准。必要的时候，人民检察院可以派人参加公安机关对于重大案件的讨论。

条文解读

本条是关于公安机关提请批准逮捕程序的规定。

公安机关需要逮捕犯罪嫌疑人，不能自行决定，必须报同级人民检察院审查批准。公安机关提请人民检察院批准逮捕的案件，必须写出《提请批准逮捕书》。提请批准逮捕书要写明被逮捕人的基本情况、主要犯罪事实和证据以及要求逮捕的理由，经公安机关负责人批准后，连同案卷材料、证据一并移送同级人民检察院审查。人民检察院直接侦查的案件，则由其侦查部门填写《逮捕犯罪嫌疑人意见书》，连同案卷证据材料一并移送本院刑事检察部门审查。

对于某些重大疑难、社会影响极大的案件，人民检察院认为需要参加讨论或者经公安机关要求、人民检察院同意的，检察机关可以派员参与讨论。参加讨论的检察人员在充分了解案情的基础上，应当对侦查活动提出意见和建议。值得注意的是，人民检察院派员参与重大案件讨论的目的是及时准确地了解案情，并监督侦查活动的合法进行，而不是立即决定是否逮捕，如果公安机关要求逮捕犯罪嫌疑人，仍要按正常的审查批准逮捕程序进行。

配套法规及解读

《最高人民检察院、公安部关于适用刑事强制措施有关问题的规定》（2000年8月28日）

第三十二条　公安机关立案侦查的案件，对于已经逮捕的犯罪嫌疑人变更为取保候审、监视居住后，又发现需要逮捕该犯罪嫌疑人的，公安机关应当重新提请批准逮捕。

人民检察院直接立案侦查的案件具有前款规定情形的，应当重新审查决定逮捕。

※法规解读：本条是关于重新提请批准、重新审查决定逮捕的规定。

对于公安机关立案侦查的案件，如果已经逮捕的犯罪嫌疑人变更为取保候审、监视居住后，又发现需要逮捕该犯罪嫌疑人的，公安机关应当重新提请批准逮捕；对于人民检察院直接立案侦查的案件，如果已经逮捕的犯罪嫌疑人变更为取保候审、监视居住后，又发现需要逮捕该犯罪嫌疑人的，人民检察院应当重新审查决定。

关联法规索引

《最高人民检察院关于对危害国家安全案件批捕起诉和实行备案制度等有关事项的通知》四；《最高人民检察院、公安部关于依法适用逮捕措施有关问题的规定》二、七；《最高人民检察院、公安部关于规范刑事案件"另案处理"适用的指导意见》第4条；《公安机关办理刑事案件程序规定》第133条；《公安机关办理刑事案件证人保护工作规定》第9条

第八十八条 【审查批准逮捕程序】 人民检察院审查批准逮捕,可以讯问犯罪嫌疑人;有下列情形之一的,应当讯问犯罪嫌疑人:

(一)对是否符合逮捕条件有疑问的;

(二)犯罪嫌疑人要求向检察人员当面陈述的;

(三)侦查活动可能有重大违法行为的。

人民检察院审查批准逮捕,可以询问证人等诉讼参与人,听取辩护律师的意见;辩护律师提出要求的,应当听取辩护律师的意见。

条文解读

本条共有2款,规定了人民检察院在审查批捕时的讯问与询问程序。

第1款是关于人民检察院审查批准逮捕过程中讯问犯罪嫌疑人的规定。这个程序中的讯问分为两种:"应当讯问"和"可以讯问"。当遇有是否符合逮捕条件有疑问的、犯罪嫌疑人要求向检察人员当面陈述的,以及侦查活动可能有重大违法行为的情况时,人民检察院必须讯问犯罪嫌疑人。除此之外,人民检察院有权根据案件情况决定是否讯问犯罪嫌疑人。

第2款是关于人民检察院审查批准逮捕过程中听取相关人员意见的规定。为保证人民检察院正确行使批准逮捕权,防止错误逮捕,人民检察院在审查批准逮捕的过程中,有权决定是否询问证人等诉讼参与人以及是否听取辩护律师意见。但是,如果辩护律师要求检察院听取其意见的,人民检察院有义务听取辩护律师意见。这一规定进一步强化了辩护律师的诉讼权利。

关联法规索引

《最高人民检察院关于对报请批准逮捕的案件可否侦查问题的批复》;《最高人民检察院关于在审查逮捕和审查起诉工作中加强证据审查的若干意见》二、三;《人民检察院审查逮捕质量标准》第10条;《最高人民检察院侦查监督厅关于人民检察院审查逮捕工作中适用"附条件逮捕"的意见(试行)》八;《最高人民检察院、公安部关于逮捕社会危险性条件若干问题的规定(试行)》第4条

第八十九条 【批捕权】 人民检察院审查批准逮捕犯罪嫌疑人由检察长决定。重大案件应当提交检察委员会讨论决定。

条文解读

本条是关于逮捕的审批权限的规定。

审查逮捕是人民检察院一项重要的职权,也是其刑事诉讼活动的一种重要方式。审查逮捕分为审查批准逮捕和审查决定逮捕。前者是指人民检察院对公安机关、国家安全机关、军队保卫部门和监狱提请批准逮捕的犯罪嫌疑人,审查是否批准逮捕的活动;后者是指人民检察院对于直接立案侦查的案件的犯罪嫌疑人,审查决定是否逮捕的活动。审查批准逮捕由人民检察院审查逮捕部门办理,审查逮捕部门应当在受理同级公安机关(包括国家安全机关、军队保卫部门和监狱)提请批准逮捕的案件时,查明提请批准逮捕书及案卷材料是否齐备;不齐备的,可以不受理该案。审查逮捕部门受理案件后,应当指定办案人员进行审查。办案人员应当认真审阅全部案卷材料后,制作阅卷笔录,提出审查意见,即认为是否批准逮捕犯罪嫌疑人的意见。办案人员提出的审查意见,先报经审查逮捕部门负责人审核,再由部门负责人报请检察长批准;重大案件,检察长应当提交检察委员会讨论决定。

关联法规索引

《人民检察院刑事诉讼规则(试行)》第303~315条

第九十条 【审查批捕】人民检察院对于公安机关提请批准逮捕的案件进行审查后,应当根据情况分别作出批准逮捕或者不批准逮捕的决定。对于批准逮捕的决定,公安机关应当立即执行,并且将执行情况及时通知人民检察院。对于不批准逮捕的,人民检察院应当说明理由,需要补充侦查的,应当同时通知公安机关。

条文解读

本条是关于人民检察院审查批捕权的规定。

公安机关没有决定逮捕的权力。在侦查过程中需要逮捕犯罪嫌疑人的,应经县级以上公安机关负责人批准,制作《提请批准逮捕书》一式三份,连同案卷材料、证据,一并提请同级人民检察院审查。人民检察院对于公安机关报请批准逮捕的案件,通过阅卷、集体讨论、检察长决定或者检察委员会讨论的方式,对于公安机关提请批准逮捕的犯罪嫌疑人,经审查符合本法第81条规定的逮捕条件的,依法制作批准逮捕决定书,经检察长签发后,加盖公章,连同案卷材料、证据,一并移交提请批准逮捕的公安机关执行逮捕。对于不符合本法第 81 条规定的逮捕条件的，人民检察院应作出不批准逮捕的决定，并制作《不批准逮捕决定书》，由检察长签发后加盖公章，连同案卷材料、证据，退回提请批准逮捕的公安机关。人民检察院审查批准逮捕未成年人犯罪案件，应当讯问未成年犯罪嫌疑人。人民检察院批准逮捕的决定，公安机关应立即执行，并且将执行情况及时通知检察院，接受人民检察院的法律监督。对于不批准逮捕的，人民检察院应说明理由。人民检察院作出不批准逮捕决定的同时，对于需要补充侦查的案件，应当同时通知公安机关补充侦查。此外，根据有关法律法规规定，人民检察院审查公安机关提请批准逮捕的案件，应当作出批准或者不批准逮捕的决定，对报请批准逮捕的案件不另行侦查。

配套法规及解读

《最高人民法院、最高人民检察院、公安部、国家安全部、司法部、全国人大常委会法制工作委员会关于实施刑事诉讼法若干问题的规定》(2012 年 12 月 26 日)

17. 对于人民检察院批准逮捕的决定，公安机关应当立即执行，并将执行回执及时送达批准逮捕的人民检察院。如果未能执行，也应当将回执送达人民检察院，并写明未能执行的原因。对于人民检察院决定不批准逮捕的，公安机关在收到不批准逮捕决定书后，应当立即释放在押的犯罪嫌疑人或者变更强制措施，并将执行回执在收到不批准逮捕决定书后的三日内送达作出不批准逮捕决定的人民检察院。

※法规解读：该条文是关于批准逮捕程序的规定。

人民检察院对公安机关提请批准逮捕的，由审查批捕部门办理，只需作出批准或不批准逮捕的决定，而不得另行侦查，以防止权力过度集中和资源浪费。审查批捕部门应当指定办案人员审查。办案人员审查后，提出审查意见，审查批捕部门负责人审核后，报请检察长批准或决定。逮捕决定公安机关应当立即执行，未能执行的应说明原因；不批准逮捕决定书送达公安机关后，公安机关应立即释放在押的犯罪嫌疑人或者变更强制措施并在 3 日内将执行回执送达作出决定的人民检察院。

关联法规索引

《最高人民检察院关于审查逮捕和公诉工作贯彻刑诉法若干问题的意见》；《最高人民检察院、公安部关于依法适用逮捕措施有关问题的规定》第 7 条；《人民检察院刑事诉讼规则(试行)》第 303 ~ 323 条；《公安机关办理刑事案件程序规定》第 134 ~ 136 条

第九十一条　【提请批捕和批捕的时限】公安机关对被拘留的人，认为需要逮捕的，应当在拘留后的三日以内，提请人民检察院审查批准。在特殊情况下，提请审查批准的时间可以延长一日至四日。

对于流窜作案、多次作案、结伙作案的重大嫌疑分子，提请审查批准的时间可以延长至三十日。

人民检察院应当自接到公安机关提请批准逮捕书后的七日以内，作出批准逮捕或者不批准逮捕的决定。人民检察院不批准逮捕的，公安机关应当在接到通知后立即释放，并且将执行情况及时通知人民检察院。对于需要继续侦查，并且符合取保候审、监视居住条件的，依法取保候审或者监视居住。

条文解读

本条共有3款内容，是关于提请批准逮捕和批准逮捕的时限规定。

为了提高刑事诉讼效率，保护公民的合法权益，公安机关、检察机关提请批捕和审查批捕都必须遵守一定的时限。本条第1款和第2款是对公安机关提请批准逮捕时限的规定。根据本条第1款、第2款的规定，公安机关对已被拘留的现行犯和重大嫌疑分子，经审查后认为有逮捕必要的，应当在拘留后的3日内，写出提请批准逮捕书，连同案卷材料、证据一并移送同级人民检察院审查。考虑到有些重大、复杂案件或者对案情争议较大的情况，法律允许公安机关将提请人民检察院审查批准的时限再延长1~4日。另外，流窜作案、多次作案、结伙作案的案件因涉及地区广、调查取证量多、取证难度大，为适应实际工作的需要，对这几种特殊嫌疑分子的提请批捕时间可以延长至拘留后的30日内。

本条第2款是关于人民检察院审查批准逮捕时限的规定。人民检察院应当自接到公安机关提请批准逮捕书后的7日以内，作出批准逮捕或者不批准逮捕的决定。人民检察院不批准逮捕的，公安机关接到决定后，无论同意与否，应当立即将在押的人释放，并且将执行情况通知检察院。这既有利于保护公民的合法权益，也有利于检察机关进行监督。对于人民检察院未批准逮捕的犯罪嫌疑人，公安机关仍需要继续对案件进行侦查，且犯罪嫌疑人符合取保候审或者监视居住条件的，公安机关有权依法对犯罪嫌疑人采取其他强制措施。

配套法规及解读

《人民检察院刑事诉讼规则(试行)》(2012年11月22日修订)

第三百一十六条 对公安机关提请批准逮捕的犯罪嫌疑人,已被拘留的,人民检察院应当在收到提请批准逮捕书后的七日以内作出是否批准逮捕的决定;未被拘留的,应当在收到提请批准逮捕书后的十五日以内作出是否批准逮捕的决定,重大、复杂的案件,不得超过二十日。

※法规解读:本条是关于决定批准逮捕时限的规定。

为保障人权,对于犯罪嫌疑人已被拘留的,应在7日内作出是否批准逮捕的决定,未被拘留的则宽限到15日,对于重大复杂案件,造成检察机关审查工作较多的,最长可延长至20日。这样规定既符合办案实际,也能保证检察机关有充分的时间审慎对待重大、复杂案件的批准逮捕工作。同时,适中的时限也保证了办理刑事案件的期限。

关联法规索引

《最高人民检察院、公安部关于依法适用逮捕措施有关问题的规定》第7条;《最高人民法院、最高人民检察院、公安部、国家安全部关于机关事业单位工作人员被采取刑事强制措施和受刑事处罚实行向所在单位告知制度的通知》;《公安机关办理刑事案件程序规定》第125条、第138条

第九十二条 【不批捕的复议、复核】公安机关对人民检察院不批准逮捕的决定,认为有错误的时候,可以要求复议,但是必须将被拘留的人立即释放。如果意见不被接受,可以向上一级人民检察院提请复核。上级人民检察院应当立即复核,作出是否变更的决定,通知下级人民检察院和公安机关执行。

条文解读

本条是关于公安机关对人民检察院的不批准逮捕决定提请复议、复核的规定。

对于公安机关提请人民检察院批准逮捕的被刑事拘留的犯罪嫌疑人,如果人民检察院不批准逮捕,公安机关在收到人民检察院不批准逮捕的决定后,就应当将犯罪嫌疑人立即释放,并发给《释放证明书》,而不得以任何借口对犯罪嫌疑人继续羁押,并将执行回执在释放后3日内送达作出不批准逮捕决定的人民检察院。

如果公安机关认为人民检察院不批准逮捕的决定有错误,可以向同级人民检察院要求复议。公安机关应当在收到不批准逮捕决定书后的5日内,经县级以上公安机关

负责人批准后，制作《要求复议意见书》送交同级人民检察院。如果公安机关对同级人民检察院的复议意见仍有异议，公安机关有权提请上一级检察机关复核。公安机关应当在收到人民检察院复议决定书后的5日内，经县级以上公安机关负责人批准后，制作《提请复核意见书》，连同《复议决定书》一起向上一级人民检察院提请复核。上一级检察机关应当立即对该案件进行复核，并作出决定，同时将决定内容通知下级人民检察院和提请复核的公安机关。

关联法规索引

《最高人民检察院、公安部关于适用刑事强制措施有关问题的规定》第26条；《人民检察院刑事诉讼规则(试行)》第323～325条；《最高人民法院、最高人民检察院、公安部、国家安全部、司法部关于办理刑事案件严格排除非法证据若干问题的规定》第18条；《公安机关办理刑事案件程序规定》第137条

典型案例

陈某正当防卫案[1]

※案情简介：陈某，未成年人，某中学学生。2016年1月初，因陈某在甲的女朋友的网络空间留言示好，甲纠集乙等人，对陈某实施了殴打。

1月10日中午，甲、乙、丙等6人(均为未成年人)，在陈某就读的中学门口，见陈某从大门走出，有人提议陈某向老师告发他们打架，要去问个说法。甲等人尾随一段路后拦住陈某质问，陈某解释没有告状，甲等人不肯罢休，抓住并围殴陈某。乙的3位朋友(均为未成年人)正在附近，见状加入围殴陈某。其中，有人用膝盖顶击陈某的胸口、有人持石块击打陈某的手臂、有人持钢管击打陈某的背部，其他人对陈某或勒脖子或拳打脚踢。陈某掏出随身携带的折叠式水果刀(刀身长8.5厘米，不属于管制刀具)，乱挥乱刺后逃脱。部分围殴人员继续追打并从后投掷石块，击中陈某的背部和腿部。陈某逃进学校，追打人员被学校保安拦住。陈某在反击过程中刺中了甲、乙和丙，经鉴定，该3人的损伤程度均构成重伤二级。陈某经人身检查，见身体多处软组织损伤。

案发后，陈某所在学校向司法机关提交材料，证实陈某遵守纪律、学习认真、成绩优秀，是一名品学兼优的学生。

---

〔1〕 本案根据最高人民检察院第十二批指导性案例(检例第45号)(2012年12月18日发布)整理，载http://www.spp.gov.cn/spp/zxjy/qwfb/201811/t20181118_399378.shtml，最后访问时间：2019年4月6日。

公安机关认为,陈某的行为虽有防卫性质,但已明显超过必要限度,属于防卫过当,遂以陈某涉嫌故意伤害罪立案侦查,并对其采取刑事拘留强制措施,后提请检察机关批准逮捕。

检察机关根据审查认定的事实,认为陈某的防卫行为没有明显超过必要限度,不属于防卫过当,不构成犯罪。主要理由如下:

第一,陈某面临正在进行的不法侵害,反击行为具有防卫性质。任何人面对正在进行的不法侵害,都有予以制止、依法实施防卫的权利。本案中,甲等人借故拦截陈某并实施围殴,属于正在进行的不法侵害,陈某的反击行为显然具有防卫性质。

第二,陈某随身携带刀具,不影响正当防卫的认定。对认定正当防卫有影响的,并不是防卫人携带了可用于自卫的工具,而是防卫人是否有相互斗殴的故意。陈某在事前没有与对方约架斗殴的意图,被拦住后也是先解释退让,最后在遭到对方围打时才被迫还手,其随身携带水果刀,无论是日常携带还是事先有所防备,都不影响对正当防卫作出认定。

第三,陈某的防卫措施没有明显超过必要限度,不属于防卫过当。陈某的防卫行为致实施不法侵害的3人重伤,客观上造成了重大损害,但防卫措施并没有明显超过必要限度。陈某被9人围住殴打,其中有人使用了钢管、石块等工具,双方实力相差悬殊,陈某借助水果刀增强防卫能力,在手段强度上合情合理。并且,对方在陈某逃脱时仍持续追打,共同侵害行为没有停止,所以就制止整体不法侵害的实际需要来看,陈某持刀挥刺也没有不相适应之处。综合来看,陈某的防卫行为虽有致多人重伤的客观后果,但防卫措施没有明显超过必要限度,依法不属于防卫过当。

检察机关依据《刑法》第20条第1款的规定,认为陈某的行为属于正当防卫,不负刑事责任,决定不批准逮捕。公安机关将陈某释放同时要求复议。检察机关经复议,维持原决定。

检察机关在办案过程中积极开展释法说理工作,甲等人的亲属在充分了解事实经过和法律规定后,对检察机关的处理决定表示认可。

※裁判要旨:在被人殴打、人身权利受到不法侵害的情况下,防卫行为虽然造成了重大损害的客观后果,但是防卫措施并未明显超过必要限度的,不属于防卫过当,依法不负刑事责任。

人民检察院审查逮捕时,应当严把事实关、证据关和法律适用关。如根据查明的事实认定,犯罪嫌疑人的行为属于正当防卫,不负刑事责任的,应当依法作出不批准逮捕的决定,保障无罪的人不受刑事追究。公安机关对人民检察院不批准逮捕的决定,认为有错误的时候,可以要求复议,但是必须将被拘留的人立即释放。本案公安机关对检察机关做出的不批准逮捕陈某的决定有异议,是在将陈某释放的同时向上一级人民检察院提请复核的(后被维持),最大限度地保障了犯罪嫌疑人的合法权益,实现了程序公正。

第九十三条　【逮捕的执行】公安机关逮捕人的时候,必须出示逮捕证。

逮捕后,应当立即将被逮捕人送看守所羁押。除无法通知的以外,应当在逮捕后二十四小时以内,通知被逮捕人的家属。

条文解读

本条共有2款,规定了逮捕执行的基本程序。

逮捕是剥夺人身自由的一种强制措施,在执行时必须严格遵守法律程序。公安机关执行逮捕,应当在接到人民检察院《批准逮捕决定书》后,由县级以上公安机关负责人签发《逮捕证》,立即执行。执行时,执行人员应当向被逮捕人出示《逮捕证》和工作证件。根据有关规定,人民检察院、人民法院决定逮捕时,人民检察院、人民法院可以协助公安机关执行。

逮捕后,应当立即将被逮捕人送看守所羁押。除无法通知的情形以外,应当把逮捕原因和羁押处所,在24小时以内通知被逮捕人的家属。这一规定主要是为了防止实践中"秘密拘捕"和"超期羁押"现象的发生。"无法通知"主要是指"犯罪嫌疑人不讲真实姓名、住址、身份不明"以及家属无法联络等情形。根据相关法律法规,对没有在24小时内通知的,应当在逮捕通知书中注明原因。

关联法规索引

《最高人民检察院、公安部关于适用刑事强制措施有关问题的规定》第27条;《人民检察院刑事诉讼规则(试行)》第347条;《最高人民法院关于适用〈中华人民共和国刑事诉讼法〉的解释》第131条;《最高人民法院、最高人民检察院、公安部、国家安全部关于机关事业单位工作人员被采取刑事强制措施和受刑事处罚实行向所在单位告知制度的通知》;《公安机关办理刑事案件程序规定》第139条、第141条、第142条、第162条

第九十四条　【逮捕后案件的办理】人民法院、人民检察院对于各自决定逮捕的人,公安机关对于经人民检察院批准逮捕的人,都必须在逮捕后的二十四小时以内进行讯问。在发现不应当逮捕的时候,必须立即释放,发给释放证明。

条文解读

本条是关于逮捕后的处理的规定。

为了迅速、及时地收集证据，防止和纠正发生错捕事件，本条规定人民法院、人民检察院对于各自决定逮捕的人，公安机关对于经人民检察院批准逮捕的人，都必须在逮捕后的24小时内进行讯问。发现不应当逮捕的，对于人民检察院批准逮捕的案件，经县以上公安机关负责人批准发给《释放证明书》，立即释放，并将释放的理由书面通知原批准逮捕的人民检察院；对于人民检察院、人民法院决定逮捕的案件，则报请检察长、院长批准签发《决定释放通知书》，立即交公安机关依法予以释放，并发给释放证明。所谓"不应当逮捕的"，是指不符合本法第81条规定的条件，具体指被逮捕人没有犯罪行为；有犯罪行为但罪行轻微，不能判处徒刑以上刑罚或依本法第15条规定的不予追究。由此可见，不应逮捕的人并不都是没有犯罪行为的人，只是不符合逮捕条件的人，因而对于某些不应逮捕的人，公安司法机关仍可继续追究其刑事责任或作出其他处理决定。

关联法规索引

《中国审理未成年人刑事案件的司法制度》；《最高人民检察院、公安部关于适用刑事强制措施有关问题的规定》第28条；《最高人民检察院关于在检察工作中防止和纠正超期羁押的若干规定》二；《人民检察院刑事诉讼规则（试行）》第348条；《最高人民法院关于适用〈中华人民共和国刑事诉讼法〉的解释》第132条；《公安机关办理刑事案件程序规定》第140条

第九十五条 【捕后羁押审查】犯罪嫌疑人、被告人被逮捕后，人民检察院仍应当对羁押的必要性进行审查。对不需要继续羁押的，应当建议予以释放或者变更强制措施。有关机关应当在十日以内将处理情况通知人民检察院。

条文解读

本条规定了羁押必要性审查制度。

所谓"羁押的必要性"应从两方面来判断：一是实体上逮捕还有无必要，若犯罪嫌疑人和被告人不再具有《刑事诉讼法》第81条规定的"社会危险性"，即不再具有羁押必要性；二是从程序上判断证据有无重大变化，若证据有重大变化，对犯罪嫌疑人、被告人是否羁押也需要重新判定。根据本条规定，逮捕犯罪嫌疑人、被告人后，人民检察

院有对羁押必要性进行审查的职责。这种审查应当具有动态性和跟踪性。人民检察院认为对犯罪嫌疑人、被告人不需要继续羁押的,有权建议逮捕决定机关变更或者解除逮捕措施。收到检察机关建议的机关应当在10日内将处理情况通报给人民检察院。这一规定,可以看作对捕后羁押的司法审查,加强了对被羁押人的人权保障力度。同时也是强化人民检察院对强制措施适用监督的重要举措。

配套法规及解读

《人民检察院办理羁押必要性审查案件规定(试行)》(2016年1月13日)

第二条 羁押必要性审查,是指人民检察院依据《中华人民共和国刑事诉讼法》第九十三条[1]规定,对被逮捕的犯罪嫌疑人、被告人有无继续羁押的必要性进行审查,对不需要继续羁押的,建议办案机关予以释放或者变更强制措施的监督活动。

第三条 羁押必要性审查案件由办案机关对应的同级人民检察院刑事执行检察部门统一办理,侦查监督、公诉、侦查、案件管理、检察技术等部门予以配合。

第四条 羁押必要性审查案件的受理、立案、结案、释放或者变更强制措施建议书等应当依照有关规定在检察机关统一业务应用系统登记、流转和办理,案件管理部门在案件立案后对办案期限、办案程序、办案质量等进行管理、监督、预警。

第五条 办理羁押必要性审查案件过程中,涉及国家秘密、商业秘密、个人隐私的,应当保密。

第六条 人民检察院进行羁押必要性审查,不得滥用建议权影响刑事诉讼依法进行。

第七条 犯罪嫌疑人、被告人及其法定代理人、近亲属、辩护人申请进行羁押必要性审查的,应当说明不需要继续羁押的理由。有相关证明材料的,应当一并提供。

第八条 羁押必要性审查的申请由办案机关对应的同级人民检察院刑事执行检察部门统一受理。

办案机关对应的同级人民检察院控告检察、案件管理等部门收到羁押必要性审查申请后,应当在一个工作日以内移送本院刑事执行检察部门。

其他人民检察院收到羁押必要性审查申请的,应当告知申请人向办案机关对应的同级人民检察院提出申请,或者在两个工作日以内将申请材料移送办案机关对应的同级人民检察院,并告知申请人。

第九条 刑事执行检察部门收到申请材料后,应当进行初审,并在三个工作日以

---

[1] 现行《刑事诉讼法》第九十五条。

内提出是否立案审查的意见。

第十条 刑事执行检察部门应当通过检察机关统一业务应用系统等途径及时查询本院批准或者决定、变更、撤销逮捕措施的情况。

第十一条 刑事执行检察部门对本院批准逮捕和同级人民法院决定逮捕的犯罪嫌疑人、被告人，应当依职权对羁押必要性进行初审。

第十二条 经初审，对于犯罪嫌疑人、被告人可能具有本规定第十七条、第十八条情形之一的，检察官应当制作立案报告书，经检察长或者分管副检察长批准后予以立案。

对于无理由或者理由明显不成立的申请，或者经人民检察院审查后未提供新的证明材料或者没有新的理由而再次申请的，由检察官决定不予立案，并书面告知申请人。

第十三条 人民检察院进行羁押必要性审查，可以采取以下方式：

（一）审查犯罪嫌疑人、被告人不需要继续羁押的理由和证明材料；

（二）听取犯罪嫌疑人、被告人及其法定代理人、辩护人的意见；

（三）听取被害人及其法定代理人、诉讼代理人的意见，了解是否达成和解协议；

（四）听取现阶段办案机关的意见；

（五）听取侦查监督部门或者公诉部门的意见；

（六）调查核实犯罪嫌疑人、被告人的身体状况；

（七）其他方式。

第十四条 人民检察院可以对羁押必要性审查案件进行公开审查。但是，涉及国家秘密、商业秘密、个人隐私的案件除外。

公开审查可以邀请与案件没有利害关系的人大代表、政协委员、人民监督员、特约检察员参加。

第十五条 人民检察院应当根据犯罪嫌疑人、被告人涉嫌犯罪事实、主观恶性、悔罪表现、身体状况、案件进展情况、可能判处的刑罚和有无再危害社会的危险等因素，综合评估有无必要继续羁押犯罪嫌疑人、被告人。

第十六条 评估犯罪嫌疑人、被告人有无继续羁押必要性可以采取量化方式，设置加分项目、减分项目、否决项目等具体标准。犯罪嫌疑人、被告人的得分情况可以作为综合评估的参考。

第十七条 经羁押必要性审查，发现犯罪嫌疑人、被告人具有下列情形之一的，应当向办案机关提出释放或者变更强制措施的建议：

（一）案件证据发生重大变化，没有证据证明有犯罪事实或者犯罪行为系犯罪嫌疑人、被告人所为的；

（二）案件事实或者情节发生变化，犯罪嫌疑人、被告人可能被判处拘役、管制、独立适用附加刑、免予刑事处罚或者判决无罪的；

（三）继续羁押犯罪嫌疑人、被告人，羁押期限将超过依法可能判处的刑期的；

（四）案件事实基本查清，证据已经收集固定，符合取保候审或者监视居住条件的。

第十八条 经羁押必要性审查，发现犯罪嫌疑人、被告人具有下列情形之一，且具有悔罪表现，不予羁押不致发生社会危险性的，可以向办案机关提出释放或者变更强制措施的建议：

（一）预备犯或者中止犯；

（二）共同犯罪中的从犯或者胁从犯；

（三）过失犯罪的；

（四）防卫过当或者避险过当的；

（五）主观恶性较小的初犯；

（六）系未成年人或者年满七十五周岁的人；

（七）与被害方依法自愿达成和解协议，且已经履行或者提供担保的；

（八）患有严重疾病、生活不能自理的；

（九）系怀孕或者正在哺乳自己婴儿的妇女；

（十）系生活不能自理的人的唯一扶养人；

（十一）可能被判处一年以下有期徒刑或者宣告缓刑的；

（十二）其他不需要继续羁押犯罪嫌疑人、被告人的情形。

第十九条 办理羁押必要性审查案件应当制作羁押必要性审查报告，报告中应当写明：犯罪嫌疑人或者被告人基本情况、原案简要情况和诉讼阶段、立案审查理由和证据、办理情况、审查意见等。

第二十条 办理羁押必要性审查案件，应当在立案后十个工作日以内决定是否提出释放或者变更强制措施的建议。案件复杂的，可以延长五个工作日。

第二十一条 经审查认为无继续羁押必要的，检察官应当报经检察长或者分管副检察长批准，以本院名义向办案机关发出释放或者变更强制措施建议书，并要求办案机关在十日以内回复处理情况。

释放或者变更强制措施建议书应当说明不需要继续羁押犯罪嫌疑人、被告人的理由和法律依据。

第二十二条 人民检察院应当跟踪办案机关对释放或者变更强制措施建议的处理情况。

办案机关未在十日以内回复处理情况的，可以报经检察长或者分管副检察长批准，以本院名义向其发出纠正违法通知书，要求其及时回复。

第二十三条 经审查认为有继续羁押必要的，由检察官决定结案，并通知办案机关。

第二十四条 对于依申请立案审查的案件，人民检察院办结后，应当将提出建议和办案机关处理情况，或者有继续羁押必要的审查意见和理由及时书面告知申请人。

第二十五条 刑事执行检察部门应当通过检察机关统一业务应用系统等途径将审查情况、提出建议和办案机关处理情况及时通知本院侦查监督、公诉、侦查等部门。

第二十六条 对于检察机关正在侦查或者审查起诉的案件，刑事执行检察部门进行羁押必要性审查的，参照本规定办理。

第二十七条 人民检察院依看守所建议进行羁押必要性审查的，参照依申请进行羁押必要性审查的程序办理。

第二十八条 检察人员办理羁押必要性审查案件应当纳入检察机关司法办案监督体系，有受贿、玩忽职守、滥用职权、徇私枉法、泄露国家秘密等违纪违法行为的，依纪依法严肃处理；构成犯罪的，依法追究刑事责任。

※**法规解读：**上述条文是对逮捕后羁押必要性审查的详细规定。

关联法规索引

《人民检察院刑事诉讼规则（试行）》第614～628条；《最高人民法院、最高人民检察院、公安部、国家安全部、司法部关于推进以审判为中心的刑事诉讼制度改革的意见》十六；《最高人民检察院、公安部关于公安机关办理经济犯罪案件的若干规定》第34条；《检察机关办理侵犯公民个人信息案件指引》三；《检察机关办理电信诈骗案件指引》三；《公安机关适用刑事羁押期限规定》第14条；《公安机关办理刑事案件程序规定》第134条、第136条、第137条、第143条、第156条；《律师办理刑事案件规范》第59条

第九十六条 【不当强制措施的变更或撤销】 人民法院、人民检察院和公安机关如果发现对犯罪嫌疑人、被告人采取强制措施不当的，应当及时撤销或者变更。公安机关释放被逮捕的人或者变更逮捕措施的，应当通知原批准的人民检察院。

条文解读

本条是关于强制措施的撤销、变更的规定。

适用强制措施是保证刑事诉讼顺利进行所必需的，但它也有限制人身自由和侵犯公民合法权益的可能。为了防止强制措施的滥用，人民法院、人民检察院、公安机关在

适用强制措施时,应当根据所掌握的犯罪事实及证据,严格依法作出决定,并且根据案情的发展变化,适时调整。如果发现对犯罪嫌疑人、被告人采取的强制措施不当的,应及时撤销或者变更。这里的“采取强制措施不当”,是指适用强制措施错误或不适宜。所谓强制措施的“撤销”,是指因为案情的发展变化或司法机关的决定失当,原强制措施的适用根据已经消失,而使其失去效力的决定。所谓强制措施的“变更”,是指因案情发展变化,用其他较轻或较重强制措施取代原强制措施的做法。

变更或撤销强制措施时,应由原决定机关的负责人批准。公安机关释放被逮捕的人或者变更逮捕措施的,应当通知原批准的人民检察院。人民检察院认为公安机关的决定有错误的,有通知公安机关予以纠正的权力。

配套法规及解读

《最高人民法院关于适用〈中华人民共和国刑事诉讼法〉的解释》(2012年12月20日)

第一百三十三条　被逮捕的被告人具有下列情形之一的,人民法院可以变更强制措施:

(一)患有严重疾病、生活不能自理的;

(二)怀孕或者正在哺乳自己婴儿的;

(三)系生活不能自理的人的唯一扶养人。

第一百三十四条　第一审人民法院判决被告人无罪、不负刑事责任或者免除刑事处罚,被告人在押的,应当在宣判后立即释放。

被逮捕的被告人具有下列情形之一的,人民法院应当变更强制措施或者予以释放:

(一)第一审人民法院判处管制、宣告缓刑、单独适用附加刑,判决尚未发生法律效力的;

(二)被告人被羁押的时间已到第一审人民法院对其判处的刑期期限的;

(三)案件不能在法律规定的期限内审结的。

第一百三十五条　人民法院决定变更强制措施或者释放被告人的,应当立即将变更强制措施决定书或者释放通知书送交公安机关执行。

※法规解读:以上条文是关于强制措施的撤销、变更条件及程序的规定。

其中,第133条、第134条是关于已经逮捕的被告人变更强制措施的规定。对于已经逮捕的被告人,分为可以变更强制措施和应当变更强制措施两种情况进行处理。可以变更强制措施的情况包括患有严重疾病的、生活不能自理的,系生活不能自理的人的唯一扶养人的以及正在怀孕、哺乳自己婴儿的妇女。对于此类被告人继续关押可能不会达到预期的效果，所以可以变更强制措施，但并不是必须变更，对于仍有社会危险性或者可能影响案件正常审理的情况，人民法院可以根据相关法律法规决定。应当变更强制措施的情况有：一审判处管制或者宣告缓刑以及单独适用附加刑，判决尚未发生法律效力的；二审审理期间，被告人被羁押的时间已到第一审人民法院对其判处的刑期期限的；案件不能在法律规定的期限内审结的。需要注意的是，上述第134条第1款内容是根据《刑事诉讼法》第260条增加的规定。对第一审人民法院判决宣告无罪、不负刑事责任或者免除刑事处罚的被告人，如果在押的，应当在宣判后立即释放。第135条规定了人民法院做出变更强制措施或者释放被告人决定后的处理。人民法院应当立即将变更强制措施决定书或者释放通知书送交公安机关执行。

关联法规索引

《最高人民检察院、公安部关于依法适用逮捕措施有关问题的规定》七；《人民检察院刑事诉讼规则（试行）》第322～324条；《最高人民法院关于适用〈中华人民共和国刑事诉讼法〉的解释》第113～132条；《最高人民法院、最高人民检察院、公安部、国家安全部关于机关事业单位工作人员被采取刑事强制措施和受刑事处罚实行向所在单位告知制度的通知》；《公安机关办理刑事案件程序规定》第155条、第159条、第160条；《检察机关办理电信网络诈骗案件指引》三、（二）

典型案例

吴某、黄某、廖某虚开增值税专用发票案[1]

※案情简介：被告人吴某系广州市A机械设备有限公司（以下简称“A公司”）法定代表人，被告人黄某、廖某系A公司股东，三人另系B机械设备有限公司（以下简称“B公司”）实际控制人。因涉嫌虚开增值税专用发票罪，三人在侦查阶段均被采取逮捕措施。

2011年至2016年，被告人吴某伙同黄某、廖某经过密谋，在没有货物实际交易的情况下，由吴某联系并指使张某等人（均另案处理），为A公司虚开广州C贸易有限公司等17家公司的增值税专用发票用于抵扣税款，获取的不当利益用于A公司的日常

---

〔1〕 本案根据最高人民检察院首批涉民营企业司法保护典型案例中的同名案例（2019年1月17日发布）整理，载https://www.chinanews.com/wap/detail/zw/gn/2019/01-17/8732143.shtml，最后访问时间：2019年4月7日。

运营以及被告人吴某、黄某、廖某三个股东的利润分配。经鉴定,A 公司接受上述 17 家公司虚开的增值税专用发票 271 张,金额人民币 1977 万余元,税额人民币 336 万余元,价税合计人民币 2314 万余元。案发后,吴某作为 A 公司负责人自动投案,如实交代犯罪事实,黄某、廖某到案后如实交代自己知道的犯罪事实。

广州市公安局越秀区分局于 2017 年 12 月 18 日将黄某、廖某,于 2018 年 1 月 10 日将吴某,均以涉嫌虚开增值税专用发票罪移送广州市越秀区人民检察院审查起诉。

在审查起诉阶段,广州市越秀区人民检察院收到 B 公司员工的申请书,申请对吴某等三人取保候审,以利于维持公司正常经营。收到申请后,经对案件事实进行细致审查,并向该公司多名员工核实,查明 B 公司确实存在因负责人被羁押企业失治失控的状况,为让企业恢复正常经营,稳定员工情绪,经综合评估,广州市越秀区人民检察院决定对已经逮捕的两名从犯黄某、廖某变更为取保候审。在取保候审之后,越秀区人民检察院通过对黄某、廖某进行法制教育,一方面,敦促其继续开展工作,维护公司的正常经营;另一方面,敦促其多方面筹集资金补缴税款,以挽回国家的经济损失。最终,黄某、廖某向税务机关全额补缴了税款。经到 B 公司实地考察,该企业恢复了正常经营,员工普遍反映良好。

2018 年 6 月 14 日,广州市越秀区人民检察院以虚开增值税专用发票罪向越秀区人民法院依法提起公诉,鉴于吴某、黄某、廖某三人有自首、坦白、案发后积极补缴税款、认罪认罚等情节,提出了从宽处理的量刑建议。

※裁判要旨:对涉嫌犯罪的民营企业经营者,应当依法准确适用强制措施。批准或者决定逮捕,应当将犯罪嫌疑人涉嫌犯罪的性质、情节、后果、认罪态度等情况,作综合考虑;对于涉嫌经济犯罪的民营企业经营者,认罪认罚、真诚悔过、积极退赃退赔、挽回损失,取保候审不致影响诉讼正常进行的,一般不采取逮捕措施;对已经批准逮捕的,应当依法履行羁押必要性审查职责,对有固定职业、住所,不需要继续羁押的,应当及时建议公安机关予以释放或者变更强制措施;对确有羁押必要的,要考虑维持企业生产经营需要,在生产经营决策等方面提供必要的便利和支持。办理涉民营企业案件要全面综合考虑办案效果,既要保证依法惩治犯罪,尽可能地挽回国家损失,又要积极采取措施,帮助企业恢复生产经营,做到法律效果和社会效果的有机统一。

第九十七条 【变更强制措施申请权】犯罪嫌疑人、被告人及其法定代理人、近亲属或者辩护人有权申请变更强制措施。人民法院、人民检察院和公安机关收到申请后,应当在三日以内作出决定;不同意变更强制措施的,应当告知申请人,并说明不同意的理由。

条文解读

本条是关于变更强制措施的申请及受理的规定。

根据本条规定,有权申请变更强制措施的主体为:犯罪嫌疑人、被告人本人,他们的法定代理人、近亲属以及辩护人;申请变更的范围包括所有强制措施。

人民法院、人民检察院和公安机关收到上述权利人的申请后,应当在3日内进行审查并作出是否变更的决定。不同意变更强制措施的,各专门机关应当将结果告知申请人,并告知人申请人不同意变更强制措施的理由。

配套法规及解读

《最高人民法院关于适用〈中华人民共和国刑事诉讼法〉的解释》(2012年12月20日)

第一百三十七条 被告人及其法定代理人、近亲属或者辩护人申请变更强制措施的,应当说明理由。人民法院收到申请后,应当在三日内作出决定。同意变更强制措施的,应当依照本解释规定处理;不同意的,应当告知申请人,并说明理由。

※法规解读:本条规定了被告人及其法定代理人、近亲属或者辩护人申请变更强制措施时,人民法院的处理措施。提出强制措施的变更申请,被告人及其法定代理人、近亲属或者辩护人应当说明理由。人民法院收到申请后,应当在3日内作出决定。同意变更强制措施的,应当依照相关规定处理;不同意的,应当告知申请人,并说明理由,不能久拖不决,以防损害当事人的正当权益。

关联法规索引

《最高人民检察院关于在检察工作中防止和纠正超期羁押的若干规定》二;《人民检察院刑事诉讼规则(试行)》第82条、第85条、第86条、第100条、第102条、第105条、第112条、第128条、第147条、第148条;《最高人民法院、最高人民检察院、公安部、国家安全部、司法部、全国人大常委会法制工作委员会关于实施刑事诉讼法若干问题的规定》第6条;《最高人民法院、最高人民检察院、公安部、国家安全部关于机关事业单位工作人员被采取刑事强制措施和受刑事处罚实行向所在单位告知制度的通知》;《最高人民法院、最高人民检察院、公安部、国家安全部、司法部关于在部分地区开展刑事案件认罪认罚从宽制度试点工作的办法》第5条;《最高人民法院、最高人民检察院、公安部、国家安全部、司法部关于开展法律援助值班律师工作的意见》二;《公安机关办理刑事案件程序规定》第157条;《全国刑事法律援助服务规范》7 b) 1)、

8.5.1.2 a)、8.5.1.3 a)；《律师办理刑事案件规范》第62条、第162条；《律师办理未成年人刑事案件辩护工作指引》第20条、第72条

第九十八条　【羁押期限届满的强制措施变更】犯罪嫌疑人、被告人被羁押的案件，不能在本法规定的侦查羁押、审查起诉、一审、二审期限内办结的，对犯罪嫌疑人、被告人应当予以释放；需要继续查证、审理的，对犯罪嫌疑人、被告人可以取保候审或者监视居住。

条文解读

本条是关于羁押期限届满后对犯罪嫌疑人、被告人取消及变更强制措施的规定。

在刑事诉讼实践中，经常会发生在法定羁押期限内无法完成侦查、起诉和审判等诉讼行为的情况，究其原因，既可能是案情疑难复杂、取证困难所致，也可能是侦查技术水平落后、某些司法人员法律素养不高、责任心不强所致。但是拘留和逮捕作为完全限制人身自由的强制措施，在期限届满之时，无论被羁押人所犯的罪行是否查清，其社会危险性是否存在，都应立即释放，超期羁押是违法的。故本条规定，犯罪嫌疑人、被告人被羁押的案件，不能在本法规定的侦查羁押、审查起诉、一审、二审期限内办结的，对犯罪嫌疑人、被告人应当予以释放。如果确需继续查证、审理的，则应立即变更强制措施，对犯罪嫌疑人、被告人可以取保候审或者监视居住，同时不能中断对案件的侦查、起诉和审判。

关联法规索引

《看守所条例》第43条；《人民检察院刑事诉讼规则（试行）》第147～151条、第622～625条；《人民检察院办理延长侦查羁押期限案件的规定》；《公安机关办理刑事案件程序规定》第144～148条、第153条、第158条

第九十九条　【超期强制措施的变更与解除】人民法院、人民检察院或者公安机关对被采取强制措施法定期限届满的犯罪嫌疑人、被告人，应当予以释放、解除取保候审、监视居住或者依法变更强制措施。犯罪嫌疑人、被告人及其法定代理人、近亲属或者辩护人对于人民法院、人民检察院或者公安机关采取强制措施法定期限届满的，有权要求解除强制措施。

条文解读

本条规定了对强制措施期限届满的处理。

针对司法实践中存在的犯罪嫌疑人、被告人被超期羁押的问题，为更好地保护犯罪嫌疑人、被告人的合法权利，法律不仅将申请解除强制措施的权利赋予了犯罪嫌疑人、被告人，还赋予了他们的法定代理人、近亲属、律师和其他辩护人，这使犯罪嫌疑人、被告人的人身自由在受到限制、剥夺时，仍然可以通过其他途径保障其合法权利。根据本条规定，对于公检法机关采取强制措施期限届满的，犯罪嫌疑人、被告人及其法定代理人、近亲属或者辩护人都有权要求解除。司法机关经审查确认属实的，对于在押的犯罪嫌疑人、被告人应当予以释放。如果需要继续查证、审理，可以变更为取保候审或监视居住。对于取保候审超过12个月或者监视居住超过6个月的，应当解除取保候审、监视居住。传唤超过12小时的，也应立即停止。

关联法规索引

《人民检察院刑事诉讼规则(试行)》第314条；《人民检察院办理延长侦查羁押期限案件的规定》《公安机关办理刑事案件程序规定》第157条、第158条；《律师办理刑事案件规范》第60条

第一百条 【侦查监督】人民检察院在审查批准逮捕工作中，如果发现公安机关的侦查活动有违法情况，应当通知公安机关予以纠正，公安机关应当将纠正情况通知人民检察院。

条文解读

本条是关于人民检察院对公安机关侦查活动的监督的规定。

人民检察院是国家的法律监督机关，它有权对公安机关的侦查活动进行监督。在审查批捕工作中，如果检察人员通过阅卷、讯问已拘留的犯罪嫌疑人和通过调查等方式发现公安机关或者公安人员在侦查或采取、执行、变更、撤销强制措施等活动中有违法行为的，应当及时提出纠正意见。对于情节较轻的违法行为，可采用口头纠正的方式，向具体的侦查人员或公安机关负责人提出。口头纠正通常不要求对方书面答复，但应当将通知情况记录在案；对于情节比较严重的违法行为，则应向公安机关发出纠正违法通知书，该文书一经发出，便具有法律效力。为确保纠正违法通知书的正确适用，使用纠正违法通知书应当报检察长决定。根据法律规定，人民检察院发出纠正违

法通知书的，公安机关应当将纠正情况通知人民检察院。人民检察院应当根据公安机关的回复通知监督纠正违法通知书的落实情况；没有回复的，应当督促公安机关回复。

关联法规索引

《人民检察院办理未成年人刑事案件的规定》第36条；《最高人民检察院关于对涉嫌盗窃的不满16周岁未成年人采取刑事拘留强制措施是否违法问题的批复》；《人民检察院刑事诉讼规则（试行）》第564～573条；《最高人民检察院职能配置和内设机构设置》

第七章　附带民事诉讼

本章介绍

本章从第101条至第104条,共4个条文。附带民事诉讼是指司法机关在刑事诉讼过程中,在解决被告人刑事责任的同时,附带解决因被告人的犯罪行为所造成的物质损失赔偿的诉讼活动。附带民事诉讼解决的是被害人因犯罪而遭受的物质损失的赔偿问题,即民事赔偿问题,因而是一种特殊的民事诉讼。附带民事诉讼有利于及时有效地保护当事人合法权益,保证国家、集体财产不受侵犯,全面查明犯罪所造成的损失、正确认识犯罪的社会危害性,节约司法资源,提高诉讼效率,减少当事人讼累。本章规定了附带民事诉讼请求的范围、提起附带民事诉讼的主体、人民法院在附带民事诉讼中可以采取保全措施以及附带民事诉讼的审理程序。

第一百零一条　【附带民诉的提起】被害人由于被告人的犯罪行为而遭受物质损失的,在刑事诉讼过程中,有权提起附带民事诉讼。被害人死亡或者丧失行为能力的,被害人的法定代理人、近亲属有权提起附带民事诉讼。

如果是国家财产、集体财产遭受损失的,人民检察院在提起公诉的时候,可以提起附带民事诉讼。

条文解读

本条是关于附带民事诉讼请求的范围和有权提起附带民事诉讼主体资格的规定,共有2款。

首先,第1款明确了附带民事诉讼的请求范围仅限于由于被告人犯罪行为而造成的"物质损失"。所谓物质损失,是相对于精神损失而言的,是指因被害人的人身、财产遭受犯罪行为的侵害而产生的可以用金钱计算的损失。我国《刑法》第36条第1款规定:"由于犯罪行为而使被害人遭受经济损失的,对犯罪分子除依法给予刑事处罚外,并应根据情况判处赔偿经济损失。"可见,无论是"物质损失"还是"经济损失",虽然在概念的表述上不同,但都将附带民事诉讼的请求范围限定为物质性损失,都不包含对精神损失的赔偿。其次,第1款规定了能够提起附带民事诉讼的主体的范围,包括被害人、被害人的法定代理人和已死亡被害人的近亲属。被害人包括被犯罪行为直接侵害的个人和单位，其当然有权提起附带民事诉讼。但有些情况下，被害人无法或不能提起附带民事诉讼，因而2012年《刑事诉讼法》吸收了最高人民法院司法解释的规定，增加了被害人的法定代理人、近亲属有权提起附带民事诉讼的规定。被害人为无行为能力人或限制行为能力人，或者因为犯罪行为侵害而丧失了行为能力，其无法自己提起附带民事诉讼，因而应当由其法定代理人代为提起附带民事诉讼。如果被害人已死亡，其近亲属应当承接其当事人的资格作为附带民事诉讼的原告提起附带民事诉讼。

第2款是关于检察机关提起附带民事诉讼的规定。当国家、集体财产因犯罪行为侵害而遭受损失时，检察机关作为国家公共利益的代表，有权提起附带民事诉讼。检察机关虽然不是因犯罪行为遭受损失的直接利害关系人，但基于保护公共利益的需要法律赋予其附带民事诉讼主体资格。

配套法规及解读

《最高人民法院关于适用〈中华人民共和国刑事诉讼法〉的解释》(2012年12月20日)

第一百三十八条 被害人因人身权利受到犯罪侵犯或者财物被犯罪分子毁坏而遭受物质损失的，有权在刑事诉讼过程中提起附带民事诉讼；被害人死亡或者丧失行为能力的，其法定代理人、近亲属有权提起附带民事诉讼。

因受到犯罪侵犯，提起附带民事诉讼或者单独提起民事诉讼要求赔偿精神损失的，人民法院不予受理。

第一百三十九条 被告人非法占有、处置被害人财产的，应当依法予以追缴或者责令退赔。被害人提起附带民事诉讼的，人民法院不予受理。追缴、退赔的情况，可以作为量刑情节考虑。

第一百四十条 国家机关工作人员在行使职权时，侵犯他人人身、财产权利构成犯罪，被害人或者其法定代理人、近亲属提起附带民事诉讼的，人民法院不予受理，但应当告知其可以依法申请国家赔偿。

※法规解读：上述条文是对附带民事诉讼范围的补充规定。明确了三个问题：第一，因受到犯罪侵犯而要求赔偿精神损失的，既不能提起附带民事诉讼，也不能单独提起民事诉讼，即使提出了，人民法院也不予受理。第二，就被告人非法占有、处置的被害人财产，直接由追诉机关依法追缴或者责令退赔，不得提起附带民事诉讼。这主要是考虑到与《刑法》第64条的规定相一致。第三，属于国家赔偿的情形的，不得提起附带民事诉讼，人民法院告知其依法申请国家赔偿。

第一百四十一条 人民法院受理刑事案件后,对符合刑事诉讼法第九十九条[1]和本解释第一百三十八条第一款规定的,可以告知被害人或者其法定代理人、近亲属有权提起附带民事诉讼。

有权提起附带民事诉讼的人放弃诉讼权利的,应当准许,并记录在案。

※法规解读:本条是关于人民法院告知提起附带民事诉讼权利的规定,共2款。第1款明确了人民法院有义务告知被害人或者其法定代理人、近亲属有权依法提起附带民事诉讼。第2款明确了提起附带民事诉讼的权利可以放弃。附带民事诉讼解决的是被害人因犯罪而遭受的物质损失的赔偿问题,其在本质上是私权争议,因而具有可处分性。所以有权提起附带民事诉讼的人放弃诉讼权利的,应当准许,并由人民法院记录在案。

第一百四十二条 国家财产、集体财产遭受损失,受损失的单位未提起附带民事诉讼,人民检察院在提起公诉时提起附带民事诉讼的,人民法院应当受理。

人民检察院提起附带民事诉讼的,应当列为附带民事诉讼原告人。

被告人非法占有、处置国家财产、集体财产的,依照本解释第一百三十九条的规定处理。

※法规解读:本条共3款,是关于检察机关提起附带民事诉讼的补充规定。

第1款规定了检察机关提起附带民事诉讼的条件是:第一,国家财产、集体财产因犯罪而遭受损失;第二,受损失的单位没有提起附带民事诉讼;第三,应当在提起公诉时一并提出。第2款明确了检察机关提起附带民事诉讼时的诉讼地位是附带民事诉讼原告人。关于检察机关提起附带民事诉讼时其法律地位问题,理论上一直存有争议。本解释明确了检察机关在附带民事诉讼中的地位是附带民事诉讼的原告人。但检察机关是以国家和社会公共利益代表的身份而提起附带民事诉讼,不是国家和集体财产的真正权利人,所以,检察机关是程序意义上的原告人,实体权益仍由国家或者集体享有。人民法院经审理,认为附带民事诉讼被告人依法应当承担赔偿责任的,应当判令附带民事诉讼被告人直接向遭受损失的单位作出赔偿;遭受损失的单位已经终止,有权利义务继受人的,应当判令其向继受人作出赔偿;没有权利义务继受人的,应当判令其向人民检察院交付赔偿款,由人民检察院上缴国库。第3款规定了被告人非法占有、处置国家财产、集体财产的,依法追缴和责令退赔,不得提起附带民事诉讼。

第一百四十三条 附带民事诉讼中依法负有赔偿责任的人包括:

(一)刑事被告人以及未被追究刑事责任的其他共同侵害人;

(二)刑事被告人的监护人;

---

〔1〕 现行《刑事诉讼法》第一百零一条。

（三）死刑罪犯的遗产继承人；

（四）共同犯罪案件中，案件审结前死亡的被告人的遗产继承人；

（五）对被害人的物质损失依法应当承担赔偿责任的其他单位和个人。

附带民事诉讼被告人的亲友自愿代为赔偿的，应当准许。

※法规解读：本条是关于附带民事诉讼的赔偿责任主体的规定，共2款。第1款规定了附带民事诉讼的赔偿责任主体包括：(1)刑事被告人以及未被追究刑事责任的其他共同侵害人。未被追究责任的共同侵害人虽然不是刑事诉讼的主体，却是民事赔偿诉讼中的侵权人，所以也是附带民事诉讼的责任主体。(2)刑事被告人的监护人。依据《侵权责任法》第32条的规定，无民事行为能力人、限制民事行为能力人造成他人损害的，由监护人承担侵权责任。(3)死刑罪犯的遗产继承人。侵权责任主体死亡的，其遗产继承人为赔偿责任主体，但其放弃继承的除外。(4)共同犯罪案件中，案件审结前死亡的被告人的遗产继承人。被告人死亡的，不再追究其刑事责任，但民事赔偿责任并不能免除，有遗产的，其遗产继承人是附带民事诉讼的赔偿责任主体。(5)对被害人的物质损失依法应当承担赔偿责任的其他单位和个人。例如，银行职员挪用储户资金给其造成损失，银行应对储户负赔偿责任。如果储户提起附带民事诉讼，银行应当作为附带民事诉讼的赔偿责任主体。第2款规定了附带民事诉讼被告人的亲友自愿代为赔偿的，应当准许。附带民事诉讼被告人的亲友虽然不是赔偿责任的主体，但自愿代为赔偿的，有利于维护被害人的合法权益，使其能够获得及时、充分的赔偿，所以人民法院应当准许。

第一百四十四条 被害人或者其法定代理人、近亲属仅对部分共同侵害人提起附带民事诉讼的，人民法院应当告知其可以对其他共同侵害人，包括没有被追究刑事责任的共同侵害人，一并提起附带民事诉讼，但共同犯罪案件中同案犯在逃的除外。

被害人或者其法定代理人、近亲属放弃对其他共同侵害人的诉讼权利的，人民法院应当告知其相应法律后果，并在裁判文书中说明其放弃诉讼请求的情况。

※法规解读：本条是关于附带民事诉讼原告人仅起诉部分共同侵害人的规定，共2款。第1款规定了法院的告知义务，即附带民事诉讼原告人仅起诉部分共同侵害人的，人民法院应当告知其可以对其他共同侵害人，包括没有被追究刑事责任的共同侵害人，一并提起附带民事诉讼，但共同犯罪案件中同案犯在逃的除外。第2款是关于附带民事诉讼原告人放弃对其他共同侵害人的诉讼权利的规定。附带民事诉讼原告人仅起诉部分共同侵害人的，基于私权的可处分性，其有权放弃对其他共同侵害人应当承担的赔偿责任的追究。人民法院应当告知其相应法律后果，并在裁判文书中说明其放弃诉讼请求的情况。

第一百四十五条 附带民事诉讼的起诉条件是：

（一）起诉人符合法定条件；

（二）有明确的被告人；

（三）有请求赔偿的具体要求和事实、理由；

（四）属于人民法院受理附带民事诉讼的范围。

※法规解读：本条是关于附带民事诉讼起诉条件的规定。

附带民事诉讼的起诉条件是：(1)起诉人符合法定条件。这里的“法定条件”指《刑事诉讼法》及相关司法解释对提起附带民事诉讼主体的规定，《民事诉讼法》关于当事人、原告主体资格的规定。(2)有明确的被告人。被告人只要明确即可，至于其是否适格，立法并不要求。(3)有请求赔偿的具体要求和事实、理由。这是附带民事诉讼的审理对象。(4)属于人民法院受理附带民事诉讼的范围。即符合《刑事诉讼法》第101条以及本解释的有关规定。

第一百四十六条　共同犯罪案件，同案犯在逃的，不应列为附带民事诉讼被告人。逃跑的同案犯到案后，被害人或者其法定代理人、近亲属可以对其提起附带民事诉讼，但已经从其他共同犯罪人处获得足额赔偿的除外。

※法规解读：本条是关于共同犯罪案件同案犯在逃时附带民事诉讼被告人的规定。

共同犯罪案件，同案犯作为共同侵权人均为负有赔偿责任的人。《侵权责任法》第8条规定：“二人以上共同实施侵权行为，造成他人损害的，应当承担连带责任。”第13条规定：“法律规定承担连带责任的，被侵权人有权请求部分或者全部连带责任人承担责任。”因而，附带民事诉讼原告人既可以起诉任一共同侵权人，也可以将其作为共同被告提起诉讼。但在逃的同案犯不能作为附带民事诉讼的被告人。在逃的同案犯因为未归案，亦未被提起刑事诉讼，因而也不宜作为附带民事诉讼的被告人。基于前述连带责任的规定，逃跑的同案犯到案后，附带民事诉讼的原告人仍可以对其提起附带民事诉讼，但已经从其他共同犯罪人处获得足额赔偿的除外。

第一百四十七条　附带民事诉讼应当在刑事案件立案后及时提起。

提起附带民事诉讼应当提交附带民事起诉状。

※法规解读：本条共2款，是关于提起附带民事诉讼的时间和形式的规定。

第1款规定了提起附带民事诉讼的时间为刑事立案后至刑事诉讼终结前，并应当及时提出。附带民事诉讼是司法机关在刑事诉讼过程中，在追究被告人刑事责任的同时，附带解决由于被告人的犯罪行为而引起的物质损失赔偿而进行的诉讼活动。因而，理论上，附带民事诉讼在整个刑事诉讼过程中均可提起，而原司法解释却将提起附带民事诉讼的时间限定在刑事第一审判决宣告以前。本条规定取消了这一限制，更具有合理性。但从及时保障被害人合法权益及诉讼效率的角度出发，附带民事诉讼原告人还是在第一审程序结束之前提起附带民事诉讼更好。《最高人民法院关于适用〈中华人民共和国刑事诉讼法〉的解释》第161条规定:第一审期间未提起附带民事诉讼,在第二审期间提起的,第二审人民法院可以依法进行调解;调解不成的,告知当事人可以在刑事判决、裁定生效后另行提起民事诉讼。

第2款是关于提起附带民事诉讼形式的规定。依据本条,提起附带民事诉讼需要提交书面的附带民事起诉状。附带民事诉讼相对于刑事诉讼虽然有一定的依附性,但也有独立性,其解决的是被告人的民事责任问题。递交书面的起诉状有利于明确附带民事诉讼的审理对象,保证诉讼活动顺利进行。

第一百四十八条 侦查、审查起诉期间,有权提起附带民事诉讼的人提出赔偿要求,经公安机关、人民检察院调解,当事人双方已经达成协议并全部履行,被害人或者其法定代理人、近亲属又提起附带民事诉讼的,人民法院不予受理,但有证据证明调解违反自愿、合法原则的除外。

※法规解读:本条是关于就民事赔偿达成调解后能否再提起附带民事诉讼的规定。由于私权的可处分性,因而就民事赔偿问题可通过调解解决。在侦查、起诉期间,经公安机关、人民检察院调解,当事人双方已经达成协议并全部履行的,则意味着双方之间的民事赔偿问题已得到解决,因而不得再提起附带民事诉讼。但当事人有证据证明调解违反自愿、合法原则的,则仍可以提起附带民事诉讼。

第一百四十九条 被害人或者其法定代理人、近亲属提起附带民事诉讼的,人民法院应当在七日内决定是否立案。符合刑事诉讼法第九十九条[1]以及本解释有关规定的,应当受理;不符合的,裁定不予受理。

第一百五十条 人民法院受理附带民事诉讼后,应当在五日内将附带民事起诉状副本送达附带民事诉讼被告人及其法定代理人,或者将口头起诉的内容及时通知附带民事诉讼被告人及其法定代理人,并制作笔录。

人民法院送达附带民事起诉状副本时,应当根据刑事案件的审理期限,确定被告人及其法定代理人提交附带民事答辩状的时间。

※法规解读:上述条文是关于附带民事诉讼立案和有关文书送达程序的规定。

刑事附带民事诉讼的立案期限为7日。人民法院经审查起诉,认为不符合立案条件的,应当制作书面的裁定书。附带民事诉讼立案后,人民法院应当在5日内将附带民事起诉状的副本送达附带民事诉讼被告人及其法定代理人,以便被告方了解起诉的情况。如果是口头起诉的,人民法院应当及时将口头起诉的内容通知附带民事诉讼被告人及其法定代理人,并制作笔录。人民法院在进行上述送达活动时,应当根据刑事

〔1〕 现行《刑事诉讼法》第一百零一条。

案件的审理期限,确定被告人及其法定代理人提交附带民事答辩状的时间。

第一百五十一条 附带民事诉讼当事人对自己提出的主张,有责任提供证据。

※法规解读:本条是关于附带民事诉讼当事人举证责任的规定。

附带民事诉讼解决的是民事赔偿问题,因而应当适用民事诉讼举证责任的相关法理。在附带民事诉讼中,当事人应当对自己的主张提供证据加以支持,举证不能时,依法承担不利的诉讼后果。

关联法规索引

《国家赔偿法》;《最高人民法院关于对第一审刑事自诉案件当事人提起附带民事诉讼,部分共同侵害人未参加诉讼的,人民法院是否应当通知其参加诉讼问题的答复》;《最高人民法院、最高人民检察院、人力资源和社会保障部、公安部关于加强对拒不支付劳动报酬案件查处工作的通知》二;《公安机关办理刑事案件程序规定》第 281 条;《最高人民法院、最高人民检察院、公安部关于办理非法集资刑事案件若干问题的意见》第 10 条;《公安机关维护民警执法权威工作规定》第 9 条;《中华全国律师协会律师参与未成年人法律援助工作指引》第 111 条

第一百零二条 【保全措施】人民法院在必要的时候,可以采取保全措施,查封、扣押或者冻结被告人的财产。附带民事诉讼原告人或者人民检察院可以申请人民法院采取保全措施。人民法院采取保全措施,适用民事诉讼法的有关规定。

条文解读

本条是关于人民法院审理附带民事诉讼案件适用保全制度的规定。

财产保全是民事诉讼中的一种诉讼保障制度,是指在诉讼前或诉讼过程中,依据当事人的申请或法院依职权对当事人争议的财产或与本案有关的财物采取强制性措施,以保证将来生效的判决能够执行。财产保全制度对于维护当事人的合法权益、增强裁判结果的执行性、维护法院的权威具有重要作用。民事诉讼中的财产保全包括诉讼前财产保全和诉讼中的财产保全。附带民事诉讼是一种特殊的民事诉讼,目的在于在刑事案件的审理中一并解决因犯罪而造成的民事损失的赔偿问题。因而在附带民事诉讼中确立财产保全制度对于切实维护被害人的合法权益、增强裁判结果的可执行性具有重要意义。1996 年《刑事诉讼法》虽然规定了人民法院可以查封、扣押被告人财

产,但这种表述过于笼统。而且在具体适用时,还需要有申请方式、审查条件、财产保全的对象和范围、方式、执行错误的救济等程序制度作为依据。虽然最高人民法院的相关司法解释对附带民事诉讼中的财产保全有一些规定,但也不能适应审判实践的需要。那么能否对于《刑事诉讼法》没有规定的,直接依照《民事诉讼法》的规定来进行呢?对此问题,理论界一直有争议,原因是附带民事诉讼毕竟在性质上不同于一般的民事诉讼。针对上述问题,2012年《刑事诉讼法》明确提出,人民法院在审理附带民事诉讼案件中可以依职权采取保全措施,而非仅仅是查封、扣押被告人财产。附带民事诉讼的原告人、检察机关也可以申请保全,并适用《民事诉讼法》的相关规定。

配套法规及解读

《最高人民法院关于适用〈中华人民共和国刑事诉讼法〉的解释》(2012年12月20日)

第一百五十二条 人民法院对可能因被告人的行为或者其他原因,使附带民事判决难以执行的案件,根据附带民事诉讼原告人的申请,可以裁定采取保全措施,查封、扣押或者冻结被告人的财产;附带民事诉讼原告人未提出申请的,必要时,人民法院也可以采取保全措施。

有权提起附带民事诉讼的人因情况紧急,不立即申请保全将会使其合法权益受到难以弥补的损害的,可以在提起附带民事诉讼前,向被保全财产所在地、被申请人居住地或者对案件有管辖权的人民法院申请采取保全措施。申请人在人民法院受理刑事案件后十五日内未提起附带民事诉讼的,人民法院应当解除保全措施。

人民法院采取保全措施,适用民事诉讼法第一百条至第一百零五条的有关规定,但民事诉讼法第一百零一条第三款的规定除外。

※法规解读:本条共3款,是关于附带民事诉讼财产保全的补充规定。

第1款明确了在附带民事诉讼中,财产保全的适用可依据当事人的申请由法院裁定。必要时,法院可不经当事人申请依职权采取保全措施。第2款是关于诉前保全的规定。申请保全可以在尚未提起附带民事诉讼时,前提是情况紧急,不立即申请保全会使其合法权益受到难以弥补的损害。诉前保全的管辖法院是被保全财产所在地、被申请人居住地或者对案件有管辖权的人民法院。申请人应当在刑事立案后及时提起附带民事诉讼,在人民法院受理刑事案件后15日内未提起附带民事诉讼的,人民法院应当解除保全措施。第3款明确了附带民事诉讼保全适用民事诉讼法的有关规定,但不适用《民事诉讼法》第101条第3款的规定。《民事诉讼法》第101条第3款规定:"申请人在人民法院采取保全措施后三十日内不依法提起诉讼或者申请仲裁的,人民法院应当解除保全。"基于本条第2款的规定,所以《民事诉讼法》的这一规定不适用。

关联法规索引

《民事诉讼法》第 81 条、第 100 条、第 101 条;《最高人民检察院关于充分发挥检察职能为打好“三大攻坚战”提供司法保障的意见》五

第一百零三条 【附带民诉调解程序】人民法院审理附带民事诉讼案件,可以进行调解,或者根据物质损失情况作出判决、裁定。

条文解读

本条是关于附带民事诉讼中适用调解制度的规定。

法院调解是指在人民法院的主持下,通过说服、劝导使双方当事人就民事权利、义务的确定达成协议,从而解决民事纠纷的活动。作为一种诉讼中的当事人合意解决纠纷的制度,法院调解对于体现当事人的意思自治、提高诉讼的效率、实现纠纷解决的多效性具有积极的意义。附带民事诉讼在本质上是民事诉讼,其解决的是因犯罪造成的物质损失赔偿问题,仍属于私权争议,因而私权的可处分性决定了附带民事诉讼中可以适用法院调解制度。调解应当坚持自愿、合法的原则。所谓自愿,即是否调解、调解协议的内容取决于当事人的自愿。所谓合法,即调解活动的进行和调解协议的内容应当符合刑事诉讼法、民事实体、程序法的有关规定。经法院调解达成协议的,人民法院制作的调解书与判决具有相同的效力;经调解无法达成协议的,人民法院应当根据物质损失的情况及时裁判,不能久调不决。

配套法规及解读

《最高人民法院关于适用〈中华人民共和国刑事诉讼法〉的解释》(2012 年 12 月 20 日)

第一百五十三条 人民法院审理附带民事诉讼案件,可以根据自愿、合法的原则进行调解。经调解达成协议的,应当制作调解书。调解书经双方当事人签收后,即具有法律效力。

调解达成协议并即时履行完毕的,可以不制作调解书,但应当制作笔录,经双方当事人、审判人员、书记员签名或者盖章后即发生法律效力。

第一百五十四条 调解未达成协议或者调解书签收前当事人反悔的,附带民事诉讼应当同刑事诉讼一并判决。

※法规解读:上述条文是对附带民事诉讼调解的补充规定。首先,明确了附带民

事诉讼调解应当遵循自愿和合法的原则。自愿是指是否调解以及调解协议的内容符合当事人的意愿,合法是指调解的程序以及调解协议的内容符合程序法和实体法的规定。其次,明确了对不同调解结果的处理。经调解达成协议的,应当根据调解协议的内容制作调解书,经双方当事人签收后,调解书生效。即时履行完毕的可不制作调解书,但应当制作调解笔录,经双方当事人、审判人员、书记员签名或者盖章后即发生法律效力。调解不成或虽达成协议,但一方或双方当事人反悔而拒绝签收调解书的,人民法院不能久拖不决,而应当将附带民事诉讼与刑事诉讼一并判决。此外,需要注意的是,原司法解释规定:"审理附带民事诉讼案件,除人民检察院提起的以外,可以调解。"而新的司法解释取消了"除人民检察院提起的以外"这一限制性规定。这就意味着依据新的司法解释,人民检察院提起附带民事诉讼也适用调解。

关联法规索引

《最高人民法院关于适用〈中华人民共和国刑事诉讼法〉的解释》第155~158条;《最高人民法院关于交通肇事刑事案件附带民事赔偿范围问题的答复》

典型案例

王某利交通肇事案〔1〕

※案情简介:2016年8月23日17时许,王某利持B2驾照驾驶二轮无牌摩托车沿上吉路,从分宜县凤阳镇往分宜县城方向行驶至分宜县钤北驾校门口以南50米路段时,将右侧同向步行的钟某1撞倒在地,但王某利未立即停车抢救被害人或报案,而是逃离现场。经现场勘查,王某利承担此次交通事故的全部责任,钟某1不承担责任;经依法鉴定,钟某1系因颅脑损伤死亡。2016年11月2日,分宜县人民检察院指控被告人王某利犯交通肇事罪向分宜县人民法院提起公诉,分宜县人民法院依法受理了该案。案发后,附带民事诉讼被告人王某利的近亲属向被害人近亲属给付了丧葬费3万元。因协商不成,附带民事诉讼原告人郭某1、郭某2、郭某3提起附带民事诉讼,要求附带民事诉讼被告人王某利赔偿各项经济损失及精神损害抚慰金等共计人民币610,000元。在案件审理过程中,在法院的主持下对附带民事诉讼部分进行了调解,期间附带民事诉讼被告人王某利之兄王祖某自愿作为担保人参与本案。经调解双方达成如下调解协议:

〔1〕 本案根据江西省分宜县人民法院(2016)赣0521刑初149号刑事附带民事调解书整理。

一、附带民事诉讼被告人王某利赔偿附带民事诉讼原告人郭某1、郭某2、郭某3各项经济损失及精神损害抚慰金等共计人民币300,000元(含已给付的丧葬费3万元),其中赔偿款人民币200,000元,于本协议签订之日一次性付清。

二、剩余的赔偿款共计人民币70,000元,于2017年12月25日之前给付人民币20,000元,于2018年12月25日之前给付人民币30,000元,于2019年6月25日之前给付人民币20,000元(该款项付至以下账户,开户名:郭某1,开户行:中国农业银行分宜县支行杨桥分理处,账号:62×××70)。

三、若附带民事诉讼被告人王某利未按上述约定内容履行付款义务,附带民事诉讼原告人可对该期及之后所有未付款项一并申请强制执行。附带民事诉讼被告人王某利还应当以未付款项为基数,按月利率2%计算给付至付清之日止的违约金。担保人王某平自愿就上述款项给付的履行,承担连带担保责任。

四、附带民事诉讼原告人郭某1、郭某2、郭某3对附带民事诉讼被告人王某利的交通肇事行为予以谅解,自愿放弃其他诉讼请求,就本案事实不再向附带民事诉讼被告人王某利主张诉讼权利。

各方当事人一致同意本调解协议自各方在调解协议上签名或者捺印后发生法律效力。

上述协议,不违反法律规定,法院依法予以确认。

※裁判要旨:附带民事诉讼解决的是因犯罪行为而造成的物质损失的赔偿问题,因而本质上属于民事诉讼。基于私权的可处分性,附带民事诉讼可以通过调解解决,并可适用民事诉讼法和司法解释中关于调解的规定。如在调解协议中约定不履行付款义务的民事责任、由一方当事人或案外人提供担保。本案调解协议中约定的赔偿款不仅包括经济损失还包括精神损害抚慰金,基于《刑事诉讼法》第101条的规定,如果通过判决结案则不会支持精神损害赔偿的请求,但调解作为当事人意思自治的体现,不违背法律的禁止性规定即可。

第一百零四条 【附带民诉的审判组织】附带民事诉讼应当同刑事案件一并审判,只有为了防止刑事案件审判的过分迟延,才可以在刑事案件审判后,由同一审判组织继续审理附带民事诉讼。

条文解读

本条规定了附带民事诉讼与刑事诉讼同时审判原则。

依据本条,一般情况下,附带民事诉讼应当与刑事诉讼一并审理并作出判决。立法设立附带民事诉讼制度之初衷在于将由同一行为所产生的民事赔偿问题与刑事责任问题合并审判,可以避免重复审判、节约司法资源和保障裁判权的统一、维护司法权威。因而附带民事诉讼与刑事诉讼同时审判有利于实现上述目的。但由于刑事审判有时间限制,如果一并审判可能影响刑事诉讼在法定期限内审结的,则可以先审判刑事部分,后审判民事部分。附带民事诉讼与刑事诉讼分别审判时需注意:第一,前提是为了防止刑事诉讼过分迟延,否则应当同时审判;第二,只能先审刑事部分,后审民事部分;第三,民事部分须由审理刑事部分的同一审判组织进行,不得另行组成合议庭;第四,附带民事判决中对事实的认定不得与先行的刑事判决相抵触;第五,附带民事部分的延期审理一般不影响刑事判决的生效。

配套法规及解读

《最高人民法院关于适用〈中华人民共和国刑事诉讼法〉的解释》(2012年12月20日)

第一百五十九条 附带民事诉讼应当同刑事案件一并审判,只有为了防止刑事案件审判的过分迟延,才可以在刑事案件审判后,由同一审判组织继续审理附带民事诉讼;同一审判组织的成员确实不能继续参与审判的,可以更换。

※法规解读:本条与《刑事诉讼法》的规定基本相同,但补充规定了“如果同一审判组织的成员确实无法继续参加审判的,可以更换审判组织成员”。这样规定主要是考虑到符合审判实践的需要。刑事案件审理与附带民事诉讼案件审理,虽有牵连关系,但就诉讼原理上而言,仍属于两个案件,两个不同的诉,由同一审判组织进行审理,主要是从诉讼经济的角度考虑,提高诉讼效率,节约诉讼成本,属于合并审理。但当合并审理不可能的情况下,如审判组织成员丧失行为能力、死亡、调任其他岗位、辞退职,只能更换审判组织成员另行组成合议庭,即由新的审判组织审理附带民事诉讼部分,也并不违反审判原则。

第一百六十条 人民法院认定公诉案件被告人的行为不构成犯罪,对已经提起的附带民事诉讼,经调解不能达成协议的,应当一并作出刑事附带民事判决。

人民法院准许人民检察院撤回起诉的公诉案件,对已经提起的附带民事诉讼,可以进行调解;不宜调解或者经调解不能达成协议的,应当裁定驳回起诉,并告知附带民事诉讼原告人可以另行提起民事诉讼。

※法规解读:本条是关于附带民事诉讼裁判的补充规定,共2款。

第1款是关于被告人无罪时附带民事诉讼如何处理的规定。经法院审理认定被告人无罪的,对已提起的附带民事诉讼应进行调解。经调解达成协议的制作调解书,刑事部分单独作无罪判决。若经调解未能达成协议的,则就刑事诉讼和附带民事诉讼一并作出刑事附带民事判决。第 2 款是关于检察机关撤回公诉时附带民事诉讼如何处理的规定。检察机关撤回公诉时,由于刑事诉讼已经终结,因而对已提起的附带民事诉讼只能通过调解解决。若不宜调解或虽经调解不能达成协议的,则应当裁定驳回起诉。并告知附带民事诉讼原告人可以就民事赔偿问题另行提起民事诉讼解决。

第一百六十一条 第一审期间未提起附带民事诉讼,在第二审期间提起的,第二审人民法院可以依法进行调解;调解不成的,告知当事人可以在刑事判决、裁定生效后另行提起民事诉讼。

※法规解读:本条是关于二审期间提起附带民事诉讼如何处理的规定。

依据新的司法解释,附带民事诉讼原告人提起附带民事诉讼不限于第一审期间,在第二审期间也有权提起附带民事诉讼。但对第二审期间提起的附带民事诉讼只能通过调解解决,而不能直接判决,否则就剥夺了当事人的审级利益。调解成功的,制作调解书,送达双方当事人签收后即发生法律效力。调解不成的,告知当事人可以在刑事判决、裁定生效后就民事赔偿问题另行提起民事诉讼。

关联法规索引

《最高人民法院关于适用〈中华人民共和国刑事诉讼法〉的解释》第 162 ~ 164 条

第八章 期间、送达

本章介绍

本章从第105条至第107条，共3个条文。刑事诉讼期间指的是刑事诉讼中的专门机关和诉讼参与人进行各种刑事诉讼行为的时间界限。本章规定了刑事诉讼期间的计算单位、计算方式、期间的耽误和补救等内容。送达是指人民法院、人民检察院和公安机关依法将诉讼文件送交诉讼参与人、有关机关和单位的诉讼活动。本章规定了送达的方式和程序。

第一百零五条 【期间】期间以时、日、月计算。

期间开始的时和日不算在期间以内。

法定期间不包括路途上的时间。上诉状或者其他文件在期满前已经交邮的，不算过期。

期间的最后一日为节假日的，以节假日后的第一日为期满日期，但犯罪嫌疑人、被告人或者罪犯在押期间，应当至期满之日为止，不得因节假日而延长。

条文解读

本条是关于期间计算单位和计算方式的规定。

刑事诉讼期间指的是公安机关、人民检察院、人民法院、当事人及其他诉讼参与人进行刑事诉讼活动必须遵守的时间界限。刑事诉讼期间一般由法律规定，有些情况下也可以由公安司法机关指定。《刑事诉讼法》关于期间的规定既可以保证诉讼活动及时、顺利进行，也有利于保障当事人、其他诉讼参与人的合法权益。依据本条第1款规定，我国刑事诉讼期间的计算单位为时、日、月。

本条第2款、第3款和第4款规定了期间计算的基本规则：

第一，期间开始的时和日不计算在期间内。例如，被告人不服一审判决上诉的期间为10日，这10日的上诉期应当从其收到判决书的第2日起算。对于以月为计算单位的期间，开始的日也不应计算在期间内。

第二，对于法定期间的计算不包括路途上的时间。上诉状或者其他文件在期满前已经交邮的,不算过期。需要注意的是,这里的路途上的时间并不仅限于上诉状或其他文件在邮寄过程的时间,也包括人在路途上的时间。也就是说,在计算法定期间时,人在路途上的时间不计算在内。例如,《刑事诉讼法》规定公安机关执行拘留后24小时内对被拘留人进行讯问,若公安机关异地执行拘留后带回本地,则返回途中所需的时间不能计算在内。

第三,期间届满之日为节假日时,期间计算的特别规定。一般情况下,期间的最后1日为节假日的,因为公安司法机关和当事人、其他诉讼参与人不方便进行正常的刑事诉讼活动,所以期间届满之日顺延至节假日后的第1日。但对于犯罪嫌疑人、被告人或罪犯的在押期间,应当至期间届满之日为止,不能因为节假日而延长在押期间。最高人民法院的司法解释中已有此规定,为了贯彻落实尊重和保障人权的原则、切实维护犯罪嫌疑人、被告人、罪犯的合法权利,本法吸收了司法解释的规定。

配套法规及解读

《最高人民法院关于适用〈中华人民共和国刑事诉讼法〉的解释》(2012年12月20日)

第一百六十五条 以月计算的期限,自本月某日至下月同日为一个月。期限起算日为本月最后一日的,至下月最后一日为一个月。下月同日不存在的,自本月某日至下月最后一日为一个月。半个月一律按十五日计算。

※法规解读:本条是对期间计算的补充规定,明确了以月为计算单位时,期间如何计算。

1996年《刑事诉讼法》颁布后,涉及了跨月的期间如何计算的问题,理论界存在不同的认识,实践中做法也不一致。依据本解释,以月计算的期间,自本月某日至下月某日为1个月,半月一律按15日计算。例如,犯罪嫌疑人于2016年2月16日被捕,其侦查羁押的期限为2个月。因为期间开始的时和日不计算在期间内,所以侦查羁押届满的期限为同年4月17日。

第一百零六条 【期间的耽误与恢复】当事人由于不能抗拒的原因或者有其他正当理由而耽误期限的,在障碍消除后五日以内,可以申请继续进行应当在期满以前完成的诉讼活动。

前款申请是否准许,由人民法院裁定。

条文解读

本条是关于期间的耽误及其恢复的规定。

期间的耽误是指司法机关及诉讼参与人没有在法定期限内完成应当进行的诉讼行为。根据本条规定,只有当事人因法定理由耽误期间的,才允许申请恢复。司法机关或其他诉讼参与人不论由于何种原因造成期间耽误的,均无法恢复。刑事诉讼中,期间的耽误是客观存在的。为了充分保护当事人的合法权益,《刑事诉讼法》规定了对耽误的期间予以恢复的制度。其适用的条件是:第一,当事人耽误期间具备法定事由。即当事人耽误期间非因为主观怠慢,而是由于不可抗拒的原因或有其他正当理由。例如,发生地震、洪水、台风、火灾、战争等当事人本身无法抗拒的自然和社会现象或当事人突发疾病等特殊情况,确实无法正常实施某种诉讼行为。第二,当事人申请补救期间在法定时间内。当事人须在障碍消除后的5日内向法院申请恢复期间。第三,期间的恢复由法院裁定。对于当事人恢复期间的申请,人民法院要审查其是否具备法定事由、在法定期限内提出,进而裁定是否准许当事人的申请。

配套法规及解读

《最高人民法院关于适用〈中华人民共和国刑事诉讼法〉的解释》(2012年12月20日)

第一百六十六条　当事人由于不能抗拒的原因或者有其他正当理由而耽误期限,依法申请继续进行应当在期满前完成的诉讼活动的,人民法院查证属实后,应当裁定准许。

※法规解读:本条规定内容基本同《刑事诉讼法》。

第一百零七条　【送达】送达传票、通知书和其他诉讼文件应当交给收件人本人;如果本人不在,可以交给他的成年家属或者所在单位的负责人员代收。

收件人本人或者代收人拒绝接收或者拒绝签名、盖章的时候,送达人可以邀请他的邻居或者其他见证人到场,说明情况,把文件留在他的住处,在送达证上记明拒绝的事由、送达的日期,由送达人签名,即认为已经送达。

条文解读

本条是关于直接送达和留置送达的规定。

刑事诉讼中的送达,是指人民法院、人民检察院和公安机关依照法定程序和方式,将诉讼文件送交当事人、其他诉讼参与人、有关机关和单位的诉讼活动。诉讼文件依法送达能够保障公安、司法机关正确履行职责,保障当事人和其他诉讼参与人及时行使诉讼权利,保障刑事诉讼活动顺利进行。依据本条的规定,公安司法机关送达诉讼文件首先应当采用直接送达的方式将诉讼文件直接交给受送达人本人签收,如其不在,由其同住的成年家属或所在单位负责人代为签收。在直接送达时,如果受送达人本人或代收人拒绝签收,则可以采用留置送达的方式,即邀请他的邻居或者其他见证人到场,说明情况,把文件留在他的住处,在送达证上记明拒绝的事由、送达的日期,由送达人签名,即认为已经送达。诉讼文件的留置送达与直接送达具有相同的法律效力。需要注意的是,调解书只能直接送达给当事人本人,送达调解书时,如果当时人拒绝签收,视为反悔,不能留置送达。

配套法规及解读

《最高人民法院关于适用〈中华人民共和国刑事诉讼法〉的解释》(2012年12月20日)

第一百六十七条 送达诉讼文书,应当由收件人签收。收件人不在的,可以由其成年家属或者所在单位负责收件的人员代收。

收件人或者代收人在送达回证上签收的日期为送达日期。

收件人或者代收人拒绝签收的,送达人可以邀请见证人到场,说明情况,在送达回证上注明拒收的事由和日期,由送达人、见证人签名或者盖章,将诉讼文书留在收件人、代收人的住处或者单位;也可以把诉讼文书留在受送达人的住处,并采用拍照、录像等方式记录送达过程,即视为送达。

第一百六十八条 直接送达诉讼文书有困难的,可以委托收件人所在地的人民法院代为送达,或者邮寄送达。

第一百六十九条 委托送达的,应当将委托函、委托送达的诉讼文书及送达回证寄送受托法院。受托法院收到后,应当登记,在十日内送达收件人,并将送达回证寄送委托法院;无法送达的,应当告知委托法院,并将诉讼文书及送达回证退回。

第一百七十条 邮寄送达的,应当将诉讼文书、送达回证挂号邮寄给收件人。挂号回执上注明的日期为送达日期。

第一百七十一条 诉讼文书的收件人是军人的,可以通过其所在部队团级以上单位的政治部门转交。

收件人正在服刑的,可以通过执行机关转交。

收件人正在被采取强制性教育措施的,可以通过强制性教育机构转交。

由有关部门、单位代为转交诉讼文书的,应当请有关部门、单位收到后立即交收件人签收，并将送达回证及时寄送人民法院。

※法规解读：上述条文是对送达的补充规定。其中第 167 条明确了送达回证上签收的日期为送达日期。关于留置送达的方式，规定了除邀请见证人外还可以采用拍照、录像等方式记录送达过程。第 168 条、第 169 条是关于委托送达的规定。第 170 条是关于邮寄送达的规定。第 171 条是关于转交送达的规定。

关联法规索引

《国际刑事司法协助法》第 20 条

第九章　其他规定

本章介绍

本章只有一个条文,解释了《刑事诉讼法》中的“侦查”“当事人”“法定代理人”“诉讼参与人”“诉讼代理人”“近亲属”等术语。2018 年《刑事诉讼法》修正时修订了“侦查”的定义。

第一百零八条　【用语解释】本法下列用语的含意是:

(一)“侦查”是指公安机关、人民检察院对于刑事案件,依照法律进行的收集证据、查明案情的工作和有关的强制性措施;

(二)“当事人”是指被害人、自诉人、犯罪嫌疑人、被告人、附带民事诉讼的原告人和被告人;

(三)“法定代理人”是指被代理人的父母、养父母、监护人和负有保护责任的机关、团体的代表;

(四)“诉讼参与人”是指当事人、法定代理人、诉讼代理人、辩护人、证人、鉴定人和翻译人员;

(五)“诉讼代理人”是指公诉案件的被害人及其法定代理人或者近亲属、自诉案件的自诉人及其法定代理人委托代为参加诉讼的人和附带民事诉讼的当事人及其法定代理人委托代为参加诉讼的人;

(六)“近亲属”是指夫、妻、父、母、子、女、同胞兄弟姊妹。

条文解读

本条是对《刑事诉讼法》中出现的术语的解释说明。第 2 项至第 6 项对当事人、法定代理人、诉讼参与人、诉讼代理人和近亲属概念的外延(范围)予以了明确,便于司法实践操作。本条第 1 项为对侦查内涵的界定,并且在 2018 年的修改中,有了一定的变化。第一,根据本条对侦查的界定,侦查是特定主体的刑事诉讼行为;第二,侦查的对象是刑事案件。对非刑事案件的调查不能称为侦查;第三,侦查主要包括收集证据、查明案情的工作和有关的强制性措施两种行为。这两种行为可以同时表现在一种侦查措施当中。具体侦查行为的外延,参照《刑事诉讼法》第二编第二章确定。

第二编　立案、侦查和提起公诉

第一章　立　　案

本章介绍

立案是指公安司法机关对报案、控告、举报、自诉人起诉以及犯罪嫌疑人自首等方面的材料，依照法律规定的管辖范围进行审查以决定是否作为刑事案件进行侦查或审判的诉讼活动。立案是刑事司法活动的开端，也是刑事司法活动中的一个必经、独立的诉讼阶段。本章从第109条到第114条，共6个条文，主要规定了立案材料的来源、立案的条件和程序、立案监督等内容。

第一百零九条　【立案侦查】公安机关或者人民检察院发现犯罪事实或者犯罪嫌疑人，应当按照管辖范围，立案侦查。

条文解读

本条是关于立案侦查机关的规定。

刑事诉讼中的立案是指公安司法机关对于报案、控告、举报、犯罪嫌疑人自首以及自诉人起诉等材料依法进行审查，决定是否作为一个刑事案件进行侦查或审判的诉讼活动。立案是刑事诉讼活动的开端，标志着刑事诉讼程序正式启动。立案也是法律赋予公安司法机关的权力和职责，其他任何机关和个人都无权立案。公诉案件的立案侦查机关主要为公安机关和人民检察院，二者在职能管辖的范围上有所分工。公安机关、人民检察院依据《刑事诉讼法》第19条的规定对其管辖范围内的案件立案侦查。

关联法规索引

《刑事诉讼法》第4条、第19条、第308条；《人民检察院刑事诉讼规则（试行）》第8条、第9条、第152条；《公安机关办理刑事案件程序规定》第14条

第一百一十条 【立案材料的来源及接受】 任何单位和个人发现有犯罪事实或者犯罪嫌疑人，有权利也有义务向公安机关、人民检察院或者人民法院报案或者举报。

被害人对侵犯其人身、财产权利的犯罪事实或者犯罪嫌疑人，有权向公安机关、人民检察院或者人民法院报案或者控告。

公安机关、人民检察院或者人民法院对于报案、控告、举报，都应当接受。对于不属于自己管辖的，应当移送主管机关处理，并且通知报案人、控告人、举报人；对于不属于自己管辖而又必须采取紧急措施的，应当先采取紧急措施，然后移送主管机关。

犯罪人向公安机关、人民检察院或者人民法院自首的，适用第三款规定。

条文解读

本条是关于立案材料来源及接受的规定，共有4款。

第1、2、4款是关于立案材料来源的规定。立案材料来源是指立案阶段案件线索来源和有关案件的证据来源。立案材料来源于以下几个方面：(1)公安机关或人民检察院发现的犯罪事实或犯罪嫌疑人。公安机关是刑事诉讼中的侦查机关，检察机关对于依法直接受理的案件承担侦查职责。因而，公安机关和人民检察院在依法履行职责、办理刑事案件的过程中发现、获取的案件线索和有关犯罪的证据，是立案材料的主要来源之一。(2)单位或者个人的报案或举报。揭露犯罪既是每个公民的权利也是应尽的义务，因而，任何单位或个人发现有犯罪事实或者犯罪嫌疑人的，都应该向公安司法机关报案或举报。报案和举报的区别在于是否有明确的犯罪嫌疑人。报案一般针对犯罪事实的发生，往往嫌疑人并不明确。而举报的内容则不仅有犯罪事实的发生，通常还有明确的嫌疑人。(3)被害人的报案或者控告。被害人是直接遭受犯罪行为侵害的人，对案件具体情况相对比较了解，且具有追究犯罪的强烈愿望和主动性，因而被害人的报案或者控告是立案材料的主要来源之一。报案和控告的区别和前述报案和举报的区别是一样的，即报案仅针对犯罪事实的发生，而控告的内容则包括犯罪事实及犯罪嫌疑人。控告和举报的内容都是向公安司法机关揭露、告发犯罪事实和犯罪嫌疑人，二者的区别在于，控告是由遭受犯罪行为直接侵害的被害人提出的，而举报一般是由与案件无直接利害关系的单位或个人提出的。(4)犯罪人的自首。《刑法》规定，犯罪以后自动投案，如实供述自己的罪行的是自首。犯罪人的自首是立案材料的来源之一。此外，正在被采取强制措施的犯罪嫌疑人、被告人、正在被执行刑罚的罪犯如实向公安司法机关供述尚未被掌握的其他罪行的，也构成自首，其提供的材料也是立案材料的来源之一。

第3款是关于公安机关、人民检察院或者人民法院对报案、控告、举报都应当接受的规定。接受报案、举报和控告，是公安司法机关的法定职责，不得因为任何理由推诿或拒绝。对不属于自己管辖范围的，也不能拒绝，而应该在接受后将案件移送主管机关处理，同时通知报案人、举报人、控告人。对不属于自己管辖的案件，如果出现必须采取紧急措施的情况，如犯罪嫌疑人要逃跑、转移赃款赃物、毁灭证据，则应当先采取紧急措施，再移送主管机关。《刑事诉讼法》作此规定一方面便于人民群众与违法犯罪作斗争，避免其投诉无门；另一方面也可以防止公安司法机关之间相互推诿，有利于及时有效打击犯罪。

配套法规及解读

《人民检察院刑事诉讼规则(试行)》(2012年11月22日修订)

第一百五十七条　人民检察院控告检察部门或者举报中心统一受理报案、控告、举报、申诉和犯罪嫌疑人投案自首，并根据具体情况和管辖规定，在七日以内作出以下处理：

(一)属于人民检察院管辖的，按照相关规定移送本院有关部门或者其他人民检察院办理；

(二)不属于人民检察院管辖的，移送有管辖权的机关处理，并且通知报案人、控告人、举报人、自首人。对于不属于人民检察院管辖又必须采取紧急措施的，应当先采取紧急措施，然后移送主管机关；

(三)对案件事实或者线索不明的，应当进行必要的调查核实，收集相关材料，查明情况后及时移送有管辖权的机关或者部门办理。

控告检察部门或者举报中心可以向下级人民检察院交办控告、申诉、举报案件，交办举报线索前应当向有关侦查部门通报，交办函及有关材料复印件应当转送本院有关侦查部门。控告检察部门或者举报中心对移送本院有关部门和向下级人民检察院交办的案件，应当依照有关规定进行督办。

※法规解读：本条是关于人民检察院对报案、控告、举报、申诉和自首如何处理的具体规定。相对于《刑事诉讼法》的规定，本条第1款进一步明确了人民检察院受理报案、控告、举报、申诉和自首的机构为控告检察部门或举报中心，其对于报案、控告、举报、申诉和自首应当在受理后的7日内依法作出相应处理。本条第2款明确了控告检察部门或者举报中心向下级人民检察院交办控告、申诉、举报案件的具体程序和要求。

关联法规索引

《人民检察院办理行政执法机关移送涉嫌犯罪案件的规定》一～三；《最高人民法院、最高人民检察院、人力资源社会保障部、公安部关于加强涉嫌拒不支付劳动报酬犯罪案件查处衔接工作的通知》二；《食品药品监管总局、公安部、最高人民法院、最高人民检察院、国务院食品安全办食品药品行政执法与刑事司法衔接工作办法》第5～8条；《公安机关受理行政执法机关移送涉嫌犯罪案件规定》第2条、第7条；《环境保护部、公安部、最高人民检察院环境保护行政执法与刑事司法衔接工作办法》第6～8条

第一百一十一条 【报案、控告、举报的形式、要求及保护措施】 报案、控告、举报可以用书面或者口头提出。接受口头报案、控告、举报的工作人员，应当写成笔录，经宣读无误后，由报案人、控告人、举报人签名或者盖章。

接受控告、举报的工作人员，应当向控告人、举报人说明诬告应负的法律责任。但是，只要不是捏造事实，伪造证据，即使控告、举报的事实有出入，甚至是错告的，也要和诬告严格加以区别。

公安机关、人民检察院或者人民法院应当保障报案人、控告人、举报人及其近亲属的安全。报案人、控告人、举报人如果不愿公开自己的姓名和报案、控告、举报的行为，应当为他保守秘密。

条文解读

本条共有3款，是关于报案、控告、举报的形式和相关要求的规定。

第1款是关于报案、控告、举报形式的规定。依据本条，报案、控告和举报既可以采用书面方式，也可以采用口头方式，二者具有相同的法律效力。采用口头方式的，接受报案、控告、举报的工作人员，应当写成笔录，经宣读无误后，由报案人、控告人、举报人签名或者盖章。

第2款是关于严格区分诬告与错告的规定。为了保证接受的立案材料客观、真实、可靠，接受控告、举报的工作人员应当说明诬告应负的法律责任。所谓诬告，是指为陷害他人故意捏造事实向公安司法机关揭发他人有罪的行为。诬告属于违法甚至犯罪的行为。但实践中，由于情况不明、认识错误、举报人提供的材料与案件事实有出入的，属于错告。为鼓励人民群众与违法犯罪作斗争，要严格区分诬告与错告的界限，即是否有虚构事实诬陷他人的故意。

第3款是关于公安司法机关安全保障和保密义务的规定。为了鼓励人民群众与

犯罪作斗争的积极性,防止因揭发犯罪而遭受打击报复,1996年《刑事诉讼法》在修改时就增加规定了公安机关、人民检察院或者人民法院对保障报案人、控告人、举报人的安全保障和保守秘密的义务,而且取消了为报案人、控告人、举报人保守秘密仅限于侦查阶段的期间限制。

配套法规及解读

《人民检察院刑事诉讼规则(试行)》(2012年11月22日修订)

第一百五十八条 控告检察部门或者举报中心对于以走访形式的报案、控告、举报和犯罪嫌疑人投案自首,应当指派两名以上工作人员接待,问明情况,并制作笔录,经核对无误后,由报案人、控告人、举报人、自首人签名、捺指印,必要时可以录音、录像;对报案人、控告人、举报人、自首人提供的有关证据材料、物品等应当登记,制作接受证据(物品)清单,并由报案人、控告人、举报人、自首人签名,必要时予以拍照,并妥善保管。

第一百五十九条 接受控告、举报的检察人员,应当告知控告人、举报人如实控告、举报和捏造、歪曲事实应当承担的法律责任。

第一百六十二条 控告检察部门或者举报中心对于不愿公开姓名和举报行为的举报人,应当为其保密。

※法规解读: 上述条文的内容基本同《刑事诉讼法》的规定。其中第158条补充规定了人民检察院对以走访形式的报案、控告、举报和犯罪嫌疑人投案自首,应当指派两名以上工作人员接待。除应当制作笔录外,必要时可以录音、录像。对接受的有关证据材料、物品依法登记、制作清单、妥善保管。

《公安机关办理刑事案件程序规定》(2012年12月13日)

第一百六十六条 公安机关对于公民扭送、报案、控告、举报或者犯罪嫌疑人自动投案的,都应当立即接受,问明情况,并制作笔录,经核对无误后,由扭送人、报案人、控告人、举报人、自动投案人签名、捺指印。必要时,应当录音或者录像。

第一百六十七条 公安机关对扭送人、报案人、控告人、举报人、自动投案人提供的有关证据材料等应当登记,制作接受证据材料清单,并由扭送人、报案人、控告人、举报人、自动投案人签名。必要时,应当拍照或者录音、录像,并妥善保管。

第一百六十八条 公安机关接受案件时,应当制作受案登记表,并出具回执。

第一百六十九条 公安机关接受控告、举报的工作人员,应当向控告人、举报人说明诬告应负的法律责任。但是,只要不是捏造事实、伪造证据,即使控告、举报的事实有出入,甚至是错告的,也要和诬告严格加以区别。

第一百七十条 公安机关应当保障扭送人、报案人、控告人、举报人及其近亲属的安全。

扭送人、报案人、控告人、举报人如果不愿意公开自己的身份，应当为其保守秘密，并在材料中注明。

※法规解读：上述条文的内容基本同《刑事诉讼法》的规定。其中第 166 条补充规定了公安机关接受案件时，除应当制作笔录外，必要时，应当录音或者录像。第 167 条补充规定了对接受的证据材料应当登记、制作清单，必要时拍照或者录音、录像，并妥善保管。第 168 条补充规定了公安机关接受案件时，应当制作受案登记表，并向报案人、控告人、举报人等出具回执。

关联法规索引

《最高人民检察院、公安部、财政部关于保护、奖励职务犯罪举报人的若干规定》

第一百一十二条 【对立案材料的处理】人民法院、人民检察院或者公安机关对于报案、控告、举报和自首的材料，应当按照管辖范围，迅速进行审查，认为有犯罪事实需要追究刑事责任的时候，应当立案；认为没有犯罪事实，或者犯罪事实显著轻微，不需要追究刑事责任的时候，不予立案，并且将不立案的原因通知控告人。控告人如果不服，可以申请复议。

条文解读

本条是关于立案条件和对立案材料审查处理的规定。

依据本条，刑事立案的条件是：第一，认为有犯罪事实发生。即公安司法机关通过对立案材料的审查认为有犯罪行为发生。至于对有犯罪事实发生的证明标准，《刑事诉讼法》并未规定。鉴于立案是刑事诉讼的开始程序，侦查活动尚未开始，因而不要求案件事实清楚、犯罪嫌疑人明确，只要有初步证据证明有触犯《刑法》之行为发生即可。第二，需要追究刑事责任。认为有犯罪事实发生并不一定导致立案，还要具备需要追究刑事责任这一要件。刑事诉讼的目的是追诉犯罪，实现国家刑罚权。因而虽然有犯罪事实发生，但不需要追究刑事责任的，也不能立案。依据本法第 16 条之规定，有下列情形之一的，依法不需要追究刑事责任，不应立案：(1)情节显著轻微、危害不大，不认为是犯罪的；(2)犯罪已过追诉时效期限的；(3)经特赦令免除刑罚的；(4)依照刑法告诉才处理的犯罪，没有告诉或者撤回告诉的；(5)犯罪嫌疑人、被告人死亡的；(6)其他法律规定免予追究刑事责任的。此外，立案机关决定立案应当符合《刑事诉讼法》关于管辖的规定,对不属于自己管辖范围的案件不能立案。

公安司法机关对于立案材料经审查后,处理方式有两种:第一,对符合立案条件的,决定立案。第二,认为不符合立案条件的,不予立案,并将不立案的原因通知控告人。控告人不服的,有权向作出不立案决定的机关申请复议。

配套法规及解读

《人民检察院刑事诉讼规则(试行)》(2012 年 11 月 22 日修订)

第一百八十三条　人民检察院对于直接受理的案件,经审查认为有犯罪事实需要追究刑事责任的,应当制作立案报告书,经检察长批准后予以立案。在决定立案之日起三日以内,将立案备案登记表、提请立案报告和立案决定书一并报送上一级人民检察院备案。

上一级人民检察院应当审查下级人民检察院报送的备案材料,并在收到备案材料之日起三十日以内,提出是否同意下级人民检察院立案的审查意见。认为下级人民检察院的立案决定错误的,应当在报经检察长或者检察委员会决定后,书面通知下级人民检察院纠正。上一级人民检察院也可以直接作出决定,通知下级人民检察院执行。

下级人民检察院应当执行上一级人民检察院的决定,并在收到上一级人民检察院的书面通知或者决定之日起十日以内将执行情况向上一级人民检察院报告。下级人民检察院对上一级人民检察院的决定有异议的,可以在执行的同时向上一级人民检察院报告。

第一百八十四条　人民检察院决定不予立案的,如果是被害人控告的,应当制作不立案通知书,写明案由和案件来源、决定不立案的原因和法律依据,由侦查部门在十五日以内送达控告人,同时告知本院控告检察部门。控告人如果不服,可以在收到不立案通知书后十日以内申请复议。

对不立案的复议,由人民检察院控告检察部门受理。控告检察部门应当根据事实和法律进行审查,并可以要求控告人、申诉人提供有关材料,认为需要侦查部门说明不立案理由的,应当及时将案件移送侦查监督部门办理。

人民检察院认为被举报人的行为未构成犯罪,决定不予立案,但需要追究其党纪、政纪责任的,应当移送有管辖权的主管机关处理。

第一百八十五条　人民检察院决定对人民代表大会代表立案,应当按照本规则第一百三十二条规定的程序向该代表所属的人民代表大会主席团或者常务委员会进行通报。

※法规解读:上述条文是关于人民检察院对直接受理的案件决定立案或不立案具体程序的规定。其中第 183 条规定了人民检察院决定立案的程序以及上一级人民检

察院对其立案决定进行审查和监督程序。第184条规定了人民检察院决定不立案的程序以及控告人不服时对不立案的复议程序。第185条规定了对人民代表大会代表立案的特殊要求。

《公安机关办理刑事案件程序规定》(2012年12月13日)

第一百七十五条 公安机关接受案件后,经审查,认为有犯罪事实需要追究刑事责任,且属于自己管辖的,经县级以上公安机关负责人批准,予以立案;认为没有犯罪事实,或者犯罪事实显著轻微不需要追究刑事责任,或者具有其他依法不追究刑事责任情形的,经县级以上公安机关负责人批准,不予立案。

对有控告人的案件,决定不予立案的,公安机关应当制作不予立案通知书,并在三日以内送达控告人。

第一百七十六条 控告人对不予立案决定不服的,可以在收到不予立案通知书后七日以内向作出决定的公安机关申请复议;公安机关应当在收到复议申请后七日以内作出决定,并书面通知控告人。

控告人对不予立案的复议决定不服的,可以在收到复议决定书后七日以内向上一级公安机关申请复核;上一级公安机关应当在收到复核申请后七日以内作出决定。对上级公安机关撤销不予立案决定的,下级公安机关应当执行。

第一百七十七条 对行政执法机关移送的案件,公安机关应当自接受案件之日起三日以内进行审查,认为有犯罪事实,需要追究刑事责任,依法决定立案的,应当书面通知移送案件的行政执法机关;认为没有犯罪事实,或者犯罪事实显著轻微,不需要追究刑事责任,依法不予立案的,应当说明理由,并将不予立案通知书送达移送案件的行政执法机关,相应退回案件材料。

第一百七十八条 移送案件的行政执法机关对不予立案决定不服的,可以在收到不予立案通知书后三日以内向作出决定的公安机关申请复议;公安机关应当在收到行政执法机关的复议申请后三日以内作出决定,并书面通知移送案件的行政执法机关。

※法规解读:上述条文是对公安机关接受案件后决定立案或不立案具体程序的规定。其中第175条明确了公安机关决定立案或不立案须经县级以上公安机关负责人批准,决定不立案时3日以内书面通知控告人。第176条规定了控告人不服不予立案决定时的复议和复核程序。第177条和第178条规定了对行政执法机关移送案件决定立案或不立案的具体程序,以及行政执法机关对不予立案决定不服时的复议程序。

关联法规索引

《最高人民法院、最高人民检察院、公安部、司法部关于依法惩治拐卖妇女儿童犯罪的意见》第6~8条;《最高人民法院、最高人民检察院、公安部、司法部关于依法惩治性侵害未成年人犯罪的意见》第11条;《最高人民法院、最高人民检察院、公安部关于开展集中打击拒不执行判决、裁定等犯罪行为专项行动有关工作的通知》六;《最高人民法院、最高人民检察院、公安部、司法部关于依法办理家庭暴力犯罪案件的意见》二、六;《最高人民法院、最高人民检察院、人力资源社会保障部、公安部关于加强涉嫌拒不支付劳动报酬犯罪案件查处衔接工作的通知》二(二);《最高人民检察院、公安部关于公安机关办理经济犯罪案件的若干规定》第15~26条;《公安部关于打击拐卖妇女儿童犯罪适用法律和政策有关问题的意见》一;《食品药品监管总局、公安部、最高人民法院、最高人民检察院、国务院食品安全办食品药品行政执法与刑事司法衔接工作办法》第9条;《公安机关受理行政执法机关移送涉嫌犯罪案件规定》第3~6条;《环境保护部、公安部、最高人民检察院环境保护行政执法与刑事司法衔接工作办法》第9条

第一百一十三条 【立案监督】人民检察院认为公安机关对应当立案侦查的案件而不立案侦查的,或者被害人认为公安机关对应当立案侦查的案件而不立案侦查,向人民检察院提出的,人民检察院应当要求公安机关说明不立案的理由。人民检察院认为公安机关不立案理由不能成立的,应当通知公安机关立案,公安机关接到通知后应当立案。

条文解读

本条是关于检察机关对公安机关立案监督的规定。

检察机关是国家的法律监督机关,在刑事诉讼中既承担公诉职能亦对整个刑事诉讼活动实施法律监督。立案是刑事诉讼的开始程序,当然也应当纳入检察监督的范围。因而1996年《刑事诉讼法》修改时增加了检察机关对公安机关不立案的监督,完善了刑事诉讼监督机制。依据本条,检察机关对公安机关立案监督的材料来源主要有两个方面:自己主动发现和接受被害人的申诉。检察机关认为公安机关应当立案而不立案的,有权要求公安机关说明不立案的理由。依据相关司法解释、法规,对人民检察院要求说明不立案理由的案件,公安机关应当在收到通知书后7日以内,对不立案的情况、依据和理由作出书面说明,回复人民检察院。公安机关作出立案决定的,应当将立案决定书复印件送达人民检察院。人民检察院通知公安机关立案的,公安机关应当在收到通知书后15日以内立案,并将立案决定书复印件送达人民检察院。

配套法规及解读

《人民检察院刑事诉讼规则(试行)》(2012年11月22日修订)

第五百五十二条 人民检察院依法对公安机关的刑事立案活动实行监督。

第五百五十三条 被害人及其法定代理人、近亲属或者行政执法机关,认为公安机关对其控告或者移送的案件应当立案侦查而不立案侦查,或者当事人认为公安机关不应当立案而立案,向人民检察院提出的,人民检察院应当受理并进行审查。

人民检察院发现公安机关可能存在应当立案侦查而不立案侦查情形的,应当依法进行审查。

人民检察院接到控告、举报或者发现行政执法机关不移送涉嫌犯罪案件的,应当向行政执法机关提出检察意见,要求其按照管辖规定向公安机关或者人民检察院移送涉嫌犯罪案件。

第五百五十四条 人民检察院控告检察部门受理对公安机关应当立案而不立案或者不应当立案而立案的控告、申诉,应当根据事实和法律进行审查,并可以要求控告人、申诉人提供有关材料,认为需要公安机关说明不立案或者立案理由的,应当及时将案件移送侦查监督部门办理。

第五百五十五条 人民检察院侦查监督部门经过调查、核实有关证据材料,认为需要公安机关说明不立案理由的,经检察长批准,应当要求公安机关书面说明不立案的理由。

有证据证明公安机关可能存在违法动用刑事手段插手民事、经济纠纷,或者利用立案实施报复陷害、敲诈勒索以及谋取其他非法利益等违法立案情形,尚未提请批准逮捕或者移送审查起诉的,经检察长批准,应当要求公安机关书面说明立案理由。

第五百五十六条 人民检察院进行调查核实,可以询问办案人员和有关当事人,查阅、复制公安机关刑事受案、立案、破案等登记表册和立案、不立案、撤销案件、治安处罚、劳动教养等相关法律文书及案卷材料。

第五百五十七条 人民检察院要求公安机关说明不立案或者立案理由,应当制作要求说明不立案理由通知书或者要求说明立案理由通知书,及时送达公安机关,并且告知公安机关在收到要求说明不立案理由通知书或者要求说明立案理由通知书后七日以内,书面说明不立案或者立案的情况、依据和理由,连同有关证据材料回复人民检察院。

第五百五十八条 公安机关说明不立案或者立案的理由后,人民检察院侦查监督部门应当进行审查,认为公安机关不立案或者立案理由不能成立的,经检察长或者检察委员会讨论决定,应当通知公安机关立案或者撤销案件。

侦查监督部门认为公安机关不立案或者立案理由成立的,应当通知控告检察部门,由其在十日以内将不立案或者立案的理由和根据告知被害人及其法定代理人、近亲属或者行政执法机关。

第五百五十九条 人民检察院通知公安机关立案或者撤销案件,应当制作通知立案书或者通知撤销案件书,说明依据和理由,连同证据材料送达公安机关,并且告知公安机关应当在收到通知立案书后十五日以内立案,对通知撤销案件书没有异议的应当立即撤销案件,并将立案决定书或者撤销案件决定书及时送达人民检察院。

第五百六十条 人民检察院通知公安机关立案或者撤销案件的,应当依法对执行情况进行监督。

公安机关在收到通知立案书或者通知撤销案件书后超过十五日不予立案或者既不提出复议、复核也不撤销案件的,人民检察院应当发出纠正违法通知书予以纠正。公安机关仍不纠正的,报上一级人民检察院协商同级公安机关处理。

公安机关立案后三个月以内未侦查终结的,人民检察院可以向公安机关发出立案监督案件催办函,要求公安机关及时向人民检察院反馈侦查工作进展情况。

第五百六十一条 对于由公安机关管辖的国家机关工作人员利用职权实施的重大犯罪案件,人民检察院通知公安机关立案,公安机关不予立案的,经省级以上人民检察院决定,人民检察院可以直接立案侦查。

第五百六十二条 对于公安机关认为人民检察院撤销案件通知有错误要求同级人民检察院复议的,人民检察院应当重新审查,在收到要求复议意见书和案卷材料后七日以内作出是否变更的决定,并通知公安机关。

对于公安机关不接受人民检察院复议决定提请上一级人民检察院复核的,上级人民检察院应当在收到提请复核意见书和案卷材料后十五日以内作出是否变更的决定,通知下级人民检察院和公安机关执行。

上级人民检察院复核认为撤销案件通知有错误的,下级人民检察院应当立即纠正;上级人民检察院复核认为撤销案件通知正确的,应当作出复核决定并送达下级公安机关。

第五百六十三条 人民检察院侦查监督部门或者公诉部门发现本院侦查部门对应当立案侦查的案件不报请立案侦查或者对不应当立案侦查的案件进行立案侦查的,应当建议侦查部门报请立案侦查或者撤销案件;建议不被采纳的,应当报请检察长决定。

※法规解读:上述条文是对人民检察院立案监督的细化规定。

主要内容有:(1)人民检察院依法享有对刑事立案活动的监督权。(2)人民检察院刑事立案监督的范围包括公安机关的立案活动、行政执法机关移送涉嫌犯罪案件的活动以及本院侦查部门的立案活动。(3)人民检察院的控告检察部门受理对公安机关立案活动的控告、申诉，认为需要公安机关说明不立案或者立案理由的，移送侦查监督部门办理。侦查监督部门认为需要公安机关说明不立案理由的，经检察长批准，应当要求公安机关书面说明不立案的理由。(4)人民检察院行使立案监督权时依法享有调查权。(5)人民检察院要求公安机关说明不立案或者立案理由及通知公安机关立案或撤销案件的具体程序。(6)人民检察院通知公安机关立案或者撤销案件的，依法对执行情况进行监督的措施和程序。(7)对于由公安机关管辖的国家机关工作人员利用职权实施的重大犯罪案件的立案管辖问题。此类案件，人民检察院通知公安机关立案，公安机关不予立案的，经省级以上人民检察院决定，人民检察院可以直接立案侦查。(8)公安机关认为人民检察院撤销案件通知有错误时的复议和复核程序。

《公安机关办理刑事案件程序规定》(2012年12月13日)

第一百七十九条 对人民检察院要求说明不立案理由的案件，公安机关应当在收到通知书后七日以内，对不立案的情况、依据和理由作出书面说明，回复人民检察院。公安机关作出立案决定的，应当将立案决定书复印件送达人民检察院。

人民检察院通知公安机关立案的，公安机关应当在收到通知书后十五日以内立案，并将立案决定书复印件送达人民检察院。

第一百八十条 人民检察院认为公安机关不应当立案而立案，提出纠正意见的，公安机关应当进行调查核实，并将有关情况回复人民检察院。

※法规解读：上述条文与《刑事诉讼法》《人民检察院刑事诉讼规则(试行)》中关于检察机关对公安机关立案监督的规定基本一致，进一步明确了公安机关对人民检察院要求说明不立案理由的案件，7日内书面回复。人民检察院通知公安机关立案的，公安机关应当15日内立案，并将立案决定书复印件送达人民检察院。人民检察院认为公安机关不应当立案而立案，提出纠正意见的，公安机关在调查核实后将有关情况回复人民检察院。

《最高人民法院、最高人民检察院、公安部、国家安全部、司法部、全国人大常委会法制工作委员会关于实施刑事诉讼法若干问题的规定》(2012年12月26日)

18. 刑事诉讼法第一百一十一条[1]规定："人民检察院认为公安机关对应当立案侦查的案件而不立案侦查的，或者被害人认为公安机关对应当立案侦查的案件而不立案侦查，向人民检察院提出的，人民检察院应当要求公安机关说明不立案的理由。人民检察院认为公安机关不立案理由不能成立，应当通知公安机关立案，公安机关接到通知后应当立案。"根据上述规定，公安机关收到人民检察院要求说明不立案理由通知书后，应当在七日内将说明情况书面答复人民检察院。人民检察院认为公安机关不立

---

〔1〕 现行《刑事诉讼法》第一百一十二条。

案理由不能成立,发出通知立案书时,应当将有关证明应当立案的材料同时移送公安机关。公安机关收到通知立案书后,应当在十五日内决定立案,并将立案决定书送达人民检察院。

※法规解读:该条规定了公安机关接到人民检察院要求说明不予立案理由通知书后的处理。

在刑事诉讼中人民检察院享有法律监督权。为此,当检察机关认为公安机关不立案决定不当的,有权进行监督。监督的方式即要求公安机关说明不立案理由。为了更好地对之间的程序进行衔接,本条进一步明确,公安机关有义务在收到说明不立案理由通知书后的7日内书面说明情况答复给检察机关。此处,限定了回复的时间和方式。检察机关若认为公安机关不立案的理由不能成立,有权直接通知公安机关立案。为了更好地帮助公安机关进行立案和侦查,检察机关在发出立案通知书时,也要将证明达到立案条件的材料一并移送公安机关。这充分体现了《刑事诉讼法》中所规定的配合关系。公安机关收到通知和材料后,有义务在15日内立案,并将立案情况反馈给检察机关。在检察机关对公安机关立案活动的监督中,体现出了检察机关监督的刚性。

关联法规索引

《最高人民检察院、公安部关于刑事立案监督有关问题的规定(试行)》;《最高人民法院、最高人民检察院、人力资源社会保障部、公安部关于加强涉嫌拒不支付劳动报酬犯罪案件查处衔接工作的通知》二(三)、(四);《食品药品监管总局、公安部、最高人民法院、最高人民检察院、国务院食品安全办食品药品行政执法与刑事司法衔接工作办法》第11条;《公安机关受理行政执法机关移送涉嫌犯罪案件规定》第10条;《环境保护部、公安部、最高人民检察院环境保护行政执法与刑事司法衔接工作办法》第11~15条;《最高人民检察院、公安部关于公安机关办理经济犯罪案件的若干规定》第27~30条

典型案例

湖南澧县出租车公司"非法经营"系列案[1]

※案情简介:2015年8月,湖南省澧县政府对出租车及出租车公司重新改组和招

〔1〕 案例根据《最高人民检察院发布九起检察机关加强产权司法保护典型案例》(2019年1月9日)之"典型案例五"整理。

标过程中，发现部分出租车存在私下转让经营权的情况，同时部分出租车主以政府改革导致自身利益受损为由，采取到县委县政府、省政府等地打标语、静坐等方式维权。8月18日，澧县公安局以非法经营罪对澧县市政宏运出租汽车中心等三家出租车公司立案侦查；对于某某等人分别以聚众冲击国家机关、聚众扰乱公共场所秩序立案侦查。部分出租车车主不服公安机关立案决定将情况反映至澧县人民检察院。澧县人民检察院经审查发现，涉案的三家出租汽车公司虽然存在私下转让经营权的情况，但并没有对出租车的正常营运造成不良影响，一直以来政府相关职能部门对其采取默许态度，双方均存在过错，现以涉嫌犯罪对上述公司进行刑事追究显失公平。另查明，于某某等人虽然表达诉求的方式不当，但其诉求有一定的合理性，其行为符合《刑法》关于"情节显著轻微危害不大，不认为是犯罪"的规定，公安机关不应作为刑事案件立案侦查。澧县人民检察院在向上级检察院汇报后，向公安机关发出要求说明立案理由通知书，公安机关于2015年12月3日对三家出租汽车公司非法经营案作撤销案件处理，12月7日对于某某等人聚众冲击国家机关、聚众扰乱公共场所秩序案做撤销案件处理。

※裁判要旨：出租车行业是社会服务的一个重要行业，澧县政府通过改革加强对出租车行业的规范化、标准化管理，是服务当地经济发展大局的重要举措。但在具体实施过程没有妥善处理一些民营企业经营权问题，以至于改革措施遭到部分利益受损人员的强烈抵制，并出现群体性维权上访现象，影响了出租车行业的良性发展和社会秩序稳定。澧县人民检察院针对这一案件，依法全面履行侦查监督职能，监督撤销了一批不应当立案而立案的案件，有力保障了涉事出租车公司和车主的合法权益。

第一百一十四条　【自诉案件的提起】对于自诉案件，被害人有权向人民法院直接起诉。被害人死亡或者丧失行为能力的，被害人的法定代理人、近亲属有权向人民法院起诉。人民法院应当依法受理。

条文解读

本条是对提起自诉的规定。

自诉是相对于公诉而言的。我国刑事诉讼实行公诉与自诉相结合的制度，对于一些比较严重、关系到社会安宁和国家稳定的犯罪，由国家提起公诉。对于一些比较轻微、主要涉及个人、家庭纠纷的犯罪，则将是否追诉的权利赋予被害人个人。因而自诉案件，是指被害人及其法定代理人、近亲属依照法律规定直接向人民法院起诉，要求追究被告人的刑事责任，人民法院直接受理的案件。

依据本法第210条之规定，自诉案件包括：(1)告诉才处理的案件；(2)被害人有证据证明的轻微刑事案件；(3)被害人有证据证明对被告人侵犯自己人身、财产权利的行为应当依法追究刑事责任，而公安机关或者人民检察院不予追究被告人刑事责任的案件。

被害人及其法定代理人近亲属提起自诉的，人民法院应当依法审查决定是否受理。如果被害人死亡、丧失行为能力或者因受到强制、威吓等原因无法告诉，或者是限制行为能力人以及由于年老、患病、盲、聋、哑等原因不能亲自告诉，其法定代理人、近亲属可以代为告诉。

由于自诉案件是直接进入审判程序，因而其立案条件略高于公诉案件。除前述本法第112条规定的立案条件同样适用于自诉案件之外，还应当根据《最高人民法院适用〈中华人民共和国刑事诉讼法〉的解释》第259条之规定，具备以下条件方能立案：(1)属于《刑事诉讼法》规定的自诉案件的范围。即符合《刑事诉讼法》第210条和本解释第1条的规定；(2)属于该法院管辖。符合本法第20条、第25条的关于刑事案件级别和地域管辖的规定；(3)被害人告诉。自诉案件国家将追诉犯罪的权力交付于被害人，没有被害人的告诉，人民法院就不能受理；(4)有明确的被告人、具体的诉讼请求和能证明被告人犯罪事实的证据。自诉案件因为没有经过侦查机关的侦查，所以在起诉时，自诉人应该提供初步的能证明被告人犯罪事实的证据。

关联法规索引

《刑事诉讼法》第210条；《刑法》第246条、第257条、第260条、第270条；《国务院关于促进市场公平竞争维护市场正常秩序的若干意见》(二十四)；《最高人民法院适用〈中华人民共和国刑事诉讼法〉的解释》第1条、第259条；《最高人民法院关于人民法院登记立案若干问题的规定》

第二章 侦　　查

本章介绍

侦查程序是刑事诉讼中重要的审前程序，在揭露和证实犯罪方面发挥着重要作用。侦查权由法律规定的主体按照分工行使。侦查是指公安机关、人民检察院对于刑事案件，依照法律进行收集证据、查明案情的工作和采取有关的强制性措施，本章从第115条到第168条，共计54个条文。根据本章的规定，刑事诉讼中的侦查行为包括讯问犯罪嫌疑人、询问证人、询问被害人、勘验、检查、搜查、查封、扣押、鉴定、技术性侦查措施、通缉等。案件侦查终结后，达到法定条件的移送检察机关审查起诉，达不到法定条件或者侦查过程中遇有法定特殊情况的，由侦查机关撤销案件。

第一节 一般规定

第一百一十五条 【侦查的任务】公安机关对已经立案的刑事案件，应当进行侦查，收集、调取犯罪嫌疑人有罪或者无罪、罪轻或者罪重的证据材料。对现行犯或者重大嫌疑分子可以依法先行拘留，对符合逮捕条件的犯罪嫌疑人，应当依法逮捕。

条文解读

本条是关于公安机关刑事侦查工作的主要内容的规定。

在刑事诉讼中，很多专门机关享有侦查权。根据法律规定，国家安全机关负责侦查危害国家安全的案件，军队保卫部门对军队内部发生的刑事案件行使侦查权，监狱负责侦查在监狱内发生的刑事案件，中国海警局对海上发生的刑事案件行使侦查权，等等。除法律另有规定的以外，绝大多数刑事案件均由公安机关立案侦查。各专门机关在各自的职权范围内行使侦查权时，有权依法对于刑事案件，依照法律进行收集证据、查明案情的工作和采取有关的强制性措施。侦查机关在办理刑事案件的过程中，有义务运用法律规定的方法和手段，遵循全面、及时、客观的原则收集与案件相关的资料，包括有罪、无罪、罪轻或者罪重的证据。在侦查案件的过程中，为了保障追诉活动的顺利进行,侦查机关有权根据犯罪嫌疑人的情况、案件进展以及根据法律规定采取有关的强制措施,包括拘留和逮捕。

配套法规及解读

《公安机关办理刑事案件程序规定》(2012年12月13日修订)

第一百八十七条　公安机关对已经立案的刑事案件,应当及时进行侦查,全面、客观地收集、调取犯罪嫌疑人有罪或者无罪、罪轻或者罪重的证据材料。

※法规解读:本条规定了公安机关开展刑事侦查的任务。

具体而言,该条文包括以下内容:第一,立案是刑事诉讼程序的开端,公安机关对于已经办理立案手续的案件,有义务进行侦查,此乃公安机关的职责所在。第二,公安机关的侦查活动围绕收集、调取证据展开。"打官司,就是打证据"。刑事追诉没有证据,一切都是空谈和妄想。因此侦查活动以证据为中心进行。公安机关收集证据的主要原则为"全面""客观"。刑事诉讼既要追诉犯罪,同时也要保护无辜。因而只有全面、客观地取得犯罪嫌疑人有罪或者无罪、罪轻或者罪重的证据材料,才能正确地认识案情,是确保侦查正确性的必然选择。

第一百八十九条　公安机关侦查犯罪,应当严格依照法律规定的条件和程序采取强制措施和侦查措施,严禁在没有证据的情况下,仅凭怀疑就对犯罪嫌疑人采取强制措施和侦查措施。

※法规解读:本条规定了侦查法制原则。

刑事侦查权的运用直接关乎公民的人身权利、民主权利和其他合法权利。侦查法治原则强调侦查机关要严格按照法律赋权的范围行使侦查权,不得越权和滥用权力开展侦查。同时也明令侦查机关应当严格依照法定的条件和程序开展侦查活动,包括侦查措施及强制措施的选用。刑事立案、侦查及侦查活动的开展都需要建立在证据的基础上,任何主观臆断和无端的怀疑,都有可能成为错案的源头,因此必须严格树立证据意识,以证据指导侦查工作的开展。

关联法规索引

《全国人民代表大会常务委员会关于国家安全机关行使公安机关的侦查、拘留、预审和执行逮捕的职权的决定》;《全国人民代表大会常务委员会关于中国人民解放军保卫部门对军队内部发生的行使公安机关的侦查、拘留、预审和执行逮捕职权的决定》;《第十二届全国人民代表大会第一次会议关于国务院机构改革和职能转变方案的决定》;《海关法》第4条;《检察官法》第6条;《最高人民法院、最高人民检察院、公安部等关于走私犯罪侦查机关办理走私犯罪案件适用刑事诉讼程序若干问题的通知》;《最高人民法院、最高人民检察院、公安部、国家安全部、司法部关于办理死刑案件审查判断证据若干问题的规定》第3条;《最高人民法院、最高人民检察院、公安部、国家安全部、司法部关于规范量刑程序若干问题的意见(试行)》第2条

第一百一十六条 【预审】公安机关经过侦查,对有证据证明有犯罪事实的案件,应当进行预审,对收集、调取的证据材料予以核实。

条文解读

本条是关于预审的规定。

根据《刑事诉讼法》第3条的规定,公安机关有权对刑事案件进行侦查、拘留、执行逮捕和预审。公安机关经过侦查,并且已经掌握了一定的证据,在能够证明犯罪事实的情况下,就应当对案件进行预审。预审的目的在于对已经取得的证据材料进行核实。预审是侦查机关审查核实证据,进一步明晰案情的重要手段。需要注意的是,根据相关法律的规定,预审并非仅仅为公安机关的职权,凡是享有侦查权的机关,对于其所办理的案件都享有预审权力。

配套法规及解读

《公安机关办理刑事案件程序规定》(2012年12月13日修订)

第一百八十八条 公安机关经过侦查,对有证据证明有犯罪事实的案件,应当进行预审,对收集、调取的证据材料的真实性、合法性及证明力予以审查、核实。

※法规解读:本条是对公安机关预审及审查、核实证据的规定。

预审是公安机关的一项职权。侦查本质上也是一种调查,经过一系列专门的调查活动,对于有证据证明有犯罪事实的案件,公安机关有义务对收集、调取证据材料进行审查、核实,按照证据的"三性"(客观性、关联性及合法性)对证据材料进行审查,并注意区分不同证据材料证明力的大小及强弱,以此对案件进行全面、系统的了解和认识。

关联法规索引

《反间谍法》第8条;《国家安全法》第42条;《全国人民代表大会常务委员会关于国家安全机关行使公安机关的侦查、拘留、预审和执行逮捕的职权的决定》;《海关法》

第4条;《最高人民检察院、公安部关于加强检察公安机关相互联系的通知》;《最高人民法院、最高人民检察院、公安部等关于走私犯罪侦查机关办理走私犯罪案件适用刑事诉讼程序若干问题的通知》第3条

第一百一十七条　【申诉控告情形】 当事人和辩护人、诉讼代理人、利害关系人对于司法机关及其工作人员有下列行为之一的,有权向该机关申诉或者控告:

(一)采取强制措施法定期限届满,不予以释放、解除或者变更的;

(二)应当退还取保候审保证金不退还的;

(三)对与案件无关的财物采取查封、扣押、冻结措施的;

(四)应当解除查封、扣押、冻结不解除的;

(五)贪污、挪用、私分、调换、违反规定使用查封、扣押、冻结的财物的。

受理申诉或者控告的机关应当及时处理。对处理不服的,可以向同级人民检察院申诉;人民检察院直接受理的案件,可以向上一级人民检察院申诉。人民检察院对申诉应当及时进行审查,情况属实的,通知有关机关予以纠正。

条文解读

本条共有2款,是关于当事人、辩护人、诉讼代理人、利害关系人对司法机关及其工作人员违法行使职权行为申诉控告权的规定。

根据本条第1款的规定,在侦查过程中享有申诉控告权的主体为:当事人、辩护人、诉讼代理人、利害关系人。申诉控告的主要原因为司法机关及其工作人员在侦查过程中违法行使职权,侵犯其合法权益,具体包括:采取强制措施法定期限届满,不予以释放、解除或者变更的;应当退还取保候审保证金不退还的;对与案件无关的财物采取查封、扣押、冻结措施的;应当解除查封、扣押、冻结不解除的;贪污、挪用、私分、调换、违反规定适用查封、扣押、冻结的财物的。

第2款规定了对申诉控告的处理。对当事人、辩护人、诉讼代理人、利害关系人的申诉控告由侵犯其合法权益的司法机关先行处理。申诉人或者控告人对处理意见不服的,或者司法机关没有依法予以处理的,还可以向同级人民检察院提出申诉,以进一步救济自己的权益。如果案件本身就是由人民检察院直接受理的,申诉人或者控告人对处理意见不服时,可以向上一级人民检察院提出申诉。受理相关主体申诉的人民检察院也应当及时进行审查并处理。若认定申诉或者控告情况属实的,人民检察院应当通知有关机关纠正。人民检察院受理相关申诉并进行审查,增加了人民检察院对侦查

行为进行监督的途径,加大了侦查监督的力度。

配套法规及解读

《公安机关办理刑事案件程序规定》(2012年12月13日修订)

第一百九十一条 当事人和辩护人、诉讼代理人、利害关系人对于公安机关及其侦查人员有下列行为之一的,有权向该机关申诉或者控告:

(一)采取强制措施法定期限届满,不予以释放、解除或者变更的;

(二)应当退还取保候审保证金不退还的;

(三)对与案件无关的财物采取查封、扣押、冻结措施的;

(四)应当解除查封、扣押、冻结不解除的;

(五)贪污、挪用、私分、调换、违反规定使用查封、扣押、冻结的财物的。

受理申诉或者控告的公安机关应当及时进行调查核实,并在收到申诉、控告之日起三十日以内作出处理决定,书面回复申诉人、控告人。发现公安机关及其侦查人员有上述行为之一的,应当立即纠正。

第一百九十二条 上级公安机关发现下级公安机关存在本规定第一百九十一条第一款规定的违法行为或者对申诉、控告事项不按照规定处理的,应当责令下级公安机关限期纠正,下级公安机关应当立即执行。必要时,上级公安机关可以就申诉、控告事项直接作出处理决定。

※法规解读:上述条文规定了对违法侦查行为的申诉、控告及处理。

第一,有权对公安机关及其侦查人员的违法侦查行为进行申诉、控告的主体:当事人、辩护人、诉讼代理人以及案件中的利害关系人。

第二,违法侦查行为的情形:违法采取强制措施、违法对财产采取强制性措施的、违法处分涉案财物等五种。

第三,处理申诉、控告的期限:自收到申诉、控告之日起30日内。

第四,申诉、控告处理决定的告知义务。受理申诉、控告的公安机关有义务将处理决定以书面的形式告知申诉人、控告人。

第五,公安机关及侦查人员纠正违法侦查行为的义务。公安机关及侦查人员应当严格依法履行职权,发现违法行为有义务及时纠正,对违法行为的纠正并不以申诉、控告的存在为前提。

第六,上级公安机关享有对下级纠正违法情况的监督权和直接处理权。

关联法规索引

《宪法》第41条;《看守所条例》第42条;《最高人民检察院、最高人民法院、公安部、国家安全部关于严格执行刑事案件办案期限切实纠正超期羁押问题的通知》第4条;《最高人民检察院关于清理和纠正检察机关直接受理侦查案件超期羁押犯罪嫌疑人问题的通知》第4条;《最高人民检察院、最高人民法院、公安部关于严格执行刑事诉讼法关于对犯罪嫌疑人、被告羁押期限的规定坚决纠正超期羁押问题的通知》第6条;《最高人民检察院、公安部关于适用刑事强制措施有关问题的规定》第37条;《最高人民检察院办公厅关于对合同诈骗、侵犯知识产权等经济犯罪案件依法正确适用逮捕措施的通知》第5条;《最高人民检察院关于进一步加强公诉工作的决定》第7条;《最高人民检察院关于在检察工作中防止和纠正超期羁押的若干规定》第3条;《最高人民法院、最高人民检察院、公安部、司法部关于进一步严格依法办案确保办理死刑案件质量的意见》第13条;《检察人员执法过错责任追究条例》第7条;《最高人民检察院关于进一步加强对诉讼活动法律监督工作的意见》第6条;《人民检察院扣押、冻结涉案款物工作规定》第22条;《关于对司法工作人员在诉讼活动中的渎职行为加强法律监督的若干规定(试行)》第3条;《人民检察院刑事诉讼规则(试行)》第5条、第57条、第138条、第157条;《最高人民法院关于国家赔偿案件立案工作的规定》第1条;《关于国家赔偿案件案由的规定》第9条;《人民检察院受理控告申诉依法导入法律程序实施办法》第15条;《最高人民检察院关于依法保障律师执业权利的规定》第11条、第12条;《人民检察院刑事诉讼涉案财物管理规定》第32条;《公安机关办理刑事案件适用查封、冻结措施有关规定》第51条;《公安机关刑事案件现场勘验检查规则》第60条

第二节 讯问犯罪嫌疑人

第一百一十八条 【讯问主体、地点】讯问犯罪嫌疑人必须由人民检察院或者公安机关的侦查人员负责进行。讯问的时候,侦查人员不得少于二人。

犯罪嫌疑人被送交看守所羁押以后,侦查人员对其进行讯问,应当在看守所内进行。

条文解读

本条共有2款,是关于讯问主体及讯问地点的规定。

第1款是关于讯问主体的规定。讯问犯罪嫌疑人是重要的侦查措施。虽然本条

第1款只提到了人民检察院和公安机关,但是根据相关刑事法律的规定,讯问由享有侦查权的机关在各自的职权范围内进行,但需是侦查人员。非法定的侦查机关、法定侦查机关非在其职权范围内,或者虽是侦查机关工作人员,但非侦查人员均不是合法、适格的讯问主体。为了确保讯问人员的人身安全,讯问程序及讯问结果的正当性,讯问时侦查人员人数不得少于二人。

第2款为新增条款,规定了讯问被羁押犯罪嫌疑人的地点。犯罪嫌疑人被拘留或者逮捕的,按照法律规定应送交看守所进行羁押。一旦犯罪嫌疑人被送交看守所羁押后,讯问只能在看守所内进行。即羁押后对犯罪嫌疑人进行讯问的合法地点只能是看守所。本款是2012年《刑事诉讼法》修订新增加的内容,旨在遏制非法讯问行为的发生。

配套法规及解读

《人民检察院刑事诉讼规则(试行)》(2012年11月22日修订)

第一百九十二条 讯问犯罪嫌疑人,由检察人员负责进行。讯问的时候,检察人员不得少于二人。讯问同案的犯罪嫌疑人,应当分别进行。

《公安机关办理刑事案件程序规定》(2012年12月13日修订)

第一百九十七条 讯问犯罪嫌疑人,必须由侦查人员进行。讯问的时候,侦查人员不得少于二人。

讯问同案的犯罪嫌疑人,应当个别进行。

※法规解读:以上条文是关于讯问主体的规定。

根据上述两个条文,讯问犯罪嫌疑人的主体应当是侦查机关的侦查人员。必须注意的是,并非在侦查机关工作的人员都有资格讯问犯罪嫌疑人,必须是在侦查机关从事侦查工作的侦查人员。讯问犯罪嫌疑人时,侦查人员的数量至少为二人。两名以上侦查人员对犯罪嫌疑人进行讯问,一方面确保讯问过程的安全性和正当性,另一方面多人讯问,也可以相互补充,确保讯问取得最大成效。

案件涉及多个犯罪嫌疑人的,讯问必须个别进行。以防止嫌疑人之间串供,影响犯罪追诉。

典型案例

潘某某、杨某某故意伤害案[1]

※案情简介：2014年5月6日23时30分，杨某某、潘某某及“九”（龙某某，未到案）在凯里市环城东路“百老汇夜总会”娱乐出来到该夜总会门口附近的水果摊时，杨某某与买水果的申某某因碰撞发生口角，后申某某被朋友熊某拉走。申某某走后发现钱丢失在水果摊，一人返回。“九”问杨某某：“那人是不是找刀来搞？”杨某某说：“他拿东西来了，我们就打他×××。”于是三人上前对申某某拳打脚踢，后用水果刀将申某某捅伤。申某某的朋友赶来后，三人逃离现场。在逃离现场过程中，杨某某、潘某某被抓获。经法医鉴定，申某某左胸被捅两刀，评定为重伤二级；右肩胛损伤评定为轻微伤。申某某受伤后，于2014年5月7日到贵阳医学院第二附属医院住院治疗，同年5月30日出院，住院23天，支付医疗费54,305.34元（含潘某某亲属预付款2000.00元），另支付其他费20.00元。

一审法院经过审理后判决：一、被告人潘某某犯盗窃罪，判处有期徒刑八年十一个月，并处罚金八万元；犯故意伤害罪，判处有期徒刑三年七个月。刑期总和十二年六个月，罚金八万元，决定执行有期徒刑十二年，罚金八万元。二、被告人杨某某犯故意伤害罪，判处有期徒刑四年十个月。三、移送的犯罪工具水果刀一把，予以没收。四、被告人潘某某、杨某某连带赔偿附带民事诉讼原告人申某某物质损失六万元。

一审宣判后，被告人潘某某、杨某某不服，提出上诉。潘某某的上诉理由为：本人只盗窃两次，不是一审判决认定的四次；且一审判决未认定潘某某是盗窃犯罪中的从犯，属认定事实不清，一审判决量刑过重。杨某某的上诉理由为：本人不是故意伤害共同犯罪中的主犯，被害人的刀伤不是本人所致。二上诉人均请求撤销一审判决并依法减轻二上诉人的刑事责任。

潘某某的辩护人潘某的辩护意见为：一审法院认定潘某某盗窃七次的证据仅为上诉人本人的供述，同案犯潘某保、吴某某的供述及湖南省长沙市天心区人民法院（2013）天刑初字第425号刑事判决。因同案犯的供述只能认定为被告人本人供述，天心区人民法院判决只能证明潘某保的犯罪行为，不能证明潘某某的犯罪行为，并且潘某某本人的有罪供述只有一次，且是在办案机关的办案室，而不是看守所进行的讯问，讯问地点不符合法律规定。故一审法院认定潘某某盗窃七次系事实不清、证据不足。且潘某某犯盗窃罪只是从犯，一审对其犯盗窃罪的量刑过重。在共同故意伤害的犯罪

[1] 本案根据黔东南苗族侗族自治州中级人民法院二审（2015）黔东刑终字第155号裁定书整理。

中,上诉人系醉酒状态下参与的犯罪行为,其主观恶性小,没有事先预谋,也没有使用任何凶器,受害人的伤情系被其他被告人持刀伤害,受害人也存在一定过错。故一审判决认定事实不清,定罪量刑过重,请求二审法院依法改判。

检察员的检察意见为:一审认定上诉人犯故意伤害罪,事实清楚,证据确实充分。本案是杨某某引发口角的。被害人在本案中没有过错。二人被抓获至讯问时已经过了很长一段时间,潘某某供述也说他已经醒酒了。并且潘某某说自己用的是另一个名字,说明潘某某在这个时候具有反侦察意识。供述中很清楚地描述了相关细节,这些细节和其他证人证言能够印证。杨某某辩解说虽是自己引发了争议,但是没有提议要打被害人。杨某某是争议的引发者,也是伤害的实施者,一审认定其是主犯是正确的。潘某某系故意伤害罪的从犯,根据法律规定从犯不一定要减轻处罚,并且潘某某还是累犯故一审对其量刑正确。当然如果两个被告人对被害人进行赔偿了可以对其从轻处罚。至于辩护人提到的潘某某犯盗窃罪公安机关对其讯问地点的问题,根据相关法律规定,对潘某某的第一次讯问是在被传唤的时间内,同时也在公安机关的办案场所进行的讯问。讯问内容也是得到了潘某某的签字认可的,潘某某是有个犯罪前科的人,知道笔录的重要性,他有初中文化,他是可以看清笔录记载的内容。故潘某某的供述在程序上是合法的,并且内容真实,不存在刑讯逼供的可能。同时同案犯吴某某、潘某保的供述均是在潘某某供述之后,故不存在公安机关拿潘某保的交代来诱供潘某某的事实。一审认定潘某某盗窃七起事实,不仅有其他两个被告人的供述,还有其他相关物证和作案工具,本案还有多种证据证明潘某某盗窃七起的事实。一审认定事实清楚,证据确实充分,审判程序合法。

二审法院经过审理后认为:被告人潘某某以非法占有为目的,伙同他人秘密窃取单位数额巨大的财物,其行为已侵犯了公共财产的所有权,构成盗窃罪,被告人潘某某、杨某某伙同他人因琐事非法损害公民身体,致人重伤,二被告人的行为已侵犯了公民的身体健康权利,构成故意伤害罪,依法应当追究二上诉人的刑事责任。对上诉人潘某某的上诉理由,经查:一审认定被告人潘某某犯盗窃罪的次数为七次,不仅仅基于上诉人本人的供述,同案犯潘某保、吴某某的供述及湖南省长沙市天心区人民法院(2013)天刑初字第425号刑事判决,更有被盗现场堪察笔录,现场提取笔录,同案被告人指认现场笔录,扣押清单及辩论笔录予以证明,并且潘某某供述也供认自己参与盗窃十一次,以上证据共同指向上诉人潘某某参与了七次盗窃的犯罪事实,故上诉人及其辩护人提出的潘某某只参与两起盗窃的上诉理由不能成立。本院不予以采纳。至于辩护人提出的潘某某本人供述存在讯问地点不合法的问题,因办案机关在依法传讯的12小时内在公安机关办案场所进行讯问,根据《刑事诉讼法》第118条第2款的规定:犯罪嫌疑人被送交看守所羁押以后,侦查人员对其进行讯问,应当在看守所进行。

但对被送交看守所之前的讯问法律并无明文规定,公安机关在依法传唤的12小时内在其办案场所进行讯问并无不当,故辩护人的该辩护意见不能成立,本院不予以采纳。对潘某某及其辩护人提出的一审未认定潘某某是盗窃犯罪中的从犯,一审量刑过重的上诉理由,经查,在盗窃犯罪中,潘某某与另两名同犯基于不同分工,相互配合,积极参与,共同分赃,三人均是盗窃罪的主犯。一审基于潘某某系累犯的事实予以相应刑罚体现了罪责相适应原则,量刑适当,故该上诉理由不能成立,本院不予采纳。对杨某某提出的自己不是故意伤害罪的主犯的上诉理由,经查:杨某某供述自己系故意伤害犯意的提起者,同案犯潘某某供认杨某某系积极参与者(先供认看见杨某某用水果刀将受害人胸口捅了一刀,后又说因没有看清楚,应该是杨某某所杀),同案犯"九"(龙某某)逃脱并不影响对杨某某与潘某某的定罪量刑。故一审认定杨某某系主犯认定正确,上诉人的该上诉理由不能成立。本院不予采纳。原判认定的事实清楚,适用法律正确,量刑适当,审判程序合法。

※**裁判要旨**:本案中,潘某某的辩护人提出了一项辩护意见:讯问地点的非法性问题。辩护人认为,根据《刑事诉讼法》第118条的规定,讯问应当在看守所内进行。本案中,侦查机关对潘某某的第一次讯问的确是在办案机关的办案室内进行的,当时对潘某某采用的是传唤,《刑事诉讼法》第119条规定,对不需要逮捕、拘留的犯罪嫌疑人,可以传唤到犯罪嫌疑人所在市、县内的指定地点或者到他的住处进行讯问。因此,在办案机关的办案室内进行讯问并不违反法律规定。而且,《刑事诉讼法》第118条强调在看守所内进行的讯问,需是在犯罪嫌疑人被送交看守所羁押之后,即犯罪嫌疑人被采用拘留或者逮捕的强制措施之后。在未对其采用拘留或者逮捕强制措施,并将其送到看守所羁押之前,对犯罪嫌疑人的讯问不可能是在看守所内进行的。因此,潘某某辩护人有关讯问地点合法性的质疑是不成立的。

《刑事诉讼法》中对于讯问地点的约束和限制,旨在保障被讯问人的合法权益。但也必须在合乎事情进展逻辑的前提下进行,并非要求所有的讯问都必须在看守所内进行。这一点是需要注意的。根据《刑事诉讼法》第118条第2款规定,理论上,只有犯罪嫌疑人被采用羁押性强制措施的情况下,并且已经送入看守所羁押后,对犯罪嫌疑人的讯问才应当在看守所内进行。

关联法规索引

《监察法》第41条;《看守所条例》第19条;《最高人民法院、最高人民检察院、公安部、司法部关于进一步严格依法办案确保办理死刑案件质量的意见》第11条;《最高人民法院、最高人民检察院、公安部、国家安全部、司法部关于办理死刑案件审查判断证据若干问题的规定》第18条、第20条、第21条;《人民检察院讯问职务犯罪嫌疑人实行

全程同步录音录像的规定》第3条

第一百一十九条 【讯问地点、时间】 对不需要逮捕、拘留的犯罪嫌疑人，可以传唤到犯罪嫌疑人所在市、县内的指定地点或者到他的住处进行讯问，但是应当出示人民检察院或者公安机关的证明文件。对在现场发现的犯罪嫌疑人，经出示工作证件，可以口头传唤，但应当在讯问笔录中注明。

传唤、拘传持续的时间不得超过十二小时；案情特别重大、复杂，需要采取拘留、逮捕措施的，传唤、拘传持续的时间不得超过二十四小时。

不得以连续传唤、拘传的形式变相拘禁犯罪嫌疑人。传唤、拘传犯罪嫌疑人，应当保证犯罪嫌疑人的饮食和必要的休息时间。

条文解读

本条共有3款，是关于适用传唤和拘传方式讯问犯罪嫌疑人的规定。

在刑事诉讼中，传唤是司法机关通知犯罪嫌疑人、被告人于指定的时间、地点到案的一种措施。传唤的目的是保证刑事诉讼活动的顺利进行。传唤必须使用“传票”，传票应先期送达被传唤人。受传唤人应按传唤要求准时到案。无正当理由拒绝到案的，要承担法律责任。对经依法传唤而拒绝到案的犯罪嫌疑人，侦查机关可以依法采取拘传措施，强制犯罪嫌疑人到案。需要拘留或者逮捕犯罪嫌疑人的，也可以在拘传后变更强制措施。

根据本条第1款的规定，传唤的适用对象为不需要拘留或者逮捕的犯罪嫌疑人。传唤的主要目的在于要求其到指定地点接受讯问。使用传唤方式讯问犯罪嫌疑人，讯问的地点可以是犯罪嫌疑人所在市、县内的指定地点或者到他的住处。讯问时，侦查人员需要向被讯问人（被传唤人）表明身份，出示人民检察院或者公安机关的证明文件。

侦查机关的传唤除了书面形式，还可以采用口头形式。与书面传唤不同，口头传唤相对简易、灵活。但是口头传唤只适用于在犯罪现场发现犯罪嫌疑人的情况。这意味着情况具有紧迫性，不及时进行讯问将贻误战机。口头传唤时，讯问人必须出示工作证件，表明身份，并且讯问也要符合讯问程序的其他相关规则。采用口头方式传唤的，应当在讯问笔录中注明。

本条第2款规定了传唤和拘传的时限。一般情况下，从犯罪嫌疑人到案时开始计算，传唤或者拘传的时间最长为12小时。需要注意的是，本条款中特别延长了特殊情况下传唤和拘传的时限。特殊情况主要是指案情特别重大、复杂，需要采取拘留或者逮捕强制措施的,传唤和拘传的持续时间最长可以延长至24小时。

传唤和拘传都是为了进行讯问,因此只要是犯罪嫌疑人到案接受了讯问,传唤或者拘传的目的就达到了。连续传唤或者拘传不仅有悖于传唤和拘传的初衷,也侵犯了被传唤或拘传人的合法权益。所以根据本条第3款的规定,任何假借传唤或者拘传形式的变相拘禁都应当禁止。侦查机关有义务保障在此期间被传唤或者拘传人的基本权益。根据人的正常生理和心理需要,饮食和休息都是必需的,在国际上,疲劳战术也被认为是一种刑讯。为此,本条款特别增加了关于保证犯罪嫌疑人饮食和必要的休息时间的规定。

配套法规及解读

《人民检察院刑事诉讼规则(试行)》(2012年11月22日修订)

第一百九十三条 对于不需要逮捕、拘留的犯罪嫌疑人,经检察长批准,可以传唤到犯罪嫌疑人所在市、县内的指定地点或者到他的住处进行讯问。

传唤犯罪嫌疑人,应当向犯罪嫌疑人出示传唤证和侦查人员的工作证件,并责令犯罪嫌疑人在传唤证上签名、捺指印。

犯罪嫌疑人到案后,应当由其在传唤证上填写到案时间。传唤结束时,应当由其在传唤证上填写传唤结束时间。拒绝填写的,侦查人员应当在传唤证上注明。

对在现场发现的犯罪嫌疑人,经出示工作证件,可以口头传唤,并将传唤的原因和依据告知被传唤人。在讯问笔录中应当注明犯罪嫌疑人到案经过、到案时间和传唤结束时间。

本规则第八十一条第二款的规定适用于传唤犯罪嫌疑人。

第一百九十四条 传唤犯罪嫌疑人时,其家属在场的,应当当场将传唤的原因和处所口头告知其家属,并在讯问笔录中注明。其家属不在场的,侦查人员应当及时将传唤的原因和处所通知被传唤人家属。无法通知的,应当在讯问笔录中注明。

《公安机关办理刑事案件程序规定》(2012年12月13日修订)

第一百九十三条 公安机关对于不需要拘留、逮捕的犯罪嫌疑人,经办案部门负责人批准,可以传唤到犯罪嫌疑人所在市、县内的指定地点或者到他的住处进行讯问。

第一百九十四条 传唤犯罪嫌疑人时,应当出示传唤证和侦查人员的工作证件,并责令其在传唤证上签名、捺指印。

犯罪嫌疑人到案后,应当由其在传唤证上填写到案时间。传唤结束时,应当由其在传唤证上填写传唤结束时间。犯罪嫌疑人拒绝填写的,侦查人员应当在传唤证上注明。

对在现场发现的犯罪嫌疑人,侦查人员经出示工作证件,可以口头传唤,并将传唤的原因和依据告知被传唤人。在讯问笔录中应当注明犯罪嫌疑人到案方式，并由犯罪嫌疑人注明到案时间和传唤结束时间。

对自动投案或者群众扭送到公安机关的犯罪嫌疑人，可以依法传唤。

※法规解读：以上条文是关于使用传唤方式讯问犯罪嫌疑人的规定。

通常情况下，传唤应当使用书面形式。《人民检察院刑事诉讼规则（试行）》和《公安机关办理刑事案件程序规定》中明确规定，传唤犯罪嫌疑人应当出示传唤证，并且表明身份，并责令犯罪嫌疑人在传唤通知书上签名或者盖章。犯罪嫌疑人到案后，应当由其在传唤证上填写到案时间。讯问结束时，亦应当由其在传唤证上填写讯问结束时间。以便能够清晰地计算传唤持续时间。犯罪嫌疑人拒绝填写的，侦查人员应当在传唤证上注明。

2012年《刑事诉讼法》中增加了口头传唤的规定，亦即无证传唤，该种传唤形式仅适用于在现场发现的犯罪嫌疑人，侦查人员只需要出示工作证件就可以采用此种方式，方便快捷。由于是口头传唤，因此需将传唤的原因及法律依据告知被传唤人，同时在讯问犯罪嫌疑人的笔录中标明到案的方式，以及到案及传唤结束时间。

传唤的持续时间虽然不长，但是《人民检察院刑事诉讼规则（试行）》中还是注意到了告知家属的问题，传唤时家属在现场的，当场就应当告知传唤的原因和处所，传唤时家属不在现场的，也应当及时告知相关情况。

传唤的目的在于讯问犯罪嫌疑人，每次传唤的持续时间都有明确的限定，一般情况下为12小时，2012年《刑事诉讼法》中新增加了案情特别重大、复杂，需要采取拘留、逮捕措施的，传唤、拘传持续的时间最长可为24小时的规定。讯问结束，或者达到法定的最长时限，传唤就应当结束，严禁以任何形式和理由以连续传唤的形式变相拘禁犯罪嫌疑人。

典型案例

杨某醉酒驾驶机动车案〔1〕

※案情简介：2011年5月2日20时许，杨某（未取得机动车驾驶证）驾驶一辆无号牌的五菱牌普通货车，沿鄢陵县花溪大道由南向北行驶时，与路边停放的一辆轿车相撞。鄢陵县公安局交警大队接到报警后迅速出警，民警到达现场后，发现杨某身上有酒气，即使用呼气酒精含量检测仪对杨某进行呼气测试，仪器显示其酒精含量为160

〔1〕 本案例根据《公安部关于公安机关办理醉酒驾驶机动车犯罪案件的指导意见》（公交管〔2011〕190号，2011年9月19日）的附件《办理醉酒驾驶机动车犯罪案件》中的“案例一”整理。

毫克/百毫升，涉嫌醉酒驾驶机动车。民警立即打印了呼气酒精测试单，测试单记录了当事人姓名、身份证件种类及号码、查获时间和地点、测试值等内容，测试单由民警刘某、张某分别签名后交杨某签名确认。其间，民警对事故现场进行了全面勘查，并拍摄了人车合一的照片。

鉴于杨某涉嫌醉酒驾驶机动车，民警依法扣留了交通事故车辆，并现场对杨某进行口头传唤。5月2日20时40分，民警将杨某带至许昌市法医临床司法鉴定所抽血检验，医务人员对杨某提取了两份血样，办案民警分别装入物证密封袋，注明了驾驶人姓名、提取时间、血样用途，由杨某及民警刘某和张某以及抽血的医务人员在密封袋封口处签名。之后，民警将杨某带至交警大队，在约束其酒醒后，对其进行了第一次询问，并制作了询问笔录。同时，还核查了杨某未取得机动车驾驶证驾驶机动车的事实。根据《道路交通安全法》第99条的规定，当日，对其作出行政拘留15日的处罚。5月6日，许昌市法医临床司法鉴定所出具了检验报告，杨某血液酒精含量为156毫克/百毫升，办案民警将检验结论通知书送达杨某，同时，经报请鄢陵县公安局负责人批准，对杨某以涉嫌危险驾驶罪立案侦查，并依法采取了刑事拘留措施，将杨某送至鄢陵县看守所羁押。拘留期间，办案民警对杨某进行了讯问，制作了讯问笔录。收集了与杨某一起喝酒的朋友以及另一方事故当事人的证人证言，证明杨某有酒后驾驶机动车的事实。5月8日，因案件侦查需要，经鄢陵县公安局负责人批准，对杨某延长拘留4日。

5月9日，案件侦查终结。鄢陵县公安局制作了《起诉意见书》，以涉嫌危险驾驶罪将杨某醉酒驾驶机动车的案件材料移送至鄢陵县人民检察院审查起诉。鄢陵县人民检察院对公安机关移送的案件进行了审查。5月10日，鄢陵县人民检察院以危险驾驶罪向鄢陵县人民法院对杨某提起公诉，并提交了《起诉书》。5月13日，鄢陵县人民法院对杨某醉酒驾驶机动车犯罪案件开庭审理，并对该案当庭宣判，一审判决被告人杨某犯危险驾驶罪，判处拘役2个月，并处罚金2000元。杨某没有提出上诉。

※裁判要旨：本案中，杨某醉酒驾驶机动车肇事后，办案民警依法扣留了交通事故车辆，并现场对杨某进行口头传唤，符合《刑事诉讼法》第118条"对于在现场发现的犯罪嫌疑人，经出示工作证件，可以口头传唤"的规定。口头传唤适用于处理具有突发性质的犯罪事件，对犯罪嫌疑人的现场讯问，能够确保及时掌握案件信息，控制犯罪嫌疑人，获取和审查核实证据。这一举措对成功追诉犯罪起到了重要作用。

关联法规索引

《反恐怖主义法》第50条；《治安管理处罚法》第82条；《人民检察院司法警察执行职务规则》第10条、第11条；《人民警察使用警械和武器条例》第8条；《火灾事故调查规定》第19条；《公安部关于公安机关办理醉酒驾驶机动车犯罪案件的指导意见》第10

条;《公安机关人民警察佩带使用枪支规范》第7条

第一百二十条 【讯问程序】侦查人员在讯问犯罪嫌疑人的时候,应当首先讯问犯罪嫌疑人是否有犯罪行为,让他陈述有罪的情节或者无罪的辩解,然后向他提出问题。犯罪嫌疑人对侦查人员的提问,应当如实回答。但是对与本案无关的问题,有拒绝回答的权利。

侦查人员在讯问犯罪嫌疑人的时候,应当告知犯罪嫌疑人享有的诉讼权利,如实供述自己罪行可以从宽处理和认罪认罚的法律规定。

条文解读

本条共有2款,是关于讯问过程的规定。

讯问犯罪嫌疑人是获得案件信息的有效途径。讯问犯罪嫌疑人既要遵从无罪推定的基本逻辑,也要遵循事物认知从无到有,从少到多的发展轨迹。所以,讯问时侦查人员首先应当讯问犯罪嫌疑人是否有犯罪行为,让他自己陈述有罪的情节或者无罪的辩解,然后再根据其先前陈述进一步提出具体问题。在讯问过程中,犯罪嫌疑人负有如实陈述义务,享有拒绝回答的权利。

本条第2款在2018年《刑事诉讼法》修订时,增加了认罪认罚的内容。本款是对侦查人员告知义务的规定。根据本款规定,侦查人员在讯问的时候应当告知犯罪嫌疑人如实供述自己的罪行可以从宽处理以及认罪认罚的法律规定,一方面鼓励犯罪嫌疑人与侦查机关积极配合,另一方面也帮助犯罪嫌疑人对如实陈述和认罪认罚作出更加理性的选择。宽严相济一直是我国的刑事政策。2016年9月,根据《全国人大常委会关于授权最高人民法院、最高人民检察院在部分地区开展刑事案件认罪认罚从宽制度试点工作的决定》,认罪认罚从宽制度开始在全国十八个地区试点。该项试点的成果已经在2018年10月《刑事诉讼法》修订时予以吸收。现行《刑事诉讼法》已经将认罪认罚从宽作为一项基本原则规定下来。《最高人民法院关于常见犯罪的量刑指导意见》明确规定:对于坦白情节,综合考虑如实供述罪行的阶段、程度、罪行轻重以及悔罪程度等情况,确定从宽的幅度。如实供述自己罪行的,可以减少基准刑的20%以下;如实供述司法机关尚未掌握的同种较重罪行的,可以减少基准刑的10%~30%;因如实供述自己罪行,避免特别严重后果发生的,可以减少基准刑的30%~50%。对于当庭自愿认罪的,根据犯罪的性质、罪行的轻重、认罪程度以及悔罪表现等情况,可以减少基准刑的10%以下。依法认定自首、坦白的除外。因此,帮助犯罪嫌疑人了解相关规定是侦查机关的义务,也是犯罪嫌疑人的一项诉讼权利。但是侦查人员对犯罪嫌疑人的告知一定要全面和准确。犯罪嫌疑人如有疑问,侦查人员也可以向其进行解释。切忌大包大揽,胡乱承诺。

配套法规及解读

《人民检察院刑事诉讼规则(试行)》(2012年11月22日修订)

第一百九十七条 讯问犯罪嫌疑人一般按照下列顺序进行:

查明犯罪嫌疑人的基本情况,包括姓名、出生年月日、籍贯、身份证号码、民族、职业、文化程度、工作单位及职务、住所、家庭情况、社会经历、是否属于人大代表、政协委员等。

告知犯罪嫌疑人在侦查阶段的诉讼权利,有权自行辩护或委托律师辩护,告知其如实供述自己罪行可以依法从宽处理的法律规定。

讯问犯罪嫌疑人是否有犯罪行为,让他陈述有罪的事实或者无罪的辩解,应当允许其连贯陈述。

犯罪嫌疑人对侦查人员的提问,应当如实回答。但是对与本案无关的问题,有拒绝回答的权利。

讯问犯罪嫌疑人时,应当告知犯罪嫌疑人将对讯问进行全程同步录音、录像,告知情况应当在录音、录像中予以反映,并记明笔录。

讯问时,对犯罪嫌疑人提出的辩解要认真查核。严禁刑讯逼供和以威胁、引诱、欺骗以及其他非法的方法获取供述。

《公安机关办理刑事案件程序规定》(2012年12月13日修订)

第一百九十八条 侦查人员讯问犯罪嫌疑人时,应当首先讯问犯罪嫌疑人是否有犯罪行为,并告知犯罪嫌疑人如实供述自己罪行可以从轻或者减轻处罚的法律规定,让他陈述有罪的情节或者无罪的辩解,然后向他提出问题。

犯罪嫌疑人对侦查人员的提问,应当如实回答。但是对与本案无关的问题,有拒绝回答的权利。

第一次讯问,应当问明犯罪嫌疑人的姓名、别名、曾用名、出生年月日、户籍所在地、现住地、籍贯、出生地、民族、职业、文化程度、家庭情况、社会经历、是否属于人大代表、政协委员、是否受过刑事处罚或者行政处理等情况。

※法规解读:以上条文均是对讯问过程及内容相关规则的规定。

讯问程序既是侦查机关获取、审查、核实证据的重要方式,同时也是犯罪嫌疑人为自己进行辩护和辩解的重要环节。虽然侦查机关基于一定的证据已经产生了对讯问对象的怀疑,因此才讯问犯罪嫌疑人,但是作为国家专门机关仍负有客观公正义务,因此在讯问过程中,侦查机关的讯问依然要遵循认识事件发展的基本逻辑进行。

讯问犯罪嫌疑人的时候,应当首先查明他的基本情况。第一次讯问应当查明犯罪嫌疑人的姓名、别名、曾用名、出生年月日、户籍所在地、现住地、籍贯、出生地、民族、职业、文化程度、家庭情况、社会经历、是否属于人大代表、政协委员、是否受过刑事处罚或者行政处理等情况。然后,讯问其是否有犯罪行为,让其陈述有罪的事实或者作无罪的辩解,继而再向他提出问题。侦查人员在讯问中对犯罪嫌疑人的犯罪事实、动机、目的、手段,与犯罪有关的时间、地点,涉及的人、事、物,都应当讯问清楚。对犯罪嫌疑人供述的犯罪事实、申辩和反证,侦查机关都应当认真核查,依法处理。在讯问中,需要运用证据证实犯罪嫌疑人的罪行时,讯问人员应当注意防止泄露侦查工作秘密。讯问是侦查人员与犯罪嫌疑人直接交锋的过程,需要很多讯问的方法、策略和技巧。但是不能以侵犯犯罪嫌疑人合法权益的方法获取证据。刑事诉讼中对讯问获取证据的方法有严格的限制,禁止采用刑讯逼供和以威胁、引诱、欺骗以及其他非法的方法获取供述。否则这些非法取证行为一经证实,有可能被认定为非法证据,从而不能在后续的诉讼中使用。

犯罪嫌疑人依法享有辩护权,因而其在侦查讯问过程中有权依法进行辩护,同时侦查机关及其侦查人员有义务保障其行使辩护权。

《刑法》(2017 年 11 月 4 日修正)

第六十七条 犯罪以后自动投案,如实供述自己的罪行的,是自首。对于自首的犯罪分子,可以从轻或者减轻处罚。其中,犯罪较轻的,可以免除处罚。

被采取强制措施的犯罪嫌疑人、被告人和正在服刑的罪犯,如实供述司法机关还未掌握的本人其他罪行的,以自首论。

犯罪嫌疑人虽不具有前两款规定的自首情节,但是如实供述自己罪行的,可以从轻处罚;因其如实供述自己罪行,避免特别严重后果发生的,可以减轻处罚。

《最高人民法院关于处理自首和立功具体应用法律若干问题的解释》(1998 年 5 月 9 日)

第一条 根据刑法第六十七条第一款的规定,犯罪以后自动投案,如实供述自己的罪行的,是自首。

(一)自动投案,是指犯罪事实或者犯罪嫌疑人未被司法机关发觉,或者虽被发觉,但犯罪嫌疑人尚未受到讯问、未被采取强制措施时,主动、直接向公安机关、人民检察院或者人民法院投案。

犯罪嫌疑人向其所在单位、城乡基层组织或者其他有关负责人员投案的;犯罪嫌疑人因病、伤或者为了减轻犯罪后果,委托他人先代为投案,或者先以信电投案的;罪行未被司法机关发觉,仅因形迹可疑被有关组织或者司法机关盘问、教育后,主动交代自己的罪行的;犯罪后逃跑,在被通缉、追捕过程中,主动投案的;经查实确已准备去投案,或者正在投案途中,被公安机关捕获的,应当视为自动投案。

并非出于犯罪嫌疑人主动,而是经亲友规劝、陪同投案的;公安机关通知犯罪嫌疑人的亲友,或者亲友主动报案后,将犯罪嫌疑人送去投案的,也应当视为自动投案。

犯罪嫌疑人自动投案后又逃跑的,不能认定为自首。

(二)如实供述自己的罪行,是指犯罪嫌疑人自动投案后,如实交代自己的主要犯罪事实。

犯有数罪的犯罪嫌疑人仅如实供述所犯数罪中部分犯罪的,只对如实供述部分犯罪的行为,认定为自首。

共同犯罪案件中的犯罪嫌疑人,除如实供述自己的罪行,还应当供述所知的同案犯,主犯则应当供述所知其他同案的共同犯罪事实,才能认定为自首。

犯罪嫌疑人自动投案并如实供述自己的罪行后又翻供的,不能认定为自首,但在一审判决前又能如实供述的,应当认定为自首。

第二条 根据刑法第六十七条第二款的规定,被采取强制措施的犯罪嫌疑人、被告人和已宣判的罪犯,如实供述司法机关尚未掌握的罪行,与司法机关已掌握的或者判决确定的罪行属不同种罪行的,以自首论。

《最高人民法院关于处理自首和立功若干具体问题的意见》(2010年12月22日)

《解释》第一条第(二)项规定如实供述自己的罪行,除供述自己的主要犯罪事实外,还应包括姓名、年龄、职业、住址、前科等情况。犯罪嫌疑人供述的身份等情况与真实情况虽有差别,但不影响定罪量刑的,应认定为如实供述自己的罪行。犯罪嫌疑人自动投案后隐瞒自己的真实身份等情况,影响对其定罪量刑的,不能认定为如实供述自己的罪行。

犯罪嫌疑人多次实施同种罪行的,应当综合考虑已交代的犯罪事实与未交代的犯罪事实的危害程度,决定是否认定为如实供述主要犯罪事实。虽然投案后没有交代全部犯罪事实,但如实交代的犯罪情节重于未交代的犯罪情节,或者如实交代的犯罪数额多于未交代的犯罪数额,一般应认定为如实供述自己的主要犯罪事实。无法区分已交代的与未交代的犯罪情节的严重程度,或者已交代的犯罪数额与未交代的犯罪数额相当,一般不认定为如实供述自己的主要犯罪事实。

犯罪嫌疑人自动投案时虽然没有交代自己的主要犯罪事实,但在司法机关掌握其主要犯罪事实之前主动交代的,应认定为如实供述自己的罪行。

※法规解读:在侦查讯问中,被讯问人有如实陈述的义务。如实陈述是认定是否自首的重要条件之一。我国《刑法》第67条规定,对于自首的犯罪分子,可以从轻或者减轻处罚。其中,犯罪较轻的,可以免除处罚。被采取强制措施的犯罪嫌疑人、被告人和正在服刑的罪犯,如实供述司法机关还未掌握的本人其他罪行的,以自首论。根据

《最高人民法院关于处理自首和立功若干具体问题的意见》中的相关规定,“如实陈述”主要包括身份情况和主要犯罪事实两个方面。但是对于“如实”不能机械地理解为全部交代,在具体执行中还要进行比较和衡量,以不影响对犯罪的追诉和定罪量刑为主要标准。

根据《刑事诉讼法》第120条的规定,犯罪嫌疑人如实供述自己罪行可以作为从宽处理的情节予以考虑,因此,犯罪嫌疑人主动配合国家专门机关查清案件事实的做法,不仅对国家有利,而且也是对自身有利的选择。

关联法规索引

《最高人民法院关于适用刑法时间效力规定若干问题的解释》第4条;《最高人民法院关于处理自首和立功具体应用法律若干问题的解释》第1条、第2条;《最高人民法院关于被告人对行为性质的辩解是否影响自首成立问题的批复》;《最高人民法院关于审理未成年人刑事案件具体应用法律若干问题的解释》第9条;《人民检察院办理未成年人刑事案件的规定》第10条;《最高人民法院、最高人民检察院、公安部、国家安全部、司法部关于办理死刑案件审查判断证据若干问题的规定》第18条、第20条、第21条;《最高人民法院、最高人民检察院、公安部、司法部关于敦促在逃犯罪人员投案自首的通告》;《中央综治委预防青少年违法犯罪工作领导小组、最高人民法院、最高人民检察院等关于进一步建立和完善办理未成年人刑事案件配套工作体系的若干意见》第5条;《公安机关办理醉酒驾驶机动车犯罪案件的指导意见》第9条;《最高人民法院、最高人民检察院关于办理行贿刑事案件具体应用法律若干问题的解释》第8条;《律师办理刑事案件规范》第33条

典型案例

杨某猥亵儿童案〔1〕

※案情简介:杨某,男,汉族,1969年9月26日出生,初中文化,农民。1990年4月18日因犯盗窃罪被判处有期徒刑8年,1996年5月5日刑满释放;1996年11月15日因犯奸淫幼女罪被判处有期徒刑9年,2002年12月15日刑满释放;2005年1月28日因犯强奸罪被判处有期徒刑8年,2011年11月12日刑满释放。

---

〔1〕 本案根据《最高人民法院公布关于性侵害儿童犯罪案件的三起典型案例》(2014年1月4日)之“案例二”整理。

2012年4月27日5时许,被告人杨某在浙江省海盐县将上学途中的被害人张某某(女,时年11岁)诱骗上其驾驶的货车,然后以送张某某上学为由,将张某某骗至海盐县沈荡镇一桑树地实施奸淫。

2012年5月23日7时许,被告人杨某在重庆市万州区对上学途中的被害人何某某(女,时年7岁)谎称何某某的母亲出了车祸,将何某某诱骗至万州区天城大道一窝棚内实施奸淫。

2012年5月28日7时许,被告人杨某在重庆市万州区对上学途中的被害人罗某某(女,时年9岁)谎称自己是小学教师,以让罗某某帮忙拿表册为由,将罗某某诱骗至万州区太白街道办事处一废弃房屋内实施奸淫。

人民法院认为,被告人杨某奸淫不满14周岁的幼女,其行为已构成强奸罪,应从重处罚。杨某奸淫幼女多人,且曾因奸淫幼女罪和强奸罪分别被判处有期徒刑九年和八年,系累犯,刑满释放后不足半年即又实施奸淫幼女犯罪,主观恶性深,人身危险性大,依法应当从重处罚。鉴于杨某能够如实供述罪行,认罪态度较好,对其判处死刑,可不立即执行,但应依法对其限制减刑。据此,依法认定被告人杨某犯强奸罪,判处死刑,缓期二年执行,剥夺政治权利终身。对被告人杨某限制减刑。

※裁判要旨:本案作为性侵害儿童犯罪典型案例的指导意义恕不赘述。在本案中,被告人如实陈述对定罪方面并无影响,其影响力主要体现在量刑方面。

由于本案被告人杨某系累犯,主观恶性深,人身危险性大,并且奸淫幼女多人,具有法定的从重处罚情节多个,但正是因为其有如实陈述的行为,且认罪态度较好,因此人民法院在量刑时予以充分地考虑,才没有判处死刑立即执行,而是对其适用死刑缓期二年执行的刑罚,充分落实了如实陈述可以从宽处理的法律规定。我国已经开始逐步尝试将自首、如实供述等情节量化地纳入量刑体系中去,《人民法院量刑指导意见(试行)》中明确规定:对于自首情节,综合考虑投案的动机、时间、方式、罪行轻重、如实供述罪行的程度以及悔罪表现等情况,可以减少基准刑的40%以下;犯罪较轻的,可以减少基准刑的40%以上或者依法免除处罚。对于被采取强制措施的犯罪嫌疑人、被告人和已宣判的罪犯,如实供述司法机关尚未掌握的罪行,与司法机关已掌握的或者判决确定的罪行属同种罪行的,根据坦白罪行的轻重以及悔罪表现等情况,可以减少基准刑的20%以下。将这些规定完整、清楚地告知犯罪嫌疑人、被告人,不仅有助于其对讯问中的表现有理性的选择,同时有助于国家尽快侦破和追诉案件,是互利共赢的一种选择。

对本案被告人的杨某量刑,充分考虑到了各方面的因素,正如《最高人民法院关于发布第一批指导性案例的通知》中所阐述的那样,对于罪行极其严重,应当判处死刑立即执行,被害方反应强烈,但被告人具有法定或酌定从轻处罚情节,判处死刑缓期执行,同时依法决定限制减刑能够实现罪刑相适应的,可以判处死缓并限制减刑。这有利于切实贯彻宽严相济刑事政策,既依法严惩严重刑事犯罪,又进一步严格限制死刑,最大限度地增加和谐因素,最大限度地减少不和谐因素,促进和谐社会建设。

第一百二十一条 【讯问聋、哑犯罪嫌疑人要求】讯问聋、哑的犯罪嫌疑人,应当有通晓聋、哑手势的人参加,并且将这种情况记明笔录。

条文解读

本条是关于讯问聋、哑犯罪嫌疑人的特殊规定。

聋、哑犯罪嫌疑人属于残疾人,他们身体上的缺陷会影响他们的沟通和表达,为此本条明确规定,对于聋、哑犯罪嫌疑人的讯问需要有通晓聋、哑手势的人参加,以便传情达意,这些参与者相当于诉讼中的翻译角色,对于参加人员的情况需要在讯问笔录中记载清楚。

配套法规及解读

《人民检察院刑事诉讼规则(试行)》(2012年11月22日修订)

第一百九十八条 讯问聋、哑或者不通晓当地通用语言文字的人,人民检察院应当为其聘请通晓聋、哑手势或者当地通用语言文字且与本案无利害关系的人员进行翻译。翻译人员的姓名、性别、工作单位和职业应当记录在案。翻译人员应当在讯问笔录上签字。

《公安机关办理刑事案件程序规定》(2012年12月13日修订)

第一百九十九条 讯问聋、哑的犯罪嫌疑人,应当有通晓聋、哑手势的人参加,并在讯问笔录上注明犯罪嫌疑人的聋、哑情况,以及翻译人员的姓名、工作单位和职业。

讯问不通晓当地语言文字的犯罪嫌疑人,应当配备翻译人员。

※法规解读:上述条文是关于讯问不能适用通用语言文字进行交流的犯罪嫌疑人的特殊规定。

首先,在沟通和表达方面有明显障碍的聋、哑犯罪嫌疑人,讯问这类犯罪嫌疑人时,需要有通晓聋、哑手势的人作为翻译。其次,对于不通晓当地语言文字的少数民族、外国籍人等也需要在沟通和表达方面给予帮助,因此,办案机关应当为他们配备翻译。翻译作为诉讼参与人应当与案件无利害关系,不具有应当回避的情形,否则应当退出诉讼程序。

在讯问笔录中应当将犯罪嫌疑人的特殊情况，以及翻译的相关情况，如姓名、工作单位和职业等记载清楚。讯问结束后，翻译人员也应当在讯问笔录上签字。

关联法规索引

《最高人民检察院讯问职务犯罪嫌疑人实行全程同步录音录像的规定（试行）》第9条；《最高人民法院关于适用〈中华人民共和国刑事诉讼法〉的解释》第81条；《最高人民检察院、中国残疾人联合会关于在检察工作中切实维护残疾人合法权益的意见》九；《未成年人刑事检察工作指引（试行）》第96条

第一百二十二条　【讯问笔录与书面供词】讯问笔录应当交犯罪嫌疑人核对，对于没有阅读能力的，应当向他宣读。如果记载有遗漏或者差错，犯罪嫌疑人可以提出补充或者改正。犯罪嫌疑人承认笔录没有错误后，应当签名或者盖章。侦查人员也应当在笔录上签名。犯罪嫌疑人请求自行书写供述的，应当准许。必要的时候，侦查人员也可以要犯罪嫌疑人亲笔书写供词。

条文解读

本条是关于讯问笔录与书面供词的规定。

讯问笔录是对讯问过程和内容的书面记录形式。同时也是固定犯罪嫌疑人供述和便捷的重要方式。讯问笔录要力求准确、全面，忠于犯罪嫌疑人的本意。因此，讯问结束后侦查机关应当将讯问笔录交由犯罪嫌疑人本人核对；若犯罪嫌疑人没有阅读能力，则侦查机关有义务将笔录内容向其宣读后征求其意见。犯罪嫌疑人了解笔录内容后，如果认为笔录记载有遗漏、差错，或者与自己陈述的意思不一致的，均有权提出补充或者改正。犯罪嫌疑人认为笔录没有错、漏后，应当依法在笔录中签名或者盖章。讯问犯罪嫌疑人的侦查人员也应当在笔录中签名。

讯问笔录是对讯问过程的记录。收集犯罪嫌疑人陈述可以用讯问的方法，也可以采用其他方法。例如，犯罪嫌疑人想要自己书写供述，也应当是允许的。在侦查过程中，如果侦查人员认为嫌疑人自行书写笔录更有利于其清晰地表述事件及过程，也可以要求犯罪嫌疑人自己书写供述。

配套法规及解读

《人民检察院刑事诉讼规则(试行)》(2012年11月22日修订)

第一百九十九条 讯问犯罪嫌疑人,应当制作讯问笔录。讯问笔录应当忠实于原话,字迹清楚,详细具体,并交犯罪嫌疑人核对。犯罪嫌疑人没有阅读能力的,应当向他宣读。如果记载有遗漏或者差错,应当补充或者改正。犯罪嫌疑人认为讯问笔录没有错误的,由犯罪嫌疑人在笔录上逐页签名、盖章或者捺指印,并在末页写明"以上笔录我看过(向我宣读过),和我说的相符",同时签名、盖章、捺指印并注明日期。如果犯罪嫌疑人拒绝签名、盖章、捺指印的,检察人员应当在笔录上注明。讯问的检察人员也应当在笔录上签名。

《公安机关办理刑事案件程序规定》(2012年12月13日修订)

第二百条 侦查人员应当将问话和犯罪嫌疑人的供述或者辩解如实地记录清楚。制作讯问笔录应当使用能够长期保持字迹的材料。

第二百零一条 讯问笔录应当交犯罪嫌疑人核对或者向他宣读。如果记录有遗漏或者差错,应当允许犯罪嫌疑人补充或者更正,并捺指印。笔录经犯罪嫌疑人核对无误后,应当由其在笔录上逐页签名、捺指印,并在末页写明"以上笔录我看过(或向我宣读过),和我说的相符"。拒绝签名、捺指印的,侦查人员应当在笔录上注明。

讯问笔录上所列项目,应当按照规定填写齐全。侦查人员、翻译人员应当在讯问笔录上签名。

※法规解读:以上条文是关于讯问笔录的规定。

讯问笔录为侦查机关制作的,记录讯问情况和内容的书面文书。实践中,讯问笔录都为制式文书。讯问笔录作为一种记录形式,是固定讯问内容和过程的重要资料,因此要求讯问笔录应当字迹清楚,详细具体,忠于原话,并确保记录和记载内容能够长期保存。讯问结束后,要将讯问笔录交犯罪嫌疑人核对。犯罪嫌疑人没有阅读能力的,应当向他宣读。如果记载有遗漏或者差错,应当补充或者改正。笔录经过犯罪嫌疑人核对无误后,由犯罪嫌疑人在笔录上逐页签名或者盖章,并捺指印。并在末页写明"以上笔录我看过(或向我宣读过),和我说的相符"。如果犯罪嫌疑人拒绝签名或者盖章,应当在笔录上注明。讯问人员、翻译人员也应当在笔录上签名。

犯罪嫌疑人可以自行书写供述。必要的时候,侦查人员也有权要求犯罪嫌疑人自行书写供述。犯罪嫌疑人应当在亲笔供词的末页签名(盖章)、捺指印。侦查人员收到后,应当在首页右上方写明"于某年某月某日收到",并签名。

第二百零二条 犯罪嫌疑人请求自行书写供述的,应当准许;必要时,侦查人员也可以要求犯罪嫌疑人亲笔书写供词。犯罪嫌疑人应当在亲笔供词上逐页签名、捺指印。侦查人员收到后,应当在首页右上方写明"于某年某月某日收到",并签名。

《人民检察院刑事诉讼规则(试行)》(2012 年 11 月 22 日修订)

第二百条 犯罪嫌疑人请求自行书写供述的,检察人员应当准许。必要的时候,检察人员也可以要求犯罪嫌疑人亲笔书写供述。犯罪嫌疑人应当在亲笔供述的末页签名、捺指印,并注明书写日期。检察人员收到后,应当在首页右上方写明"于某年某月某日收到",并签名。

※法规解读:以上条文是关于犯罪嫌疑人自行书写供述的规定。

对犯罪嫌疑人供述和辩解证据形式的理解不能过于机械。犯罪嫌疑人有选择表达方式的自由。作为犯罪嫌疑人表达及固定表达内容的形式,犯罪嫌疑人要求自己书写供述的,应当允许。侦查人员根据侦查的需要及犯罪嫌疑人的情况,认为犯罪嫌疑人自行书写供述更为合适的,如犯罪嫌疑人口吃或者口齿不清,书面表达更能准确表达其意思等情况,也可以要求犯罪嫌疑人自行书写供词。犯罪嫌疑人自行书写的供词,也要根据《刑事诉讼法》的规定具备基本的形式要件:末页签名、捺指印,注明书写日期。侦查人员收到犯罪嫌疑人书写的供词后,要在书面供词的特定位置注明。根据上述条文的规定,要首页右上方写明"于某年某月某日收到",并签名,表明该供词已经为侦查人员收悉。

关联法规索引

《最高人民法院、最高人民检察院、公安部、国家安全部、司法部关于办理死刑案件审查判断证据若干问题的规定》第 18 条、第 20 条、第 21 条;《公安部关于重新制定公安机关预审文书格式的通知》;《未成年人刑事检察工作指引(试行)》第 116 条;《律师办理刑事案件规范》第 63 条

第一百二十三条 【讯问过程录音录像】侦查人员在讯问犯罪嫌疑人的时候,可以对讯问过程进行录音或者录像;对于可能判处无期徒刑、死刑的案件或者其他重大犯罪案件,应当对讯问过程进行录音或者录像。

录音或者录像应当全程进行,保持完整性。

条文解读

本条共有 2 款,是关于讯问时录音、录像的规定。

对讯问过程进行录音或者录像,从职务犯罪侦查程序开始,2012 年《刑事诉讼法》修改时正式写入法典,如今已经成为规范侦查讯问行为的重要手段。讯问时的录音、

录像一方面能更加真切地对讯问过程及内容进行有效记录，另一方面也能通过物化手段有效地识别或防止讯问中的违法行为。根据本条第1款的规定，对于讯问过程的录音或录像有两种方式：一为任意式，二为强制式。对于可能判处较重刑罚的案件，如无期徒刑、死刑的案件，以及其他的重大犯罪案件，采用强制模式要求必须对讯问过程进行录音或者录像。除了强制录音、录像的情形之外，侦查人员可以自主决定是否对讯问过程进行录音或录像。本条第2款是关于讯问录音、录像资料要求的规定。录音、录像作为固定讯问过程的一种方式，只有其具有全程性、全面性和完整性的特征时才有意义。所以本条第2款首先强调了录音或者录像应当全程进行，即从始至终。任何讯问时间和空间上的"真空"，都会影响对讯问过程的记录，同时也容易导致对讯问记载事项的断章取义；更为重要的是，会引起人们对讯问过程正当性的怀疑。只有确保讯问过程记录的完整性，才能真正发挥录音、录像方式的重要作用。记录讯问过程的录音、录像资料应当完整保存。

全国检察系统从2006年年底开始在全国的职务犯罪中推行全程录音、录像制度。为了确保录音、录像记载过程的全程性，记载内容的全面性，以及保存的完整性，最高人民检察院在《人民检察院讯问职务犯罪嫌疑人实行全程同步录音、录像技术工作流程（试行）》中对于讯问录音、录像开始的时间、画面显示内容、场景安排、设备运行、故障处理、封存要求、复制和技术处理、存档以及使用等方面均作了细致的规定。对本条款的具体适用具有较大的参考价值。

配套法规及解读

《最高人民法院、最高人民检察院、公安部、国家安全部、司法部、全国人大常委会法制工作委员会关于实施刑事诉讼法若干问题的规定》（2012年12月26日）

19. 刑事诉讼法第一百二十一条[1]第一款规定："侦查人员在讯问犯罪嫌疑人的时候，可以对讯问过程进行录音或者录像；对于可能判处无期徒刑、死刑的案件或者其他重大犯罪案件，应当对讯问过程进行录音或者录像。"侦查人员对讯问过程进行录音或者录像的，应当在讯问笔录中注明。人民检察院、人民法院可以根据需要调取讯问犯罪嫌疑人的录音或者录像，有关机关应当及时提供。

《人民检察院刑事诉讼规则（试行）》（2012年11月22日修订）

第二百零一条 人民检察院立案侦查职务犯罪案件，在每次讯问犯罪嫌疑人的时候，应当对讯问过程实行全程录音、录像，并在讯问笔录中注明。

---

[1] 现行《刑事诉讼法》第一百二十三条。

录音、录像应当由检察技术人员负责。特殊情况下，经检察长批准也可以由讯问人员以外的其他检察人员负责。

第二百零二条 人民检察院讯问犯罪嫌疑人实行全程同步录音、录像，应当按照最高人民检察院的有关规定办理。

《公安机关办理刑事案件程序规定》(2012年12月13日修订)

第二百零三条 讯问犯罪嫌疑人，在文字记录的同时，可以对讯问过程进行录音或者录像。对于可能判处无期徒刑、死刑的案件或者其他重大犯罪案件，应当对讯问过程进行录音或者录像。

前款规定的"可能判处无期徒刑、死刑的案件"，是指应当适用的法定刑或者量刑档次包含无期徒刑、死刑的案件。"其他重大犯罪案件"，是指致人重伤、死亡的严重危害公共安全犯罪、严重侵犯公民人身权利犯罪，以及黑社会性质组织犯罪、严重毒品犯罪等重大故意犯罪案件。

对讯问过程录音或者录像的，应当对每一次讯问全程不间断进行，保持完整性。不得选择性地录制，不得剪接、删改。

※法规解读：上述条文对讯问过程进行录音、录像的情况进行了详细的规定。

对犯罪嫌疑人的讯问，除了采用文字方式进行记录外，还可以采用录音、录像方式。检察机关从办理案件正规性的角度考虑，从2006年开始，便在职务犯罪中推行全程同步录音、录像制度，《刑事诉讼法》颁行之后，检察机关仍维持了原来做法，对讯问过程提出高于《刑事诉讼法》规定的要求。检察机关办理的职务犯罪案件，采用文字和音像同步记录方式，所有案件，无一例外，讯问时均要进行录音、录像。对于录音、录像的具体要求，最高人民检察院出台了《人民检察院讯问职务犯罪嫌疑人实行全程同步录音录像技术工作流程(试行)》，对具体操作步骤具有明确要求。

与职务犯罪相比较而言，公安机关办理的普通刑事案件，不仅数量多，而且种类繁杂。为此，《刑事诉讼法》对此并没有采用"一刀切"的做法，而是规定对于可能判处无期徒刑、死刑的案件或者其他重大犯罪案件，讯问时必须进行录音或者录像，其他案件，讯问时是否要进行录音、录像则由侦查机关选择。

《公安机关办理刑事案件程序规定》中正面解释了《刑事诉讼法》第123条规定中涉及的两个问题。第一，"可能判处无期徒刑、死刑的案件"，是指应当适用的法定刑或者量刑档次包含无期徒刑、死刑的案件。第二，"其他重大犯罪案件"，是指致人重伤、死亡的严重危害公共安全犯罪、严重侵犯公民人身权利犯罪，以及黑社会性质组织犯罪、严重毒品犯罪等重大故意犯罪案件。

对于《刑事诉讼法》中规定的录音、录像的"全程性"和"保持完整性"，在相关规则中，也被具体化为：每次讯问、全程、不间断、不得选择性地录制、不得剪接、不得删改。

以此确保录制的完整性。

讯问过程的录音、录像既是对讯问内容的记载，同时也是对讯问过程的记录。录音、录像与文字记录相比，更能直观、全面、生动地再现讯问的过程，因此，录音、录像具有多方面的作用和功能，比如，能够对犯罪嫌疑人供述和辩解内容进行重新检视；能够再现讯问过程、环境、方法是否正当等情形，录音、录像材料既可以以犯罪嫌疑人供述和辩解的形式出现，也可以以讯问过程视听资料的形式出现。因此，在后续诉讼程序中，检察机关、人民法院都可以根据案件办理的需要调取录音或者录像资料，以便更好地查明案件事实，以及对侦查过程及侦查行为进行监督。录音或者录像的制作机关或者保存机关有配合义务，应当及时提供。

关联法规索引

《监察法》第 41 条；《人民检察院讯问职务犯罪嫌疑人实行全程同步录音录像技术工作流程（试行）》第 4 ~ 16 条；《最高人民法院、最高人民检察院、公安部、司法部关于进一步严格依法办案确保办理死刑案件质量的意见》第 11 条；《最高人民检察院关于适用〈关于办理死刑案件审查判断证据若干问题的规定〉和〈关于办理刑事案件排除非法证据若干问题的规定〉的指导意见》第 7 条；《最高人民检察院、公安部关于在看守所设置同步录音录像讯问室的通知》；《关于建立健全防范刑事冤假错案工作机制的意见》第 8 条；《最高人民法院、最高人民检察院、公安部关于办理醉酒驾驶机动车刑事案件适用法律若干问题的意见》五；《人民检察院讯问职务犯罪嫌疑人实行全程同步录音录像的规定》第 20 条；《最高人民检察院关于贯彻落实〈中共中央关于全面推进依法治国若干重大问题的决定〉的意见》第 15 条；《人民检察院侦查监督、公诉部门介入职务犯罪案件侦查工作规定》第 8 条；《最高人民检察院职务犯罪侦查工作八项禁令》第 6 条；《最高人民检察院关于对检察机关办案部门和办案人员违法行使职权行为纠正、记录、通报及责任追究的规定》第 4 条；《律师办理刑事案件规范》第 33 条、第 99 条；《最高人民法院关于全面推进以审判为中心的刑事诉讼制度改革的实施意见》第 24 条；《最高人民法院、最高人民检察院、公安部等关于办理刑事案件严格排除非法证据若干问题的规定》第 10 条；《公安部关于建立健全公安机关执法全流程记录机制的意见》二（四）；《中国共产党纪律检查机关监督执纪工作规则（试行）》第 34 条

第三节 询问证人

第一百二十四条 【询问证人地点及方式】侦查人员询问证人，可以在现场进行，也可以到证人所在单位、住处或者证人提出的地点进行，在必要的时候，可以通知证人到人民检察院或者公安机关提供证言。在现场询问证人，应当出示工作证件，到证人所在单位、住处或者证人提出的地点询问证人，应当出示人民检察院或者公安机关的证明文件。

询问证人应当个别进行。

条文解读

本条是关于询问证人地点及方式的规定。

询问证人是侦查人员收集案件信息和证据的重要方式之一。侦查人员收集证人证言主要通过询问的方式进行。

本条第1款主要是关于询问证人地点的规定。侦查人员对证人进行询问可以在现场进行，也可以到证人所在单位、住处或者证人提出的地点进行。上述询问地点中，在案件现场进行询问以及到证人提出的地点进行询问系2012年《刑事诉讼法》修订时增加的内容。有些刑事案件发现比较及时，故而证人还在案件现场，在现场对证人进行询问，符合侦查及时原则的要求，在证人记忆新鲜的情况下记录证言能够获得更多的信息。即便不是在案发后立即就找到证人进行询问，必要的时候对证人到现场进行询问，也有助于唤起证人的记忆，更多地收集对案件侦破有用的信息。在实践中，证人往往忌惮于暴露自己的身份，因此到证人提出的地点进行询问，更有助于满足保护证人作证的私密性需求，消除证人作证的疑虑。询问证人地点的选择以就近、就便为原则，同时兼顾证人的其他相关需要，尽量照顾证人的需求。在必要的时候，也可以通知证人到人民检察院或者公安机关提供证言。询问时应当出示相关证明文件是2012年《刑事诉讼法》修改时新增加的内容。询问是法定主体的职权。但是作为被询问对象的证人有权利了解询问人员的身份等信息，以便更好地保护其合法权益，履行法定义务。为了保障证人的知悉权，现场询问证人时，由于事件可能具有突发性，因此只要出示工作证件，表明其合法身份即可；到证人所在单位、住处或者证人提出的地点询问时应当出示侦查机关的证明文件。

为了确保证人提供的证言的真实性，避免不必要的干扰和影响，因此本条第2款明确规定询问证人应当个别进行。

配套法规及解读

《人民检察院刑事诉讼规则(试行)》(2012年11月22日修订)

第二百零三条 人民检察院在侦查过程中,应当及时询问证人,并且告知证人履行作证的权利和义务。

人民检察院应当保证一切与案件有关或者了解案情的公民,有客观充分地提供证据的条件,并为他们保守秘密。除特殊情况外,人民检察院可以吸收证人协助调查。

第二百零四条 询问证人,应当由检察人员进行。询问的时候,检察人员不得少于二人。

第二百零五条 询问证人,可以在现场进行,也可以到证人所在单位、住处或者证人提出的地点进行。必要时,也可以通知证人到人民检察院提供证言。到证人提出的地点进行询问的,应当在笔录中记明。

询问证人应当个别进行。

在现场询问证人,应当出示工作证件。到证人所在单位、住处或者证人提出的地点询问证人,应当出示人民检察院的证明文件。

《公安机关办理刑事案件程序规定》(2012年12月13日修订)

第二百零五条 询问证人、被害人,可以在现场进行,也可以到证人、被害人所在单位、住处或者证人、被害人提出的地点进行。在必要的时候,可以通知证人、被害人到公安机关提供证言。

询问证人、被害人应当个别进行。

在现场询问证人、被害人,侦查人员应当出示工作证件。到证人、被害人所在单位、住处或者证人、被害人提出的地点询问证人、被害人,应当经办案部门负责人批准,制作询问通知书。询问前,侦查人员应当出示询问通知书和工作证件。

※法规解读:以上条文是关于询问证人、被害人相关程序问题的规定。

询问证人、被害人需要由侦查人员二人以上进行,这一点同讯问犯罪嫌疑人的规定一致。

根据《刑事诉讼法》的规定,询问包括现场询问和通知询问两种形式。现场询问是2012年《刑事诉讼法》修订时增加的。现场询问充分体现了侦查及时原则。由于是现场询问,因此需要向被询问人出示工作证件,表明身份,并且应当在询问前告知被询问人的相关权利和义务。与现场询问相比,通知询问在时间上就相对宽裕,侦查机关需要通知被询问人,询问地点的可选择性较大,可以是侦查机关、被询问人所在单位、住处或者被询问人提出的地点。询问前应当向被询问人出示侦查机关的证明文件,并告知其权利义务。

案件中证人、被害人有数人的,询问应当个别进行。侦查机关在询问的过程中,应当为被询问人及其近亲属提供适度的法律保护。尊重他们的隐私,为他们保守秘密。保障证人及其近亲属的安全。严禁使用非法方法获取证言。其他任何人均不得影响证人作证,对证人及其亲属进行威胁、侮辱、殴打或者打击报复,构成犯罪或者应当给予治安管理处罚的,应当移送公安机关处理;情节轻微的,予以批评教育、训诫。

关联法规索引

《反间谍法》第9条;《反恐怖主义法》第50条;《反间谍法实施细则》第11条;《最高人民法院、最高人民检察院、公安部、司法部关于进一步严格依法办案确保办理死刑案件质量的意见》第12条;《最高人民检察院讯问职务犯罪嫌疑人实行全程同步录音录像的规定(试行)》第20条;《中国共产党纪律检查机关案件检查工作条例实施细则》第33条

第一百二十五条 【询问前的告知】询问证人,应当告知他应当如实地提供证据、证言和有意作伪证或者隐匿罪证要负的法律责任。

条文解读

本条是关于询问证人告知义务的规定。

证人证言是案件证据的重要来源。每个证人都有如实作证的义务。《刑法》第305条规定:在刑事诉讼中,证人、鉴定人、记录人、翻译人对与案件有重要关系的情节,故意作虚假证明、鉴定、记录、翻译,意图陷害他人或者隐匿罪证的,处三年以下有期徒刑或者拘役;情节严重的,处三年以上七年以下有期徒刑。侦查机关在询问证人时应当明确告知证人两个方面的问题:第一,证人的义务;第二,证人违反义务的法律后果。实践表明,这是保证证人如实陈述,防止其有意作伪证和隐匿证据的重要措施,也是确保其依法提供证言的前提。

配套法规及解读

《刑法》(2017年11月4日修正)

第三百零五条 在刑事诉讼中,证人、鉴定人、记录人、翻译人对与案件有重要关系的情节,故意作虚假证明、鉴定、记录、翻译,意图陷害他人或者隐匿罪证的,处三年以下有期徒刑或者拘役;情节严重的,处三年以上七年以下有期徒刑。

※法规解读：本条是关于伪证罪的规定。

伪证罪，是指在刑事诉讼中，证人、鉴定人、记录人和翻译人对与案件有重要关系的情节，故意作虚假证明、鉴定、记录、翻译，意图陷害他人或者隐匿罪证的行为。

伪证罪的主体是特殊主体，即只能是在刑事诉讼中的证人、鉴定人、记录人和翻译人。在刑事诉讼过程中，"证人"，是指陈述自己所知道的案件情况的人。"鉴定人"，是指司法机关为鉴别案件中某些情节的真伪和事实真相而指派或聘请的、具有专门知识或者特殊技能的人。"记录人"，是指为案件的调查取证，询问证人、被害人或审问犯罪嫌疑人、被告人等做记录的人。"翻译人"，是指司法机关指派或聘请为案件中的外籍、少数民族或聋哑人等诉讼参与人充当翻译的人员，也包括为案件中的法律文书或者证据材料等有关资料做翻译的人员。伪证罪在主观方面必须出自直接故意，即行为人明知其虚假陈述是与案件有重要关系的情节，但为了陷害他人或者隐匿罪证而为之。如果行为人不是出于陷害他人的意图或者隐匿罪证，就不能以伪证罪论处。如行为人因粗心大意，工作不认真，或者学识、业务能力不高而作出了错误的鉴定意见、记录、翻译，或者因错记、漏记、错译、漏译等原因而不能反映原意，等等。伪证罪在客观方面表现为在刑事立案、侦查、起诉、审判、执行中，对与案件有重要关系的情节，作虚假的证明、鉴定、记录、翻译的行为，或者隐匿罪证的行为。伪证罪侵犯的是复杂客体，包括公民的人身权利和国家司法机关的正常活动。

《人民检察院刑事诉讼规则（试行）》（2012年11月22日修订）

第二百零六条 询问证人，应当问明证人的基本情况以及与当事人的关系，并且告知证人应当如实提供证据、证言和故意作伪证或者隐匿罪证应当承担的法律责任，但是不得向证人泄露案情，不得采用羁押、暴力、威胁、引诱、欺骗以及其他非法方法获取证言。

《公安机关办理刑事案件程序规定》（2012年12月13日）

第二百零六条 询问前，应当了解证人、被害人的身份，证人、犯罪嫌疑人、被害人之间的关系。询问时，应当告知证人、被害人必须如实地提供证据、证言和有意作伪证或者隐匿罪证应负的法律责任。

侦查人员不得向证人、被害人泄露案情或者表示对案件的看法，严禁采用暴力、威胁等非法方法询问证人、被害人。

※法规解读：上述条文是关于询问证人告知义务和询问方法的规定。

询问证人、被害人等应当首先告知其权利和义务，以便被询问人对自己的行为有正确的认知。侦查机关要为被询问人不受干扰地提供证言创造条件。为了确保证人提供证言的真实性和客观性，侦查机关在询问时不得向被询问人泄露案件信息，注意自己的言行和表达方法，保持立场的中立性。更不能使用非法方法强迫被询问人在非自愿和理性的情况下作证,包括使用暴力、威胁等非法方法。

关联法规索引

《办理死刑案件审查判断证据若干问题的规定》第11~14条

典型案例

张某军伪证案[1]

※案情简介:2015年5月9日早上,在丰县大沙河镇张屯村张某1家门口,张某1与张某2(已判刑)因宅基地纠纷发生争吵,在争吵过程中张某2等人对张某1实施殴打,致张某1受伤(轻伤二级)。被告人张某军当时在案发现场,目睹了案发经过,在丰县公安局大沙河派出所民警向其取证时,其故意隐瞒事实真相,向公安机关提供了只有张某2一人殴打张某1的虚假证言,致使其他涉案人员未能及时受到法律追究。2018年9月13日丰县人民检察院人民法院提起公诉,指控张某军犯有伪证罪。被告人张某军自愿认罪,人民法院经审理后作出一审判决,张某军犯伪证罪,判处拘役五个月,缓刑六个月。

※裁判要旨:本案中,被告人张某军系宅基地纠纷案件的目击证人,根据我国法律规定,凡是了解案件情况的人都有作证的义务,且提供案件情况时应当如实陈述。但是张某军作为刑事诉讼中的证人,却在警察取证时,对于与案件有重要关系的情节故意作虚假证明,隐匿罪证,其行为已构成伪证罪。刑事诉讼中,询问证人时,侦查人员负有告知义务:告知证人有意作伪证或者隐匿罪证要承担的法律责任。因此,伪证罪均为故意犯罪。

第一百二十六条 【询问笔录与书面证言】本法第一百二十二条的规定,也适用于询问证人。

条文解读

本条是关于询问笔录的规定。

询问笔录的制作方法和要求与讯问笔录一致。即询问过程应当由侦查人员制作

[1] 本案根据江苏省丰县人民法院一审(2018)苏0321刑初552号一审判决书整理。

询问笔录，询问结束时应将询问笔录交给被询问人核对，如果被询问人没有阅读能力，要向被询问人宣读。被询问人有权对其中记载有误之处提出修改和补正。笔录核对无误后，被询问人应当在笔录上签名或盖章，拒绝签名或盖章的，侦查人员应当在笔录上注明。询问人也应当在笔录上签名或者盖章。询问的过程同样可以根据需要进行录音和录像。被询问人要求自己书写相关证词的，侦查机关应当允许。必要时，侦查机关也可以要求被询问人自行书写证言。

关联法规索引

《人民检察院刑事诉讼规则（试行）》第207条；《公安机关办理刑事案件程序规定》第207条；《最高人民法院、最高人民检察院、公安部、国家安全部、司法部关于办理死刑案件审查判断证据若干问题的规定》第14条

第一百二十七条 【询问被害人】询问被害人，适用本节各条规定。

条文解读

本条是关于询问被害人适用询问证人规则的规定。

询问被害人的方式、方法、程序等规则与询问证人相同。虽然被害人是刑事诉讼中的当事人，与证人的诉讼地位不同，但是其在提供证言方面与证人并无本质差异。故而，适用的规则相同。

关联法规索引

《人民检察院刑事诉讼规则（试行）》第208条；《办理死刑案件审查判断证据若干问题的规定》第17条

第四节 勘验、检查

第一百二十八条 【勘验、检查的主体与对象】侦查人员对于与犯罪有关的场所、物品、人身、尸体应当进行勘验或者检查。在必要的时候，可以指派或者聘请具有专门知识的人，在侦查人员的主持下进行勘验、检查。

条文解读

本条是关于勘验、检查的一般规定。

勘验、检查是侦查机关的专门调查活动之一，因此，侦查人员有权使用这些方法。勘验、检查的对象为与犯罪有关的场所、物品、人身和尸体。勘验的对象为无生命客体如场所、物品、尸体；检查的对象为有生命客体如人身。有些勘验、检查工作，侦查人员即可进行，但是有些勘验、检查活动比较复杂，或者需要更强的专业知识。因此，在必要的时候，侦查机关可以指派或者聘请有专门知识的人进行勘验或者检查。但是为了确保勘验、检查工作的有序性，以及能够适应整体侦查工作的需要，勘验、检查工作仍需要在侦查人员的主持和组织之下进行。

配套法规及解读

《人民检察院刑事诉讼规则（试行）》（2012年11月22日修订）

第二百零九条　检察人员对于与犯罪有关的场所、物品、人身、尸体应当进行勘验或者检查。在必要的时候，可以指派检察技术人员或者聘请其他具有专门知识的人，在检察人员的主持下进行勘验、检查。

《公安机关办理刑事案件程序规定》（2012年12月13日）

第二百零八条　侦查人员对于与犯罪有关的场所、物品、人身、尸体应当进行勘验或者检查，及时提取、采集与案件有关的痕迹、物证、生物样本等。在必要的时候，可以指派或者聘请具有专门知识的人，在侦查人员的主持下进行勘验、检查。

※法规解读：上述条文是关于勘验、检查主体和对象的规定。

勘验、检查，是指侦查人员对与犯罪有关的场所、物品、尸体或者人身进行勘查、检验或者检查，以发现和收集犯罪活动所遗漏的各种物证的侦查活动。勘验与检查行为性质相同，但对象不同。勘验的对象是无生命客体如场所、物品、尸体，检查的对象是有生命客体如人身。在具体的侦查活动中，勘验、检查根据对象的不同可以分为现场勘验、物品检验、尸体检验和人身检查四个种类。

勘验、检查作为一种侦查行为，整个过程由承担侦查职能的侦查人员主持，如有需要可以由侦查机关聘请或者指派具有专门知识的人参加，协助侦查人员开展勘验、检查工作，及时提取、采集相关证据，以防灭失，影响对犯罪的追诉。

《公安机关刑事案件现场勘验检查规则》（2015年10月22日）

第二条　刑事案件现场勘验、检查，是侦查人员运用科学技术手段，对与犯罪有关的场所、物品、人身、尸体等进行勘验、检查的侦查活动。

第三条　刑事案件现场勘验、检查的任务，是发现、固定、提取与犯罪有关的痕迹、物证及其他信息,存储现场信息资料,判断案件性质,分析犯罪过程,确定侦查方向和范围,为侦查破案、刑事诉讼提供线索和证据。

第四条 公安机关对具备勘验、检查条件的刑事案件现场,应当及时进行勘验、检查。

第五条 刑事案件现场勘验、检查的内容,包括现场保护、现场实地勘验检查、现场访问、现场搜索与追踪、侦查实验、现场分析、现场处理、现场复验与复查等。

第六条 刑事案件现场勘验、检查由公安机关组织现场勘验、检查人员实施。必要时,可以指派或者聘请具有专门知识的人,在侦查人员的组织下进行勘验、检查。

公安机关现场勘验、检查人员是指公安机关及其派出机构经过现场勘验、检查专业培训考试,取得现场勘验、检查资格的侦查人员。

第七条 公安机关进行现场勘验、检查应当注意保护公民生命健康安全,尽量避免或者减少财产损失。

第八条 刑事案件现场勘验、检查工作应当遵循依法、安全、及时、客观、全面、细致的原则。

现场勘验、检查人员应当严格遵守保密规定,不得擅自发布刑事案件现场有关情况,泄露国家秘密、商业秘密、个人隐私。

※法规解读:上述条文是关于公安机关刑事案件现场勘验、检查总的原则性规定。

勘验、检查是重要的侦查行为,是侦破刑事案件的重要手段。上述条文对刑事案件现场勘验、检查的内涵和外延进行了界定;明确了刑事案件现场勘验、检查的任务、主体和原则等内容。

关联法规索引

《道路交通安全法》第72条;《道路交通安全法实施条例》第93条;《办理毒品犯罪案件毒品提取、扣押、称量、取样和送检程序若干问题的规定》第4条;《公安机关办理刑事案件电子数据取证规则》第10条、第27~30条、第43条

第一百二十九条 【现场保护】任何单位和个人,都有义务保护犯罪现场,并且立即通知公安机关派员勘验。

条文解读

本条是对单位和个人的犯罪现场保护义务的规定。

所谓犯罪现场，就是实施犯罪行为的地点，也包括遗留了与案件有关的痕迹和物品的一切场所。配合国家专门机关追诉犯罪是每个社会个体的义务。社会中的个体包括个人，也包括拟制人格的主体如公司、企业、机关等单位。但是，配合国家专门机关追诉犯罪，并不意味着单位和个人要自行承担调查犯罪和追诉犯罪的任务，在某处发现犯罪时，单位和个人需要做的是保护好犯罪现场，切不可争强好胜或者好奇心切随便闯入、查看、破坏，尽量保持犯罪现场的原样，为侦查机关尽可能多地收集案件线索创造条件。单位和个人在保持好犯罪现场的同时，要毫无迟延地通知公安机关，由他们派人对犯罪现场进行勘验。

配套法规及解读

《公安机关办理刑事案件程序规定》（2012年12月13日修订）

第二百零九条第一款 发案地派出所、巡警等部门应当妥善保护犯罪现场和证据，控制犯罪嫌疑人，并立即报告公安机关主管部门。

※法规解读：本条是关于保护现场义务的规定。

刑事案件案发后，任何单位和个人均有保护现场的义务。案发地的派出所、巡警或者治安保卫组织作为维护社会治安的专门性力量，均有义务妥善保护犯罪现场，防止无关人员进入，防止案件现场的破坏和毁损。最大限度地保全证据。如果在犯罪现场抓获犯罪嫌疑人，还应当妥善控制犯罪嫌疑人，并立即报告公安机关的主管部门。不得在无任何许可和批准的情况下，自行开展勘验或者检查。

《公安机关刑事案件现场勘验检查规则》（2015年10月22日）

第十四条 发案地公安机关接到刑事案件报警后，对于有犯罪现场的，应当迅速派员赶赴现场，做好现场保护工作。

第十五条 负责保护现场的人民警察应当根据案件具体情况，划定保护范围，设置警戒线和告示牌，禁止无关人员进入现场。

第十六条 负责保护现场的人民警察除抢救伤员、紧急排险等情况外，不得进入现场，不得触动现场上的痕迹、物品和尸体；处理紧急情况时，应当尽可能避免破坏现场上的痕迹、物品和尸体，对现场保护情况应当予以记录，对现场原始情况应当拍照或者录像。

第十七条 负责保护现场的人民警察对现场可能受到自然、人为因素破坏的，应当对现场上的痕迹、物品和尸体等采取相应的保护措施。

第十八条 保护现场的时间，从发现刑事案件现场开始，至现场勘验、检查结束。需要继续勘验、检查或者保留现场的，应当对整个现场或者部分现场继续予以保护。

第十九条 负责现场保护的人民警察应当将现场保护情况及时报告现场勘验、检查指挥员。

※法规解读:上述条文是对刑事案件公安机关现场保护的规定。

前述条文系《公安机关刑事案件现场勘验检查规则》第3章"现场保护"的全部内容。虽然《刑事诉讼法》明确规定任何单位和个人都有保护现场的义务,但是单位或者个人毕竟是非专业人士,其对刑事案件现场的保护具有配合性。公安机关作为刑事案件的主要侦查机关,其对犯罪现场的保护更有利于刑事案件侦破的需要。因此,公安机关接到报警后,应当立即根据刑事侦查工作的及时性要求,迅速派员赶赴犯罪现场,主导犯罪现场的保护工作。现场保护的人民警察负责将现场保护的情况及时报告现场勘验、检查的指挥人员。对现场保护的时间一般从发现刑事案件开始到现场勘验、检查结束。特殊情况下,需要继续勘验、检查或者保留现场的,应当对整个现场或者部分现场予以保护,具体保护时间由公安机关决定。

在犯罪现场的保护中,首先应当根据案件具体情况,划定犯罪现场保护范围,通过设置警戒线和告示牌的方式进行明示,除了抢救伤员、紧急排险等特殊情况外,禁止无关人员进入现场。犯罪现场的保护要遵循保持原样原则,因此,即便是进行伤员救治,紧急排险等特殊处置,原则上也不得触动现场中的痕迹、物品和尸体。确有必要必须触动现场时,应尽量避免破坏现场。负责保护现场的人民警察,应当对现场的原始情况进行拍照或者录像,包括必要时对现场的触动等情况进行记录,以便更好地进行现场保全。现场保护过程中,对于可能因为自然因素或者人为因素遭到破坏的痕迹、物品和尸体等采取适宜的保护措施。

关联法规索引

《消防法》第51条;《道路交通安全法》第70条;《公路法》第85条;《民用航空法》第154条;《看守所条例》第18条;《人民警察使用警械和武器条例》第12条;《企业事业单位内部治安保卫条例》第11条;《保安服务管理条例》第29条;《人民检察院司法警察执行职务规则(试行)》第9条;《最高人民法院、最高人民检察院、公安部、监察部、国家安全生产监督管理总局关于严格依法及时办理危害生产安全刑事案件的通知》第2条;《人民检察院司法警察执行职务规则》第9条;《国家卫生计生委办公厅、公安部办公厅、国家中医药管理局办公室关于严密防控涉医违法犯罪维护正常医疗秩序的意见》五;《道路交通事故处理程序规定》第13条;《国家卫生和计划生育委员会、中央综治办、中共中央宣传部、最高人民法院、最高人民检察院、公安部、民政部、司法部、国家工商行政管理总局、中国保险监督管理委员会、国家中医药管理局关于印发维护医疗秩序打击涉医违法犯罪专项行动方案的通知》第3条

第一百三十条 【持证勘验、检查】侦查人员执行勘验、检查，必须持有人民检察院或者公安机关的证明文件。

条文解读

本条是关于执行勘验、检查任务人员任务授权的规定。

勘验、检查是一种侦查行为，需要由侦查人员进行。但是并非所有的侦查人员都可以随意对任何地点、场所等进行勘验、检查。特定案件中的勘验、检查由特定的侦查人员进行，并持有特定的授权文书，即本条中所规定的“证明文件”。该授权文件是勘验、检查行为正当性的根据。

配套法规及解读

《人民检察院刑事诉讼规则(试行)》(2012年11月22日修订)

第二百一十条 进行勘验、检查，应当持有检察长签发的勘查证。

勘查现场，应当拍摄现场照片，勘查的情况应当写明笔录并制作现场图，由参加勘查的人和见证人签名。对重大案件的现场，应当录像。

《公安机关办理刑事案件程序规定》(2012年12月13日修订)

第二百零九条第二款 执行勘查的侦查人员接到通知后，应当立即赶赴现场；勘查现场，应当持有刑事犯罪现场勘查证。

※法规解读：上述条文明确了持证勘验、检查的原则。

根据以上条文规定，侦查人员在执行勘验、检查任务时，必须持有人民检察院或者公安机关的证明文件。侦查人员所属单位为其开具的证明文件是其依法履行职责的有效凭证，以证明检察人员或公安人员的身份及执行勘验、检查任务的程序合法，防止勘验、检查权被滥用，干扰或破坏侦查活动的顺利进行。

关联法规索引

《全国人民代表大会常务委员会关于国家安全机关行使公安机关的侦查、拘留、预审和执行逮捕的职权的规定》第73条；《公安机关刑事案件现场勘验检查规则》第28条

第一百三十一条 【尸体解剖】对于死因不明的尸体，公安机关有权决定解剖，并且通知死者家属到场。

条文解读

本条是关于尸体解剖的规定。

尸体解剖是进行尸体检验的一种方式。特别是对于死因不明的尸体,尸体解剖是判断和分析死亡原因的基础性工作,也是查找破案线索和证据的重要环节。根据本条规定,公安机关对于死因不明的尸体有决定解剖的权力,该权力的行使并不以取得死者家属同意为前提,即不管死者家属是否同意,只要公安机关认为有必要都可以决定进行尸体解剖。但是公安机关也有义务将尸体解剖的决定告知死者家属,并且在解剖时通知死者家属到场。死者家属无正当理由拒不到场或者拒绝签名、盖章的,不影响解剖,但是应当在笔录中注明。对于重大、疑难、复杂的案件,可能引起争议的案件,或者死者家属无正当理由拒不到场或者拒绝签名、盖章的案件,为确保取得良好的社会效果,公安机关在进行尸体解剖、开棺检验、死因鉴定时,应当进行全程录音录像,商请检察机关派员到场,并邀请与案件无关的第三方或者死者家属聘请的律师到场见证。

配套法规及解读

《公安机关办理刑事案件程序规定》(2012年12月13日修订)

第二百一十三条 为了确定死因,经县级以上公安机关负责人批准,可以解剖尸体,并且通知死者家属到场,让其在解剖尸体通知书上签名。

死者家属无正当理由拒不到场或者拒绝签名的,侦查人员应当在解剖尸体通知书上注明。对身份不明的尸体,无法通知死者家属的,应当在笔录中注明。

第二百一十四条 对已查明死因,没有继续保存必要的尸体,应当通知家属领回处理,对于无法通知或者通知后家属拒绝领回的,经县级以上公安机关负责人批准,可以及时处理。

《公安部关于正确执行〈公安机关办理刑事案件程序规定〉第一百九十九条[1]的批复》(2008年10月22日)

黑龙江省公安厅:

你厅《关于〈公安机关办理刑事案件程序规定〉第一百九十九条应如何理解的请示》(黑公传发〔2008〕521号)收悉。现批复如下:

一、根据《公安机关办理刑事案件程序规定》第一百九十九条的规定,死者家属无正当理由拒不到场或者拒绝签名、盖章的,不影响解剖或者开棺检验,公安机关可以在

〔1〕 现行《公安机关办理刑事案件程序规定》第二百一十三条。

履行规定的审批程序后，解剖尸体；但应当认真核实死者家属提出的不到场或者拒绝签名、盖章的理由，对于有正当理由的，应当予以妥善处理，争取家属的配合，而不能简单地作为无正当理由对待。

二、对于重大、疑难、复杂的案件，可能引起争议的案件，或者死者家属无正当理由拒不到场或者拒绝签名、盖章的案件，为确保取得良好的社会效果，公安机关在进行尸体解剖、开棺检验、死因鉴定时，应当进行全程录音、录像，商请检察机关派员到场，并邀请与案件无关的第三方或者死者家属聘请的律师到场见证。

※法规解读：上述条文是关于尸体解剖的规定。

第一，公安机关有权决定尸体解剖，需要由公安机关负责人批准，并且该决定并不以死者家属同意为前提。

第二，公安机关决定尸体解剖的，有义务通知死者家属到场。死者家属应当在收到《解剖尸体通知书》后签名或者盖章。

第三，家属拒不到场或者拒绝在《解剖尸体通知书》上签名或者盖章的，不影响尸体解剖的进行，但需要在《解剖尸体通知书》上注明。但是公安机关对于相关问题的判断和认识不能太过武断，应当认真核实死者家属提出的不到场或者拒绝签名、盖章的理由，对于有正当理由的，应当予以妥善处理，争取家属的配合，而不能简单地作为无正当理由对待。对于重大、疑难、复杂的案件，可能引起争议的案件，或者死者家属无正当理由拒不到场或者拒绝签名、盖章的案件，为确保取得良好的社会效果，公安机关在进行尸体解剖、开棺检验、死因鉴定时，应当进行全程录音、录像，商请检察机关派员到场，并邀请与案件无关的第三方或者死者家属聘请的律师到场见证。所有这些努力，均是为了确保程序公开、公正。

第四，尸体的处理。对于已查明死因，没有继续保存必要的尸体，应当通知家属领回处理；对无法通知或者通知后家属拒绝领回的，经县级以上公安机关负责人批准，可以及时处理。

《公安机关刑事案件现场勘验检查规则》（2015 年 10 月 22 日）

第三十五条　勘验、检查有尸体的现场，应当有法医参加。

第三十六条　为了确定死因，经县级以上公安机关负责人批准，可以解剖尸体。

第三十七条　解剖尸体应当通知死者家属到场，并让死者家属在《解剖尸体通知书》上签名。死者家属无正当理由拒不到场或者拒绝签名的，可以解剖尸体，但是应当在《解剖尸体通知书》上注明。对于身份不明的尸体，无法通知死者家属的，应当在笔录中注明。

解剖外国人尸体应当通知死者家属或者其所属国家驻华使、领馆有关官员到场，并请死者家属或者其所属国家驻华使、领馆有关官员在《解剖尸体通知书》上签名。死者家属或者其所属国家驻华使、领馆有关官员无正当理由拒不到场或者拒绝签名的，可以解剖尸体，但应当在《解剖尸体通知书》上注明。对于身份不明外国人的尸体，无法通知死者家属或者有关使、领馆的，应当在笔录中注明。

第三十八条 移动现场尸体前，应当对尸体的原始状况及周围的痕迹、物品进行照相、录像，并提取有关痕迹、物证。

第三十九条 解剖尸体应当在尸体解剖室进行。确因情况紧急，或者受条件限制，需要在现场附近解剖的，应当采取隔离、遮挡措施。

第四十条 检验、解剖尸体时，应当捺印尸体指纹和掌纹。必要时，提取血液、尿液、胃内容和有关组织、器官等。尸体指纹和掌纹因客观条件无法捺印时需在相关记录中注明。

第四十一条 检验、解剖尸体时，应当照相、录像。对尸体损伤痕迹和有关附着物等应当进行细目照相、录像。

对无名尸体的面貌，生理、病理特征，以及衣着、携带物品和包裹尸体物品等，应当进行详细检查和记录，拍摄辨认照片。

※法规解读：上述条文对刑事案件现场尸体解剖的规定。

根据上述条文规定，对于有尸体的刑事案件现场的勘验、检查应当有法医参加。基于尸体的特殊性，为了更好地查找案件线索和证据，有尸体的刑事案件现场，需要具有专业知识和技能的法医参加。这是对此种刑事案件现场勘验、检查主体的特殊要求。

解剖外国人尸体在程序上更加复杂，需要通知死者家属或者其所属国家驻华使领馆官员到场并签字。但并非必须经过外方同意才能进行尸体解剖。

刑事案件现场，移动现场尸体前，要对尸体本身及周围状况进行拍照、录像并提取有关痕迹和物证。尸体解剖一般在尸体解剖室进行。情况紧急或者受条件限制，需要在现场附近解剖的，为了保证尸体解剖的顺利进行，保护侦查秘密及对尸体和尸体家属的尊重，应当采取隔离、遮挡措施。检查、解剖尸体应当对尸体的相关生理指标、样本等进行检查提取、检查记录等。

关联法规索引

《传染病防治法》第46条；《医疗事故处理条例》第18条；《人民检察院刑事诉讼规则（试行）》第212条；《看守所在押人员死亡处理规定》第12条；《道路交通事故处理程序规定》第40条

第一百三十二条　【人身检查】为了确定被害人、犯罪嫌疑人的某些特征、伤害情况或者生理状态，可以对人身进行检查，可以提取指纹信息，采集血液、尿液等生物样本。

犯罪嫌疑人如果拒绝检查，侦查人员认为必要的时候，可以强制检查。

检查妇女的身体，应当由女工作人员或者医师进行。

条文解读

本条共有3款，是关于人身检查的规定。

在刑事侦查过程中，人身检查的对象可以是被害人，也可以是犯罪嫌疑人，其目的在于确定其某些特征、伤害情况或者生理状态，这些信息与案件侦破有关。在1996年《刑事诉讼法》中，对被害人、犯罪嫌疑人的人身检查以外部体表检查为主，但是以此种方法收集到的信息相当有限。在生物技术高度发达的今天，指纹、血液、尿液等生物样本能够提供更加丰富的信息。因此，2012年《刑事诉讼法》修改时，本条增加了提取指纹信息，采集血液、尿液等生物样本的规定。这里只是列举了几种常见的生物样本，实践中还有唾液、毛发等其他多种生物样本，在法律中不能一一列举，因此，规定了"等"。2018年4月颁行实施的《反恐怖主义法》第50条规定：公安机关调查恐怖活动嫌疑，可以依照有关法律规定对嫌疑人员进行盘问、检查、传唤，可以提取或者采集肖像、指纹、虹膜图像等人体生物识别信息和血液、尿液、脱落细胞等生物样本，并留存其签名。根据该条规定，公安机关在调查涉恐犯罪时可以调取与个人有关的两类信息作为证据或者线索使用，一类为人体生物识别信息，主要包括肖像、指纹、虹膜图像等；另一类为生物样本，主要包括血液、尿液、脱落细胞等。显然，这里列举提及的个人信息来源比《刑事诉讼法》的规定更多。笔者认为，这些都有可能成为以后刑事诉讼侦查中获取信息的来源。但是，在刑事诉讼法律规范对此没有明确的规定，即侦查机关可以采集的生物样本外延在没有明确扩大之前，还不宜将《反恐怖主义法》该条规定的内容全部整体适用于全部类型的刑事案件。与一般的刑事案件诉讼程序相比，《反恐怖主义法》仍属于特别法，对于涉恐案件优先适用。

人身检查过程中，获得的指纹信息和生物样本，经化验、鉴定，可以与其他证据相互印证，形成证据链，有的甚至可以直接作为证据使用，如犯罪嫌疑人的指纹、DNA。应当注意的是，在采集上述生物样本时，操作不当会侵犯公民的合法权利，侦查人员必须严格遵守相关法律规定，如执行主体只能是依法对案件行使侦查权的侦查人员或者经授权的医务人员；范围仅限于查明案件事实，确定被害人、犯罪嫌疑人某些生物特征的需要，不得随意提取指纹信息或者采集生物样本。

本条第2款是关于强制检查的规定。强制检查是人身检查的一种特例。强制检查的对象仅为犯罪嫌疑人,但并非对所有的犯罪嫌疑人都需要强制检查。适用强制检查需要同时满足以下两个条件:第一,犯罪嫌疑人拒绝侦查人员进行人身检查;第二,侦查人员认为对犯罪嫌疑人的人身检查有必要。强制检查是侦查机关的一项权力。

本条第3款是关于检查妇女身体的特殊规定。针对女性的身体检查具有一定的敏感性和隐私性,为了最大限度地尊重女性的权益,本条特别规定,身体检查的对象是女性时,必须由女性工作人员或者专业人员——医师进行。

配套法规及解读

《人民检察院刑事诉讼规则(试行)》(2012年11月22日修订)

第二百一十三条 为了确定被害人、犯罪嫌疑人的某些特征、伤害情况或者生理状态,人民检察院可以对人身进行检查,可以提取指纹信息,采集血液、尿液等生物样本。

必要时,可以指派、聘请法医或者医师进行人身检查。采集血液等生物样本应当由医师进行。

犯罪嫌疑人如果拒绝检查,检察人员认为必要的时候,可以强制检查。检查妇女的身体,应当由女工作人员或者医师进行。

第二百一十四条 人身检查不得采用损害被检查人生命、健康或贬低其名誉或人格的方法。

在人身检查过程中知悉的被检查人的个人隐私,检察人员应当保密。

《公安机关办理刑事案件程序规定》(2012年12月13日修订)

第二百一十二条 为了确定被害人、犯罪嫌疑人的某些特征、伤害情况或者生理状态,可以对人身进行检查,提取指纹信息,采集血液、尿液等生物样本。被害人死亡的,应当通过被害人近亲属辨认、提取生物样本鉴定等方式确定被害人身份。

犯罪嫌疑人如果拒绝检查、提取、采集的,侦查人员认为必要的时候,经办案部门负责人批准,可以强制检查、提取、采集。

检查妇女的身体,应当由女工作人员或者医师进行。

检查的情况应当制作笔录,由参加检查的侦查人员、检查人员、被检查人员和见证人签名。被检查人员拒绝签名的,侦查人员应当在笔录中注明。

※法规解读:上述条文是关于人身检查的规定。

上述条文再次强调检查手段强制性和检查对象之间的关系:对犯罪嫌疑人可以进行强制检查,对被害人则不能。人身检查包括提取相应的生物样本。检查妇女身体,检查人员应当为女性工作人员或者医师。另外,《公安机关办理刑事案件程序规定》进行了一个扩权性规定，将人身检查的对象扩展至被害人近亲属，其情形为被害人已死亡的情况下。其目的在于确定被害人身份。根据《公安机关办理刑事案件程序规定》第212条的规定，被害人死亡情况下，公安机关可以通过辨认以及提取生物样本鉴定等方式确认被害人身份。若公安机关的相关侦查行为是在征得被害人近亲属同意情况下所开展的任意侦查，则无可厚非。但若是强制性的，其合法性则有待商榷。

《人民检察院刑事诉讼规则（试行）》确定了人身检查的方法限制及保密原则。人身检查作为一种侦查行为，同样要保持必要的限度，如采用的人身检查方法损害被检查人生命、健康或贬低其名誉或人格的，则与侦查目的背道而驰，不能允许。侦查人员及相关人员对于在实施人身检查过程中知悉的被检查人员的个人隐私承担的保密义务。《人民检察院刑事诉讼规则（试行）》中特别强调了采集血液等生物样本应当由特定身份主体——医师进行。对此，公安机关规则中则尚未提及。

关联法规索引

《治安管理处罚法》第87条；《反恐怖主义法》第50条；《公安机关刑事案件现场勘验检查规则》第34条；《公安机关办理行政案件程序规定》第84条

典型案例

罗某醉酒驾驶机动车案〔1〕

※案情简介：2011年5月15日20时55分，罗某驾驶桂O5890警号牌警车行驶至北海市广东路桂新大厦门前道路时，与一辆电动自行车发生交通事故，造成骑车人受伤，罗某驾车逃逸。北海市公安局交警支队海城交警大队接警后，派出民警谢某、韦某赶赴现场。经现场调查，确认桂O5890警号牌警车为北海市森林公安局警车，驾驶人为罗某。民警即赶至市森林公安局，23时许，发现了涉案车辆及驾驶人罗某，经事故伤者指认后，民警依法扣押了该涉嫌车辆，并使用呼气酒精含量检测仪对罗某进行呼气测试，仪器显示酒精含量为194.6毫克/百毫升，涉嫌醉酒驾驶机动车。民警立即打印了呼气酒精测试单，测试单记录了当事人姓名、身份证件种类及号码、查获时间和地点、测试值等内容，测试单由民警谢某、韦某分别签名后交罗某签名确认。期间，交通民警使用数码相机记录了查获的全过程。

---

〔1〕本案例根据《公安部关于公安机关办理醉酒驾驶机动车犯罪案件的指导意见》（公交管〔2011〕190号，2011年9月19日）的附件《办理醉酒驾驶机动车犯罪案件》中的同名案例整理。

鉴于罗某涉嫌醉酒驾驶机动车发生交通事故，民警依据《道路交通安全法》第110条第1款规定，在现场依法扣留了嫌疑人的机动车驾驶证，并依据《道路交通事故处理程序规定》第28条第1款的规定，依法扣留了事故机动车。5月15日23时38分，民警谢某和韦某将罗某带至北海市人民医院抽血。医务人员对罗某提取了两份血样，民警分别装入物证密封袋，注明了驾驶人姓名、提取时间、血样用途，由罗某、民警谢某和韦某以及抽血的医务人员在密封袋封口处签名。其间，民警对抽血全过程进行了监督，并将带回的血样交给交警大队物证保管室低温冷藏保存。5月16日0时45分，交通民警谢某和韦某将罗某带至海城交警大队，对罗某采取看管的方法进行醒酒约束。其间，民警及时制作了《查获经过》。8时许，交通民警将罗某血样送北海市食品药品检验所检验血液酒精含量。9时52分，民警传唤罗某到交警大队，对罗某进行了第一次询问，并制作了询问笔录。23时38分，民警第二次传唤罗某到交警大队，进行了第二次询问，并制作了询问笔录。5月17日15时，北海市食品药品检验所出具检验报告，罗某血液酒精含量为193.2毫克/百毫升。15时30分，经报北海市公安局海城分局负责人批准，对罗某以涉嫌危险驾驶罪立案侦查。15时40分，办案民警收集了林某(女，北海市人，系罗某朋友，案发当晚与嫌疑人一起喝酒)、裴某(女，北海市合浦县人，系案发当晚罗某就餐酒店服务员)的证人证言，证明罗某有酒后驾驶机动车的事实。18时，对罗某依法采取了刑事拘留措施并送至北海市看守所羁押。拘留期间，办案民警江某和黄某对罗某进行了讯问，制作了讯问笔录。

5月19日，案件侦查终结，北海市公安局交警支队依法作出吊销罗某机动车驾驶证的行政处罚。同日，北海市公安局制作了《起诉意见书》，以涉嫌危险驾驶罪将罗某醉酒驾驶机动车案件材料移送北海市海城区人民检察院审查起诉。海城区人民检察院对公安机关移送的案件进行了审查并以危险驾驶罪向海城区人民法院对罗某提起公诉。6月27日，海城区人民法院对罗某醉酒驾驶机动车犯罪案件开庭审理，并对该案当庭宣判，一审判决被告人罗某犯危险驾驶罪，判处拘役5个月，并处罚金5000元。罗某没有提出上诉。

※裁判要旨：血液中的酒精含量指标是认定危险驾驶罪的重要证据。因此，通过采集犯罪嫌疑人的血液样本来判断其当时的生理状态是非常重要的侦查手段。本案中正是由于取得了被告人罗某的血液，并且由专门机关对血液中的酒精含量进行了测试才确保了最终成功定罪。

案件中罗某醉酒驾驶机动车造成交通事故。事发后，民警谢某和韦某将罗某带至北海市人民医院抽血。医务人员对罗某提取了两份血样，民警分别装入物证密封袋，注明了驾驶人姓名、提取时间、血样用途，由罗某、民警谢某和韦某以及抽血的医务人员在密封袋封口处签名。其间，民警对抽血全过程进行了监督，并将带回的血样交给交警大队物证保管室低温冷藏保存。5月16日8时许,交通民警将罗某血样送北海市食品药品检验所检验血液酒精含量。5月17日15时,北海市食品药品检验所出具检验报告,罗某血液酒精含量为193.2毫克/百毫升。至此,我们不仅看到血液样本的重要性,同时也应当注意到办案警察在采集血液样本中的谨慎态度。首先,血液样本是由医务人员提取;其次,取得样本后的小心保管,其中包括对很多细节问题的处理都很细致;最后,血液样本送由专门机构进行检测。

2012年《刑事诉讼法》增加侦查机关可以通过采集指纹、血液、尿液等生物样本的方式了解犯罪嫌疑人的某些生理特征或者生理状态的规定,适应了新的历史时期,侦查技术和手段的变化和要求。但应用该种方式时,应像本案中的侦查机关一样,要做到程序严谨、规范,才能确保取得的证据能发挥应有的作用。

第一百三十三条　【勘验、检查笔录】勘验、检查的情况应当写成笔录,由参加勘验、检查的人和见证人签名或者盖章。

条文解读

本条是关于勘验、检查笔录的规定。

勘验、检查作为专门的调查工作,是侦查机关收集案件证据的重要环节。根据法律规定勘验、检查的过程和情况需要进行记录,包括写成笔录,勘验、检查笔录是法定证据的一种,经过质证后,将成为认定案件事实的重要依据。无论是对现场、物品、人身还是对尸体的勘验、检查都应当逐项记载清楚发现相关物证的时间、地点、场景、数量、性状等,必要时可以通过绘制图样、照片、录像等其他形式更好地记载相关情况。勘验、检查笔录不认真、不仔细将使某些物证由于难以说明来源而无法作为定案的依据。为了确保勘验、检查的客观性,勘验、检查过程中需要有见证人在场。勘验、检查结束后,应当由参加勘验、检查的人和见证人在勘验、检查笔录上签名或者盖章。

配套法规及解读

《人民检察院刑事诉讼规则(试行)》(2012年11月22日修订)

第二百一十一条　勘验时,人民检察院应当邀请二名与案件无关的见证人在场。

第二百一十五条　勘验、检查的情况应当制作笔录,由参加勘验、检查的人员和见证人签名或者盖章。

《公安机关办理刑事案件程序规定》(2012 年 12 月 13 日修订)

第二百一十条 公安机关对案件现场进行勘查不得少于二人。勘查现场时,应当邀请与案件无关的公民作为见证人。

第二百一十一条 勘查现场,应当拍摄现场照片、绘制现场图,制作笔录,由参加勘查的人和见证人签名。对重大案件的现场,应当录像。

第二百一十二条第四款 检查的情况应当制作笔录,由参加检查的侦查人员、检查人员、被检查人员和见证人签名。被检查人员拒绝签名的,侦查人员应当在笔录中注明。

※法规解读:上述条文是关于勘验、检查的见证、笔录制作等方面的规定。

为了保证勘验、检查的客观性,勘验、检查过程中需要有见证人在场,见证人应当是与案件无关的人员,《人民检察院刑事诉讼规则(试行)》中要求见证人应当为 2 人。勘验、检查的情况应当制作笔录,《公安机关办理刑事案件程序规定》中对于见证人数量无特别要求。勘查现场,除了制作笔录,还应当按照相关规则拍摄现场照片,绘制现场图,特别重大、重大案件的现场勘查,还应当制作录像。计算机犯罪案件的现场勘查,应当立即停止计算机的应用,保护好计算机和相关设备,并复制电子数据,以防数据丢失或者毁损给案件侦破工作造成困难。勘验、检查笔录是法定证据之一,因此,要确保笔录制作的要件全面、程序合法。

《最高人民法院关于适用〈中华人民共和国刑事诉讼法〉的解释》(2012 年 12 月 20 日)

第六十七条 下列人员不得担任刑事诉讼活动的见证人:

(一)生理上、精神上有缺陷或者年幼,不具有相应辨别能力或者不能正确表达的人;

(二)与案件有利害关系,可能影响案件公正处理的人;

(三)行使勘验、检查、搜查、扣押等刑事诉讼职权的公安、司法机关的工作人员或者其聘用的人员。

由于客观原因无法由符合条件的人员担任见证人的,应当在笔录材料中注明情况,并对相关活动进行录像。

※法规解读:本条对不适宜担任刑事诉讼见证人的范围作了规定。

刑事诉讼活动中,见证人是司法机关根据需要邀请的到场观察监督某项诉讼行为的实施主体,为了确保见证的客观性和公正性,要求见证人应当是与案件无利害关系,同时能够辨别是非及正确表达的非司法机关工作人员及其聘用人员。因此,本条用排除的方法,规定了不适宜担任见证人的主体范围。

见证是监督、确保司法活动正当性的一种方法,但并非是唯一的方法,因此本条第

2款规定，确实因为客观原因，无符合条件的见证人对特定司法活动进行见证时，需要将此种情况在笔录中注明，并且选用录像的方式记录刑事诉讼活动，以便可以在后续程序中重现该司法活动的过程。

关联法规索引

《最高人民法院、最高人民检察院、公安部、国家安全部、司法部关于办理死刑案件审查判断证据若干问题的规定》第6条、第7条、第9条、第25条、第26条；《最高人民检察院关于适用〈关于办理死刑案件审查判断证据若干问题的规定〉和〈关于办理刑事案件排除非法证据若干问题的规定〉的指导意见》第16条；《公安机关办理伤害案件规定》第16条；《公安机关刑事案件现场勘验检查规则》第24条、第43~51条；《公安部关于建立健全公安机关执法全流程记录机制的意见》二；《公安机关办理刑事案件电子数据取证规则》第12条、第30~32条、第35条

第一百三十四条　【复验、复查】人民检察院审查案件的时候，对公安机关的勘验、检查，认为需要复验、复查时，可以要求公安机关复验、复查，并且可以派检察人员参加。

条文解读

本条是关于复验、复查的规定。

人民检察院是我国专门的法律监督机关，其有权对侦查过程进行监督。人民检察院可以通过审查批捕程序和审查起诉程序对侦查活动中勘验、检查的过程和结果进行监督。若检察机关对公安机关勘验、检查的过程或者结果有疑问，并且认为有必要进行复验、复查时，有权要求公安机关自行进行复验、复查，并且检察机关可以委派检察人员参与复验、复查的过程。《中央政法委关于切实防止冤假错案的规定》中将必要时指派检察官参加侦查机关对重大案件的讨论和对犯罪有关的场所、物品、人身、尸体的复验、复查，作为严格遵守法律程序制度，坚守防止冤假错案底线的重要举措进行了重审和强调。

配套法规及解读

《公安机关办理刑事案件程序规定》(2012年12月13日修订)

第二百一十五条　公安机关进行勘验、检查后，人民检察院要求复验、复查的，公

安机关应当进行复验、复查,并可以通知人民检察院派员参加。

※法规解读:本条是关于复验、复查的规定。

人民检察院有对侦查活动进行监督的职责。因此,当人民检察院要求对勘验、检查的结果进行复验、复查时,公安机关有义务接受其监督,并及时对勘验、检查结果进行复验、复查。为了更好地接受人民检察院监督,公安机关可以通知人民检察院派员参加复验、复查活动。

《公安机关刑事案件现场勘验检查规则》(2015 年 10 月 22 日)

第七十九条 遇有下列情形之一,应当对现场进行复验、复查:

(一)案情重大、现场情况复杂的;

(二)侦查工作需要从现场进一步收集信息、获取证据的;

(三)人民检察院审查案件时认为需要复验、复查的;

(四)当事人提出不同意见,公安机关认为有必要复验、复查的;

(五)其他需要复验、复查的。

※法规解读:本条是对现场复验、复查条件的规定。

复验、复查可以进一步巩固对刑事案件现场的认识,确保现场勘验、检查的系统、全面和深入。但是复验、复查毕竟要多耗费诉讼资源,因此只有在必要的情形之下才进行。本条采用列举和概括两种方式对需要对现场进行复验、复查的情况进行了规定,包括案件办理本身的原因,如案请重大、现场情况复杂的,以及侦查工作需要从现场进一步收集信息、获取证据的。同时也考虑了侦查监督工作的需要,当人民检察院审查案件时认为需要复验、复查的,也应当复验、复查。而且,也考虑了当事人诉求的问题,当当事人提出不同意见时,公安机关认为有必要复验、复查的,就可以启动复验、复查程序。条文的最后一项是概括式规定,以便适应实际办案工作中各种复杂的情形出现。

关联法规索引

《最高人民法院、最高人民检察院、公安部、司法部关于进一步严格依法办案确保办理死刑案件质量的意见》第 21 条;《最高人民检察院关于适用〈关于办理死刑案件审查判断证据若干问题的规定〉和〈关于办理刑事案件排除非法证据若干问题的规定〉的指导意见》第 29 条;《人民检察院刑事诉讼规则(试行)》第 369 条;《公安机关刑事案件现场勘验检查规则》第 80 条;《中央政法委关于切实防止冤假错案的规定》第 4 条

第一百三十五条　【侦查实验】为了查明案情，在必要的时候，经公安机关负责人批准，可以进行侦查实验。

侦查实验的情况应当写成笔录，由参加实验的人签名或者盖章。

侦查实验，禁止一切足以造成危险、侮辱人格或者有伤风化的行为。

条文解读

本条共有3款，是关于侦查实验的规定。

侦查实验是为了确定与案件有关的某一事件或者某种事实在特定条件下能否发生或者怎样发生而模拟原来的条件，将该事件或事实重演或者进行试验的侦查活动。侦查实验的目的性非常明确，即为了查明案情的需要。侦查机关不是科研机构，不进行与案件无关的实验。由于侦查实验带有一定的探索性，因此侦查实验不宜普遍采用，仅当用其他的方式难以查明案件情况时，经过公安机关负责人批准才能进行。侦查实验只是一种查明案件情况的手段，但不能为了查明案件情况无所顾忌，凡是足以造成危险、侮辱人格或者有伤风化，以及有较大不确定性风险的侦查实验均不得进行。

本条第2款是关于侦查实验笔录的规定。侦查实验笔录是对侦查实验过程、内容和结果的记载。侦查实验笔录既是侦查实验过程再现的宝贵资料，也是对侦查实验进行审查的重要依据。侦查实验笔录列为法定证据种类之一，因此需要认真、细致地对侦查实验过程进行记载。必要的时候，可以拍照、绘图或者录音、录像作为辅助记载手段。侦查实验笔录需要由参加侦查实验的人员签名或盖章。唯有这样，侦查实验笔录才具有证据资格。

配套法规及解读

《人民检察院刑事诉讼规则(试行)》(2012年11月22日修订)

第二百一十六条　为了查明案情，在必要的时候，经检察长批准，可以进行侦查实验。侦查实验，禁止一切足以造成危险、侮辱人格或者有伤风化的行为。

第二百一十七条　侦查实验，在必要的时候可以聘请有关专业人员参加，也可以要求犯罪嫌疑人、被害人、证人参加。

第二百一十八条　侦查实验，应当制作笔录，记明侦查实验的条件、经过和结果，由参加侦查实验的人员签名。必要时可以对侦查实验录音、录像。

《公安机关办理刑事案件程序规定》(2012年12月13日修订)

第二百一十六条　为了查明案情，在必要的时候，经县级以上公安机关负责人批准,可以进行侦查实验。

对侦查实验的经过和结果,应当制作侦查实验笔录,由参加实验的人签名。必要时,应当对侦查实验过程进行录音或者录像。

进行侦查实验,禁止一切足以造成危险、侮辱人格或者有伤风化的行为。

※法规解读:上述条文是关于侦查实验的一般性规定。

侦查实验的目的是查明案件情况。侦查实验并非是侦查程序的必经环节,只有在必要的情况下才能使用。具体而言,侦查实验可以是为了印证下列某一情况:确定在一定条件下能否听到或者看到;确定在一定时间内能否完成某一行为;确定在什么条件下能够发生某种现象;确定在某种条件下某种行为和某种痕迹是否吻合;确定在某种条件下使用某种工具可能或者不可能留下某种痕迹;确定某种痕迹在什么条件下会发生变异;确定某种事件是怎样发生的。但是,无论怎样,如果有可能造成危害,或者有侮辱人格或者有伤风化的,则侦查实验不能进行。侦查实验的进行,就程序上而言,要经过侦查机关负责人的批准。

侦查实验也是一种侦查行为,应当有严格的记载,这既是程序自身严肃性和正当性的要求,同时也是对侦查实验过程和内容记录的要求。侦查实验笔录,与其他的侦查行为法律文书一样,要由实施侦查实验的侦查人员签名或者盖章。侦查实验笔录是法定证据的一种,因此,侦查实验笔录的制作要符合《刑事诉讼法》的规范和要求。

关联法规索引

《公安机关刑事案件现场勘验检查规则》第 69 ~ 72 条;《最高人民法院、最高人民检察院、公安部关于办理刑事案件收集提取和审查判断电子数据若干问题的规定》第 16 条;《公安机关办理刑事案件电子数据取证规则》第 50 ~ 54 条

第五节 搜　　查

第一百三十六条 【搜查的对象】为了收集犯罪证据、查获犯罪人,侦查人员可以对犯罪嫌疑人以及可能隐藏罪犯或者犯罪证据的人的身体、物品、住处和其他有关的地方进行搜查。

条文解读

本条是关于搜查的一般性规定。

搜查,是指侦查人员对犯罪嫌疑人以及可能隐藏罪犯、犯罪证据的人的身体、物品、住处、其他有关地方进行搜索、查验的侦查活动。根据本条规定,搜查的直接目的在于收集犯罪证据,查获犯罪人。有权实施搜查的主体为侦查人员。搜查的对象为一切与犯罪嫌疑人有关,以及可能隐藏罪犯或者犯罪证据的人的身体、物品、住处和其他有关的地方,但是依法免受搜查的地方除外,如《外交特权与豁免权条例》第4条第2款就明确规定:使馆的馆舍、设备及馆舍内其他财产和使馆交通工具免受搜查、征用、扣押或者强制执行。

配套法规及解读

《人民检察院刑事诉讼规则(试行)》(2012年11月22日修订)

第二百二十条　为了收集犯罪证据,查获犯罪人,经检察长批准,检察人员可以对犯罪嫌疑人以及可能隐藏罪犯或者犯罪证据的人的身体、物品、住处、工作地点和其他有关的地方进行搜查。

《公安机关办理刑事案件程序规定》(2012年12月13日修订)

第二百一十七条　为了收集犯罪证据、查获犯罪人,经县级以上公安机关负责人批准,侦查人员可以对犯罪嫌疑人以及可能隐藏罪犯或者犯罪证据的人的身体、物品、住处和其他有关的地方进行搜查。

※法规解读:上述条文重申了搜查的目的及对象。与《刑事诉讼法》第136条不同的是,上述两个条文特别强调了搜查需要由相应机关的负责人批准才能进行。

关联法规索引

《宪法》第37条;《外交特权与豁免条例》第4条;《戒严法》第23条;《香港特别行政区驻军法》第7条;《澳门特别行政区驻军法》第8条;《人民武装警察法》第14条;《人民警察法》第12条;《反间谍法》第32条;《监察法》第24条、第41条;《妇女权益保障法》第37条;《保安服务管理条例》第30条;《中国共产党纪律检查机关监督执纪工作规则》第40条

第一百三十七条　【协助义务】任何单位和个人,有义务按照人民检察院和公安机关的要求,交出可以证明犯罪嫌疑人有罪或者无罪的物证、书证、视听资料等证据。

条文解读

本条是关于协助侦查机关获取证据材料义务的规定。

根据本条规定，协助侦查机关获取证据材料义务的主体是不特定的单位和个人。这就意味着凡是知道、了解相关案件情况的单位和个人，凡是持有有助于查清案件事实的物证、书证、视听资料等证据材料的单位和个人均应当积极履行该项义务，向侦查机关交出相关材料。本条中规定的相关证据材料不仅包括能够证明犯罪嫌疑人的行为构成犯罪的证据材料，还包括证明其罪轻、从轻、减轻或者免除处罚的证据材料。2012年《刑事诉讼法》修订时，在交出的“物证、书证、视听资料”后加了一个“等”字，与1996年的《刑事诉讼法》相比，持有证据的单位和个人交出证据材料的范围不再局限于“物证、书证和视听资料”，范围有所扩大。而对于持有与案件相关的证据材料，又拒不交出的，侦查机关可以依法对其住处或者人身进行搜查，隐匿重要证据情节严重的，依法予以处罚。

配套法规及解读

《人民检察院刑事诉讼规则(试行)》(2012年11月22日修订)

第二百一十九条 人民检察院有权要求有关单位和个人，交出能够证明犯罪嫌疑人有罪或者无罪以及犯罪情节轻重的证据。

※法规解读：本条规定了人民检察院有权要求有关单位和个人交出证据材料。

作为享有刑事侦查权的机关，人民检察院依法享有与其职责相适应的职权。同时我国法律也规定，任何公民和单位都负有积极同犯罪行为作斗争，配合侦查部门调查取证工作的义务。

以此为标准，在侦查机关依法进行搜查的时候，单位和个人应积极予以协助，如掌握与犯罪相关证据的，应当主动交出。这些证据包括能够证明犯罪嫌疑人有罪的证据，同时也包括能够证明犯罪嫌疑人无罪的证据。如拒不交出，则检察机关有权强行搜查。对于拒不提供或者有隐匿、损毁证据行为的单位和个人，情节严重的，可追究其法律责任。

关联法规索引

《刑法》第242条

第一百三十八条 【搜查证】 进行搜查，必须向被搜查人出示搜查证。

在执行逮捕、拘留的时候，遇有紧急情况，不另用搜查证也可以进行搜查。

条文解读

本条共有2款，是关于搜查证的规定。

持证搜查是一般性原则。《搜查证》是表明侦查人员搜查合法性的唯一有效凭证。一般情况下，侦查机关进行搜查应当持有《搜查证》，且在搜查的时候需要向被搜查人出示《搜查证》。因此，通常情况下，任何公民均有权拒绝无证搜查。执行搜查的侦查人员不得少于2人。

本条第2款是关于无证搜查的规定。无证搜查只适用于执行逮捕、拘留，并遇到紧急情况的条件下。如可能随身携带凶器的；可能隐藏爆炸、剧毒等危险物品的；可能隐匿、毁弃、转移犯罪证据的；可能隐匿其他犯罪嫌疑人的以及其他突然发生的紧急情况。但是搜查后，仍应当及时报告，补办《搜查证》。亦即即便是无证搜查，也并非意味着自始至终均无搜查证，而是仅指搜查的当时因情况紧急来不及办理搜查证。

配套法规及解读

《人民检察院刑事诉讼规则(试行)》(2012年11月22日修订)

第二百二十一条 进行搜查，应当向被搜查人或者他的家属出示搜查证。

搜查证由检察长签发。

《公安机关办理刑事案件程序规定》(2012年12月13日修订)

第二百一十八条 进行搜查，必须向被搜查人出示搜查证，执行搜查的侦查人员不得少于二人。

※法规解读：上述条文是关于搜查证的规定。

持证搜查是侦查的一般原则。搜查证中应当载明被搜查人的姓名、性别、职业、住址、搜查的处所、搜查的目的、搜查机关、执行人员以及搜查日期等内容。公安机关侦查人员所持搜查证由县级以上公安机关负责人签发；检察机关搜查证由检察长签发。持证搜查是法律设定的严格程序，对于违反本条规定进行的搜查，公民有权拒绝。

第二百一十九条 执行拘留、逮捕的时候，遇有下列紧急情况之一的，不用搜查证也可以进行搜查：

(一)可能随身携带凶器的；

(二)可能隐藏爆炸、剧毒等危险物品的；

（三）可能隐匿、毁弃、转移犯罪证据的；

（四）可能隐匿其他犯罪嫌疑人的；

（五）其他突然发生的紧急情况。

《人民检察院刑事诉讼规则（试行）》（2012年11月22日修订）

第二百二十四条 在执行逮捕、拘留的时候，遇有下列紧急情况之一，不另用搜查证也可以进行搜查：

（一）可能随身携带凶器的；

（二）可能隐藏爆炸、剧毒等危险物品的；

（三）可能隐匿、毁弃、转移犯罪证据的；

（四）可能隐匿其他犯罪嫌疑人的；

（五）其他紧急情况。

搜查结束后，搜查人员应当在二十四小时内向检察长报告，及时补办有关手续。

※法规解读：上述条文是关于无证搜查的规定。

持证搜查是搜查的一般原则。但是侦查实践是错综复杂的，有时遇到突发事件，很难事先做好准备。为此，上述条文特别规定了特殊情况下的无证搜查。由于是没有搜查证的搜查，因此受到更加严格的限制。第一，从时间上来看，无证搜查仅适用于执行拘留或者逮捕的过程中。第二，从情形上来看，需要遇有紧急情况。也就是说，并非只要是执行拘留或者逮捕的时候就可以进行无证搜查，而是必须有特殊紧急状况需要立即实施搜查，无证搜查才能被采用。不用搜查证也可搜查的情形，包括：可能随身携带凶器的；可能隐藏爆炸、剧毒等危险物品的；可能隐匿、毁弃、转移犯罪证据的；可能隐匿其他犯罪嫌疑人的；其他突然发生的紧急情况。第三，无证搜查仅指搜查当时的状况，搜查结束后，仍需要补办相关手续。

关联法规索引

《宪法》第37条；《香港特别行政区基本法》第28条；《澳门特别行政区基本法》第28条；《刑法》第245条；《治安管理处罚法》第40条；《劳动合同法》第88条；《监察法》第24条；《最高人民检察院、公安部关于公安机关办理经济犯罪案件的若干规定》第61条；《检察机关办理侵犯公民案件指引》一、（一）1.（3）、（二）2.（4）；《外交车辆管理办法》第14条

第一百三十九条　【搜查要求】在搜查的时候,应当有被搜查人或者他的家属,邻居或者其他见证人在场。

搜查妇女的身体,应当由女工作人员进行。

条文解读

本条共有2款,是关于搜查见证以及搜查妇女身体的规定。

第1款是关于搜查中见证的规定。搜查是对特定地点或者人身的搜索和检查,为了确保搜查程序和结果的客观性,需要有见证人在场。这既是一种必要的监督方式,也是增加搜查公信力必不可少的环节。搜查中的见证人要么是被搜查人信任的人,要么是与案件无牵连的中立的第三方。为此,本条第1款规定,被搜查人或者他的家属、邻居或者其他人可以作为见证人,在侦查机关搜查的时候在场。

第2款是关于女性身体搜查的特别规定。鉴于性别的原因,对女性身体的搜查采用同性别原则,即应当由女性工作人员进行。这是对妇女的特殊保护。防止在搜查时出现人身侮辱等违法行为,以确保被搜查妇女的人格尊严和人身安全不受侵犯。

配套法规及解读

《人民检察院刑事诉讼规则(试行)》(2012年11月22日修订)

第二百二十五条　搜查时,应当有被搜查人或者他的家属、邻居或者其他见证人在场,并且对被搜查人或者其家属说明阻碍搜查、妨碍公务应负的法律责任。

搜查妇女的身体,应当由女工作人员进行。

第二百二十六条　搜查时,如果遇到阻碍,可以强制进行搜查。对以暴力、威胁方法阻碍搜查的,应当予以制止,或者由司法警察将其带离现场;阻碍搜查构成犯罪的,应当依法追究刑事责任。

《公安机关办理刑事案件程序规定》(2012年12月13日修订)

第二百二十条　进行搜查时,应当有被搜查人或者他的家属、邻居或者其他见证人在场。

公安机关可以要求有关单位和个人交出可以证明犯罪嫌疑人有罪或者无罪的物证、书证、视听资料等证据。遇到阻碍搜查的,侦查人员可以强制搜查。

搜查妇女的身体,应当由女工作人员进行。

※法规解读:搜查作为一种侦查行为,其既是一种专门的调查方法,同时也伴有一定的强制性措施。一般情况下,侦查行为的强制性主要以隐性的方式体现,但是当侦

查行为进行不顺利时,如本条中所涉及的搜查遇到阻碍的时候,侦查行为的强制性就不可避免地显性化表现出来,即以直接的国家强制力保证侦查行为的顺利开展。因此,搜查本质上就是强制搜查。对于以暴力、威胁等方法阻碍搜查的情形,侦查机关或者予以制止,或者由专门的人员将阻碍人带离现场。对于其中情节严重,构成犯罪的,则应当依法追究刑事责任。

关联法规索引

《监察法》第24条;《妇女权益保障法》第37条;《人民法院办理执行案件规范》第336条

第一百四十条 【搜查笔录】搜查的情况应当写成笔录,由侦查人员和被搜查人或者他的家属,邻居或者其他见证人签名或者盖章。如果被搜查人或者他的家属在逃或者拒绝签名、盖章,应当在笔录上注明。

条文解读

本条是关于搜查笔录的规定。

搜查情况应当制作搜查笔录。搜查笔录是搜查过程的记录。搜查笔录的内容应当包括搜查的时间、地点、搜查人、被搜查人、见证人、搜查过程和结果等情况。搜查结束后,侦查人员和被搜查人或者他的家属、邻居或者其他见证人应当在搜查笔录上签名或者盖章。搜查出来的涉案财物或者文件需要查封、扣押的,按照查封、扣押的相关程序规则办理。对于查获的重要书证、物证、视听资料及其放置地点应当拍照,并且用文字说明有关情况,必要的时候,可以录像。如果遇到被搜查人在逃,被搜查人或者他的家属拒绝在搜查笔录上签名或者盖章的情况,搜查人员也应当在搜查笔录中注明。

配套法规及解读

《人民检察院刑事诉讼规则(试行)》(2012年11月22日修订)

第二百二十九条 搜查情况应当制作笔录,由检察人员和被搜查人或者其家属、邻居或者其他见证人签名或者盖章。被搜查人在逃,其家属拒不到场,或者拒绝签名、盖章的,应当记明笔录。

《公安机关办理刑事案件程序规定》(2012年12月13日修订)

第二百二十一条 搜查的情况应当制作笔录,由侦查人员和被搜查人或者他的家属，邻居或者其他见证人签名。

如果被搜查人拒绝签名，或者被搜查人在逃，他的家属拒绝签名或者不在场的，侦查人员应当在笔录中注明。

※法规解读：上述条文是关于搜查笔录的规定。

搜查是侦查行为的一种。搜查必须要制作搜查笔录。搜查笔录中要对搜查活动的内容、时间、地点以及搜查的过程等进行完整的记载。搜查笔录要经过搜查人和见证人的确认（签名或者盖章），以确保搜查笔录的真实性和可靠性。搜查的见证人可以是被搜查人本人，他的家属、邻居或者其他见证人。对于被搜查人或者他的家属不在现场以及拒绝签名的情况，搜查人员应当在笔录中记载清楚。

关联法规索引

《最高人民法院、最高人民检察院、公安部、国家安全部、司法部关于办理死刑案件审查判断证据若干问题的规定》第9条；《最高人民检察院关于适用〈关于办理死刑案件审查判断证据若干问题的规定〉和〈关于办理刑事案件排除非法证据若干问题的规定〉的指导意见》第16条；《公安部关于建立健全公安机关执法全流程记录机制的意见》二

第六节 查封、扣押物证、书证

第一百四十一条 【查封、扣押的对象】在侦查活动中发现的可用以证明犯罪嫌疑人有罪或者无罪的各种财物、文件，应当查封、扣押；与案件无关的财物、文件，不得查封、扣押。

对查封、扣押的财物、文件，要妥善保管或者封存，不得使用、调换或者损毁。

条文解读

本条共有2款，是关于查封、扣押财物、文件的一般性规定。

查封、扣押财物和文件是刑事诉讼的侦查措施。其并不必然附属于勘验和搜查行为，因而本条在表述的时候，将该种侦查行为的适用时间进一步扩展为“在侦查活动中”。查封、扣押财物和文件是侦查机关依法强制封存、扣留与案件有关的财物、文件的侦查行为。只要是在侦查活动中发现的，对案件有证明作用的财物和文件，都属于该种侦查行为的适用对象。因此，本条款在表述查封、扣押对象时将2012年《刑事诉

讼法》中的“物品和文件”改为“财物和文件”，即在原来的基础上将财物纳入了该种侦查行为的适用范围中。

侦查机关查封、扣押财物和文件的基本原则是“与案件有关”，并不局限于有罪证据，凡是能够证明犯罪嫌疑人无罪、罪轻、从轻、减轻或者免除处罚的财物和文件也属于“与案件有关”的范围。对于不能立即查明是否与案件有关的可疑的文件、资料和其他物品也可以查封、扣押，但是应当及时审查。经查明确实与案件无关的，应当及时退还。另外，对于在侦查活动中发现的违禁品，无论是否与案件有关，侦查机关均有权查封、扣押。《公安机关办理刑事案件适用查封、冻结措施有关规定》对查封、扣押的范围予以了进一步明确：公安机关查封、冻结的涉案财物，是指公安机关在办理刑事案件过程中，依法以查封、冻结等方式固定的可用以证明犯罪嫌疑人有罪或者无罪的各种财产和物品，包括：犯罪所得及其孳息；用于实施犯罪行为的工具；其他可以证明犯罪行为是否发生以及犯罪情节轻重的财物。同时，应当为犯罪嫌疑人及其所扶养的家属保留必要的生活费用和物品。公安机关为了侦查犯罪的需要，可以依法查封的包括：涉案的土地、房屋等不动产，以及涉案的车辆、船舶、航空器和大型机器、设备等特定动产。必要时，可以一并扣押证明其财产所有权或者相关权益的法律文件和文书。置于不动产上的设施、家具和其他相关物品，需要作为证据使用的，应当扣押；不宜移动的，可以一并查封。查封、扣押财物和文件作为一种侦查行为，其必然是以国家强制力为后盾的。因此，当遇到财物和文件持有人拒绝交出时，侦查机关有权强制查封和扣押。侦查机关查封、扣押的财物和文件是重要的案件证据材料，往往需要随案移送或者备查。对于属于其他合法持有人的财物和文件，还涉及返还等问题。由于查封、扣押的财物和文件从法理的角度上而言属于特定物，而非种类物，因此一旦灭失或者损毁将无法弥补。另外，侦查机关查封、扣押措施对于特定财物和文件而言只是一种暂时性的保全和固定方式，因此，使用、调换或者毁损都将是对法定物权的侵害。妥善保管或者封存，严禁使用、调换或者毁损查封、扣押的财物和文件是侦查机关的法定义务。

配套法规及解读

《人民检察院刑事诉讼规则(试行)》(2012年11月22日修订)

第二百三十四条 在侦查活动中发现的可以证明犯罪嫌疑人有罪、无罪或者犯罪情节轻重的各种财物和文件，应当查封或者扣押；与案件无关的，不得查封或者扣押。

不能立即查明是否与案件有关的可疑的财物和文件，也可以查封或者扣押，但应当及时审查。经查明确实与案件无关的，应当在三日以内解除查封或者予以退还。

持有人拒绝交出应当查封、扣押的财物和文件的，可以强制查封、扣押。

对于犯罪嫌疑人、被告人到案时随身携带的物品需要扣押的，可以依照前款规定办理。对于与案件无关的个人用品,应当逐件登记,并随案移交或者退还其家属。

《公安机关办理刑事案件程序规定》(2012年12月13日修订)

第二百二十二条　在侦查活动中发现的可用以证明犯罪嫌疑人有罪或者无罪的各种财物、文件,应当查封、扣押;但与案件无关的财物、文件,不得查封、扣押。

持有人拒绝交出应当查封、扣押的财物、文件的,公安机关可以强制查封、扣押。

※法规解读:上述条文重申了查封、扣押财物、文件的一般性条件:与案件有关的物品和文件。查封和扣押是侦查机关的侦查行为,持有人拒绝交出相关物品或者文件的,侦查机关有权强行扣押。以此为标准,当查明已经扣押的物品或者文件和案件无关的,侦查机关应当及时返还相关财物。

《公安机关办理刑事案件适用查封、冻结措施有关规定》(2013年9月1日)

第五条　根据侦查犯罪的需要,公安机关可以依法查封涉案的土地、房屋等不动产,以及涉案的车辆、船舶、航空器和大型机器、设备等特定动产。必要时,可以一并扣押证明其财产所有权或者相关权益的法律文件和文书。

置于不动产上的设施、家具和其他相关物品,需要作为证据使用的,应当扣押;不宜移动的,可以一并查封。

第六条　查封涉案财物需要国土资源、房地产管理、交通运输、农业、林业、民航等有关部门协助的,应当经县级以上公安机关负责人批准,制作查封决定书和协助查封通知书,明确查封财物情况、查封方式、查封期限等事项,送交有关部门协助办理,并及时告知有关当事人。

涉案土地和房屋面积、金额较大的,应当经设区的市一级以上公安机关负责人批准,制作查封决定书和协助查封通知书。

第七条　查封期限不得超过二年。期限届满可以续封一次,续封应当经作出原查封决定的县级以上公安机关负责人批准,在期限届满前五日以内重新制作查封决定书和协助查封通知书,送交有关部门协助办理,续封期限最长不得超过一年。

案件重大复杂,确需再续封的,应当经设区的市一级以上公安机关负责人批准,在期限届满前五日以内重新制作查封决定书和协助查封通知书,且每次再续封的期限最长不得超过一年。

查封期限届满,未办理续封手续的,查封自动解除。

公安机关应当及时将续封决定告知有关当事人。

第八条　查封土地、房屋等涉案不动产,需要查询不动产权属情况的,应当经县级以上公安机关负责人批准,制作协助查询财产通知书。

侦查人员到国土资源、房地产管理等有关部门办理查询时,应当出示本人工作证件,提交协助查询财产通知书,依照相关规定办理查询事项。

需要查询其他涉案财物的权属登记情况的，参照上述规定办理。

第九条 国土资源、房地产管理等有关部门应当及时协助公安机关办理查询事项。公安机关查询并复制的有关书面材料，由权属登记机构或者权属档案管理机构加盖印章。

因情况特殊，不能当场提供查询的，应当在五日以内提供查询结果。

无法查询的，有关部门应当书面告知公安机关。

第十条 土地、房屋等涉案不动产的权属确认以国土资源、房地产管理等有关部门的不动产登记簿或者不动产权属证书为准。不动产权属证书与不动产登记簿不一致的，除有证据证明不动产登记簿确有错误外，以不动产登记簿为准。

第十一条 国土资源、房地产管理等有关部门在协助公安机关办理查封事项时，认为查封涉案不动产信息有误无法办理的，可以暂缓办理协助事项，并向公安机关提出书面审查建议，公安机关应当及时审查处理。

第十二条 查封土地、房屋等涉案不动产的，应当经县级以上公安机关负责人批准，制作协助查封通知书，明确涉案土地、房屋等不动产的详细地址、权属证书号、权利人姓名或者单位名称等事项，送交国土资源、房地产管理等有关部门协助办理，有关部门应当在相关通知书回执中注明办理情况。

侦查人员到国土资源、房地产管理等有关部门办理土地使用权或者房屋查封登记手续时，应当出示本人工作证件，提交查封决定书和协助查封通知书，依照有关规定办理查封事项。

第十三条 查封土地、房屋等涉案不动产的侦查人员不得少于二人，持侦查人员工作证件和相关法律文书，通知有关当事人、见证人到场，制作查封笔录，并会同在场人员对被查封的财物查点清楚，当场开列查封清单一式三份，由侦查人员、见证人和不动产所有权人或者使用权人签名后，一份交给不动产所有权人或者使用权人，一份交给公安机关保管人员，一份连同照片、录像资料或者扣押的产权证照附卷备查，并且应当在不动产的显著位置张贴公告。必要时，可以张贴制式封条。

查封清单中应当写明涉案不动产的详细地址、相关特征和置于该不动产上不宜移动的设施、家具和其他相关物品清单，注明已经拍照或者录像以及是否扣押其产权证照等情况。

对于无法确定不动产相关权利人或者权利人拒绝签名的，应当在查封笔录中注明情况。

第十四条 国土资源、房地产管理等有关部门对被公安机关依法查封的土地、房屋等涉案不动产，在查封期间不予办理变更、转让或者抵押权、地役权登记。

第十五条 对依照有关规定可以分割的土地、房屋等涉案不动产，应当只对与案件有关的部分进行查封,并在协助查封通知书中予以明确;对依照有关规定不可分割的土地、房屋等涉案不动产,可以进行整体查封。

第十六条　国土资源、房地产管理等有关部门接到协助查封通知书时,已经受理该土地、房屋等涉案不动产的转让登记申请,但尚未记载于不动产登记簿的,应当协助公安机关办理查封登记。

第十七条　对下列尚未进行权属登记的房屋,公安机关可以按照本规定进行查封:

(一)涉案的房地产开发企业已经办理商品房预售许可证但尚未出售的房屋;

(二)犯罪嫌疑人购买的已经由房地产开发企业办理房屋权属初始登记的房屋;

(三)犯罪嫌疑人购买的已经办理商品房预售合同登记备案手续或者预购商品房预告登记的房屋。

第十八条　查封地上建筑物的效力及于该地上建筑物占用范围内的建设用地使用权,查封建设用地使用权的效力及于地上建筑物,但建设用地使用权与地上建筑物的所有权分属不同权利人的除外。

地上建筑物和土地使用权的登记机构不是同一机构的,应当分别办理查封登记。

第十九条　查封车辆、船舶、航空器以及大型机器、设备等特定动产的,应当制作协助查封通知书,明确涉案财物的名称、型号、权属、地址等事项,送交有关登记管理部门协助办理。必要时,可以扣押有关权利证书。

执行查封时,应当将涉案财物拍照或者录像后封存,或者交持有人、近亲属保管,或者委托第三方保管。有关保管人应当妥善保管,不得转移、变卖、损毁。

第二十条　查封土地、房屋等涉案不动产或者车辆、船舶、航空器以及大型机器、设备等特定动产的,可以在保证侦查活动正常进行的同时,允许有关当事人继续合理使用,并采取必要保值保管措施。

第二十一条　对以公益为目的的教育、医疗、卫生以及社会福利机构等场所、设施,保障性住房,原则上不得查封。确有必要查封的,应当经设区的市一级以上公安机关负责人批准。

第二十二条　查封土地、房屋以外的其他涉案不动产的,参照本规定办理。查封共有财产、担保财产以及其他特殊财物的,依照相关规定办理。

※法规解读:上述条文是《公安机关办理刑事案件适用查封、冻结措施有关规定》第二章的内容,是对于查封的专章规定。

上述条文,对于公安机关办理刑事案件需要采取查封措施的适用对象、适用程序、使用期限、审批手续等进行了详细的规定。

关联法规索引

《反恐怖主义法》第52条;《土壤污染防治法》第78条;《国际刑事司法协助法》第36~46条;《农产品质量安全法》第39条;《广告法》第49条;《产品质量法》第63条;《最高人民法院、最高人民检察院、公安部关于对冻结、扣划企业事业单位、机关团体在银行、非银行金融机构存款的执法活动加强监督的通知》;《最高人民法院、中国人民银行关于依法规范人民法院执行和金融机构协助执行的通知》;《人民检察院刑事诉讼涉案财物管理规定》第4条;《公安机关办理刑事案件程序规定》第232条;《公安机关办理刑事案件适用查封、冻结措施有关规定》第2条、第5条

第一百四十二条 【查封、扣押清单】对查封、扣押的财物、文件,应当会同在场见证人和被查封、扣押财物、文件持有人查点清楚,当场开列清单一式二份,由侦查人员、见证人和持有人签名或者盖章,一份交给持有人,另一份附卷备查。

条文解读

本条是关于查封、扣押财物和文件清单的规定。

查封、扣押财物和文件需要制作清单,由实施查封、扣押行为的侦查人员会同在场见证人和被查封、扣押财物的持有人共同查验清楚,当场开列清单,写明财物或者文件的名称、型号、规格、数量、重量、质量、颜色、新旧程度和缺损特征等,由侦查人员、见证人和持有人签名或者盖章,一份交给持有人,另一份附卷备查。如果持有人拒绝签名或者盖章的,应当在扣押物品清单上记明。对于查封、扣押的金银珠宝、文物、名贵字画、违禁品以及其他不易辨别真伪的贵重物品,应当当场密封,并由扣押人员、见证人和被扣押物品持有人在密封材料上签名或者盖章。对于应当扣押但是不便提取的物品,经拍照或者录像后,可以交被扣押物品持有人保管,并且单独开具扣押物品清单一式二份,在清单上注明该物品已经拍照或者录像,物品持有人应当妥善保管,不得转移、变卖、毁损,由侦查人员、见证人和持有人签名或者盖章,一份交给物品持有人,另一份连同照片或者录像带附卷备查。

配套法规及解读

《人民检察院刑事诉讼规则(试行)》(2012年11月22日修订)

第二百三十六条 对于查封、扣押的财物和文件,检察人员应当会同在场见证人和被查封、扣押物品持有人查点清楚,当场开列查封、扣押清单一式四份,注明查封、扣

押物品的名称、型号、规格、数量、质量、颜色、新旧程度、包装等主要特征，由检察人员、见证人和持有人签名或者盖章，一份交给文件、资料和其他物品持有人，一份交被查封、扣押文件、资料和其他物品保管人，一份附卷，一份保存。持有人拒绝签名、盖章或者不在场的，应当在清单上记明。

查封、扣押外币、金银珠宝、文物、名贵字画以及其他不易辨别真伪的贵重物品，应当在拍照或者录像后当场密封，由检察人员、见证人和被扣押物品持有人在密封材料上签名或者盖章，根据办案需要及时委托具有资质的部门出具鉴定报告。启封时应当有见证人或者持有人在场并且签名或者盖章。

查封、扣押存折、信用卡、有价证券等支付凭证和具有一定特征能够证明案情的现金，应当注明特征、编号、种类、面值、张数、金额等，由检察人员、见证人和被扣押物品持有人在密封材料上签名或者盖章。启封时应当有见证人或者持有人在场并签名或者盖章。

查封、扣押易损毁、灭失、变质以及其他不宜长期保存的物品，应当用笔录、绘图、拍照、录像等方法加以保全后进行封存，或者经检察长批准后委托有关部门变卖、拍卖。变卖、拍卖的价款暂予保存，待诉讼终结后一并处理。

第二百三十七条　对于应当查封的不动产和置于该不动产上不宜移动的设施、家具和其他相关财物，以及涉案的车辆、船舶、航空器和大型机械、设备等财物，必要时可以扣押其权利证书，经拍照或者录像后原地封存，并开具查封清单一式四份，注明相关财物的详细地址和相关特征，同时注明已经拍照或者录像及其权利证书已被扣押，由检察人员、见证人和持有人签名或者盖章。持有人拒绝签名、盖章或者不在场的，应当在清单上注明。

人民检察院查封不动产和置于该不动产上不宜移动的设施、家具和其他相关财物，以及涉案的车辆、船舶、航空器和大型机械、设备等财物，应当在保证侦查活动正常进行的同时，尽量不影响有关当事人的正常生活和生产经营活动。必要时，可以将被查封的财物交持有人或者其近亲属保管，并书面告知保管人对被查封的财物应当妥善保管，不得转移、变卖、毁损、出租、抵押、赠与等。

人民检察院应当将查封决定书副本送达不动产、生产设备或者车辆、船舶、航空器等财物的登记、管理部门，告知其在查封期间禁止办理抵押、转让、出售等权属关系变更、转移登记手续。

《公安机关办理刑事案件程序规定》(2012年12月13日修订)

第二百二十五条　对查封、扣押的财物和文件，应当会同在场见证人和被查封、扣押财物、文件的持有人查点清楚，当场开列查封、扣押清单一式三份，写明财物或者文件的名称、编号、数量、特征及其来源等，由侦查人员、持有人和见证人签名，一份交给持有人,一份交给公安机关保管人员,一份附卷备查。

对于无法确定持有人的财物、文件或者持有人拒绝签名的,侦查人员应当在清单中注明。

依法扣押文物、金银、珠宝、名贵字画等贵重财物的,应当拍照或者录像,并及时鉴定、估价。

第二百二十六条 对作为犯罪证据但不便提取的财物、文件,经登记、拍照或者录像、估价后,可以交财物、文件持有人保管或者封存,并且开具登记保存清单一式两份,由侦查人员、持有人和见证人签名,一份交给财物、文件持有人,另一份连同照片或者录像资料附卷备查。财物、文件持有人应当妥善保管,不得转移、变卖、毁损。

※法规解读:上述条文规定了查封、扣押财物和文件的方法及开列清单。

查封、扣押财物和文件,首先要查点清楚财物或者文件,并且表明物品特征。不同类型的财物及文件,查封或者扣押的方法也有差别,以无异议地、安全、完整保存相关物品为原则。查封、扣押财物或者文件,最好有持有人、见证人在场,并进行确认。对查封、扣押物品或者文件制作详细的清单,并可以选用其他的固定或者保全的措施。

关联法规索引

《人民检察院刑事诉讼涉案财物管理规定》第 8 ~ 16 条;《公安部关于刑事案件现场勘验检查中正确适用提取和扣押措施的批复》;《公安机关办理刑事案件适用查封、冻结措施有关规定》第 13 条

第一百四十三条 【扣押邮件、电报】侦查人员认为需要扣押犯罪嫌疑人的邮件、电报的时候,经公安机关或者人民检察院批准,即可通知邮电机关将有关的邮件、电报检交扣押。

不需要继续扣押的时候,应即通知邮电机关。

条文解读

本条共有 2 款,是关于扣押邮件、电报的规定。

《宪法》第 40 条明确规定,中华人民共和国公民的通信自由和通信秘密受法律的保护。除因国家安全或者追查刑事犯罪的需要,由公安机关或者检察机关依照法律规定的程序对通信进行检查外,任何组织或者个人不得以任何理由侵犯公民的通信自由

和通信秘密。《邮政法》对此进行了重申,并且强调:除法律另有规定外,任何组织或者个人不得检查、扣留邮件、汇款。侦查机关认为有必要扣押犯罪嫌疑人的邮件或者电报的时候,要经过公安机关负责人或者检察院检察长的批准,然后通知邮电机关等相关机构将有关的邮件、电报检交扣押。根据《邮政法》第36条的规定,邮政企业和有关单位有配合和保密的义务。

不需要继续扣押的时候,应当立即通知邮电机关或者相关服务机构,并将邮件、电报等退还原主或者原邮电部门以及其他相关机构。对于扣押的邮件、电报等,应当指派专人妥善保管,不得损毁或者自行处理。

配套法规及解读

《人民检察院刑事诉讼规则(试行)》(2012年11月22日修订)

第二百三十八条 扣押犯罪嫌疑人的邮件、电报或者电子邮件,应当经检察长批准,通知邮电部门或者网络服务单位将有关的邮件、电报或者电子邮件检交扣押。

不需要继续扣押的时候,应当立即通知邮电部门或者网络服务单位。

对于可以作为证据使用的录音、录像带、电子数据存储介质,应当记明案由、对象、内容,录取、复制的时间、地点、规格、类别、应用长度、文件格式及长度等,妥为保管,并制作清单,随案移送。

第二百四十条 对于查封、扣押在人民检察院的物品、文件、邮件、电报,应当妥善保管,不得使用、调换、损毁或者自行处理。经查明确实与案件无关的,应当在三日以内作出解除或者退还决定,并通知有关单位、当事人办理相关手续。

《公安机关办理刑事案件程序规定》(2012年12月13日修订)

第二百二十七条 扣押犯罪嫌疑人的邮件、电子邮件、电报,应当经县级以上公安机关负责人批准,制作扣押邮件、电报通知书,通知邮电部门或者网络服务单位检交扣押。

不需要继续扣押的时候,应当经县级以上公安机关负责人批准,制作解除扣押邮件、电报通知书,立即通知邮电部门或者网络服务单位。

第二百二十八条 对查封、扣押的财物、文件、邮件、电子邮件、电报,经查明确实与案件无关的,应当在三日以内解除查封、扣押,退还原主或者原邮电部门、网络服务单位;原主不明确的,应当采取公告方式告知原主认领。在通知原主或者公告后六个月以内,无人认领的,按照无主财物处理,登记后上缴国库。

※法规解读:根据上述条文的规定,基于侦查犯罪的需要,侦查人员对犯罪嫌疑人的邮件、电报、电子邮件有权通知邮电部门或者网络服务单位检交扣押。但是必须经过法定程序,需要由公安机关或者人民检察院批准。犯罪嫌疑人的邮件、电报、电子邮件既包括犯罪嫌疑人作为发件人的,也包括其作为收件人的。上述两个法律规范中,

均在原有《刑事诉讼法》规定的基础上，结合社会发展情况，将电子邮件纳入扣押的范围中来。

但是，当被扣押的邮件、电报、电子邮件不需要继续扣押的时候，应当及时通知有关机关解除扣押。“不需要继续扣押的时候”主要是指邮件、电报、电子邮件所涉及的有关情况已经查清，该邮件、电报、电子邮件不再作为证据使用。

关联法规索引

《宪法》第40条；《邮政法》第3条、第36条

第一百四十四条 【查询、冻结财产】人民检察院、公安机关根据侦查犯罪的需要，可以依照规定查询、冻结犯罪嫌疑人的存款、汇款、债券、股票、基金份额等财产。有关单位和个人应当配合。

犯罪嫌疑人的存款、汇款、债券、股票、基金份额等财产已被冻结的，不得重复冻结。

条文解读

本条共有2款，是关于查询、冻结措施的规定。

查询、冻结是侦查机关查明犯罪嫌疑人财产的一种手段。随着社会的发展和金融活动的增加，犯罪嫌疑人的财产形态也发生了很大的变化，因此，本条第1款中规定的查询、冻结范围在2012年《刑事诉讼法》修改时，增加了债券、股票、基金份额等内容。这既有利于了解犯罪嫌疑人的财产状况，证实犯罪和惩罚犯罪，也有助于为国家、集体和个人挽回经济损失，维护国家、集体的经济利益和公民个人的合法财产权益。

查询和冻结是侦查机关职权中的一部分，是一种侦查措施。但是仅仅依靠侦查机关单方面的努力是难以完成任务的，侦查机关需要有关单位和个人的配合。因此，本条特别强调了有关单位和个人对侦查机关查询和冻结侦查行为的配合义务。有关单位包括银行、其他金融机构、有关机关等。对犯罪嫌疑人的存款、汇款、债券、股票、基金份额等财产的冻结，是对相应财产份额的诉讼保全措施，重复冻结既没必要也浪费了诉讼资源，因此不得重复冻结。

配套法规及解读

《人民检察院刑事诉讼规则(试行)》(2012年11月22日修订)

第二百四十一条 人民检察院根据侦查犯罪的需要,可以依照规定查询、冻结犯罪嫌疑人的存款、汇款、债券、股票、基金份额等财产,并可以要求有关单位和个人配合。

第二百四十二条 查询、冻结犯罪嫌疑人的存款、汇款、债券、股票、基金份额等财产,应当经检察长批准,制作查询、冻结财产通知书,通知银行或者其他金融机构、邮电部门执行。

第二百四十三条 犯罪嫌疑人的存款、汇款、债券、股票、基金份额等财产已冻结的,人民检察院不得重复冻结,但是应当要求有关银行或者其他金融机构、邮电部门在解除冻结或者作出处理前通知人民检察院。

第二百四十四条 扣押、冻结债券、股票、基金份额等财产,应当书面告知当事人或者其法定代理人、委托代理人有权申请出售。

对于被扣押、冻结的债券、股票、基金份额等财产,在扣押、冻结期间权利人申请出售,经审查认为不损害国家利益、被害人利益,不影响诉讼正常进行的,以及扣押、冻结的汇票、本票、支票的有效期即将届满的,经检察长批准,可以在案件办结前依法出售或者变现,所得价款由检察机关指定专门的银行账户保管,并及时告知当事人或者其近亲属。

第二百四十五条 对于冻结的存款、汇款、债券、股票、基金份额等财产,经查明确实与案件无关的,应当在三日以内解除冻结,并通知被冻结存款、汇款、债券、股票、基金份额等财产的所有人。

第二百四十六条 查询、冻结与案件有关的单位的存款、汇款、债券、股票、基金份额等财产的办法适用本规则第二百四十一条至第二百四十五条的规定。

《公安机关办理刑事案件程序规定》(2012年12月13日修订)

第二百三十一条 公安机关根据侦查犯罪的需要,可以依照规定查询、冻结犯罪嫌疑人的存款、汇款、债券、股票、基金份额等财产,并可以要求有关单位和个人配合。

第二百三十二条 向金融机构等单位查询犯罪嫌疑人的存款、汇款、债券、股票、基金份额等财产,应当经县级以上公安机关负责人批准,制作协助查询财产通知书,通知金融机构等单位执行。

第二百三十三条 需要冻结犯罪嫌疑人在金融机构等单位的存款、汇款、债券、股票、基金份额等财产的,应当经县级以上公安机关负责人批准,制作协助冻结财产通知书,通知金融机构等单位执行。

第二百三十四条 不需要继续冻结犯罪嫌疑人存款、汇款、债券、股票、基金份额等财产时，应当经县级以上公安机关负责人批准，制作协助解除冻结财产通知书，通知金融机构等单位执行。

第二百三十五条 犯罪嫌疑人的存款、汇款、债券、股票、基金份额等财产已被冻结的，不得重复冻结，但可以轮候冻结。

第二百三十六条 冻结存款、汇款等财产的期限为六个月。冻结债券、股票、基金份额等证券的期限为二年。有特殊原因需要延长期限的，公安机关应当在冻结期限届满前办理继续冻结手续。每次续冻存款、汇款等财产的期限最长不得超过六个月；每次续冻债券、股票、基金份额等证券的期限最长不得超过二年。继续冻结的，应当按照本规定第二百三十三条的规定重新办理冻结手续。逾期不办理继续冻结手续的，视为自动解除冻结。

第二百三十七条 对冻结的债券、股票、基金份额等财产，应当告知当事人或者其法定代理人、委托代理人有权申请出售。

权利人书面申请出售被冻结的债券、股票、基金份额等财产，不损害国家利益、被害人、其他权利人利益，不影响诉讼正常进行的，以及冻结的汇票、本票、支票的有效期即将届满的，经县级以上公安机关负责人批准，可以依法出售或者变现，所得价款应当继续冻结在其对应的银行账户中；没有对应的银行账户的，所得价款由公安机关在银行指定专门账户保管，并及时告知当事人或者其近亲属。

※法规解读：《商业银行法》《邮政法》等法律均明确规定，存款、汇款受到法律保护。但是侦查机关基于侦查工作的需要，有权对犯罪嫌疑人的存款、汇款、债权、股票、基金份额进行查询和冻结。但该种侦查措施和其他的侦查措施一样，要经过公安机关负责人或者检察长的批准，并持有相关的法律文书才能执行。查询和冻结的存款、汇款及有价证券应当和案件有关。已被冻结的存款和汇款，不得重复冻结。法定期限届满，或者已经没有必要再冻结存款、汇款时应当及时解除相关措施。

《公安机关办理刑事案件适用查封、冻结措施有关规定》(2013 年 9 月 1 日)

第二十三条 根据侦查犯罪的需要，公安机关可以依法冻结涉案的存款、汇款、证券交易结算资金、期货保证金等资金，债券、股票、基金份额和国务院依法认定的其他证券，以及股权、保单权益和其他投资权益等财产。

第二十四条 在侦查工作中需要冻结财产的，应当经县级以上公安机关负责人批准，制作协助冻结财产通知书，明确冻结财产的账户名称、账户号码、冻结数额、冻结期限、冻结范围以及是否及于孳息等事项，送交银行业金融机构、特定非金融机构、邮政部门、证券公司、证券登记结算机构、证券投资基金管理公司、保险公司、信托公司、公司登记机关和银行间市场交易组织机构、银行间市场集中清算机构、银行间市场登记托管结算机构、经国务院批准或者同意设立的黄金交易组织机构和结算机构等单位协助办理，有关单位应当在相关通知书回执中注明办理情况。

第二十五条 有关单位接到公安机关协助冻结财产通知书后，应当立即对涉案财物予以冻结，办理相关手续，不得推诿拖延，不得泄露有关信息。有关单位办理完毕冻结手续后，在当事人查询时可以予以告知。

第二十六条 冻结存款、汇款、证券交易结算资金、期货保证金等资金，或者投资权益等其他财产的期限为六个月。需要延长期限的，应当经作出原冻结决定的县级以上公安机关负责人批准，在冻结期限届满前五日以内办理续冻手续。每次续冻期限最长不得超过六个月。

对重大、复杂案件，经设区的市一级以上公安机关负责人批准，冻结存款、汇款、证券交易结算资金、期货保证金等资金的期限可以为一年。需要延长期限的，应当按照原批准权限和程序，在冻结期限届满前五日以内办理续冻手续。每次续冻期限最长不得超过一年。

冻结债券、股票、基金份额等证券的期限为二年。需要延长冻结期限的，应当经作出原冻结决定的县级以上公安机关负责人批准，在冻结期限届满前五日以内办理续冻手续。每次续冻期限最长不得超过二年。

冻结期限届满，未办理续冻手续的，冻结自动解除。

第二十七条 冻结涉案账户的款项数额，应当与涉案金额相当。不得超出涉案金额范围冻结款项。

第二十八条 冻结股权的，应当经设区的市一级以上公安机关负责人批准，冻结上市公司股权应当经省级以上公安机关负责人批准，并在协助冻结财产通知书中载明公司名称、股东姓名或者名称、冻结数额或者股份等与登记事项有关的内容。冻结股权期限为六个月。需要延长期限的，应当按照原批准权限和程序，在冻结期限届满前五日以内办理续冻手续。每次续冻期限最长不得超过六个月。

第二十九条 冻结保单权益的，应当经设区的市一级以上公安机关负责人批准，冻结保单权益期限为六个月。需要延长期限的，应当按照原批准权限和程序，在冻结期限届满前五日以内办理续冻手续。每次续冻期限最长不得超过六个月。

冻结保单权益没有直接对应本人账户的，可以冻结相关受益人的账户，并要求有关单位协助，但不得变更受益人账户，不得损害第三方利益。

人寿险、养老险、交强险、机动车第三者责任险等提供基本保障的保单原则上不得冻结，确需冻结的，应当经省级以上公安机关负责人批准。

第三十条 对下列账户和款项，不得冻结：

（一）金融机构存款准备金和备付金；

（二）特定非金融机构备付金；

（三）封闭贷款专用账户（在封闭贷款未结清期间）；

（四）商业汇票保证金；

（五）证券投资者保障基金、保险保障基金、存款保险基金；

（六）党、团费账户和工会经费集中户；

（七）社会保险基金；

（八）国有企业下岗职工基本生活保障资金；

（九）住房公积金和职工集资建房账户资金；

（十）人民法院开立的执行账户；

（十一）军队、武警部队一类保密单位开设的“特种预算存款”、“特种其他存款”和连队账户的存款；

（十二）金融机构质押给中国人民银行的债券、股票、贷款；

（十三）证券登记结算机构、银行间市场交易组织机构、银行间市场集中清算机构、银行间市场登记托管结算机构、经国务院批准或者同意设立的黄金交易组织机构和结算机构等依法按照业务规则收取并存放于专门清算交收账户内的特定股票、债券、票据、贵金属等有价凭证、资产和资金，以及按照业务规则要求金融机构等登记托管结算参与人、清算参与人、投资者或者发行人提供的、在交收或者清算结算完成之前的保证金、清算基金、回购质押券、价差担保物、履约担保物等担保物，支付机构客户备付金；

（十四）其他法律、行政法规、司法解释，部门规章规定不得冻结的账户和款项。

第三十一条 对金融机构账户、特定非金融机构账户和以证券登记结算机构、银行间市场交易组织机构、银行间市场集中清算机构、银行间市场登记托管结算机构、经国务院批准或者同意设立的黄金交易组织机构和结算机构、支付机构等名义开立的各类专门清算交收账户、保证金账户、清算基金账户、客户备付金账户，不得整体冻结，法律另有规定的除外。

第三十二条 办案地公安机关需要异地办理冻结的，应当由二名以上侦查人员持办案协作函、法律文书和工作证件前往协作地联系办理，协作地公安机关应当协助执行。

在紧急情况下，可以将办案协作函、相关法律文书和工作证件复印件通过传真、电传等方式发至协作地县级以上公安机关委托执行，或者通过信息化应用系统传输加盖电子签章的办案协作函、相关法律文书和工作证件扫描件。协作地公安机关收到材料后，经审查确认，应当在传来法律文书上加盖本地公安机关印章，及时到有关银行业金融机构执行冻结，有关银行业金融机构应当予以协助。

第三十三条 根据侦查犯罪的需要，对于涉案账户较多，办案地公安机关需要对其集中冻结的，可以分别按照以下程序办理：

涉案账户开户地属同一省、自治区、直辖市的,应当由办案地公安机关出具协助冻结财产通知书,填写冻结申请表,经该公安机关负责人审核,逐级上报省级公安机关批准后,由办案地公安机关指派二名以上侦查人员持工作证件,将冻结申请表、协助冻结财产通知书等法律文书送交有关银行业金融机构的省、区、市分行。该分行应当在二十四小时以内采取冻结措施,并将有关法律文书传至相关账户开户的分支机构。

涉案账户开户地分属不同省、自治区、直辖市的,应当由办案地公安机关出具协助冻结财产通知书,填写冻结申请表,经该公安机关负责人审核,逐级上报公安部按照规定程序批准后,由办案地公安机关指派二名以上侦查人员持工作证件,将冻结申请表、协助冻结财产通知书等法律文书送交有关银行业金融机构总部。该总部应当在二十四小时以内采取冻结措施,并将有关法律文书传至相关账户开户的分支机构。

有关银行业金融机构因技术条件等客观原因,无法按照前款要求及时采取冻结措施的,应当向公安机关书面说明原因,并立即向中国银行业监督管理委员会或者其派出机构报告。

第三十四条 冻结市场价格波动较大或者有效期限即将届满的债券、股票、基金份额等财产的,在送达协助冻结财产通知书的同时,应当书面告知当事人或者其法定代理人、委托代理人有权申请出售、如期受偿或者变现。如果当事人或者其法定代理人、委托代理人书面申请出售或者变现被冻结的债券、股票、基金份额等财产,不损害国家利益、被害人利益、其他权利人利益,不影响诉讼正常进行的,以及冻结的汇票、本票、支票的有效期即将届满的,经作出冻结决定的县级以上公安机关负责人批准,可以依法在三日以内予以出售或者变现,所得价款应当继续冻结在其对应的银行账户中;没有对应的银行账户的,所得价款由公安机关在银行专门账户保管,并及时告知当事人或者其近亲属

※法规解读:上述条文是《公安机关办理刑事案件适用查封、冻结措施有关规定》中用专章对"冻结"的规定。

该规定是为了进一步规范公安机关办理刑事案件适用查封、冻结措施,加强法律监督,强化公安机关与相关行政监管、经济管理部门以及金融机构、证券公司等单位的协作配合,由公安部会同有关部门和单位共同研究制定的。在"冻结"这一章中,除了规定依照《刑事诉讼法》对冻结这一侦查行为采用的一般性原则,以及遵循《公安机关办理刑事案件程序规定》的相关要求外,还对公安机关采用冻结措施的程序进行了细化性规定,更具有可执行性。并根据实际情况,对《刑事诉讼法》第144条中规定的冻结对象进行了扩大性解释。《刑事诉讼法》第144条规定,冻结的范围是犯罪嫌疑人的存款、汇款、债券、股票、基金份额等财产。在该规定中,除了前述《刑事诉讼法》中已经明确的范围外,还进一步将冻结的对象扩大为证券交易结算资金、期货保证金等资金,

国务院依法认定的其他证券,以及股权、保单权益和其他投资权益等财产。这样的规定,也可以理解为对《刑事诉讼法》第144条中“等”字所包含外延的进一步明确。并且根据冻结对象的不同,将冻结的期限设为六个月、一年、二年等不同的档次。不同的冻结期限对应不同的审批主体。此外,对于冻结保单权益的审批主体、程序的规定(第29条)、对于不得冻结账户和款项的列举式规定(第30条)、对于异地冻结的协作(第32条)等,均是原来所没有的。

关联法规索引

《广告法》第49条;《农产品质量安全法》第39条;《国际刑事司法协助法》第36~46条;《土壤污染防治法》第78条;《反恐怖主义法》第52条;《最高人民法院、最高人民检察院关于办理诈骗刑事案件具体应用法律若干问题的解释》第9条;《人民检察院刑事诉讼涉案财物管理规定》第22条

第一百四十五条 【查封、扣押、冻结的解除】对查封、扣押的财物、文件、邮件、电报或者冻结的存款、汇款、债券、股票、基金份额等财产,经查明确实与案件无关的,应当在三日以内解除查封、扣押、冻结,予以退还。

条文解读

本条是关于解除查封、扣押、冻结的规定。

根据《刑事诉讼法》第141条的规定,查封、扣押、冻结的侦查措施适用于与案件有关的财物、文件等。如果查明相关物品的确与案件无关,就没有继续查封、扣押或者冻结的正当性,不应当再继续查封、扣押相关财物、文件、邮件、电报或者冻结存款、汇款、股票、基金份额等财产。根据本条规定,一旦发现有前述情形的,采取查封、扣押、冻结措施的侦查机关应当在3日内解除相关措施,并且将相关财物退还,以充分保障当事人的合法权益。

配套法规及解读

《人民检察院刑事诉讼规则(试行)》(2012年11月22日修订)

第二百四十条 对于查封、扣押在人民检察院的物品、文件、邮件、电报,应当妥善保管,不得使用、调换、损毁或者自行处理。经查明确实与案件无关的,应当在三日以内作出解除或者退还决定,并通知有关单位、当事人办理相关手续。

第二百四十五条 对于冻结的存款、汇款、债券、股票、基金份额等财产,经查明确实与案件无关的,应当在三日以内解除冻结,并通知被冻结存款、汇款、债券、股票、基金份额等财产的所有人。

《公安机关办理刑事案件程序规定》(2012 年 12 月 13 日修订)

第二百二十八条 对查封、扣押的财物、文件、邮件、电子邮件、电报,经查明确实与案件无关的,应当在三日以内解除查封、扣押,退还原主或者原邮电部门、网络服务单位;原主不明确的,应当采取公告方式告知原主认领。在通知原主或者公告后六个月以内,无人认领的,按照无主财物处理,登记后上缴国库。

第二百三十八条 对冻结的存款、汇款、债券、股票、基金份额等财产,经查明确实与案件无关的,应当在三日以内解除冻结,并通知被冻结存款、汇款、债券、股票、基金份额等财产的所有人。

※法规解读:侦查机关查封、扣押物品、文件、邮件等以及冻结款项、有价证券的主要原因在于其与案件有关,目的是确保查明案件情况。如果经查明这些和案件没有关系,就丧失了继续查封、扣押及冻结正当性,因此应当解除。所谓"查明确实与案件无关",是指经过侦查,与犯罪行为无任何牵连,特定物品、文件、邮件等款项不能作为证据使用。为了最大限度地降低有关当事人的损失,上述条文规定了解除冻结的期限,即在确定特定款项和案件无关后的 3 日内解除冻结。

《公安机关办理刑事案件适用查封、冻结措施有关规定》(2013 年 9 月 1 日)

第三十五条 公安机关在采取查封、冻结措施后,应当及时查清案件事实,在法定期限内对涉案财物依法作出处理。

经查明查封、冻结的财物确实与案件无关的,应当在三日以内解除查封、冻结。

第三十六条 对查封、冻结的涉案财物及其孳息,应当制作清单,随案移送。对作为证据使用的实物应当随案移送,对不宜移送的,应当将其清单、照片或者其他证明文件随案移送。对于随案移送的财物,人民检察院需要继续查封、冻结的,应当及时书面通知公安机关解除原查封、冻结措施,并同时依法重新作出查封、冻结决定。

第三十七条 人民检察院决定不起诉并对涉案财物解除查封、冻结的案件,公安机关应当在接到人民检察院的不起诉决定和解除查封、冻结财物的通知之日起三日以内对不宜移送而未随案移送的财物解除查封、冻结。对于人民检察院提出的对被不起诉人给予行政处罚、行政处分等检察意见中涉及查封、冻结涉案财物的,公安机关应当及时予以处理或者移送有关行政主管机关处理,并将处理结果通知人民检察院。

第三十八条 公安机关决定撤销案件或者对犯罪嫌疑人终止侦查的,除依照法律和有关规定另行处理的以外,应当在作出决定之日起三日以内对侦查中查封、冻结的涉案财物解除查封、冻结。需要给予行政处理的,应当及时予以处理或者移交有关行政主管机关处理。

第三十九条 解除查封的，应当在三日以内制作协助解除查封通知书，送交协助查封的有关部门办理，并通知所有权人或者使用权人。张贴制式封条的，启封时应当通知当事人到场；当事人经通知不到场，也未委托他人到场的，办案人员应当在见证人的见证下予以启封。提取的有关产权证照应当发还。必要时，可以予以公告。

第四十条 解除冻结的，应当在三日以内制作协助解除冻结财产通知书，送交协助办理冻结的有关单位，同时通知被冻结财产的所有人。有关单位接到协助解除冻结财产通知书后，应当及时解除冻结。

第四十一条 需要解除集中冻结措施的，应当由作出冻结决定的公安机关出具协助解除冻结财产通知书，银行业金融机构应当协助解除冻结。

上级公安机关认为应当解除集中冻结措施的，可以责令下级公安机关解除。

※法规解读：上述条文是《公安机关办理刑事案件适用查封、冻结措施有关规定》第四章的内容，是对于解除查封冻结的专章规定。

一般而言，公安机关采取查封、冻结措施的，期限届满自动解除。对于期限尚未届满，但是查封、冻结原因消失，特别是刑事追诉程序终结等情况发生时，查封、冻结措施要依法解除。

关联法规索引

《看守所条例》第25条；《人民检察院刑事诉讼涉案财物管理规定》第4条、第25条

第七节 鉴 定

第一百四十六条 【鉴定】为了查明案情，需要解决案件中某些专门性问题的时候，应当指派、聘请有专门知识的人进行鉴定。

条文解读

本条是关于鉴定的一般规定。

《全国人民代表大会常务委员会关于司法鉴定管理问题的决定》第1条规定，司法鉴定是指在诉讼活动中鉴定人运用科学技术或者专门知识对诉讼涉及的专门性问题进行鉴别和判断并提供鉴定意见的活动。刑事诉讼中，鉴定主要用于解决跟案件有关

的专门性问题，以便帮助侦查人员对某些证据材料进行更加科学和客观的认识。

鉴定需要由专业人员进行。根据《全国人民代表大会常务委员会关于司法鉴定管理问题的决定》第4条的规定，具备下列条件之一的人员，可以申请登记从事司法鉴定业务：具有与所申请从事的司法鉴定业务相关的高级专业技术职称；具有与所申请从事的司法鉴定业务相关的专业执业资格或者高等院校相关专业本科以上学历，从事相关工作五年以上；具有与所申请从事的司法鉴定业务相关工作十年以上经历，具有较强的专业技能。因故意犯罪或者职务过失犯罪受过刑事处罚的，受过开除公职处分的，以及被撤销鉴定人登记的人员，不得从事司法鉴定业务。

侦查程序中的专门性问题需要鉴定的主要有：法医类鉴定，包括法医病理鉴定、法医临床鉴定、法医精神病鉴定、法医物证鉴定和法医毒物鉴定；物证类鉴定，包括文书鉴定、痕迹鉴定和微量鉴定；声像资料鉴定，包括对录音带、录像带、磁盘、光盘、图片等载体上记录的声音、图像信息的真实性、完整性及其所反映的情况过程进行的鉴定和对记录的声音、图像中的语言、人体、物体作出种类或者同一认定等。鉴定人由侦查机关指派或者聘请。在公安机关，刑事技术鉴定由县级以上公安机关刑事技术部门或者其他专职人员负责进行。需要聘请有专门知识的人进行鉴定时，应当经县级以上公安机关负责人批准后，制作聘请书。侦查机关应当为鉴定人进行鉴定提供必要的条件，及时向鉴定人送交有关检材和对比样本等原始材料，介绍与鉴定有关的情况，并且明确提出要求鉴定解决的问题，但是不得暗示或者强迫鉴定人作出某种鉴定意见。

配套法规及解读

《人民检察院刑事诉讼规则（试行）》（2012年11月22日修订）

第二百四十七条 人民检察院为了查明案情，解决案件中某些专门性的问题，可以进行鉴定。

第二百四十八条 鉴定由检察长批准，由人民检察院技术部门有鉴定资格的人员进行。必要的时候，也可以聘请其他有鉴定资格的人员进行，但是应当征得鉴定人所在单位的同意。

具有刑事诉讼法第二十八条、[1]第二十九条[2]规定的应当回避的情形的，不能担任鉴定人。

《公安机关办理刑事案件程序规定》（2012年12月13日修订）

第二百三十九条 为了查明案情，解决案件中某些专门性问题，应当指派、聘请有

〔1〕 现行《刑事诉讼法》第二十九条。
〔2〕 现行《刑事诉讼法》第三十条。

专门知识的人进行鉴定。

需要聘请有专门知识的人进行鉴定，应当经县级以上公安机关负责人批准后，制作鉴定聘请书。

※法规解读：以上条文是关于鉴定目的和鉴定人的规定。

司法鉴定，是指在诉讼过程中，对案件中的专门性问题，由司法机关或当事人委托法定鉴定单位，运用专业知识和技术，依照法定程序作出鉴别和判断的一种活动。刑事侦查中的鉴定是一种专门的调查方法和手段，其主要目的在于查明案件情况，解决案件中的有些专门性问题。

与该目的相适应，刑事侦查中的鉴定范围一定是有所指向的，局限于与查明案件情况有关的物品、文件、电子数据、痕迹、人身、尸体等。在具体的侦查工作实践中，鉴定包括法医病理鉴定、物证类鉴定、声像资料鉴定类型，根据案件情况，可能是刑事技术鉴定、人身伤害的医学鉴定、精神病的医学鉴定、扣押物品的价格鉴定、文物鉴定、珍稀动植物及其制品鉴定、违禁品和危险品鉴定、电子数据鉴定，等等。

鉴定人，是指那些接受聘请或指派，运用专门知识对案件中的疑难问题进行科学研究并出具意见的人。我国对鉴定人实行登记管理制度，符合条件的人员可以申请登记从事司法鉴定业务。

司法实践中，特定案件中的鉴定人有两种途径产生：一种为指派，另一种为委托。指派的鉴定人，主要源于侦查机关内部。根据《全国人民代表大会常务委员会关于司法鉴定管理问题的决定》第7条的规定，侦查机关根据侦查工作的需要设立的鉴定机构，不得面向社会接受委托从事司法鉴定业务。人民法院和司法行政部门不得设立鉴定机构。亦即现在只有侦查机关内部还保留鉴定机构，其余的鉴定机构均依法实行登记管理制度。在刑事侦查中，对于需要鉴定的，侦查机关有权直接指派内部具有鉴定资格的主体进行鉴定，以确保侦查工作能够迅速开展。如果侦查机关内部的人员不具有相关方面的专业知识，不能胜任特定的鉴定工作，侦查机关应当聘请具有专门知识的人开展鉴定工作，聘请事宜需要经侦查机关负责人批准，并制作委托文书，确定委托事项的具体内容。

依照《刑事诉讼法》及相关法律的规定，鉴定人不能与案件及案件当事人有利益牵连，实行鉴定人回避制度，具有法定回避事由的应当回避，从而确保鉴定意见的中立性和准确性。

关联法规索引

《全国人民代表大会常务委员会关于司法鉴定管理问题的决定》第1条、第4条、第7条；《国际刑事司法协助法》第30~36条；《最高人民检察院关于CPS多道心理测试鉴定结论能否作为诉讼证据使用问题的批复》;《最高人民检察院关于"骨龄鉴定"能否作为确定刑事责任年龄证据使用的批复》;《最高人民法院关于审理生产、销售伪劣商品刑事案件有关鉴定问题的通知》;《人民法院司法鉴定工作暂行规定》第2~15条;《人民法院对外委托司法鉴定管理规定》;《人民检察院鉴定机构登记管理办法》;《人民检察院鉴定人登记管理办法》;《最高人民法院、最高人民检察院、公安部关于办理刑事案件收集提取和审查判断电子数据若干问题的规定》第17条;《最高人民法院、最高人民检察院、公安部办理毒品犯罪案件毒品提取、扣押、称量、取样和送检程序若干问题的规定》第19条;《最高人民法院、最高人民检察院关于办理环境污染刑事案件适用法律若干问题的解释》第14条;《最高人民法院、最高人民检察院、公安部关于办理盗窃油气、破坏油气设备等刑事案件适用法律若干问题的意见》第7条;《检察机关办理侵犯公民个人信息案件指引》一;《检察机关办理电信网络诈骗案件指引》三;《最高人民法院、最高人民检察院、公安部、司法部、生态环境部关于办理环境污染刑事案件有关问题座谈会纪要》第13条、第14条;《最高人民法院关于为深化两岸融合发展提供司法服务的若干措施》第30条

第一百四十七条 【鉴定的程序与要求】鉴定人进行鉴定后,应当写出鉴定意见,并且签名。

鉴定人故意作虚假鉴定的,应当承担法律责任。

条文解读

本条共有2款,是关于鉴定人义务的规定。

《全国人民代表大会常务委员会关于司法鉴定管理问题的决定》中规定,司法鉴定实行鉴定人负责制度。鉴定人,是指取得鉴定人资格,在鉴定机构中从事法医类、物证类、声像资料、司法会计鉴定以及心理测试等工作的专业技术人员。鉴定人应当按照依法、科学、客观、公正、独立的原则开展鉴定工作。鉴定人依法享有以下权利:了解与鉴定有关的案件情况,要求委托单位提供鉴定所需的材料;进行必要的勘验、检查;查阅与鉴定有关的案件材料,询问与鉴定事项有关的人员;对违反法律规定委托的案件、不具备鉴定条件或者提供虚假鉴定材料的案件,有权拒绝鉴定;对与鉴定无关问题的询问,有权拒绝回答;与其他鉴定人意见不一致时,有权保留意见;法律、法规规定的其他权利。因而,鉴定人进行鉴定后,应当出具鉴定意见,并且在上面签名。

鉴定人是刑事诉讼中的其他诉讼参与人,其参与诉讼的主要目的在于帮助专门机关查清案件事实。因此,鉴定人应当依法履行下列义务:严格遵守法律、法规和鉴定工

作规章制度;保守案件秘密;妥善保管送检的检材、样本和资料;接受委托单位与鉴定有关问题的咨询;出庭接受质证;法律、法规规定的其他义务。鉴定人故意作虚假鉴定的,显然违反了鉴定人的法定义务,构成犯罪的,依法追究刑事责任;尚不构成犯罪的,由省级人民政府司法行政部门给予停止从事司法鉴定业务3个月以上1年以下的处罚;情节严重的,撤销登记。

配套法规及解读

《人民检察院刑事诉讼规则(试行)》(2012年11月22日修订)

第二百五十条 鉴定人进行鉴定后,应当出具鉴定意见、检验报告,同时附上鉴定机构和鉴定人的资质证明,并且签名或者盖章。

多个鉴定人的鉴定意见不一致的,应当在鉴定意见上写明分歧的内容和理由,并且分别签名或者盖章。

第二百五十一条 鉴定人故意作虚假鉴定的,应当承担法律责任。

《公安机关办理刑事案件程序规定》(2012年12月13日修订)

第二百四十二条 鉴定人应当按照鉴定规则,运用科学方法独立进行鉴定。鉴定后,应当出具鉴定意见,并在鉴定意见书上签名,同时附上鉴定机构和鉴定人的资质证明或者其他证明文件。

多人参加鉴定,鉴定人有不同意见的,应当注明。

※法规解读:上述条文是关于鉴定人出具鉴定意见的规定。

鉴定人接受委托或者指派后,应当依据法律、法规、职业道德和职业纪律,以及专业技术操作规范开展鉴定,出具鉴定意见,并在鉴定意见上签名或者盖章。由于鉴定意见是运用专门知识进行判断和分析,因此不同的鉴定人有意见分歧是正常现象。出现该种情况的,每个鉴定人都应当在鉴定意见中阐明自己的观点意见以及理由,并签名或者盖章。

鉴定人有依法开展鉴定的权利和义务。但是鉴定毕竟是运用科学方法和知识进行判断的活动,意见分歧在所难免,由于技术方面原因导致误差和错误的可能性也是存在的。因此不能强求所有鉴定人的鉴定一定正确。根据上述条文的规定,只有出现鉴定人"故意作虚假鉴定"的情况时,才应当对其追究法律责任,这是因为鉴定人故意作虚假鉴定已经严重违反了鉴定人的法定义务。鉴定人故意作虚假鉴定,构成伪证罪、受贿罪等犯罪的,依法追究刑事责任;尚不够刑事处罚的,依法予以行政处分。

关联法规索引

《全国人民代表大会常务委员会关于司法鉴定管理问题的决定》第10条、第13条；《治安管理处罚法》第90条；《人民检察院鉴定规则（试行）》第2～23条；《检察人员纪律处分条例》第85条；《最高人民法院、最高人民检察院关于办理虚假诉讼刑事案件适用法律若干问题的解释》第6条

第一百四十八条　【鉴定意见的告知及异议】侦查机关应当将用作证据的鉴定意见告知犯罪嫌疑人、被害人。如果犯罪嫌疑人、被害人提出申请，可以补充鉴定或者重新鉴定。

条文解读

本条是关于鉴定意见告知和补充鉴定、重新鉴定的规定。

根据本条的规定，侦查机关有将作为证据的鉴定意见告知犯罪嫌疑人和被害人的义务。该项义务主要是为了确保当事人知情权的实现，并以此为基础更好地制定诉讼策略。履行该项义务的主体是侦查机关；义务的内容是告知拟作为证据使用的鉴定意见，若虽然经过鉴定，但是侦查机关并不打算将该鉴定意见用于刑事诉讼，则无须告知当事人。告知的对象是犯罪嫌疑人和被害人。被害人死亡或者没有诉讼行为能力的，应当告知其法定代理人、近亲属或诉讼代理人。

实践中，很多鉴定意见对刑事责任的认定以及量刑都具有重要意义。因此，应当允许当事人对鉴定意见提出异议。犯罪嫌疑人、被害人知晓鉴定意见后，有权申请进行补充鉴定或者重新鉴定。该项申请权可以视为一种权利救济。补充鉴定主要发生在犯罪嫌疑人或者被害人认为鉴定事项有遗漏或者发现新的相关重要鉴定材料的情况。而当出现鉴定意见与案件中的其他证据相矛盾的，有证据证明鉴定意见确有错误的，送检材料不真实的；鉴定程序不符合法律规定的，鉴定人应当回避而未回避的，鉴定人或者鉴定机构不具备鉴定资格的，以及其他可能影响鉴定客观、公正的情况时，则犯罪嫌疑人、被告人有权申请进行重新鉴定。

配套法规及解读

《人民检察院刑事诉讼规则（试行）》（2012年11月22日修订）

第二百五十二条　对于鉴定意见，检察人员应当进行审查，必要的时候，可以提出补充鉴定或者重新鉴定的意见，报检察长批准后进行补充鉴定或者重新鉴定。检察长

也可以直接决定进行补充鉴定或者重新鉴定。

第二百五十三条 用作证据的鉴定意见，人民检察院办案部门应当告知犯罪嫌疑人、被害人；被害人死亡或者没有诉讼行为能力的，应当告知其法定代理人、近亲属或诉讼代理人。

犯罪嫌疑人、被害人或被害人的法定代理人、近亲属、诉讼代理人提出申请，经检察长批准，可以补充鉴定或者重新鉴定，鉴定费用由请求方承担，但原鉴定违反法定程序的，由人民检察院承担。

犯罪嫌疑人的辩护人或者近亲属以犯罪嫌疑人有患精神病可能而申请对犯罪嫌疑人进行鉴定的，鉴定费用由请求方承担。

第二百五十四条 人民检察院决定重新鉴定的，应当另行指派或者聘请鉴定人。

《公安机关办理刑事案件程序规定》(2012年12月13日修订)

第二百四十三条 对鉴定意见，侦查人员应当进行审查。

对经审查作为证据使用的鉴定意见，公安机关应当及时告知犯罪嫌疑人、被害人或者其法定代理人。

第二百四十四条 犯罪嫌疑人、被害人对鉴定意见有异议提出申请，以及办案部门或者侦查人员对鉴定意见有疑义的，可以将鉴定意见送交其他有专门知识的人员提出意见。必要时，询问鉴定人并制作笔录附卷。

第二百四十五条 经审查，发现有下列情形之一的，经县级以上公安机关负责人批准，应当补充鉴定：

（一）鉴定内容有明显遗漏的；

（二）发现新的有鉴定意义的证物的；

（三）对鉴定证物有新的鉴定要求的；

（四）鉴定意见不完整，委托事项无法确定的；

（五）其他需要补充鉴定的情形。

经审查，不符合上述情形的，经县级以上公安机关负责人批准，作出不准予补充鉴定的决定，并在作出决定后三日以内书面通知申请人。

第二百四十六条 经审查，发现有下列情形之一的，经县级以上公安机关负责人批准，应当重新鉴定：

（一）鉴定程序违法或者违反相关专业技术要求的；

（二）鉴定机构、鉴定人不具备鉴定资质和条件的；

（三）鉴定人故意作虚假鉴定或者违反回避规定的；

（四）鉴定意见依据明显不足的；

（五）检材虚假或者被损坏的；

（六）其他应当重新鉴定的情形。

重新鉴定，应当另行指派或者聘请鉴定人。

经审查，不符合上述情形的，经县级以上公安机关负责人批准，作出不准予重新鉴定的决定，并在作出决定后三日以内书面通知申请人。

※法规解读：上述条文是关于鉴定意见告知及重新鉴定和补充鉴定的具体规定。

关于鉴定意见告知。根据《刑事诉讼法》的精神及上述条文的规定，侦查机关有将鉴定意见告知相关利益主体的义务。但是，并非所有的鉴定意见都需要告知，只有那些将作为证据使用的鉴定意见侦查机关才负有告知义务。并且只告知鉴定意见的结论部分即可，并不需要将全部的鉴定过程均告知相关主体。这是因为这些鉴定意见直接关系案件事实的认定以及当事人的权利和主张。鉴定意见的告知对象为犯罪嫌疑人和被害人，《人民检察院刑事诉讼规则（试行）》中进一步明确规定，被害人死亡或者没有诉讼行为能力的，应当告知其法定代理人、近亲属或诉讼代理人。

关于重新鉴定和补充鉴定。根据上述条文的规定，重新鉴定和补充鉴定有两种方式：一种为依申请，另一种为依职权。犯罪嫌疑人、被害人及其近亲属或者诉讼代理人有申请重新鉴定和补充鉴定的权利。他们可以向侦查机关提出重新鉴定和补充鉴定的申请，经侦查机关负责人同意后，可以开展重新鉴定或者补充鉴定，但是费用则需要由申请人负担。重新鉴定和补充鉴定的另外一种启动方式为依职权。

办案部门或者侦查人员认为鉴定意见本身存在疏漏或者鉴定程序存在问题的，经县级以上侦查机关负责人批准，应当补充鉴定或者重新鉴定。并且依照《刑事诉讼法》的规定，人民检察院在对侦查工作进行监督的过程中，如果对鉴定意见有疑问，也可以要求侦查机关重新鉴定或者补充鉴定。为了确保重新鉴定或者补充鉴定基本的中立性立场，侦查机关需要重新指派或者聘请鉴定人进行鉴定。曾经参与过先前鉴定工作的人员应当回避。

关联法规索引

《医疗事故处理条例》第 42 条；《最高人民法院关于审理未成年人刑事案件的若干规定》第 14 条；《人民法院司法鉴定工作暂行规定》第 14 条；《人民检察院鉴定规则（试行）》第 17 ~ 19 条；《最高人民法院、最高人民检察院、公安部、司法部关于进一步严格依法办案确保办理死刑案件质量的意见》第 10 条；《最高人民检察院关于适用〈关于办理死刑案件审查判断证据若干问题的规定〉和〈关于办理刑事案件排除非法证据若干问题的规定〉的指导意见》第 19 条；《最高人民法院、司法部关于建立司法鉴定管理与使用衔接机制的意见》二；《公安机关 DNA 鉴定文书规范》6.2；《公安机关鉴定规则》第 36 条、第 42 条；《司法部关于司法鉴定文书格式的通知》九；《司法鉴定程序通则》第

30 条;《司法部关于进一步加强司法鉴定投诉处理工作的意见》第 8 条;《中国共产党纪律检查机关案件检查工作条例实施细则》第 30 条;《中华全国律师协会律师参与未成年人法律援助工作指引》第 63 条、第 78 条、第 95 条

第一百四十九条 【精神病鉴定的期间】对犯罪嫌疑人作精神病鉴定的期间不计入办案期限。

条文解读

本条是关于司法精神病鉴定不计入办案期限的规定。

司法精神病鉴定属于法医类鉴定,是应用精神病学技术,以国家法律和有关规定为准则,协助公安和司法部门,解决案件审理中有关精神病学问题的措施。《最高人民法院、最高人民检察院、公安部、司法部、卫生部精神疾病司法鉴定暂行规定》第 9 条规定,刑事案件中,精神疾病司法鉴定包括:确定被鉴定人是否患有精神疾病;患何种精神疾病;实施危害行为时的精神状态;精神疾病和所实施危害行为之间的关系,以及有无刑事责任能力;确定被鉴定人在诉讼过程中的精神状态以及有无诉讼能力;确定被鉴定人在服刑期间的精神状态以及对其应当采取的法律措施的建议。司法精神病鉴定是一个复杂的过程。司法精神病鉴定的结果可能直接影响刑事追诉活动能否继续进行。根据《刑事诉讼法》第 303 条的规定,公安机关在侦查阶段发现犯罪嫌疑人符合强制医疗条件,应当依法移送人民检察院,由检察机关依法向人民法院提出申请。

根据本条的规定,对犯罪嫌疑人进行司法精神病鉴定所花费的时间不计入办案期限。精神病鉴定期限自决定对犯罪嫌疑人进行鉴定之日起至收到鉴定意见后决定恢复计算侦查羁押期限之日止。

配套法规及解读

《最高人民法院、最高人民检察院、公安部、国家安全部、司法部、全国人大常委会法制工作委员会关于实施刑事诉讼法若干问题的规定》(2012 年 12 月 26 日)

40. 刑事诉讼法第一百四十七条[1]规定:“对犯罪嫌疑人作精神病鉴定的期间不计入办案期限。”根据上述规定,犯罪嫌疑人、被告人在押的案件,除对犯罪嫌疑人、被告人的精神病鉴定期间不计入办案期限外,其他鉴定期间都应当计入办案期限。对于

---

〔1〕 现行《刑事诉讼法》第一百四十九条。

因鉴定时间较长，办案期限届满仍不能终结的案件，自期限届满之日起，应当对被羁押的犯罪嫌疑人、被告人变更强制措施，改为取保候审或者监视居住。

国家安全机关依照法律规定，办理危害国家安全的刑事案件，适用本规定中有关公安机关的规定。

《人民检察院刑事诉讼规则（试行）》（2012年11月22日修订）

第二百五十五条　对犯罪嫌疑人作精神病鉴定的期间不计入羁押期限和办案期限。

《公安机关办理刑事案件程序规定》（2012年12月13日修订）

第二百四十八条　对犯罪嫌疑人作精神病鉴定的时间不计入办案期限，其他鉴定时间都应当计入办案期限。

※法规解读：上述条文是关于犯罪嫌疑人作精神病鉴定的期间不计入办案期限的规定。

精神状态是刑法中衡量行为人刑事责任能力的重要方面。我国《刑法》规定：精神病人在不能辨认或者控制自己行为的时候造成危害后果的，不负刑事责任；间歇性的精神病人在精神正常时犯罪，应当负刑事责任；尚未完全丧失辨认或者控制自己行为能力的精神病人犯罪的，应当负刑事责任，但是可以从轻或者减轻处罚。但是对行为人的精神状况进行判断，需要由专业人士进行鉴定。由于对犯罪嫌疑人作精神病鉴定的情况比较复杂，往往需要经过一段时间的鉴定工作才能得出结论，一般在法定的办案期限内难以完成。这里规定的“对犯罪嫌疑人作精神病鉴定的期间”是指犯罪嫌疑人及其法定代理人或者辩护人向侦查机关提出确定犯罪嫌疑人在实施犯罪行为过程中精神状态的申请，或者侦查机关办理案件中认为需要对犯罪嫌疑人作精神病鉴定时，依照法定程序开始对犯罪嫌疑人进行鉴定到出具鉴定意见的期间。“不计入办案期限”，是指不计入侦查羁押期限和审查起诉、审判期限。但是专门机关切不可以因此就久拖不决。

需要注意的是，只有依法进行的精神病鉴定不计入办案期限，进行其他鉴定的，依然要计入办案期限内。如果因为鉴定期限过长，导致办案期限届满仍不能终结的案件，也不能因此作为延长羁押期限的理由，而是应当及时对被羁押的犯罪嫌疑人或者被告人变更强制措施，改为取保候审或者监视居住。

关联法规索引

《刑事诉讼法》第303条；《最高人民法院、最高人民检察院、公安部、司法部、卫生部精神疾病司法鉴定暂行规定》；《最高人民法院关于严格执行案件审理期限制度的若干规定》第9条；《最高人民法院关于清理超期羁押案件有关问题的通知》第3条；《最高人民法院关于严格执行案件审理期限制度的若干规定》第9条;《未成年人刑事检查工作指引(试行)》第150条;《人民检察院强制医疗决定程序监督工作的规定》第3条、第4~6条;《公安机关适用刑事羁押期限规定》第4条;《司法部关于法医精神病鉴定业务范围问题的复函》

第八节 技术侦查措施

第一百五十条 【适用案件的范围】公安机关在立案后,对于危害国家安全犯罪、恐怖活动犯罪、黑社会性质的组织犯罪、重大毒品犯罪或者其他严重危害社会的犯罪案件,根据侦查犯罪的需要,经过严格的批准手续,可以采取技术侦查措施。

人民检察院在立案后,对于利用职权实施的严重侵犯公民人身权利的重大犯罪案件,根据侦查犯罪的需要,经过严格的批准手续,可以采取技术侦查措施,按照规定交有关机关执行。

追捕被通缉或者批准、决定逮捕的在逃的犯罪嫌疑人、被告人,经过批准,可以采取追捕所必需的技术侦查措施。

条文解读

本条共有3款,是关于技术侦查措施适用范围的规定。

技术侦查措施是专门的刑事侦查措施。技术侦查是发现、控制和防范隐蔽的犯罪活动、获取犯罪证据必不可少的重要手段。随着社会整体科学技术水平的提高,技术侦查措施逐渐成为刑事侦查中常见的方法。国家安全机关和公安机关早已经在某些领域中使用了该种方法,该措施早期被称为“技术侦察”。1993年的《国家安全法》第10条规定:国家安全机关因侦察危害国家安全行为的需要,根据国家有关规定,经过严格的批准手续,可以采取技术侦察措施(该规定在2009年的修订中没有变化,在2015年的修订中删除)。1995年的《人民警察法》第16条规定,公安机关因侦查犯罪的需要,根据国家有关规定,经过严格的批准手续,可以采取技术侦察措施(该规定在2012年的修改中没有变化)。该种方法虽然能够对案件的侦破具有较大的贡献,但是其亦可能因为使用不当,侵犯个人的隐私权。因此,技术侦查措施要遵循严格的法定主义原则,只能在刑事案件立案之后使用。并且根据刑事诉讼中的比例原则,该项措施只能在确有必要的情况下采用。为了更好地规范技术侦查措施,侦查机关采用技术侦查措施需要经过严格的审批手续。

第1款是关于公安机关适用技术侦查措施案件范围的规定。根据本条款的规定，公安机关有权适用技术侦查措施的案件范围是：危害国家安全犯罪、恐怖活动犯罪、黑社会性质的组织犯罪、重大毒品犯罪或者其他严重危害社会的犯罪案件。除了明确列举的可以采用技术侦查措施的案件外，“其他严重危害社会的犯罪案件”需要有关部门作出进一步的规范和明确，在实际执行中不能随意扩大适用。根据《公安机关办理刑事案件程序规定》，“其他严重危害社会的犯罪案件”主要包括：故意杀人、故意伤害致人重伤或者死亡、强奸、抢劫、绑架、放火、爆炸、投放危险物质等严重暴力犯罪案件；集团性、系列性、跨区域性重大犯罪案件；利用电信、计算机网络、寄递渠道等实施的重大犯罪案件，以及针对计算机网络实施的重大犯罪案件，和其他严重危害社会的犯罪案件，依法可能判处七年以上有期徒刑的案件。公安机关采用技术侦查措施的时间为“立案之后”。立案是刑事诉讼程序开始的标志，刑事诉讼尚未正式启动之前，不能适用技术侦查措施。“根据侦查犯罪的需要”和“经过严格的批准手续”体现了侦查行为的比例性原则和令状原则，以此确保技术侦查手段采用的正当性和必要性。公安机关有权实施技术侦查措施。

第2款是关于检察机关采用技术侦查措施案件范围的规定。随着《监察法》的颁布实施以及2018年《刑事诉讼法》的修改，检察机关直接立案侦查的范围已经有所变化。因此，检察机关采用技术侦查措施的案件范围也随之调整。删掉了原来《刑事诉讼法》中规定的贪污、贿赂犯罪案件，保留了利用职权实施的严重侵犯公民人身权利的重大犯罪案件，主要包括有重大社会影响的、造成严重后果的或者情节特别严重的非法拘禁、非法搜查、刑讯逼供、暴力取证、虐待被监管人、报复陷害六类案件。检察机关决定采用技术侦查措施也必须在刑事案件立案之后进行。但是，检察机关并无技术侦查措施的具体实施权。这是与本条第1款中公安机关兼具技术侦查措施的适用决定权和实施权的不同之处。检察机关决定采用技术侦查措施后，需要按照规定交有关机关执行。

第3款是为了追捕需要采用技术侦查措施的规定。现代科学技术手段能通过技术、信号等多种方式有效地定位行为人，这为刑事追捕工作提供了方便条件。刑事诉讼中，为了满足缉捕在逃的犯罪嫌疑人、被告人的需要（包括通缉和决定逮捕后逃跑的），可采用技术侦查措施。但仍需要经过严格的审批手续，技术侦查措施方可以用于追捕工作。根据追捕在逃的犯罪嫌疑人、被告人的需要，本款没有对涉嫌犯罪的种类作出限定，由于追捕在逃犯主要是确定在逃犯罪嫌疑人、被告人的状况和位置，以便抓捕，与在侦查取证中采取技术侦查措施的情况不同，因此，只规定要经过批准。这里的“批准”主要是指侦查机关负责人批准。此种情形之下的技术侦查措施的执行主体也是公安机关。

配套法规及解读

《公安机关办理刑事案件程序规定》(2012 年 12 月 13 日修订)

第二百五十四条 公安机关在立案后,根据侦查犯罪的需要,可以对下列严重危害社会的犯罪案件采取技术侦查措施:

(一)危害国家安全犯罪、恐怖活动犯罪、黑社会性质的组织犯罪、重大毒品犯罪案件;

(二)故意杀人、故意伤害致人重伤或者死亡、强奸、抢劫、绑架、放火、爆炸、投放危险物质等严重暴力犯罪案件;

(三)集团性、系列性、跨区域性重大犯罪案件;

(四)利用电信、计算机网络、寄递渠道等实施的重大犯罪案件,以及针对计算机网络实施的重大犯罪案件;

(五)其他严重危害社会的犯罪案件,依法可能判处七年以上有期徒刑的。

公安机关追捕被通缉或者批准、决定逮捕的在逃的犯罪嫌疑人、被告人,可以采取追捕所必需的技术侦查措施。

※法规解读:本条详细规定了公安机关适用技术侦查措施的案件范围。

《刑事诉讼法》第 150 条第 1 款明确规定,公安机关对于危害国家安全犯罪、恐怖活动犯罪、黑社会性质的组织犯罪、重大毒品犯罪或者其他严重危害社会的犯罪案件五类案件有权采取技术侦查措施。本条的第 1 款中,对于前四类案件予以重申,同时对于"其他严重危害社会犯罪案件"进行更加详尽的解释,包括:故意杀人、故意伤害致人重伤或者死亡、强奸、抢劫、绑架、放火、爆炸、投放危险物质等严重暴力犯罪案件;集团性、系列性、跨区域性重大犯罪案件;利用电信、计算机网络、寄递渠道等实施的重大犯罪案件,以及针对计算机网络实施的重大犯罪案件以及依法可能判处 7 年以上有期徒刑的其他严重危害社会的犯罪案件。

本条第 2 款的规定与《刑事诉讼法》第 150 条第 3 款的规定一致,即追捕被通缉或者应当被逮捕的在逃犯罪嫌疑人、被告人也属于可以适用技术侦查措施的范围。

《人民检察院刑事诉讼规则(试行)》(2012 年 11 月 22 日修订)

第二百六十三条 人民检察院在立案后,对于涉案数额在十万元以上、采取其他方法难以收集证据的重大贪污、贿赂犯罪案件以及利用职权实施的严重侵犯公民人身权利的重大犯罪案件,经过严格的批准手续,可以采取技术侦查措施,交有关机关执行。

本条规定的贪污、贿赂犯罪包括刑法分则第八章规定的贪污罪、受贿罪、单位受贿罪、行贿罪、对单位行贿罪、介绍贿赂罪、单位行贿罪、利用影响力受贿罪。

本条规定的利用职权实施的严重侵犯公民人身权利的重大犯罪案件包括有重大

社会影响的、造成严重后果的或者情节特别严重的非法拘禁、非法搜查、刑讯逼供、暴力取证、虐待被监管人、报复陷害等案件。

第二百六十四条　人民检察院办理直接受理立案侦查的案件，需要追捕被通缉或者批准、决定逮捕的在逃的犯罪嫌疑人、被告人的，经过批准，可以采取追捕所必需的技术侦查措施，不受本规则第二百六十三条规定的案件范围的限制。

※法规解读：上述条文是对检察机关采取技术侦查措施范围的规定。

根据《刑事诉讼法》的规定，人民检察院已经没有对重大的贪污、贿赂犯罪案件进行立案、侦查的权力，因此也无权对该类案件采用技术侦查措施。

本条规定的利用职权实施的严重侵犯公民人身权利的重大犯罪案件包括有重大社会影响的、造成严重后果的或者情节特别严重的非法拘禁、非法搜查、刑讯逼供、暴力取证、虐待被监管人、报复陷害六类案件。

《人民检察院刑事诉讼规则（试行）》第264条与《刑事诉讼法》第150条保持一致，检察机关为了追捕被通缉的或者应当逮捕的在逃犯罪嫌疑人、被告人有权使用技术侦查措施，并不受罪名、涉案数额等条件的限制。

关联法规索引

《人民警察法》第16条；《监察法》第28条；《关于检察机关侦查工作贯彻刑事诉讼法若干问题的意见》第4条；《最高人民法院、最高人民检察院、公安部、司法部、海关总署关于走私犯罪侦查机关办理走私犯罪案件适用刑事诉讼程序若干问题的通知》第2条；《最高人民法院、最高人民检察院、公安部关于办理刑事案件收集提取和审查判断电子数据若干问题的规定》第9条；《最高人民法院、最高人民检察院、公安部关于办理电信网络诈骗等刑事案件适用法律若干问题的意见》六；《最高人民法院关于推进以审判为中心的刑事诉讼改革的实施意见》第13条；《人民法院办理刑事案件第一审普通程序法庭调查规程（试行）》第36条；《人民检察院办理死刑第二审案件和复核监督工作指引（试行）》第15条；《人民检察院公诉人出庭举证质证工作指引》第60条；《最高人民法院、最高人民检察院、公安部、司法部关于办理恐怖活动和极端主义犯罪案件适用法律若干问题的意见》（四）；《公安部关于执行中国公民出境入境管理法及实施细则若干问题的说明》第2条；《公安部关于公安机关配合有关部门依法办案问题的通知》第5条；《公安机关办理刑事案件电子数据取证规则》第33条；《中国共产党纪律检查机关监督执纪工作规则》第40条

第一百五十一条 【技术侦查措施期限】批准决定应当根据侦查犯罪的需要,确定采取技术侦查措施的种类和适用对象。批准决定自签发之日起三个月以内有效。对于不需要继续采取技术侦查措施的,应当及时解除;对于复杂、疑难案件,期限届满仍有必要继续采取技术侦查措施的,经过批准,有效期可以延长,每次不得超过三个月。

条文解读

本条是关于技术侦查措施的适用期限、延长时限和解除的规定。

批准适用技术侦查措施必须根据侦查犯罪的实际需要,并且严格贯彻侦查行为的比例原则,仅当必要且必须,并履行严格的审批手续后才能适用。批准适用技术侦查措施的决定中必须载明技术侦查措施的具体种类、适用对象和期限。一个批准适用技术侦查措施的决定有效期为3个月,自签发之日起有效。虽然如此,但并不意味着,批准适用之后,一定要用到批准决定书失效时为止,在3个月期间内,如果认为已经不需要继续采取技术侦查措施的,包括案件情况发生变化不再符合适用技术侦查措施的条件,或者已经取得相关证据,无须继续采用技术侦查手段的,均应当及时解除技术侦查措施。

如果案件情况复杂、疑难,技术侦查措施批准决定期限届满仍有继续采取技术侦查措施的必要的,经过批准,有效期限可以延长。每次延长的期限最长为3个月。

配套法规及解读

《最高人民法院、最高人民检察院、公安部、国家安全部、司法部、全国人大常委会法制工作委员会关于实施刑事诉讼法若干问题的规定》(2012年12月26日)

20. 刑事诉讼法第一百四十九条[1]中规定:“批准决定应当根据侦查犯罪的需要,确定采取技术侦查措施的种类和适用对象。”采取技术侦查措施收集的材料作为证据使用的,批准采取技术侦查措施的法律文书应当附卷,辩护律师可以依法查阅、摘抄、复制,在审判过程中可以向法庭出示。

※法规解读:本条是对采用技术侦查措施收集的作为证据使用材料的使用规定。

技术侦查措施是一种新的侦查措施,其主要目的仍是为更好地收集证据材料,为认定案件事实提供素材。技术侦查措施与其他的侦查行为一样,实行严格的令状主

〔1〕 现行《刑事诉讼法》第一百五十一条。

义，未经批准，不得采用，而且侦查机关需要严格按照批准范围、批准时限使用技术侦查措施。为了更好地监督侦查机关实施技术侦查措施，让辩方更好地了解证据来源的途径和手段，本条明确规定，批准采取技术侦查措施的法律文书应当附卷，并随案移送，辩护人可以较为便利地获悉相关情况，并可以在审判过程中通过当庭出示的方法进行质证和辩论。

《人民检察院刑事诉讼规则(试行)》(2012年11月22日修订)

第二百六十五条　人民检察院采取技术侦查措施应当根据侦查犯罪的需要，确定采取技术侦查措施的种类和适用对象，按照有关规定报请批准。批准决定自签发之日起三个月以内有效。对于不需要继续采取技术侦查措施的，应当及时解除；对于复杂、疑难案件，期限届满仍有必要继续采取技术侦查措施的，应当在期限届满前十日以内制作呈请延长技术侦查措施期限报告书，写明延长的期限及理由，经过原批准机关批准，有效期可以延长，每次不得超过三个月。

采取技术侦查措施收集的材料作为证据使用的，批准采取技术侦查措施的法律决定文书应当附卷，辩护律师可以依法查阅、摘抄、复制。

《公安机关办理刑事案件程序规定》(2012年12月13日修订)

第二百五十六条　需要采取技术侦查措施的，应当制作呈请采取技术侦查措施报告书，报设区的市一级以上公安机关负责人批准，制作采取技术侦查措施决定书。

人民检察院等部门决定采取技术侦查措施，交公安机关执行的，由设区的市一级以上公安机关按照规定办理相关手续后，交负责技术侦查的部门执行，并将执行情况通知人民检察院等部门。

第二百五十七条　批准采取技术侦查措施的决定自签发之日起三个月以内有效。

在有效期限内，对不需要继续采取技术侦查措施的，办案部门应当立即书面通知负责技术侦查的部门解除技术侦查措施；负责技术侦查的部门认为需要解除技术侦查措施的，报批准机关负责人批准，制作解除技术侦查措施决定书，并及时通知办案部门。

对复杂、疑难案件，采取技术侦查措施的有效期限届满仍需要继续采取技术侦查措施的，经负责技术侦查的部门审核后，报批准机关负责人批准，制作延长技术侦查措施期限决定书。批准延长期限，每次不得超过三个月。

有效期限届满，负责技术侦查的部门应当立即解除技术侦查措施。

第二百五十八条　采取技术侦查措施，必须严格按照批准的措施种类、适用对象和期限执行。

在有效期限内，需要变更技术侦查措施种类或者适用对象的，应当按照本规定第二百五十六条规定重新办理批准手续。

※**法规解读：**上述条文是对技术侦查措施批准、变更手续及期限的规定。

根据《刑事诉讼法》规定的精神，技术侦查措施的适用严格贯彻令状主义，限期使用，无批准文件不得采用。批准文件中，需要明确采取技术侦查措施的对象及技术侦查措施的种类，绝不允许扩大化和泛化使用，否则将严重侵犯个人的基本权利。技术侦查措施的批准文件签发后，有效期限为3个月。但这并不意味着一定要用满3个月，一旦嫌疑人或者案件有变化，不需要继续采用技术侦查措施的，办案部门就应当及时解除技术侦查措施。倘若案件疑难、复杂，技术侦查措施有效期限届满后，仍需要继续采用的，则需要报请延长，每次延长的期限均为3个月。

关联法规索引

《最高人民法院、最高人民检察院、公安部关于网络犯罪案件适用刑事诉讼程序若干问题的意见》第19条；《最高人民检察院、公安部关于公安机关办理经济案件的若干规定》第37条；《公安部关于进一步加强和改进刑事执法办案工作切实防止冤假错案的通知》五；《公安机关办理刑事案件电子数据取证规则》第33条

第一百五十二条 【严格执行、保密义务及使用范围限制】采取技术侦查措施，必须严格按照批准的措施种类、适用对象和期限执行。

侦查人员对采取技术侦查措施过程中知悉的国家秘密、商业秘密和个人隐私，应当保密；对采取技术侦查措施获取的与案件无关的材料，必须及时销毁。

采取技术侦查措施获取的材料，只能用于对犯罪的侦查、起诉和审判，不得用于其他用途。

公安机关依法采取技术侦查措施，有关单位和个人应当配合，并对有关情况予以保密。

条文解读

本条共有4款，是关于严格执行技术侦查措施、侦查人员的保密义务、技术侦查措施获取材料的适用范围及有关单位和个人的配合、保密义务的规定。

第1款是关于严格执行技术侦查措施的规定。通常而言，技术侦查措施以实施对象为标准可以分为三类：以犯罪嫌疑人的通信工具为对象的技术侦查措施，如电话侦听、网络侦控；以人为实施对象的技术侦查措施，如秘密跟踪、密拍密录；以物为实施对象的，如秘密搜查、秘密检查。由于技术侦查措施的特殊性，因此需要严格遵循重罪、必要、特定和书面许可的原则。严格按照审批的种类、对象和期限执行，禁止任意泛化

适用和扩展适用。

第 2 款是关于侦查人员保密义务的规定。在适用技术侦查措施的过程中，侦查人员不可避免地会了解到一些不宜公开的资讯，他们对于因此而知晓的国家秘密、商业秘密和个人隐私均应当严格保密，禁止泄露。对于因采用技术侦查措施而取得的与案件无关的信息和资料，为了防止泄密及侵犯隐私权，侦查人员也应当及时进行销毁处理。

第 3 款是关于采用技术侦查手段获取材料使用范围的规定。技术侦查措施是刑事侦查程序中的专门调查方法，运用该种侦查方法是为了查明案件情况的需要。因此，对于采用该种方式而获取的相关资料，只能用于刑事追诉，即对犯罪的侦查、起诉和审判，而严禁用于其他用途。此处规定的"其他用途"包括行政管理、民事纠纷的调处解决、商业用途等。

第 4 款是对有关单位和个人的配合及保密义务的规定。虽然技术侦查措施是侦查中的专门调查方法，但是这些方法的运用往往需要有相关的专门行业、领域和个人进行配合才能实施，如电话运营商、网络服务商。相关单位和个人负有配合义务。同时，他们对于在与侦查机关配合过程中知悉的一些情况，也要负责保密，包括采取技术侦查措施，以及实施的具体方法和手段等，否则将影响技术侦查措施采用的效果，进而影响证据的取得和犯罪的追诉。

配套法规及解读

《人民检察院刑事诉讼规则(试行)》(2012 年 11 月 22 日修订)

第二百六十七条　检察人员对采取技术侦查措施过程中知悉的国家秘密、商业秘密和个人隐私，应当保密；对采取技术侦查措施获取的与案件无关的材料，应当及时销毁，并对销毁情况制作记录。

采取技术侦查措施获取的证据、线索及其他有关材料，只能用于对犯罪的侦查、起诉和审判，不得用于其他用途。

《公安机关办理刑事案件程序规定》(2012 年 12 月 13 日修订)

第二百六十条　采取技术侦查措施收集的材料，应当严格依照有关规定存放，只能用于对犯罪的侦查、起诉和审判，不得用于其他用途。

采取技术侦查措施收集的与案件无关的材料，必须及时销毁，并制作销毁记录。

第二百六十一条　侦查人员对采取技术侦查措施过程中知悉的国家秘密、商业秘密和个人隐私，应当保密。

公安机关依法采取技术侦查措施，有关单位和个人应当配合，并对有关情况予以保密。

※法规解读：上述条文重申了《刑事诉讼法》第 152 条中确定的以下内容：侦查人

员和有关单位与人员的保密义务;无关材料及时销毁义务;技术侦查获得材料仅用于追诉犯罪需要的原则。上述义务和原则的恪守,不仅对于技术侦查措施的正确、正当适用有重要意义,同时对于保障个人的宪法权利和自由有重大意义。

第一百五十三条 【秘密侦查、控制下交付】为了查明案情,在必要的时候,经公安机关负责人决定,可以由有关人员隐匿其身份实施侦查。但是,不得诱使他人犯罪,不得采用可能危害公共安全或者发生重大人身危险的方法。

对涉及给付毒品等违禁品或者财物的犯罪活动,公安机关根据侦查犯罪的需要,可以依照规定实施控制下交付。

条文解读

本条共有 2 款,是关于隐匿身份侦查和控制下交付的规定。

第 1 款是关于隐匿身份侦查的规定。隐匿身份侦查和其他所有的侦查行为一样,其目的在于查明案件情况。由于实施侦查的人员隐匿了真实身份,因此采用该种方法所进行的侦查具有相当的隐蔽性,同时,进行侦查的人员也面临着相当的危险,因此,该种侦查措施的采用应当严格贯彻比例原则,以必要为前提。隐匿身份从事侦查的人员可以是侦查人员,也可以是侦查机关指派的其他适宜从事隐匿身份进行侦查的人员。具体运作中,由公安机关负责人慎重决定。秘密侦查只是采用隐蔽的方法收集证据和破获案件,绝不能为了达到目的不择手段。因此,本条第 1 款为秘密侦查设定了两条禁忌:第一,秘密侦查不能诱惑、指使他人犯罪。否则就不是侦查,而成为一种变相的教唆;第二,秘密侦查不能采用可能危害公共安全或者发生重大危险的方法。

第 2 款是关于控制下交付的规定。1988 年《联合国禁止非法贩运麻醉药品和精神药物公约》首次以国际公约的形式规定了控制下交付这种特殊侦查手段。根据该公约的规定:"控制下交付系指一种技术,即在一国或多国的主管当局知情或监督下,允许货物中非法或可疑的麻醉药品、精神药物、本公约表一和表二所列物质或它们的替代物质运出、通过或运入其领土,以期查明涉及按本公约第三条第一款确定的犯罪的人。"毒品犯罪领域是控制下交付最通常适用的领域。嗣后,2000 年《联合国打击跨国有组织犯罪公约》和 2003 年《联合国反腐败公约》中都明确规定了控制下交付的手段。根据本条款的规定,我国目前控制下交付手段只适用于涉及给付毒品等违禁品或者财物的犯罪活动,由公安机关根据需要采用。

配套法规及解读

《公安机关办理刑事案件程序规定》(2012年12月13日修订)

第二百六十二条 为了查明案情,在必要的时候,经县级以上公安机关负责人决定,可以由侦查人员或者公安机关指定的人员隐匿身份实施侦查。

隐匿身份实施侦查时,不得使用促使他人产生犯罪意图的方法诱使他人犯罪,不得采用可能危害公共安全或者发生重大人身危险的方法。

※法规解读:本条规定了公安机关适用隐匿身份侦查的规则。

本条共有2款,第1款从正面规定了公安机关有权实施隐匿身份侦查。采用此种侦查措施,需要由县级以上公安负责人批准。实施隐匿身份侦查的人员可以是侦查人员,也可以是经公安机关指定的其他人员。所谓隐匿身份,即不暴露真实身份。

第2款规定了隐匿身份侦查的禁止情况。该条款可以理解为我国对犯意诱发型侦查行为的明确规定,"犯意诱发型"诱惑侦查是指被诱惑者本无犯罪意图,但由于诱惑者主动、积极的刺激行为,使其在强烈的诱惑下产生了犯罪意图,进而实施犯罪。"犯意诱发型"诱惑侦查又被称为"侦查陷阱"或"警察圈套",各国立法通常持否定态度。根据本条款的规定,我国也对该种侦查方法明确表示反对,并禁止在侦查过程中采用。另外,根据本条的规定,实施隐匿身份侦查时,同时要注意贯彻侦查比例原则、侦查伦理,公共安全等相关问题,对于可能危害公共安全和重大人身危险的方法也不得采用。

第二百六十三条 对涉及给付毒品等违禁品或者财物的犯罪活动,为查明参与该项犯罪的人员和犯罪事实,根据侦查需要,经县级以上公安机关负责人决定,可以实施控制下交付。

※法规解读:本条对控制下交付的规定与《刑事诉讼法》第153条基本一致,只是明确规定了控制下交付的批准主体为公安机关负责人。

关联法规索引

《联合国禁止非法贩运麻醉药品和精神药物公约》第1条(g)项;《联合国打击跨国有组织犯罪公约》第20条;《联合国反腐败公约》第50条

第一百五十四条 【证据转化】依照本节规定采取侦查措施收集的材料在刑事诉讼中可以作为证据使用。如果使用该证据可能危及有关人员的人身安

全,或者可能产生其他严重后果的,应当采取不暴露有关人员身份、技术方法等保护措施,必要的时候,可以由审判人员在庭外对证据进行核实。

条文解读

本条是关于采用技术侦查措施获取证据材料使用及相关保护措施的规定。

技术侦查措施是法定的侦查手段,因此依法采用技术侦查措施收集的材料能够在刑事诉讼中作为证据使用。但是由于技术侦查措施本身具有隐秘性的特征,采用该种手段所获得的证据一般是通过其他公开途径不易获得或者不能获得的材料。也正因如此,这样的资料如果公开使用可能多有不便,甚至可能会危及国家安全或者是其他相关人员的人身安全。因此,2010年7月《最高人民法院、最高人民检察院、公安部、国家安全部、司法部关于办理死刑案件审查判断证据若干问题的规定》第35条规定,侦查机关依照有关规定采用特殊侦查措施所收集的物证、书证及其他证据材料,经法庭查证属实,可以作为定案的根据。法庭依法不公开特殊侦查措施的过程及方法。本条所规定的在使用相关证据材料时应当注意采取相应的保护措施,不暴露有关人员的身份,获取证据的技术方法等。必要的时候,可以不在法庭上审查核实证据,而是由审判人员在庭外对证据进行核实等,既立足于保护侦查秘密,同时也对相关诉讼参与人提供了较为周密的保护措施。

配套法规及解读

《最高人民法院、最高人民检察院、公安部、国家安全部、司法部关于办理死刑案件审查判断证据若干问题的规定》(2010年6月13日)

第三十五条 侦查机关依照有关规定采用特殊侦查措施所收集的物证、书证及其他证据材料,经法庭查证属实,可以作为定案的根据。

法庭依法不公开特殊侦查措施的过程及方法。

《最高人民法院关于适用〈中华人民共和国刑事诉讼法〉的解释》(2012年12月20日)

第一百零七条 采取技术侦查措施收集的证据材料,经当庭出示、辨认、质证等法庭调查程序查证属实的,可以作为定案的根据。

使用前款规定的证据可能危及有关人员的人身安全,或者可能产生其他严重后果的,法庭应当采取不暴露有关人员身份、技术方法等保护措施,必要时,审判人员可以在庭外核实。

《人民检察院刑事诉讼规则(试行)》(2012年11月22日修订)

第二百六十六条　采取技术侦查措施收集的物证、书证及其他证据材料,侦查人员应当制作相应的说明材料,写明获取证据的时间、地点、数量、特征以及采取技术侦查措施的批准机关、种类等,并签名和盖章。

对于使用技术侦查措施获取的证据材料,如果可能危及特定人员的人身安全、涉及国家秘密或者公开后可能暴露侦查秘密或者严重损害商业秘密、个人隐私的,应当采取不暴露有关人员身份、技术方法等保护措施。在必要的时候,可以建议不在法庭上质证,由审判人员在庭外对证据进行核实。

《公安机关办理刑事案件程序规定》(2012年12月13日修订)

第二百五十九条　采取技术侦查措施收集的材料在刑事诉讼中可以作为证据使用。使用技术侦查措施收集的材料作为证据时,可能危及有关人员的人身安全,或者可能产生其他严重后果的,应当采取不暴露有关人员身份和使用的技术设备、侦查方法等保护措施。

采取技术侦查措施收集的材料作为证据使用的,采取技术侦查措施决定书应当附卷。

※法规解读:上述条文规定了采用技术侦查手段获取证据的使用规则。

《关于办理死刑案件审查判断证据若干问题的规定》首次确认了采用特殊侦查措施收集证据经过查证属实可以直接作为定案根据。我国虽然早在1993年制定的《国家安全法》和1995年制定的《人民警察法》就规定了技术侦查措施。但是1996年修改的《刑事诉讼法》中并未对该种措施予以确认。因此,在相当长的时间内,采用技术侦查措施获取的资料均需要经过转化才能作为诉讼证据采用。为了解决这一问题,2012年《刑事诉讼法》修改时首先确认了采用技术侦查措施获取证据材料的证据资格,当然,这些证据材料是否能够作为定案根据,也需要依照证据审查认定的一般原则,即经过法庭查证属实。

虽然采用技术侦查手段取得材料可以在诉讼中作为证据使用,但是由于这些证据材料获得的特殊性,导致如果采用公开质证的方式,可能会产生一些不好的后果,为此上述条文规定,允许对采用特殊侦查措施收集证据的质证方式进行一定的变通或者采取一定的保护措施,这样的做法着眼于两个方面的考虑:一为保护侦查秘密,特别是特殊侦查措施的秘密性;二为保护采用特殊侦查措施中相关主体的安全、隐私等权益。

关联法规索引

《监察法》第33条;《最高人民法院、最高人民检察院、公安部关于办理网络犯罪案件适用刑事诉讼程序若干问题的意见》第19条;《最高人民法院、司法部关于建立司法鉴定管理与使用衔接机制的意见》三;《最高人民法院关于全面推进以审判为中心的刑事诉讼制度改革的实施意见》第13条、第16条;《最高人民法院、最高人民检察院关于办理环境污染刑事案件适用法律若干问题的解释》第12条;《人民检察院办理死刑第二审案件和复核监督工作指引(试行)》第15条、第60条;《人民法院办理刑事案件第一审普通程序法庭调查规程(试行)》第16条、第36条;《人民检察院公诉人出庭举证质证工作指引》第60条;《最高人民法院、最高人民检察院、公安部、司法部、生态环境部关于办理环境污染刑事案件有关问题座谈会纪要》

第九节 通　缉

第一百五十五条　【通缉】应当逮捕的犯罪嫌疑人如果在逃,公安机关可以发布通缉令,采取有效措施,追捕归案。

各级公安机关在自己管辖的地区以内,可以直接发布通缉令;超出自己管辖的地区,应当报请有权决定的上级机关发布。

条文解读

本条共有2款,是关于通缉的规定。

根据相关法律的规定,通缉适用于应当逮捕的犯罪嫌疑人在逃的,以及越狱逃跑的犯罪嫌疑人、被告人或者罪犯。有权发布通缉令的机关为县级以上的公安机关,其他任何机关、团体、单位、组织和个人都无权发布。人民检察院在办理自侦案件过程中,需要追捕在逃的犯罪嫌疑人时,经检察长批准,有权作出通缉决定,但仍需交由公安机关发布通缉令。有权发布通缉令的机关只能在自己管辖的区域范围内直接发布通缉令,一旦超出自己管辖的地区,则应当报请有权决定的上级机关发布。

通缉令中应写明被通缉人的姓名、性别、年龄、民族、籍贯、出生地、户籍所在地、居住地、职业、衣着和体貌特征并附被通缉人近期照片。除了必须保密的事项以外,应当写明发案的时间、地点和简要案情。通缉令发出后,如果发现新的重要情况可以补发通报。通报必须注明原通缉令的编号和日期。有关公安机关接到通缉令以后,应当及时部署,积极查缉。对于通缉在案的犯罪嫌疑人、被告人、罪犯,任何公民都有权扭送公安机关、人民检察院或人民法院处理。被通缉的人已经缉拿归案、死亡,或者通缉原因已经消失而无通缉必要的,发布通缉令的机关应当在原发布范围内立即发出撤销通缉令的通知。

配套法规及解读

《公安机关办理刑事案件程序规定》(2012 年 12 月 13 日修订)

第二百六十五条　应当逮捕的犯罪嫌疑人如果在逃,公安机关可以发布通缉令,采取有效措施,追捕归案。

县级以上公安机关在自己管辖的地区内,可以直接发布通缉令;超出自己管辖的地区,应当报请有权决定的上级公安机关发布。

通缉令的发送范围,由签发通缉令的公安机关负责人决定。

第二百六十六条　通缉令中应当尽可能写明被通缉人的姓名、别名、曾用名、绰号、性别、年龄、民族、籍贯、出生地、户籍所在地、居住地、职业、身份证号码、衣着和体貌特征、口音、行为习惯,并附被通缉人近期照片,可以附指纹及其他物证的照片。除了必须保密的事项以外,应当写明发案的时间、地点和简要案情。

第二百六十七条　通缉令发出后,如果发现新的重要情况可以补发通报。通报必须注明原通缉令的编号和日期。

第二百七十条　为发现重大犯罪线索,追缴涉案财物、证据,查获犯罪嫌疑人,必要时,经县级以上公安机关负责人批准,可以发布悬赏通告。

悬赏通告应当写明悬赏对象的基本情况和赏金的具体数额。

第二百七十一条　通缉令、悬赏通告应当广泛张贴,并可以通过广播、电视、报刊、计算机网络等方式发布。

第二百七十二条　经核实,犯罪嫌疑人已经自动投案、被击毙或者被抓获,以及发现有其他不需要采取通缉、边控、悬赏通告的情形的,发布机关应当在原通缉、通知、通告范围内,撤销通缉令、边控通知、悬赏通告。

第二百七十三条　通缉越狱逃跑的犯罪嫌疑人、被告人或者罪犯,适用本节的有关规定。

《人民检察院刑事诉讼规则(试行)》(2012 年 11 月 22 日修订)

第二百六十八条　人民检察院办理直接受理立案侦查的案件,应当逮捕的犯罪嫌疑人如果在逃,或者已被逮捕的犯罪嫌疑人脱逃的,经检察长批准,可以通缉。

第二百六十九条　各级人民检察院需要在本辖区内通缉犯罪嫌疑人的,可以直接决定通缉;需要在本辖区外通缉犯罪嫌疑人的,由有决定权的上级人民检察院决定。

第二百七十条　人民检察院应当将通缉通知书和通缉对象的照片、身份、特征、案情简况送达公安机关,由公安机关发布通缉令,追捕归案。

※法规解读:上述条文是关于通缉令的规定。

通缉令是为了让更多的人了解相关情况,因此应当载明必要的内容,如姓名、性别、出生地、职业等信息,并突出展示被通缉人的特征,以便汇集群众的力量抓获在逃的人犯。发布通缉令可以借助媒体的力量迅速扩大通缉令的影响力和传播力。同时可以设置一定的激励机制,采用悬赏通告。通缉令发出之后,有新情况新线索的,可以补发通报。

《公安机关办理刑事案件程序规定》(2012 年 12 月 13 日修订)

第二百六十八条 公安机关接到通缉令后,应当及时布置查缉。抓获犯罪嫌疑人后,报经县级以上公安机关负责人批准,凭通缉令或者相关法律文书羁押,并通知通缉令发布机关进行核实,办理交接手续。

第二百六十九条 需要对犯罪嫌疑人在口岸采取边控措施的,应当按照有关规定制作边控对象通知书,经县级以上公安机关负责人审核后,层报省级公安机关批准,办理全国范围内的边控措施。需要限制犯罪嫌疑人人身自由的,应当附有关法律文书。

紧急情况下,需要采取边控措施的,县级以上公安机关可以出具公函,先向当地边防检查站交控,但应当在七日以内按照规定程序办理全国范围内的边控措施。

《人民检察院刑事诉讼规则(试行)》(2012 年 11 月 22 日修订)

第二百七十一条 为防止犯罪嫌疑人等涉案人员逃往境外,需要在边防口岸采取边控措施的,人民检察院应当按照有关规定制作边控对象通知书,商请公安机关办理边控手续。

第二百七十二条 人民检察院应当及时了解通缉的执行情况。

第二百七十三条 对于应当逮捕的犯罪嫌疑人,如果潜逃出境,可以按照有关规定层报最高人民检察院商请国际刑警组织中国国家中心局,请求有关方面协助,或者通过其他法律规定的途径进行追捕。

※法规解读:上述条文是关于布控查缉的规定。

通缉令发布之后,各机关应当积极采取控制措施和手段,并且积极配合。犯罪嫌疑人自首、被击毙或者被抓获,并经核实后,原发布机关应当在原通缉、通知、通告范围内,撤销通缉令、边控通知、悬赏通告。对于潜逃出境的犯罪嫌疑人,可以通过国际司法协助或者其他法律途径缉捕归案。

关联法规索引

《全国人民代表大会常务委员会关于国家安全机关行使公安机关的侦查、拘留、预审和执行逮捕的职权的决定》第 91 条;《对于走私犯罪侦查分局列入地方公安机关机构序列的实施意见》第 3 条;《武装警察法》第 11 条;《治安管理处罚法》第 29 条;《监察法》第 29 条、第 48 条;《中央编办海关总署、公安部关于走私犯罪侦查分局列入地方公安机关系列实施意见的通知》三;《旅游业治安管理办法》第 9 条;《反间谍法实施细则》第 10 条;《烈士褒扬条例》第 22 条;《最高人民检察院、公安部、中国人民银行、海关总署关于查处携款潜逃的经济犯罪分子的通知》;《最高人民检察院、公安部关于适用刑事强制措施有关问题的规定》第33条;《最高人民检察院关于处理自首和立功若干具体问题的意见》第3条

第十节　侦查终结

第一百五十六条　【一般侦查羁押期限及其延长】对犯罪嫌疑人逮捕后的侦查羁押期限不得超过二个月。案情复杂、期限届满不能终结的案件,可以经上一级人民检察院批准延长一个月。

条文解读

本条是关于侦查羁押期限的一般性规定。

本条中所讲的侦查羁押期限是指犯罪嫌疑人被逮捕之后的剥夺人身自由期限。我国《刑事诉讼法》对刑事案件的侦办时间并无严格的规定,这与刑事案件的难易、复杂程度差异有关。但是不能因为刑事案件的侦办就长时间的剥夺或者限制犯罪嫌疑人的人身自由,这有损于犯罪嫌疑人的基本人权。同时,规定了侦查羁押期限并不意味着限定侦查程序必须在此时间段内完成,法定侦查羁押期限届满后,侦查机关仍可以继续侦查,只是不能再对犯罪嫌疑人采用羁押性的强制措施,可以变更为取保候审、监视居住等非羁押性的强制措施。为此,《刑事诉讼法》中特别对逮捕后的侦查羁押期限进行了限定。侦查羁押期限的长短与犯罪嫌疑人涉嫌的罪名关系密切。一般情况下,这个期限最长为2个月。如果案件情况复杂,如共同犯罪、跨地域犯罪,2个月的侦查羁押期限届满案件仍无法侦查终结的,由上级人民检察机关批准,可以延长1个月。

配套法规及解读

《最高人民法院、最高人民检察院、公安部、国家安全部、司法部、全国人大常委会法制工作委员会关于实施刑事诉讼法若干问题的规定》(2012年12月26日)

21. 公安机关对案件提请延长羁押期限的,应当在羁押期限届满七日前提出,并书面呈报延长羁押期限案件的主要案情和延长羁押期限的具体理由,人民检察院应当在羁押期限届满前作出决定。

《人民检察院刑事诉讼规则(试行)》(2012年11月22日修订)

第二百七十四条　对犯罪嫌疑人逮捕后的侦查羁押期限不得超过二个月。基层

人民检察院，分、州、市人民检察院和省级人民检察院直接受理立案侦查的案件，案情复杂、期限届满不能终结的案件，可以经上一级人民检察院批准延长一个月。

《公安机关办理刑事案件程序规定》(2012 年 12 月 13 日修订)

第一百四十四条 对犯罪嫌疑人逮捕后的侦查羁押期限不得超过二个月。案情复杂、期限届满不能侦查终结的案件，应当制作提请批准延长侦查羁押期限意见书，经县级以上公安机关负责人批准后，在期限届满七日前送请同级人民检察院转报上一级人民检察院批准延长一个月。

※法规解读：上述条文是对犯罪嫌疑人逮捕后的侦查羁押期限及延长程序规定。

根据《刑事诉讼法》及上述两个条文的规定可以看出，此处规定的侦查羁押期限是从对犯罪嫌疑人采取了逮捕措施之后开始计算的，即虽然处于侦查阶段，但是仅对犯罪嫌疑人采用拘留强制措施的，所耗费的期限不在本条规定的期限内。根据条文规定，逮捕后对犯罪嫌疑人的侦查羁押期限一般最长为 2 个月。期限届满，不能侦查终结的，需要由侦查机关的上一级检察机关批准延长，可以延长 1 个月。检察系统逐级上报申请延长即可，公安机关，则需要先履行内部审批手续，并在期限届满前 7 日书面呈报延长羁押期限案件的主要案情和延长羁押期限的具体理由于侦查机关同级的检察机关，并由该检察机关报送上一级检察机关审批延长。

延长羁押期限的程序规定，适用于所有公安机关呈请延长侦查羁押期限问题的处理。

《人民检察院办理延长侦查羁押期限案件的规定》(2016 年 7 月 1 日)

第一条 为了规范人民检察院办理延长侦查羁押期限案件，保障刑事诉讼活动依法进行，维护犯罪嫌疑人的合法权益，根据《中华人民共和国刑事诉讼法》《人民检察院刑事诉讼规则(试行)》等规定，结合工作实际，制定本规定。

第二条 人民检察院办理延长侦查羁押期限案件，应当坚持惩罚犯罪与保障人权并重、监督制约与支持配合并重、程序审查与实体审查并重的原则。

第三条 侦查机关依照《中华人民共和国刑事诉讼法》第一百五十四条[1]规定提请延长犯罪嫌疑人侦查羁押期限的案件，由同级人民检察院受理审查并提出意见后，报上一级人民检察院审查决定。

人民检察院直接受理立案侦查的案件，依照《中华人民共和国刑事诉讼法》第一百五十四条[2]规定提请延长犯罪嫌疑人侦查羁押期限的，由本院审查提出意见后，报上一级人民检察院审查决定。

---

〔1〕 现行《刑事诉讼法》第一百五十六条。

〔2〕 现行《刑事诉讼法》第一百五十六条。

第四条 侦查机关需要延长侦查羁押期限的,应当在侦查羁押期限届满七日前,向同级人民检察院移送以下材料:

(一)提请批准延长侦查羁押期限意见书和延长侦查羁押期限案情报告;

(二)立案决定书、逮捕证以及重新计算侦查羁押期限决定书等相关法律文书复印件;

(三)罢免、辞去县级以上人大代表或者报请许可对其采取强制措施手续等文书;

(四)案件的其他情况说明。

人民检察院直接受理立案侦查的案件,需要延长侦查羁押期限的,侦查部门应当依照本条第一款的规定向本院侦查监督部门移送延长侦查羁押期限意见书和前款规定的有关材料。

第五条 侦查机关应当在延长侦查羁押期限案情报告中详细写明犯罪嫌疑人基本情况、采取强制措施的具体情况、主要案情和捕后侦查工作进展情况、下一步侦查工作计划、延长侦查羁押期限的具体理由和法律依据、继续羁押的必要以及提请批准延长侦查羁押期限的起止日期。

人民检察院直接受理立案侦查的案件,侦查部门应当在延长侦查羁押期限意见书中详细写明前款规定的内容。

第六条 受理案件的人民检察院侦查监督部门应当制作提请批准延长侦查羁押期限报告书和提请延长侦查羁押期限案件审查报告,连同审查逮捕意见书以及侦查机关(部门)移送的材料,经本院案件管理部门报上一级人民检察院审查。

第七条 上一级人民检察院案件管理部门收到案件材料后,应当及时审核,符合报送材料要求的,移交本院侦查监督部门办理。发现材料不全的,应当要求在规定的时间内予以补充。

对于未及时补充或者未按规定时间移送材料的,应当及时告知侦查监督部门,由侦查监督部门决定是否予以受理。

对于侦查机关(部门)超过法定羁押期限仍提请延长侦查羁押期限的,上一级人民检察院不予受理。

第八条 人民检察院侦查监督部门应当在提请延长侦查羁押期限案件审查报告中详细写明受案和审查过程、犯罪嫌疑人基本情况、采取强制措施的情况和羁押地点、主要案情、延长侦查羁押期限的理由和法律依据、继续羁押的必要、提请批准延长侦查羁押期限的起止日期以及审查意见。

第九条 人民检察院侦查监督部门办理延长侦查羁押期限案件,应当审查以下内容:

(一)本院或者下级人民检察院的逮捕决定是否符合法律规定;

（二）犯罪嫌疑人逮捕后侦查工作进展情况；

（三）下一步侦查计划是否具体明确；

（四）延长侦查羁押期限的理由、日期是否符合法律规定；

（五）犯罪嫌疑人有无继续羁押的必要；

（六）有无超期羁押等违法情况；

（七）其他需要审查的内容。

第十条 人民检察院侦查监督部门办理延长侦查羁押期限案件，应当由承办检察官提出审查意见，报检察长决定。

第十一条 人民检察院侦查监督部门审查延长侦查羁押期限案件，对于案件是否符合延长侦查羁押期限条件有疑问或者侦查活动可能存在重大违法等情形的，可以讯问犯罪嫌疑人，听取律师意见、侦查机关（部门）意见，调取案卷及相关材料。

第十二条 经审查，同时具备下列条件的案件，人民检察院应当作出批准延长侦查羁押期限一个月的决定：

（一）符合《中华人民共和国刑事诉讼法》第一百五十四条〔1〕的规定；

（二）符合逮捕条件；

（三）犯罪嫌疑人有继续羁押的必要。

第十三条 经审查，对于不符合《中华人民共和国刑事诉讼法》第一百五十四条规定、犯罪嫌疑人不符合逮捕条件或者犯罪嫌疑人没有继续羁押必要的，人民检察院应当作出不批准延长侦查羁押期限决定。

对于犯罪嫌疑人虽然符合逮捕条件，但经审查，侦查机关（部门）在犯罪嫌疑人逮捕后二个月以内未有效开展侦查工作或者侦查取证工作没有实质进展的，人民检察院可以作出不批准延长侦查羁押期限的决定。

对于犯罪嫌疑人不符合逮捕条件，需要撤销下级人民检察院逮捕决定的，上一级人民检察院作出不批准延长侦查羁押期限决定后，应当作出撤销逮捕决定，或者通知下级人民检察院撤销逮捕决定。

第十四条 《中华人民共和国刑事诉讼法》第一百五十四条〔2〕规定的“案情复杂、期限届满不能终结的案件”，包括以下情形之一：

（一）影响定罪量刑的重要证据无法在侦查羁押期限内调取到的；

（二）共同犯罪案件，犯罪事实需要进一步查清的；

（三）犯罪嫌疑人涉嫌多起犯罪或者多个罪名，犯罪事实需要进一步查清的；

---

〔1〕 现行《刑事诉讼法》第一百五十六条。

〔2〕 现行《刑事诉讼法》第一百五十六条。

（四）涉外案件，需要境外取证的；

（五）与其他重大案件有关联，重大案件尚未侦查终结，影响本案或者其他重大案件处理的。

第十五条 有决定权的人民检察院在侦查羁押期限届满前作出是否批准延长侦查羁押期限的决定后，交由受理案件的人民检察院侦查监督部门送达侦查机关（部门）。

受理案件的人民检察院侦查监督部门在收到批准延长侦查羁押期限决定书或者不批准延长侦查羁押期限决定书的同时，应当书面告知本院刑事执行检察部门。

第十六条 逮捕后侦查羁押期限日期的计算，应当自对犯罪嫌疑人执行逮捕的第二日起，至二个月后对应日期的前一日止，无对应日期的，以该月的最后一日为截止日。

延长侦查羁押期限的起始日应当与延长前侦查羁押期限的截止日连续计算。

第十七条 人民检察院侦查监督部门在审查延长侦查羁押期限案件中发现侦查机关（部门）的侦查活动存在违法情形的，应当向侦查机关（部门）提出纠正违法意见。

第十八条 依照《中华人民共和国刑事诉讼法》第一百五十六条[1]、第一百五十七[2]条规定提请批准延长侦查羁押期限的案件，参照本规定办理。

第十九条 本规定由最高人民检察院负责解释。

第二十条 本规定自印发之日起施行。最高人民检察院以前发布的有关规定与本规定不一致的，以本规定为准。

※法规解读：上述条文是对人民检察院办理延长侦查羁押期限案件的程序规定。

人民检察院办理延长羁押期限案件，是依法对侦查程序进行监督的重要途径，是羁押必要性审查的重要方式。本司法解释第2条明确规定：人民检察院办理延长侦查羁押期限案件基本原则是“三个并重”：坚持惩罚犯罪与保障人权并重、监督制约与支持配合并重、程序审查与实体审查并重。既要确保办案的实际需要，同时也要考虑到对犯罪嫌疑人权利的充分保障，兼顾好追诉和保护两个方面的关系。本司法解释除了对于延长羁押期限的具体程序、文书文件等予以明确外，还对《刑事诉讼法》第156条中规定的“案情复杂、期限届满不能终结的案件”进行了细化。

关联法规索引

《人民检察院办理延长侦查羁押期限案件的规定》第13条

〔1〕 现行《刑事诉讼法》第一百五十八条。

〔2〕 现行《刑事诉讼法》第一百五十九条。

第一百五十七条 【特殊侦查羁押期限】 因为特殊原因,在较长时间内不宜交付审判的特别重大复杂的案件,由最高人民检察院报请全国人民代表大会常务委员会批准延期审理。

条文解读

本条是关于特殊办案期限的规定。

“特殊原因”,是指关系国家政治、外交等方面,涉及整个国家安全、利益的重大问题,此类案件不能随意扩大解释,应严格控制。此种情形是较为特殊的情况,不仅要具备特殊原因,而且要由于特殊原因导致较长时间不适宜交付审判,同时,案件本身也应为特别重大复杂的案件。以上三个条件同时具备时,在程序上由最高人民检察院报请全国人民代表大会常务委员会批准方可延期审理。

关联法规索引

《最高人民检察院侦查监督厅关于各省级人民检察院侦查监督部门规范办理提请批准延长侦查羁押期限案件的通知》六;《人民检察院刑事诉讼规则(试行)》第280条

第一百五十八条 【重大复杂案件侦查羁押期限的延长】 下列案件在本法第一百五十六条规定的期限届满不能侦查终结的,经省、自治区、直辖市人民检察院批准或者决定,可以延长二个月:

(一)交通十分不便的边远地区的重大复杂案件;

(二)重大的犯罪集团案件;

(三)流窜作案的重大复杂案件;

(四)犯罪涉及面广,取证困难的重大复杂案件。

条文解读

本条是关于重大复杂案件侦查羁押期限的规定。

《刑事诉讼法》第156条规定,一般情况下,对犯罪嫌疑人逮捕后的侦查羁押期限不得超过2个月。但是案情复杂、期限届满不能终结的案件,可以经上一级人民检察院批准延长1个月。此乃第一次延长侦查羁押期限。但是实践中,有些刑事案件错综复杂,当遇有交通十分不便的边远地区的重大复杂案件、重大的犯罪集团案件、流窜作案的重大复杂案件犯罪、犯罪涉及面广、取证困难的重大复杂的案件时,侦查机关可以再次申请延长逮捕后的侦查羁押期限。

“交通十分不便的边远地区的重大复杂案件”主要是针对我国新疆、西藏、青海等省区，由于交通不发达，给办理案件带来十分不便的边远地区发生的重大复杂案件而规定的。根据该项申请延长，需要同时满足“交通十分不便的边远地区”和“案件重大复杂”的两个条件。

“重大的犯罪集团案件”主要是指一些严重危害公共安全、民愤极大而又不易侦破的集团作案的案件。

“流窜作案的重大复杂案件”是指犯罪嫌疑人流动性大，作案地点不固定的重大复杂案件。

“犯罪涉及面广，取证困难的重大复杂案件”是指犯罪涉及多个省区，取证人员众多，取证地区范围大，甚至要到境外取证的案件。

案件中的多种因素叠加在一起，不仅给侦查人员调查取证、查明案情带来困难，同时也往往耗费较大的时间成本。因此对于具有上述情形之一的案件，逮捕后的侦查羁押期限需要适当延长。

对于第二次延长侦查羁押期限有审批权的是省、自治区、直辖市人民检察院，再次延长的期限最长为2个月。

配套法规及解读

《人民检察院刑事诉讼规则（试行）》（2012年11月22日修订）

第二百七十五条　基层人民检察院和分、州、市人民检察院直接受理立案侦查的案件，属于交通十分不便的边远地区的重大复杂案件、重大的犯罪集团案件、流窜作案的重大复杂案件和犯罪涉及面广、取证困难的重大复杂案件，在依照本规则第二百七十四条规定的期限届满前不能侦查终结的，经省、自治区、直辖市人民检察院批准，可以延长二个月。

省级人民检察院直接受理立案侦查的案件，属于上述情形的，可以直接决定延长二个月。

※法规解读：本条是关于人民检察院直接立案侦查的重大复杂案件的侦查羁押期限的规定。

人民检察院自侦案件中遇有《刑事诉讼法》第158条规定的情形之一的，由省级人民检察院机关批准，最长可以延长2个月。省级人民检察院直接立案侦查的案件，符合该条规定，需要延长的，有权直接决定延长。

《公安机关办理刑事案件程序规定》（2012年12月13日修订）

第一百四十五条　下列案件在本规定第一百四十四条规定的期限届满不能侦查

终结的,应当制作提请批准延长侦查羁押期限意见书,经县级以上公安机关负责人批准,在期限届满七日前送请同级人民检察院层报省、自治区、直辖市人民检察院批准,延长二个月:

(一)交通十分不便的边远地区的重大复杂案件;

(二)重大的犯罪集团案件;

(三)流窜作案的重大复杂案件;

(四)犯罪涉及面广,取证困难的重大复杂案件。

※法规解读:本条是关于公安机关侦查的重大复杂案件侦查羁押期限的延长规定。

所谓重大复杂案件,主要是指符合《刑事诉讼法》第158条所列举的四种情形任意一种的案件。公安机关遇有某一法定情形时,需要延长侦查羁押期限的,从程序上,要首先制作《提请批准延长羁押期限意见书》,要写明案件情况,以及申请延长的具体理由,经县级以上公安机关负责人批准后,在侦查羁押期限届满前7日送交同级人民检察院。先由同级人民检察院对公安机关的申请进行审查,并提出意见。同级人民检察院同意延长侦查羁押期限的,再将申请意见层报给省级人民检察机关批准,可以延长的期限最多为2个月。

第一百五十九条　【重刑案件侦查羁押期限的延长】对犯罪嫌疑人可能判处十年有期徒刑以上刑罚,依照本法第一百五十八条规定延长期限届满,仍不能侦查终结的,经省、自治区、直辖市人民检察院批准或者决定,可以再延长二个月。

条文解读

本条是关于重刑案件侦查羁押期限的规定。

通常情况下,按照罪刑法定原则,罪行和刑罚是成正比的。根据我国《刑法》的相关规定,如果犯罪嫌疑人涉嫌的罪名可能判处十年以上有期徒刑,则属于罪行较严重的类型。案件中出现错综复杂情况的可能性也大大增加,为此,如果依照《刑事诉讼法》的规定,经过两次延长侦查羁押期限后,仍不能侦查终结的,公安机关侦查的案件,以及基层人民检察院和分、州、市人民检察院直接立案侦查的案件,经省、自治区、直辖市人民检察院批准,省级人民检察院直接立案侦查的案件可以直接决定,再延长侦查羁押期限2个月。此乃逮捕后侦查羁押期限的第3次延长。需要注意的是,根据《刑事诉讼法》的原则和精神,每次侦查期限延长的时限“二个月”为可以延长的最长时限,并不意味着每次必须延长到“二个月”，审批机关可以根据案件的情况决定延长的具体期限，每次延长只要不超过“二个月”均为合法。

本条中“可能判处十年有期徒刑以上刑罚”是指根据犯罪嫌疑人的主要犯罪行为及已取得的证据，依照《刑法》的规定，可能被判处十年有期徒刑以上刑罚。“依照本法第一百五十八条规定延长期限届满”是指除本法第156条规定的一般案件2个月，经上一级人民检察院批准可以延长1个月，共3个月以外，又依照第158条的规定再延长2个月的基础上，对“可能判处十年有期徒刑以上刑罚”的，可以再延长2个月，此类案件对犯罪嫌疑人逮捕后的侦查羁押期限最长为7个月。

配套法规及解读

《人民检察院刑事诉讼规则（试行）》（2012年11月22日修订）

第二百七十六条　基层人民检察院和分、州、市人民检察院直接受理立案侦查的案件，对犯罪嫌疑人可能判处十年有期徒刑以上刑罚，依照本规则第二百七十五条的规定依法延长羁押期限届满，仍不能侦查终结的，经省、自治区、直辖市人民检察院批准，可以再延长二个月。

省级人民检察院直接受理立案侦查的案件，属于上述情形的，可以直接决定再延长二个月。

《公安机关办理刑事案件程序规定》（2012年12月13日修订）

第一百四十六条　对犯罪嫌疑人可能判处十年有期徒刑以上刑罚，依照本规定第一百四十五条规定的延长期限届满，仍不能侦查终结的，应当制作提请批准延长侦查羁押期限意见书，经县级以上公安机关负责人批准，在期限届满七日前送请同级人民检察院层报省、自治区、直辖市人民检察院批准，再延长二个月。

※法规解读：公安机关侦查的案件和人民检察院直接侦查的案件，若犯罪嫌疑人涉案罪行可能判处十年以上有期徒刑的，经过前述的侦查羁押期限及延长后，仍未能侦查终结的，要上报省级检察机关批准，还可以再延长2个月。

第一百六十条　【侦查羁押期限计算的两种特殊情形】在侦查期间，发现犯罪嫌疑人另有重要罪行的，自发现之日起依照本法第一百五十六条的规定重新计算侦查羁押期限。

犯罪嫌疑人不讲真实姓名、住址，身份不明的，应当对其身份进行调查，侦查羁押期限自查清其身份之日起计算，但是不得停止对其犯罪行为的侦查取证。

对于犯罪事实清楚,证据确实、充分,确实无法查明其身份的,也可以按其自报的姓名起诉、审判。

条文解读

本条共有2款,是关于在特殊情况下的侦查羁押期限计算以及程序处理的规定。

第1款是关于重新计算逮捕后侦查羁押期限的规定。本条款中的"另有重大罪行"是指与逮捕时的罪行不同种类的重大犯罪,或者虽然种类相同,但将影响罪名认定、量刑档次的重大犯罪。侦查机关在侦查期间发现犯罪嫌疑人另有重大罪行的,自发现之日起按照《刑事诉讼法》第156条规定重新计算逮捕后的侦查羁押期限。

第2款是关于特殊情况下逮捕后侦查羁押期限起算点的规定。侦查过程中,首先要搞清楚的就是犯罪嫌疑人的身份信息,只有这样才能准确查明犯罪嫌疑人涉嫌罪行的情况。当犯罪嫌疑人不讲真实姓名、住址,身份不明时,侦查羁押期限从查清犯罪嫌疑人身份之日起计算。同时,侦查机关也要积极地对犯罪嫌疑人的身份进行调查,不得因为犯罪嫌疑人的身份问题停止对其涉嫌犯罪行为的调查工作。犯罪嫌疑人的身份不明不影响对他的起诉和审判。当案件达到侦查终结的条件:犯罪事实清楚,证据确实充分时,侦查机关可以按照其自己报告的姓名移送起诉和审判。

配套法规及解读

《最高人民法院、最高人民检察院、公安部、国家安全部、司法部、全国人大常委会法制工作委员会关于实施刑事诉讼法若干问题的规定》(2012年12月26日)

22. 刑事诉讼法第一百五十八条〔1〕第一款规定:"在侦查期间,发现犯罪嫌疑人另有重要罪行的,自发现之日起依照本法第一百五十四条〔2〕的规定重新计算侦查羁押期限。"公安机关依照上述规定重新计算侦查羁押期限的,不需要经人民检察院批准,但应当报人民检察院备案,人民检察院可以进行监督。

《人民检察院刑事诉讼规则(试行)》(2012年11月22日修订)

第二百八十一条 人民检察院在侦查期间发现犯罪嫌疑人另有重要罪行的,自发现之日起依照本规则第二百七十四条的规定重新计算侦查羁押期限。

另有重要罪行是指与逮捕时的罪行不同种的重大犯罪和同种的影响罪名认定、量刑档次的重大犯罪。

---

〔1〕 现行《刑事诉讼法》第一百六十条。

〔2〕 现行《刑事诉讼法》第一百五十六条。

第二百八十二条 人民检察院重新计算侦查羁押期限,应当由侦查部门提出重新计算侦查羁押期限的意见,移送本院侦查监督部门审查。侦查监督部门审查后应当提出是否同意重新计算侦查羁押期限的意见,报检察长决定。

第二百八十三条 对公安机关重新计算侦查羁押期限的备案,由侦查监督部门审查。侦查监督部门认为公安机关重新计算侦查羁押期限不当的,应当提出纠正意见,报检察长决定后,通知公安机关纠正。

《公安机关办理刑事案件程序规定》(2012年12月13日修订)

第一百四十七条 在侦查期间,发现犯罪嫌疑人另有重要罪行的,应当自发现之日起五日以内报县级以上公安机关负责人批准后,重新计算侦查羁押期限,制作重新计算侦查羁押期限通知书,送达看守所,并报批准逮捕的人民检察院备案。

前款规定的"另有重要罪行",是指与逮捕时的罪行不同种的重大犯罪以及同种犯罪并将影响罪名认定、量刑档次的重大犯罪。

第一百四十八条 犯罪嫌疑人不讲真实姓名、住址,身份不明的,应当对其身份进行调查。经县级以上公安机关负责人批准,侦查羁押期限自查清其身份之日起计算,但不得停止对其犯罪行为的侦查取证。

对于犯罪事实清楚,证据确实、充分,确实无法查明其身份的,按其自报的姓名移送人民检察院审查起诉。

※法规解读:上述条文是关于特殊情况下的侦查羁押期限如何计算以及如何进一步处理的规定。

上述条文与《刑事诉讼法》第160条的规定基本一致。重新计算侦查羁押期限的特殊情况主要指发现犯罪嫌疑人另有重要罪行的,所谓"另有重要罪行",是指与逮捕时的罪行不同种的重大犯罪以及同种犯罪并将影响罪名认定、量刑档次的重大犯罪。遇到该种情况时,自发现之日起,侦查羁押期限重新计算。

另外,当遇有犯罪嫌疑人不讲真实姓名、住址、身份不明的情况时,侦查羁押期限的起算点比较特殊,从查清其身份之日起计算。

不管公安机关侦查的案件,还是人民检察院侦查的案件,重新计算侦查羁押期限的,都应当由人民检察院的审查逮捕部门进行审查或者备案。对于侦查羁押期限重新计算不当的,应当通知有关机关或者部门纠正。

关联法规索引

《最高人民检察院、公安部关于适用刑事强制措施有关问题的规定》第31条;《最高人民检察院、公安部关于有关适用逮捕措施有关问题的规定》第11条;《最高人民检察院关于在检察工作中预防和纠正超期羁押的若干规定》三;《公安机关适用刑事羁押

期限规定》第18条

第一百六十一条 【辩护律师意见听取】 在案件侦查终结前，辩护律师提出要求的，侦查机关应当听取辩护律师的意见，并记录在案。辩护律师提出书面意见的，应当附卷。

条文解读

本条是关于侦查终结前听取辩护律师意见的规定。

根据《刑事诉讼法》第34条的规定，犯罪嫌疑人在侦查期间有权委托律师为其进行辩护。辩护律师在侦查阶段亦承担着保障犯罪嫌疑人合法权益的任务。同时，《刑事诉讼法》第38条规定，辩护律师有向侦查机关提出意见的权利。本条是该项权利的具体落实。从时间上来看，听取辩护律师意见的时间为侦查终结前，次数并无限定。从条文表述看，如果辩护律师要求侦查机关听取其意见的，侦查机关必须听取。若辩护律师没有提出要求的，侦查机关也可以主动听取辩护律师的意见。侦查机关听取辩护律师意见的，应当记录在案。如果辩护律师提出的是书面意见，则侦查机关应当将该书面意见附卷留存。

关联法规索引

《律师法》第31条、第36条、第37条

第一百六十二条 【移送审查起诉】 公安机关侦查终结的案件，应当做到犯罪事实清楚，证据确实、充分，并且写出起诉意见书，连同案卷材料、证据一并移送同级人民检察院审查决定；同时将案件移送情况告知犯罪嫌疑人及其辩护律师。

犯罪嫌疑人自愿认罪的，应当记录在案，随案移送，并在起诉意见书中写明有关情况。

条文解读

本条第2款是2018年修改时新增的。本条是关于侦查终结的规定。

第1款是对侦查终结移送起诉的一般性规定。主要规定了三个方面的内容：

第一,侦查终结的条件。侦查机关经过认真细致的调查工作,综合运用了多种侦查措施,当达到犯罪事实清楚,证据确实、充分的程度时,就可以结束侦查程序。

第二,侦查终结后的案件处理。公安机关侦查终结的案件,应当制作"起诉意见书",连同案卷材料、证据一并移送同级人民检察院审查决定。共同犯罪案件的"起诉意见书",应当写明每个犯罪嫌疑人在共同犯罪中的地位、作用、具体罪责和认罪态度,分别提出处理意见。人民检察院受理同级公安机关移送审查起诉的案件,按照《刑事诉讼法》的管辖规定,认为应当由上级人民检察院或者同级其他人民检察院起诉的,应当由人民检察院将案件移送有管辖权的人民检察院审查起诉。

第三,向犯罪嫌疑人及其辩护律师告知案件移送情况。为了保障犯罪嫌疑人的知情权,公安机关应当将案件侦查终结及移送的情况告知犯罪嫌疑人本人及他的辩护律师。以便他们了解案件的程序进展,及时根据法律规定享有诉讼权利,履行诉讼义务。

第2款是对侦查阶段,犯罪嫌疑人认罪认罚的记录和移送规定。认罪认罚从宽是刑事诉讼法的基本原则,其精神贯穿于刑事诉讼程序的全过程。就国家的角度而言,犯罪嫌疑人越早地认罪认罚,越能节省诉讼资源;就犯罪嫌疑人的角度而言,其越早地认罪认罚依法能够获得的宽宥也就越多。因此,在程序设定上,侦查机关在侦查过程中就有义务告知犯罪嫌疑人认罪认罚可能导致的法律后果,以及相关的法律规定。若犯罪嫌疑人在侦查阶段就已经认罪认罚,侦查时机关应当在起诉意见书中写名犯罪嫌疑人认罪认罚的情况,并将此种情况附卷,以备检察机关在审查起诉程序中进行审查和认定。但是并非所有的案件只要犯罪嫌疑人认罪认罚均可以适用认罪认罚从宽制度。2019年4月开始实施的《最高人民法院、最高人民检察院、公安部、司法部关于办理恶势力刑事案件若干问题的意见》第16条规定:恶势力刑事案件的犯罪嫌疑人、被告人自愿如实供述自己的罪行,承认指控的犯罪事实,愿意接受处罚的,可以依法从宽处理,并适用认罪认罚从宽制度。对于犯罪性质恶劣、犯罪手段残忍、社会危害严重的犯罪嫌疑人、被告人,虽然认罪认罚,但不足以从轻处罚的,不适用该制度。

配套法规及解读

《人民检察院刑事诉讼规则(试行)》(2012年11月22日修订)

第二百八十六条 人民检察院经过侦查,认为犯罪事实清楚,证据确实、充分,依法应当追究刑事责任的案件,应当写出侦查终结报告,并且制作起诉意见书。

对于犯罪情节轻微,依照刑法规定不需要判处刑罚或者免除刑罚的案件,应当写出侦查终结报告,并且制作不起诉意见书。

侦查终结报告和起诉意见书或者不起诉意见书由侦查部门负责人审核,检察长批准。

《公安机关办理刑事案件程序规定》(2012年12月13日修订)

第二百七十四条 侦查终结的案件,应当同时符合以下条件:

(一)案件事实清楚;

(二)证据确实、充分;

(三)犯罪性质和罪名认定正确;

(四)法律手续完备;

(五)依法应当追究刑事责任。

第二百七十五条 侦查终结的案件,侦查人员应当制作结案报告。

结案报告应当包括以下内容:

(一)犯罪嫌疑人的基本情况;

(二)是否采取了强制措施及其理由;

(三)案件的事实和证据;

(四)法律依据和处理意见。

第二百七十六条 侦查终结案件的处理,由县级以上公安机关负责人批准;重大、复杂、疑难的案件应当经过集体讨论。

第二百七十七条 侦查终结后,应当将全部案卷材料按照要求装订立卷。

向人民检察院移送案件时,只移送诉讼卷,侦查卷由公安机关存档备查。

第二百七十九条 对侦查终结的案件,应当制作起诉意见书,经县级以上公安机关负责人批准后,连同全部案卷材料、证据,以及辩护律师提出的意见,一并移送同级人民检察院审查决定;同时将案件移送情况告知犯罪嫌疑人及其辩护律师。

※法规解读:上述条文是关于侦查终结的规定。

侦查机关经过侦查,案件达到犯罪事实清楚,证据确实、充分,依法应当追究刑事责任,法律手续完备的,应当制作结案报告及起诉意见书,连同案卷材料、证据以及辩护律师的意见移送检察机关审查起诉部门审查起诉。

关联法规索引

《监狱法》第60条;《看守所条例》第15条;《最高人民法院、最高人民检察院、公安部关于办理刑事案件收集提取和审查判断电子数据若干问题的决定》第20条;《最高人民法院、最高人民检察院、公安部、国家安全部、司法部关于在部分地区开展刑事案件认罪认罚从宽制度试点工作的办法》第8条;《最高人民法院、最高人民检察院、公安部、司法部关于办理恶势力刑事案件若干问题的意见》第11条、第16条;《最高人民法院、最高人民检察院、公安部、司法部关于办理"套路贷"刑事案件若干问题的意见》第9条

第一百六十三条 【撤销案件】 在侦查过程中，发现不应对犯罪嫌疑人追究刑事责任的，应当撤销案件；犯罪嫌疑人已被逮捕的，应当立即释放，发给释放证明，并且通知原批准逮捕的人民检察院。

条文解读

本条是关于撤销案件的规定。

撤销案件，是指侦查机关对立案侦查的案件，发现具有某种法定情形，或者经过侦查否定了原来的立案根据，从而结束刑事追诉程序的决定。根据《刑事诉讼法》第16条的规定，在侦查过程中发现有下列情形之一的，应当撤销案件：情节显著轻微、危害不大，不认为是犯罪的；犯罪已过追诉时效期限的；经特赦令免除刑罚的；依照刑法告诉才处理的犯罪，没有告诉或者撤回告诉的；犯罪嫌疑人、被告人死亡的；其他法律规定免予追究刑事责任的。

如果犯罪嫌疑人已经被逮捕的，侦查机关作出撤销案件的决定后，应当立即予以释放，发给释放证明，并且将案件情况通知原作出批准逮捕决定的人民检察院，以便人民检察院了解情况，并依法履行法律监督职能。

配套法规及解读

《公安机关办理刑事案件程序规定》(2012年12月13日修订)

第一百八十三条 经过侦查，发现具有下列情形之一的，应当撤销案件：

(一)没有犯罪事实的；

(二)情节显著轻微、危害不大，不认为是犯罪的；

(三)犯罪已过追诉时效期限的；

(四)经特赦令免除刑罚的；

(五)犯罪嫌疑人死亡的；

(六)其他依法不追究刑事责任的。

对于经过侦查，发现有犯罪事实需要追究刑事责任，但不是被立案侦查的犯罪嫌疑人实施的，或者共同犯罪案件中部分犯罪嫌疑人不够刑事处罚的，应当对有关犯罪嫌疑人终止侦查，并对该案件继续侦查。

第一百八十四条 需要撤销案件或者对犯罪嫌疑人终止侦查的，办案部门应当制作撤销案件或者对犯罪嫌疑人终止侦查报告书，报县级以上公安机关负责人批准。

公安机关决定撤销案件或者对犯罪嫌疑人终止侦查时，原犯罪嫌疑人在押的，应当立即释放，发给释放证明书。原犯罪嫌疑人被逮捕的，应当通知原批准逮捕的人民检察院。对原犯罪嫌疑人采取其他强制措施的，应当立即解除强制措施；需要行政处理的，依法予以处理或者移交有关部门。

对查封、扣押的财物及其孳息、文件，或者冻结的财产，除按照法律和有关规定另行处理的以外，应当解除查封、扣押、冻结。

第一百八十五条 公安机关作出撤销案件决定后，应当在三日以内告知原犯罪嫌疑人、被害人或者其近亲属、法定代理人以及案件移送机关。

公安机关作出终止侦查决定后，应当在三日以内告知原犯罪嫌疑人。

※法规解读：上述条文是关于公安机关撤销案件的规定。

公安机关对于符合《刑事诉讼法》第16条规定情形的，应当撤销案件。撤销案件应当制作撤销案件报告，并且由县级以上公安机关负责人批准。对于已经被逮捕的犯罪嫌疑人，应当立即释放，并通知原批准逮捕的人民检察院，以便人民检察院对侦查活动进行监督。采取的其他强制措施也应当立即解除，需要进行行政处理的，则依法进行处理或者移交给其他相关机关或者部门，对涉案财物采取的查封、扣押、冻结等措施亦应同时解除。

公安机关撤销案件决定作出后，应当尽快(3日内)通知与原来案件有关的主体及机关，一方面方便他们了解情况，另一方面也有助于他们选择其他的救济措施。

《人民检察院刑事诉讼规则(试行)》(2012年11月22日修订)

第二百九十条 人民检察院在侦查过程中或者侦查终结后，发现具有下列情形之一的，侦查部门应当制作拟撤销案件意见书，报请检察长或者检察委员会决定：

(一)具有刑事诉讼法第十五条[1]规定情形之一的；

(二)没有犯罪事实的，或者依照刑法规定不负刑事责任或者不是犯罪的；

(三)虽有犯罪事实，但不是犯罪嫌疑人所为的。

对于共同犯罪的案件，如有符合本条规定情形的犯罪嫌疑人，应当撤销对该犯罪嫌疑人的立案。

第二百九十一条 检察长或者检察委员会决定撤销案件的，侦查部门应当将撤销案件意见书连同本案全部案卷材料，在法定期限届满七日前报上一级人民检察院审查；重大、复杂案件在法定期限届满十日前报上一级人民检察院审查。

对于共同犯罪案件，应当将处理同案犯罪嫌疑人的有关法律文书以及案件事实、证据材料复印件等，一并报送上一级人民检察院。

上一级人民检察院侦查部门应当对案件事实、证据和适用法律进行全面审查，必

---

[1] 现行《刑事诉讼法》第十六条。

要时可以讯问犯罪嫌疑人。

上一级人民检察院侦查部门经审查后，应当提出是否同意撤销案件的意见，报请检察长或者检察委员会决定。

人民检察院决定撤销案件的，应当告知控告人、举报人，听取其意见并记明笔录。

第二百九十二条　上一级人民检察院审查下级人民检察院报送的拟撤销案件，应当于收到案件后七日以内批复；重大、复杂案件，应当于收到案件后十日以内批复下级人民检察院。情况紧急或者因其他特殊原因不能按时送达的，可以先行通知下级人民检察院执行。

第二百九十三条　上一级人民检察院同意撤销案件的，下级人民检察院应当作出撤销案件决定，并制作撤销案件决定书。上一级人民检察院不同意撤销案件的，下级人民检察院应当执行上一级人民检察院的决定。

报请上一级人民检察院审查期间，犯罪嫌疑人羁押期限届满的，应当依法释放犯罪嫌疑人或者变更强制措施。

第二百九十四条　撤销案件的决定，应当分别送达犯罪嫌疑人所在单位和犯罪嫌疑人。犯罪嫌疑人死亡的，应当送达犯罪嫌疑人原所在单位。如果犯罪嫌疑人在押，应当制作决定释放通知书，通知公安机关依法释放。

※法规解读：对于检察机关侦查的案件，符合法定条件的，应当报请检察长或检委会决定撤销案件。检察机关实行双重监督体制，下级检察机关要受到上级检察机关的监督，并有义务执行上级检察机关的决定。在撤销案件问题上亦然。下级检察机关决定撤销案件的，需要依照法定程序报请上一级检察机关审查，上一级检察机关同意撤销的，则案件撤销，解除原涉案犯罪嫌疑人的强制措施，告知案件相关人员。上一级检察机关不同意撤销案件的，则下级检察机关应当执行上一级检察机关的决定。

关联法规索引

《监察法》第 45 条；《关于人民检察院立案侦查司法工作人员相关职务犯罪案件若干问题的规定》三；《公安机关受理行政执法机关移送涉嫌犯罪案件规定》第 8 条；《人民检察院刑事诉讼规则（试行）》

典型案例

于海明正当防卫案[1]

※案情简介：于海明，男，1977年3月18日出生，某酒店业务经理。

2018年8月27日21时30分许，于海明骑自行车在江苏省昆山市震川路正常行驶，刘某醉酒驾驶小轿车（经检测，血液酒精含量87mg/100ml），向右强行闯入非机动车道，与于海明险些碰擦。刘某的一名同车人员下车与于海明争执，经同行人员劝解返回时，刘某突然下车，上前推搡、踢打于海明。虽经劝解，刘某仍持续追打，并从轿车内取出一把砍刀（系管制刀具），连续用刀面击打于海明颈部、腰部、腿部。刘某在击打过程中将砍刀甩脱，于海明抢到砍刀，刘某上前争夺，在争夺中于海明捅刺刘某的腹部、臀部，砍击其右胸、左肩、左肘。刘某受伤后跑向轿车，于海明继续追砍2刀均未砍中，其中1刀砍中轿车。刘某跑离轿车，于海明返回轿车，将车内刘某的手机取出放入自己口袋。民警到达现场后，于海明将手机和砍刀交给处警民警（于海明称，拿走刘某的手机是为了防止对方打电话召集人员报复）。刘某逃离后，倒在附近绿化带内，后经送医抢救无效，因腹部大静脉等破裂致失血性休克于当日死亡。于海明经人身检查，见左颈部条形挫伤1处、左胸季肋部条形挫伤1处。

8月27日当晚公安机关以“于海明故意伤害案”立案侦查，8月31日公安机关查明了本案的全部事实。9月1日，江苏省昆山市公安局根据侦查查明的事实，依据《中华人民共和国刑法》第20条第3款的规定，认定于海明的行为属于正当防卫，不负刑事责任，决定依法撤销于海明故意伤害案。其间，公安机关依据相关规定，听取了检察机关的意见，昆山市人民检察院同意公安机关的撤销案件决定。

※裁判要旨：本案即公众所熟知的“昆山防卫案”。本案中，于海明的行为是否构成正当防卫是讨论的焦点。检察机关认为，本案中，在刘某的行为因具有危险性而属于“行凶”的前提下，于海明采取防卫行为致其死亡，依法不属于防卫过当，不负刑事责任，于海明本人是否受伤或伤情轻重，对正当防卫的认定没有影响。公安机关认定于海明的行为系正当防卫，决定依法撤销案件的意见，完全正确。本案不仅在正当防卫认定方面具有典型指导意义，同时在程序处理方面，公安机关能够迅速地对于海明的行为进行判断，认为不需要追究刑事责任，进而作出撤销案件的决定，也从程序上保障了于海明的诉讼权利，确保他快速摆脱诉累，为该类案件的处理树立了程序上可供参照的范例。

---

〔1〕 本案根据《最高人民检察院第十二批指导性案例》（2018年12月18日）中检例第47号整理。

第十一节　人民检察院对直接受理的案件的侦查

第一百六十四条　【检察院侦查的法律依据】人民检察院对直接受理的案件的侦查适用本章规定。

条文解读

本条是关于检察机关自侦案件侦查程序的一般规定。

根据《刑事诉讼法》第19条第2款的规定，人民检察院在对诉讼活动实行法律监督中发现的司法工作人员利用职权实施的非法拘禁、刑讯逼供、非法搜查等侵犯公民权利、损害司法公正的犯罪，可以由人民检察院立案侦查。对于公安机关管辖的国家机关工作人员利用职权实施的重大犯罪案件，需要由人民检察院直接受理的时候，经省级以上人民检察院决定，可以由人民检察院立案侦查。人民检察院对于直接受理刑事案件的侦查工作应当首先适用本节的相关规定，本节中没有特别规定的，依照《刑事诉讼法》第二章的其他规定执行。2018年3月，《监察法》颁行实施后，检察机关直接立案侦查的案件范围有了较大的调整。2018年11月24日，最高人民检察院下发了《关于人民检察院立案侦查司法工作人员相关职务犯罪案件若干问题的规定》，人民检察院在对诉讼活动实行法律监督中，发现司法工作人员涉嫌利用职权实施的下列侵犯公民权利、损害司法公正的犯罪案件，可以立案侦查。具体包括：非法拘禁罪（《刑法》第238条）（非司法工作人员除外）；非法搜查罪（《刑法》第245条）（非司法工作人员除外）；刑讯逼供罪（《刑法》第247条）；暴力取证罪（《刑法》第247条）；虐待被监管人罪（《刑法》第248条）；滥用职权罪（《刑法》第397条）（非司法工作人员滥用职权侵犯公民权利、损害司法公正的情形除外）；玩忽职守罪（《刑法》第397条）（非司法工作人员玩忽职守侵犯公民权利、损害司法公正的情形除外）；徇私枉法罪（《刑法》第399条第1款）；民事、行政枉法裁判罪（《刑法》第399条第2款）；执行判决、裁定失职罪（《刑法》第399条第3款）；执行判决、裁定滥用职权罪（《刑法》第399条第3款）；私放在押人员罪（《刑法》第400条第1款）；失职致使在押人员脱逃罪（《刑法》第400条第2款）；徇私舞弊减刑、假释、暂予监外执行罪（《刑法》第401条）14个罪名。具体而言，这些犯罪案件，由设区的市级人民检察院立案侦查。基层人民检察院发现犯罪线索的，应当报设区的市级人民检察院决定立案侦查。设区的市级人民检察院也可以将案件交由基层人民检察院立案侦查，或者由基层人民检察院协助侦查。最高人民检察院、省级人民检察院发现犯罪线索的，可以自行决定立案侦查，也可以将案件线索交由指定的省级人民检察院、设区的市级人民检察院立案侦查。

关联法规索引

《关于人民检察院立案侦查司法工作人员相关职务犯罪案件若干问题的规定》第1条、第2条;《最高人民检察院职能配置和内设机构设置》二、(六)

第一百六十五条 【自侦案件中的拘留、逮捕】人民检察院直接受理的案件中符合本法第八十一条、第八十二条第四项、第五项规定情形,需要逮捕、拘留犯罪嫌疑人的,由人民检察院作出决定,由公安机关执行。

条文解读

本条是关于人民检察院直接受理案件采取拘留、逮捕强制措施的规定。

人民检察院作为侦查机关,其必然也需要一定的强制措施确保追诉程序得以顺利进行,为此,根据《刑事诉讼法》第81条和第82条第4项、第5项的规定,人民检察院逮捕决定权以及对"犯罪后企图自杀、逃跑或者在逃的"和"有毁灭、伪造证据或者串供可能的"犯罪嫌疑人拘留决定权。

拘留犯罪嫌疑人,应当由办案人员提出意见,部门负责人审核,检察长决定。人民检察院作出拘留决定后,应当送交公安机关执行。必要的时候,人民检察院可以协助公安机关执行。经检察长或者检察委员会决定逮捕的,审查逮捕部门应当将逮捕决定书连同案卷材料送交侦查部门,由侦查部门通知公安机关执行,必要时人民检察院可以协助执行。

配套法规及解读

《人民检察院刑事诉讼规则(试行)》(2012年11月22日修订)

第一百二十九条 人民检察院对于有下列情形之一的犯罪嫌疑人,可以决定拘留:

(一)犯罪后企图自杀、逃跑或者在逃的;

(二)有毁灭、伪造证据或者串供可能的。

第一百三十条 人民检察院拘留犯罪嫌疑人的时候,必须出示拘留证。

拘留犯罪嫌疑人,应当由办案人员提出意见,部门负责人审核,检察长决定。

第一百三十一条 人民检察院作出拘留决定后,应当将有关法律文书和案由、犯罪嫌疑人基本情况的材料送交同级公安机关执行。必要时人民检察院可以协助公安机关执行。

拘留后,应当立即将被拘留人送看守所羁押,至迟不得超过二十四小时。

第一百三十二条 担任县级以上人民代表大会代表的犯罪嫌疑人因现行犯被拘留的,人民检察院应当立即向该代表所属的人民代表大会主席团或者常务委员会报告;因为其他情形需要拘留的,人民检察院应当报请该代表所属的人民代表大会主席团或者常务委员会许可。

人民检察院拘留担任本级人民代表大会代表的犯罪嫌疑人,直接向本级人民代表大会主席团或常务委员会报告或者报请许可。

拘留担任上级人民代表大会代表的犯罪嫌疑人,应当立即层报该代表所属的人民代表大会同级的人民检察院报告或者报请许可。

拘留担任下级人民代表大会代表的犯罪嫌疑人,可以直接向该代表所属的人民代表大会主席团或者常务委员会报告或者报请许可,也可以委托该代表所属的人民代表大会同级的人民检察院报告或者报请许可;拘留担任乡、民族乡、镇的人民代表大会代表的犯罪嫌疑人,由县级人民检察院报告乡、民族乡、镇的人民代表大会。

拘留担任两级以上人民代表大会代表的犯罪嫌疑人,分别按照本条第二、三、四款的规定报告或者报请许可。

拘留担任办案单位所在省、市、县(区)以外的其他地区人民代表大会代表的犯罪嫌疑人,应当委托该代表所属的人民代表大会同级的人民检察院报告或者报请许可;担任两级以上人民代表大会代表的,应当分别委托该代表所属的人民代表大会同级的人民检察院报告或者报请许可。

第一百四十六条 人民检察院对担任本级人民代表大会代表的犯罪嫌疑人批准或者决定逮捕,应当报请本级人民代表大会主席团或者常务委员会许可。报请许可手续的办理由侦查机关负责。

对担任上级人民代表大会代表的犯罪嫌疑人批准或者决定逮捕,应当层报该代表所属的人民代表大会同级的人民检察院报请许可。

对担任下级人民代表大会代表的犯罪嫌疑人批准或者决定逮捕,可以直接报请该代表所属的人民代表大会主席团或者常务委员会许可,也可以委托该代表所属的人民代表大会同级的人民检察院报请许可;对担任乡、民族乡、镇的人民代表大会代表的犯罪嫌疑人批准或者决定逮捕,由县级人民检察院报告乡、民族乡、镇的人民代表大会。

对担任两级以上的人民代表大会代表的犯罪嫌疑人批准或者决定逮捕,分别依照本条第一、二、三款的规定报请许可。

对担任办案单位所在省、市、县(区)以外的其他地区人民代表大会代表的犯罪嫌疑人批准或者决定逮捕，应当委托该代表所属的人民代表大会同级的人民检察院报请许可；担任两级以上人民代表大会代表的，应当分别委托该代表所属的人民代表大会同级的人民检察院报请许可。

※法规解读：上述条文是关于检察机关决定拘留、逮捕的规定。

人民检察院在自行侦查的案件中，拥有决定拘留和逮捕的权力。但是要由公安机关执行。对担任人大代表的犯罪嫌疑人的拘留或者逮捕需要经过更加严格的审批程序；否则，人大代表不受拘留或者逮捕。

《关于人民检察院立案侦查司法工作人员相关职务犯罪案件若干问题的规定》（2018年11月24日）

四、办案程序

（一）人民检察院办理本规定所列犯罪案件，不再适用对直接受理立案侦查案件决定立案报上一级人民检察院备案，逮捕犯罪嫌疑人报上一级人民检察院审查决定的规定。

（二）对本规定所列犯罪案件，人民检察院拟作撤销案件、不起诉决定的，应当报上一级人民检察院审查批准。

（三）人民检察院负责刑事检察工作的专门部门办理本规定所列犯罪案件，认为需要逮捕犯罪嫌疑人的，应当由相应的刑事检察部门审查，报检察长或者检察委员会决定。

（四）人民检察院办理本规定所列犯罪案件，应当依法接受人民监督员的监督。

※法规解读：本条是对检察机关自侦案件办案程序的特别规定。

在《监察法》以及新旧《刑事诉讼法》转换的过程中，检察机关的自侦案件的范围有了较大变动。而且检察机关的职能和内设机关也做了较大的调整。就最高人民检察院的角度而言，由第五检察厅负责对法律规定由最高人民检察院办理的司法工作人员利用职权实施的非法拘禁、刑讯逼供、非法搜查等侵犯公民权利、损害司法公正犯罪，以及按照《刑事诉讼法》规定需要由人民检察院直接受理的其他重大犯罪案件的侦查。根据本条第2项的规定，为了加强监督，检察机关对于自侦案件的撤案和不起诉决定需要报上一级检察机关审查批准。但由于根据第1项的规定，立案和批捕则无须向上一级检察机关上报。由人民监督员对检察机关的自侦活动进行监督。

关联法规索引

《宪法》第37条；《刑事诉讼法》第80条、第82条

第一百六十六条 【自侦案件中对被拘留人的处理】人民检察院对直接受理的案件中被拘留的人,应当在拘留后的二十四小时以内进行讯问。在发现不应当拘留的时候,必须立即释放,发给释放证明。

条文解读

本条是关于自侦案件中对被拘留人的处理的规定。

人民检察院对自己侦办案件中被拘留的犯罪嫌疑人的首次讯问应当在拘留后的24小时之内进行。同时,人民检察院还应当在24小时以内,通知被拘留人的家属或者他的所在单位。因有碍侦查,不能在24小时以内通知的,应当经检察长批准,原因写明并附卷;无法通知的,应当向检察长报告,原因写明并附卷。有碍侦查的情形消失后,应当立即通知被拘留人的家属。被拘留人经讯问后,发现不应当拘留的,应当立即释放,并发给释放证明。“不应当拘留”主要是指拘留不符合法定条件,具体有以下两种情况:一是由于案件来源、信息、判断等错误导致拘错了人,对于这种情况对被拘留人必须讲明原因,立即释放,发给释放证明;二是指被拘留的人实施的行为,情节显著轻微、危害不大的,不认为是犯罪等。

配套法规及解读

《人民检察院刑事诉讼规则(试行)》(2012年11月22日修订)

第一百三十三条 对犯罪嫌疑人拘留后,除无法通知的以外,人民检察院应当在二十四小时以内,通知被拘留人的家属。

无法通知的,应当向检察长报告,并将原因写明附卷。无法通知的情形消除后,应当立即通知其家属。

无法通知包括以下情形:

(一)被拘留人无家属的;

(二)与其家属无法取得联系的;

(三)受自然灾害等不可抗力阻碍的。

第一百三十四条 对被拘留的犯罪嫌疑人,应当在拘留后的二十四小时以内进行讯问。

※法规解读:上述条文是关于检察机关决定拘留犯罪嫌疑人首次讯问时间及通知家属的规定。

检察机关拘留犯罪嫌疑人后,应当在24小时内进行首次讯问。及时讯问犯罪嫌疑人，一方面对拘留人的情况进行迅速核查，以便发生错误迅速纠正；另一方面确保迅速取得证据资料，快速推进侦查进程。但是为了确保犯罪嫌疑人的诉讼权利以及避免家属不必要的担心和查找，检察机关应当在24小时内通知家属（2012年《刑事诉讼法》删除了通知被拘留人单位的内容，旨在强调直接将犯罪嫌疑人被拘留的情况告知与其有密切关系的人）。实践中，还有些情况无法通知，如犯罪嫌疑人家属无法联络等原因，则应当将该种情况向检察长报告，并将情况和原因写明附卷。

关联法规索引

《中国共产党纪律检查机关监督执纪工作规则》第57条

第一百六十七条 【自侦案件中逮捕的时限】人民检察院对直接受理的案件中被拘留的人，认为需要逮捕的，应当在十四日以内作出决定。在特殊情况下，决定逮捕的时间可以延长一日至三日。对不需要逮捕的，应当立即释放；对需要继续侦查，并且符合取保候审、监视居住条件的，依法取保候审或者监视居住。

条文解读

本条是关于自侦案件决定逮捕的时限的规定。

刑事诉讼中的拘留是用来处理紧急状况的临时性的强制措施。因此，拘留犯罪嫌疑人后，经过审查，有继续侦查的必要的，就需要将拘留变更为其他强制措施。符合取保候审、监视居住条件的，依法变更为相应的强制措施；若采用取保候审、监视居住尚不足以防止社会危险发生的，则可以提交检察机关审查逮捕部门进行审查。具体而言，由侦查部门填写逮捕犯罪嫌疑人意见书，连同案卷材料一并送交本院审查逮捕部门审查。人民检察院审查逮捕部门受理本院侦查部门移送审查逮捕的案件，应当查明逮捕犯罪嫌疑人意见书及案卷材料是否齐备。对本院侦查部门移送审查逮捕的案件，应当在14日以内作出决定，特殊情况下，决定逮捕的时间可以延长1～3日。据此，人民检察院直接受理案件的决定逮捕的时间从原来的最长14日，变为现在的最长17日。

人民检察院对于被拘留的犯罪嫌疑人进行审查后，认为不构成犯罪，无须通过诉讼方式继续追诉的，应当立即办理相关手续，释放被拘留人。

关联法规索引

《人民检察院刑事诉讼规则(试行)》第 136 条

第一百六十八条 【自侦案件侦查终结的处理】人民检察院侦查终结的案件,应当作出提起公诉、不起诉或者撤销案件的决定。

条文解读

本条是关于人民检察院侦查终结案件的处理的规定。

人民检察院侦查终结的案件,根据案件的情况共有三种处理方式:提起公诉、不起诉和撤销案件。

第一,提起公诉。经过侦查,认为犯罪事实清楚,证据确实、充分,依法应当追究刑事责任的案件,侦查人员应当写出侦查终结报告,并且制作起诉意见书。

第二,不起诉。对于犯罪情节轻微,依照《刑法》规定不需要判处刑罚或者免除刑罚的案件,侦查人员应当写出侦查终结报告,并且制作不起诉意见书。

第三,撤销案件。侦查过程中,发现具有《刑事诉讼法》第 16 条规定情形之一的;没有犯罪事实的,或者依照刑法规定不负刑事责任和不是犯罪的;虽有犯罪事实,但不是犯罪嫌疑人所为的情形时,应当由检察人员写出撤销案件意见书,经侦查部门负责人审核后,报请检察长或者检察委员会决定撤销案件。对于共同犯罪的案件,如有符合本条规定情形的犯罪嫌疑人,应当撤销对该犯罪嫌疑人的立案。

配套法规及解读

《人民检察院刑事诉讼规则(试行)》(2012 年 11 月 22 日修订)

第二百八十六条 人民检察院经过侦查,认为犯罪事实清楚,证据确实、充分,依法应当追究刑事责任的案件,应当写出侦查终结报告,并且制作起诉意见书。

对于犯罪情节轻微,依照刑法规定不需要判处刑罚或者免除刑罚的案件,应当写出侦查终结报告,并且制作不起诉意见书。

侦查终结报告和起诉意见书或者不起诉意见书由侦查部门负责人审核,检察长批准。

第二百八十七条 提出起诉意见或者不起诉意见的,侦查部门应当将起诉意见书或者不起诉意见书,查封、扣押、冻结的犯罪嫌疑人的财物及其孳息、文件清单以及对查封、扣押、冻结的涉案款物的处理意见和其他案卷材料,一并移送本院公诉部门审查。国家或者集体财产遭受损失的，在提出提起公诉意见的同时，可以提出提起附带民事诉讼的意见。

※法规解读：上述条文是对人民检察院作出起诉意见或者不起诉意见的规定。

第二百九十条 人民检察院在侦查过程中或者侦查终结后，发现具有下列情形之一的，侦查部门应当制作拟撤销案件意见书，报请检察长或者检察委员会决定：

（一）具有刑事诉讼法第十五条[1]规定情形之一的；

（二）没有犯罪事实的，或者依照刑法规定不负刑事责任或者不是犯罪的；

（三）虽有犯罪事实，但不是犯罪嫌疑人所为的。

对于共同犯罪的案件，如有符合本条规定情形的犯罪嫌疑人，应当撤销对该犯罪嫌疑人的立案。

第二百九十三条 上一级人民检察院同意撤销案件的，下级人民检察院应当作出撤销案件决定，并制作撤销案件决定书。上一级人民检察院不同意撤销案件的，下级人民检察院应当执行上一级人民检察院的决定。

报请上一级人民检察院审查期间，犯罪嫌疑人羁押期限届满的，应当依法释放犯罪嫌疑人或者变更强制措施。

第二百九十四条 撤销案件的决定，应当分别送达犯罪嫌疑人所在单位和犯罪嫌疑人。犯罪嫌疑人死亡的，应当送达犯罪嫌疑人原所在单位。如果犯罪嫌疑人在押，应当制作决定释放通知书，通知公安机关依法释放。

第二百九十五条 人民检察院作出撤销案件决定的，侦查部门应当在三十日以内对犯罪嫌疑人的违法所得作出处理，并制作查封、扣押、冻结款物的处理报告，详细列明每一项款物的来源、去向并附有关法律文书复印件，报检察长审核后存入案卷，并在撤销案件决定书中写明对查封、扣押、冻结的涉案款物的处理结果。情况特殊的，经检察长决定，可以延长三十日。

第二百九十六条 人民检察院撤销案件时，对犯罪嫌疑人的违法所得应当区分不同情形，作出相应处理：

因犯罪嫌疑人死亡而撤销案件，依照刑法规定应当追缴其违法所得及其他涉案财产的，按照本规则第十三章第三节的规定办理。

因其他原因撤销案件，对于查封、扣押、冻结的犯罪嫌疑人违法所得及其他涉案财产需要没收的，应当提出检察建议，移送有关主管机关处理。

对于冻结的犯罪嫌疑人存款、汇款、债券、股票、基金份额等财产需要返还被害人的，可以通知金融机构返还被害人；对于查封、扣押的犯罪嫌疑人的违法所得及其他涉

[1] 现行《刑事诉讼法》第十六条。

案财产需要返还被害人的,直接决定返还被害人。

人民检察院申请人民法院裁定处理犯罪嫌疑人涉案财产的,应当向人民法院移送有关案件材料。

第二百九十七条 人民检察院撤销案件时,对查封、扣押、冻结的犯罪嫌疑人的涉案财产需要返还犯罪嫌疑人的,应当解除查封、扣押或者书面通知有关金融机构解除冻结,返还犯罪嫌疑人或者其合法继承人。

第二百九十八条 查封、扣押、冻结的款物,除依法应当返还被害人或者经查明确实与案件无关的以外,不得在诉讼程序终结之前处理。法律和有关规定另有规定的除外。

第二百九十九条 处理查封、扣押、冻结的涉案款物,应当由办案部门提出意见,报请检察长决定。负责保管涉案款物的管理部门会同办案部门办理相关的处理手续。人民检察院向其他机关移送的案件需要随案移送扣押、冻结的涉案款物的,按照前款的规定办理。

※法规解读:上述条文是关于人民检察院作出撤销案件决定的规定。

人民检察院应当作出撤销案件决定的情形。撤销案件的决定作出后,意味着刑事诉讼程序的终结。为了最大限度地消除因为刑事追诉而给犯罪嫌疑人造成的负面影响,撤销案件的决定应当分别送达给犯罪嫌疑人本人和他所在的单位。即便犯罪嫌疑人死亡的,也应当送达其原所在单位。同时,由于刑事诉讼程序已经结束了,就没有继续对其采取强制措施的理由,为此,如果犯罪嫌疑人在押的,应当通知公安机关释放,并且发给释放证明。

人民检察院如果因为犯罪嫌疑人死亡而撤销了案件,仍应当根据《刑事诉讼法》第五编中确立的"犯罪嫌疑人、被告人逃匿、死亡案件违法所得的没收程序"对涉案违法所得进行处理。如果确系犯罪嫌疑人的行为不构成犯罪而撤销案件的,则应当依法返还。

第三百条 人民检察院直接受理立案侦查的共同犯罪案件,如果同案犯罪嫌疑人在逃,但在案犯罪嫌疑人犯罪事实清楚,证据确实、充分的,对在案犯罪嫌疑人应当根据本规则第二百八十六条的规定分别移送审查起诉或者移送审查不起诉。

由于同案犯罪嫌疑人在逃,在案犯罪嫌疑人的犯罪事实无法查清的,对在案犯罪嫌疑人应当根据案件的不同情况分别报请延长侦查羁押期限、变更强制措施或者解除强制措施。

※法规解读:本条是关于共同犯罪案件处理的规定。

人民检察院直接立案侦查的共同犯罪案件,原则上应当一同进行审查,并根据在共同犯罪中的作用、地位等方面综合考量分别作出决定起诉或者不起诉。但是当同案犯罪嫌疑人在逃,或者同案犯罪嫌疑人的犯罪事实无法查清的,则应当根据行为人及案件的不同情况分别报请延长侦查羁押期限、变更强制措施或者解除强制措施,分别进行程序方面的处理。

关联法规索引

《关于人民检察院立案侦查司法工作人员相关职务犯罪案件若干问题的规定》四

第三章 提起公诉

本章介绍

公诉,是指由国家设立的专门机关及其人员依法向法院提出诉讼,要求法院通过审判追究被告人刑事责任的一种诉讼活动。在我国,公诉权由人民检察院统一行使。对于公安机关移送起诉的案件,人民检察院经审查起诉,应当做出起诉或不起诉的决定。本章从第169条至第182条,共14个条文,规定了公诉权,审查起诉的内容以及期限和程序,补充侦查,提起公诉的条件和程序,不起诉的条件和程序,公安机关对不起诉决定的异议和被害人、被不起诉人对不起诉决定的申诉等内容。2018年《刑事诉讼法》修正时涉及本章较多内容,主要是增加了监察机关办理案件与审查起诉程序的衔接规定,以及认罪认罚从宽原则在审查起诉程序中的具体措施规定。

第一百六十九条 【公诉权】凡需要提起公诉的案件,一律由人民检察院审查决定。

条文解读

本条是关于公诉权由人民检察院统一行使的规定。

刑事诉讼中的起诉根据行使追诉权主体的不同,可以分为公诉和自诉。公诉,是指由国家设立的专门机关及其人员依法向法院提出诉讼,要求法院通过审判追究被告人刑事责任的一种诉讼活动。自诉,是指由被害人及其法定代理人或法律规定的享有起诉权的人直接向法院起诉,要求追究被告人刑事责任的诉讼活动。我国采用以公诉为主,自诉为辅的刑事起诉模式。公诉权,是指法律规定具有公诉职能的机关代表国家为追究被告人的刑事责任向审判机关提起诉讼的权力。在我国,检察机关是唯一行使公诉权的国家机关。依据本条和本法的相关规定,在刑事诉讼中,除了人民法院直接受理的告诉才处理和其他不需要进行侦查的轻微的刑事案件外,其他案件均由人民检察院提起公诉。我国公诉权的主要内容包括审查起诉、决定起诉或不起诉、提起公诉、派员出席法庭支持公诉。

关联法规索引

《人民检察院组织法》第20条;《刑事诉讼法》第3条;《检察官法》第7条

第一百七十条 【对监察机关移送起诉案件的处理】 人民检察院对于监察机关移送起诉的案件,依照本法和监察法的有关规定进行审查。人民检察院经审查,认为需要补充核实的,应当退回监察机关补充调查,必要时可以自行补充侦查。

对于监察机关移送起诉的已采取留置措施的案件,人民检察院应当对犯罪嫌疑人先行拘留,留置措施自动解除。人民检察院应当在拘留后的十日以内作出是否逮捕、取保候审或者监视居住的决定。在特殊情况下,决定的时间可以延长一日至四日。人民检察院决定采取强制措施的期间不计入审查起诉期限。

条文解读

本条共有2款,是2018年《刑事诉讼法》修正时新增的条文,是关于人民检察院对于监察机关移送起诉案件的处理的规定。

本条第1款明确了人民检察院对监察机关移送案件审查起诉应当依据《刑事诉讼法》和《监察法》。人民检察院经审查,认为案件事实不清、证据不足需要调查核实的,原则上退回监察机关补充调查。依据《监察法》的规定,补充调查应当在一个月内调查完毕,以两次为限。检察机关也可以自行补充侦查。

本条第2款是关于留置措施与强制措施衔接的规定。第一,对于监察机关已经采取了留置措施的案件,人民检察院应当对犯罪嫌疑人先行拘留,留置措施自动解除。这里的先行拘留是一种临时、过渡性质的强制措施,目的是将犯罪嫌疑人从监察调查程序转入刑事诉讼程序。第二,先行拘留的期限一般为10日,重大、复杂案件可延长1日至4日。第三,人民检察院依法独立作出对犯罪嫌疑人是否采取强制措施以及何种强制措施的决定,不受监察机关干涉。第四,检察机关决定采取强制措施的期间不计入审查起诉期限。这一做法同侦查程序与审查起诉环节的衔接处理方法不同。一般而言,公安机关移送人民检察院审查起诉的案件,检察机关决定采取或者变更强制措施的时间要计入审查起诉期限。

关联法规索引

《刑事诉讼法》第171~174条、第176条;《监察法》第11条、第31~33条、第45~

47条;《中国共产党纪律检查机关监督执纪工作规则》第57条

第一百七十一条 【审查起诉的内容】人民检察院审查案件的时候,必须查明:

(一)犯罪事实、情节是否清楚,证据是否确实、充分,犯罪性质和罪名的认定是否正确;

(二)有无遗漏罪行和其他应当追究刑事责任的人;

(三)是否属于不应追究刑事责任的;

(四)有无附带民事诉讼;

(五)侦查活动是否合法。

条文解读

本条是关于人民检察院审查起诉内容的规定。

审查起诉,是指人民检察院对于侦查终结、移送起诉的案件受理后,依法进行审查,以决定是否对犯罪嫌疑人提起公诉的诉讼活动。依据本条及《人民检察院刑事诉讼规则(试行)》的相关规定,人民检察院审查起诉的内容包括:(1)犯罪嫌疑人身份状况是否清楚,包括姓名、性别、国籍、出生年月日、职业和单位等;单位犯罪的,单位的相关情况是否清楚。(2)犯罪事实、情节是否清楚;实施犯罪的时间、地点、手段、犯罪事实、危害后果是否明确。(3)认定犯罪性质和罪名的意见是否正确;有无法定的从重、从轻、减轻或者免除处罚的情节及酌定从重、从轻情节;共同犯罪案件的犯罪嫌疑人在犯罪活动中的责任的认定是否恰当。(4)证明犯罪事实的证据材料包括采取技术侦查措施的决定书及证据材料是否随案移送;证明相关财产系违法所得的证据材料是否随案移送;不宜移送的证据的清单、复制件、照片或者其他证明文件是否随案移送。(5)证据是否确实、充分,是否依法收集,有无应当排除非法证据的情形。(6)侦查的各种法律手续和诉讼文书是否完备。(7)有无遗漏罪行和其他应当追究刑事责任的人。(8)是否属于不应当追究刑事责任的。(9)有无附带民事诉讼;对于国家财产、集体财产遭受损失的,是否需要由人民检察院提起附带民事诉讼。(10)采取的强制措施是否适当,对于已经逮捕的犯罪嫌疑人,有无继续羁押的必要。(11)侦查活动是否合法。(12)涉案款物是否查封、扣押、冻结并妥善保管,清单是否齐备;对被害人合法财产的返还和对违禁品或者不宜长期保存的物品的处理是否妥当,移送的证明文件是否完备。人民检察院通过审查,对那些犯罪事实清楚,证据确实、充分,依法应当追究刑事责任的犯罪嫌疑人提起公诉,交付审判,以实现国家刑罚权;对侦查活动进行补正和监督,补正遗漏罪行和遗漏犯罪嫌疑人;对案件进行过滤,终结不应起诉和不必起诉之案件。

配套法规及解读

《人民检察院刑事诉讼规则(试行)》(2012年11月22日修订)

第三百六十三条 人民检察院审查移送起诉的案件,应当查明:

(一)犯罪嫌疑人身份状况是否清楚,包括姓名、性别、国籍、出生年月日、职业和单位等;单位犯罪的,单位的相关情况是否清楚;

(二)犯罪事实、情节是否清楚;实施犯罪的时间、地点、手段、犯罪事实、危害后果是否明确;

(三)认定犯罪性质和罪名的意见是否正确;有无法定的从重、从轻、减轻或者免除处罚的情节及酌定从重、从轻情节;共同犯罪案件的犯罪嫌疑人在犯罪活动中的责任的认定是否恰当;

(四)证明犯罪事实的证据材料包括采取技术侦查措施的决定书及证据材料是否随案移送;证明相关财产系违法所得的证据材料是否随案移送;不宜移送的证据的清单、复制件、照片或者其他证明文件是否随案移送;

(五)证据是否确实、充分,是否依法收集,有无应当排除非法证据的情形;

(六)侦查的各种法律手续和诉讼文书是否完备;

(七)有无遗漏罪行和其他应当追究刑事责任的人;

(八)是否属于不应当追究刑事责任的;

(九)有无附带民事诉讼;对于国家财产、集体财产遭受损失的,是否需要由人民检察院提起附带民事诉讼;

(十)采取的强制措施是否适当,对于已经逮捕的犯罪嫌疑人,有无继续羁押的必要;

(十一)侦查活动是否合法;

(十二)涉案款物是否查封、扣押、冻结并妥善保管,清单是否齐备;对被害人合法财产的返还和对违禁品或者不宜长期保存的物品的处理是否妥当,移送的证明文件是否完备。

※法规解读:本条是对人民检察院审查起诉内容的细化规定。

《刑事诉讼法》第171条规定了人民检察院审查起诉的内容涉及5个方面,本条就这5个方面进一步细化为12项。其中,第1~3项规定的是对犯罪构成的要件、量刑的有关情节的审查,第4项、第5项规定的是对证据情况的审查,第9项是对附带民事诉讼情况的审查,第6~8项、第10~12项规定的是对侦查活动的补正和监督。

关联法规索引

《监察法》第45条、第47条;《人民检察院刑事诉讼规则(试行)》第360~362条

典型案例

吴某、黄某、廖某虚开增值税专用发票案[1]

※案情简介:被告人吴某系广州市A机械设备有限公司(以下简称A公司)法定代表人,被告人黄某、廖某系A公司股东,三人另系B机械设备有限公司(以下简称B公司)实际控制人。因涉嫌虚开增值税专用发票罪,三人在侦查阶段均被采取逮捕措施。

2011年至2016年,被告人吴某伙同黄某、廖某经过密谋,在没有货物实际交易的情况下,由吴某联系并指使张某等人(均另案处理),为A公司虚开广州C贸易有限公司等17家公司的增值税专用发票用于抵扣税款,获取的不当利益用于A公司的日常运营以及被告人吴某、黄某、廖某三个股东的利润分配。经鉴定,A公司接受上述17家公司虚开的增值税专用发票271张,金额1977万余元人民币,税额336万余元人民币,价税合计2314万余元人民币。案发后,吴某作为A公司负责人自动投案,如实交代犯罪事实,黄某、廖某到案后如实交代自己知道的犯罪事实。

广州市公安局越秀区分局于2017年12月18日将黄某、廖某,于2018年1月10日将吴某,均以涉嫌虚开增值税专用发票罪移送广州市越秀区人民检察院审查起诉。

在审查起诉阶段,广州市越秀区人民检察院收到B公司员工的申请书,申请对吴某等三人取保候审,以利于维持公司正常经营。收到申请后,经对案件事实进行细致审查,并向该公司多名员工核实,查明B公司确实存在因负责人被羁押企业失治失控的状况,为让企业恢复正常经营,稳定员工情绪,经综合评估,广州市越秀区检察院决定对已经逮捕的两名从犯黄某、廖某变更为取保候审。在取保候审之后,越秀区检察院通过对黄某、廖某进行法制教育,一方面敦促其继续开展工作,维护公司的正常经营;另一方面,敦促其多方面筹集资金补缴税款,以挽回国家的经济损失。最终,黄某、廖某向税务机关全额补缴了税款。经到B公司实地考察,该企业恢复了正常经营,员工普遍反映良好。

2018年6月14日,广州市越秀区人民检察院以虚开增值税专用发票罪向越秀区

---

〔1〕 本案例根据《最高人民检察院发布首批涉民营企业司法保护典型案例》(2019年1月17日)中的同名案例整理。

人民法院依法提起公诉，鉴于吴某、黄某、廖某三人有自首、坦白、案发后积极补缴税款、认罪认罚等情节，提出了从宽处理的量刑建议。

※裁判要旨：本案系最高人民检察院发布的首批涉民营企业司法保护典型案例之一。刑事追诉对民营企业影响甚巨。一方面，由于涉诉会影响民营企业的声誉和信誉，进而影响其生产经营；另一方面，对于民营企业经营者的追诉活动会直接影响企业的生产和经营。同时，对于民营企业的追诉还会影响企业中职工的相关利益。因此，对民营企业的追诉应当慎重。本案办理的过程要注意：第一，对涉嫌犯罪的民营企业经营者，应当依法准确适用强制措施。批准或者决定逮捕，应当将犯罪嫌疑人涉嫌犯罪的性质、情节、后果、认罪态度等情况，作综合考虑；对于涉嫌经济犯罪的民营企业经营者，认罪认罚、真诚悔过、积极退赃退赔、挽回损失，取保候审不致影响诉讼正常进行的，一般不采取逮捕措施；对已经批准逮捕的，应当依法履行羁押必要性审查职责，对有固定职业、住所，不需要继续羁押的，应当及时建议公安机关予以释放或者变更强制措施；对确有羁押必要的，要考虑维持企业生产经营需要，在生产经营决策等方面提供必要的便利和支持。第二，办理涉民营企业案件要全面综合考虑办案效果，既要保证依法惩治犯罪，尽可能地挽回国家损失，又要积极采取措施，帮助企业恢复生产经营，做到法律效果和社会效果的有机统一。

第一百七十二条　【审查起诉的期限】人民检察院对于监察机关、公安机关移送起诉的案件，应当在一个月以内作出决定，重大、复杂的案件，可以延长十五日；犯罪嫌疑人认罪认罚，符合速裁程序适用条件的，应当在十日以内作出决定，对可能判处的有期徒刑超过一年的，可以延长至十五日。

人民检察院审查起诉的案件，改变管辖的，从改变后的人民检察院收到案件之日起计算审查起诉期限。

条文解读

本条共有 2 款，是关于审查起诉期限的规定。2018 年《刑事诉讼法》修正时对本条第 1 款进行了修改，增加了对认罪认罚案件和适用速裁程序案件审查起诉期限的规定。

为了保证刑事诉讼活动迅速、及时地进行，避免犯罪嫌疑人被超期羁押，保障无罪的人和依法不应追究刑事责任的人的合法权益，刑事诉讼法对人民检察院审查起诉的期限做了限定。本条第 1 款规定了审查起诉的期限一般为 1 个月，最长可延长 15 日。2018 年《刑事诉讼法》修正时，为了计算方便，将原来的半个月都精确规定为 15 日，总体变化不大，只是立法技术的小变化，从原来的以月为计算单位，改为以日为计算单位。较长计算单位改为较短的计算单位,突出了刑事诉讼对于效率价值的追求。依据本法及《人民检察院刑事诉讼规则(试行)》的相关规定,延长审查起诉期限由检察长批准。此外,2018 年《刑事诉讼法》修正时增加了对认罪认罚案件审查起诉期限的特别规定。为推动刑事案件繁简分流,优化司法资源配置,自 2014 年起经全国人大常委会授权,最高人民法院、最高人民检察院开始刑事速裁程序试点工作。2016 年 11 月 16 日,最高人民法院、最高人民检察院、公安部、国家安全部、司法部发布了《关于在部分地区开展刑事案件认罪认罚从宽制度试点工作的办法》,其第 12 条规定:"对适用速裁程序的案件,人民检察院一般应当在受理后十日内作出是否提起公诉的决定;对可能判处的有期徒刑超过一年的,可以延长十五日。"2018 年《刑事诉讼法》在总结试点工作经验基础上,根据各方意见和实际工作需要,吸收了试点办法中对速裁程序审查起诉期限的规定。

本条第 2 款是关于改变管辖案件审查起诉期限计算的规定。改变管辖是指人民检察院在审查起诉过程中发现自己没有管辖权或需要依法调整管辖的情况。改变管辖的,从改变后的人民检察院收到案件之日起计算审查起诉期限,即审查起诉的期限重新计算。

配套法规及解读

《人民检察院刑事诉讼规则(试行)》(2012 年 11 月 22 日修订)

第三百八十六条 人民检察院对于移送审查起诉的案件,应当在一个月以内作出决定;重大、复杂的案件,一个月以内不能作出决定的,经检察长批准,可以延长十五日。

人民检察院审查起诉的案件,改变管辖的,从改变后的人民检察院收到案件之日起计算审查起诉期限。

※法规解读:本条是关于人民检察院审查起诉期限的补充规定,内容基本同《刑事诉讼法》的规定。但明确了对于重大复杂案件,人民检察院不能在 1 个月内审查起诉完毕作出决定的,审查起诉部门不能直接依刑事诉讼法的规定延长 15 日,而是应当报经检察长批准,才可以延长。

关联法规索引

《刑事诉讼法》第 19 ~ 26 条;《最高人民法院、最高人民检察院、公安部、国家安全部、司法部关于在部分地区开展刑事案件认罪认罚从宽制度试点工作的办法》第 12 条

第一百七十三条 【审查起诉程序】 人民检察院审查案件，应当讯问犯罪嫌疑人，听取辩护人或者值班律师、被害人及其诉讼代理人的意见，并记录在案。辩护人或者值班律师、被害人及其诉讼代理人提出书面意见的，应当附卷。

犯罪嫌疑人认罪认罚的，人民检察院应当告知其享有的诉讼权利和认罪认罚的法律规定，听取犯罪嫌疑人、辩护人或者值班律师、被害人及其诉讼代理人对下列事项的意见，并记录在案：

（一）涉嫌的犯罪事实、罪名及适用的法律规定；

（二）从轻、减轻或者免除处罚等从宽处罚的建议；

（三）认罪认罚后案件审理适用的程序；

（四）其他需要听取意见的事项。

人民检察院依照前两款规定听取值班律师意见的，应当提前为值班律师了解案件有关情况提供必要的便利。

条文解读

本条共有3款，是关于审查起诉程序的规定。本条在2018年《刑事诉讼法》修正时进行了较大幅度的修正。现有3个条款系结合认罪认罚从宽原则以及值班律师制度重新拟定。

本条第1款规定了人民检察院对移送起诉的案件审查起诉的程序要求。人民检察院应当讯问犯罪嫌疑人，听取辩护人或值班律师、被害人及其诉讼代理人的意见，并记录在案。这是人民检察院审查起诉的必经程序。通过讯问犯罪嫌疑人，办案人员可以直接听取犯罪嫌疑人的供述和辩解，核实其在侦查阶段提供口供的可靠性、分析口供与其他证据有无矛盾，查清犯罪事实和情节的具体细节，有无漏罪和其他应当追究刑事责任的人。同时还可以了解犯罪嫌疑人思想状况、认罪态度以及有无受到刑讯逼供、诱供、骗供等情况。而为了全面、客观了解案件情况，人民检察院审查案件，还应当听取辩护人或值班律师、被害人及其诉讼代理人的意见。讯问、听取意见应由两名以上办案人员进行，并制作笔录。辩护人或值班律师、被害人及其诉讼代理人提出书面意见的，应当附卷。

本条第2款、第3款是2018年《刑事诉讼法》对认罪认罚案件人民检察院审查起诉的新增规定。第2款明确了犯罪嫌疑人认罪认罚的，人民检察院应当告知其享有的诉讼权利和认罪认罚的法律规定。明确了人民检察院听取意见的事项范围，涉及案件事实、罪名、法律适用、量刑情节、审理程序等重要事项均要听取各方意见。

第3款规定人民检察院要为值班律师了解案件情况、提出意见提供便利。为了保障值班律师有效参与诉讼，充分发挥作用，保障犯罪嫌疑人合法权益，人民检察院应当为值班律师了解案件情况提供必要的便利，包括保障值班律师的会见权、在场权和阅卷权等。

配套法规及解读

《人民检察院刑事诉讼规则(试行)》(2012年11月22日修订)

第三百六十四条 人民检察院审查案件，应当讯问犯罪嫌疑人，听取辩护人、被害人及其诉讼代理人的意见，并制作笔录附卷。

辩护人、被害人及其诉讼代理人提出书面意见的，应当附卷。

第三百六十五条 直接听取辩护人、被害人及其诉讼代理人的意见有困难的，可以通知辩护人、被害人及其诉讼代理人提出书面意见，在指定期限内未提出意见的，应当记录在案。

第三百七十二条 讯问犯罪嫌疑人或者询问被害人、证人、鉴定人时，应当分别告知其在审查起诉阶段所享有的诉讼权利。

第三百七十三条 讯问犯罪嫌疑人，询问被害人、证人、鉴定人，听取辩护人、被害人及其诉讼代理人的意见，应当由二名以上办案人员进行。

讯问犯罪嫌疑人，询问证人、鉴定人、被害人，应当个别进行。

询问证人、被害人的地点按照刑事诉讼法第一百二十二条[1]的规定执行。

※法规解读：上述条文是对人民检察院讯问犯罪嫌疑人，询问被害人、证人、鉴定人，听取辩护人、被害人及其诉讼代理人的意见的规定。人民检察院讯问犯罪嫌疑人，询问被害人、证人、鉴定人，应当个别进行，并分别告知其在审查起诉阶段所享有的诉讼权利，应当由两名以上办案人员进行。询问证人、被害人可以在现场进行，也可以到证人、被害人所在单位、住处或者其提出的地点进行，必要时可通知到人民检察院进行。人民检察院审查案件应当听取辩护人、被害人及其诉讼代理人的意见，并制作笔录附卷。直接听取辩护人、被害人及其诉讼代理人的意见有困难的，可以通知辩护人、被害人及其诉讼代理人提出书面意见，在指定期限内未提出意见的，应当记录在案。

关联法规索引

《刑事诉讼法》第36条、第37条、第40条、第46条；《律师法》第33～36条；《人民检察院刑事诉讼规则(试行)》第366～371条、第374～375条；《最高人民法院、最高人

[1] 现行《刑事诉讼法》第一百二十四条。

民检察院、公安部、国家安全部、司法部关于在部分地区开展刑事案件认罪认罚从宽制度试点工作的办法》第10条;《最高人民法院、司法部关于开展刑事案件律师辩护全覆盖试点工作的办法》第3条;《最高人民法院、最高人民检察院、公安部、国家安全部、司法部关于开展法律援助值班律师工作的意见》;《公安部办公厅、司法部办公厅关于进一步加强和规范看守所法律援助值班律师工作的通知》

第一百七十四条 【认罪认罚具结书】犯罪嫌疑人自愿认罪,同意量刑建议和程序适用的,应当在辩护人或者值班律师在场的情况下签署认罪认罚具结书。

犯罪嫌疑人认罪认罚,有下列情形之一的,不需要签署认罪认罚具结书:

(一)犯罪嫌疑人是盲、聋、哑人,或者是尚未完全丧失辨认或者控制自己行为能力的精神病人的;

(二)未成年犯罪嫌疑人的法定代理人、辩护人对未成年人认罪认罚有异议的;

(三)其他不需要签署认罪认罚具结书的情形。

条文解读

本条有2款,是2018年《刑事诉讼法》修正时新增条文,是关于犯罪嫌疑人签署认罪认罚具结书的规定。

认罪认罚具结书是犯罪嫌疑人表示自愿认罪,同意量刑建议和适用程序的法律文书。依据最高人民法院、最高人民检察院、公安部、国家安全部、司法部《关于在部分地区开展刑事案件认罪认罚从宽制度试点工作的办法》的规定,犯罪嫌疑人、被告人自愿如实供述自己的罪行,对指控的犯罪事实没有异议,同意量刑建议,签署具结书的,可以依法从宽处理。因而签署认罪认罚具结书是从宽处理必要条件之一。通过签署具结书也体现出对犯罪嫌疑人自愿性的保证。签署具结书应当在辩护人或值班律师在场的情况下进行。辩护人或值班律师在场可以为犯罪嫌疑人提供法律帮助,使其了解认罪认罚的性质和法律后果,作出正确选择;也可以防止办案人员的不当干预,确保犯罪嫌疑人认罪认罚的自愿性。

本条还规定了不需要签署认罪认罚具结书的情形。试点工作办法规定了几种不适用认罪认罚从宽制度的情形,《刑事诉讼法》修改为不需要签署认罪认罚具结书的情形。主要是考虑到盲、聋、哑人,尚未完全丧失辨认或者控制自己行为能力的精神病人、未成年犯罪嫌疑人虽然认识能力有一定不足,但也具有一定的辨明是非的能力,如果本人能够认罪认罚的,也应得到从宽处理。但由于其认识能力不足,所以为保护其权益，不需要签署认罪认罚具结书。

关联法规索引

《最高人民法院、最高人民检察院、公安部、国家安全部、司法部关于在部分地区开展刑事案件认罪认罚从宽制度试点工作的办法》第1条、第2条、第10条；《最高人民法院、最高人民检察院、公安部、国家安全部、司法部关于开展法律援助值班律师工作的意见》二（三）；《全国刑事法律援助服务规范》第174条

第一百七十五条　【补充侦查】人民检察院审查案件，可以要求公安机关提供法庭审判所必需的证据材料；认为可能存在本法第五十六条规定的以非法方法收集证据情形的，可以要求其对证据收集的合法性作出说明。

人民检察院审查案件，对于需要补充侦查的，可以退回公安机关补充侦查，也可以自行侦查。

对于补充侦查的案件，应当在一个月以内补充侦查完毕。补充侦查以二次为限。补充侦查完毕移送人民检察院后，人民检察院重新计算审查起诉期限。

对于二次补充侦查的案件，人民检察院仍然认为证据不足，不符合起诉条件的，应当作出不起诉的决定。

条文解读

本条共有4款，是关于要求公安机关补充证据和补充侦查的规定。

本条第1款是关于人民检察院可以要求公安机关补充审判所必需的证据材料的规定。因为在庭审中，公诉人需要举证证明被告人犯有被指控的罪行，因而如果人民检察院在审查起诉时，发现公安机关提供的证据不足以支持检察机关提起控诉，可以要求其补充审判所必需的证据材料。此外，2012年《刑事诉讼法》增加规定了人民检察院在审查起诉中如果认为公安机关提供的证据可能以非法方式收集的，可以要求公安机关对证据收集的合法性作出说明。这是本法第56条确立的非法证据排除规则在审查起诉阶段的应用和体现。对于公安机关不能提供合理解释的，人民检察院应当对该证据予以排除，不得作为起诉决定的依据。

本条第2款是关于补充侦查的方式的规定。人民检察院认为犯罪事实不清、证据不足或者遗漏罪行、遗漏同案犯罪嫌疑人等情形，需要补充侦查的，应当提出具体的书面意见，连同案卷材料一并退回公安机关补充侦查；人民检察院也可以自行侦查，必要

时可以要求公安机关提供协助。人民检察院审查起诉部门对本院侦查部门移送审查起诉的案件审查后，认为犯罪事实不清、证据不足或者遗漏罪行、遗漏同案犯罪嫌疑人等情形，需要补充侦查的，应当向侦查部门提出补充侦查的书面意见，连同案卷材料一并退回侦查部门补充侦查。

本条第 3 款是关于补充侦查的期限和次数的规定。补充侦查应当在 1 个月内完成，以 2 次为限。补充侦查完毕移送人民检察院后，人民检察院重新计算审查起诉期限。

本条第 4 款是关于补充侦查后仍然证据不足如何处理的规定。1996 年《刑事诉讼法》规定，案件经过补充侦查，证据仍然不足，达不到法定的起诉条件的，人民检察院"可以"作出不起诉的决定。而 2012 年《刑事诉讼法》对此作了修改，明确规定，经过 2 次补充侦查，仍然证据不足，达不到起诉条件的人民检察院"应当"作出不起诉的决定。因而，依据本条，补充侦查包括两种情形：第一，对于需要补充侦查的案件，经过一次补充侦查，人民检察院认为证据不足、不符合起诉条件的，可以作出不起诉的决定或退回第二次补充侦查。第二，对于经过两次补充侦查的案件，仍然证据不足、不符合起诉条件的，人民检察院应当作出不起诉的决定。

配套法规及解读

《人民检察院刑事诉讼规则(试行)》(2012 年 11 月 22 日修订)

第三百八十条 人民检察院认为犯罪事实不清、证据不足或者遗漏罪行、遗漏同案犯罪嫌疑人等情形需要补充侦查的，应当提出具体的书面意见，连同案卷材料一并退回公安机关补充侦查；人民检察院也可以自行侦查，必要时可以要求公安机关提供协助。

第三百八十一条 人民检察院公诉部门对本院侦查部门移送审查起诉的案件审查后，认为犯罪事实不清、证据不足或者遗漏罪行、遗漏同案犯罪嫌疑人等情形需要补充侦查的，应当向侦查部门提出补充侦查的书面意见，连同案卷材料一并退回侦查部门补充侦查；必要时也可以自行侦查，可以要求侦查部门予以协助。

第三百八十二条 对于退回公安机关补充侦查的案件，应当在一个月以内补充侦查完毕。

补充侦查以二次为限。

补充侦查完毕移送审查起诉后，人民检察院重新计算审查起诉期限。

人民检察院公诉部门退回本院侦查部门补充侦查的期限、次数按照本条第一款至第三款的规定执行。

第三百八十三条 人民检察院在审查起诉中决定自行侦查的，应当在审查起诉期限内侦查完毕。

第三百八十四条　人民检察院对已经退回侦查机关二次补充侦查的案件，在审查起诉中又发现新的犯罪事实的，应当移送侦查机关立案侦查；对已经查清的犯罪事实，应当依法提起公诉。

第三百八十五条　对于在审查起诉期间改变管辖的案件，改变后的人民检察院对于符合刑事诉讼法第一百七十一条第二款规定的案件，可以通过原受理案件的人民检察院退回原侦查的公安机关补充侦查，也可以自行侦查。改变管辖前后退回补充侦查的次数总共不得超过二次。

※法规解读：上述条文是对补充侦查的细化规定。第一，明确了补充侦查适用的情形，即认为犯罪事实不清、证据不足或者遗漏罪行、遗漏同案犯罪嫌疑人等。第二，关于退回补充侦查，上述司法解释明确了退回补充侦查不仅包括退回公安机关补充侦查，还包括对人民检察院直接受理的案件退回本院侦查部门补充侦查。第三，关于自行补充侦查的期限，根据上述司法解释规定，人民检察院应当在审查起诉期限内侦查完毕。第四，关于补充侦查以两次为限的问题，如果在审查起诉中改变管辖的，改变管辖前后退回补充侦查的次数总共不得超过两次。已经退回补充侦查两次以后，如果在审查起诉中发现新的犯罪事实的，不能再退回补充侦查而应当移送公安机关另案侦查，对已经查清的犯罪事实，应当依法提起公诉。

《公安机关办理刑事案件程序规定》(2012年12月13日)

第二百八十四条　侦查终结，移送人民检察院审查起诉的案件，人民检察院退回公安机关补充侦查的，公安机关接到人民检察院退回补充侦查的法律文书后，应当按照补充侦查提纲在一个月以内补充侦查完毕。

补充侦查以二次为限。

第二百八十五条　对人民检察院退回补充侦查的案件，根据不同情况，报县级以上公安机关负责人批准，分别作如下处理：

(一)原认定犯罪事实清楚，证据不够充分的，应当在补充证据后，制作补充侦查报告书，移送人民检察院审查；对无法补充的证据，应当作出说明；

(二)在补充侦查过程中，发现新的同案犯或者新的罪行，需要追究刑事责任的，应当重新制作起诉意见书，移送人民检察院审查；

(三)发现原认定的犯罪事实有重大变化，不应当追究刑事责任的，应当重新提出处理意见，并将处理结果通知退查的人民检察院；

(四)原认定犯罪事实清楚，证据确实、充分，人民检察院退回补充侦查不当的，应当说明理由，移送人民检察院审查。

第二百八十六条　对于人民检察院在审查起诉过程中以及在人民法院作出生效

判决前，要求公安机关提供法庭审判所必需的证据材料的，应当及时收集和提供。

※**法规解读：**上述条文是对公安机关补充侦查的规定。

第284条规定同《刑事诉讼法》。第285条规定了经补充侦查后，对案件的处理结果，包括四种情形。第286条规定了无论是审查起诉阶段还是刑事案件的审判阶段，只要在人民法院作出生效判决前，人民检察院要求公安机关提供法庭审判所必需的证据材料的，公安机关都应当及时收集和提供。

关联法规索引

《人民检察院刑事诉讼规则（试行）》第402条、第403条；《最高人民法院、最高人民检察院、公安部、国家安全部、司法部关于推进以审判为中心的刑事诉讼制度改革的意见》七；《最高人民法院、最高人民检察院、公安部等关于办理环境污染刑事案件有关问题座谈会纪要》第1条；《最高人民法院、最高人民检察院、公安部、司法部关于办理恶势力刑事案件若干问题的意见》第18条；《最高人民检察院、公安部关于公安机关办理经济犯罪案件的若干规定》第45条

第一百七十六条　【提起公诉的条件和程序】人民检察院认为犯罪嫌疑人的犯罪事实已经查清，证据确实、充分，依法应当追究刑事责任的，应当作出起诉决定，按照审判管辖的规定，向人民法院提起公诉，并将案卷材料、证据移送人民法院。

犯罪嫌疑人认罪认罚的，人民检察院应当就主刑、附加刑、是否适用缓刑等提出量刑建议，并随案移送认罪认罚具结书等材料。

条文解读

本条规定了提起公诉的条件、程序和认罪认罚案件提起公诉的特殊要求。

依据本条第1款，提起公诉的条件是：

第一，犯罪事实已经查清，证据确实、充分。这是人民检察院起诉的基本依据，如果犯罪的事实不清、证据不足，则不能也不应提起公诉。

第二，依法应当追究刑事责任，即经过审查起诉，人民检察院认为犯罪嫌疑人不但构成犯罪，而且依法应当追究刑事责任。人民检察院向人民法院提起诉讼的目的即为要求人民法院通过审判确定被告人的刑事责任，因而如果犯罪嫌疑人的行为虽然构成犯罪，但具有法定的不追究刑事责任的情形，则没有交付审判的必要。而且，对于具有

本法第 16 条规定的不需要追究刑事责任的六种情形之一的，人民检察院应当作出不起诉的决定。

第三，符合审判管辖的规定，即人民检察院应当依据本法第 20 ~ 28 条关于审判管辖的规定，向有管辖权的人民法院提起公诉。

人民检察院决定提起公诉的，应当制作起诉书，并将起诉书、案卷材料、证据移送人民法院。提起公诉时，将案卷材料、证据移送人民法院，与本法第 186 条共同构成了对 1996 年《刑事诉讼法》确定的复印件主义起诉方式的重大修改。1996 年《刑事诉讼法》修改时，改变了人民检察院提起公诉时移送全部案卷材料的做法，而是规定移送证据目录、证人名单和主要证据复印件、照片。当时司法改革的初衷是为了解决实践中存在的"先定后审""先入为主"的问题，庭前审查由实质性审查改为程序性审查。但改革的效果不好，一方面，法官因为庭前不能了解全部案卷材料，对案件情况、主要争议问题不熟悉，不能很好地主持、把握庭审活动；另一方面，辩护律师在法院阅卷时看不到全案证据，特别是有利于被告人的证据，也不便有效开展辩护工作。因而，2012 年《刑事诉讼法》不再实行复印件主义的起诉方式。

本条第 2 款为 2018 年《刑事诉讼法》新增条款，是关于认罪认罚案件检察机关提起公诉的特别规定。依据最高人民法、最高人民检察院、公安部、国家安全部、司法部《关于在部分地区开展刑事案件认罪认罚从宽制度试点工作的办法》的规定，量刑建议一般应当包括主刑、附加刑，并明确刑罚执行方式。可以提出相对明确的量刑幅度，也可以根据案件具体情况，提出确定刑期的量刑建议。建议判处财产刑的，一般应当提出确定的数额。认罪认罚案件中人民检察院的量刑建议权具有重要的作用，有利于促进犯罪嫌疑人自愿承认对其指控的犯罪事实和接受惩罚，实现宽严相济、繁简分流的刑事诉讼政策。人民检察院还应当将认罪认罚的有关证据材料一并移送，如认罪认罚具结书，辩护人或值班律师的意见，律师在场的材料，退赃、退赔、赔偿相关材料等。

配套法规及解读

《最高人民法院、最高人民检察院、公安部、国家安全部、司法部、全国人大常委会法制工作委员会关于实施刑事诉讼法若干问题的规定》(2012 年 12 月 26 日)

23. 上级公安机关指定下级公安机关立案侦查的案件，需要逮捕犯罪嫌疑人的，由侦查该案件的公安机关提请同级人民检察院审查批准；需要提起公诉的，由侦查该案件的公安机关移送同级人民检察院审查起诉。

人民检察院对于审查起诉的案件，按照刑事诉讼法的管辖规定，认为应当由上级人民检察院或者同级其他人民检察院起诉的，应当将案件移送有管辖权的人民检察院。人民检察院认为需要依照刑事诉讼法的规定指定审判管辖的，应当协商同级人民法院办理指定管辖有关事宜。

※法规解读：本条是对审查起诉和提起公诉的补充规定。上级公安机关指定下级公安机关立案侦查的案件由与下级公安机关同级的人民检察院审查批捕和审查起诉。人民检察院对于审查起诉的案件，按照刑事诉讼法审判管辖的规定，认为应当由上级人民检察院或者同级其他人民检察院起诉的，应当将案件移送有管辖权的人民检察院。人民检察院认为需要依照《刑事诉讼法》第 27 条的规定指定审判管辖的，应当协商同级人民法院办理指定管辖有关事宜。

24. 人民检察院向人民法院提起公诉时，应当将案卷材料和全部证据移送人民法院，包括犯罪嫌疑人、被告人翻供的材料，证人改变证言的材料，以及对犯罪嫌疑人、被告人有利的其他证据材料。

※法规解读：本条是对提起公诉案件材料移送的补充规定。

本条文特别对人民检察院向人民法院提起公诉时所移送的案卷材料的范围进行了明确、细化的规定。人民检察院向人民法院提起公诉时所移送的材料要全面，特别要包括对被追诉人有利的证据材料，犯罪嫌疑人、被告人翻供的材料，证人改变证言的材料，以及对犯罪嫌疑人、被告人有利的其他证据材料。这既有利于辩护人全面查阅，积极准备辩护，同时也有利于审判组织理清案件焦点和症结所在，为庭审做好准备。

《人民检察院刑事诉讼规则(试行)》(2012 年 11 月 22 日修订)

第三百九十条 人民检察院对案件进行审查后，认为犯罪嫌疑人的犯罪事实已经查清，证据确实、充分，依法应当追究刑事责任的，应当作出起诉决定。

具有下列情形之一的，可以确认犯罪事实已经查清：

(一)属于单一罪行的案件，查清的事实足以定罪量刑或者与定罪量刑有关的事实已经查清，不影响定罪量刑的事实无法查清的；

(二)属于数个罪行的案件，部分罪行已经查清并符合起诉条件，其他罪行无法查清的；

(三)无法查清作案工具、赃物去向，但有其他证据足以对被告人定罪量刑的；

(四)证人证言、犯罪嫌疑人供述和辩解、被害人陈述的内容中主要情节一致，只有个别情节不一致且不影响定罪的。

对于符合第二项情形的，应当以已经查清的罪行起诉。

第三百九十一条 人民检察院在办理公安机关移送起诉的案件中，发现遗漏罪行或者依法应当移送审查起诉同案犯罪嫌疑人的，应当要求公安机关补充移送审查起诉；对于犯罪事实清楚，证据确实、充分的，人民检察院也可以直接提起公诉。

第三百九十二条 人民检察院立案侦查时认为属于直接立案侦查的案件，在审查起诉阶段发现不属于人民检察院管辖，案件事实清楚、证据确实充分，符合起诉条件的，可以直接起诉；事实不清、证据不足的，应当及时移送有管辖权的机关办理。

第三百九十三条　人民检察院决定起诉的，应当制作起诉书。

起诉书的主要内容包括：

（一）被告人的基本情况，包括姓名、性别、出生年月日、出生地和户籍地、身份证号码、民族、文化程度、职业、工作单位及职务、住址，是否受过刑事处分及处分的种类和时间，采取强制措施的情况等；如果是单位犯罪，应当写明犯罪单位的名称和组织机构代码、所在地址、联系方式，法定代表人和诉讼代表人的姓名、职务、联系方式；如果还有应当负刑事责任的直接负责的主管人员或其他直接责任人员，应当按上述被告人基本情况的内容叙写。

（二）案由和案件来源。

（三）案件事实，包括犯罪的时间、地点、经过、手段、动机、目的、危害后果等与定罪量刑有关的事实要素。起诉书叙述的指控犯罪事实的必备要素应当明晰、准确。被告人被控有多项犯罪事实的，应当逐一列举，对于犯罪手段相同的同一犯罪可以概括叙写。

（四）起诉的根据和理由，包括被告人触犯的刑法条款、犯罪的性质及认定的罪名、处罚条款、法定从轻、减轻或者从重处罚的情节，共同犯罪各被告人应负的罪责等。

被告人真实姓名、住址无法查清的，应当按其绰号或者自报的姓名、住址制作起诉书，并在起诉书中注明。被告人自报的姓名可能造成损害他人名誉、败坏道德风俗等不良影响的，可以对被告人编号并按编号制作起诉书，并附具被告人的照片，记明足以确定被告人面貌、体格、指纹以及其他反映被告人特征的事项。

起诉书应当附有被告人现在处所，证人、鉴定人、需要出庭的有专门知识的人的名单，需要保护的被害人、证人、鉴定人的名单，涉案款物情况，附带民事诉讼情况以及其他需要附注的情况。

证人、鉴定人、有专门知识的人的名单应当列明姓名、性别、年龄、职业、住址、联系方式，并注明证人、鉴定人是否出庭。

第三百九十四条　人民检察院提起公诉的案件，应当向人民法院移送起诉书、案卷材料和证据。

起诉书应当一式八份，每增加一名被告人增加起诉书五份。

关于被害人姓名、住址、联系方式、被告人被采取强制措施的种类、是否在案及羁押处所等问题，人民检察院应当在起诉书中列明，不再单独移送材料；对于涉及被害人隐私或者为保护证人、鉴定人、被害人人身安全，而不宜公开证人、鉴定人、被害人姓名、住址、工作单位和联系方式等个人信息，可以在起诉书中使用化名替代证人、鉴定人、被害人的个人信息，但是应当另行书面说明使用化名等情况，并标明密级。

第三百九十五条 人民检察院对于犯罪嫌疑人、被告人或者证人等翻供、翻证的材料以及对于犯罪嫌疑人、被告人有利的其他证据材料，应当移送人民法院。

第三百九十六条 人民法院向人民检察院提出书面意见要求补充移送材料，人民检察院认为有必要移送的，应当自收到通知之日起三日以内补送。

第三百九十七条 对提起公诉后，在人民法院宣告判决前补充收集的证据材料，人民检察院应当及时移送人民法院。

※法规解读：上述条文是对提起公诉条件、起诉书制作以及人民检察院向人民法院移送材料的补充规定。

第390条是关于提起公诉条件中的“犯罪事实已经查清”的解释。属于单一罪行的案件，“犯罪事实已经查清”指的是定罪量刑的有关事实已经查清，不影响定罪量刑的事实不清，不影响提起公诉。属于数个罪行的案件，部分罪行已经查清并符合起诉条件的，应当以查清的罪行起诉，其他罪行无法查清的，不影响对已查清罪行的起诉。有足够证据对被告人定罪量刑的，无法查清作案工具、赃物去向，不影响提起公诉。第391条是关于在审查起诉时发现有遗漏罪行或应审查起诉的同案犯罪嫌疑人能否提起公诉的规定。这种情况下，人民检察院应当建议公安机关补充移送审查起诉。对于犯罪事实清楚，证据确实、充分的，达到起诉条件的，人民检察院也可以直接提起公诉。第392条是关于人民检察院立案侦查的案件在审查起诉阶段发现不属于人民检察院管辖如何处理的规定。这种情况下，出于诉讼效率的考虑，符合起诉条件的，可以直接起诉。事实不清、证据不足的，及时移送对该案件有管辖权的机关办理。第393条是关于起诉书的内容和制作要求的规定。第394条至第397条是关于人民检察院向人民法院移送材料的规定。人民检察院在提起公诉时应当向人民法院移送起诉书，全部案件材料和证据。特别是对犯罪嫌疑人、被告人有利的证据材料，必须移送人民法院。人民检察院提起公诉后，人民法院书面要求其补充的材料以及人民检察院补充收集的证据材料都应当及时移送人民法院。

第三百九十九条 人民检察院对提起公诉的案件，可以向人民法院提出量刑建议。除有减轻处罚或者免除处罚情节外，量刑建议应当在法定量刑幅度内提出。建议判处有期徒刑、管制、拘役的，可以具有一定的幅度，也可以提出具体确定的建议。

第四百条 对提起公诉的案件提出量刑建议的，可以制作量刑建议书，与起诉书一并移送人民法院。

量刑建议书的主要内容应当包括被告人所犯罪行的法定刑、量刑情节、人民检察院建议人民法院对被告人处以刑罚的种类、刑罚幅度、可以适用的刑罚执行方式以及提出量刑建议的依据和理由等。

※法规解读：上述条文是关于人民检察院提起公诉时提出量刑建议的规定。第

399条是关于人民检察院的量刑建议权及其如何行使的规定，第400条是关于量刑建议书的制作和移送的规定。量刑建议，是指人民检察院对提起公诉的被告人，依法就其适用的刑罚种类、幅度及执行方式等向人民法院提出的建议。量刑建议是检察机关公诉权的一项重要内容，有利于强化控诉职能、维护量刑公正。2005年7月，最高人民检察院下发《人民检察院量刑建议试点工作实施意见》，量刑建议制度作为刑事诉讼程序改革的一项重要内容，正式在全国各地检察院推行。2010年2月，最高人民检察院颁布了《人民检察院开展量刑建议工作的指导意见（试行）》，旨在积极推进人民检察院提起公诉案件的量刑建议工作，促进量刑的公开、公正。2010年10月，最高人民法院、最高人民检察院、公安部、国家安全部、司法部共同颁布了《关于规范量刑程序若干问题的意见（试行）》，其中，对人民检察院的量刑建议也作了比较细致的规定。2012年修订的《人民检察院刑事诉讼规则（试行）》亦将人民检察院的量刑建议权予以明确。

关联法规索引

《最高人民法院、最高人民检察院、公安部、司法部关于对判处管制、宣告缓刑的犯罪分子适用禁止令有关问题的规定（试行）》第七条；《人民检察院办理未成年人刑事案件的规定》第51条；《最高人民检察院关于加强出庭公诉工作的意见》第1～18条；《最高人民法院、最高人民检察院、公安部、国家安全部、司法部关于在部分地区开展刑事案件认罪认罚从宽制度试点工作的办法》第11条；《未成年人刑事检察工作指引（试行）》第206～215条

第一百七十七条 【不起诉的条件和程序】犯罪嫌疑人没有犯罪事实，或者有本法第十六条规定的情形之一的，人民检察院应当作出不起诉决定。

对于犯罪情节轻微，依照刑法规定不需要判处刑罚或者免除刑罚的，人民检察院可以作出不起诉决定。

人民检察院决定不起诉的案件，应当同时对侦查中查封、扣押、冻结的财物解除查封、扣押、冻结。对被不起诉人需要给予行政处罚、处分或者需要没收其违法所得的，人民检察院应当提出检察意见，移送有关主管机关处理。有关主管机关应当将处理结果及时通知人民检察院。

条文解读

本条共有3款，是关于适用不起诉的条件和处理方式的规定。

本条第1款是关于绝对不起诉的规定。绝对不起诉包括两种情况:(1)犯罪嫌疑人没有犯罪事实的。没有犯罪事实,是指犯罪事实非犯罪嫌疑人所为,或犯罪嫌疑人的行为依法不构成犯罪。犯罪嫌疑人没有犯罪事实的,就不应该再对其进行追诉,在程序上应由人民检察院作出不起诉决定。(2)犯罪嫌疑人具有本法第16条规定的情形之一的。这属于法定的不追究刑事责任的情况,因而人民检察院应当作出不起诉的决定。

本条第2款是关于酌定不起诉的规定。酌定不起诉适用于犯罪情节轻微,依照刑法规定不需要判处刑罚或者免除刑罚的情况。其中"不需要判处刑罚"是指《刑法》第37条规定的情形,即对于犯罪情节轻微不需要判处刑罚的,可以免予刑事处罚;"免除刑罚"则是指刑法中关于在国外受过刑事处罚、聋哑或盲人犯罪、自首或重大立功、从犯、胁从犯、犯罪预备、犯罪中止、防卫过当、紧急避险超过必要限度等规定中免除处罚的规定。在该种情形下,人民检察院享有不起诉裁量权,是否起诉由人民检察院根据案件具体情况而定。故而本条规定,人民检察院"可以"作出不起诉决定。

本条第3款是关于被不起诉人的处理。在人民检察院作出不起诉决定后,被不起诉人在法律上处于无罪的地位,但这并不意味着被不起诉人不需要承担任何法律责任。人民检察院决定不起诉的案件,可以根据案件的不同情况,对被不起诉人予以训诫或责令具结悔过、赔礼道歉、赔偿损失。对被不起诉人需要给予行政处罚、行政处分或需要没收其违法所得的,人民检察院应当提出检察意见,移送有关主管机关处理。有关主管机关应当将处理结果及时通知人民检察院。同样,由于刑事追诉程序的终结,查封、扣押、冻结的财物也就没有了法律依据,故而应当解除。

配套法规及解读

《人民检察院刑事诉讼规则(试行)》(2012年11月22日修订)

第四百零一条第一款 人民检察院对于公安机关移送审查起诉的案件,发现犯罪嫌疑人没有犯罪事实,或者符合刑事诉讼法第十五条[1]规定的情形之一的,经检察长或者检察委员会决定,应当作出不起诉决定。

第四百零六条 人民检察院对于犯罪情节轻微,依照刑法规定不需要判处刑罚或者免除刑罚的,经检察长或者检察委员会决定,可以作出不起诉决定。

第四百零八条 人民检察院决定不起诉的,应当制作不起诉决定书。不起诉决定书的主要内容包括:

---

〔1〕 现行《刑事诉讼法》第十六条。

（一）被不起诉人的基本情况，包括姓名、性别、出生年月日、出生地和户籍地、民族、文化程度、职业、工作单位及职务、住址、身份证号码，是否受过刑事处分，采取强制措施的情况以及羁押处所等；如果是单位犯罪，应当写明犯罪单位的名称和组织机构代码、所在地址、联系方式，法定代表人和诉讼代表人的姓名、职务、联系方式；

（二）案由和案件来源；

（三）案件事实，包括否定或者指控被不起诉人构成犯罪的事实以及作为不起诉决定根据的事实；

（四）不起诉的法律根据和理由，写明作出不起诉决定适用的法律条款；

（五）查封、扣押、冻结的涉案款物的处理情况；

（六）有关告知事项。

第四百零九条　人民检察院决定不起诉的案件，可以根据案件的不同情况，对被不起诉人予以训诫或者责令具结悔过、赔礼道歉、赔偿损失。

对被不起诉人需要给予行政处罚、行政处分的，人民检察院应当提出检察意见，连同不起诉决定书一并移送有关主管机关处理，并要求有关主管机关及时通报处理情况。

※法规解读：上述条文是对不起诉的补充规定。

第401条第1款、第406条规定了不起诉的决定主体。无论是绝对不起诉的案件还是相对不起诉的案件，均由检察长或者检察委员会决定。第408条规定了人民检察院决定不起诉后应当制作不起诉决定书以及不起诉决定书包括的内容。第409条规定了人民检察院对被不起诉人需承担法律责任的处理。

关联法规索引

《刑法》第37条；《刑事诉讼法》第175条；《监察法》第47条；《人民检察院起诉案件公开审查规则（试行）》；《人民检察院办理不起诉案件质量标准（试行）》《人民检察院刑事诉讼规则（试行）》第403条；《最高人民法院、最高人民检察院关于办理抢夺刑事案件适用法律若干问题的解释》第5条；《最高人民法院、最高人民检察院关于办理寻衅滋事刑事案件适用法律若干问题的解释》第8条；《最高人民法院、最高人民检察院关于办理敲诈勒索刑事案件适用法律若干问题的解释》第5条；《最高人民法院、最高人民检察院关于办理盗窃刑事案件适用法律若干问题的解释》第7条；《最高人民法院、最高人民检察院、公安部、国家安全部、司法部关于推进以审判为中心的刑事诉讼制度改革的意见》九；《人民检察院刑事诉讼涉案采取管理规定》第23条；《最高人民法院、最高人民检察院关于办理非法采矿、破坏性采矿刑事案件适用法律若干问题的解释》第10条；《最高人民法院、最高人民检察院关于办理组织、利用邪教组织破坏法律实施等刑事案件适用法律若干问题的解释》第9条;《最高人民法院、最高人民检察院关于办理扰乱无线电通讯管理秩序等刑事案件适用法律若干问题的解释》第8条;《最高人民法院、最高人民检察院关于办理虚假诉讼刑事案件适用法律若干问题的解释》第9条;《最高人民检察院关于印发关于人民检察院立案侦查司法工作人员相关职务犯罪案件若干问题的规定》四;《最高人民法院、最高人民检察院关于办理妨害信用卡管理刑事案件具体应用法律若干问题的解释》第10条

典型案例

侯雨秋正当防卫案[1]

※案情简介:侯雨秋,男,1981年5月18日出生,系葛某经营的养生会所员工。2015年6月4日22时40分许,某足浴店股东沈某因怀疑葛某等人举报其店内有人卖淫嫖娼,遂纠集本店员工雷某、柴某等4人持棒球棍、匕首赶至葛某的养生会所。沈某先行进入会所,无故推翻大堂盆栽挑衅,与葛某等人扭打。雷某、柴某等人随后持棒球棍、匕首冲入会所,殴打店内人员,其中雷某持匕首两次刺中侯雨秋右大腿。其间,柴某所持棒球棍掉落,侯雨秋捡起棒球棍挥打,击中雷某头部致其当场倒地。该会所员工报警,公安人员赶至现场,将沈某等人抓获,并将侯雨秋、雷某送医救治。雷某经抢救无效,因严重颅脑损伤于6月24日死亡。侯雨秋的损伤程度构成轻微伤,该会所另有2人被打致轻微伤。

公安机关以侯雨秋涉嫌故意伤害罪,移送检察机关审查起诉。

浙江省杭州市人民检察院根据审查认定的事实认为,本案沈某、雷某等人的行为属于《刑法》第二十条第三款规定的"其他严重危及人身安全的暴力犯罪",侯雨秋对此采取防卫行为,造成不法侵害人之一雷某死亡,依法不属于防卫过当,不负刑事责任。主要理由如下:

第一,沈某、雷某等人的行为属于"其他严重危及人身安全的暴力犯罪"。判断不法侵害行为是否属于《刑法》第二十条第三款规定的"其他"犯罪,应当以本款列举的杀人、抢劫、强奸、绑架为参照,通过比较暴力程度、危险程度和刑法给予惩罚的力度等综合作出判断。本案沈某、雷某等人的行为,属于单方持械聚众斗殴,构成犯罪的法定最低刑虽然不重,与一般伤害罪相同,但《刑法》第二百九十二条同时规定,聚众斗殴,致人重伤、死亡的,依照刑法关于故意伤害致人重伤、故意杀人的规定定罪处罚。刑法作

---

[1] 本案根据《最高人民检察院第十二批指导性案例》(2012年12月18日)中的检例第48号整理。

此规定表明，聚众斗殴行为常可造成他人重伤或者死亡，结合案件具体情况，可以判定聚众斗殴与故意致人伤亡的犯罪在暴力程度和危险程度上是一致的。本案沈某、雷某等共5人聚众持棒球棍、匕首等杀伤力很大的工具进行斗殴，短时间内已经打伤3人，应当认定为“其他严重危及人身安全的暴力犯罪”。

第二，侯雨秋的行为具有防卫性质。侯雨秋工作的养生会所与对方的足浴店，尽管存在生意竞争关系，但侯雨秋一方没有斗殴的故意，本案打斗的起因系对方挑起，打斗的地点也系在本方店内，所以双方攻击与防卫的关系清楚明了。沈某纠集雷某等人聚众斗殴属于正在进行的不法侵害，没有斗殴故意的侯雨秋一方可以进行正当防卫，因此侯雨秋的行为具有防卫性质。

第三，侯雨秋的行为不属于防卫过当，不负刑事责任。本案沈某、雷某等人的共同侵害行为，严重危及他人人身安全，侯雨秋为保护自己和本店人员免受暴力侵害，而采取防卫行为，造成不法侵害人之一雷某死亡，依据《刑法》第二十条第三款的规定，不属于防卫过当，不负刑事责任。

检察机关依据《刑法》第二十条第三款的规定，认为侯雨秋的行为属于正当防卫，不负刑事责任，决定对侯雨秋不起诉。

※**裁判要旨：**本案沈某、雷某等人的行为，属于单方聚众斗殴，单方聚众斗殴的，属于不法侵害，没有斗殴故意的侯雨秋一方可以进行正当防卫，因此侯雨秋的行为具有防卫性质。同时，由于沈某、雷某等共5人聚众持棒球棍、匕首等杀伤力很大的工具进行斗殴，短时间内已经打伤3人，应当认定为《刑法》第二十条第三款规定的“其他严重危及人身安全的暴力犯罪”，故侯雨秋为保护自己和本店人员免受暴力侵害，而采取防卫行为，造成不法侵害人之一雷某死亡，依据《刑法》第二十条第三款的规定，不属于防卫过当，不负刑事责任。检察机关根据现行《刑事诉讼法》第177条第1款规定，认为侯雨秋没有犯罪事实，对其作出不起诉决定是正确的。

第一百七十八条 【不起诉决定书的宣布和送达】不起诉的决定，应当公开宣布，并且将不起诉决定书送达被不起诉人和他的所在单位。如果被不起诉人在押，应当立即释放。

条文解读

本条是关于不起诉决定的宣布和送达的规定。

犯罪嫌疑人被侦查机关立案侦查，往往会在社会上，特别是犯罪嫌疑人所在单位、居住地产生负面影响。如果人民检察院经过对自侦案件或移送起诉案件的审查，决定对犯罪嫌疑人不提起公诉时,就应及时为其挽回名誉,消除影响,故法律要求对不起诉的决定应当公开宣布。不起诉决定的公开宣布,是指将人民检察院不起诉决定以一定的形式向社会公开宣告。具体包括:凡是决定不起诉的案件,人民检察院应当公开向被不起诉人宣布不起诉决定并应当将《不起诉决定书》送达被不起诉人及其所在单位,如果没有单位的,可以送给他所在的居委会或者村委会;对公安机关移送起诉的案件决定不起诉的,同时应将《不起诉决定书》送达公安机关,该案有被害人的,还应送达被害人。

应当注意的是,不起诉的决定必须经过公开宣布的程序,不起诉决定书自公开宣布之日起生效,具有终结诉讼的效力,故不能以单纯的文书送达替代公开宣布。不起诉决定的公开宣布,增加了不起诉决定的透明度,方便了诉讼各方对不起诉决定的制约,因而对不起诉工作的公正、准确进行具有极其深远的影响。

人民检察院作出不起诉决定后,刑事追诉程序结束。因此,如果被不起诉人在押的,应当在宣布决定时立即释放;对于被不起诉人所采取的其他强制措施也应当解除。即使公安机关认为不起诉决定有错误,也应先行释放被不起诉人,然后再按法定程序提请复议、复核。

配套法规及解读

《人民检察院刑事诉讼规则(试行)》(2012年11月22日修订)

第四百一十二条 不起诉的决定,由人民检察院公开宣布。公开宣布不起诉决定的活动应当记录在案。

不起诉决定书自公开宣布之日起生效。

被不起诉人在押的,应当立即释放;被采取其他强制措施的,应当通知执行机关解除。

※法规解读:本条是关于不起诉的宣布和不起诉决定书效力的规定。

不起诉的决定应当公开宣布并进行记录。不起诉决定书自公开宣布之日起发生法律效力。如果被不起诉人在押的,应当立即释放;被采取其他强制措施的,应当通知执行机关解除。

关联法规索引

《最高人民检察院关于执行〈关于检察机关决定不起诉免予起诉的原系国家职工的被告人羁押期间工资是否补发问题的答复〉的有关问题的答复》;《最高人民法院赔偿委员会关于一审判决有罪二审发回重审一审退补后公诉机关作出不起诉决定赔偿

义务机关应如何确定问题的批复》;《最高人民法院赔偿委员会关于检察机关作出不起诉决定视为无罪应当承担国家赔偿责任的批复》;《最高人民法院赔偿委员会关于检察机关不起诉决定是对错误逮捕确认的批复》;《人民检察院刑事诉讼规则(试行)》第413条;《最高人民法院、最高人民检察院、公安部、司法部关于关于刑事诉讼法律援助工作的规定》第21条

第一百七十九条　【公安机关对不起诉决定的异议】对于公安机关移送起诉的案件,人民检察院决定不起诉的,应当将不起诉决定书送达公安机关。公安机关认为不起诉的决定有错误的时候,可以要求复议,如果意见不被接受,可以向上一级人民检察院提请复核。

条文解读

本条是关于公安机关对不起诉决定的复议、复核程序的规定。

按照我国《刑事诉讼法》的相关规定,公安机关、人民检察院、人民法院三机关应分工负责、互相配合、互相制约,故对于公安机关移送起诉的案件,人民检察院决定不起诉的,公安机关如果认为不起诉决定有错误,可以要求复议。如果意见不被接受的,还可以提请上一级人民检察院复核。上一级人民检察院应当认真进行复核,并及时将复核结果告知提请复核的公安机关,同时抄送同级公安机关和下级人民检察院。对于需要撤销不起诉决定的,既可以告知下级人民检察院撤销,也可以自己直接撤销,并交由下级人民检察院执行。人民检察院的复议或复核决定均应在收到复议意见书或复核意见书的30日内作出。

需要指出的是,公安机关提请复议、复核期间,不停止对不起诉决定的执行,不能以复议、复核为由继续羁押被不起诉人。

配套法规及解读

《人民检察院刑事诉讼规则(试行)》(2012年11月22日修订)

第四百一十四条　对于公安机关移送起诉的案件,人民检察院决定不起诉的,应当将不起诉决定书送达公安机关。

第四百一十五条　公安机关认为不起诉决定有错误,要求复议的,人民检察院公诉部门应当另行指定检察人员进行审查并提出审查意见,经公诉部门负责人审核,报请检察长或者检察委员会决定。

人民检察院应当在收到要求复议意见书后的三十日以内作出复议决定，通知公安机关。

第四百一十六条 上一级人民检察院收到公安机关对不起诉决定提请复核的意见书后，应当交由公诉部门办理。公诉部门指定检察人员进行审查并提出审查意见，经公诉部门负责人审核，报请检察长或者检察委员会决定。

上一级人民检察院应当在收到提请复核意见书后的三十日以内作出决定，制作复核决定书送交提请复核的公安机关和下级人民检察院。经复核改变下级人民检察院不起诉决定的，应当撤销或者变更下级人民检察院作出的不起诉决定，交由下级人民检察院执行。

※法规解读：上述条文是关于公安机关对不起诉决定的复议、复核程序的补充规定。

首先，上述条文规定了对不起诉决定复议的程序。对不起诉决定的复议，由人民检察院的公诉部门另行指定检察人员进行审查，提出审查意见，经公诉部门负责人审核，报请检察长或者检察委员会决定。复议决定作出的期限为收到要求复议意见书后的30日内，人民检察院应当将复议决定通知公安机关。

其次，上述条文规定了对不起诉决定的复核程序。公安机关对复议结果不服的，可以向上一级人民检察院提请复核。上一级人民检察院的公诉部门指定检察人员进行审查，提出审查意见，经公诉部门负责人审核，报请检察长或者检察委员会决定。复核决定作出的期限为收到提请复核意见书后的30日内。经复核改变下级人民检察院不起诉决定的，应当撤销或者变更下级人民检察院作出的不起诉决定，交由下级人民检察院执行。

关联法规索引

《最高人民检察院关于下级人民检察院对上级人民检察院不批准不起诉等决定能否提请复议的批复》；《人民检察院检察建议工作规定》第12条

第一百八十条 【被害人对不起诉决定的异议】对于有被害人的案件，决定不起诉的，人民检察院应当将不起诉决定书送达被害人。被害人如果不服，可以自收到决定书后七日以内向上一级人民检察院申诉，请求提起公诉。人民检察院应当将复查决定告知被害人。对人民检察院维持不起诉决定的，被害人可以向人民法院起诉。被害人也可以不经申诉，直接向人民法院起诉。人民法院受理案件后，人民检察院应当将有关案件材料移送人民法院。

条文解读

本条是关于被害人对不起诉决定不服的救济程序的规定。

被害人作为自己的人身权利、民主权利和财产权利受到犯罪行为直接侵害的人，其在诉讼中的合法权益理应得到更全面的保护。根据本条规定，人民检察院决定不起诉的案件，如果有被害人的，人民检察院有义务将《不起诉决定书》送达被害人，如被害人对不起诉决定不服，可通过申诉或提起自诉两种途径行使自己的诉讼权利。申诉途径，是指被害人对不起诉决定不服，可以在收到《不起诉决定书》后的7日内向上一级人民检察院的控告申诉部门提出申诉，请求人民检察院改变原决定并作出提起公诉的决定。上级人民检察院接到申诉后应立案复查，并应将复查决定通知被害人。如果经复查作出起诉决定的，应交由下级人民检察院提起公诉，并将复查决定抄送移送审查起诉的公安机关。提起自诉途径，是指被害人经过提出申诉后，对人民检察院复查维持原决定不服的，可以向有管辖权的人民法院起诉；被害人也可以不经申诉程序，直接向人民法院起诉。由于人民检察院的不起诉决定是终结案件的处理决定，因此被害人起诉后，公诉案件转成了自诉案件，被害人负有举证的责任。为保证被害人直接起诉权的充分实现，力争达到开庭审理的要求，本条规定，在人民法院受理案件后，人民检察院应当将有关案件材料移送人民法院，由人民法院继续审理。

配套法规及解读

《人民检察院刑事诉讼规则（试行）》（2012年11月22日修订）

第四百一十七条 被害人不服不起诉决定的，在收到不起诉决定书后七日以内申诉的，由作出不起诉决定的人民检察院的上一级人民检察院刑事申诉检察部门立案复查。

被害人向作出不起诉决定的人民检察院提出申诉的，作出决定的人民检察院应当将申诉材料连同案卷一并报送上一级人民检察院。

第四百一十八条 被害人不服不起诉决定，在收到不起诉决定书七日后提出申诉的，由作出不起诉决定的人民检察院刑事申诉检察部门审查后决定是否立案复查。

第四百一十九条 刑事申诉检察部门复查后应当提出复查意见，报请检察长作出复查决定。

复查决定书应当送达被害人、被不起诉人和作出不起诉决定的人民检察院。

上级人民检察院经复查作出起诉决定的，应当撤销下级人民检察院的不起诉决定，交由下级人民检察院提起公诉，并将复查决定抄送移送审查起诉的公安机关。出庭支持公诉由公诉部门办理。

第四百二十条 人民检察院收到人民法院受理被害人对被不起诉人起诉的通知后，人民检察院应当终止复查，将作出不起诉决定所依据的有关案件材料移送人民法院。

第四百二十二条 人民检察院复查不服不起诉决定的申诉，应当在立案三个月以内作出复查决定，案情复杂的，不得超过六个月。

※法规解读：上述条文是关于被害人对不起诉决定申诉及其处理程序的补充规定。其中，第417条补充规定了对被害人提出的申诉，由上一级人民检察院刑事申诉检察部门负责立案复查。作出不起诉决定的人民检察院应当将申诉材料连同案卷一并报送上一级人民检察院受理。第418条补充规定了被害人对不起诉决定提出申诉，如果超过法定的7日期限的，由作出不起诉决定的人民检察院刑事申诉检察部门审查后决定是否立案复查。第419条、第422条补充规定了作出复查决定的期限、审批程序、经复查撤销不起诉决定的程序。第420条补充规定了人民检察院终止复查，将作出不起诉决定所依据的有关案件材料移送人民法院。

第一百八十一条 【酌定不起诉被不起诉人的申诉】对于人民检察院依照本法第一百七十七条第二款规定作出的不起诉决定，被不起诉人如果不服，可以自收到决定书后七日以内向人民检察院申诉。人民检察院应当作出复查决定，通知被不起诉的人，同时抄送公安机关。

条文解读

本条是关于被不起诉人对不起诉决定的申诉程序的规定。

《刑事诉讼法》第177条在第1款和第2款分别规定了不起诉的两种形式，即绝对不起诉和相对（酌定）不起诉。绝对不起诉的前提是认定犯罪嫌疑人无罪或者依法不应追究其刑事责任，故此类不起诉不存在被不起诉人申诉的问题；而相对（酌定）不起诉是认为犯罪嫌疑人有罪，只是由于其犯罪情节轻微等原因，人民检察院在行使起诉自由裁量权后作出不起诉的决定。由于相对（酌定）不起诉涉及被不起诉人的名誉以及应否获得司法赔偿等问题，故法律规定被不起诉人对酌定不起诉享有申诉权。

被不起诉人在接到不起诉决定书后的7日内提出申诉的，应当由作出决定的人民检察院立案复查。人民检察院复查后，作出维持或改变不起诉决定的复查决定，通知被不起诉的人，同时抄送公安机关。

配套法规及解读

《人民检察院刑事诉讼规则(试行)》(2012年11月22日修订)

第四百二十一条　被不起诉人对不起诉决定不服,在收到不起诉决定书后七日以内提出申诉的,应当由作出决定的人民检察院刑事申诉检察部门立案复查。被不起诉人在收到不起诉决定书七日后提出申诉的,由刑事申诉检察部门审查后决定是否立案复查。

人民检察院刑事申诉检察部门复查后应当提出复查意见,认为应当维持不起诉决定的,报请检察长作出复查决定;认为应当变更不起诉决定的,报请检察长或者检察委员会决定;认为应当撤销不起诉决定提起公诉的,报请检察长或者检察委员会决定。

复查决定书中应当写明复查认定的事实,说明作出决定的理由。

复查决定书应当送达被不起诉人、被害人,撤销不起诉决定或者变更不起诉的事实或者法律根据的,应当同时将复查决定书抄送移送审查起诉的公安机关和本院有关部门。

人民检察院作出撤销不起诉决定提起公诉的复查决定后,应当将案件交由公诉部门提起公诉。

※法规解读:本条是关于被不起诉人提出申诉的处理程序的补充规定。

依据本条,第一,被不起诉人在法定期限内提出申诉的,由人民检察院刑事申诉检察部门立案复查。被不起诉人的申诉超过法定期限的,由刑事申诉检察部门审查后决定是否立案复查。第二,经复查,认为应当维持不起诉决定的,报请检察长作出复查决定;认为应当变更不起诉决定的,报请检察长或者检察委员会决定;认为应当撤销不起诉决定提起公诉的,报请检察长或者检察委员会决定。第三,复查决定书送达被不起诉人、被害人。如果撤销不起诉决定,或者变更不起诉的事实或者法律依据的,还应当将复查决定书同时抄送移送审查起诉的公安机关和本院有关部门。第四,复查决定提起公诉的,将案件移送公诉部门提起公诉。

关联法规索引

《人民检察院刑事诉讼规则(试行)》第423~425条

第一百八十二条　【对符合特殊条件的犯罪嫌疑人撤销案件、不起诉】犯罪嫌疑人自愿如实供述涉嫌犯罪的事实,有重大立功或者案件涉及国家重大利益的,经最高人民检察院核准,公安机关可以撤销案件,人民检察院可以作出不起

诉决定,也可以对涉嫌数罪中的一项或者多项不起诉。

根据前款规定不起诉或者撤销案件的,人民检察院、公安机关应当及时对查封、扣押、冻结的财物及其孳息作出处理。

条文解读

本条共有2款,是2018年《刑事诉讼法》修改时新增加的条文,是认罪认罚从宽原则在审查起诉程序中的体现。规定了对符合特殊条件的犯罪嫌疑人,公安机关可以撤销案件,人民检察院可以作出不起诉或者部分不起诉决定。

第1款对适用本条的"特殊条件"作了规定,一是要求犯罪嫌疑人自愿如实供述涉嫌犯罪的事实。即在公安机关立案侦查和人民检察院审查起诉阶段,犯罪嫌疑人能够主动坦白其犯罪行为的实施动机、过程及结果等,所坦白的内容真实、完整且基本能够查证属实。需要强调的是,这里的"涉嫌犯罪的事实",应是其涉嫌犯罪的全部事实,包括司法机关尚未掌握或者尚未完全掌握的犯罪事实。二是犯罪嫌疑人要有重大立功或者案件涉及国家重大利益的情形。其中"重大立功"是指犯罪嫌疑人有检举、揭发司法机关尚未掌握或者尚未完全掌握的其他犯罪嫌疑人的重大犯罪行为、提供侦破其他重大案件的重要线索、阻止他人重大犯罪活动或协助司法机关抓捕其他重大犯罪嫌疑人等;"案件涉及国家重大利益"是对案件的审理会直接或间接地影响国家重大领域的重大利益。应当注意的是,这种特殊情形只能是极其个别的例外,实践中对"重大立功"及"国家重大利益"应从严掌握,限制解释。三是需要经最高人民检察院核准。人民检察院是国家的法律监督机关,而最高人民检察院是最高检察机关。规定只有最高人民检察院才有权力核准公安机关撤销案件或者核准人民检察院作出不起诉或部分不起诉决定,体现了对待该类案件极为慎重的态度。对于公安机关撤销案件或者人民检察院作出不起诉决定的案件,犯罪嫌疑人在押的,应当立即释放。

第2款是关于公安机关、人民检察院应及时处置撤销或者不起诉案件中所涉财产的规定。由于适用本条的行为人属于有罪但不被追诉情形,故本款专门规定,在最高人民检察院核准了公安机关撤销案件的决定或核准了人民检察院不起诉或部分不起诉的决定后,公安机关和人民检察院享有对该类案件所涉财物及其孳息直接处置的特别处理权,对已经被查封、扣押冻结的涉案财物及其孳息,需要及时、妥善处置。

关联法规索引

《监察法》第47条;《最高人民法院、最高人民检察院关于办理非法从事资金支付结算业务、非法买卖外汇刑事案件适用法律若干问题的解释》第 8 条;《最高人民法院、最高人民检察院、公安部、国家安全部、司法部关于在部分地区开展刑事案件认罪认罚从宽制度试点工作的办法》第 13 条、第 14 条

第三编　审　　判

第一章　审判组织

本章介绍

人民法院是刑事诉讼中的专门机关，在刑事诉讼中承担审判职能。人民法院中对特定案件进行审理和裁判的组织，就是审判组织。依据《刑事诉讼法》和《人民法院组织法》的有关规定，人民法院审判刑事案件的审判组织形式包括独任制和合议制。本章从第183条至第185条，共3个条文，规定了独任制适用的案件范围、合议庭的组成、合议庭评议的规则和疑难、复杂、重大案件中审判委员会对合议庭审判工作的指导。

第一百八十三条　【合议庭组成】基层人民法院、中级人民法院审判第一审案件，应当由审判员三人或者由审判员和人民陪审员共三人或者七人组成合议庭进行，但是基层人民法院适用简易程序、速裁程序的案件可以由审判员一人独任审判。

高级人民法院审判第一审案件，应当由审判员三人至七人或者由审判员和人民陪审员共三人或者七人组成合议庭进行。

最高人民法院审判第一审案件，应当由审判员三人至七人组成合议庭进行。

人民法院审判上诉和抗诉案件，由审判员三人或者五人组成合议庭进行。

合议庭的成员人数应当是单数。

友情提示

2018年《刑事诉讼法》对本条作了较大修改，删除了原来的第3款和第6款，将原来的第2款分成了两款，对合议庭的组成及陪审员的权利作了与《人民陪审员法》相适应的修改。

条文解读

本条共有5款,是关于人民法院审判组织的规定。

独任制,是指由审判员一人独任审理案件的审判组织形式。对于比较简单的案件由独任审判员审理有利于提高诉讼的效率。因而,基层人民法院适用简易程序、速裁程序审理的刑事案件可以由审判员一人独任审判。

合议制,是指由审判员或审判员和陪审员数人共同组成审判集体审理案件的审判组织形式。合议制有利于发挥集体的才智和体现司法民主,是人民法院审判案件的基本组织形式。除法律规定可以适用独任制审理的案件外,人民法院审理刑事案件都要适用合议制。审判第一审刑事案件的合议庭可以由审判员或审判员和陪审员共同组成。2018年4月《人民陪审员法》颁布,明确了陪审员参审的范围和人数,因而2018年《刑事诉讼法》修正相应调整了合议庭的组成和人数:其中基层、中级人民法院审判第一审案件时可以由审判员三人组成合议庭,也可以由审判员和陪审员共三人组成合议庭或审判员三人陪审员四人组成七人合议庭。高级人民法院审判第一审案件,可以由审判员三人、五人或七人组成合议庭,也可以由审判员和陪审员共三人组成合议庭或审判员三人陪审员四人组成七人合议庭。最高人民法院审判第一审案件只能由审判员三人、五人或七人组成合议庭,陪审员不能参加。审判上诉和抗诉的刑事案件,合议庭只能由审判员组成,人数为三人或五人,人民陪审员不能参加。这主要是考虑到二审程序为终审程序,由具备法律专业素养的专任法官审理有利于保证案件的审理质量。

人民陪审员参加三人合议庭审判案件,对事实认定、法律适用,独立发表意见,行使表决权。人民陪审员参加七人合议庭审判案件,对事实认定,独立发表意见,并与法官共同表决;对法律适用,可以发表意见,但不参加表决。

合议庭的成员人数应当为单数。由于合议庭评议实行民主集中制,少数服从多数,为了能够形成多数意见,合议庭成员人数必须是单数。

关联法规索引

《人民陪审员法》第14~17条、第20条、第22条;《人民法院组织法》第30条、第34条;《最高人民法院关于人民法院合议庭工作的若干规定》第2条、第6条;《最高人民法院关于进一步加强合议庭职责的若干规定》第3条;《最高人民法院关于人民法院办理接收在台湾地区服刑的大陆居民回大陆服刑案件的规定》第4条;《最高人民法院关于适用〈中华人民共和国人民陪审员法〉若干问题的解释》第1~4条

第一百八十四条 【合议庭评议原则】合议庭进行评议的时候,如果意见分歧,应当按多数人的意见作出决定,但是少数人的意见应当写入笔录。评议笔录由合议庭的组成人员签名。

条文解读

本条是关于合议庭评议规则的规定。

合议庭行使审判权最核心和最集中的表现,就是合议庭评议案件并作出裁判。在合议庭评议时,每个合议庭成员都应该就案件的审理和裁判发表自己的意见,但由于法官的个体因素(受教育背景、审判实践经验、社会意识形态、价值观念、道德品行、主观喜好等)存在差异,即使出于法官的良知和对正义追求的忠诚信念,对证据采信、事实认定和法律的理解也会出现不同的见解。因而,在合议庭评议出现意见分歧时,立法按照民主集中制的原则,实行少数人的意见服从多数人的意见。对于少数人的意见也应当记入到评议笔录中。评议笔录是对合议庭评议过程的客观记录,由合议庭所有人员审阅确认无误后签名。合议庭评议情况应当保密。审判公开原则要求人民法院审理案件应当公开进行,对审判的过程和审判的结果都应当向当事人和社会公开。但这并不意味着所有的审判活动都必须置于公众监督之下。为了防止合议庭评议不受任何外部力量的干扰,维护司法的权威,合议庭评议一律秘密进行。

配套法规及解读

《最高人民法院关于适用〈中华人民共和国刑事诉讼法〉的解释》(2012年12月20日)

第一百七十六条 开庭审理和评议案件,应当由同一合议庭进行。合议庭成员在评议案件时,应当独立表达意见并说明理由。意见分歧的,应当按多数意见作出决定,但少数意见应当记入笔录。评议笔录由合议庭的组成人员在审阅确认无误后签名。评议情况应当保密。

※法规解读:本条内容基本与《刑事诉讼法》第184条相同,但增加了合议庭评议情况保密的规定。

关联法规索引

《人民法院组织法》第31条;《人民陪审员法》第23条;《最高人民法院关于人民法院合议庭工作的若干规定》第10~11条;《最高人民法院关于进一步加强合议庭职责

的若干规定》第6条;《最高人民法院关于适用〈中华人民共和国人民陪审员法〉若干问题的解释》第8~14条

第一百八十五条 【审判委员会】合议庭开庭审理并且评议后,应当作出判决。对于疑难、复杂、重大的案件,合议庭认为难以作出决定的,由合议庭提请院长决定提交审判委员会讨论决定。审判委员会的决定,合议庭应当执行。

条文解读

本条是关于疑难、复杂、重大案件提交审判委员会讨论决定的规定。

审判委员会是人民法院内部设立的对审判工作实行集体领导的组织。依据《人民法院组织法》的规定,各级人民法院设审判委员会。审判委员会由院长、副院长和若干资深法官组成,成员应当为单数。合议庭认为案件需要提交审判委员会讨论决定的,由审判长提出申请,院长批准。审判委员会讨论案件,合议庭对其汇报的事实负责,审判委员会委员对本人发表的意见和表决负责。审判委员会的决定,合议庭应当执行。审判委员会讨论案件的决定及其理由应当在裁判文书中公开,法律规定不公开的除外。

配套法规及解读

《最高人民法院关于适用〈中华人民共和国刑事诉讼法〉的解释》(2012年12月20日)

第一百七十八条 合议庭审理、评议后,应当及时作出判决、裁定。

拟判处死刑的案件、人民检察院抗诉的案件,合议庭应当提请院长决定提交审判委员会讨论决定。

对合议庭成员意见有重大分歧的案件、新类型案件、社会影响重大的案件以及其他疑难、复杂、重大的案件,合议庭认为难以作出决定的,可以提请院长决定提交审判委员会讨论决定。

人民陪审员可以要求合议庭将案件提请院长决定是否提交审判委员会讨论决定。

对提请院长决定提交审判委员会讨论决定的案件,院长认为不必要的,可以建议合议庭复议一次。

独任审判的案件,审判员认为有必要的,也可以提请院长决定提交审判委员会讨论决定。

第一百七十九条 审判委员会的决定,合议庭、独任审判员应当执行;有不同意见的,可以建议院长提交审判委员会复议。

※**法规解读**:上述条文是关于疑难、复杂、重大案件提交审判委员会讨论决定的补充规定。主要内容是:第一,明确了哪些案件合议庭应当提请院长决定提交审判委员会讨论决定,哪些案件合议庭可以提请院长决定提交审判委员会讨论决定。第二,明确了人民陪审员可以要求合议庭将案件提请院长决定是否提交审判委员会讨论决定,从而体现了人民陪审员在合议庭中与审判员享有相同的权利。第三,明确了院长认为没有必要提交审判委员会讨论决定时,可以建议合议庭复议一次。第四,补充规定了独任审判员必要时就案件也可以提请院长决定提交审判委员会讨论决定。第五,补充规定了对于审判委员会的决定,合议庭、独任审判员有不同意见时有建议院长提交审判委员会复议的权利。

关联法规索引

《人民法院组织法》第 36 ~ 39 条;《人民陪审员法》第 23 条;《最高人民法院审判委员会工作规则》;《最高人民法院关于改革和完善人民法院审判委员会制度的实施意见》第 7 ~ 16 条;《最高人民法院关于人民法院合议庭工作的若干规定》第 12 条、第 13 条;《最高人民法院关于进一步加强合议庭职责的若干规定》第 7 条;《最高人民法院、最高人民检察院关于人民检察院列席人民法院审判委员会会议的实施意见》;《最高人民法院关于适用〈中华人民共和国人民陪审员法〉若干问题的解释》第 15 条

第二章　第一审程序

本章介绍

本章从第186条至第226条，包括4节，共41个条文。本章是对刑事案件第一审程序的规定。按照审理案件案件性质的不同，刑事案件的第一审程序可以分为公诉案件的第一审程序和自诉案件的第一审程序；按照案件审理繁简程度的不同，刑事案件的第一审程序可以分为普通程序、简易程序和速裁程序。公诉案件的第一审普通程序是刑事审判程序的基础性程序，用24个条文进行了详细规定。速裁程序是2018年《刑事诉讼法》修正时新增设的程序。

第一节　公诉案件

第一百八十六条　【公诉案件的庭前审查】人民法院对提起公诉的案件进行审查后，对于起诉书中有明确的指控犯罪事实的，应当决定开庭审判。

条文解读

本条是关于人民法院对公诉案件进行审查的规定。

根据本条的规定，人民法院对检察机关提起公诉的案件要进行审查。但审查的内容仅限于查看起诉书中是否有明确的指控犯罪事实。如果有，就意味着人民检察院的公诉请求具备了形式要件和实质要件，人民法院有义务对案件进行开庭审理。所谓“有明确的指控犯罪事实”，是指人民检察院的起诉书中载明被告人的犯罪事实和提起公诉的具体罪名，且该犯罪事实依据刑法规定应当予以刑事处罚。

人民检察院向人民法院提起公诉，除了依据本条向人民法院提交具有明确指控犯罪事实的起诉书外，还应当根据《刑事诉讼法》第176条的规定，将案卷材料、证据移送人民法院。人民检察院向人民法院提起公诉的方式几经变化：从1979年《刑事诉讼法》中规定的全案移送式，到1996年《刑事诉讼法》的复印件主义，再到2012年《刑事诉讼法》的全案移送式。从这一细节的变化，反映出刑事司法不断改革和探索的精神。

配套法规及解读

《最高人民法院、最高人民检察院、公安部、国家安全部、司法部、全国人大常委会法制工作委员会关于实施刑事诉讼法若干问题的规定》(2012年12月26日)

25.刑事诉讼法第一百八十一条[1]规定:"人民法院对提起公诉的案件进行审查后,对于起诉书中有明确的指控犯罪事实的,应当决定开庭审判。"对于人民检察院提起公诉的案件,人民法院都应当受理。人民法院对提起公诉的案件进行审查后,对于起诉书中有明确的指控犯罪事实并且附有案卷材料、证据的,应当决定开庭审判,不得以上述材料不充足为由而不开庭审判。如果人民检察院移送的材料中缺少上述材料的,人民法院可以通知人民检察院补充材料,人民检察院应当自收到通知之日起三日内补送。

人民法院对提起公诉的案件进行审查的期限计入人民法院的审理期限。

※法规解读:本条重申了对于人民检察院提起公诉的案件,人民法院有开庭审判的义务。

根据《刑事诉讼法》第186条及本条的规定,人民法院对人民检察院提起公诉案件的审查主要是形式审查,是文书查验式的审查。审查后符合法律规定的,即起诉书中有明确的指控犯罪事实并且附有案卷材料、证据的,人民法院应当开庭审理该案件。若材料不充足的,人民法院要通知人民检察院补充材料。人民法院不能据此不开庭审判。人民法院对提起公诉案件审查的过程,也是人民法院审判程序的一部分,要计入审理期限。

《最高人民法院关于适用〈中华人民共和国刑事诉讼法〉的解释》(2012年12月20日)

第一百八十条 对提起公诉的案件,人民法院应当在收到起诉书(一式八份,每增加一名被告人,增加起诉书五份)和案卷、证据后,指定审判人员审查以下内容:

(一)是否属于本院管辖;

(二)起诉书是否写明被告人的身份,是否受过或者正在接受刑事处罚,被采取强制措施的种类、羁押地点,犯罪的时间、地点、手段、后果以及其他可能影响定罪量刑的情节;

(三)是否移送证明指控犯罪事实的证据材料,包括采取技术侦查措施的批准决定和所收集的证据材料;

(四)是否查封、扣押、冻结被告人的违法所得或者其他涉案财物,并附证明相关财

[1] 现行《刑事诉讼法》第一百八十六条。

物依法应当追缴的证据材料；

（五）是否列明被害人的姓名、住址、联系方式；是否附有证人、鉴定人名单；是否申请法庭通知证人、鉴定人、有专门知识的人出庭，并列明有关人员的姓名、性别、年龄、职业、住址、联系方式；是否附有需要保护的证人、鉴定人、被害人名单；

（六）当事人已委托辩护人、诉讼代理人，或者已接受法律援助的，是否列明辩护人、诉讼代理人的姓名、住址、联系方式；

（七）是否提起附带民事诉讼；提起附带民事诉讼的，是否列明附带民事诉讼当事人的姓名、住址、联系方式，是否附有相关证据材料；

（八）侦查、审查起诉程序的各种法律手续和诉讼文书是否齐全；

（九）有无刑事诉讼法第十五条〔1〕第二项至第六项规定的不追究刑事责任的情形。

第一百八十一条 人民法院对提起公诉的案件审查后，应当按照下列情形分别处理：

（一）属于告诉才处理的案件，应当退回人民检察院，并告知被害人有权提起自诉；

（二）不属于本院管辖或者被告人不在案的，应当退回人民检察院；

（三）不符合前条第二项至第八项规定之一，需要补充材料的，应当通知人民检察院在三日内补送；

（四）依照刑事诉讼法第一百九十五条〔2〕第三项规定宣告被告人无罪后，人民检察院根据新的事实、证据重新起诉的，应当依法受理；

（五）依照本解释第二百四十二条规定裁定准许撤诉的案件，没有新的事实、证据，重新起诉的，应当退回人民检察院；

（六）符合刑事诉讼法第十五条〔3〕第二项至第六项规定情形的，应当裁定终止审理或者退回人民检察院；

（七）被告人真实身份不明，但符合刑事诉讼法第一百五十八条〔4〕第二款规定的，应当依法受理。

对公诉案件是否受理，应当在七日内审查完毕。

※法规解读：上述条文是人民法院对提起公诉案件审查内容及不同情形的处理规定。

人民法院收到检察机关提起公诉的案件后，要查验是否有起诉书、案卷及证据，并

〔1〕 现行《刑事诉讼法》第十六条。

〔2〕 现行《刑事诉讼法》第一百九十八条。

〔3〕 现行《刑事诉讼法》第十六条。

〔4〕 现行《刑事诉讼法》第一百六十条。

且要根据被告人数量核对上述材料的份数，同时要逐项审查九项内容，并根据审查后的不同情形，分别进行不同的处理。

关联法规索引

《刑事诉讼法》第3条

第一百八十七条 【开庭前准备】 人民法院决定开庭审判后，应当确定合议庭的组成人员，将人民检察院的起诉书副本至迟在开庭十日以前送达被告人及其辩护人。

在开庭以前，审判人员可以召集公诉人、当事人和辩护人、诉讼代理人，对回避、出庭证人名单、非法证据排除等与审判相关的问题，了解情况，听取意见。

人民法院确定开庭日期后，应当将开庭的时间、地点通知人民检察院，传唤当事人，通知辩护人、诉讼代理人、证人、鉴定人和翻译人员，传票和通知书至迟在开庭三日以前送达。公开审判的案件，应当在开庭三日以前先期公布案由、被告人姓名、开庭时间和地点。

上述活动情形应当写入笔录，由审判人员和书记员签名。

条文解读

本条共有4款，是关于公诉案件开庭前准备工作的规定。

根据本条规定，人民法院在决定对案件开庭审理后，应当做好以下工作：

第一，确定合议庭组成人员。合议庭是人民法院审理刑事案件的最基本的审判组织形式。

第二，送达起诉书副本给被告人和辩护人。被告人及其辩护人对人民法院的审判活动享有知情权。因此，人民法院决定开庭审理公诉案件后，应向被告人及其辩护人送达起诉书副本，使其了解起诉的内容和理由，以便他们有针对性地准备辩护。

第三，开庭前听取有关程序问题的意见。2017年12月27日最高人民法院下发了《人民法院办理刑事案件庭前会议规程（试行）》，对庭前会议的相关程序问题进行了详细规定，明确：人民法院适用普通程序审理刑事案件，对于证据材料较多、案情疑难复杂、社会影响重大或者控辩双方对事实证据存在较大争议等情形的，可以决定在开庭审理前召开庭前会议。庭前会议旨在尽量在开庭前解决可能导致庭审延滞的问题。庭前会议可以询问并处理下列事项：是否对案件管辖有异议；是否申请有关人员回避；

是否申请不公开审理；是否申请排除非法证据；是否申请提供新的证据材料；是否申请重新鉴定或者勘验；是否申请调取在侦查、审查起诉期间公安机关、人民检察院收集但未随案移送的证明被告人无罪或者罪轻的证据材料；是否申请向证人或有关单位、个人收集、调取证据材料；是否申请证人、鉴定人、侦查人员、有专门知识的人出庭，是否对出庭人员名单有异议；与审判相关的其他问题。

第四，开庭通知和传唤。人民法院开庭的日期确定后，应当最晚在开庭前3日将通知书和传唤书送达给各方主体，以便他们及时做好安排，按时参加庭审。

第五，公开审判案件，应当在开庭3日以前先期公布案由、被告人姓名、开庭时间和地点，以便社会公众旁听案件审理。

第六，开庭前准备工作笔录。开庭前的准备工作是人民法院行使刑事审判权的一部分，也是案件审判程序的一部分，因此需要逐项认真做好记录工作，审判人员和书记员要在笔录上签名。

配套法规及解读

《最高人民法院关于适用〈中华人民共和国刑事诉讼法〉的解释》(2012年12月20日)

第一百八十二条　开庭审理前，人民法院应当进行下列工作：

(一)确定审判长及合议庭组成人员；

(二)开庭十日前将起诉书副本送达被告人、辩护人；

(三)通知当事人、法定代理人、辩护人、诉讼代理人在开庭五日前提供证人、鉴定人名单，以及拟当庭出示的证据；申请证人、鉴定人、有专门知识的人出庭的，应当列明有关人员的姓名、性别、年龄、职业、住址、联系方式；

(四)开庭三日前将开庭的时间、地点通知人民检察院；

(五)开庭三日前将传唤当事人的传票和通知辩护人、诉讼代理人、法定代理人、证人、鉴定人等出庭的通知书送达；通知有关人员出庭，也可以采取电话、短信、传真、电子邮件等能够确认对方收悉的方式；

(六)公开审理的案件，在开庭三日前公布案由、被告人姓名、开庭时间和地点。

上述工作情况应当记录在案。

※法规解读：本条是关于人民法院决定开庭前的准备工作的规定。

根据本条规定，人民法院在决定开庭审理公诉案件后，首先，要做的就是确定审判组织，适用普通程序审理的案件，依法组成合议庭，并且确定审判长。至迟在开庭前10日向被告人、辩护人送达起诉书副本。其次，依法告知被告人委托辩护人的权利，并且对于符合法律援助条件的，依法与法律援助机构联络，由法律援助机构指派承担法律援助义务的律师为其进行辩护。最后,开庭前3日通知有关当事人和其他诉讼参与人参加诉讼,办理公开审判的相关程序。

第一百八十五条 开庭审理前,合议庭可以拟出法庭审理提纲,提纲一般包括下列内容:

(一)合议庭成员在庭审中的分工;

(二)起诉书指控的犯罪事实的重点和认定案件性质的要点;

(三)讯问被告人时需了解的案情要点;

(四)出庭的证人、鉴定人、有专门知识的人、侦查人员的名单;

(五)控辩双方申请当庭出示的证据的目录;

(六)庭审中可能出现的问题及应对措施。

※法规解读:本条是关于合议庭准备法庭审理提纲的规定。

在我国,法庭审理的程序主要由审判人员组织和主持,因而,合议庭成员之间就庭审中的工作任务作出分工,便于在庭审中有的放矢地开展工作。同时,便于对案件相关情况作以简要的梳理,包括:起诉书指控的犯罪事实部分的重点和认定案件性质方面的要点;讯问被告人时需了解的案情要点;控辩双方拟出庭作证的证人、鉴定人和勘验、检查笔录制作人名单等,有助于掌握好庭审的节奏,并且较快地了解案件情况。另外,对于庭审中可能出现的问题及拟采取的措施也要有一定的准备,以便庭审的顺利进行。

《人民检察院刑事诉讼规则(试行)》(2012年11月22日修订)

第四百二十八条 公诉人在人民法院决定开庭审判后,应当做好如下准备工作:

(一)进一步熟悉案情,掌握证据情况;

(二)深入研究与本案有关的法律政策问题;

(三)充实审判中可能涉及的专业知识;

(四)拟定讯问被告人、询问证人、鉴定人、有专门知识的人和宣读、出示、播放证据的计划并制定质证方案;

(五)对可能出现证据合法性争议的,拟定证明证据合法性的提纲并准备相关材料;

(六)拟定公诉意见,准备辩论提纲;

(七)需要对出庭证人等的保护向人民法院提出建议或者配合做好工作的,做好相关准备。

※法规解读:本条是关于公诉人开庭前准备工作的规定。

公诉人依法代表国家出庭支持公诉。为了确保公诉质量,公诉人在接到人民法院开庭审理的通知后,应当认真做好准备工作,准备工作涉及熟悉案件情况、研究相关法律政策知识、充实专业知识,以及对庭审中的各项工作制订方案,做好计划,对庭审中可能出现的情况和状况,预先做好准备等。

《人民法院办理刑事案件庭前会议规程(试行)》(2017年11月27日)

为贯彻落实最高人民法院、最高人民检察院、公安部、国家安全部、司法部《关于推进以审判为中心的刑事诉讼制度改革的意见》,完善庭前会议程序,确保法庭集中持续审理,提高庭审质量和效率,根据法律规定,结合司法实际,制定本规程。

第一条 人民法院适用普通程序审理刑事案件,对于证据材料较多、案情疑难复杂、社会影响重大或者控辩双方对事实证据存在较大争议等情形的,可以决定在开庭审理前召开庭前会议。

控辩双方可以申请人民法院召开庭前会议。申请召开庭前会议的,应当说明需要处理的事项。人民法院经审查认为有必要的,应当决定召开庭前会议;决定不召开庭前会议的,应当告知申请人。

被告人及其辩护人在开庭审理前申请排除非法证据,并依照法律规定提供相关线索或者材料的,人民法院应当召开庭前会议。

※法规解读:本条共有3款,是对庭前会议召开情况的规定。

庭前会议是人民法院适用普通程序审理案件中的一个子程序,但是庭前会议并非是普通程序中的必经环节。庭前会议程序旨在确保法庭集中持续审理,提高庭审质量和效率,是人民法院庭审实质化改革的一部分。根据本条第1款的规定,案件中存在证据材料较多、案情疑难复杂、社会影响重大或者控辩双方对事实证据存在较大争议等情形的,人民法院可以决定召开庭前会议。

综合本条第1款和第2款的规定,庭前会议召开的决定权在人民法院。人民法院可以依职权决定召开;也可以在控辩双方申请情况下,由人民法院审查后决定。在控辩双方申请情况下,若人民法院决定不召开庭前会议,有义务告知申请人。

根据本条第3款的规定,辩方开庭前提出排除非法证据申请的,人民法院应当召开庭前会议。即只要遇到该种情况,庭前会议必须召开。控方包括被告人及其辩护人。

第二条 庭前会议中,人民法院可以就与审判相关的问题了解情况,听取意见,依法处理回避、出庭证人名单、非法证据排除等可能导致庭审中断的事项,组织控辩双方展示证据,归纳争议焦点,开展附带民事调解。

※法规解读:本条是对庭前会议处理事项的规定。

根据本条规定,庭前会议主要解决可能导致庭审中断的事项,如回避、出庭证人问题、非法证据排除问题等。同时,人民法院还可以组织控辩双方展示证据,并对争议焦点进行归纳,但是需要注意该程序并非是法庭调查程序的前置。因此并不解决证据资格和证明力大小问题。在庭前会议中可以开展附带民事诉讼的调解工作，以便促使刑事纠纷部分的快速解决。

第三条 庭前会议由承办法官主持，其他合议庭成员也可以主持或者参加庭前会议。根据案件情况，承办法官可以指导法官助理主持庭前会议。

公诉人、辩护人应当参加庭前会议。根据案件情况，被告人可以参加庭前会议；被告人申请参加庭前会议或者申请排除非法证据等情形的，人民法院应当通知被告人到场；有多名被告人的案件，主持人可以根据案件情况确定参加庭前会议的被告人。

被告人申请排除非法证据，但没有辩护人的，人民法院应当通知法律援助机构指派律师为被告人提供帮助。

庭前会议中进行附带民事调解的，人民法院应当通知附带民事诉讼当事人到场。

第四条 被告人不参加庭前会议的，辩护人应当在召开庭前会议前就庭前会议处理事项听取被告人意见。

※法规解读：上述条文是对参与庭前会议主体的规定。

庭前会议的主持人一般为案件承办法官。其他合议庭成员或者法官助理（在承办法官指导下）可以作为主持人主持庭前会议。公诉人和辩护人必须参加庭前会议。被告人根据案件情况可以参加。但是若被告人提出明确的申请，或者是被告人提出排除非法证据的，人民法院有义务通知被告人参加庭前会议。案件中有多名被告人的，并不需要全部都参加庭前会议，由主持人根据案件情况决定参加庭前会议的被告人。若被告人不参加庭前会议的，辩护人有义务在庭前会议前就相关事项听取被告人意见。

同时，根据该规定，增加了一种强制指派辩护法律援助的情形，及被告人申请排除非法证据，但是没有辩护人的情况。

对于意欲在庭前会议中进行附带民事调解的，那么调解双方均应当到场。因此，人民法院有义务通知附带民事诉讼双方当事人到场。

第五条 庭前会议一般不公开进行。

根据案件情况，庭前会议可以采用视频会议等方式进行。

第六条 根据案件情况，庭前会议可以在开庭审理前多次召开；休庭后，可以在再次开庭前召开庭前会议。

第七条 庭前会议应当在法庭或者其他办案场所召开。被羁押的被告人参加的，可以在看守所办案场所召开。

被告人参加庭前会议，应当有法警在场。

※法规解读：上述条文是对庭前会议召开形式的规定。

庭前会议并非开庭，因此不受审判公开原则的约束，一般不公开进行。为了方便起见，可以采用视频会议等可行的便捷的方式进行。庭前会议并无次数的限制。可以在开庭审理前多次召开,也可以在休庭后,再次开庭前召开。

一般情况下,庭前会议应当在法庭或者其他办案场所召开。如果被告人被羁押的,也可以在看守所办案场所进行。只要有被告人庭前会议的,就要有法警在场,确保庭前会议安全和秩序。

第八条 人民法院应当根据案件情况,综合控辩双方意见,确定庭前会议需要处理的事项,并在召开庭前会议三日前,将会议的时间、地点、人员和事项等通知参会人员。通知情况应当记录在案。

被告人及其辩护人在开庭审理前申请排除非法证据的,人民法院应当在召开庭前会议三日前,将申请书及相关线索或者材料的复制件送交人民检察院。

※法规解读:本条是对庭前会议召开前准备程序的规定。确定庭前会议需要处理的事项后,应当至少提前3日将会议时间、地点、人员和事项等相关内容通知参会人员。并将通知情况做好记录。

根据本条第2款规定,对于辩方申请排非的案件,人民法院除了按照前款规定进行通知外,还应当将排非申请和线索材料复印件送交检察机关,以便检察机关做好抗辩准备。

第九条 庭前会议开始后,主持人应当核实参会人员情况,宣布庭前会议需要处理的事项。有多名被告人参加庭前会议,涉及事实证据问题的,应当组织各被告人分别参加,防止串供。

第十条 庭前会议中,主持人可以就下列事项向控辩双方了解情况,听取意见:

(一)是否对案件管辖有异议;

(二)是否申请有关人员回避;

(三)是否申请不公开审理;

(四)是否申请排除非法证据;

(五)是否申请提供新的证据材料;

(六)是否申请重新鉴定或者勘验;

(七)是否申请调取在侦查、审查起诉期间公安机关、人民检察院收集但未随案移送的证明被告人无罪或者罪轻的证据材料;

(八)是否申请向证人或有关单位、个人收集、调取证据材料;

(九)是否申请证人、鉴定人、侦查人员、有专门知识的人出庭,是否对出庭人员名单有异议;

(十)与审判相关的其他问题。

对于前款规定中可能导致庭审中断的事项,人民法院应当依法作出处理,在开庭审理前告知处理决定,并说明理由。控辩双方没有新的理由,在庭审中再次提出有关申请或者异议的，法庭应当依法予以驳回。

※法规解读：上述条文是对庭前会议处理事项的规定。

第10条采用列举式规定，确定了庭前会议可以处理的十种事项。为了更好地处理相关事项，人民法院需要充分听取控辩双方意见。需要注意的是，多名被告人参与庭前会议，且讨论问题涉及事实证据问题的，要谨慎处理，被告人分别参加，防止串供。

且根据第10条第2款规定，人民法院对于庭前会议讨论事项应当依法作出处理决定，并依法告知处理决定和理由。原则上，庭前会议中已经处理过的事项，无新理由，不得在庭审中再次就此问题提出处理申请，或者对庭前会议的处理决定提出异议。

第十一条　被告人及其辩护人对案件管辖提出异议，应当说明理由。人民法院经审查认为异议成立的，应当依法将案件退回人民检察院或者移送有管辖权的人民法院；认为本院不宜行使管辖权的，可以请求上一级人民法院处理。人民法院经审查认为异议不成立的，应当依法驳回异议。

※法规解读：本条是对管辖异议的处理。

根据本条规定，辩方有权对案件管辖权提出异议，但应当陈明理由。人民法院经过审查后，若认为异议不成立，直接驳回；若认为异议成立的，有两种解决方案：第一，退回检察机关；第二，移送有管辖权的法院管辖。若受诉法院认为具有不宜行使管辖权的情况的，可以依法请求上一级人民法院处理。

第十二条　被告人及其辩护人申请审判人员、书记员、翻译人员、鉴定人回避，应当说明理由。人民法院经审查认为申请成立的，应当依法决定有关人员回避；认为申请不成立的，应当依法驳回申请。

被告人及其辩护人申请回避被驳回的，可以在接到决定时申请复议一次。对于不属于刑事诉讼法第二十八条[1]、第二十九条[2]规定情形的，回避申请被驳回后，不得申请复议。

被告人及其辩护人申请检察人员回避的，人民法院应当通知人民检察院。

※法规解读：本条是对回避问题的处理。

辩护方在审判阶段申请回避对象回避的，依法应当说明理由。法院经过对回避理由审查后，认为回避理由成立的，依法决定有关人员回避；认为回避理由不成立的，直接依法驳回。

依据《刑事诉讼法》之规定，辩方回避申请被驳回的，有权申请复议一次。但不属于法定回避理由的申请被驳回后，不得申请复议。

---

〔1〕 现行《刑事诉讼法》第三十条。

〔2〕 现行《刑事诉讼法》第三十一条。

第十三条　被告人及其辩护人申请不公开审理，人民法院经审查认为案件涉及国家秘密或者个人隐私的，应当准许；认为案件涉及商业秘密的，可以准许。

※法规解读：本条是对庭前会议方式的规定。

人民法院召开庭前会议，以公开审理为原则，不公开审理为例外。庭前会议不公开审理的，需要辩方提出申请。由人民法院对申请进行审查：涉及国家秘密和个人隐私的，应当不公开审理；案件涉及商业秘密的，可以不公开审理。

第十四条　被告人及其辩护人在开庭审理前申请排除非法证据，并依照法律规定提供相关线索或者材料的，人民检察院应当在庭前会议中通过出示有关证据材料等方式，有针对性地对证据收集的合法性作出说明。人民法院可以对有关证据材料进行核实；经控辩双方申请，可以有针对性地播放讯问录音录像。

人民检察院可以撤回有关证据，撤回的证据，没有新的理由，不得在庭审中出示。被告人及其辩护人可以撤回排除非法证据的申请，撤回申请后，没有新的线索或者材料，不得再次对有关证据提出排除申请。

控辩双方在庭前会议中对证据收集的合法性未达成一致意见，人民法院应当开展庭审调查，但公诉人提供的相关证据材料确实、充分，能够排除非法取证情形，且没有新的线索或者材料表明可能存在非法取证的，庭审调查举证、质证可以简化。

※法规解读：本条是庭前会议排非的规定。

根据前面条文的规定，辩方申请排除非法证据的，人民法院应当召开庭前会议。对于辩方提出排非申请的，人民检察院就证据的合法性承担举证责任，有义务通过出示证据材料等方式，对证据的合法性进行说明。人民法院有权对证据材料进行核实。为了核实相关证据，经控辩双方申请，可以在庭前会议中有针对性地播放讯问的录音录像资料。

本条第2款规定了证据撤回。对于辩方提出合法性存疑的证据，检察机关有权决定撤回。证据一旦撤回，视为没有提交，因此没有新的理由，不得在庭审中出示。辩方也可以撤回排非申请。一旦作出撤回排非申请的意思表示，没有新的线索或者材料，也不得再次对特定证据提出排非申请。这样规定，一来尊重控辩双方的诉讼权利，二来保障诉讼效率，禁止反复无常的意思表示给诉讼造成的困扰和程序资源的浪费。

本条第3款规定了对排非事项的调查。控辩双方就证据收集合法性没有达成一致意见的，人民法院应当通过庭审的方式进行调查。但是如果控方提供的材料确实充分，能够排除非法取证情形的，也没有其他线索或者材料证明可能存在非法取证可能的，为了提高诉讼效率，庭审举证和质证都可以简化。

第十五条　控辩双方申请重新鉴定或者勘验，应当说明理由。人民法院经审查认为理由成立，有关证据材料可能影响定罪量刑且不能补正的，应当准许。

※法规解读:本条是对控辩双方申请重新鉴定或者勘验的规定。

第十六条 被告人及其辩护人书面申请调取公安机关、人民检察院在侦查、审查起诉期间收集但未随案移送的证明被告人无罪或者罪轻的证据材料,并提供相关线索或者材料的,人民法院应当调取,并通知人民检察院在收到调取决定书后三日内移交。

被告人及其辩护人申请向证人或有关单位、个人收集、调取证据材料,应当说明理由。人民法院经审查认为有关证据材料可能影响定罪量刑的,应当准许;认为有关证据材料与案件无关或者明显重复、没有必要的,可以不予准许。

※法规解读:本条是对辩方申请调取证据的规定。包括申请从控方调取证据材料和申请向证人或者有关单位、个人收集、调取证据材料两种情况。

第十七条 控辩双方申请证人、鉴定人、侦查人员、有专门知识的人出庭,应当说明理由。人民法院经审查认为理由成立的,应当通知有关人员出庭。

控辩双方对出庭证人、鉴定人、侦查人员、有专门知识的人的名单有异议,人民法院经审查认为异议成立的,应当依法作出处理;认为异议不成立的,应当依法驳回。

人民法院通知证人、鉴定人、侦查人员、有专门知识的人等出庭后,应当告知控辩双方协助有关人员到庭。

※法规解读:本条是控辩双方申请人证出庭的规定。

第十八条 召开庭前会议前,人民检察院应当将全部证据材料移送人民法院。被告人及其辩护人应当将收集的有关被告人不在犯罪现场、未达到刑事责任年龄、属于依法不负刑事责任的精神病人等证明被告人无罪或者依法不负刑事责任的全部证据材料提交人民法院。

人民法院收到控辩双方移送或者提交的证据材料后,应当通知对方查阅、摘抄、复制。

※法规解读:本条是控辩双方已送证据材料的规定。为了确保庭前会议召开的时效性,控辩双方均应当在庭前会议召开前,将案件中的证据依法提交给人民法院,然后对方通过查阅、摘抄和复制等方式了解和知悉。

第十九条 庭前会议中,对于控辩双方决定在庭审中出示的证据,人民法院可以组织展示有关证据,听取控辩双方对在案证据的意见,梳理存在争议的证据。

对于控辩双方在庭前会议中没有争议的证据材料,庭审时举证、质证可以简化。

人民法院组织展示证据的,一般应当通知被告人到场,听取被告人意见;被告人不到场的,辩护人应当在召开庭前会议前听取被告人意见。

第二十条 人民法院可以在庭前会议中归纳控辩双方的争议焦点。对控辩双方没有争议或者达成一致意见的事项,可以在庭审中简化审理。

人民法院可以组织控辩双方协商确定庭审的举证顺序、方式等事项,明确法庭调查的方式和重点。协商不成的事项，由人民法院确定。

※法规解读：上述条文是对庭前会议出示证据的规定。

第二十一条　对于被告人在庭前会议前不认罪，在庭前会议中又认罪的案件，人民法院核实被告人认罪的自愿性和真实性后，可以依法适用速裁程序或者简易程序审理。

※法规解读：本条是对庭前会议中被告人认罪情况处理的规定。

第二十二条　人民法院在庭前会议中听取控辩双方对案件事实证据的意见后，对于明显事实不清、证据不足的案件，可以建议人民检察院补充材料或者撤回起诉。建议撤回起诉的案件，人民检察院不同意的，人民法院开庭审理后，没有新的事实和理由，一般不准许撤回起诉。

※法规解读：本条是对建议撤回起诉的规定。

人民检察院提起公诉要符合案件事实清楚，证据确实充分的条件。在庭前会议中，人民法院法院发现人民检察院提起公诉的案件不符合起诉条件的，有权建议人民检察院补充材料或者撤回起诉。若人民检察院不撤回的，人民法院依法开庭对案件进行审理。在庭审过程中，人民检察院无新事实和理由，要求撤回的，人民法院一般不再准许。

第二十三条　庭前会议情况应当制作笔录，由参会人员核对后签名。

庭前会议结束后应当制作庭前会议报告，说明庭前会议的基本情况、与审判相关的问题的处理结果、控辩双方的争议焦点以及就相关事项达成的一致意见等。

※法规解读：本条是庭前会议笔录的规定。

第二十四条　对于召开庭前会议的案件，在宣读起诉书后，法庭应当宣布庭前会议报告的主要内容；有多起犯罪事实的案件，可以在有关犯罪事实的法庭调查开始前，分别宣布庭前会议报告的相关内容；对庭前会议处理管辖异议、申请回避、申请不公开审理等事项的，法庭可以在告知当事人诉讼权利后宣布庭前会议报告的相关内容。

※法规解读：本条是庭前会议程序的规定。

第二十五条　宣布庭前会议报告后，对于庭前会议中达成一致意见的事项，法庭向控辩双方核实后当庭予以确认；对于未达成一致意见的事项，法庭可以归纳控辩双方争议焦点，听取控辩双方意见，依法作出处理。

控辩双方在庭前会议中就有关事项达成一致意见，在庭审中反悔的，除有正当理由外，法庭一般不再进行处理。

※法规解读：本条是庭前会议效力的规定。

庭前会议是人民法院审理案件的程序之一。在该程序中处理的事项，具有法律效力。对控辩双方在庭前会议中达成一致意见的事项，原则上法庭不再另行处理。

关联法规索引

《最高人民法院、最高人民检察院、公安部、国家安全部、司法部关于办理刑事案件排除非法证据若干问题的规定》第4条

第一百八十八条 【审判公开原则及例外】人民法院审判第一审案件应当公开进行。但是有关国家秘密或者个人隐私的案件，不公开审理；涉及商业秘密的案件，当事人申请不公开审理的，可以不公开审理。

不公开审理的案件，应当当庭宣布不公开审理的理由。

条文解读

本条是关于公开审理和公开审理例外（不公开审理）案件的规定。

人民法院审理案件以公开审理为一般原则，允许公民旁听，允许新闻采访和报道。公开审理既是一种诉讼民主的形式，同时也是社会公众对审判活动进行监督的一种途径。同时还是对社会进行法制宣传和教育的有益形式，但并不是所有的案件都适宜公开审理。随着互联网技术的普及，公开审判进一步升级，并且逐步实现了信息化。2018年9月《最高人民法院关于人民法院通过互联网公开审判流程信息的规定》开始实施，人民法院通过互联网公开审判流程信息，同时裁判文书网以及庭审直播网的建设和完善也进一步提升了审判公开的水平。

《刑事诉讼法》中规定了两种不公开审理的类型：一种为依法不公开；另一种为依申请不公开。所谓"依法不公开"，是指直接依照法律规定不公开审理，该类案件包括有关国家秘密或者个人隐私的案件，以及《刑事诉讼法》第285条规定的不满18周岁的未成年人刑事案件。根据《保守国家秘密法》第2条的规定，国家秘密是关系国家安全和利益，依照法定程序确定，在一定时间内只限一定范围的人员知悉的事项。涉及个人隐私的案件，是指案件涉及个人不愿公开的隐秘，这些隐秘的公开将会给当事人的生活造成不良影响，给当事人带来心理的痛苦和压力，如两性关系、生育能力、收养子女等，均属此类。所谓"依申请不公开"，主要是指涉及商业秘密的案件，当事人认为不适宜公开审理的，可以向人民法院提出申请，人民法院也可以决定不公开审理。依申请不公开审理的案件是2012年《刑事诉讼法》修改新增加的内容。根据《刑法》第219条的规定，"商业秘密"，是指不为公众所知悉，能为权利人带来经济利益，具有实用

性并经权利人采取保密措施的技术信息和经营信息。对于该种情况，当事人必须先提出申请，然后由人民法院综合案件情况后确定。对此，法条中使用的是“可以”二字，即意味着并非当事人提出不公开审理的申请，人民法院必然应允。人民法院对依申请不公开的情况享有自由裁量权。

人民法院不公开审理的案件，应当当庭宣布不公开审理的原因。不公开审理的案件，任何公民包括与审理该案件无关的法院工作人员和被告人的近亲属均不得旁听。不公开审理的案件宣告判决一律公开。

配套法规及解读

《最高人民法院关于适用〈中华人民共和国刑事诉讼法〉的解释》(2012 年 12 月 20 日)

第一百八十六条　审判案件应当公开进行。

案件涉及国家秘密或者个人隐私的，不公开审理；涉及商业秘密，当事人提出申请的，法庭可以决定不公开审理。

不公开审理的案件，任何人不得旁听，但法律另有规定的除外。

※法规解读：本条是关于人民法院审判公开原则及不公开审理案件范围的规定。

我国审判依法实行审判公开原则。但特殊情况下，案件不适宜公开审理。上述条文与《刑事诉讼法》第 188 条及第 285 条的内容一致，即人民法院依法不公开审理的案件包括涉及国家秘密、个人隐私的案件、未成年人案件，以及涉及商业秘密，当事人申请，且法院决定不公开审理的案件。

《刑事诉讼法》第 285 条规定：审判的时候被告人不满 18 周岁的案件，不公开审理。但是，经未成年被告人及其法定代理人同意，未成年被告人所在学校和未成年人保护组织可以派代表到场。即未成年人案件不公开审理，但是经过未成年人被告人及其法定代理人同意的特定人员可以旁听案件审理。

关联法规索引

《宪法》第 125 条；《行政诉讼法》第 6 条；《刑法》第 219 条；《保守国家秘密法》第 2 条；《民事诉讼法》第 134 条；《人民法院组织法》第 7 条、第 39 条、第 58 条；《最高人民法院关于严格执行公开审判制度的若干规定》第 2 条、第 8～10 条；《最高人民法院关于人民法院通过互联网公开审判流程信息的规定》

第一百八十九条 【出庭支持公诉】人民法院审判公诉案件，人民检察院应当派员出席法庭支持公诉。

条文解读

本条是关于人民检察院派员出庭支持公诉的规定。

人民检察院是我国唯一的国家公诉机关，所有的公诉案件均需要由检察机关代表国家提起诉讼。公诉人应当由检察长、检察员或者经检察长批准代行检察员职务的助理检察员一人至数人担任，并配备书记员担任记录。因此，人民检察院派员出庭支持公诉是其履行公诉职能的重要组成部分。人民检察院支持公诉职能的发挥使审判制度更加全面和完整。

配套法规及解读

《人民检察院刑事诉讼规则（试行）》（2012年11月22日修订）

第四百二十六条 提起公诉的案件，人民检察院应当派员以国家公诉人的身份出席第一审法庭，支持公诉。

公诉人应当由检察长、检察员或者经检察长批准代行检察员职务的助理检察员一人至数人担任，并配备书记员担任记录。

适用简易程序审理的公诉案件，可以不配备书记员担任记录。

※**法规解读：**本条是对人民检察院派员出庭支持公诉的规定。

在刑事诉讼中，人民检察院承担着公诉职能，是我国唯一的国家公诉机关，因此，人民检察院派员以国家公诉人的身份出席人民法院的审判活动，支持公诉，既是其职权，也是其职责的一部分。

具体而言，国家公诉人由检察人员担任。担任公诉人的可以是检察长、检察员或者经检察长批准代行检察员职务的助理检察员，数量最少为一人。公诉人出庭支持公诉需要配备书记员担任记录工作。根据本条规定，公诉案件的简易程序与普通程序不同，适用简易程序人民检察院可以不配备专门的书记员承担记录工作。

第四百三十四条 公诉人在法庭上应当依法进行下列活动：

（一）宣读起诉书，代表国家指控犯罪，提请人民法院对被告人依法审判；

（二）讯问被告人；

（三）询问证人、被害人、鉴定人；

（四）申请法庭出示物证，宣读书证、未到庭证人的证言笔录、鉴定人的鉴定意见、

勘验、检查、辨认、侦查实验等笔录和其他作为证据的文书,播放作为证据的视听资料、电子数据等;

(五)对证据采信、法律适用和案件情况发表意见,提出量刑建议及理由,针对被告人、辩护人的辩护意见进行答辩,全面阐述公诉意见;

(六)维护诉讼参与人的合法权利;

(七)对法庭审理案件有无违反法律规定的诉讼程序的情况记明笔录;

(八)依法从事其他诉讼活动。

※法规解读:本条是关于公诉人在法庭上诉讼活动的规定。

公诉人依法代表国家出庭支持公诉,一方面应当依法履行控诉职能,追诉犯罪;另一方面也应当依法履行法律监督职责,并且有义务保障诉讼参与人的合法诉讼权利。本条第1~5项的规定是公诉人控诉职能的体现。而对法庭审理案件过程中有无违反法律规定的诉讼程序的情况记明笔录,是公诉人法律监督职能使然。维护诉讼参与人的合法权利是公诉人客观公正义务的必然要求。同时,公诉人还可以从事与其职能和职责相适应的其他诉讼活动。

第四百三十五条 在法庭审理中,公诉人应当客观、全面、公正地向法庭出示与定罪、量刑有关的证明被告人有罪、罪重或者罪轻的证据。

定罪证据与量刑证据需要分开的,应当分别出示。

※法规解读:本条是关于公诉人客观公正义务的规定。

公诉人代表国家追诉犯罪,其虽然履行控诉职能,但却不是单纯追求胜诉利益的主体。其要严格依照国家法律办事,促进刑事诉讼目的——控制犯罪和保障人权的实现,既要使犯罪者受到应有的惩罚,同时又要保障无辜人不受追究。因此,本条中特别强调公诉人在庭审中的证明活动要客观、全面而且公正。

关联法规索引

《宪法》第129条;《人民检察院组织法》第20条;《检察官法》第6条

第一百九十条 【开庭】开庭的时候,审判长查明当事人是否到庭,宣布案由;宣布合议庭的组成人员、书记员、公诉人、辩护人、诉讼代理人、鉴定人和翻译人员的名单;告知当事人有权对合议庭组成人员、书记员、公诉人、鉴定人和翻译人员申请回避;告知被告人享有辩护权利。

被告人认罪认罚的,审判长应当告知被告人享有的诉讼权利和认罪认罚的法律规定,审查认罪认罚的自愿性和认罪认罚具结书内容的真实性、合法性。

条文解读

本条是关于开庭时审判长应当宣布事项和告知当事人权利的规定。本条第2款为2018《刑事诉讼法》修正时新增。

人民法院开庭后,整个庭审活动就应当在审判长的指挥之下进行。因此,下列活动都是由审判长完成的,包括:第一,审判长宣布开庭后应当查明当事人是否到庭。刑事案件中的被告人必须到庭,否则人民法院不能对案件进行审理。被害人、诉讼代理人、证人、鉴定人经人民法院传唤或者通知未到庭,不影响开庭审判的,人民法院可以开庭审理。第二,宣布案由。第三,宣布合议庭的组成人员、书记员、公诉人、辩护人、诉讼代理人、鉴定人和翻译人员的名单。第四,告知当事人有权对合议庭组成人员、书记员、公诉人、鉴定人和翻译人员申请回避。第五,告知被告人享有辩护权利。

本条第2款是对认罪认罚情况下告知特别内容的规定。认罪认罚从宽已经写入《刑事诉讼法》,是我国刑事诉讼法的原则之一。认罪认罚的努力贯穿于整个追诉过程。因此,在庭审时,被告人已经认罪认罚的,不仅要告知被告人享有的诉讼权利,而且要告知其认罪认罚的法律规定内容,以确保认罪认罚是被告人在了解相关规定的前提下做出的自愿、理智的选择。认罪认罚的核心就是被告人的自愿性,因此审判长要审查认罪认罚的自愿性和认罪认罚具结书的真实性和合法性。

配套法规及解读

《最高人民法院关于适用〈中华人民共和国刑事诉讼法〉的解释》(2012年12月20日)

第一百八十九条 开庭审理前,书记员应当依次进行下列工作:

(一)受审判长委托,查明公诉人、当事人、证人及其他诉讼参与人是否到庭;

(二)宣读法庭规则;

(三)请公诉人及相关诉讼参与人入庭;

(四)请审判长、审判员(人民陪审员)入庭;

(五)审判人员就座后,向审判长报告开庭前的准备工作已经就绪。

※法规解读:本条是关于书记员在正式开庭审理前进行相关工作的规定。

在人民法院正式开庭审理案件之前,书记员要做好法庭审判的准备工作,确保庭审相关人员的就位。具体包括:查明公诉人、当事人、证人及其他诉讼参与人是否已经到庭;宣读法庭规则;请公诉人、辩护人入庭;请审判长、审判员(人民陪审员)入庭;审判人员就座后,当庭向审判长报告开庭前的准备工作已经就绪。书记员在正式开庭前所做的这些工作具有辅助性质。待到正式宣布开庭后,审判长仍需要对当事人及诉讼参与人的到庭情况进行查明和确认。

第一百九十条　审判长宣布开庭，传被告人到庭后，应当查明被告人的下列情况：

（一）姓名、出生日期、民族、出生地、文化程度、职业、住址，或者被告单位的名称、住所地、诉讼代表人的姓名、职务；

（二）是否受过法律处分及处分的种类、时间；

（三）是否被采取强制措施及强制措施的种类、时间；

（四）收到起诉书副本的日期；有附带民事诉讼的，附带民事诉讼被告人收到附带民事起诉状的日期。

被告人较多的，可以在开庭前查明上述情况，但开庭时审判长应当作出说明。

※法规解读：本条是关于宣布开庭后，传唤并查明被告人情况的规定。

根据法律的相关规定，开庭由审判长宣布。庭审活动由审判长主持。审判长宣布开庭后，应当传被告人到庭。我国的刑事审判程序中要求被告人必须到庭，否则案件无法正常审理。被告人到庭后，审判长应当依法对被告人的自然情况、受到法律处分情况、强制措施适用情况以及收到人民检察院起诉书副本的时间等逐一查明。根据《刑事诉讼法》的规定，被告人至少要在人民法院开庭审理前十日收到起诉书副本，以便准备辩护。

第一百九十一条　审判长宣布案件的来源、起诉的案由、附带民事诉讼当事人的姓名及是否公开审理；不公开审理的，应当宣布理由。

第一百九十二条　审判长宣布合议庭组成人员、书记员、公诉人名单及辩护人、鉴定人、翻译人员等诉讼参与人的名单。

※法规解读：第192条是关于审判长宣布参与诉讼人员名单的规定。

人民法院审理刑事案件，首先要告知当事人合议庭组成人员。同时对于参与诉讼的书记员、公诉人、辩护人、鉴定人和翻译人员等也都要一一陈明。以便大家有初步的了解，同时也为相关主体申请回避权的行使奠定基础。

第一百九十三条　审判长应当告知当事人及其法定代理人、辩护人、诉讼代理人在法庭审理过程中依法享有下列诉讼权利：

（一）可以申请合议庭组成人员、书记员、公诉人、鉴定人和翻译人员回避；

（二）可以提出证据，申请通知新的证人到庭、调取新的证据，申请重新鉴定或者勘验、检查；

（三）被告人可以自行辩护；

（四）被告人可以在法庭辩论终结后作最后陈述。

※法规解读：本条是关于开庭审理告知诉讼权利的规定。

开庭审理初期，审判长就应当告知当事人、法定代理人在诉讼中依法享有的诉讼权利，具体包括：申请回避权、提出证据、调取新证据等的权利、自行辩护和最后陈述的权利。以便当事人能够在诉讼中更好地运用诉讼权利，维护自己的合法权益。

第一百九十四条 审判长应当询问当事人及其法定代理人、辩护人、诉讼代理人是否申请回避、申请何人回避和申请回避的理由。

当事人及其法定代理人、辩护人、诉讼代理人申请回避的，依照刑事诉讼法及本解释的有关规定处理。

同意或者驳回回避申请的决定及复议决定，由审判长宣布，并说明理由。必要时，也可以由院长到庭宣布。

※法规解读：本条是关于回避事项处理的规定。

根据《刑事诉讼法》的规定，当事人及其法定代理人有申请回避的权利。2012 年《刑事诉讼法》修改后，又赋予辩护人、诉讼代理人申请回避的权利。审判长在告知相关主体享有申请回避的诉讼权利后，应当询问他们是否申请回避，以及具体的申请回避对象和理由。若有申请回避请求的，其所提出的回避理由符合法律规定的，人民法院应当根据回避的决定权限和程序规定依法处理。如果其提出的回避理由不符合法律的规定，合议庭有权当庭驳回回避申请，并继续案件审理程序。由于申请回避人对回避决定有申请复议的权利，因此，申请人当庭申请复议的，合议庭应当宣布休庭，待复议决定作出后，再决定是否继续法庭审理活动。回避决定及回避复议决定由审判长宣布，宣布时，不仅要告知结果，同时要说明理由。必要的时候，可以由院长到庭宣布上述事宜。

关联法规索引

《宪法》第 125 条；《人民法院组织法》第 8 条；《最高人民法院关于严格执行公开审判制度的若干规定》第 4 条；《最高人民法院、最高人民检察院、公安部、国家安全部、司法部关于办理刑事案件排除非法证据若干问题的规定》第 4 条；《关于推进以审判为中心的刑事诉讼制度改革的意见》第 13 条；《最高人民法院、最高人民检察院、公安部、国家安全部、司法部关于在部分地区开展刑事案件认罪认罚从宽制度试点工作的办法》第 5 条、第 15 条；《人民法院办理刑事案件第一审普通程序法庭调查规程（试行）》第 5 条

第一百九十一条 【法庭调查】公诉人在法庭上宣读起诉书后，被告人、被害人可以就起诉书指控的犯罪进行陈述，公诉人可以讯问被告人。

被害人、附带民事诉讼的原告人和辩护人、诉讼代理人，经审判长许可，可以向被告人发问。

审判人员可以讯问被告人。

条文解读

本条有 3 款,是对法庭上讯问被告人的规定。

本条第 1 款是关于公诉人宣读起诉书后,被告人、被害人进行陈述及公诉人可以讯问被告人的规定。根据本款的规定,公诉人在审判庭上宣读起诉书后,被告人和被害人可以分别就起诉书指控的犯罪进行陈述。公诉人和被害人虽然同属于控诉方,但公诉人不能完全代表被害人的利益和主张,因此实践中要注意对被害人相关诉讼权利的尊重和保障。为了实现公诉人的控诉职能,同时也为了更好地查明案件情况,公诉人可以讯问被告人,讯问的主要内容应限定于其指控的犯罪。讯问的主要目的是让审判人员当庭听取被告人的供述或者辩解,弄清案件事实。

本条第 2 款是关于被害人、附带民事诉讼的原告人和辩护人、诉讼代理人向被告人发问的程序的规定。不同的诉讼主体有不同的诉讼地位,具有与之相应的诉讼权利和义务,其向被告人提问,均是为了证明自己的主张,澄清问题。但是,由于发问的主体数量较多,为了保证庭审有序顺利进行,这些发问应当经审判长许可,经许可方可发问。

本条第 3 款是关于审判人员可以讯问被告人的规定。审判人员是案件的裁判者,其主要任务就是查明案件情况,正确适用法律。其中查明案件情况是基础性环节。在各方提问后,审判人员仍对某些情况有疑问的,有权直接讯问被告人。

配套法规及解读

《最高人民法院关于适用〈中华人民共和国刑事诉讼法〉的解释》(2012 年 12 月 20 日)

第一百九十五条 审判长宣布法庭调查开始后,应当先由公诉人宣读起诉书;有附带民事诉讼的,再由附带民事诉讼原告人或者其法定代理人、诉讼代理人宣读附带民事起诉状。

第一百九十六条 起诉书指控的被告人的犯罪事实为两起以上的,法庭调查一般应当分别进行。

第一百九十七条 在审判长主持下,被告人、被害人可以就起诉书指控的犯罪事实分别陈述。

第一百九十八条 在审判长主持下,公诉人可以就起诉书指控的犯罪事实讯问被告人。

经审判长准许,被害人及其法定代理人、诉讼代理人可以就公诉人讯问的犯罪事实补充发问;附带民事诉讼原告人及其法定代理人、诉讼代理人可以就附带民事部分的事实向被告人发问；被告人的法定代理人、辩护人，附带民事诉讼被告人及其法定代理人、诉讼代理人可以在控诉一方就某一问题讯问完毕后向被告人发问。

第一百九十九条 讯问同案审理的被告人，应当分别进行。必要时，可以传唤同案被告人等到庭对质。

第二百条 经审判长准许，控辩双方可以向被害人、附带民事诉讼原告人发问。

第二百零一条 审判人员可以讯问被告人。必要时，可以向被害人、附带民事诉讼当事人发问。

※法规解读：上述条文是对被告人、被害人陈述犯罪事实，及向被告人、被害人、附带民事诉讼原告人发问的规定。

法庭调查应当在审判长的主持下进行，控辩各方提问、发问均需要经过审判长的准许方可进行。法庭调查由控方宣读起诉书开始，有附带民事诉讼的，按照先刑事后附带民事诉讼的顺序进行。法庭调查，要按照一定的顺序进行：在被指控人和被害人分别陈述了案件事实后，先由公诉人就指控的事实讯问被告人，然后按照被害方（包括被害人及其法定代理人、诉讼代理人）、附带民事诉讼原告方（包括附带民事诉讼原告人及其法定代理人、诉讼代理人）、辩护方（包括被告人的法定代理人、辩护人）、附带民事诉讼被告方（附带民事诉讼被告人及其法定代理人、诉讼代理人）的顺序向被告人发问。为了更好地了解案件情况，控辩双方还可以在征得审判长同意后，向被害人、附带民事诉讼原告人发问。审判人员有权向被告人、被害人、附带民事诉讼当事人发问。

为了更好地了解案件情况，当公诉机关指控的犯罪事实有多起的，法庭调查应当分别进行；有多个涉案被告人的，对被告人的讯问也应当贯彻分别进行的原则。必要时，可以传唤多个同案被告人到庭对质。

《人民检察院刑事诉讼规则（试行）》（2012年11月22日修订）

第四百三十六条 公诉人讯问被告人，询问证人、被害人、鉴定人，出示物证，宣读书证、未出庭证人的证言笔录等应当围绕下列事实进行：

（一）被告人的身份；

（二）指控的犯罪事实是否存在，是否为被告人所实施；

（三）实施犯罪行为的时间、地点、方法、手段、结果，被告人犯罪后的表现等；

（四）犯罪集团或者其他共同犯罪案件中参与犯罪人员的各自地位和应负的责任；

（五）被告人有无刑事责任能力，有无故意或者过失，行为的动机、目的；

（六）有无依法不应当追究刑事责任的情况，有无法定的从重或者从轻、减轻以及免除处罚的情节；

（七）犯罪对象、作案工具的主要特征，与犯罪有关的财物的来源、数量以及去向；

（八）被告人全部或者部分否认起诉书指控的犯罪事实的，否认的根据和理由能否成立；

（九）与定罪、量刑有关的其他事实。

第四百三十七条　在法庭审理中，下列事实不必提出证据进行证明：

（一）为一般人共同知晓的常识性事实；

（二）人民法院生效裁判所确认的并且未依审判监督程序重新审理的事实；

（三）法律、法规的内容以及适用等属于审判人员履行职务所应当知晓的事实；

（四）在法庭审理中不存在异议的程序事实；

（五）法律规定的推定事实；

（六）自然规律或者定律。

第四百三十八条　讯问被告人、询问证人应当避免可能影响陈述或者证言客观真实的诱导性讯问、询问以及其他不当讯问、询问。

辩护人对被告人或者证人进行诱导性询问以及其他不当询问可能影响陈述或者证言的客观真实的，公诉人可以要求审判长制止或者要求对该项陈述或者证言不予采纳。

讯问共同犯罪案件的被告人、询问证人应当个别进行。

被告人、证人对同一事实的陈述存在矛盾需要对质的，公诉人可以建议法庭传唤有关被告人、证人同时到庭对质。

第四百三十九条　被告人在庭审中的陈述与在侦查、审查起诉中的供述一致或者不一致的内容不影响定罪量刑的，可以不宣读被告人供述笔录。

被告人在庭审中的陈述与在侦查、审查起诉中的供述不一致，足以影响定罪量刑的，可以宣读被告人供述笔录，并针对笔录中被告人的供述内容对被告人进行讯问，或者提出其他证据进行证明。

※法规解读：上述条文是关于人民检察院在法庭调查中活动的规定。

人民检察院参与法庭审判活动，在法庭调查程序中，要出示相关证据，并且对辩方提供的证据进行质证。《人民检察院刑事诉讼规则（试行）》第436条规定了公诉人在法庭调查阶段的工作重心。公诉人依法在法庭调查程序中有权讯问被告人，询问证人、被害人、鉴定人，出示物证，宣读书证、未出庭证人的证言笔录等，公诉人的这些活动均需要紧密围绕定罪和量刑的相关问题进行。第437条规定了免证事由。由于无须用事实进行证明，因此会节省很多法庭调查的时间，也节省了检察官的精力，但是免证事由不得随意扩大，应当严格限定在第437条规定的范围内。法庭调查中的讯问和询问也应当遵循相关的规则，禁止诱导性的或者不当的讯问或者询问。第439条着重规定了被告人庭审陈述与审前供述不一致情况的处理，总的原则是：影响定罪量刑的，要对被告人进行讯问，或者提出其他证据予以证明。

《人民法院办理刑事案件第一审普通程序法庭调查规程（试行）》（2017年11月27日）

第七条 公诉人宣读起诉书后，审判长应当询问被告人对起诉书指控的犯罪事实是否有异议，听取被告人的供述和辩解。对于被告人当庭认罪的案件，应当核实被告人认罪的自愿性和真实性，听取其供述和辩解。

在审判长主持下，公诉人可以就起诉书指控的犯罪事实讯问被告人，为防止庭审过分迟延，就证据问题向被告人的讯问可在举证、质证环节进行。经审判长准许，被害人及其法定代理人、诉讼代理人可以就公诉人讯问的犯罪事实补充发问；附带民事诉讼原告人及其法定代理人、诉讼代理人可以就附带民事部分的事实向被告人发问；被告人的法定代理人、辩护人，附带民事诉讼被告人及其法定代理人、诉讼代理人可以在控诉一方就某一问题讯问完毕后向被告人发问。有多名被告人的案件，辩护人对被告人的发问，应当在审判长主持下，先由被告人本人的辩护人进行，再由其他被告人的辩护人进行。

第八条 有多名被告人的案件，对被告人的讯问应当分别进行。

被告人供述之间存在实质性差异的，法庭可以传唤有关被告人到庭对质。审判长可以分别讯问被告人，就供述的实质性差异进行调查核实。经审判长准许，控辩双方可以向被告人讯问、发问。审判长认为有必要的，可以准许被告人之间相互发问。

根据案件审理需要，审判长可以安排被告人与证人、被害人依照前款规定的方式进行对质。

第十条 为解决被告人供述和辩解中的疑问，审判人员可以讯问被告人，也可以向被害人、附带民事诉讼当事人发问。

第十一条 有多起犯罪事实的案件，对被告人不认罪的事实，法庭调查一般应当分别进行。

被告人不认罪或者认罪后又反悔的案件，法庭应当对与定罪和量刑有关的事实、证据进行全面调查。

被告人当庭认罪的案件，法庭核实被告人认罪的自愿性和真实性，确认被告人知悉认罪的法律后果后，可以重点围绕量刑事实和其他有争议的问题进行调查。

※法规解读：上述条文是对向被告人发问的规定。

需要注意的是本条中特别区分了询问被告人和讯问被告人。在听取被告人意见的情形下，用询问，即发问无强制性。对于当庭认罪认罚的案件，要注意合适被告人认罪认罚的自愿性和真实性，并听取其陈述。审判长是庭审的主持者，因此庭上的提问也应当在审判长的主持下进行。庭审中,对于被告人的发问基本上按照公诉人——被害人及其法定代理人、诉讼代理人——附带民事诉讼原告人及其法定代理人、诉讼代理人的顺序进行。被告人的法定代理人、辩护人,附带民事诉讼被告人及其法定代理人、诉讼代理人可以在控诉一方就某一问题讯问完毕后向被告人发问。

审判长为了查明案件的需要有权向被告人、被害人、附带民事诉讼的当事人发问,可以允许被告人之间互相发问。被告人认罪和不认罪的事实,法庭调查应当分开进行。

第九条　申请参加庭审的被害人众多,且案件不属于附带民事诉讼范围的,被害人可以推选若干代表人参加或者旁听庭审,人民法院也可以指定若干代表人。

对被告人讯问、发问完毕后,其他证据出示前,在审判长主持下,参加庭审的被害人可以就起诉书指控的犯罪事实作出陈述。经审判长准许,控辩双方可以在被害人陈述后向被害人发问。

※法规解读:本条是对被害人诉讼代表人的规定。

案件中,申请参加庭审的被害人人数众多,且案件不属于附带民事诉讼受案范围的情况下,刑事诉讼中吸收了民事诉讼的做法,采用诉讼代表人制度:被害人可以自行推选或者由法院指定若干代表,参加庭审或者旁听庭审。

关联法规索引

《人民法院法庭规则》第17条

第一百九十二条　【证人、鉴定人出庭作证义务】公诉人、当事人或者辩护人、诉讼代理人对证人证言有异议,且该证人证言对案件定罪量刑有重大影响,人民法院认为证人有必要出庭作证的,证人应当出庭作证。

人民警察就其执行职务时目击的犯罪情况作为证人出庭作证,适用前款规定。

公诉人、当事人或者辩护人、诉讼代理人对鉴定意见有异议,人民法院认为鉴定人有必要出庭的,鉴定人应当出庭作证。经人民法院通知,鉴定人拒不出庭作证的,鉴定意见不得作为定案的根据。

条文解读

本条共3款,是关于证人、鉴定人出庭作证的规定。

本条第1款是关于证人出庭作证的规定。《刑事诉讼法》明确规定,凡是知道案件情况的人都有作证的义务。但并非所有的证人都应当出庭作证,这既不必要,也不经济。证人出庭作证需要符合以下条件:第一,控方或者辩方对证人证言有异议。第二,该证人证言对案件定罪量刑有重大影响。所谓对"定罪量刑有重大影响",包括直接目击案件的发生,是案件主要甚至唯一的证人,对于印证其他重要证据具有重要意义等。第三,人民法院认为证人有出庭作证的必要。证人是否应当出庭应由人民法院综合全案情况予以考虑。这三个条件分别从基础性、重要性和必要性方面对证人应当出庭给出了充足的理由。符合条件的证人有义务出庭作证。

本条第2款是关于警察出庭作证的规定。警察作为证人时,主要证明其在执行职务过程中目击的犯罪情况。条件与普通证人出庭作证的一致。

本条第3款是关于鉴定人出庭作证的规定。当控辩双方对鉴定意见有不同意见,且人民法院认为鉴定人有必要出庭时,鉴定人就应当出庭作证。若鉴定人拒不出庭作证将导致其所作出的鉴定意见不能作为定案的根据使用的后果。

配套法规及解读

《最高人民法院、最高人民检察院、公安部、国家安全部、司法部、全国人大常委会法制工作委员会关于实施刑事诉讼法若干问题的规定》(2012年12月26日)

29. 刑事诉讼法第一百八十七条[1]第三款规定:"公诉人、当事人或者辩护人、诉讼代理人对鉴定意见有异议,人民法院认为鉴定人有必要出庭的,鉴定人应当出庭作证。经人民法院通知,鉴定人拒不出庭作证的,鉴定意见不得作为定案的根据。"根据上述规定,依法应当出庭的鉴定人经人民法院通知未出庭作证的,鉴定意见不得作为定案的根据。鉴定人由于不能抗拒的原因或者有其他正当理由无法出庭的,人民法院可以根据案件审理情况决定延期审理。

※法规解读:本条是对鉴定人经人民法院通知未出庭情况下的处理规定。

根据《刑事诉讼法》第192条的规定,经人民法院通知,鉴定人有出庭作证的义务,若鉴定人拒不出庭,则鉴定意见不能作为定案根据使用。这样规定,主要是为了对鉴定意见有更加充分的质证和辩论的机会。但是,当鉴定人不出庭作证非因其自身主观原因,而是由于不可抗力或者有其他正当理由的,根据法律不能强人所难的古老原则,人民法院查明缘由后,若仍需要鉴定人出庭作证的,则可以决定延期审理。

---

[1] 现行《刑事诉讼法》第一百九十二条。

《全国人民代表大会常务委员会关于司法鉴定管理问题的决定》(2015 年 4 月 24 日修正)

11. 在诉讼中,当事人对鉴定意见有异议的,经人民法院依法通知,鉴定人应当出庭作证。

※法规解读:本条是关于鉴定人出庭作证的规定。

鉴定意见是鉴定人对诉讼活动中涉及的专门性问题进行鉴别和判断形成的意见,对于案件的事实的认定以及定罪具有直接影响。鉴定人出庭作证是对鉴定意见进行质证,保证鉴定意见真实性、证明力的重要形式。根据本条规定,并非所有的鉴定人均要出庭作证。下列情形下的鉴定人应当出庭作证:(1)当事人对鉴定意见有异议;(2)经人民法院通知。鉴定人作为重要的诉讼参与人,收到人民法院要求其出庭的通知后,有出庭作证的义务。否则,根据《刑事诉讼法》第 192 条第 3 款的规定,鉴定意见将不得作为定案根据。

《最高人民法院关于适用〈中华人民共和国刑事诉讼法〉的解释》(2012 年 12 月 20 日)

第二百零二条　公诉人可以提请审判长通知证人、鉴定人出庭作证,或者出示证据。被害人及其法定代理人、诉讼代理人,附带民事诉讼原告人及其诉讼代理人也可以提出申请。

在控诉一方举证后,被告人及其法定代理人、辩护人可以提请审判长通知证人、鉴定人出庭作证,或者出示证据。

第二百零三条　控辩双方申请证人出庭作证,出示证据,应当说明证据的名称、来源和拟证明的事实。法庭认为有必要的,应当准许;对方提出异议,认为有关证据与案件无关或者明显重复、不必要,法庭经审查异议成立的,可以不予准许。

第二百零五条　公诉人、当事人或者辩护人、诉讼代理人对证人证言有异议,且该证人证言对定罪量刑有重大影响,或者对鉴定意见有异议,申请法庭通知证人、鉴定人出庭作证,人民法院认为有必要的,应当通知证人、鉴定人出庭;无法通知或者证人、鉴定人拒绝出庭的,应当及时告知申请人。

第二百零六条　证人具有下列情形之一,无法出庭作证的,人民法院可以准许其不出庭:

(一)在庭审期间身患严重疾病或者行动极为不便的;

(二)居所远离开庭地点且交通极为不便的;

(三)身处国外短期无法回国的;

(四)有其他客观原因,确实无法出庭的。

具有前款规定情形的,可以通过视频等方式作证。

※法规解读：上述条文是对于证人、鉴定人出庭作证通知、证人，鉴定人应当出庭作证的情形以及证人不出庭作证情形的规定。

证人、鉴定人有出庭作证的义务。证人、鉴定人出庭作证既是诉讼中的直接言词原则的必然要求，同时也是双方当事人质证权得以实现的基础。但是实践中的确有些情况下，证人不便出庭作证，同时要求全部证人、鉴定人均出庭作证也没有必要。因此，仅当控辩双方对证人证言有异议，并且该证人证言对定罪量刑有重大影响，或者对鉴定意见有异议，向人民法院提出申请，并且人民法院也认为有必要通知证人、鉴定人出庭作证的情况下，证人、鉴定人才有义务出庭作证。

根据上述条文规定，证人不出庭作证需要经过人民法院同意，具体包括以下情形：在庭审期间身患严重疾病或者行动极为不便的；居所远离开庭地点且交通极为不便的；身处国外短期无法回国的；有其他客观原因，确实无法出庭的。但是，证人不出庭作证，并不意味着证人有权不作证，证人可以通过视频等变通方式履行作证义务。

《人民法院办理刑事案件第一审普通程序法庭调查规程（试行）》（2017 年 11 月 27 日）

第十二条 控辩双方可以申请法庭通知证人、鉴定人、侦查人员和有专门知识的人等出庭。

被害人及其法定代理人、诉讼代理人，附带民事诉讼原告人及其诉讼代理人也可以提出上述申请。

第十三条 控辩双方对证人证言、被害人陈述有异议，申请证人、被害人出庭，人民法院经审查认为证人证言、被害人陈述对案件定罪量刑有重大影响的，应当通知证人、被害人出庭。

控辩双方对鉴定意见有异议，申请鉴定人或者有专门知识的人出庭，人民法院经审查认为有必要的，应当通知鉴定人或者有专门知识的人出庭。

控辩双方对侦破经过、证据来源、证据真实性或者证据收集合法性等有异议，申请侦查人员或者有关人员出庭，人民法院经审查认为有必要的，应当通知侦查人员或者有关人员出庭。

为查明案件事实、调查核实证据，人民法院可以依职权通知上述人员到庭。

人民法院通知证人、被害人、鉴定人、侦查人员、有专门知识的人等出庭的，控辩双方协助有关人员到庭。

※法规解读：上述条文是对通知证人、被害人、侦查人员、鉴定人和有专门知识的人出庭的规定。

根据上述规定，诉讼中的当事人及其法定代理人、诉讼代理人、辩护人均有申请言词证据的提供者出庭作证的权利。是否通知前述人员出庭作证由人民法院根据具体情况决定。人民法院认为有必要的,通知相关人员出庭作证。人民法院也可以依职权作出通知前述人员到庭作证的决定。

第十四条　应当出庭作证的证人,在庭审期间因身患严重疾病等客观原因确实无法出庭的,可以通过视频等方式作证。证人视频作证的,发问、质证参照证人出庭作证的程序进行。前款规定适用于被害人、鉴定人、侦查人员。

※法规解读:本条是对变通性出庭作证的规定。

原则上,言词证据的提供者应当亲自出席法庭作证。但是由于客观原因的确无法出庭的,本条允许对出庭的方式进行变通,即通过视频等方式进行作证。采用视频方式作证的,不影响其他发问、质证的程序。

第十五条　人民法院通知出庭的证人,无正当理由拒不出庭的,可以强制其出庭,但是被告人的配偶、父母、子女除外。强制证人出庭的,应当由院长签发强制证人出庭令,并由法警执行。必要时,可以商请公安机关协助执行。

※法规解读:本条是对强制证人出庭的规定。

根据法律规定,对于依通知无正当理由拒不出庭的证人,人民法院有权强制其出庭。但是法律中规定了强制出庭的例外,即被告人的配偶、父母和子女,这些主体并非是豁免作证,只是不能够被强制出庭作证。强制证人出庭的,由法院院长签发强制证人出庭令,法警负责执行。

第十六条　证人、鉴定人、被害人因出庭作证,本人或者其近亲属的人身安全面临危险的,人民法院应当采取不公开其真实姓名、住址和工作单位等个人信息,或者不暴露其外貌、真实声音等保护措施。决定对出庭作证的证人、鉴定人、被害人采取不公开个人信息的保护措施的,审判人员应当在开庭前核实其身份,对证人、鉴定人如实作证的保证书不得公开,在判决书、裁定书等法律文书中可以使用化名等代替其个人信息。审判期间,证人、鉴定人、被害人提出保护请求的,人民法院应当立即审查,确有必要的,应当及时决定采取相应的保护措施。必要时,可以商请公安机关采取专门性保护措施。

※法规解读:本条是对证人保护的规定。

我国刑事诉讼法中已经规定了证人保护制度。在庭审中,对于因为出庭作证而面临危险的证人、鉴定人、被害人及其近亲属,人民法院有保护的义务,可以采用不公开其真实姓名、住址和工作单位等个人信息,或者不暴露其外貌、真实声音等保护措施。决定对出庭作证的证人、鉴定人、被害人采取不公开个人信息的保护措施的,审判人员应当注意做好全面的保护措施,各种法律文书中亦不得出现其真实的个人信息。

第十七条　证人、鉴定人和有专门知识的人出庭作证所支出的交通、住宿、就餐等合理费用,除由控辩双方支付的以外,列入出庭作证补助专项经费,在出庭作证后由人民法院依照规定程序发放。

※法规解读：本条是对出庭作证人员的经济补助规定。

《刑事诉讼法》中明确规定了对出庭作证的证人等的经济补助制度。根据本条规定，出庭作证的相关人员因出庭作证而支出的合理费用除由控辩双方支出的以外，都由人民法院依法给予补助。

第十八条 证人、鉴定人出庭，法庭应当当庭核实其身份、与当事人以及本案的关系，审查证人、鉴定人的作证能力、专业资质，并告知其有关作证的权利义务和法律责任。证人、鉴定人作证前，应当保证向法庭如实提供证言、说明鉴定意见，并在保证书上签名。

※法规解读：本条是出庭作证的证人、鉴定人身份核实的规定。

证人、鉴定人出席法庭审判，其目的在于帮助审判人员查明案件事实。为此，庭审时，人民法院首先应当查明其身份，并告知其相应诉讼权利和义务，并要求他们在保证书上签名。

关联法规索引

《最高人民法院、最高人民检察院、公安部、国家安全部、司法部关于办理死刑案件审查判断证据若干问题的规定》第 15 条、第 24 条；《最高人民法院、最高人民检察院、公安部、国家安全部、司法部关于办理刑事案件排除非法证据若干问题的规定》第 7 条；《人民检察院刑事诉讼规则（试行）》第 440 条

第一百九十三条　【强制作证及拒绝作证的责任承担】经人民法院通知，证人没有正当理由不出庭作证的，人民法院可以强制其到庭，但是被告人的配偶、父母、子女除外。

证人没有正当理由拒绝出庭或者出庭后拒绝作证的，予以训诫，情节严重的，经院长批准，处以十日以下的拘留。被处罚人对拘留决定不服的，可以向上一级人民法院申请复议。复议期间不停止执行。

条文解读

本条共 2 款，是关于强制证人到庭及对拒不出庭作证的证人法律制裁的规定。

《刑事诉讼法》第 62 条第 1 款规定，凡是知道案件情况的人，都有作证的义务。而且证人证言必须在法庭上经过公诉人、被害人和被告人、辩护人质证并且查实以后，才

能作为定案的根据。因此,符合《刑事诉讼法》第193条规定并经人民法院通知的证人就应当出庭作证。若无正当理由拒不出庭作证的,人民法院有权强制其到庭作证。但是,人民法院对于一些特殊主体,主要是本条第1款中所指的被告人的配偶、父母和子女,不能使用强制到庭方式要求其作证,即被告人的配偶、父母和子女依法享有免予强制出庭作证的权利,但该项权利并非拒证权。

本条第2款是关于证人无正当理由拒不出庭或者出庭后拒绝作证的处罚规定。证人无正当理由拒绝出庭或者虽然出庭但拒绝作证的,人民法院可以对其进行训诫,情节严重的,经过人民法院院长的批准,可以对该证人处以10日以下的拘留(此拘留为司法拘留)。被处罚人对拘留决定不服的,可以通过向上一级人民法院申请复议的方式对权利进行救济。但是为了确保庭审活动的顺利进行,复议期间不停止拘留决定的执行。

配套法规及解读

《最高人民法院关于适用〈中华人民共和国刑事诉讼法〉的解释》(2012年12月20日)

第二百零八条 强制证人出庭的,应当由院长签发强制证人出庭令。

※法规解读:本条明确规定,强制证人出庭令是强制证人出庭的依据。

强制证人出庭作证是人民法院的职责所在。因此根据案件审理需要,人民法院依法通知证人到庭的,证人负有出庭作证的义务,证人无正当理由不履行该义务时,人民法院就有权向应当出庭作证人发出院长签发的《强制证人出庭令》,强制其到庭作证。

需要指出的是,强制证人出庭令的签发和《刑事诉讼法》第193条第2款规定的人民法院对证人无正当理由不履行义务的惩戒措施并不冲突,人民法院有权根据情况适用。

关联法规索引

《人民检察院鉴定人登记管理办法》第28条;《人民检察院刑事诉讼规则(试行)》第441条;《公安机关鉴定人登记管理办法》第18条;《司法部鉴定人登记管理办法》第22条

第一百九十四条 【证人、鉴定人作证程序】 证人作证,审判人员应当告知他要如实地提供证言和有意作伪证或者隐匿罪证要负的法律责任。公诉人、当事人和辩护人、诉讼代理人经审判长许可,可以对证人、鉴定人发问。审判长认为发问的内容与案件无关的时候,应当制止。

审判人员可以询问证人、鉴定人。

条文解读

本条有2款,是关于证人作证义务告知的规定和询问证人、鉴定人的规定。

证人有如实作证的义务,审判人员应当在证人作证之前明确告知其该项义务,以及故意作伪证或者隐匿重要犯罪证据应当承担的法律责任,以便让证人更好地履行作证义务。《刑事诉讼法》第54条第4款规定:"凡是伪造、隐匿证据或者毁灭证据的,无论属于何方,必须受法律追究。"刑法中对伪证罪也有明确的规定。实践中,人民法院会要求证人在作证之前签署如实作证保证书。证人、鉴定人出庭作证就是为了更好地对证人证言和鉴定意见进行质证和辩论,以帮助审判者更好地判断案件事实。询问证人、鉴定人应当在审判长的主持下进行。应当先由提请传唤的一方进行;发问完毕后,对方经审判长准许,也可以发问。公诉人、当事人和辩护人、诉讼代理人经过审判长的许可,均有权向证人、鉴定人提出与案件有关的问题。询问证人、鉴定人时,不得以诱导方式提问;不得威胁证人;不得损害证人的人格尊严。审判长认为提问的内容与本案件无关或者发问的方式不当的,应当制止。对于控辩双方认为对方发问的内容与本案无关或者发问的方式不当并提出异议的,审判长应当判明情况予以支持或者驳回。

本条第2款是关于审判人员询问证人、鉴定人权利的规定。在庭审过程中,审判人员认为有必要时,可以询问证人、鉴定人。审判人员向证人和鉴定人发问应当分别进行。

配套法规及解读

《最高人民法院关于适用〈中华人民共和国刑事诉讼法〉的解释》(2012年12月20日)

第二百一十一条 证人、鉴定人到庭后,审判人员应当核实其身份、与当事人以及本案的关系,并告知其有关作证的权利义务和法律责任。

证人、鉴定人作证前,应当保证向法庭如实提供证言、说明鉴定意见,并在保证书上签名。

第二百一十二条 向证人、鉴定人发问,应当先由提请通知的一方进行;发问完毕后,经审判长准许,对方也可以发问。

第二百一十三条 向证人发问应当遵循以下规则:

(一)发问的内容应当与本案事实有关;

(二)不得以诱导方式发问;

(三)不得威胁证人;

(四)不得损害证人的人格尊严。

前款规定适用于对被告人、被害人、附带民事诉讼当事人、鉴定人、有专门知识的人的讯问、发问。

第二百一十四条 控辩双方的讯问、发问方式不当或者内容与本案无关的,对方可以提出异议,申请审判长制止,审判长应当判明情况予以支持或者驳回;对方未提出异议的,审判长也可以根据情况予以制止。

第二百一十五条 审判人员认为必要时,可以询问证人、鉴定人、有专门知识的人。

第二百一十六条 向证人、鉴定人、有专门知识的人发问应当分别进行。证人、鉴定人、有专门知识的人经控辩双方发问或者审判人员询问后,审判长应当告知其退庭。

证人、鉴定人、有专门知识的人不得旁听对本案的审理。

第二百一十七条 公诉人、当事人及其辩护人、诉讼代理人申请法庭通知有专门知识的人出庭,就鉴定意见提出意见的,应当说明理由。法庭认为有必要的,应当通知有专门知识的人出庭。

申请有专门知识的人出庭,不得超过二人。有多种类鉴定意见的,可以相应增加人数。

有专门知识的人出庭,适用鉴定人出庭的有关规定。

※法规解读:上述条文规定了证人和鉴定人出庭作证的相关规则和程序。

证人和鉴定人都是参与诉讼的人,他们进入诉讼程序的目的是帮助法官更好地认识案件事实。因此,在法庭需要的时候,他们不仅有义务出庭作证,同时他们有提供真实意见的义务。在此,所谓"真实"并非要求其所提供的证言或者意见一定是与客观情况吻合的,只是要求其主观上,要如实提供证据和意见,不故意伪造、隐匿和歪曲,否则要依法承担责任。因此,就程序上而言,无论是证人还是鉴定人在出庭作证时,审判人员均应当依法告知其法定义务,并在告知后,要求他们在如实作证保证书或者如实说明鉴定意见保证书上签字。证人和鉴定人向法庭提供的证言和意见,均具有一定的主观性,因此,人民法院在他们到庭后,均应当核实身份,并且了解其与当事人以及案件的关系,以便正确地对证言和鉴定意见进行审查判断。

对证人或者鉴定人发问从提请通知的一方开始。对证人发问的方式要得当,并且与案件保持相关性,遵循发问的基本规则进行。

2012年《刑事诉讼法》修改时,为了更好地对鉴定意见进行质证,特别增加了控辩双方申请有专门知识的人出庭作证的环节。为了权衡好公正和效率的关系,因此第217条规定限定,申请有专门知识的人出庭,不得超过二人。考虑到实践中的复杂情况,对于有多种鉴定意见的,允许相应增加专家证人的数量。

《人民检察院刑事诉讼规则(试行)》(2012年11月22日修订)

第四百四十二条 证人在法庭上提供证言,公诉人应当按照审判长确定的顺序向证人发问。公诉人可以要求证人就其所了解的与案件有关的事实进行陈述,也可以直接发问。证人不能连贯陈述的,公诉人也可以直接发问。

对证人发问,应当针对证言中有遗漏、矛盾、模糊不清和有争议的内容,并着重围绕与定罪量刑紧密相关的事实进行。

发问应当采取一问一答形式,提问应当简洁、清楚。

证人进行虚假陈述的,应当通过发问澄清事实,必要时还应当宣读证人在侦查、审查起诉阶段提供的证言笔录或者出示、宣读其他证据对证人进行询问。

当事人和辩护人、诉讼代理人对证人发问后,公诉人可以根据证人回答的情况,经审判长许可,再次对证人发问。

询问鉴定人、有专门知识的人参照上述规定进行。

※法规解读:本条是关于公诉人在法庭上询问证人、鉴定人程序规则的规定。

公诉人有权在经过审判长许可后向证人和鉴定人提问。同时应当遵守审判长确定的向证人、鉴定人提问的顺序。公诉人向证人、鉴定人提问,原则上应当先让被询问对象进行连贯陈述。证人不能连贯陈述的,公诉人也可以直接发问。对证人的发问,应当有针对性,围绕与定罪和量刑有关的事实进行。发问采用问答式,尽量清楚、简明。公诉人可以采用宣读证人、鉴定人在侦查和审查起诉阶段提供的证据笔录对证人或者鉴定人的当庭陈述和意见进行验证或者纠正。

《人民法院办理刑事案件第一审普通程序法庭调查规程(试行)》(2017年11月27日)

第十八条 证人、鉴定人出庭,法庭应当当庭核实其身份、与当事人以及本案的关系,审查证人、鉴定人的作证能力、专业资质,并告知其有关作证的权利义务和法律责任。证人、鉴定人作证前,应当保证向法庭如实提供证言、说明鉴定意见,并在保证书上签名。

※法规解读:本条是出庭作证的证人、鉴定人身份核实的规定。

证人、鉴定人出席法庭审判，其目的在于帮助审判人员查明案件事实。为此，庭审时，人民法院首先应当查明其身份，并告知其相应诉讼权利和义务，并要求他们在保证书上签名。

第十九条 证人出庭后，先向法庭陈述证言，然后先由举证方发问；发问完毕后，对方也可以发问。根据案件审理需要，也可以先由申请方发问。控辩双方向证人发问完毕后，可以发表本方对证人证言的质证意见。控辩双方如有新的问题，经审判长准许，可以再行向证人发问。审判人员认为必要时，可以询问证人。法庭依职权通知证人出庭的情形，审判人员应当主导对证人的询问。经审判长准许，被告人可以向证人发问。

※法规解读：本条是向证人发问顺序的规定。

证人出席法庭提供证人证言。其到庭后，首先要求其进行陈述。依申请出庭的这个人，举证方先发问，而后对方发问。审判人员也有权询问证人。依职权通知出庭的证人，审判人员主导证人询问。

关联法规索引

《全国人民代表大会常务委员会关于司法鉴定管理问题的决定》第11条

第一百九十五条 【出示物证和宣读证据性文书】公诉人、辩护人应当向法庭出示物证，让当事人辨认，对未到庭的证人的证言笔录、鉴定人的鉴定意见、勘验笔录和其他作为证据的文书，应当当庭宣读。审判人员应当听取公诉人、当事人和辩护人、诉讼代理人的意见。

条文解读

本条是关于物证及有关证据的文书进行审查、质证的规定。

《刑事诉讼法》第50条第2款规定："证据必须经过查证属实，才能作为定案的根据。"因此，控辩双方的证据均需要在法庭审理过程中出示并进行辩论和质证。对于物证，公诉人、辩护人应当向法庭出示，并且让当事人进行辨认；对于其他文书形式的证据材料，包括未到庭的证人证言笔录、鉴定人的鉴定意见、勘验检查笔录和其他作为证据的文书，控辩双方均应当在法庭上宣读。审判人员应当认真听取控辩双方的意见，以便对相关证据资料进行审查。

配套法规及解读

《最高人民法院关于适用〈中华人民共和国刑事诉讼法〉的解释》(2012年12月20日)

第二百一十八条 举证方当庭出示证据后,由对方进行辨认并发表意见。控辩双方可以互相质问、辩论。

第二百一十九条 当庭出示的证据,尚未移送人民法院的,应当在质证后移交法庭。

※法规解读:上述条文是关于法庭质证程序及质证后证据移交的相关规定。

根据《刑事诉讼法》的规定,所有证据均需要在法庭上质证、辩论,并查证属实后才能作为定案的根据。因此,所有的实物证据均需要在法庭上出示,所有的言词证据均需要证人出庭或者在法庭上宣读相关的文书。这是展示证据的重要环节。证据展示时,需要由提交证据的一方对证据的来源、特征及内容进行必要的介绍或者说明。然后由对方辨认并发表意见。双方可以互相质问或者辩论。当庭出示的证据,若尚未移送至人民法院,则需要在质证后移交法庭。

关联法规索引

《最高人民法院关于严格执行公开审判制度的若干规定》五;《律师办理刑事案件规范》第113条

第一百九十六条 【休庭调查】法庭审理过程中,合议庭对证据有疑问的,可以宣布休庭,对证据进行调查核实。

人民法院调查核实证据,可以进行勘验、检查、查封、扣押、鉴定和查询、冻结。

条文解读

本条有2款,是关于庭审过程中调查核实证据的规定。

本条第1款明确规定了合议庭享有调查核实证据的权力。一般而言,庭审过程中,合议庭主要根据控辩双方提交的证据对案件进行审查和判断。但是当合议庭对控方或者辩方提交的证据的客观性、关联性和合法性产生疑问,而控辩双方又不能对证据的证据资格和证明力提供强有力的佐证的情况下,合议庭就可以宣布休庭,自行对证据材料进行调查核实,以便正确地定罪和量刑。需要注意的是,调查核实证据是人民法院的权力，而非义务。通常情况下，刑事公诉案件中应当由控方负责举证，否则将承担败诉的风险，而人民法院不承担举证责任。

本条第2款是关于法院调查核实证据方式的规定。根据第1款的规定，人民法院有对证据的调查核实权。具体而言，法院调查核实证据的方法可以是进行勘验、检查、查封、鉴定以及查询和冻结等。

配套法规及解读

《最高人民法院关于适用〈中华人民共和国刑事诉讼法〉的解释》（2012年12月20日）

第六十六条 人民法院依照刑事诉讼法第一百九十一条的规定调查核实证据，必要时，可以通知检察人员、辩护人、自诉人及其法定代理人到场。上述人员未到场的，应当记录在案。

人民法院调查核实证据时，发现对定罪量刑有重大影响的新的证据材料的，应当告知检察人员、辩护人、自诉人及其法定代理人。必要时，也可以直接提取，并及时通知检察人员、辩护人、自诉人及其法定代理人查阅、摘抄、复制。

第二百二十条 法庭对证据有疑问的，可以告知公诉人、当事人及其法定代理人、辩护人、诉讼代理人补充证据或者作出说明；必要时，可以宣布休庭，对证据进行调查核实。

对公诉人、当事人及其法定代理人、辩护人、诉讼代理人补充的和法庭庭外调查核实取得的证据，应当经过当庭质证才能作为定案的根据。但是，经庭外征求意见，控辩双方没有异议的除外。

有关情况，应当记录在案。

※法规解读：上述条文是对法庭外调查核实证据的规定。

法庭案件审理过程中，有权对有疑问的证据进行调查核实。由于调查核实证据可能会阻断正常的法庭审理活动，因此，合议庭可以宣布休庭。调查核实的方法可以是勘验、检查、扣押、鉴定和查询、冻结等。合议庭调查核实证据时，可以通知检察人员和辩护人、自诉人及其法定代理人到场，以确保调查核实证据的公正性和公开性。

对于控辩双方补充的证据以及法庭外调查核实取得的证据，也应当贯彻“经过质证的证据才能作为定案根据”的原则，需要当庭质证。倘若特定证据已经在庭外征求过双方当事人，且双方均无异议，则不受当庭质证的限制。

关联法规索引

《人民检察院刑事诉讼规则(试行)》第447条、第450~452条;《关于办理刑事案件严格排除非法证据若干问题的规定》第32条、第33条

第一百九十七条 【调取新证据】法庭审理过程中,当事人和辩护人、诉讼代理人有权申请通知新的证人到庭,调取新的物证,申请重新鉴定或者勘验。

公诉人、当事人和辩护人、诉讼代理人可以申请法庭通知有专门知识的人出庭,就鉴定人作出的鉴定意见提出意见。

法庭对于上述申请,应当作出是否同意的决定。

第二款规定的有专门知识的人出庭,适用鉴定人的有关规定。

条文解读

本条共有4款,是关于通知新的证人到庭、调取新的物证及申请重新鉴定或者勘验的规定。

本条第1款是关于当事人、辩护人、诉讼代理人申请新的证人到庭、调取新的物证,申请重新鉴定或者勘验的权利的规定。前述主体申请通知新的证人到庭,调取新的证据,申请重新鉴定或者勘验的,应当提供证人的姓名、证据的存放地点,说明所要证明的案件事实,要求重新鉴定或者勘验的理由。审判人员根据具体情况,认为可能影响案件事实认定的,应当同意该申请,并宣布延期审理;不同意的,应当告知理由并继续审理。延期审理的时间不得超过一个月,延期审理的时间不计入审限。

本条第2款是对鉴定意见进行质证的规定。实践中,鉴定人的意见往往对案情认定具有决定性意义。但是法官、公诉人以及诉讼参与人可能并非该方面的专业人士,质证自然困难重重,心有余而力不足。因此,为了更好地对鉴定意见进行审查,控辩双方均有权申请法庭通知鉴定人之外的,具有专门知识的人出庭,对鉴定意见提出意见。《人民法院办理刑事案件第一审普通程序法庭调查规程(试行)》第52条第1款规定,经人民法院通知,鉴定人拒不出庭作证的,鉴定意见不得作为定案根据。根据本条第4款的规定,具有专门知识的人出庭,适用鉴定人的有关规则。

本条第3款是关于法庭决定权的规定。法庭负责主持案件的审理,对于控辩双方所提出的各项请求,法庭有权根据案件情况决定是否同意。

配套法规及解读

《最高人民法院关于适用〈中华人民共和国刑事诉讼法〉的解释》(2012年12月20日)

第二百二十二条 法庭审理过程中,当事人及其辩护人、诉讼代理人申请通知新的证人到庭,调取新的证据,申请重新鉴定或者勘验的,应当提供证人的姓名、证据的存放地点,说明拟证明的案件事实,要求重新鉴定或者勘验的理由。法庭认为有必要的,应当同意,并宣布延期审理;不同意的,应当说明理由并继续审理。

延期审理的案件,符合刑事诉讼法第二百零二条[1]第一款规定的,可以报请上级人民法院批准延长审理期限。

人民法院同意重新鉴定申请的,应当及时委托鉴定,并将鉴定意见告知人民检察院、当事人及其辩护人、诉讼代理人。

※法规解读:本条是关于提请法院调查新证据的规定。

在法庭审理的过程中,当事人和辩护人有权提请法院对新的证据进行调查。包括申请法庭新的证人到庭,调取新的证据、申请重新鉴定或者勘验。当事人及辩护人行使该项权利时,应当提供证人的姓名、证据存放地点,说明所要证明的案件事实,要求重新鉴定或者勘验的理由,以便人民法院决定是否有必要对新的证据材料进行调查进行判断。审判人员根据具体情况认为有必要的,应当同意该申请,同时宣布延期审理;不同意的,应当告知理由并继续审理。《刑事诉讼法》第208条规定:人民法院审理公诉案件,应当在受理后2个月以内宣判,至迟不得超过3个月。对于可能判处死刑的案件或者附带民事诉讼的案件,以及有本法第158条规定情形之一的,经上一级人民法院批准,可以延长3个月;因特殊情况还需要延长的,报请最高人民法院批准。

关联法规索引

《民事诉讼法》第79条;《最高人民法院、最高人民检察院、公安部、国家安全部、司法部、全国人大常委会法制工作委员会关于实施刑事诉讼法若干问题的规定》第27条;《人民检察院刑事诉讼规则(试行)》第452条;《最高人民法院、最高人民检察院、公安部关于办理刑事案件收集提取和审查判断电子数据若干问题的规定》第26条;《人民法院办理刑事案件第一审普通程序法庭调查规程(试行)》第12条、第13条、第26条、第27条、第52条;《最高人民法院、司法部关于开展刑事案件律师辩护全覆盖试点工作的办法》第17条

[1] 现行《刑事诉讼法》第二百零四条。

第一百九十八条 【法庭辩论和最后陈述】 法庭审理过程中，对与定罪、量刑有关的事实、证据都应当进行调查、辩论。

经审判长许可，公诉人、当事人和辩护人、诉讼代理人可以对证据和案件情况发表意见并且可以互相辩论。

审判长在宣布辩论终结后，被告人有最后陈述的权利。

条文解读

本条共有3款，是关于法庭辩论及被告人最后陈述权的规定。

本条第1款是关于法庭辩论范围的规定。法庭辩论是在法庭调查的基础上，对与案件有关的问题进行争论和辩驳的活动，该程序充分体现了兼听则明的诉讼理论。法庭辩论的范围包括事实和证据两个部分，事实部分又包括定罪事实和量刑事实两个方面。该条款吸收了人民法院量刑程序改革的成果，特别将量刑问题纳入法庭辩论的范围。

法庭辩论应当在审判长的主持下进行，公诉人、当事人和辩护人、诉讼代理人均有权对证据和案件情况发表意见并且可以互相辩论。法庭辩论按照下列顺序进行：公诉人发言；被害人及其诉讼代理人发言；被告人自行辩护；辩护人辩护；控辩双方进行辩论。附带民事诉讼部分的辩论应当在刑事诉讼部分的辩论结束后进行。先由附带民事诉讼原告人及其诉讼代理人发言，然后由被告人及其诉讼代理人答辩。在法庭辩论过程中，审判长对于控辩双方与案件无关、重复或者互相指责的发言应当制止。如果合议庭发现新的事实，认为有必要进行调查时，审判长可以宣布暂停辩论，恢复法庭调查，待该事实查清后继续法庭辩论。

本条第3款是关于被告人最后陈述权的规定。被告人的最后陈述是庭审中的一个重要步骤，不允许省略和缩减。同时，被告人最后陈述权又是被告人自行辩护权的重要组成部分。审判长宣布法庭辩论终结后，合议庭应当保证被告人充分行使最后陈述的权利。如果被告人在最后陈述中多次重复自己的意见，审判长可以制止；如果陈述内容是蔑视法庭、公诉人，损害他人及社会公共利益或者与本案无关的，应当制止；在公开审理的案件中，被告人最后陈述的内容涉及国家秘密或者个人隐私的，也应当制止。被告人在最后陈述中提出了新的事实、证据，合议庭认为可能影响正确裁判的，应当恢复法庭调查；如果被告人提出新的辩解理由，合议庭认为确有必要的，可以恢复法庭辩论。

配套法规及解读

《最高人民法院关于适用〈中华人民共和国刑事诉讼法〉的解释》(2012年12月20日)

第二百二十八条 合议庭认为案件事实已经调查清楚的,应当由审判长宣布法庭调查结束,开始就定罪、量刑的事实、证据和适用法律等问题进行法庭辩论。

第二百二十九条 法庭辩论应当在审判长的主持下,按照下列顺序进行:

(一)公诉人发言;

(二)被害人及其诉讼代理人发言;

(三)被告人自行辩护;

(四)辩护人辩护;

(五)控辩双方进行辩论。

第二百三十条 人民检察院可以提出量刑建议并说明理由,量刑建议一般应当具有一定的幅度。当事人及其辩护人、诉讼代理人可以对量刑提出意见并说明理由。

第二百三十一条 对被告人认罪的案件,法庭辩论时,可以引导控辩双方主要围绕量刑和其他有争议的问题进行。

对被告人不认罪或者辩护人作无罪辩护的案件,法庭辩论时,可以引导控辩双方先辩论定罪问题,后辩论量刑问题。

第二百三十二条 附带民事部分的辩论应当在刑事部分的辩论结束后进行,先由附带民事诉讼原告人及其诉讼代理人发言,后由附带民事诉讼被告人及其诉讼代理人答辩。

第二百三十三条 法庭辩论过程中,审判长应当充分听取控辩双方的意见,对控辩双方与案件无关、重复或者指责对方的发言应当提醒、制止。

第二百三十四条 法庭辩论过程中,合议庭发现与定罪、量刑有关的新的事实,有必要调查的,审判长可以宣布暂停辩论,恢复法庭调查,在对新的事实调查后,继续法庭辩论。

第二百三十五条 审判长宣布法庭辩论终结后,合议庭应当保证被告人充分行使最后陈述的权利。被告人在最后陈述中多次重复自己的意见的,审判长可以制止。陈述内容蔑视法庭、公诉人,损害他人及社会公共利益,或者与本案无关的,应当制止。

在公开审理的案件中,被告人最后陈述的内容涉及国家秘密、个人隐私或者商业秘密的,应当制止。

第二百三十六条 被告人在最后陈述中提出新的事实、证据,合议庭认为可能影响正确裁判的,应当恢复法庭调查;被告人提出新的辩解理由,合议庭认为可能影响正确裁判的,应当恢复法庭辩论。

※法规解读：上述条文是关于法庭辩论程序和被告人最后陈述权的规定。

法庭辩论是庭审程序的重要组成部分。法庭辩论在法庭调查程序之后进行，由审判长主持。法庭辩论的内容包含所有跟案件的事实和证据相关的问题。一般而言，法庭辩论按照先控方、后辩方的顺序交替进行。同时，法庭辩论时，刑事部分先于附带民事部分。法庭辩论要紧密围绕案件，审判长有权制止与案件无关、重复或者指责、谩骂等的发言。在公开审理的案件中，如果双方的辩论内容涉及不应当公开内容的，审判长也应当制止。相关内容的辩论需要在不公开庭审时再继续进行。

被告人在刑事诉讼中有最后陈述权，被告人可以根据事实和法律，申请法庭调查核对证据，提出自己无罪、有罪以及罪轻、罪重及对定罪量刑的意见、要求，分析自己的犯罪原因，请求法庭给予自己改过自新的机会等。对于被告人的最后陈述，一般不应作具体的时间限制，如果被告人的最后陈述没有违反法庭秩序或者违反有关规定的，法庭不应制止。被告人在最后陈述阶段提出了新的事实、证据，可能影响定罪量刑的，应当恢复法庭调查；如果被告人提出新的辩解理由，合议庭认为确有必要的，可以恢复法庭辩论。

关联法规索引

《各级人民法院刑事案件审判程序总结》；《人民检察院刑事诉讼规则（试行）》第453条、第454条；《人民检察院公诉人出庭举证质证工作指引》第40条；《全国刑事法律援助服务规范》（8.5.1.4k）；《中华全国律师协会律师参与未成年人法律援助工作指引》第93条；《律师办理刑事案件规范》第102条、第184条；《中华全国律师协会关于律师办理黑恶势力犯罪案件辩护代理工作若干意见》二（二）

第一百九十九条 【违反法庭秩序的处理】在法庭审判过程中，如果诉讼参与人或者旁听人员违反法庭秩序，审判长应当警告制止。对不听制止的，可以强行带出法庭；情节严重的，处以一千元以下的罚款或者十五日以下的拘留。罚款、拘留必须经院长批准。被处罚人对罚款、拘留的决定不服的，可以向上一级人民法院申请复议。复议期间不停止执行。

对聚众哄闹、冲击法庭或者侮辱、诽谤、威胁、殴打司法工作人员或者诉讼参与人，严重扰乱法庭秩序，构成犯罪的，依法追究刑事责任。

条文解读

本条共有2款,是关于违反法庭秩序行为的处罚。刑事审判工作是严肃而又庄重的。在法庭审判过程中,所有主体均应当听从审判人员的指挥,注意维护法庭秩序。若庭审中出现诉讼参与人或者旁听人员违反法庭秩序的行为,审判长应当予以警告和制止。对于不听制止的,审判长有权要求法警执行法庭纪律,将破坏法庭秩序的人员强行带出法庭。《人民法院法庭规则》第19条规定:审判长或独任审判员对违反法庭纪律的人员应当予以警告;对不听警告的,予以训诫;对训诫无效的,责令其退出法庭;对拒不退出法庭的,指令司法警察将其强行带出法庭。人民法院依法对违反法庭纪律的人采取的扣押物品、强行带出法庭以及罚款、拘留等强制措施,由司法警察执行。对于严重违反法庭秩序,不听劝阻的人员,经人民法院院长批准,可以对其处以1000元以下的罚款或者15日以下的拘留,此处的拘留为司法拘留。若被处罚人对罚款或者拘留决定不服,有权向上一级人民法院申请复议,但是复议期间不停止执行。

本条第2款是关于严重扰乱法庭秩序行为及其处罚的规定。严重扰乱法庭秩序的行为包括:聚众哄闹、冲击法庭或者侮辱、诽谤、威胁、殴打司法工作人员或者诉讼参与人的情形,对此,根据我国刑事法律的有关规定追究行为人的刑事责任。

配套法规及解读

《最高人民法院关于适用〈中华人民共和国刑事诉讼法〉的解释》(2012年12月20日)

第二百四十九条 法庭审理过程中,诉讼参与人、旁听人员应当遵守以下纪律:

(一)服从法庭指挥,遵守法庭礼仪;

(二)不得鼓掌、喧哗、哄闹、随意走动;

(三)不得对庭审活动进行录音、录像、摄影,或者通过发送邮件、博客、微博客等方式传播庭审情况,但经人民法院许可的新闻记者除外;

(四)旁听人员不得发言、提问;

(五)不得实施其他扰乱法庭秩序的行为。

第二百五十条 法庭审理过程中,诉讼参与人或者旁听人员扰乱法庭秩序的,审判长应当按照下列情形分别处理:

(一)情节较轻的,应当警告制止并进行训诫;

(二)不听制止的,可以指令法警强行带出法庭;

(三)情节严重的,报经院长批准后,可以对行为人处一千元以下的罚款或者十五日以下的拘留;

（四）未经许可录音、录像、摄影或者通过邮件、博客、微博客等方式传播庭审情况的，可以暂扣存储介质或者相关设备。

诉讼参与人、旁听人员对罚款、拘留的决定不服的，可以直接向上一级人民法院申请复议，也可以通过决定罚款、拘留的人民法院向上一级人民法院申请复议。通过决定罚款、拘留的人民法院申请复议的，该人民法院应当自收到复议申请之日起三日内，将复议申请、罚款或者拘留决定书和有关事实、证据材料一并报上一级人民法院复议。复议期间，不停止决定的执行。

第二百五十一条 担任辩护人、诉讼代理人的律师严重扰乱法庭秩序，被强行带出法庭或者被处以罚款、拘留的，人民法院应当通报司法行政机关，并可以建议依法给予相应处罚。

第二百五十二条 聚众哄闹、冲击法庭或者侮辱、诽谤、威胁、殴打司法工作人员或者诉讼参与人，严重扰乱法庭秩序，构成犯罪的，应当依法追究刑事责任。

※**法规解读：**上述条文是关于法庭纪律和违反法庭秩序处罚的规定。

法庭审判过程中，所有人员均应当遵守法庭纪律，并听从审判长的指挥。违反法庭秩序的，根据情节轻重分别予以不同程度的处罚。被处罚人对罚款或拘留处罚决定不服的，有权向上一级人民法院申请复议，但是复议期间不停止原决定的执行。需要注意，此处的拘留为司法拘留。

关联法规索引

《刑法》第309条；《律师法》第37条、第49条；《人民法院司法警察刑事审判警务规则》第15条；《人民法院司法警察条例》第8条；《最高人民法院、最高人民检察院、公安部等关于推进以审判为中心的刑事诉讼制度改革的意见》十九；《人民法院法庭规则》第19～21条；《人民法院落实〈保护司法人员依法履行法定职责规定〉的实施办法》第11条；《最高人民法院、最高人民检察院、公安部、司法部关于建立健全律师执业权利快速联动处置机制》二、(4)；《最高人民法院、司法部关于依法保障律师实施权利和规范律师参与庭审活动的通知》三；《律师和律师事务所违法行为处罚办法》第21条；《律师办理刑事案件规范》第3条、第253条、第257条；《最高人民法院、最高人民检察院、公安部、国家安全部、司法部、中华全国律师协会关于建立健全维护律师执业权利快速联动处置机制的通知》二

第二百条 【评议、判决】 在被告人最后陈述后，审判长宣布休庭，合议庭进行评议，根据已经查明的事实、证据和有关的法律规定，分别作出以下判决：

（一）案件事实清楚，证据确实、充分，依据法律认定被告人有罪的，应当作出有罪判决；

（二）依据法律认定被告人无罪的，应当作出无罪判决；

（三）证据不足，不能认定被告人有罪的，应当作出证据不足、指控的犯罪不能成立的无罪判决。

条文解读

本条是关于一审判决种类的规定。

人民法院负责对刑事案件进行审理并依法作出判决。《人民法院组织法》第31条规定：合议庭评议案件应当按照多数人的意见作出决定，少数人的意见应当记入笔录。评议案件笔录由合议庭全体组成人员签名。合议庭的评议活动不公开进行，并按照少数服从多数的原则进行判决。根据证据裁判原则，合议庭应当以经过质证和辩论的证据为基础，认定案件事实，并根据相关法律作出判决。具体而言，合议庭可以根据案件情况作出两类判决：有罪判决和无罪判决。有罪判决适用于案件事实清楚，证据确实、充分，依据法律认定被告人有罪的案件。所谓"证据确实充分"，是指符合《刑事诉讼法》第55条的规定：定罪量刑的事实都有证据证明；据以定案的证据均经法定程序查证属实；综合全案证据，对所认定事实已排除合理怀疑。应依上述标准确定是否符合证据确实、充分的条件。

配套法规及解读

《最高人民法院关于适用〈中华人民共和国刑事诉讼法〉的解释》（2012年12月20日）

第二百三十七条 被告人最后陈述后，审判长应当宣布休庭，由合议庭进行评议。

第二百三十八条 开庭审理的全部活动，应当由书记员制作笔录；笔录经审判长审阅后，分别由审判长和书记员签名。

第二百三十九条 法庭笔录应当在庭审后交由当事人、法定代理人、辩护人、诉讼代理人阅读或者向其宣读。

法庭笔录中的出庭证人、鉴定人、有专门知识的人的证言、意见部分，应当在庭审后分别交由有关人员阅读或者向其宣读。

前两款所列人员认为记录有遗漏或者差错的，可以请求补充或者改正；确认无误后，应当签名；拒绝签名的，应当记录在案；要求改变庭审中陈述的，不予准许。

第二百四十条 合议庭评议案件，应当根据已经查明的事实、证据和有关法律规定，在充分考虑控辩双方意见的基础上，确定被告人是否有罪、构成何罪，有无从重、从轻、减轻或者免除处罚情节，应否处以刑罚、判处何种刑罚，附带民事诉讼如何解决，查封、扣押、冻结的财物及其孳息如何处理等，并依法作出判决、裁定。

※法规解读：上述条文是对法庭笔录和合议庭评议的规定。

法庭笔录是对法庭审理过程的记录，由书记员负责制作，参与案件审理的人员，均应当在确认笔录的相关内容后，确认并签字。

合议庭是人民法院对案件进行审理的审判组织形式之一。开庭审理活动结束后，合议庭需要对案件情况进行讨论，以便形成最后的裁决。合议庭中，每位合议庭成员有平等的一票，合议庭实行少数服从多数的原则，对案件的相关内容，包括定罪、量刑、刑事附带民事诉讼、涉案财物等作出裁决。

第二百四十一条 对第一审公诉案件，人民法院审理后，应当按照下列情形分别作出判决、裁定：

（一）起诉指控的事实清楚，证据确实、充分，依据法律认定指控被告人的罪名成立的，应当作出有罪判决；

（二）起诉指控的事实清楚，证据确实、充分，指控的罪名与审理认定的罪名不一致的，应当按照审理认定的罪名作出有罪判决；

（三）案件事实清楚，证据确实、充分，依据法律认定被告人无罪的，应当判决宣告被告人无罪；

（四）证据不足，不能认定被告人有罪的，应当以证据不足、指控的犯罪不能成立，判决宣告被告人无罪；

（五）案件部分事实清楚，证据确实、充分的，应当作出有罪或者无罪的判决；对事实不清、证据不足部分，不予认定；

（六）被告人因不满十六周岁，不予刑事处罚的，应当判决宣告被告人不负刑事责任；

（七）被告人是精神病人，在不能辨认或者不能控制自己行为时造成危害结果，不予刑事处罚的，应当判决宣告被告人不负刑事责任；

（八）犯罪已过追诉时效期限且不是必须追诉，或者经特赦令免除刑罚的，应当裁定终止审理；

（九）被告人死亡的，应当裁定终止审理；根据已查明的案件事实和认定的证据，能够确认无罪的，应当判决宣告被告人无罪。

具有前款第二项规定情形的，人民法院应当在判决前听取控辩双方的意见，保障被告人、辩护人充分行使辩护权。必要时，可以重新开庭，组织控辩双方围绕被告人的行为构成何罪进行辩论。

第二百四十四条 对依照本解释第一百八十一条第一款第四项规定受理的案件，人民法院应当在判决中写明被告人曾被人民检察院提起公诉，因证据不足，指控的犯罪不能成立，被人民法院依法判决宣告无罪的情况；前案依照刑事诉讼法第一百九十五条第三项[1]规定作出的判决不予撤销。

※法规解读：上述条文是对因证据不足宣告无罪后再诉的处理规定。

本解释第181条第1款第4项规定：依照刑事诉讼法第200条第3项规定宣告被告人无罪后，人民检察院根据新的事实、证据重新起诉的，人民法院应当依法受理。人民检察院根据新的事实和证据重新起诉的，可以认为是一个新的诉。前一个判决是依据先前起诉的状况作出的判定，就裁判当时的证据所认定的事实情况而言，先前判决并无不当之处，因此，先前判决不予撤销。但是，由于新的诉讼和先前诉讼有一定的牵连关系，因此，本条要求人民法院应当在判决书中写明被告人先前判决的情况。

第二百四十五条 合议庭成员应当在评议笔录上签名，在判决书、裁定书等法律文书上署名。

※法规解读：本条是对合议庭成员签名和署名的规定。

合议庭是代表人民法院对案件进行审理，并作出裁决。合议庭对案件裁决实行少数服从多数原则，对于记录评议过程和内容的笔录确认之后应当签名。同时也应当在体现裁决内容的法律文书上署名，这体现了署名人对于审判及裁决过程的参与。

第二百四十六条 裁判文书应当写明裁判依据，阐释裁判理由，反映控辩双方的意见并说明采纳或者不予采纳的理由。

※法规解读：本条是对裁判文书说理制度的规定。

裁判文书是国家意志的体现，是审判机关认定事实，适用法律的具体载体。裁判文书不仅仅应当记录裁判的结果，同时，更应当让当事人及社会公众了解裁判的缘由。就这个角度而言，裁判文书不仅仅是对特定案件事实的裁判逻辑和思维的再现，同时也是法律论证说理的展示窗口。因此，裁判文书要贯彻说理制度，交代清楚裁判的依据，解释清楚裁判的理由，对于控辩双方的意见进行回应和说明，并对其意见采纳与否予以回应和说理。只有如此，裁判文书才能达到让当事人及社会公众知晓结果，更让他们知晓结果的来龙去脉的目的。

---

[1] 现为《刑事诉讼法》第二百条第(三)项。

关联法规索引

《民事诉讼法》第42条;《人民陪审员法》第20条;《人民法院组织法》第30~32条;《最高人民法院关于人民法院在互联网公布裁判文书的规定》;《最高人民法院关于健全完善人民法院主审法官会议工作机制的指导意见(试行)》第12条;《最高人民法院关于加强和规范裁判文书释法说理的指导意见》;《最高人民法院关于进一步全面落实司法责任制的实施意见》二、3.;《2019年人民法院审判管理工作要点》第5条

典型案例

安某抢劫案〔1〕

※案情简介:2014年9月24日贵州省遵义市汇川区人民检察院以汇检刑诉(2014)427号起诉书指控被告人安某犯抢劫罪。人民法院经审理查明:2013年9月13日16时许,被告人安某在遵义市汇川区香港路盛邦地标A栋8楼与贵州军尧人力资源信息有限公司结算劳动报酬时,趁该公司员工杨某某(被害人)到其他办公室办事之机,将杨某某放置在办公电脑主机上充电的康佳牌白色直板手机一部(经鉴定价值人民币1484元)拔下并带走。杨某某回到办公桌发现手机丢失,怀疑已被安某盗窃,便要求其同事侯某某帮忙寻找安某并追回手机,同时向公安机关报了警。侯某某在遵义市汇川区香港路遵义航天医院后门发现并抓住了安某,安某为脱身,向侯某某使用暴力,直至民警前来将其控制。安某到案后,公安民警从安某身上查获了杨某某被盗的康佳牌白色直板手机一部及数据线一条,于破案后发还了杨某某。

法院认为,被告人安某以非法占有为目的,盗窃他人财物,其行为已触犯《中华人民共和国刑法》第二百六十四条关于"盗窃公私财物,数额较大的,或者多次盗窃、入户盗窃、携带凶器盗窃、扒窃的,处三年以下有期徒刑、拘役或者管制,并处或者单处罚金"之规定,已构成盗窃罪。被告人安某在逃离犯罪现场后,在其他场所被发现、抓捕,其被抓捕时使用暴力相抗拒的行为,不属于《中华人民共和国刑法》第二百六十九条规定的情形。公诉机关指控罪名不成立,本院依照最高人民法院《关于适用〈中华人民共和国刑事诉讼法〉的解释》第二百四十三条之规定予以变更。

最后,人民法院依照《中华人民共和国刑法》第四十五条、第四十七条、第五十二条、第五十三条、第六十七条第三款、第七十二条、第七十三条、第二百六十四条以及最高人民法院、最高人民检察院《关于办理盗窃刑事案件适用法律若干问题的解释》第一

〔1〕 本案根据贵州省遵义市汇川区人民法院一审刑事判决书(2014)汇刑初字第474号整理。

条、第十四条之规定,判决如下:被告人安某犯盗窃罪,判处有期徒刑一年,缓刑一年,并处罚金人民币一千元。(缓刑考验的期限,自本判决确定之日起计算。罚金于本判决发生法律效力第二日起三十日内缴纳。期满不缴纳的,强制缴纳。)

※裁判要旨:本案中,人民检察院起诉安某的罪名为抢劫罪,但人民法院经过审理后认为被告人的行为不符合盗窃转化抢劫的法律规定,因为被告人安某在逃离犯罪现场后,在其他场所被发现、抓捕,其被抓捕时使用暴力相抗拒的行为。据此,人民法院根据《刑事诉讼法》的规定,以及最高人民法院《关于适用〈中华人民共和国刑事诉讼法〉的解释》第243条之规定予以变更,最终认定安某的行为构成盗窃罪。在本案审理的过程中,出现了起诉罪名与判决罪名不一致的情形。人民法院的做法,一方面,于法有据,最高人民法院《关于适用〈中华人民共和国刑事诉讼法〉的解释》第243条规定:审判期间,人民法院发现新的事实,可能影响定罪的,可以建议人民检察院补充或者变更起诉;人民检察院不同意或者在7日内未回复意见的,人民法院应当就起诉指控的犯罪事实,依照本解释第241条的规定作出判决、裁定。该解释第214条规定:起诉指控的事实清楚,证据确实、充分,指控的罪名与审理认定的罪名不一致的,应当按照审理认定的罪名作出有罪判决。另一方面,从诉讼法理的角度,本案中的抢劫罪与盗窃罪具有包含关系,因此,在诉讼过程中诉讼客体保持了同一,并未侵犯被告人的辩护权,人民法院也未超出起诉范围进行裁判。

第二百零一条 【认罪认罚案件的判决】对于认罪认罚案件,人民法院依法作出判决时,一般应当采纳人民检察院指控的罪名和量刑建议,但有下列情形的除外:

(一)被告人的行为不构成犯罪或者不应当追究其刑事责任的;

(二)被告人违背意愿认罪认罚的;

(三)被告人否认指控的犯罪事实的;

(四)起诉指控的罪名与审理认定的罪名不一致的;

(五)其他可能影响公正审判的情形。

人民法院经审理认为量刑建议明显不当,或者被告人、辩护人对量刑建议提出异议的,人民检察院可以调整量刑建议。人民检察院不调整量刑建议或者调整量刑建议后仍然明显不当的,人民法院应当依法作出判决。

条文解读

本条为2018年《刑事诉讼法》修正时新增的条文,本条共有两款,是对认罪认罚案件判决的规定。

2018 年《刑事诉讼法》修正时增加了“认罪认罚从宽原则”。该条文是认罪认罚从宽原则在刑事审判中的具体表现之一。同时,该条文也是吸收了认罪认罚从宽试点的经验的成果。这个条文来自于最高人民法院等 5 部门《关于在部分地区开展刑事案件认罪认罚从宽制度试点工作的办法》第 20 条和第 21 条。首先应当明确的是,人民法院审理认罪认罚案件的判决种类也是依据《刑事诉讼法》第 200 条的规定。

根据本条第 1 款的规定,被告人认罪认罚案件与其他案件的差异性就在于被追诉人已经在审前程序中签署了《认罪认罚具结书》。《刑事诉讼法》第 174 条规定,犯罪嫌疑人自愿认罪,同意量刑建议和程序适用的,应当在辩护人或者值班律师在场的情况下签署认罪认罚具结书。据此,检察机关指控的罪名和量刑建议的内容都是认罪认罚具结书的内容的一部分,即已经被被告人认可。因此,人民法院审理认罪认罚从宽案件时,除非具有法律禁止的情形出现,原则上应当采纳人民检察院指控的罪名和量刑建议。这既是对审前程序努力结果的认可,也是提高诉讼效率的选择。但是公正是刑事审判的最高价值追求,因此,当人民法院发现一些情况可能影响案件审理的公正性时,则有权不认可检察机关的建议。这些情形主要包括被告人认罪认罚的自愿性、真实性有瑕疵或者错误;案件追诉有错误以及可能影响公正审判的其他情形等几大类。本条第 1 款列举了五种情况:被告人的行为不构成犯罪或者不应当追究其刑事责任的;被告人违背意愿认罪认罚的;被告人否认指控的犯罪事实的;起诉指控的罪名与审理认定的罪名不一致的;其他可能影响公正审判的情形。

本条第 2 款是对认罪认罚案件量刑建议不当情况的处理规定。量刑建议是人民检察院向人民法院法院提出的量刑请求,是人民检察院求刑权的一部分。人民检察院的提起公诉是国家刑罚权的一部分,主要包括定罪和量刑两部分的请求内容。需要注意的是,若是人民检察院起诉的罪名与人民法院认定的罪名不一致的,不适用本款,即不能调整,而是根据本条第 1 款的规定,属于可以不采纳的范围。

根据本条第 2 款的规定,人民检察院可以调整量刑建议的情况主要为两种:一为人民法院经过审理认为检察机关的量刑建议不当的,二为被告人、辩护人对量刑建议提出异议的。需要注意的是,提出量刑建议是人民检察院的职权,因此,检察机关不调整量刑建议也是允许的。人民检察院不调整量刑建议,或者量刑建议调整人民法院依然认为存在不当的,人民法院有权依法作出判决,因为审判是人民法院的职权。

关联法规索引

《最高人民法院、最高人民检察院、公安部、国家安全部、司法部关于在部分地区开展刑事案件认罪认罚从宽制度试点工作的办法》第 20 条、第 21 条

第二百零二条 【判决的宣告与送达】 宣告判决,一律公开进行。

当庭宣告判决的,应当在五日以内将判决书送达当事人和提起公诉的人民检察院;定期宣告判决的,应当在宣告后立即将判决书送达当事人和提起公诉的人民检察院。判决书应当同时送达辩护人、诉讼代理人。

条文解读

本条共有2款,是关于宣告判决的规定。

本条第1款确定了公开进行判决宣告的原则。根据公开审判制度的规定,不管案件是否公开审理,宣告判决一律公开进行。

本条第2款是关于宣告判决方式和送达期限的规定。人民法院宣告判决的方式有两种:一为当庭宣告;二为定期宣告。人民法院当庭宣告判决的,应当在5日内将判决书送达给当事人和提起公诉的人民检察院。定期宣判的,判决书应当在宣告后立即送达给当事人和提起公诉的人民检察院。同时,为了更好地维护私权利主体的合法权益,判决书也应当送达为私权利主体提供法律服务的辩护人和诉讼代理人。

配套法规及解读

《最高人民法院关于适用〈中华人民共和国刑事诉讼法〉的解释》(2012年12月20日)

第二百四十七条 当庭宣告判决的,应当在五日内送达判决书。定期宣告判决的,应当在宣判前,先期公告宣判的时间和地点,传唤当事人并通知公诉人、法定代理人、辩护人和诉讼代理人;判决宣告后,应当立即送达判决书。

判决书应当送达人民检察院、当事人、法定代理人、辩护人、诉讼代理人,并可以送达被告人的近亲属。判决生效后,还应当送达被告人的所在单位或者原户籍地的公安派出所,或者被告单位的注册登记机关。

第二百四十八条 宣告判决,一律公开进行。公诉人、辩护人、诉讼代理人、被害人、自诉人或者附带民事诉讼原告人未到庭的,不影响宣判的进行。

宣告判决结果时,法庭内全体人员应当起立。

※法规解读:上述条文是关于人民法院判决宣告和送达的具体规定。

人民法院作出一审判决后,有两种宣告方式:当庭宣告和定期宣告。不管案件是否公开审理,宣告判决一律公开进行。宣告判决是依法履行国家审判权的重要方式,应当具有庄重性。因此宣告判决时,法庭内全体人员均应当起立。宣告判决时,被告人必须到庭，公诉人、被害人和其他诉讼参与人未到庭的，不影响宣判的正常进行。当庭宣告判决，一般适用于案件相对简单，处刑罚较轻的案件。人民法院应当宣判后5日内向有关主体送达判决书。定期宣告判决一般适用于比较重大、复杂的案件。这类案件，合议庭、审判委员会往往要经过反复研究，因此可以另定日期宣告判决。合议庭应当根据公开宣判原则，先期公告宣判的时间和地点，传唤和通知相关主体到庭。定期宣告判决的，人民法院应当立即向有关主体送达判决书。

值得注意的是，在司法解释中，已经明确将辩护人和诉讼代理人列入法院送达一审判决的对象。可以说，最高人民法院早在1998年制定司法解释的时候，就已经考虑到了辩护人、诉讼代理人可能由于在判决宣告后很长时间不知道已经判决和判决结果的情况，从而导致不利于辩护人、诉讼代理人帮助其委托人提出上诉、申诉或者依法行使其他诉讼权利。2012年《刑事诉讼法》的修改是对本司法解释的认可和肯定。

关联法规索引

《民事诉讼法》第148条；《行政诉讼法》第80条；《最高人民法院、司法部关于开展刑事案件律师辩护全覆盖试点工作的办法》第14条；《人民法院法庭规则》第15条；《最高人民法院关于审理人民检察院按照审判监督程序提出的刑事抗诉案件若干问题的规定》第9条；《律师办理刑事案件规范》第128条

第二百零三条 【判决书】判决书应当由审判人员和书记员署名，并且写明上诉的期限和上诉的法院。

条文解读

本条是关于判决书的规定。

判决书是人民法院对案件行使审判权，并对案件实体问题作出裁决的法律文书，应当具有严格的规范性。《宪法》第139条规定：各民族公民都有用本民族语言文字进行诉讼的权利。人民法院和人民检察院对于不通晓当地通用的语言文字的诉讼参与人，应当为他们翻译。在少数民族聚居或者多民族共同居住的地区，应当用当地通用的语言进行审理；起诉书、判决书、布告和其他文书应当根据实际需要使用当地通用的一种或者几种文字。《刑事诉讼法》第9条规定：在少数民族聚居或者多民族杂居的地区，应当用当地通用的语言进行审讯，用当地通用的文字发布判决书、布告和其他文件。因此，人民法院在少数民族聚居或者多民族杂居的地区应当用当地通用的文字发

布判决书。《人民法院组织法》第32条规定:合议庭或者法官独任审理案件形成的裁判文书,经合议庭组成人员或者独任法官签署,由人民法院发布。因此,审判人员和书记员应当在判决书后署名。为了方便当事人依法行使上诉权,人民法院应在判决书中写明上诉的期限和上诉的法院。人民法院宣告判决时,还要再次明确告知当事人相关事项。

配套法规及解读

《最高人民法院关于适用〈中华人民共和国刑事诉讼法〉的解释》(2012年12月20日)

第二百四十五条 合议庭成员应当在评议笔录上签名,在判决书、裁定书等法律文书上署名。

※法规解读:本条是对合议庭成员签名和署名的规定。

合议庭是人民法院审理刑事案件的审判组织形式之一,其代表人民法院对案件进行审理,并作出裁决。合议庭对案件裁决实行少数服从多数原则,对于记录评议过程和内容的笔录确认之后应当签名。同时也应当在体现裁决内容的法律文书上署名,这体现了署名人对于审判及裁决过程的参与。

关联法规索引

《宪法》第139条;《刑事诉讼法》第9条;《人民法院组织法》第32条;《法律援助条例》第20条

第二百零四条 【延期审理事由】在法庭审判过程中,遇有下列情形之一,影响审判进行的,可以延期审理:

(一)需要通知新的证人到庭,调取新的物证,重新鉴定或者勘验的;

(二)检察人员发现提起公诉的案件需要补充侦查,提出建议的;

(三)由于申请回避而不能进行审判的。

条文解读

本条是关于延期审理事由的规定。

延期审理,是指人民法院开庭时,由于出现法定原因,另定日期对案件进行审理的制度。延期审理只能发生在开庭审理阶段。延期审理只是导致庭审活动的拖延,并不影响诉讼行为的效力，因此，延期审理前已进行的诉讼行为仍然有效。根据本条规定，遇到以下情形影响审判进行的，人民法院有权决定延期审理，具体包括：需要通知新的证人到庭，调取新的物证，重新鉴定或者勘验的；检察人员发现提起公诉的案件需要补充侦查，提出建议的（该种情况延期审理的次数不能超过两次，且法庭宣布延期审理后，人民检察院在补充侦查的期限内没有提请人民法院恢复法庭审理的，人民法院应当裁定按人民检察院撤诉处理）；由于申请回避而不能进行审判的。

配套法规及解读

《最高人民法院、最高人民检察院、公安部、国家安全部、司法部、全国人大常委会法制工作委员会关于实施刑事诉讼法若干问题的规定》（2012 年 12 月 26 日）

29. 刑事诉讼法第一百八十七条第三款〔1〕规定："公诉人、当事人或者辩护人、诉讼代理人对鉴定意见有异议，人民法院认为鉴定人有必要出庭的，鉴定人应当出庭作证。经人民法院通知，鉴定人拒不出庭作证的，鉴定意见不得作为定案的根据。"根据上述规定，依法应当出庭的鉴定人经人民法院通知未出庭作证的，鉴定意见不得作为定案的根据。鉴定人由于不能抗拒的原因或者有其他正当理由无法出庭的，人民法院可以根据案件审理情况决定延期审理。

《最高人民法院关于适用〈中华人民共和国刑事诉讼法〉的解释》（2012 年 12 月 20 日）

第八十六条 经人民法院通知，鉴定人拒不出庭作证的，鉴定意见不得作为定案的根据。

鉴定人由于不能抗拒的原因或者有其他正当理由无法出庭的，人民法院可以根据情况决定延期审理或者重新鉴定。

对没有正当理由拒不出庭作证的鉴定人，人民法院应当通报司法行政机关或者有关部门。

第二百二十二条 法庭审理过程中，当事人及其辩护人、诉讼代理人申请通知新的证人到庭，调取新的证据，申请重新鉴定或者勘验的，应当提供证人的姓名、证据的存放地点，说明拟证明的案件事实，要求重新鉴定或者勘验的理由。法庭认为有必要的，应当同意，并宣布延期审理；不同意的，应当说明理由并继续审理。

延期审理的案件，符合刑事诉讼法第二百零二条第一款〔2〕规定的，可以报请上级人民法院批准延长审理期限。

---

〔1〕 现行《刑事诉讼法》第一百九十二条第三款。

〔2〕 现行《刑事诉讼法》第二百零四条第（三）项。

人民法院同意重新鉴定申请的,应当及时委托鉴定,并将鉴定意见告知人民检察院、当事人及其辩护人、诉讼代理人。

第二百二十三条 审判期间,公诉人发现案件需要补充侦查,建议延期审理的,合议庭应当同意,但建议延期审理不得超过两次。

人民检察院将补充收集的证据移送人民法院的,人民法院应当通知辩护人、诉讼代理人查阅、摘抄、复制。

补充侦查期限届满后,经法庭通知,人民检察院未将案件移送人民法院,且未说明原因的,人民法院可以决定按人民检察院撤诉处理。

※法规解读:根据上述条文的规定,对延期审理的具体情形进行了更加明确的规定。

《人民检察院刑事诉讼规则(试行)》(2012年11月22日修订)

第四百四十六条 在法庭审理过程中,被告人及其辩护人提出被告人庭前供述系非法取得,审判人员认为需要进行法庭调查的,公诉人可以根据讯问笔录、羁押记录、出入看守所的健康检查记录、看守管教人员的谈话记录以及侦查机关对讯问过程合法性的说明等,对庭前讯问被告人的合法性进行证明,可以要求法庭播放讯问录音、录像,必要时可以申请法庭通知侦查人员或者其他人员出庭说明情况。

审判人员认为可能存在刑事诉讼法第五十四条[1]规定的以非法方法收集其他证据的情形,需要进行法庭调查的,公诉人可以参照前款规定对证据收集的合法性进行证明。

公诉人不能当庭证明证据收集的合法性,需要调查核实的,可以建议法庭休庭或者延期审理。

在法庭审理期间,人民检察院可以要求侦查机关对证据收集的合法性进行说明或者提供相关证明材料,必要时可以自行调查核实。

第四百五十五条 法庭审判过程中遇有下列情形之一的,公诉人可以建议法庭延期审理:

(一)发现事实不清、证据不足,或者遗漏罪行、遗漏同案犯罪嫌疑人,需要补充侦查或者补充提供证据的;

(二)被告人揭发他人犯罪行为或者提供重要线索,需要补充侦查进行查证的;

(三)发现遗漏罪行或者遗漏同案犯罪嫌疑人,虽不需要补充侦查和补充提供证据,但需要补充、追加或者变更起诉的;

(四)申请人民法院通知证人、鉴定人出庭作证或者有专门知识的人出庭提出意

[1] 现行《刑事诉讼法》第五十六条。

见的；

（五）需要调取新的证据，重新鉴定或者勘验的；

（六）公诉人出示、宣读开庭前移送人民法院的证据以外的证据，或者补充、变更起诉，需要给予被告人、辩护人必要时间进行辩护准备的；

（七）被告人、辩护人向法庭出示公诉人不掌握的与定罪量刑有关的证据，需要调查核实的；

（八）公诉人对证据收集的合法性进行证明，需要调查核实的。

在人民法院开庭审理前发现具有上述情形之一的，人民检察院可以建议人民法院延期审理。

第四百五十六条 法庭宣布延期审理后，人民检察院应当在补充侦查的期限内提请人民法院恢复法庭审理或者撤回起诉。

公诉人在法庭审理过程中建议延期审理的次数不得超过两次，每次不得超过一个月。

※法规解读：上述条文是关于检察机关提请合议庭延期审理的情形的规定。

关联法规索引

《刑事诉讼法》第157条；《最高人民检察院关于公诉案件撤回起诉若干问题的指导意见》第7条；《关于进一步严格依法办案确保办理死刑案件质量的意见》第51条；《人民检察院开展量刑建议工作的指导意见（试行）》第17条；《最高人民检察院关于适用〈关于办理死刑案件审查判断证据若干问题的规定〉和〈关于办理刑事案件排除非法证据若干问题的规定〉的指导意见》第23、25条；《最高人民法院、最高人民检察院、公安部、国家安全部、司法部关于推进以审判为中心的刑事诉讼制度改革的意见》七；《人民法院办理刑事案件第一审普通程序法庭调查规程（试行）》第38条、第40条；《最高人民法院司法责任制实施意见（试行）》第34条；《最高人民法院、司法部关于开展刑事案件律师辩护全覆盖试点工作的办法》第14条；《人民检察院公诉人出庭举证质证工作指引》第32条、第36条、第50条、第54条、第64条、第71条；《人民法院落实〈领导干部干预司法活动、插手具体案件处理的记录、通报和证人追究规定〉的实施办法》第7条；《中央综治委预防青少年违法犯罪工作领导小组、最高人民法院、最高人民检察院关于进一步建立和完善未成年人刑事案件配套工作体系的若干意见》三、（二）3；《最高人民法院、最高人民检察院、公安部关于羁押犯罪嫌疑人、被告人实行换押和羁押期限变更通知制度的通知》一、（一）（4）；《全国刑事法律援助服务规范》（8.5.1.4 i）；《律师办理刑事案件规范》第98条、第111条

第二百零五条 【法庭审理中的补充侦查】依照本法第二百零四条第二项的规定延期审理的案件,人民检察院应当在一个月以内补充侦查完毕。

条文解读

本条是关于人民检察院在庭审期间补充侦查期限的规定。

人民检察院在庭审期间因补充侦查提请人民法院延期审理的,需要具备以下几个条件:一是必须是在法庭审判过程中;二是必须是检察人员发现提起公诉的案件需要补充侦查,自己向法庭提出建议的情况;三是人民检察院对自己申请补充侦查的案件,应当在1个月以内补充侦查完毕。

公诉人在法庭审理过程中遇到以下情形应当要求法庭延期审理:发现事实不清、证据不足,或者遗漏罪行、遗漏同案犯罪嫌疑人,需要补充侦查或者补充提供证据的;发现遗漏罪行或者遗漏同案犯罪嫌疑人,虽不需要补充侦查和补充提供证据,但需要提出追加或者变更起诉的;需要通知开庭前未向人民法院提供名单的证人、鉴定人或者经人民法院通知而未到庭的证人出庭陈述的;法庭对被告人审判前供述取得的合法性有疑问,公诉人当庭不能举证的。庭审期间进行补充侦查是为了更准确地对犯罪进行追诉。但在追求公平正义的同时也要考虑到诉讼效率的问题,因此本条限定,人民检察院在庭审期间进行补充侦查的,应当在1个月以内进行完毕。因补充侦查申请延期审理的,人民检察院可以书面要求公安机关或本院侦查部门提供法庭审判所必需的证据材料;或者退回公安机关或本院侦查部门补充侦查,也可以自行收集证据。人民检察院在法庭审理期间申请补充侦查的次数不得超过2次。并且法庭宣布延期审理后,人民检察院在补充侦查的期限内没有提请人民法院恢复法庭审理的,人民法院应当按人民检察院撤诉处理。

配套法规及解读

《最高人民法院、最高人民检察院、公安部、国家安全部、司法部、全国人大常委会法制工作委员会关于实施刑事诉讼法若干问题的规定》(2012年12月26日)

30. 人民法院审理公诉案件,发现有新的事实,可能影响定罪的,人民检察院可以要求补充起诉或者变更起诉,人民法院可以建议人民检察院补充起诉或者变更起诉。人民法院建议人民检察院补充起诉或者变更起诉的,人民检察院应当在七日以内回复意见。

31. 法庭审理过程中,被告人揭发他人犯罪行为或者提供重要线索,人民检察院认为需要进行查证的,可以建议补充侦查。

《最高人民法院关于适用〈中华人民共和国刑事诉讼法〉的解释》(2012年12月20日)

第二百二十三条 审判期间,公诉人发现案件需要补充侦查,建议延期审理的,合议庭应当同意,但建议延期审理不得超过两次。

人民检察院将补充收集的证据移送人民法院的,人民法院应当通知辩护人、诉讼代理人查阅、摘抄、复制。

补充侦查期限届满后,经法庭通知,人民检察院未将案件移送人民法院,且未说明原因的,人民法院可以决定按人民检察院撤诉处理。

第二百二十六条 审判期间,合议庭发现被告人可能有自首、坦白、立功等法定量刑情节,而人民检察院移送的案卷中没有相关证据材料的,应当通知人民检察院移送。

审判期间,被告人提出新的立功线索的,人民法院可以建议人民检察院补充侦查。

※法规解读:上述条文是关于庭审中补充侦查的规定。

人民检察院有权在庭审过程中因补充侦查,向人民法院提出延期审理的建议。对于该建议,合议庭应当同意。但是人民检察院提出该种建议的次数不能超过2次。否则将严重影响审判的效率。合议庭在庭审期间,也可以因为缺少主要证据,如被告人可能有自首、立功等法定量刑情节,而起诉和移送的证据材料中没有这方面的证据材料的,而向人民检察院提出补充侦查的建议。因补充侦查而延期审理的案件,人民检察院应当在法定期限内提请人民法院恢复庭审程序,否则人民法院按撤诉处理。

《人民检察院刑事诉讼规则(试行)》(2012年11月22日修订)

第四百五十六条 法庭宣布延期审理后,人民检察院应当在补充侦查的期限内提请人民法院恢复法庭审理或者撤回起诉。

公诉人在法庭审理过程中建议延期审理的次数不得超过两次,每次不得超过一个月。

第四百五十七条 在审判过程中,对于需要补充提供法庭审判所必需的证据或者补充侦查的,人民检察院应当自行收集证据和进行侦查,必要时可以要求侦查机关提供协助;也可以书面要求侦查机关补充提供证据。

人民检察院补充侦查,适用本规则第六章、第九章、第十章的规定。

补充侦查不得超过一个月。

※法规解读:上述条文是关于人民检察院庭审期间补充侦查的规定。

庭审期间的补充侦查,应当由检察机关进行,必要时,公安机关可以协助,但是不能退回公安机关补充侦查。

人民法院认为应当补充侦查的,可以向人民检察院提出建议,但是否补充侦查由检察机关决定。人民检察院不同意补充侦查的,人民法院有权就起诉书指控的犯罪事实作出裁决。

关联法规索引

《中央综治委预防青少年违法犯罪工作领导小组、最高人民法院、最高人民检察院等关于进一步建立和完善办理未成年人刑事案件配套工作体系的若干意见》第7条;《最高人民法院关于全面推进以审判为中心的刑事诉讼制度改革的实施意见》第8条;《人民法院办理刑事案件第一审普通程序法庭调查规程(试行)》第38条、第40条、第41条

第二百零六条　【中止审理】在审判过程中,有下列情形之一,致使案件在较长时间内无法继续审理的,可以中止审理:

(一)被告人患有严重疾病,无法出庭的;

(二)被告人脱逃的;

(三)自诉人患有严重疾病,无法出庭,未委托诉讼代理人出庭的;

(四)由于不能抗拒的原因。

中止审理的原因消失后,应当恢复审理。中止审理的期间不计入审理期限。

条文解读

本条共有2款,是关于中止审理的规定。

本条第1款是关于中止审理原因的规定。中止审理,是指人民法院在受理案件后,作出判决之前,出现了某些使审判在一定期限内无法继续进行的情况时,决定暂时停止案件审理,待有关情形消失后,再行恢复审判的活动。根据本条规定,导致人民法院中止审理的情形主要有四种:(1)被告人患有严重疾病,无法出庭的。这里所言的"严重疾病",一定是导致其长期无法出庭接受审判的情况。(2)被告人脱逃,致使案件在较长时间内无法继续审理的。(3)自诉人患有严重疾病,无法出庭,未委托诉讼代理人出庭的。(4)由于不能抗拒的原因而导致案件在较长时间内无法审判的。2018年《刑事诉讼法》修正时,增加了第296条的规定,对于因被告人患有严重疾病无法出庭,中止审理超过六个月,被告人仍无法出庭的情况,若被告人及其法定代理人、近亲属申请或者同意恢复审理的,人民法院可以在被告人不出庭的情况下缺席审理,依法作出判决。

本条第2款是关于恢复审理和中止审理期间不计入审限的规定。人民法院裁定

中止审判后，刑事审判活动停滞在作出中止裁定的那一刻。导致中止审理的原因消失后，人民法院应当恢复审判活动。由于中止审理的期间具有不确定性和长期性，因此，不计入审理期限。

配套法规及解读

《最高人民法院关于适用〈中华人民共和国刑事诉讼法〉的解释》（2012 年 12 月 20 日）

第二百五十七条 有多名被告人的案件，部分被告人具有刑事诉讼法第二百条第一款[1]规定情形的，人民法院可以对全案中止审理；根据案件情况，也可以对该部分被告人中止审理，对其他被告人继续审理。

对中止审理的部分被告人，可以根据案件情况另案处理。

第二百七十五条 被告人在自诉案件审判期间下落不明的，人民法院应当裁定中止审理。被告人到案后，应当恢复审理，必要时应当对被告人依法采取强制措施。

※**法规解读：**上述条文对于人民法院中止审理的情形作了进一步的补充规定。

关联法规索引

《刑事诉讼法》第 296 条；《人民检察院刑事诉讼规则（试行）》第 534 条；《人民法院落实〈领导干部干预司法活动、插手具体案件处理的记录、通报和证人追究规定〉的实施办法》第 7 条

第二百零七条 【法庭笔录】法庭审判的全部活动，应当由书记员写成笔录，经审判长审阅后，由审判长和书记员签名。

法庭笔录中的证人证言部分，应当当庭宣读或者交给证人阅读。证人在承认没有错误后，应当签名或者盖章。

法庭笔录应当交给当事人阅读或者向他宣读。当事人认为记载有遗漏或者差错的，可以请求补充或者改正。当事人承认没有错误后，应当签名或者盖章。

条文解读

本条是关于法庭笔录的规定。

---

〔1〕 现行《刑事诉讼法》第二百零六条第一款。

本条第1款是关于法庭审判笔录的原则性规定。法庭笔录由书记员负责记录,要对全部的法庭审判活动进行记载。法庭笔录要交审判长审阅,并由审判长和书记员在笔录上签名。在科学技术迅速发展的今天,智慧法院建设如火如荼。人民法院的记录方式也有了新的变化。根据《人民法院庭审录音录像的若干规定》第6条规定,人民法院通过使用智能语音识别系统同步转换生成的庭审文字记录,经审判人员、书记员、诉讼参与人核对签字后,作为法庭笔录管理和使用。

本条第2款是关于法庭笔录中涉及的证人证言部分的规定。证人出庭作证,其在法庭上陈述是法庭审理活动的一部分,自然也要体现在法庭笔录中。对于法庭笔录中记载的证人证言部分,应当当庭向证人宣读,或者交给证人阅读,待证人确认无误后签名或者盖章。

本条第3款是关于当事人确认法庭笔录的规定。当事人是与案件及案件处理结果有利害关系的人,他们在法庭审理过程中,会表达自己的意见、主张和观点。这些全部属于法庭活动的内容,应当由书记员记载在法庭笔录中。因此,庭审结束后,法庭笔录应当交给当事人阅读,或者向其宣读,如果记载有误,允许当事人进行补充或者改正。当事人确认笔录无误后,应当签名或者盖章。

配套法规及解读

《最高人民法院关于适用〈中华人民共和国刑事诉讼法〉的解释》(2012年12月20日)

第二百三十八条　开庭审理的全部活动,应当由书记员制作笔录;笔录经审判长审阅后,分别由审判长和书记员签名。

第二百三十九条　法庭笔录应当在庭审后交由当事人、法定代理人、辩护人、诉讼代理人阅读或者向其宣读。

法庭笔录中的出庭证人、鉴定人、有专门知识的人的证言、意见部分,应当在庭审后分别交由有关人员阅读或者向其宣读。

前两款所列人员认为记录有遗漏或者差错的,可以请求补充或者改正;确认无误后,应当签名;拒绝签名的,应当记录在案;要求改变庭审中陈述的,不予准许。

※法规解读:上述条文是关于法庭笔录的规定。

法庭笔录是记载全部审判活动的文字材料,是重要的诉讼文书,既是合议庭分析研究案情的重要依据,又是审查审判活动是否合法的主要依据。法庭笔录应当如实记载庭审活动,不能遗漏,不能增减,不能自行涂改,做到客观、真实、准确、全面。法庭笔录,经审判长审阅后,审判长和书记员应在笔录上签字。法庭笔录中的证人证言部分当庭宣读或者交给证人阅读并签名。法庭笔录还应当交给当事人阅读或者向他宣读并签名确认。在实际审判工作中，证人、当事人阅读笔录或者向他们宣读笔录的情况，书记员应当注明。如果证人、当事人拒绝签名或者盖章的，法庭应当做说明或者说服工作，但不能强制、威胁其签名或者盖章，书记员应当如实注明有关情况。

关联法规索引

《最高人民法院关于庭审活动录音录像的若干规定》第 4 条；《最高人民法院、最高人民检察院、公安部等关于依法保障律师执业权利的规定》第 38 条；《最高人民法院关于进一步推进案件繁简分流优化司法资源配置的若干意见》第 11 条、第 15 条；《最高人民法院关于人民法院庭审录音录像的若干规定》第 4 条、第 7 ~ 9 条；《律师参与刑事诉讼办案规范（试行）》第 123 条；《律师办理刑事案件规范》第 244 条

第二百零八条 【审理期限】人民法院审理公诉案件，应当在受理后二个月以内宣判，至迟不得超过三个月。对于可能判处死刑的案件或者附带民事诉讼的案件，以及有本法第一百五十八条规定情形之一的，经上一级人民法院批准，可以延长三个月；因特殊情况还需要延长的，报请最高人民法院批准。

人民法院改变管辖的案件，从改变后的人民法院收到案件之日起计算审理期限。

人民检察院补充侦查的案件，补充侦查完毕移送人民法院后，人民法院重新计算审理期限。

条文解读

本条共有 3 款，是关于人民法院适用第一审普通程序审理公诉案件期限的规定。

本条第 1 款是关于人民法院审理公诉案件一般期限及期限延长的规定。一般情况下，人民法院适用第一审普通程序审理公诉案件的，应当在受理案件后的 2 个月内宣判，最迟不得超过 3 个月。如果案件比较重大或者复杂的，如可能判处死刑的案件或者有附带民事诉讼的案件，以及属于：交通十分不便的边远地区的重大复杂案件；重大的犯罪集团案件；流窜作案的重大复杂案件；犯罪涉及面广，取证困难的重大复杂案件的，经过上一级人民法院批准，审理期限可以延长 3 个月。因特殊情况还需要延长的，审理法院要报请最高人民法院批准。

本条第 2 款是关于改变管辖后审限计算问题的规定。刑事案件改变管辖的，受理案件的人民法院需要从头开始对案件进行审理，因此，从改变后的人民法院收到案件

之日起重新计算审理期限,原来法院审理案件已经花费的时间,不计算在内。

本条第3款是关于人民检察院补充侦查后人民法院案件审理期限的规定。人民法院同意人民检察院补充侦查后,人民检察院应当在补充侦查的期限内提请人民法院恢复法庭审理或者撤回起诉。这就意味着,补充侦查结束后,相当于人民检察院向人民法院重新起诉,因此,审理期限要重新计算。

关联法规索引

《刑事诉讼法》第158条;《人民检察院刑事诉讼规则(试行)》第625条;《最高人民法院巡回法庭审判管理工作指导意见》第25条;《最高人民法院关于人民法院通过互联网公开审判流程信息的规定》第7条

第二百零九条　【人民检察院对审判活动的监督】人民检察院发现人民法院审理案件违反法律规定的诉讼程序,有权向人民法院提出纠正意见。

条文解读

本条是关于人民检察院监督人民法院审判活动的规定。

人民检察院是我国专门的法律监督机关。人民检察院派员出庭,一方面代表国家支持公诉,另一方面也履行着法律监督职能。人民检察院有权对人民法院违反诉讼程序的行为提出纠正意见,要求人民法院改正。人民检察院认为人民法院审理案件过程中,有违反法律规定的诉讼程序的情况,在庭审后提出书面纠正意见的(此种纠正意见为纠正违法检察意见),人民法院认为正确的,应当采纳。根据《人民检察院检察建议工作规定》第9条的规定,人民检察院发现的人民法院在刑事诉讼活动中存在普遍性、倾向性违法问题或者有其他重大隐患,需要引起重视予以解决的,以及诉讼活动中其他需要纠正的违法情形可以发出纠正违法检察建议。

具体而言,人民法院在审理案件中可能出现的违反法律规定的诉讼行为主要包括:人民法院对刑事案件的受理违反管辖规定的;人民法院审理案件违反法定审理和送达期限的;法庭组成人员不符合法律规定的;法庭审理案件违反法定程序的;侵犯当事人和其他诉讼参与人的诉讼权利和其他合法权利的;法庭审理时对有关程序问题所作的决定违反法律规定的;其他违反法律规定的审理程序的行为。

配套法规及解读

《人民检察院刑事诉讼规则(试行)》(2012年11月22日修订)

第四百五十一条 在法庭审理过程中,合议庭对证据有疑问并在休庭后进行勘验、检查、查封、扣押、鉴定和查询、冻结的,人民检察院应当依法进行监督,发现上述活动有违法情况的,应当提出纠正意见。

第四百五十二条 人民法院根据申请收集、调取的证据或者合议庭休庭后自行调查取得的证据,应当经过庭审出示、质证才能决定是否作为判决的依据。未经庭审出示、质证直接采纳为判决依据的,人民检察院应当提出纠正意见;作出的判决确有错误的,应当依法提出抗诉。

第五百七十六条 人民检察院依法对人民法院的审判活动是否合法实行监督。

第五百七十七条 审判活动监督主要发现和纠正以下违法行为:

(一)人民法院对刑事案件的受理违反管辖规定的;

(二)人民法院审理案件违反法定审理和送达期限的;

(三)法庭组成人员不符合法律规定,或者违反规定应当回避而不回避的;

(四)法庭审理案件违反法定程序的;

(五)侵犯当事人和其他诉讼参与人的诉讼权利和其他合法权利的;

(六)法庭审理时对有关程序问题所作的决定违反法律规定的;

(七)二审法院违反法律规定裁定发回重审的;

(八)故意毁弃、篡改、隐匿、伪造、偷换证据或者其他诉讼材料,或者依据未经法定程序调查、质证的证据定案的;

(九)依法应当调查收集相关证据而不收集的;

(十)徇私枉法,故意违背事实和法律作枉法裁判的;

(十一)收受、索取当事人及其近亲属或者其委托的律师等人财物或者其他利益的;

(十二)违反法律规定采取强制措施或者采取强制措施法定期限届满,不予释放、解除或者变更的;

(十三)应当退还取保候审保证金不退还的;

(十四)对与案件无关的财物采取查封、扣押、冻结措施,或者应当解除查封、扣押、冻结不解除的;

(十五)贪污、挪用、私分、调换、违反规定使用查封、扣押、冻结的财物及其孳息的;

(十六)其他违反法律规定的审理程序的行为。

第五百七十八条 审判活动监督由公诉部门和刑事申诉检察部门承办,对于人民法院审理案件违反法定期限的,由监所检察部门承办。

人民检察院可以通过调查、审阅案卷、受理申诉、控告等活动，监督审判活动是否合法。

第五百七十九条 人民检察院检察长可以列席人民法院审判委员会会议，对审判委员会讨论的案件等议题发表意见，依法履行法律监督职责。

第五百八十条 人民检察院在审判活动监督中，如果发现人民法院或者审判人员审理案件违反法律规定的诉讼程序，应当向人民法院提出纠正意见。

出席法庭的检察人员发现法庭审判违反法律规定的诉讼程序，应当在休庭后及时向检察长报告。

人民检察院对违反程序的庭审活动提出纠正意见，应当由人民检察院在庭审后提出。

第五百八十一条 人民检察院对人民法院审判活动中违法行为的监督，可以参照本规则有关人民检察院对公安机关侦查活动中违法行为监督的规定办理。

※法规解读：上述条文是关于人民检察院监督审判活动的规定。

根据《刑事诉讼法》的相关规定，人民检察院依据检察监督的职权和原则，有权对人民法院的审判活动进行监督，这其中包括人民法院审理刑事案件的程序问题、实体问题。需要注意的是，出席法庭的检察人员发现法庭审判违反法律规定的诉讼程序，不能当庭、当时就对审判人员的审判行为进行监督，而是应当在休庭后及时向本院检察长报告。人民检察院对违反程序的庭审活动提出纠正意见，应当由人民检察院在庭审后提出。

关联法规索引

《人民检察院组织法》第21条；《人民检察院检察建议工作规定》第9条

第二节 自诉案件

第二百一十条 【自诉案件范围】自诉案件包括下列案件：

（一）告诉才处理的案件；

（二）被害人有证据证明的轻微刑事案件；

（三）被害人有证据证明对被告人侵犯自己人身、财产权利的行为应当依法追究刑事责任，而公安机关或者人民检察院不予追究被告人刑事责任的案件。

条文解读

本条是关于自诉案件范围的规定。

自诉也称为私诉。刑事自诉案件是指被害人或者其法定代理人、近亲属为追究被告人的刑事责任直接向人民法院提起诉讼,由人民法院直接受理的案件。根据本条规定,刑事诉讼中的自诉案件包括三类:

第一,告诉才处理的案件,即指《刑法》分则中明确规定为“告诉才处理的犯罪”。《最高人民法院关于适用〈中华人民共和国刑事诉讼法〉的解释》第1条的规定,告诉才处理的案件包括:侮辱、诽谤案(严重危害社会秩序和国家利益的除外);暴力干涉婚姻自由案(未造成被害人死亡的);虐待案(未造成被害人重伤、死亡的);侵占案四类。告诉才处理的犯罪,需被害人及其法定代理人或者近亲属向人民法院告诉,没有告诉的,或者撤回告诉则人民法院不予追究和处理。

第二,被害人有证据证明的轻微刑事案件。此类案件需同时满足:轻微刑事案件和被害人有证据证明两个条件才能被人民法院作为自诉案件受理。根据《最高人民法院、最高人民检察院、公安部、国家安全部、司法部、全国人大常委会法制工作委员会关于刑事诉讼法实施中若干问题的规定》第4条的规定,所谓“轻微刑事案件”,是指故意伤害案(轻伤);重婚案;遗弃案;妨害通信自由案;非法侵入他人住宅案;生产、销售伪劣商品案(严重危害社会秩序和国家利益的除外);侵犯知识产权案件(严重危害社会秩序和国家利益的除外);属于《刑法》分则第4章、第5章规定的,对被告人可以判处三年有期徒刑以下刑罚的其他轻微刑事案件。虽然案件性质属于“轻微”之列,但是被害人并无证据加以证明,则人民法院可以将案件移送公安机关处理,被害人也可以向公安机关进行控告,公安机关有责任受理。公安机关受理案件后,该案件将按照公诉案件程序进行追诉。

第三,被害人有证据证明对被告人侵犯自己人身、财产权利的行为应当依法追究刑事责任,而公安机关或者人民检察院不予追究被告人刑事责任的案件。该种情形之下的自诉其实质是对被害人权利的一种救济。这类案件本质上为公诉案件,但是由于公安机关或者人民检察院应当追究而不予追究被告人的刑事责任,才转而由被害人个人进行追究。这种案件又被称为“公诉转自诉”的案件。人民法院受理此类自诉案件需要同时满足以下三个条件:(1)被害人有证据证明被告人实施了侵犯自己人身权、财产权的行为;(2)被告人的行为应当追究刑事责任;(3)公安机关或者人民检察院已经作出不予追究的书面决定。2015年7月,为了进一步强化执行工作,《最高人民法院关于审理拒不执行判决、裁定刑事案件适用法律若干问题的解释》明确规定,申请执行人有证据证明同时具有下列情形,人民法院认为符合《刑事诉讼法》第210条第3项规定的,以自诉案件立案审理,包括:负有执行义务的人拒不执行判决、裁定,侵犯了申请执行人的人身、财产权利,应当依法追究刑事责任的;申请执行人曾经提出控告,而公安机关或者人民检察院对负有执行义务的人不予追究刑事责任的,两种情况。

配套法规及解读

《最高人民法院关于适用〈中华人民共和国刑事诉讼法〉的解释》(2012年12月20日)

第一条　人民法院直接受理的自诉案件包括:

(一)告诉才处理的案件:

1.侮辱、诽谤案(刑法第二百四十六条规定的,但严重危害社会秩序和国家利益的除外);

2.暴力干涉婚姻自由案(刑法第二百五十七条第一款规定的);

3.虐待案(刑法第二百六十条第一款规定的);

4.侵占案(刑法第二百七十条规定的)。

(二)人民检察院没有提起公诉,被害人有证据证明的轻微刑事案件:

1.故意伤害案(刑法第二百三十四条第一款规定的);

2.非法侵入住宅案(刑法第二百四十五条规定的);

3.侵犯通信自由案(刑法第二百五十二条规定的);

4.重婚案(刑法第二百五十八条规定的);

5.遗弃案(刑法第二百六十一条规定的);

6.生产、销售伪劣商品案(刑法分则第三章第一节规定的,但严重危害社会秩序和国家利益的除外);

7.侵犯知识产权案(刑法分则第三章第七节规定的,但严重危害社会秩序和国家利益的除外);

8.刑法分则第四章、第五章规定的,对被告人可能判处三年有期徒刑以下刑罚的案件。

本项规定的案件,被害人直接向人民法院起诉的,人民法院应当依法受理。对其中证据不足、可以由公安机关受理的,或者认为对被告人可能判处三年有期徒刑以上刑罚的,应当告知被害人向公安机关报案,或者移送公安机关立案侦查。

(三)被害人有证据证明对被告人侵犯自己人身、财产权利的行为应当依法追究刑事责任,且有证据证明曾经提出控告,而公安机关或者人民检察院不予追究被告人刑事责任的案件。

关联法规索引

《婚姻法》第45条;《关于依法办理家庭暴力犯罪案件的意见》第7~9条;《最高人民法院关于审理拒不执行判决、裁定刑事案件适用法律若干问题的解释》第3条;《最高人民法院关于在全国法院推进知识产权民事、行政和刑事案件审判"三合一"工作的意见》第7条

典型案例

林某某拒不执行判决、裁定案[1]

※案情简介:广东省佛山市顺德区湘越物流有限公司(以下简称湘越公司)与林某某合同纠纷一案,经湘潭市雨湖区人民法院一审,湘潭市中级人民法院二审,作出生效判决,判令贺某某、林某某支付湘越公司货款22.3万元及利息。案件进入执行程序后,湘潭中院指定湘潭县法院执行。执行法官向贺某某、林某某送达了执行通知书、报告财产令,但被执行人林某某始终未履行,且未向法院报告财产状况。2013年7月9日、7月24日,因拒绝履行生效判决确定的义务,湘潭县法院对被执行人林某某两次采取司法拘留措施,被执行人仍未履行义务。湘越公司于2015年10月13日向湘潭县公安局报案,要求以涉嫌拒不执行生效判决、裁定罪立案,湘潭县公安局经审查后作出不予立案通知书。2015年11月10日,湘越公司向湘潭县法院提起自诉。湘潭县法院经审查后予以受理,并决定对林某某予以逮捕,由公安机关依法执行。2016年4月,湘潭县法院对林某某的银行账户进行查询,发现在法院执行期间林某某名下多个银行账户发生存取款交易一百多次,其中存款流水累计131,719.84元。

湘潭县法院经审理认为,被告人林某某有能力履行而拒不履行法院生效判决,也不申报财产情况,被两次司法拘留后仍不履行,情节严重,其行为已构成拒不执行判决、裁定罪,于2016年5月23日作出(2015)湘0321刑初00391号刑事判决,以拒不执行判决、裁定罪,判处被告人林某某有期徒刑一年。林某某不服,上诉至湘潭市中级人民法院,湘潭中院以(2016)湘03刑终字206号刑事裁定,驳回上诉,维持原判。

※裁判要旨:本案因合同纠纷引起。在人民法院对湘越公司与林某某合同纠纷一案作出判决后,未按照法律规定履行判决。在权利人申请执行后,执行过程中,被执行人名下银行账户多次发生存取款行为,累计存入金额达人民币13万余元。一系列的

---

〔1〕 本案根据《最高人民法院发布10起人民法院依法打击拒不执行判决、裁定罪典型案例》(2018年6月5日)之案例四整理。

证据表明，被执行人有履行义务的能力，却不履行生效判决确定的义务，且不按要求申报财产，经两次被采取拘留措施后仍不履行，情节严重，构成拒不履行生效判决、裁定罪。人民法院依法受理申请人的刑事自诉并对被告人作出有罪判决，有效惩治了拒执犯罪，维护了法律尊严。

靳某某自诉案[1]

※案情简介：自诉人靳某某，女，系受害人李某某之妻。被告人孙某，男。

2015年9月1日李某某因去青海省海西州大柴旦执行“青藏高原牧草种质资源保护利用”项目科研任务时乘坐被告人孙某驾驶的青AZA959号车辆发生侧翻导致其丈夫李某某当场死亡，事故发生后，靳某某认为在不明真相的情况下在谅解书上签字。靳某某认为谅解书是违背其真实意思的情况下出具的。大柴旦矿区人民检察院作出柴检公诉刑不诉(2016)1号不起诉决定书，决定对孙某不起诉。靳某某遂向人民法院提起自诉，要求以交通肇事罪追究孙某的刑事责任。

人民法院经审查认为，交通肇事案件属于危害公共安全的犯罪，其侵犯的客体是交通运输安全，而不是《中华人民共和国刑事诉讼法》第二百零四条[2]第(三)项规定的“被害人有证据证明对被告人侵犯自己人身、财产权利的行为”，不属于《最高人民法院关于适用〈中华人民共和国刑事诉讼法〉的解释》第一条所规定的人民法院直接受理自诉案件的范围。所以对自诉人靳某某的自诉请求，不能作为刑事自诉案件立案。因此依法裁定对自诉人靳某某的起诉，不予受理。

※裁判要旨：自诉案件本质上是私诉，以保护私人法益为主旨。自诉案件的前两类属于典型的自诉案件，第三类是作为对被害人诉权救济方式存在的，属于公诉转自诉的案件。因此对第三类案件要进行严格的限定，否则容易导致自诉权泛滥适用。公诉转自诉的案件要具备三个条件：第一，被害人有证据证明；第二，被告人侵犯被害人人身、财产权利的行为应当依法追究刑事责任；第三，公安机关或者人民检察院不予追究被告人刑事责任的案件。本案中，孙某涉嫌的罪名为交通肇事罪，诚如人民法院认定的那样，该罪名属于危害公共安全的犯罪，不是单纯的侵害被害人人身权利、财产权利的行为，不属于人民法院法院受理的自诉案件的范围。可见，自诉案件要严格按照法定条件衡量，不能随意扩大。

---

〔1〕 本案根据海西蒙古族藏族自治州大柴旦矿区人民法院(2016)青2891刑初字第8号刑事裁定书整理。

〔2〕 现行《刑事诉讼法》第二百一十条。

藏某稳拒不执行判决、裁定案[1]

※案情简介：原告于某某、袁某芳、袁某雪、袁某飞与被告藏某稳、杨某、刘某某机动车交通事故责任纠纷一案，北京市房山区人民法院于2013年12月10日作出(2013)房民初字11987号民事判决，判令被告藏某稳在机动车交通事故强制保险限额内，于判决生效后15日内赔偿原告于某某、袁某芳、袁某雪、袁某飞死亡赔偿金、医疗费、丧葬费等共计人民币12万元，被告杨某、刘某某承担连带赔偿责任；被告藏某稳在机动车交通事故强制保险限额外，于判决生效后15日内赔偿原告于某某、袁某芳、袁某雪、袁某飞死亡赔偿金、医疗费、精神损害抚慰金等共计人民币202,023元。判决生效后，于某某、袁某芳、袁某雪、袁某飞向房山区法院申请强制执行，其间杨某已缴纳执行案款人民币12万元。在强制执行期间，执行人员通过电话联系、前往户籍地等方式查找藏某稳，均未能与其取得联系。

2015年8月21日，藏某稳与北京京西阳光投资有限公司签订《北京高端制造业基地04街区01地块项目工程征地项目房屋拆迁补偿回迁安置协议》。2015年10月14日，藏某稳的北京银行账户收到拆迁款人民币53.86万元。次日，藏某稳将上述款项中的人民币40万元转入其妹妹臧某莲的北京银行账户，并将剩余人民币13.86万元全部现金支取。

2017年6月，在多位律师的见证下，袁某飞等人就藏某稳涉嫌拒不执行判决、裁定罪向北京市公安局房山分局提出控告，公安机关不予受理，但并未出具不予受理通知书。2017年6月28日，袁某飞等人以藏某稳犯拒不执行判决罪，向北京市房山区人民法院提起自诉，并提交了律师见证书，用以证实自诉人曾向公安机关报案但未予受理。该院经核实律师见证书后，确认公安机关不予立案属实，依法立案。在法院审理期间，被告人藏某稳亲属应其要求已代为缴纳执行案款人民币205,088元，被告人藏某稳对此事表示认可。

房山区法院经审理认为，被告人藏某稳在获得足以执行生效判决的拆迁款后，转移财产，逃避执行的行为，致使判决长达三年无法执行，严重侵害了自诉人的合法权益及人民法院的司法权威，情节严重，其行为已构成拒不执行判决罪。鉴于其到案后如实供述自己的犯罪事实，且判决宣告前积极缴纳执行案款，确有悔罪表现，可酌予从宽处罚。该院以拒不执行判决、裁定罪判处藏某稳有期徒刑八个月，缓刑一年。

※裁判要旨：实践中对于第三类自诉案件，即被害人有证据证明对被告人侵犯自

---

[1] 本案根据《最高人民法院发布10起人民法院依法打击拒不执行判决、裁定罪典型案例》(2018年6月5日)之案例八整理。

己人身、财产权利的行为应当依法追究刑事责任，而公安机关或者人民检察院不予追究被告人刑事责任的案件，在提起自诉时，要同时满足三项条件：第一，有证据证明；第二，被告人的行为应当追究刑事责任；第三，公安机关或者检察机关不予追究。第三个条件原则上需要自诉人有明确的书面证明才行。在具体执行过程中，自诉人往往会遇到很多阻力。本案中，自诉人通过律师的见证的方式解决了这一问题。在申请执行人向公安机关控告时，尽管公安机关没有出具不予立案通知书，但人民法院根据律师见证书等证据确认公安机关不予立案的事实，依法受理申请执行人自诉，及时审理，依法判决，促使被执行人履行了义务，有效惩治了拒执犯罪。该种做法为司法实践提供了破解拿到不立案书面证明难题的新思路。

第二百一十一条　【自诉案件的受理、审理程序】人民法院对于自诉案件进行审查后，按照下列情形分别处理：

（一）犯罪事实清楚，有足够证据的案件，应当开庭审判；

（二）缺乏罪证的自诉案件，如果自诉人提不出补充证据，应当说服自诉人撤回自诉，或者裁定驳回。

自诉人经两次依法传唤，无正当理由拒不到庭的，或者未经法庭许可中途退庭的，按撤诉处理。

法庭审理过程中，审判人员对证据有疑问，需要调查核实的，适用本法第一百九十六条的规定。

条文解读

本条共有3款，是关于人民法院审查并处理自诉案件的规定。

人民法院对自诉案件的审查具有实质性。根据《最高人民法院关于适用〈中华人民共和国刑事诉讼法〉的解释》的规定，人民法院受理的自诉案件必须符合以下条件：第一，属于人民法院受理的自诉案件的范围；第二，属于受诉人民法院管辖；第三，有刑事案件被害人告诉；第四，有明确的被告人、具体的诉讼请求和能证明被告人犯罪事实的证据。若是公诉转自诉的案件，还需要有公安机关或者人民检察院不予立案的书面决定。

根据《最高人民法院关于人民法院登记立案若干问题的规定》，人民法院对第一审自诉案件的受理实行立案登记制。对自诉，人民法院应当一律接收诉状，出具书面凭证并注明收到日期。对符合法律规定的自诉，人民法院应当当场予以登记立案。对不符合条件的自诉，应当予以释明。人民法院对自诉案件要认真进行审查，对符合《刑事诉讼法》规定的，应当在收到自诉状或口头告诉之日起15日内立案，书面通知自诉人，并开庭审理该案件；对不符合立案条件的，应在15日内书面通知自诉人并说明不予受理的原因。自诉人坚持告诉的，人民法院应当裁定驳回起诉。缺乏罪证的自诉案件，如果自诉人提不出补充证据，应当说服自诉人撤回自诉，或者裁定驳回。

本条第2款是关于按撤诉处理的规定。撤诉，是指在人民法院受理案件之后，宣告判决之前，自诉人要求撤回其起诉的行为。撤诉包括申请撤诉和按撤诉处理两种。申请撤诉，即积极撤诉，是自诉人在法院立案受理后，进行宣判前，以书面或口头形式向人民法院提出撤回其起诉的要求。按撤诉处理，是一种推定撤诉，即自诉人虽然没有提出撤诉申请，但其在诉讼中的一定行为已经表明他不愿意继续进行诉讼，因而，法院依法决定注销案件不予审理的行为。根据本条第2款的规定，以下两种情形之下人民法院会按照撤诉处理：第一，自诉人经两次依法传唤，无正当理由拒不到庭的；第二，自诉人未经法庭许可中途退庭的。

本条第3款是关于人民法院调查核实证据权的规定。人民法院依法享有对证据进行调查核实的权力。因此，在庭审过程中，当审判人员对证据有疑问时，可以宣布休庭，采用勘验、检查、查封、扣押、鉴定或者查询、冻结等方式对证据进行调查和核实。

配套法规及解读

《最高人民法院关于适用〈中华人民共和国刑事诉讼法〉的解释》(2012年12月20日)

第二百五十九条 人民法院受理自诉案件必须符合下列条件：

(一)符合刑事诉讼法第二百零四条[1]、本解释第一条的规定；

(二)属于本院管辖；

(三)被害人告诉；

(四)有明确的被告人、具体的诉讼请求和证明被告人犯罪事实的证据。

※法规解读：本条是关于人民法院受理自诉案件条件的规定。

人民法院受理自诉案件具体包括以下条件：第一，属于人民法院能够受理的自诉案件的范围；第二，属于受诉人民法院管辖；第三，有刑事案件被害人或者其他适格主体告诉；第四，有明确的被告人；第五，有具体的诉讼请求；第六，有证明犯罪事实的证据。值得注意的是，最高人民法院通过多个司法解释，特别明确地对自诉案件中的证据问题进行了明确的规定。对于，公诉转自诉的案件，即被害人有证据证明被告人侵

〔1〕 现行《刑事诉讼法》第二百一十条。

犯自己的人身权、财产权的行为应当追究刑事责任，但是公安机关或者人民检察院不予追诉的情况的，还需要提供公安机关或者人民检察院不予追究的书面证明。

第二百六十条　本解释第一条规定的案件，如果被害人死亡、丧失行为能力或者因受强制、威吓等无法告诉，或者是限制行为能力人以及因年老、患病、盲、聋、哑等不能亲自告诉，其法定代理人、近亲属告诉或者代为告诉的，人民法院应当依法受理。

被害人的法定代理人、近亲属告诉或者代为告诉，应当提供与被害人关系的证明和被害人不能亲自告诉的原因的证明。

※法规解读：上述条文是关于适格自诉人的规定。

自诉案件通常情况下应当由被害人本人向人民法院提起。但是特殊情况下，被害人本人可能因为某种原因不能亲自告诉，在此种情况下，可以由法律规定的特定主体代为告诉。

第一，若仅仅因为年龄（未成年或者年老）、行为能力以及患病、聋哑等方面的原因而不能亲自告诉的，其近亲属可以告诉。近亲属包括夫、妻、父、母、子、女和同胞兄弟姐妹。近亲属代为告诉时，需要向人民法院提供两个证明：其一是与被害人关系的证明；其二是本案被害人不能亲自告诉原因的证明，即被害人系未成年人、无行为能力或限制行为能力和聋、哑、患病等证明。

第二，若被害人系因受到强制、威吓等原因而无法告诉的，则人民检察院和被害人的近亲属有权告诉。

第二百六十一条　提起自诉应当提交刑事自诉状；同时提起附带民事诉讼的，应当提交刑事附带民事自诉状。

第二百六十二条　自诉状应当包括以下内容：

（一）自诉人（代为告诉人）、被告人的姓名、性别、年龄、民族、出生地、文化程度、职业、工作单位、住址、联系方式；

（二）被告人实施犯罪的时间、地点、手段、情节和危害后果等；

（三）具体的诉讼请求；

（四）致送的人民法院和具状时间；

（五）证据的名称、来源等；

（六）证人的姓名、住址、联系方式等。

对两名以上被告人提出告诉的，应当按照被告人的人数提供自诉状副本。

※法规解读：上述条文是关于自诉状的规定。

自诉人向人民法院提起自诉，需要提交自诉状。自诉状是载明自诉人诉求的法律文书。通常情况下，自诉人需要自行撰写自诉状提交法院，但是如果自诉人提交书面的自诉状有困难的，可以口头告诉，需要由审判人员制作告诉笔录，并向自诉人宣读，在其确认无误后签字或者盖章，与书面的自诉状具有同等的法律效力。

人民法院审理自诉案件，要坚持司法主权原则，因此，自诉人提交外文自诉状的，应当附有中文译本。

第二百六十三条 对自诉案件，人民法院应当在十五日内审查完毕。经审查，符合受理条件的，应当决定立案，并书面通知自诉人或者代为告诉人。

具有下列情形之一的，应当说服自诉人撤回起诉；自诉人不撤回起诉的，裁定不予受理：

（一）不属于本解释第一条规定的案件的；

（二）缺乏罪证的；

（三）犯罪已过追诉时效期限的；

（四）被告人死亡的；

（五）被告人下落不明的；

（六）除因证据不足而撤诉的以外，自诉人撤诉后，就同一事实又告诉的；

（七）经人民法院调解结案后，自诉人反悔，就同一事实再行告诉的。

第二百六十四条 对已经立案，经审查缺乏罪证的自诉案件，自诉人提不出补充证据的，人民法院应当说服其撤回起诉或者裁定驳回起诉；自诉人撤回起诉或者被驳回起诉后，又提出了新的足以证明被告人有罪的证据，再次提起自诉的，人民法院应当受理。

第二百六十五条 自诉人对不予受理或者驳回起诉的裁定不服的，可以提起上诉。

第二审人民法院查明第一审人民法院作出的不予受理裁定有错误的，应当在撤销原裁定的同时，指令第一审人民法院立案受理；查明第一审人民法院驳回起诉裁定有错误的，应当在撤销原裁定的同时，指令第一审人民法院进行审理。

第二百六十六条 自诉人明知有其他共同侵害人，但只对部分侵害人提起自诉的，人民法院应当受理，并告知其放弃告诉的法律后果；自诉人放弃告诉，判决宣告后又对其他共同侵害人就同一事实提起自诉的，人民法院不予受理。

共同被害人中只有部分人告诉的，人民法院应当通知其他被害人参加诉讼，并告知其不参加诉讼的法律后果。被通知人接到通知后表示不参加诉讼或者不出庭的，视为放弃告诉。第一审宣判后，被通知人就同一事实又提起自诉的，人民法院不予受理。但是，当事人另行提起民事诉讼的，不受本解释限制。

第二百六十七条 被告人实施两个以上犯罪行为，分别属于公诉案件和自诉案件，人民法院可以一并审理。对自诉部分的审理，适用本章的规定。

※法规解读：上述条文是人民法院对自诉案件的审查及处理规定。

人民法院负责对自诉案件进行审查,审查的期限为15天。人民法院有义务在法定期限内将审查的结果:立案或者不立案,书面通知自诉人。对于不受理的案件,还需要向自诉人说明不予立案的理由。自诉案件允许自诉人符合法定条件情况下,撤回自诉。

根据上述条文的规定,人民法院不予受理的自诉案件有以下几种情况:

第一,犯罪已过刑法规定的追诉时效期限的。追诉时效是《刑法》规定的司法机关追究犯罪人刑事责任的有效期限,超过法定追诉时效期限,司法机关就丧失了追诉的合法性。因此,对于此类案件,人民法院不予受理。

第二,被告人死亡的。我国刑事诉讼法中没有缺席判决制度,而且根据刑事诉讼法的相关规则,没有刑事被告人出庭以及为自己进行辩护的审判程序是非法的,因此,被告人死亡的案件,人民法院不予受理。

第三,被告人下落不明的。此种情况与上一种情况相似,虽然被告人可能仍然健在,但是由于无法亲自出席法庭审理,因此对其所进行的审判是不合法的。因此,人民法院不能受理该案件。

第四,不属自诉案件范围的。不属于自诉案件的范围就意味着人民法院没立案管辖权,因此,人民法院无权受理该案件。

第五,自诉人撤诉后,就同一事实又告诉的,但因证据不足而撤诉的除外。刑事法律中有禁止双重危险的规定,自诉人向人民法院控告一次,被告人即意味着面临了一次危险。因此在诉讼过程中自诉人撤回诉讼的,也意味着诉权消耗殆尽。因此,法院不能再受理该案件。但是,如果自诉人当初的撤诉,是由于证据不足的原因,那么,就意味着人民法院并未对该案件进行过具有实质意义的审理和判断,因此,如果有了新的证据,自诉人撤诉后再诉的,人民法院依然可以受理。《最高人民法院关于适用〈中华人民共和国刑事诉讼法〉的解释》第264条规定:对已经立案,经审查缺乏罪证的自诉案件,自诉人提不出补充证据的,人民法院应当说服其撤回起诉或者裁定驳回起诉;自诉人撤回起诉或者被驳回起诉后,又提出了新的足以证明被告人有罪的证据,再次提起自诉的,人民法院应当受理。

第六,经人民法院调解结案后,自诉人反悔,就同一事实再行告诉的。调解既是人民法院审理案件的一种方式,也是结案的一种方法。人民法院组织调解,也要依法和自愿。双方当事人在人民法院的调解下达成协议并签收了调解协议后,即意味着案件已经审结。因此,即便是自诉人反悔的,就同一事实再行告诉的,人民法院也不能受理了,否则就违反了一事不再审原则。

第七,民事案件结案后,自诉人就同一事实再行提出刑事自诉的。刑事案件本身也是一种侵权行为,因此,被害人在追究被告人刑事责任的同时,有权要求民事赔偿。

但是我国处理此类事情的基本原则是先刑后民，而不是相反。因此，如果被害人先行提起了民事诉讼，并且民事案件已经结案，将不能再提起刑事自诉。提起了，人民法院也不予受理。

犯罪是一种特殊的侵权行为。在刑事自诉案件中，被害人因权利受到侵害而成为侵权损害责任中的权利人，与此相对应，致害人成为义务人。被害人是诉讼权利能力的享有者，其有权对自己的诉讼行为进行处分。是否起诉所有的共同致害人或者起诉其中的某一个部分，追究其责任是被害人的权利。因此，在自诉人明知侵害人是二人以上的情况下，其只对部分侵害人提出告诉的，是符合诉权的基本原理的，人民法院也应当受理案件。但同时，人民法院可以通过自诉人的此行为推定其放弃了对其他侵害人告诉的权利。在人民法院对案件处理结束后，即判决宣告后，视为自诉人因受害而取得的诉讼权利耗尽，自诉人又对其他侵害人提出告诉的，人民法院不再受理。

当被害人为多人，共同被害人中只有部分人告诉的，为了节约诉讼资源和更好地处理案件，人民法院应当通知其他被害人参加诉讼。被通知人接到通知后，至一审宣判时未提出告诉的，即视为放弃告诉权利。一审宣判后，被通知人就同一事实提出告诉的，人民法院不予受理。这一点和民事诉讼有显著差异，按照民事诉讼的基本原理，共同被害人每个人均享有诉讼权利能力，这在本质上属于普通共同诉讼的范畴，是人民法院可以合并审理的范畴，因此《最高人民法院关于适用〈中华人民共和国刑事诉讼法〉的解释》第266条才规定，“当事人另行提起民事诉讼的，不受本解释限制”，刑事部分审理结束后，没有作为自诉人参与诉讼的其他受害人，仍享有提起民事诉讼的权利。但是在刑事诉讼领域则不同，如果允许其他被害人在刑事追诉后对加害人进行刑事追诉，就是违反了刑事诉讼中的“禁止双重危险原则。”

《最高人民法院关于人民法院登记立案若干问题的规定》（2015年4月13日）

第五条 刑事自诉状应当记明以下事项：

（一）自诉人或者代为告诉人、被告人的姓名、性别、年龄、民族、文化程度、职业、工作单位、住址、联系方式；

（二）被告人实施犯罪的时间、地点、手段、情节和危害后果等；

（三）具体的诉讼请求；

（四）致送的人民法院和具状时间；

（五）证据的名称、来源等；

（六）有证人的，载明证人的姓名、住所、联系方式等。

第六条 当事人提出起诉、自诉的，应当提交以下材料：

（一）起诉人、自诉人是自然人的，提交身份证明复印件；起诉人、自诉人是法人或者其他组织的，提交营业执照或者组织机构代码证复印件、法定代表人或者主要负责

人身份证明书;法人或者其他组织不能提供组织机构代码的,应当提供组织机构被注销的情况说明;

(二)委托起诉或者代为告诉的,应当提交授权委托书、代理人身份证明、代为告诉人身份证明等相关材料;

(三)具体明确的足以使被告或者被告人与他人相区别的姓名或者名称、住所等信息;

(四)起诉状原本和与被告或者被告人及其他当事人人数相符的副本;

(五)与诉请相关的证据或者证明材料。

第七条　当事人提交的诉状和材料不符合要求的,人民法院应当一次性书面告知在指定期限内补正。

当事人在指定期限内补正的,人民法院决定是否立案的期间,自收到补正材料之日起计算。

当事人在指定期限内没有补正的,退回诉状并记录在册;坚持起诉、自诉的,裁定或者决定不予受理、不予立案。

经补正仍不符合要求的,裁定或者决定不予受理、不予立案。

第八条　对当事人提出的起诉、自诉,人民法院当场不能判定是否符合法律规定的,应当作出以下处理:

(一)对民事、行政起诉,应当在收到起诉状之日起七日内决定是否立案;

(二)对刑事自诉,应当在收到自诉状次日起十五日内决定是否立案;

(三)对第三人撤销之诉,应当在收到起诉状之日起三十日内决定是否立案;

(四)对执行异议之诉,应当在收到起诉状之日起十五日内决定是否立案。

人民法院在法定期间内不能判定起诉、自诉是否符合法律规定的,应当先行立案。

第九条　人民法院对起诉、自诉不予受理或者不予立案的,应当出具书面裁定或者决定,并载明理由。

第十条　人民法院对下列起诉、自诉不予登记立案:

(一)违法起诉或者不符合法律规定的;

(二)涉及危害国家主权和领土完整的;

(三)危害国家安全的;

(四)破坏国家统一和民族团结的;

(五)破坏国家宗教政策的;

(六)所诉事项不属于人民法院主管的。

※法规解读:上述条文是对刑事自诉案件立案登记制的相关规定。

从2015年5月1日起,最高人民法院对第一审民事、行政和刑事自诉案件实行立案登记制。根据《最高人民法院关于全面深化人民法院改革的意见》提出的要求，改革案件受理制度，变立案审查制为立案登记制，对人民法院依法应该受理的案件，做到有案必立、有诉必理，保障当事人诉权。《最高人民法院关于人民法院登记立案若干问题的规定》上述条文分别规定了刑事自诉状载明事项、提起刑事自诉应当提交的材料、刑事自诉的审查等内容。特别是第10条规定了不予立案的事项，在原有刑事自诉规定的基础上具有一定的创新性，除了与现行的刑事诉讼程序性规范相吻合，也进一步整合了刑事司法管辖的法益保护旨趣。

关联法规索引

《最高人民法院关于对第一审刑事自诉案件当事人提起附带民事诉讼，部分共同侵害人未参加诉讼的，人民法院是否应当通知其参加诉讼问题的答复》；《最高人民法院关于人民法院登记立案若干问题的规定》第1条、第2条

典型案例

邓某、罗某自诉诈骗案[1]

※案情简介：邓某、罗某指控王文娟诈骗，因向公安机关提出控告，公安机关作出不予立案决定，因而向四川省射洪县人民法院提起自诉。经审理，四川省射洪县人民法院认为自诉人没有证据证明对王文娟侵犯自诉人财产权利的行为应当依法追究刑事责任，亦不符合《刑事诉讼法》第210条第3项规定的自诉案件的受理范围。依照《刑事诉讼法》第210条、《最高人民法院关于适用〈中华人民共和国刑事诉讼法〉的解释》第1条、第259条、第263条第2项的规定，裁定对邓某、罗某提起的刑事自诉不予受理。自诉人不服提起上诉。二审法院经过审理后认为，诈骗罪不属于告诉才处理的案件，也不属于人民检察院没有提起公诉，被害人有证据证明的轻微刑事案件。且上诉人目前自诉王文娟犯诈骗罪的证据不足。据此判定，上诉人邓某、罗某提起的自诉不符合《最高人民法院关于适用〈中华人民共和国刑事诉讼法〉的解释》第259条所规定人民法院受理自诉案件必须符合的条件，不能作为刑事自诉案件登记立案。二审法院认为，上诉人邓某、罗某的上诉理由不能成立，其上诉请求应不予支持。原审裁定适用法律和处理结果正确，依法应予维持。

※裁判要旨：有证据证明是人民法院受理自诉案件的条件之一。与公诉案件不

[1] 本案根据四川省遂宁市中级人民法院(2019)川0刑终7号刑事裁定书整理。

同,人民法院对自诉案件的审查是实质性审查。因此,若自诉人没有证据证明其所指控的犯罪事实,则人民法院不能受理该自诉案件。本案中,在自诉人缺乏足够证据证明诈骗事实的情况下,人民法院作出不予受理的裁定并无不当。

第二百一十二条 【自诉案件的调解、和解和撤诉】人民法院对自诉案件,可以进行调解;自诉人在宣告判决前,可以同被告人自行和解或者撤回自诉。本法第二百零一十条第三项规定的案件不适用调解。

人民法院审理自诉案件的期限,被告人被羁押的,适用本法第二百零八条第一款、第二款的规定;未被羁押的,应当在受理后六个月以内宣判。

条文解读

本条共有2款,是关于人民法院审理自诉案件方式及审理期限的规定。

本条第1款是关于人民法院审理自诉案件方式的规定。自诉案件本质上仍然属于个人对个人的矛盾和纠纷,主体具有平等性,问题涉及财产权益或者人身权利,且危害性不大。因此,对自诉案件的处理基本采用和民事诉讼类似的方法。案件审理期间,当事人仍享有较大的意思自治空间。调解、和解和撤诉均是当事人意思自治的表现形式。

但是,自诉案件的此种特殊审理方式只能适用于"纯粹的自诉案件",既告诉才处理的案件和被害人有证据证明的轻微刑事案件。而公诉转自诉的案件,即被害人有证据证明被告人侵犯自己的人身权和财产权的行为应当追究刑事责任,但是公安机关或者人民检察院不予追究的情况,本质上仍属于公诉案件,因此当事人不能通过合意的方式进行处理,人民法院也只能严格依法处理,不允许调解,也不允许自诉人随意撤诉。但有一种情况例外,即根据《最高人民法院关于审理拒不执行判决、裁定刑事案件适用法律若干问题的解释》的规定,虽然依照该解释的规定,提起的自诉案件依据的是《刑事诉讼法》第210条第3项的规定,但是若自诉人在宣告判决前,可以同被告人自行和解或者撤回自诉。该解释的出台旨在敦促局部执行判决、裁定的被执行人尽快、完全履行法定义务,基于该种目的,只要被执行人(刑事自诉案件被告人)履行义务,不管是自行和解还是撤回自诉均符合立法目的。

本条第2款是关于自诉案件审理期限的规定。人民法院审理自诉案件,审理期限因被告人是否被羁押而有所不同。被告人被羁押的,人民法院应当自审理案件之日2个月内审理完毕,至迟不能超过3个月。有附带民事诉讼的案件,经过上一级人民法院的批准,审理期限可以再延长3个月。人民法院对自诉案件改变管辖的,从改变后的人民法院收到案件之日起重新计算审限。

配套法规及解读

《最高人民法院关于适用〈中华人民共和国刑事诉讼法〉的解释》(2012年12月20日)

第二百七十一条 人民法院审理自诉案件,可以在查明事实、分清是非的基础上,根据自愿、合法的原则进行调解。调解达成协议的,应当制作刑事调解书,由审判人员和书记员署名,并加盖人民法院印章。调解书经双方当事人签收后,即具有法律效力。调解没有达成协议,或者调解书签收前当事人反悔的,应当及时作出判决。

刑事诉讼法第二百零四条[1]第三项规定的案件不适用调解。

第二百七十二条 判决宣告前,自诉案件的当事人可以自行和解,自诉人可以撤回自诉。

人民法院经审查,认为和解、撤回自诉确属自愿的,应当裁定准许;认为系被强迫、威吓等,并非出于自愿的,不予准许。

第二百七十三条 裁定准许撤诉或者当事人自行和解的自诉案件,被告人被采取强制措施的,人民法院应当立即解除。

※法规解读:以上条文是关于人民法院审理自诉案件适用调解,以及当事人和解和自诉人撤诉方式的具体规定。

人民法院只能对告诉才处理和被害人有证据证明的轻微刑事案件进行调解。人民法院对自诉案件调解,同样要严格遵守自愿、合法、分清是非的基本原则。只有在征得双方当事人同意的情况下,人民法院才能组织当事人进行调解。调解能够达成协议的,人民法院应当制作刑事自诉案件调解书,由审判人员和书记员署名,并加盖人民法院印章。调解书经双方当事人签收后即发生法律效力,不能上诉。调解没有达成协议或者调解书签收前当事人反悔的,人民法院仍应当依法对案件作出判决。

双方当事人还可以在诉讼过程中进行和解,达成和解协议的,自诉人可以申请撤诉。是否撤诉是由自诉人的意志决定的,因此,要确保自诉人的意思表示自愿、真实。因此,法院审查后认为自诉人系被强迫、威吓等,不是出于自愿的,则不允许自诉人撤诉。

人民法院裁定准许自诉人撤诉或者当事人自行和解的案件,由于双方的矛盾已经解决,被告人妨碍诉讼的动因也就不存在了,因此如果在案件审理过程中,被告人被采

---

〔1〕 现行《刑事诉讼法》第二百一十条。

取强制措施的,此时应当立即予以解除。

第二百七十四条 自诉人经两次传唤,无正当理由拒不到庭,或者未经法庭准许中途退庭的,人民法院应当裁定按撤诉处理。

部分自诉人撤诉或者被裁定按撤诉处理的,不影响案件的继续审理。

※法规解读:本条是关于按照撤诉处理的规定。

自诉案件中,自诉人是控告人,有积极追究犯罪的主观意图和想法。因此,如果自诉人对法庭审理消极、懈怠,则有理由推断其追诉热情已经消退,意图放弃诉讼。根据本条规定,如果自诉人经两次依法传唤,无正当理由拒不到庭,或者未经法庭准许中途退庭的,人民法院有权视为自诉人撤诉。

自诉案件中,自诉人若为多人,其中一人或者部分人员主动撤诉或者按撤诉处理的,其他部分自诉人的诉讼依然存在,因此撤诉并不影响案件的继续审理。

第二百七十五条 被告人在自诉案件审判期间下落不明的,人民法院应当裁定中止审理。被告人到案后,应当恢复审理,必要时应当对被告人依法采取强制措施。

※法规解读:本条是关于自诉案件审理过程中中止审理的规定。

自诉案件在审理过程中,也会因为各种意外情况发生导致诉讼进程的暂停,即诉讼中止。被告人下落不明是导致自诉案件中止审理的原因。被告人归案后,才能恢复审理。恢复审理后,为了防止被告人逃避审判,必要的时候人民法院有权对被告人采取强制措施。

第二百七十六条 对自诉案件,应当参照刑事诉讼法第一百九十五条和本解释第二百四十一条的有关规定作出判决;对依法宣告无罪的案件,其附带民事部分应当依法进行调解或者一并作出判决。

※法规解读:本条是关于自诉案件判决的规定。人民法院审理自诉案件,判决的种类和公诉案件一样。

关联法规索引

《最高人民法院关于审理拒不执行判决、裁定刑事案件适用法律若干问题的解释》第4条;《最高人民法院关于人民法院进一步深化多元化纠纷解决机制改革的意见》第20条

典型案例

张某诉李某1故意伤害案[1]

※案情简介:2017年4月10日下午,被告人李某1因寻找其兄李某2,来到被害人张某在位于漳县武阳镇贵清路李某1经营的"时代纯K"KTV楼下的住所,因琐事与张某发生争吵厮打致张某受伤,张某先后到漳县人民医院、陇西县人民医院住院治疗。经漳县公安司法鉴定中心鉴定,被害人张某的人体损伤程度属轻伤二级。张某向漳县人民法院提起自诉。漳县人民法院审理后认为,被告人李某1故意损害他人身体健康,造成他人轻伤二级的后果,其行为已构成故意伤害罪。判决被告人李某1犯故意伤害罪,判处有期徒刑一年,缓刑一年六个月。自诉人及其委托代理人认为原审判决认定事实不清,量刑畸轻,被告人犯罪情节恶劣,无悔罪表现,判处缓刑不当,遂提起上诉。二审审理期间,自诉人(上诉人)张某与原审被告人李某1自愿和解本案,张某自愿撤回自诉。二审法院认为,双方当事人自行和解,自诉人撤回自诉的请求,符合法律规定,裁定准许撤回自诉。

※裁判要旨:自诉案件本质上仍属于私人纠纷,其所损害的法益具有限定性和私意性。因此刑事诉讼法允许对纯粹的自诉案件依照当事人的合意进行处理,这有利于社会矛盾的迅速和彻底化解。而且,刑事诉讼法中对于自诉案件通过和解和调解的方式解决时间并没有特别的限定,一审或者二审期间都可以。本案中,纠纷双方当事人的和解就发生在二审阶段。由于双方已经和解,因此提起自诉的张某申请撤回自诉。人民法院依法负有对撤回自诉的意思表示进行审查的义务,审查撤回的意思表示是否真实,是否有违法法律规定的情形,若没有,则裁定准许撤回。

第二百一十三条 【反诉】自诉案件的被告人在诉讼过程中,可以对自诉人提起反诉。反诉适用自诉的规定。

条文解读

本条是关于自诉案件中反诉的规定。

反诉是指在一个已经开始的自诉(诉讼法上称为本诉)程序中,本诉的被告人以本诉的自诉人为被告,向受诉法院提出的与本诉有牵连的独立的反请求。反诉权是当事

[1] 本案根据甘肃省定西市(地区)中级人民法院(2018)甘11刑终237号裁定书整理。

人诉讼地位平等原则的重要体现,是本诉被告人所享有的一项重要权利。

根据《刑事诉讼法》的规定,刑事自诉案件中的被告人有权提起反诉。反诉必须是本诉(自诉)中的被告人作为自诉人起诉本诉中的自诉人的诉讼。反诉需要在诉讼的过程中提起,反诉的内容应当是与本案有关的行为。反诉虽然与本诉有牵连,但是仍然是一个独立的诉讼。因此,反诉也应当属于人民法院可以受理的自诉案件的范围,而且根据最高人民法院相关规定的精神,能够提起反诉的只能是"纯粹的自诉案件",即告诉才处理的案件和被害人有证据证明的轻微刑事案件。

配套法规及解读

《最高人民法院关于适用〈中华人民共和国刑事诉讼法〉的解释》(2012年12月20日)

第二百七十七条　告诉才处理和被害人有证据证明的轻微刑事案件的被告人或者其法定代理人在诉讼过程中,可以对自诉人提起反诉。反诉必须符合下列条件:

(一)反诉的对象必须是本案自诉人;

(二)反诉的内容必须是与本案有关的行为;

(三)反诉的案件必须符合本解释第一条第一项、第二项的规定。

反诉案件适用自诉案件的规定,应当与自诉案件一并审理。自诉人撤诉的,不影响反诉案件的继续审理。

※法规解读:本条是关于自诉案件反诉的详细规定。

第一,能够提起反诉的案件类型:告诉才处理和被害人有证据证明的轻微刑事案件。

第二,有权提起反诉的主体,包括两类案件中的被告人或者他们的法定代理人。

第三,反诉只能以本诉中的自诉人为被告人。

第四,反诉的内容必须是与本案有关的行为,即本诉与反诉之间应当具有牵连关系。

第五,反诉案件应当与本诉(自诉)一并审理,这不但是从诉讼经济方面的考虑,更重要的是,由于本诉与反诉之间的牵连关系,二者一并审理更有助于搞清案件事实,正确处理案件。

第六,本诉和反诉都有权撤诉,并且任何一方撤诉都不影响另外案件的审理。不管是原本的自诉案件,还是后来提出的反诉,他们本质上都是自诉案件,性质并无二致,本诉和反诉的发动者均有权撤回诉讼请求。同时虽然本诉与反诉有牵连,但是他们都是各自独立的诉讼,因此,一个诉讼的撤回,并不影响另一案件的继续审理。

关联法规索引

《民事诉讼法》第51条;《全国刑事法律援助服务规范》(8.5.2.2f);《律师办理刑事案件规范》第154条

第三节　简易程序

第二百一十四条　【简易程序的适用范围】基层人民法院管辖的案件,符合下列条件的,可以适用简易程序审判:

(一)案件事实清楚、证据充分的;

(二)被告人承认自己所犯罪行,对指控的犯罪事实没有异议的;

(三)被告人对适用简易程序没有异议的。

人民检察院在提起公诉的时候,可以建议人民法院适用简易程序。

条文解读

本条共有2款,是关于简易程序适用范围的规定。

简易程序是在刑事普通程序基础上的简化形式,其主要体现了诉讼效率价值。同时简易程序也是案件分流的重要方式,在节约诉讼资源的同时,减少当事人的诉累。由于简易程序自身形式所限,其并不适于重大、复杂案件的审理。因此,必须从条件上对简易程序的适用进行限定。

本条第1款是从实体角度对简易程序适用条件的规定。首先,从审理法院的级别上看,简易程序只适用基层人民法院管辖的案件。根据刑事诉讼管辖的规定,简单且轻微的案件多由基层人民法院管辖。其次,从案件情况上看,需要同时符合以下三个方面的条件:案件事实清楚,证据充分;被告人承认自己所犯罪行,对起诉书指控的犯罪事实没有异议;被告人对适用简易程序没有异议。案情相对简明是适用简易程序的前提,而案情是否清楚主要是由证据决定的。案件事实清楚,证据充分是一个问题的两个方面,相辅相成。被告人认罪能够节省大量的庭审调查、辩论和质证的时间,从而为适用相对简化的审判形式奠定了基础。简易程序的适用以被告人的自愿和同意为前提,这充分体现了对当事人意愿的尊重,更加有利于保障其诉讼权利,诉讼以人为本理念显而易见。

《人民法院办理刑事案件庭前会议规程(试行)》第21条规定:对于被告人在庭前会议前不认罪,在庭前会议中又认罪的案件,人民法院核实被告人认罪的自愿性和真实性后,可以依法适用速裁程序或者简易程序审理。这意味着,在诉讼程序推进的过程中,只要符合了简易程序的适用条件,人民法院都可以选用相对简化的审判程序审理案件,以达到节约诉讼资源,提高诉讼效率的目的。

本条第2款规定了人民检察院对适用简易程序的建议权。在刑事诉讼中,各个专门机关在分工负责的基础上,还要协调配合,共同完成刑事追诉任务。人民检察院经过审查起诉,对案件的情况以及当事人的意愿都有相当的了解,因此人民检察院认为案件符合适用简易程序条件时,有权向人民法院提出建议。

配套法规及解读

《最高人民法院关于适用〈中华人民共和国刑事诉讼法〉的解释》(2012年12月20日)

第二百八十九条 基层人民法院受理公诉案件后,经审查认为案件事实清楚、证据充分的,在将起诉书副本送达被告人时,应当询问被告人对指控的犯罪事实的意见,告知其适用简易程序的法律规定。被告人对指控的犯罪事实没有异议并同意适用简易程序的,可以决定适用简易程序,并在开庭前通知人民检察院和辩护人。

对人民检察院建议适用简易程序审理的案件,依照前款的规定处理;不符合简易程序适用条件的,应当通知人民检察院。

《人民检察院刑事诉讼规则(试行)》(2012年11月22日修订)

第四百六十五条 人民检察院对于基层人民法院管辖的案件,符合下列条件的,可以建议人民法院适用简易程序审理:

(一)案件事实清楚、证据充分的;

(二)犯罪嫌疑人承认自己所犯罪行,对指控的犯罪事实没有异议的;

(三)犯罪嫌疑人对适用简易程序没有异议的。

办案人员认为可以建议适用简易程序的,应当在审查报告中提出适用简易程序的意见,按照提起公诉的审批程序报请决定。

※法规解读:上述条文是对可以适用简易程序案件的细化规定。

上述两个条文保持了《刑事诉讼法》第214条的核心精神。

关联法规索引

《全国人大常委会关于授权最高人民法院、最高人民检察院在部分地区开展刑事案件认罪认罚从宽制度试点工作的决定》;《最高人民法院关于贯彻宽严相济刑事政策的若干意见》第38条;《最高人民法院、最高人民检察院、公安部、司法部关于在部分地区开展刑事案件速裁程序试点工作的办法》;《最高人民法院关于人民法院进一步深化多元化纠纷解决机制改革的意见》第29条;《最高人民法院关于进一步推进案件繁简分流优化司法资源配置的若干意见》第3条、第5条、第8条、第13条、第21条;《人民法院办理刑事案件庭前会议规程(试行)》第21条

第二百一十五条 【不适用简易程序的情形】有下列情形之一的,不适用简易程序:

(一)被告人是盲、聋、哑人,或者是尚未完全丧失辨认或者控制自己行为能力的精神病人的;

(二)有重大社会影响的;

(三)共同犯罪案件中部分被告人不认罪或者对适用简易程序有异议的;

(四)其他不宜适用简易程序审理的。

条文解读

本条是关于不适用简易程序情形的规定。

本条规定了四种不适宜适用简易程序的情况,具体为:

第一,被告人是盲、聋、哑人,或者尚未完全丧失辨认或者控制自己行为能力的精神病人的。被告人自身的生理缺陷往往影响其主张权利以及运用诉讼权利维护其自身利益。作为弱势群体,他们更需要法律为其提供周全的保护。为此,被告人具有本项规定情形之一的,就不能适用简易程序审理该案件。

第二,案件有重大社会影响的。有重大社会影响的案件往往具有较强的社会波及力,案件的审理过程以及结果均会成为关注的焦点,审理时往往更需要审慎,因此也不适宜采用简易程序。

第三,共同犯罪案件中部分被告人不认罪或者对适用简易程序有异议的。为了更好地了解不同涉案人在案件中的地位、作用,以及案件的整体事实,案件不适宜分开审理。因此,不管案件中有多少个涉案人员,案件都是一个整体。简易程序适用的前提是被告人认罪且同意适用简易程序。若共同犯罪案件中,部分被告人不认罪的,或者不同意适用简易程序,由于案件本身不可分,因此,只能适用普通程序进行审理,这样可以保障所有共同被告人的诉讼权利。

第四,其他不宜适用简易程序审理的。本项是一个概括性条款,用以涵盖那些无法一一列举的情况,如《最高人民法院关于适用〈中华人民共和国刑事诉讼法〉的解释》中规定的辩护人作无罪辩护的不适用简易程序。

配套法规及解读

《最高人民法院关于适用〈中华人民共和国刑事诉讼法〉的解释》(2012年12月20日)

第二百九十条　具有下列情形之一的,不适用简易程序:

(一)被告人是盲、聋、哑人;

(二)被告人是尚未完全丧失辨认或者控制自己行为能力的精神病人;

(三)有重大社会影响的;

(四)共同犯罪案件中部分被告人不认罪或者对适用简易程序有异议的;

(五)辩护人作无罪辩护的;

(六)被告人认罪但经审查认为可能不构成犯罪的;

(七)不宜适用简易程序审理的其他情形。

《人民检察院刑事诉讼规则(试行)》(2012年11月22日修订)

第四百六十六条　具有下列情形之一的,人民检察院不应当建议人民法院适用简易程序:

(一)犯罪嫌疑人是盲、聋、哑人,或者是尚未完全丧失辨认或者控制自己行为能力的精神病人的;

(二)有重大社会影响的;

(三)共同犯罪案件中部分犯罪嫌疑人不认罪或者对适用简易程序有异议的;

(四)比较复杂的共同犯罪案件;

(五)辩护人作无罪辩护或者对主要犯罪事实有异议的;

(六)其他不宜适用简易程序的。

人民法院决定适用简易程序审理的案件,人民检察院认为具有刑事诉讼法第二百零九条[1]规定情形之一的,应当向人民法院提出纠正意见;具有其他不宜适用简易程序情形的,人民检察院可以建议人民法院不适用简易程序。

※法规解读:上述条文是对不适宜适用简易程序案件的详细规定。

以上规定除了保持了《刑事诉讼法》第215条的规定外,还对第215条第4项规定予以进一步细化,增加了辩护人作无罪辩护的或者对主要犯罪事实有异议的;被告人认罪但经审查认为可能不构成犯罪的;比较复杂的共同犯罪案件等具体情形。

---

〔1〕现行《刑事诉讼法》第二百一十五条。

第二百一十六条 【简易程序审理公诉案件】 适用简易程序审理案件，对可能判处三年有期徒刑以下刑罚的，可以组成合议庭进行审判，也可以由审判员一人独任审判；对可能判处的有期徒刑超过三年的，应当组成合议庭进行审判。

适用简易程序审理公诉案件，人民检察院应当派员出席法庭。

条文解读

本条共有2款，分别规定了简易程序的审判组织形式和检察院应当派员出庭支持公诉。

人民法院适用简易程序审理刑事案件的审判组织形式有两种：合议庭和独任庭。这一规定基本上颠覆了原来的简易程序通常由一人独任审判的认识。简易程序的审判组织形式以三年有期徒刑为界限，可能判处三年以上有期徒刑的，由于可能会较长时间剥夺被告人的人身自由，故而需要更加慎重，因此审判组织采用合议庭。对于可能判处三年以下有期徒刑的案件，审判组织形式有两种选择，合议庭和独任庭均可，各人民法院根据实际情况确定。

本条第2款是简易程序公诉人出庭的规定。2012年《刑事诉讼法》修正时改变了1996年《刑事诉讼法》中适用简易程序审理的案件，人民检察院是可以不派员出庭支持公诉的规定。旨在能够更加清楚地了解案件情况，辨明是非，并加强检察机关对建议程序的监督。本条第2款明确规定，所有适用简易程序审理的公诉案件，人民检察院都应当无一例外地出席法庭，履行公诉职责。

配套法规及解读

《人民检察院刑事诉讼规则(试行)》(2012年11月22日修订)

第四百六十八条 适用简易程序审理的公诉案件，人民检察院应当派员出席法庭。

人民检察院可以对适用简易程序的案件相对集中提起公诉，建议人民法院相对集中审理。

※法规解读： 本条是对检察机关派员出席简易程序公诉案件审理，简易程序案件简易集中审理的规定。时任最高人民法院副院长熊选国早在2007年4月举行的第三届“中国保护知识产权高层论坛”上的发言“加强知识产权司法保护，为建设创新型国家营造良好法治环境”中就已提及，当事人主要是针对于知识产权类案件采用相对集中审理的方法。相对集中审理目前在我国有两个层面的理解和适用。第一个层面是

特定类型案件集中于特定法院的审理,这里的相对集中审理主要是针对管辖问题。熊选国副院长的讲话就是在这个层面上使用的。2018 年 3 月《最高人民法院、最高人民检察院、公安部、司法部关于办理恐怖活动和极端主义犯罪案件适用法律若干问题的意见》中规定的:高级人民法院可以根据级别管辖的规定,结合本地区社会治安状况、案件数量等情况,决定实行相对集中管辖,指定辖区内特定的中级人民法院集中审理恐怖活动和极端主义犯罪第一审刑事案件,或者指定辖区内特定的基层人民法院集中审理极端主义犯罪第一审刑事案件,并将指定法院名单报最高人民法院备案。也是在管辖的层面上使用该概念的范例。第二个层面是案件审理方式上的。本条的规定,以及后来在速裁程序试点中推行的集中审理,都是在这个意义上而言的。审理方式上的相对集中,就是指人民法院将该类型案件整合在一起,采用统筹推进的方法进行审理。这里的相对集中审理与集中审理原则不是一个意思。

关联法规索引

《人民检察院组织法》第 20 条;《最高人民法院、最高人民检察院、公安部、国家安全部、司法部关于推进以审判为中心的刑事诉讼制度改革的意见》十四;《最高人民法院、最高人民检察院、公安部、司法部关于办理恐怖活动和极端主义犯罪案件适用法律若干问题的意见》二

第二百一十七条 【简易程序询问被告人意见】适用简易程序审理案件,审判人员应当询问被告人对指控的犯罪事实的意见,告知被告人适用简易程序审理的法律规定,确认被告人是否同意适用简易程序审理。

条文解读

本条是关于简易程序中询问被告人意见的规定。

《刑事诉讼法》第 215 条明确被告人认罪和同意适用简易程序,是人民法院适用简易程序的前提条件之一。为此,规定了相应的询问程序。人民法院在正式审理案件之前需要对以上情况进行确认。因此,在宣读起诉书之后,要询问被告人对指控犯罪事实和是否同意适用简易程序的意见。需要注意的是,本条中使用的是“询问”,而非“讯问”。显然,审判人员在此处的提问对被告人不具有强制性。被告人可以回答,也可以不回答。首先,审判人员要询问被告人对起诉书指控的犯罪事实的意见,以了解被告人是否认罪。其次,审判人员在告知被告人适用简易程序法律规定后,询问被告人是

否同意适用简易程序。审判人员在此处的告知旨在确保被告人接下来所做的意思表示系真实、自愿和理性的选择。上述两个询问均获得明确的肯定性答复之后,审判人员才能适用简易程序审理该案件。

配套法规及解读

《最高人民法院关于适用〈中华人民共和国刑事诉讼法〉的解释》(2012年12月20日)

第二百九十四条 适用简易程序审理案件,审判长或者独任审判员应当当庭询问被告人对指控的犯罪事实的意见,告知被告人适用简易程序审理的法律规定,确认被告人是否同意适用简易程序。

※法规解读:本条是关于简易程序适用意见征询的规定。

简易程序虽然能够节约诉讼资源,但是毕竟是关涉案件实体公正和程序公正的问题。因此,在是否适用简易程序的问题上,检、法两家要取得共识。一般情况下,人民检察院认为案件符合适用简易程序条件的,有权在提起公诉时,向人民法院同时提交建议适用简易程序的建议;对于检察院没有建议适用简易程序的案件,人民法院认为可以适用简易程序的,可以征求检察院的意见。但是,仅仅检、法两家同意适用简易程序是不够的,是否适用简易程序与被告人的利益是休戚相关的。因此,是否适用简易程序还需要征求被告人的意见。只有人民检察院、人民法院、被告人都同意适用简易程序后,人民法院才能制作《适用简易程序决定书》,并将该种情况在开庭前通知人民检察院、被告人和辩护人,适用简易程序审理该案件。

第二百一十八条 【简易程序法庭辩论】 适用简易程序审理案件,经审判人员许可,被告人及其辩护人可以同公诉人、自诉人及其诉讼代理人互相辩论。

条文解读

本条是关于简易程序法庭辩论的规定。

法庭辩论是对案件事实、证据、法律适用等问题进行争辩、论争的过程。其目的在于更加准确地认定案件事实和适用法律。辩护权是被追诉人的基本诉讼权利,即便是在简易程序中亦不可有所削减或者限制。因此,本条明确规定,在适用简易程序审理案件时,被告人有权针对指控进行陈述和辩护。法庭辩论应当在审判人员的组织和主持下进行,因而控辩双方的互相辩论应当征得审判人员的许可。

关联法规索引

《人民检察院刑事诉讼规则(试行)》第469条;《律师办理刑事案件规范》第115～125条;《中华全国律师协会关于律师办理黑恶势力犯罪案件辩护代理工作若干意见》二(二)

第二百一十九条　【简易程序的程序简化】适用简易程序审理案件,不受本章第一节关于送达期限、讯问被告人、询问证人、鉴定人、出示证据、法庭辩论程序规定的限制。但在判决宣告前应当听取被告人的最后陈述意见。

条文解读

本条是关于适用简易程序审理案件有关程序事项的特别规定。

简易程序是在普通程序基础上的简化,其目的在于提高诉讼效率。根据本条的规定,适用简易程序审理刑事案件,送达期限、讯问被告人、询问证人、鉴定人、出示证据、法庭辩论程序均可以不按照普通程序的规定进行,而是采用相对灵活和快捷的方式进行。

但是不管审理程序如何简化,审判程序必须保障被告人能够充分行使辩护权。为此,本条特别强调判决宣告前听取被告人的最后陈述,亦即意味着即便是在简易程序中,被告人的最后陈述程序也不能省略和简化。被告人的最后陈述权必须保障。

配套法规及解读

《最高人民法院关于适用〈中华人民共和国刑事诉讼法〉的解释》(2012年12月20日)

第二百九十五条　适用简易程序审理案件,可以对庭审作如下简化:

(一)公诉人可以摘要宣读起诉书;

(二)公诉人、辩护人、审判人员对被告人的讯问、发问可以简化或者省略;

(三)对控辩双方无异议的证据,可以仅就证据的名称及所证明的事项作出说明;对控辩双方有异议,或者法庭认为有必要调查核实的证据,应当出示,并进行质证;

(四)控辩双方对与定罪量刑有关的事实、证据没有异议的,法庭审理可以直接围绕罪名确定和量刑问题进行。

适用简易程序审理案件,判决宣告前应当听取被告人的最后陈述。

※法规解读:本条是对简易程序庭审简化的规定。

简易程序是一种略式程序。其特点之一即表现为庭审程序的简化。在简易程序的庭审中,法庭调查、法庭辩论程序均根据具体情形进行了略式处理,庭审活动主要围绕控辩双方有争议的问题展开。但是被告人的最后陈述作为被告人的一项基本诉讼权利,不得省略。

《最高人民法院、最高人民检察院、司法部关于适用简易程序审理公诉案件的若干意见》(2003年3月14日)

第五条 适用简易程序审理的公诉案件,人民法院应当在开庭前将开庭的时间、地点分别通知人民检察院、被告人、辩护人及其他诉讼参与人。

通知可以使用简便方式,但应当记录在卷。

第七条 适用简易程序审理的公诉案件,独任审判员宣布开庭,传被告人到庭后,应当查明被告人的基本情况,然后依次宣布案由、独任审判员、书记员、公诉人、被害人、辩护人、诉讼代理人和翻译人员的名单,并告知各项诉讼权利。

独任审判员应当讯问被告人对起诉书的意见,是否自愿认罪,并告知有关法律规定及可能导致的法律后果;被告人及其辩护人可以就起诉书指控的犯罪进行辩护。

被告人有最后陈述的权利。

被告人自愿认罪,并对起诉书所指控的犯罪事实无异议的,法庭可以直接作出有罪判决。

第八条 对于适用简易程序审理的公诉案件,人民法院一般当庭宣判,并在五日内将判决书送达被告人和提起公诉的人民检察院。

※法规解读:以上条文是关于人民法院适用简易程序审理公诉案件相关程序的规定。

简易程序是简化审程序,其基础程序为第一审普通程序。具体表现为:

第一,庭前通知的简便。根据《适用简易程序审理公诉案件的若干意见》第5条的规定,人民法院可以使用简便的方式通知人民检察院及当事人和其他诉讼参与人开庭的时间和地点,并将上述活动记录在卷。

第二,开庭审理程序的简化。根据现行《刑事诉讼法》第216条的规定,简易程序可以由合议庭进行审理。因此,《适用简易程序审理公诉案件的若干意见》第7条中仅仅提到独任审判员显然与现行《刑事诉讼法》存在一定的冲突,按照法律规范的层级高低,及颁行先后,应当优先适用《刑事诉讼法》,但是本条中的相关程序仍具有适用性。适用简易程序审理的公诉案件,依然要按照宣布开庭,传被告人到庭,查明被告人基本情况,宣布案由,宣布参与诉讼人员名单,告知诉讼权利的顺序进行。

简易程序与普通程序相比增加了一个询问程序,即询问被告人对起诉书的意见,并告知其相关法律规定和可能导致的法律后果,以便确认其是否自愿、理性认罪。虽然适用简易程序,但是被告人及其辩护人的辩护权利并没有受到丝毫影响,他们有权针对指控进行辩护,并且被告人有权进行最后陈述。被告人的最后陈述程序不得因适用简易程序而省略。

第三,一般当庭宣判。被告人自愿认罪,并且对起诉书指控的事实并无异议的,法庭可以直接作出有罪判决。适用简易程序的案件一般当庭宣判。而后在宣判后的5日内将判决书送达被告人和提起公诉的人民检察院。

第二百二十条 【简易程序的审限】适用简易程序审理案件,人民法院应当在受理后二十日以内审结;对可能判处的有期徒刑超过三年的,可以延长至一个半月。

条文解读

本条是关于人民法院适用简易程序审理案件期限的规定。

在确保司法公正的前提下,提高诉讼效率是设置和适用简易程序审理案件的主要初衷。因此,《刑事诉讼法》规定,通常情况下,人民法院应当在案件受理后20日内审结案件。根据《刑事诉讼法》第214条的规定,经由简易程序审理的案件中,有些案件可能判处的刑期较长,并且采用合议庭进行审理,因而审理的时间较之可能判处三年以下有期徒刑的案件要长一些。故而针对可能判处三年以上有期徒刑的案件,其审理期限可以延长,最长为一个半月。从理论上讲,这"一个半月"为法定不可变期间,不能再予以延长。

第二百二十一条 【简易程序转普通程序】人民法院在审理过程中,发现不宜适用简易程序的,应当按照本章第一节或者第二节的规定重新审理。

条文解读

本条是关于简易程序转为普通程序审理的规定。

已经决定适用简易程序审理案件,就应当适用该程序直至作出第一审判决。在案件审理的过程中,人民法院发现案件不符合简易程序适用条件,或者审理过程中发现案情复杂,适用简易程序难以完成审理任务,或者出现被告人庭审中拒不认罪等不宜适用简易程序的情况的,就应当按照公正优于效率的原则转为适用普通程序重新审理。

配套法规及解读

《最高人民法院关于适用〈中华人民共和国刑事诉讼法〉的解释》(2012年12月20日)

第二百九十八条 适用简易程序审理案件,在法庭审理过程中,有下列情形之一的,应当转为普通程序审理:

(一)被告人的行为可能不构成犯罪的;

(二)被告人可能不负刑事责任的;

(三)被告人当庭对起诉指控的犯罪事实予以否认的;

(四)案件事实不清、证据不足的;

(五)不应当或者不宜适用简易程序的其他情形。

转为普通程序审理的案件,审理期限应当从决定转为普通程序之日起计算。

《人民检察院刑事诉讼规则(试行)》(2012年11月22日修订)

第四百七十条 适用简易程序审理的公诉案件,公诉人发现不宜适用简易程序审理的,应当建议法庭按照第一审普通程序重新审理。

※法规解读:上述条文是关于简易程序转为普通程序的规定。

简易程序转为普通程序最核心的原因即在于案件不符合简易程序的适用条件,因此不能再适用简易程序审理该案件,具体情形如条文所列举的。

人民法院适用简易程序审理案件需要经过人民检察院同意或者建议,但是在案件审理的过程中,人民检察院发现出现不宜适用简易程序审理情形时,有权建议人民法院改按第一审普通程序进行审理。

关联法规索引

《最高人民法院、最高人民检察院、公安部、司法部关于在部分地区开展刑事案件速裁程序试点工作的办法》第14条

典型案例

林某1、林某某故意伤害案[1]

※案情简介:2018年9月29日广东省惠来县人民法院作出(2018)粤5224刑初

[1] 本案根据广东省揭阳市中级人民法院(2018)粤52刑终361号刑事附带民事裁定书整理。

250号刑事附带民事判决，认定林某1、林某某犯故意伤害罪，分别判处有期徒刑一年，并判令林某1、林某某共同赔偿林某住院医疗费等各项费用共计人民币26,064.82元。宣判后，原审被告人林某1、林某某均不服，以原判认定事实不清、证据不足等为由提出上诉。二审法院审理后认为原审法院已决定对本案适用简易程序审理，但上诉人林某1、林某某在原审庭审期间均不认罪，不应当适用简易程序审理，原审法院没有将本案转为普通程序审理并告知相关诉讼参与人，违反了相关法律规定，故裁定撤销原判，发回重审。

※裁判要旨：本案中，因为不符合简易程序适用条件，因而需要重新适用普通程序审理。《刑事诉讼法》第214条明确规定，被告人认罪是适用简易程序的必备条件。该项条件的达成，不仅仅需要人民法院在庭前通过询问的方式与被告人进行确认，同时，被告人在庭审中的表现也需要与之前的意思表示，即自愿认罪符合才行。否则就是表明被告人的认罪表示不真实或者不自愿。如果被告人在庭审中的表现表明其不认罪的，那么就不再符合简易程序的适用条件，不适宜适用简易程序审理。因而，本案的二审法院认为，本案在被告人在一审庭审期间不认罪的情况发生后，一审法院仍适用简易程序是不妥当的，违反了法律规定，因而裁定撤销原判发回重审。本案实践表明，对于被告人认罪的判断不能仅仅通过庭前的询问核实方式进行，而且要看其在庭审过程中的行为表现。

第四节 速裁程序

友情提示

本节为2018年《刑事诉讼法》修正时新增。至此，刑事诉讼案件一审程序依据繁简程度可以分为三类：普通程序、简易程序、速裁程序。

第二百二十二条 【速裁程序适用范围】基层人民法院管辖的可能判处三年有期徒刑以下刑罚的案件，案件事实清楚，证据确实、充分，被告人认罪认罚并同意适用速裁程序的，可以适用速裁程序，由审判员一人独任审判。

人民检察院在提起公诉的时候，可以建议人民法院适用速裁程序。

条文解读

本条共有2款，系2018年《刑事诉讼法》修正时新增条文，是关于速裁程序适用范围的规定。

根据现行《刑事诉讼法》第一审程序的条文体例编排情况可知，就案件审判的繁简程序而言，速裁程序是与普通程序、简易程序并列的第三种审判程序，是比简易程序还要简化的审判程序。2014 年 6 月，全国人大常委会授权最高人民法院、最高人民检察院在部分地区开展刑事案件速裁程序试点。试点情况表明，该程序极大地提高了诉讼效率。

第 1 款规定，速裁程序的适用要符合以下条件：第一，基层人民法院管辖案件；第二，可能判处有期徒刑三年以下刑罚的案件；第三，案件事实清楚，证据确实充分；第四，被告人认罪认罚；第五，被告人同意适用速裁程序。尝试设立速裁程序的初衷是为了完善刑事诉讼程序，合理配置司法资源，提高审判刑事案件的质量与效率，维护当事人的合法权益。目前的规定，较之《全国人大常委会授权最高人民法院、最高人民检察院在部分地区开展刑事案件速裁程序试点决定》的规定，已经有了较大的变化，取消了对特定罪名和可能判处一年以下有期徒刑的规定。并且吸收了认罪认罚从宽试点的经验，将被告人的认罪认罚和同意适用该程序作为适用速裁程序的条件，既体现出对被告人程序选择权的尊重，也表明了程序从快从简也是被告人认罪认罚的获益之一（迅速审判权），进而呼应了刑事诉讼法新确立的认罪认罚从宽原则。

根据本条第 1 款的规定，适用速裁程序采用独任制的审判组织形式。进而区别于简易程序的审判组织形式，体现出速裁的快而简的特点。

本条第 2 款是对检察机关建议适用速裁程序的规定。刑事诉讼中，检察机关和人民法院是分工负责、互相配合、互相制约的关系。检察机关在审查起诉时，认为案件已经符合了速裁程序的适用条件的，有权向人民法院提出适用建议。

关联法规索引

《全国人大常委会关于授权最高人民法院、最高人民检察院在部分地区开展刑事案件速裁程序试点工作的决定》；《最高人民法院、最高人民检察院、公安部、司法部关于在部分地区开展刑事案件速裁程序试点工作的办法》第 1 条、第 6 条；《最高人民法院、最高人民检察院、公安部、国家安全部、司法部关于在部分地区开展刑事案件认罪认罚从宽制度试点工作的办法》第 16 条；《公安部关于切实做好刑事案件速裁程序试点工作的通知》

典型案例

邓某某危险驾驶案[1]

※案情简介：2019年3月5日21时许，被告人邓某某酒后驾驶鄂J×××××号小型轿车，沿武汉市新洲区阳逻街阳光北路自南向北行驶，当发现前方路口有警方设卡盘查时，为躲避检查遂调头行驶。当邓建波驾车行驶至阳光大道与高新路交叉路口路段时，因刹车不及时与前方停放等候红灯的一辆面包车和一辆小型汽车相撞，跟踪查看情况的民警现场传唤其到公安机关接受调查。经呼气式酒精测试仪测试，邓某某体内乙醇含量为121mg/100ml，民警随后将其带至武汉市汉阳医院醒酒中心约束醒酒，并提取了其血液样本进行检测。后经法医检测，邓建波血液中乙醇含量为97.15mg/100ml，系醉酒驾驶机动车辆。邓某某于同月7日被刑事拘留。公诉机关认为被告人邓某某具有血液乙醇含量为97.15mg/100ml、醉酒驾驶机动车发生交通事故、坦白、自愿认罪认罚的量刑情节，建议判处被告人邓某某拘役二个月，并处罚金。

人民法院适用速裁程序审理了该案。法院认为：被告人邓某某对指控事实、罪名及量刑建议没有异议且签字具结，在开庭审理过程中亦无异议。公诉机关指控被告人邓某某犯危险驾驶罪的事实清楚，证据确实、充分，指控罪名成立，量刑建议适当，应予采纳。在查明犯罪事实的基础上，被告人邓某某具有曾因酒后驾驶机动车受过行政处罚、坦白等量刑情节。人民法院判决被告人邓某某犯危险驾驶罪，判处拘役二个月，并处罚金人民币二千元。

※裁判要旨：本案中，邓某某某涉嫌危险驾驶罪。案件由武汉市新洲区人民检察院起诉至新洲区人民法院，该案属于基层人民法院管辖。根据本案情况，邓某某可能判处的刑罚不超过3年有期徒刑。且案件事实清楚，证据确实充分。邓某某本人自愿认罪认罚。人民检察院也向人民法院提出了减刑建议。本案中亦无禁止适用速裁程序之情形，故本案可以适用速裁程序审理。

第二百二十三条 【不适用速裁程序情形】有下列情形之一的，不适用速裁程序：

（一）被告人是盲、聋、哑人，或者是尚未完全丧失辨认或者控制自己行为能力的精神病人的；

（二）被告人是未成年人的；

---

〔1〕 本案根据武汉市新洲区人民法院(2019)鄂0117刑初145号判决书整理。

（三）案件有重大社会影响的；

（四）共同犯罪案件中部分被告人对指控的犯罪事实、罪名、量刑建议或者适用速裁程序有异议的；

（五）被告人与被害人或者其法定代理人没有就附带民事诉讼赔偿等事项达成调解或者和解协议的；

（六）其他不宜适用速裁程序审理的。

条文解读

本条系2018年《刑事诉讼法》修正时新增条文，是关于禁止适用速裁程序范围的规定。

从理论上讲，速裁程序本身是对于案件事实明了，证据确实充分，控辩双方对案件案件事实和量刑能够达成一致的案件快速审理程序。该程序所涉及的诉讼利益相对较小，对案件的处理的绝对公正性要求不高，且因为被告人认罪认罚，辩方已经与控方就案件相关重大事项达成了合意。因而，适用快而简的程序处理案件能够兼顾公平和效率的关系。但是某些案件，由于案件自身或者当事人方面的原因，使难以满足适用速裁程序的条件要求。如，被告人是盲、聋、哑人，或者是尚未完全丧失辨认或者控制自己行为能力的精神病人，以及被告人是未成年人的情况，被追诉人本身由于年龄或者心智等方面的原因，其意思表示的真实性和确定性程度不高，为了对特殊群体的利益基于更充分的保障，防止由于其不当意思表示对其自身利益造成的损害，因而不适用速裁程序；共同犯罪案件中部分被告人对指控的犯罪事实、罪名、量刑建议或者适用速裁程序有异议的情况，以及被告人与被害人或者其法定代理人没有就附带民事诉讼赔偿等事项达成调解或者和解协议的情况中，显然在案件事实或者证据方面仍存在一定或者较大争议，因而也就不符合速裁程序适用条件；案件有重大社会影响，或者其他不宜适用的情形是因为案件自身原因，不宜选用该程序。我国刑事诉讼的基本价值定位依然是公正兼顾效率，因而绝不能为了追求效率而有损公正。因此，但凡涉及可能损害司法公正的情形，均不能适用速裁程序。

关联法规索引

《全国人大常委会关于授权最高人民法院、最高人民检察院在部分地区开展刑事案件速裁程序试点工作的决定》；《最高人民法院、最高人民检察院、公安部、司法部关于在部分地区开展刑事案件速裁程序试点工作的办法》第2条；《最高人民法院、最高

人民检察院、公安部、国家安全部、司法部关于在部分地区开展刑事案件认罪认罚从宽制度试点工作的办法》第 17 条

第二百二十四条 【速裁程序简化】适用速裁程序审理案件,不受本章第一节规定的送达期限的限制,一般不进行法庭调查、法庭辩论,但在判决宣告前应当听取辩护人的意见和被告人的最后陈述意见。

适用速裁程序审理案件,应当当庭宣判。

条文解读

本条共有 2 款,系 2018 年《刑事诉讼法》修正时新增条文,是关于速裁程序简化内容的规定。

速裁程序是比简易程序还要简化的程序。人民法院的第一审普通程序主要包括开庭,法庭调查,法庭辩论、被告人最后陈述以及评议和宣判五个部分。在开庭审理前还有一系列的开庭准备程序。根据本条第 1 款的规定,人民法院适用速裁程序审理案件,送达相关法律文书和文件的期限可以灵活掌握,不再受普通程序中有关送达期限的限制。开庭审理环节的法庭调查和法庭辩论两个阶段一般也不再进行。但是被告人的最后陈述环节不能缺少,而且与普通程序和简易程序的一个显著差异是,听取辩护人的意见也是速裁程序的必经环节。这一特殊性规定也意味着,所有适用速裁程序审理的案件被告人都应当有辩护人。

本条第 2 款是关于速裁程序宣判方式的规定。逐步提高当庭宣判比例是最高人民法院进行司法改革的目标之一。2017 年 2 月,《最高人民法院关于全面推进以审判为中心的刑事诉讼制度改革的实施意见》第 33 条明确规定,适用速裁程序审理的案件,应当当庭宣判。适用简易程序审理的案件,一般应当当庭宣判。适用普通程序审理的案件,逐步提高当庭宣判率。速裁程序是以效率为第一价值指向的程序安排,因此适用该程序的应当全部当庭宣判。

关联法规索引

《最高人民法院、最高人民检察院、公安部、司法部关于在部分地区开展刑事案件速裁程序试点工作的办法》第 10 条、第 11 条;《最高人民法院、最高人民检察院、公安部、国家安全部、司法部关于在部分地区开展刑事案件认罪认罚从宽制度试点工作的办法》第 18 条;《最高人民法院关于全面推进以审判为中心的刑事诉讼制度改革的实

施意见》第33条

第二百二十五条 【速裁程序审理期限】适用速裁程序审理案件，人民法院应当在受理后十日以内审结；对可能判处的有期徒刑超过一年的，可以延长至十五日。

条文解读

本条是关于速裁程序审理期限的规定。

根据本条规定，人民法院适用速裁程序审理案件，审理期限为案件受理后的10日内，即10日是一般情况下的最长审期。对于被告人可能判处刑罚超过有期徒刑一年的情况，允许审理期限为15日。速裁程序的审理期限为法定不可变期间，不可以延长。

关联法规索引

《最高人民法院、最高人民检察院、公安部、司法部关于在部分地区开展刑事案件速裁程序试点工作的办法》第15条；《最高人民法院、最高人民检察院、公安部、国家安全部、司法部关于在部分地区开展刑事案件认罪认罚从宽制度试点工作的办法》第16条

典型案例

侯某危险驾驶案[1]

※案情简介：2018年11月18日15时55分左右，被告人侯某持有效C1证驾驶苏D×××××号小型轿车，沿常州市武进区雪堰镇太北路由南向北行驶至曹家桥南段时，与尚某驾驶的停在路边的豫D×××××号重型半挂牵引车牵引皖S×××××号重型普通半挂车相撞，发生交通事故，致侯某受伤、两车受损。经常州市公安局武进分局交通警察大队认定，侯某负该事故的主要责任。民警在处置事故过程中发现侯某有酒后驾驶机动车的嫌疑，经抽取血样鉴定，被告人侯某血液中的乙醇含量为236.9mg/100ml，属醉酒后驾驶机动车辆。案发后，被告人侯某已赔偿尚某经济损失人民币7200元，并取得尚某谅解。常州市武进区人民检察院以武检刑一刑诉[2019]273

[1] 本案根据常州市武进区人民法院(2019)苏0412刑初275号判决书整理。

号起诉书指控被告人侯某犯危险驾驶罪于2019年3月12日向人民法院院提起公诉。常州市武进区人民法院于同日立案，并依法适用速裁程序，实行独任审判，公开开庭审理了该案，判决被告人侯某犯危险驾驶罪，判处拘役4个月，并处罚金人民币4000元。

※**裁判要旨**：在本案的诉讼过程中，常州市武进区人民检察院向常州市武进区人民法院提起公诉的时间为2019年3月12日，人民法院当日受理并立案，适用速裁程序审理并作出判决的时间为2019年3月18日，即自人民检察院向人民法院提起公诉到人民院一审审理结束作出判决共6天。符合《刑事诉讼法》第225条规定的审理期限要求。对于类似简单轻微案件适用速裁程序进行审理大大提高了案件审理的速度，不仅保障了被告人速裁审判权的实现，同时最大限度地节约了诉讼成本。

第二百二十六条　【速裁程序转普通程序或简易程序】人民法院在审理过程中，发现有被告人的行为不构成犯罪或者不应当追究其刑事责任、被告人违背意愿认罪认罚、被告人否认指控的犯罪事实或者其他不宜适用速裁程序审理的情形的，应当按照本章第一节或者第三节的规定重新审理。

条文解读

本条是关于速裁程序转为普通程序或者建议程序的规定。

根据《刑事诉讼法》第220条、第221条的规定，适用速裁程序要符合法律规定。人民法院在审理过程中，发现案件中有不适宜采用速裁程序审理的情况的，就应当按照公正优于效率的原则，转为适用简易程序或者普通程序重新审理。根据本条规定，需要转为其他程序审理的案件主要为三种类型：第一类为追究刑事责任有误，包括被告人的行为不构成犯罪或者不应当追究其刑事责任；第二类为认罪认罚有误，包括被告人违背意愿认罪认罚和被告人否认指控的犯罪事实两种情况；第三类为其他，主要依据《刑事诉讼法》第220条和第221条规定，不符合适用速裁程序条件的案件。

案件由速裁程序转为普通程序或者简易程序的，人民法院依照相应的程序重新审理。

关联法规索引

《最高人民法院、最高人民检察院、公安部、司法部关于在部分地区开展刑事案件速裁程序试点工作的办法》第14条；《最高人民法院、最高人民检察院、公安部、国家安全部、司法部关于在部分地区开展刑事案件认罪认罚从宽制度试点工作的办法》第19条

第三章　第二审程序

本章介绍

我国的审级制度是两审终审制。因而，对于地方各级人民法院生效的第一审裁判，刑事诉讼的当事人及其法定代理人、人民检察院不服的，有权提出上诉或者抗诉，第二审人民法院根据上诉、抗诉就案件重新审理并作出终审裁判。人民法院审理上诉、抗诉案件所适用的程序就是第二审程序。第二审程序对于纠正第一审裁判中的错误、维护刑事诉讼当事人的合法权益、保证审判权的正确行使具有重要的意义。本章从第227条至第245条，共计19个条文，规定了上诉、抗诉提起的条件、方式、期限和程序，第二审案件的审理范围、审理方式和程序，第二审案件的处理结果以及第二审案件的审理期限。

第二百二十七条　【上诉的提起】被告人、自诉人和他们的法定代理人，不服地方各级人民法院第一审的判决、裁定，有权用书状或者口头向上一级人民法院上诉。被告人的辩护人和近亲属，经被告人同意，可以提出上诉。

附带民事诉讼的当事人和他们的法定代理人，可以对地方各级人民法院第一审的判决、裁定中的附带民事诉讼部分，提出上诉。

对被告人的上诉权，不得以任何借口加以剥夺。

条文解读

本条是关于被告人、自诉人以及附带民事诉讼当事人享有上诉权的规定。

本条第1、2款是关于上诉权的规定。我国的审级制度是两审终审制，因而对于地方各级人民法院作出的一审裁判，刑事诉讼的当事人不服或检察机关认为有错误的，在法定期限内，可以向上一级人民法院提出上诉或抗诉，上一级人民法院应当适用第二审程序对案件进行审理和裁判。依据本条，依法享有上诉权的主体包括两类：一是被告人、自诉案件的自诉人、附带民事诉讼的当事人和他们的法定代理人。这类主体与法院的判决有直接的利害关系，因而独立的享有上诉权。二是被告人的辩护人和近亲属，这类主体只有经被告人同意和授权才可以代为提起上诉。之所以做这样的规定,主要是考虑到被告人对上诉往往存有顾虑,而且通常又被羁押,允许辩护人和近亲属代为上诉可以更好地保护被告人的合法权益。依据本条,可以上诉的对象是地方各级人民法院作出的一审未生效刑事判决、裁定。上诉的方式可以采用提交上诉状的书面方式,也可以口头向上一级人民法院提出上诉。

本条第3款规定了对被告人上诉权的保障。上诉权是刑事诉讼中被告人享有的一项基本权利,任何机关和个人不得以任何借口加以剥夺。为了保障被告人上诉权的充分行使,我国立法对上诉理由不加任何限制,当事人在上诉期内提出上诉无须任何理由。被告人可以在上诉状中阐述上诉理由,至于其理由是否合法、充分,甚至明显不能成立,均不影响其上诉的效力。

配套法规及解读

《最高人民法院关于适用〈中华人民共和国刑事诉讼法〉的解释》(2012年12月20日)

第二百九十九条 地方各级人民法院在宣告第一审判决、裁定时,应当告知被告人、自诉人及其法定代理人不服判决、裁定的,有权在法定期限内以书面或者口头形式,通过本院或者直接向上一级人民法院提出上诉;被告人的辩护人、近亲属经被告人同意,也可以提出上诉;附带民事诉讼当事人及其法定代理人,可以对判决、裁定中的附带民事部分提出上诉。

被告人、自诉人、附带民事诉讼当事人及其法定代理人是否提出上诉,以其在上诉期满前最后一次的意思表示为准。

第三百条 人民法院受理的上诉案件,一般应当有上诉状正本及副本。

上诉状内容应当包括:第一审判决书、裁定书的文号和上诉人收到的时间,第一审人民法院的名称,上诉的请求和理由,提出上诉的时间。被告人的辩护人、近亲属经被告人同意提出上诉的,还应当写明其与被告人的关系,并应当以被告人作为上诉人。

※法规解读:上述条文是对提起上诉的补充规定。

第299条明确了各级地方人民法院在宣告一审裁判时有告知上诉权的义务。通常一审法院的裁判文书中会告知当事人上诉的法院、期限和方式。在上诉期内,如果有权提出上诉的主体对是否上诉有前后不一的意思表示的,则以其在上诉期限内最后一次的意思表示为准。上诉既可以直接向第二审法院提出,也可以通过向第一审法院提出。第300条明确了上诉一般应当采用书面方式,依法递交上诉状。上诉状的内容包括:第一审判决书、裁定书的文号和上诉人收到的时间;第一审法院的名称;上诉的请求和理由;提出上诉的时间。经被告人同意被告人的辩护人、近亲属代为提出上诉的,上诉人仍为被告人本人。上诉状中应当写明提出上诉的人与被告人的关系,以方便法院对上诉的了解和审查。

典型案例

周某某故意杀人案[1]

※案情简介：贵州省毕节市中级人民法院审理贵州省毕节市人民检察院指控原审被告人周某某犯故意杀人罪及原审附带民事诉讼原告人陈某、匡甲、匡乙、匡某乙、匡某丙、匡某丁、匡某成、张某某提起附带民事诉讼一案，于2015年2月25日作出(2014)黔毕中刑初字第217号刑事附带民事判决。宣判后，原审被告人周某某服判未上诉，本案的刑事部分判决已经发生法律效力。原审附带民事诉讼原告人陈某、匡甲、匡乙、匡某乙、匡某丙、匡某丁、匡某成、张某某不服，以“对周某某量刑过轻；民事赔偿过低，应判赔334,410.8元人民币”为由提出上诉。

贵州省高级人民法院经审理查明：原判认定2004年5月16日17时许，潘某某（已判刑）与被害人匡丙因琐事发生纠纷，上诉人周某某受潘某某指使，伙同周某甲、王某某（均已判刑）将匡丙砍杀致死的犯罪事实清楚。认定上述事实，有目击证人赵某、胡某某、刘某某等人证实潘某某与被害人匡某甲发生纠纷，周某某与周某甲、王某某三人追杀匡某甲的证言；证实匡某甲系被他人用锐器损伤身体多处，致失血性休克死亡的尸体检验鉴定书；证实同案犯潘某某、周某某、王某某均因本案已被判刑的刑事判决书；周某某归案后供述了伙同周某甲、王某某打杀匡某甲的事实，并指认了作案现场，所供与相关证据相互印证。上列证据均经一审庭审举证、质证，查证属实。在本院审理过程中，上诉人陈某、匡甲、匡乙、匡某乙、匡某丙、匡某丁、匡某成、张某某未提出新的证据。本院对一审判决认定事实和所列证据予以确认。

贵州省高级人民法院认为，对于上诉人陈某、匡甲、匡乙、匡某乙、匡某丙、匡某丁、匡某成、张某某所提“对周某某量刑过轻”的上诉理由，经查，根据《刑事诉讼法》第216条[2]第2款的规定，附带民事诉讼原告人可以对本案的附带民事诉讼部分提出上诉。现上诉人对本案的刑事部分提出上诉没有法律依据。故其所提该上诉理由本院不予采纳。对于上诉人陈某、匡甲、匡乙、匡某乙、匡某丙、匡某丁、匡某成、张某某所提“民事赔偿过低，应判赔334,410.8元人民币”的上诉理由，经查，依照《最高人民法院关于

---

〔1〕 本案根据贵州省高级人民法院（2015）黔高刑一终字第175号刑事附带民事裁定书整理，载 http://wenshu.court.gov.cn/content/content? DocID = 8c0d461a - caba - 4471 - 9c65 - 0cf579bfc4a2&KeyWord = %E5%91%A8%E5%85%89%E4%BF%A1，最后访问时间：2019年4月6日。

〔2〕 现行《刑事诉讼法》第二百二十七条。

人民法院是否受理刑事案件被害人提起精神损害赔偿民事诉讼问题的批复》之规定，死亡赔偿金及精神抚慰金不属于刑事附带民事诉讼案件的赔偿范围。上诉人在二审期间没有提出新的证据证明被告人对其造成的其他损失，一审法院根据本案的具体情况判决赔偿三万元判赔适当。故对此上诉理由本院不予采纳。据此，2015年6月11日，贵州省高级人民法院作出了(2015)黔高刑一终字第175号刑事附带民事裁定书，驳回上诉，维持原判。

※裁判要旨：附带民事诉讼的当事人和他们的法定代理人，不服地方各级人民法院第一审的判决、裁定中的附带民事诉讼部分，依法享有上诉权，有权提出上诉。但对地方各级人民法院第一审的判决、裁定中的刑事部分不服的，只能依法请求人民检察院抗诉，无权上诉，也不能通过行使附带民事诉讼上诉权的方式提出。附带民事诉讼上诉人对本案的刑事部分提出上诉没有法律依据，其上诉理由法院不予采纳。

第二百二十八条 【二审抗诉】地方各级人民检察院认为本级人民法院第一审的判决、裁定确有错误的时候，应当向上一级人民法院提出抗诉。

条文解读

本条是关于检察机关行使抗诉权的规定。

检察机关是国家的法律监督机关，对整个刑事诉讼过程实施法律监督。检察监督的范围包括立案监督、侦查监督和审判监督。对于地方各级人民法院作出的一审未生效裁判，检察机关认为确有错误的，可以提出抗诉，由二审法院对案件再进行审理。依据本条规定，有权提出抗诉的主体只能是与第一审法院同级的人民检察院，具有特定性和单一性。立法对上诉权无任何限制，但对抗诉权则有所限制，检察机关提出抗诉必须具有法定的理由和采用特定的形式，从而确保国家权力的正当使用。《人民检察院刑事诉讼规则(试行)》第584条明确了检察机关提出抗诉的法定事由。

配套法规及解读

《人民检察院刑事诉讼规则(试行)》(2012年11月22日修订)

第五百八十四条 人民检察院认为同级人民法院第一审判决、裁定有下列情形之一的，应当提出抗诉：

(一)认定事实不清、证据不足的；

(二)有确实、充分证据证明有罪而判无罪，或者无罪判有罪的；

（三）重罪轻判，轻罪重判，适用刑罚明显不当的；

（四）认定罪名不正确，一罪判数罪、数罪判一罪，影响量刑或者造成严重社会影响的；

（五）免除刑事处罚或者适用缓刑、禁止令、限制减刑错误的；

（六）人民法院在审理过程中严重违反法律规定的诉讼程序的。

第五百八十五条 人民检察院在收到人民法院第一审判决书或者裁定书后，应当及时审查，承办人员应当填写刑事判决、裁定审查表，提出处理意见，报公诉部门负责人审核。对于需要提出抗诉的案件，公诉部门应当报请检察长决定；案情重大、疑难、复杂的案件，由检察长提交检察委员会讨论决定。

※法规解读：上述条文是对地方各级人民检察院二审抗诉的补充规定。第584条明确了二审抗诉权行使的法定事由。人民检察院认为同级人民法院第一审裁判有下列情形之一的，应当提出抗诉：(1)认定事实不清、证据不足的。事实清楚、证据充分是保证裁判正确性的前提，因而一审法院审理案件认定事实不清楚、证据不充分的，其裁判的正确性很难保证。(2)有确实、充分证据证明有罪而判无罪，或者无罪判有罪的。即案件在罪与非罪的定性上有可能有错误。(3)重罪轻判，轻罪重判，适用刑罚明显不当的。即适用刑罚畸轻畸重。(4)认定罪名不正确，一罪判数罪、数罪判一罪，影响量刑或者造成严重社会影响的。即在此罪与彼罪、一罪与数罪上认定错误，进而量刑错误或导致社会影响较大的。(5)免除刑事处罚或者适用缓刑、禁止令、限制减刑错误的。即不具备刑法规定的免除刑罚处罚的情形而错误的免除刑罚，不具备刑法规定的适用缓刑的条件而判处缓刑，不属于刑法规定的适用禁止令、限制减刑的情形却错误地适用。(6)人民法院在审理过程中严重违反法律规定的诉讼程序的。严重违反法定诉讼程序的行为会导致审判不公正，不但很难保证审判结果的正确性，而且严重损害了程序的正当性，因而应当作为抗诉的法定事由。上述六种情形中，第(1)种情形属于事实认定错误的事由，第(2)～(5)种情形属于适用刑事实体法错误的事由，第(6)种情形属于适用程序法错误的事由。第585条规定了二审抗诉的承办部门以及二审抗诉的决定权限。二审抗诉由公诉部门承办。公诉部门认为应当抗诉的，报请检察长决定。案情重大、疑难、复杂的案件，由检察长提交检察委员会讨论决定。

关联法规索引

《最高人民检察院关于在检察工作中贯彻宽严相济刑事司法政策的若干意见》第10条；《人民检察院刑事诉讼规则（试行）》第582条、第583条、第590条；《最高人民检察院关于加强和改进刑事抗诉工作的意见》；《人民检察院刑事抗诉工作指引》；《人民检察院办理死刑二审案件和复核监督工作指引（试行）》第96条

第二百二十九条　【公诉案件被害人的请求抗诉权】被害人及其法定代理人不服地方各级人民法院第一审的判决的，自收到判决书后五日以内，有权请求人民检察院提出抗诉。人民检察院自收到被害人及其法定代理人的请求后五日以内，应当作出是否抗诉的决定并且答复请求人。

条文解读

本条是关于被害人抗诉请求权的规定。

被害人是被犯罪行为直接侵害的人，因而人民法院的裁判也直接影响其权益。为了保护被害人的合法权益、维护其切身利益、协调被害人利益与国家利益可能存在的矛盾，立法赋予了被害人请求抗诉的权利。依据本条，被害人及其法定代理人不服地方各级人民法院第一审判决的，有权请求人民检察院提出抗诉。被害人请求抗诉的法定期限为自其收到判决书后的5日内。人民检察院收到被害人及其法定代理人的请求后，应当在5日内作出是否抗诉的决定，并且要答复请求人。

配套法规及解读

《人民检察院刑事诉讼规则(试行)》(2012年11月22日修订)

第五百八十八条　被害人及其法定代理人不服地方各级人民法院第一审的判决，在收到判决书后五日以内请求人民检察院提出抗诉的，人民检察院应当立即进行审查，在收到被害人及其法定代理人的请求后五日以内作出是否抗诉的决定，并且答复请求人。经审查认为应当抗诉的，适用本规则第五百八十四条至第五百八十七条的规定办理。

被害人及其法定代理人在收到判决书五日以后请求人民检察院提出抗诉的，由人民检察院决定是否受理。

※法规解读：本条规定内容基本同《刑事诉讼法》第229条一致，但对被害人及其法定代理人请求抗诉的期限做了补充，即被害人及其法定代理人在法定的5日期限内没有请求抗诉的，在收到判决书5日以后抗诉期内也可以申请抗诉，但是否受理其申请抗诉请求由人民检察院决定。亦即，被害人及其法定代理人在收到判决书5日内向人民检察院提出的请求抗诉申请，人民检察院均应当受理；被害人及其法定代理人在收到判决书5日后向人民检察院提出请求抗诉申请的，人民检察院并无必然受理的义务。

关联法规索引

《人民检察院刑事诉讼规则(试行)》第 584 ~ 587 条

第二百三十条 【上诉、抗诉的期限】 **不服判决的上诉和抗诉的期限为十日,不服裁定的上诉和抗诉的期限为五日,从接到判决书、裁定书的第二日起算。**

条文解读

本条是关于上诉和抗诉期限的规定。

对于地方各级人民法院作出的第一审刑事判决,上诉和抗诉的期限为 10 日。对于地方各级人民法院作出的第一审刑事裁定,上诉和抗诉的期限为 5 日。上诉和抗诉期限从被告人、自诉人及他们的法定代理人、附带民事诉讼的当事人及其法定代理人、检察机关收到判决书、裁定书的第 2 日起算。例如,某基层人民法院审理某案于 2016 年 3 月 5 日作出一审判决,该判决于同年 3 月 6 日送达被告人和检察机关,则上诉和抗诉的法定期间从同年 3 月 7 日起算,至同年 3 月 16 日届满。

配套法规及解读

《最高人民法院关于适用〈中华人民共和国刑事诉讼法〉的解释》(2012 年 12 月 20 日)

第三百零一条 上诉、抗诉必须在法定期限内提出。不服判决的上诉、抗诉的期限为十日;不服裁定的上诉、抗诉的期限为五日。上诉、抗诉的期限,从接到判决书、裁定书的第二日起计算。

对附带民事判决、裁定的上诉、抗诉期限,应当按照刑事部分的上诉、抗诉期限确定。附带民事部分另行审判的,上诉期限也应当按照刑事诉讼法规定的期限确定。

※法规解读:本条是关于上诉、抗诉期限的补充规定。

本条第 1 款的内容同《刑事诉讼法》的规定。

本条第 2 款规定对附带民事判决、裁定的上诉、抗诉期限,按照刑事部分的上诉、抗诉期限确定。如果附带民事部分没有与刑事部分一并判决,而是另行审判的,也应当按照刑事诉讼法规定的期限确定。原司法解释规定附带民事部分另行审判的,按照民事诉讼法的规定确定上诉期限,而由于民事诉讼法与刑事诉讼法规定的上诉期限不同,这就会造成同样是附带民事诉讼的裁判,在与刑事部分一并裁判和另行审判的情况下有不同的上诉期限，显然不具有合理性，因而本次司法解释修订取消了这一规定。

《人民检察院刑事诉讼规则(试行)》(2012年11月22日修订)

第五百八十六条　人民检察院对同级人民法院第一审判决的抗诉，应当在接到判决书的第二日起十日以内提出；对裁定的抗诉，应当在接到裁定书后的第二日起五日以内提出。

※法规解读：本条补充规定了人民检察院对同级人民法院第一审判决、裁定提出抗诉的期间的起算日期为接到判决书、裁定书的第二日。

第二百三十一条　【上诉的程序】被告人、自诉人、附带民事诉讼的原告人和被告人通过原审人民法院提出上诉的，原审人民法院应当在三日以内将上诉状连同案卷、证据移送上一级人民法院，同时将上诉状副本送交同级人民检察院和对方当事人。

被告人、自诉人、附带民事诉讼的原告人和被告人直接向第二审人民法院提出上诉的，第二审人民法院应当在三日以内将上诉状交原审人民法院送交同级人民检察院和对方当事人。

条文解读

本条共有2款，是关于上诉程序的规定。

第1款规定了上诉可以通过原审法院提出，第2款规定了上诉可以直接向上一级人民法院提出。

依据本条，上诉既可以向原审法院提出，也可以直接向第二审法院提出。规定上诉可以直接向第二审法院提出可以打消上诉人上诉的顾虑，切实维护其合法权益。上诉人向原审法院提出上诉的，原审法院应当在3日以内将上诉状连同案卷、证据移送上一级人民法院，同时将上诉状副本送交同级人民检察院和对方当事人。上诉人直接向第二审法院提出上诉的，第二审法院应当在3日以内将上诉状交原审法院，原审法院将上诉状副本送交同级人民检察院和对方当事人，并将全部案卷证据材料报送第二审法院。之所以要将上诉状副本送交检察机关和对方当事人主要是考虑到，通过法律文书的传递，使检察机关和各方当事人能够实现信息对称，在审前做好充分的准备，从而在第二审程序中实现公平对抗，同时也有利于促进诉讼效率的提高。

配套法规及解读

《最高人民法院关于适用〈中华人民共和国刑事诉讼法〉的解释》(2012年12月20日)

第三百零二条 上诉人通过第一审人民法院提出上诉的,第一审人民法院应当审查。上诉符合法律规定的,应当在上诉期满后三日内将上诉状连同案卷、证据移送上一级人民法院,并将上诉状副本送交同级人民检察院和对方当事人。

第三百零三条 上诉人直接向第二审人民法院提出上诉的,第二审人民法院应当在收到上诉状后三日内将上诉状交第一审人民法院。第一审人民法院应当审查上诉是否符合法律规定。符合法律规定的,应当在接到上诉状后三日内将上诉状连同案卷、证据移送上一级人民法院,并将上诉状副本送交同级人民检察院和对方当事人。

※法规解读:上述条文内容基本同《刑事诉讼法》的规定一致,同时明确了第一审人民法院对上诉审查的义务。由于我国刑事诉讼奉行的是对上诉权无限制的原则,因而对上诉的审查限于程序上是否符合法律的规定,如是否在法定期限内提出上诉、提出上诉的主体有无上诉权、上诉的对象是否为地方各级人民法院的第一审裁判、上诉状的制作是否符合要求。至于上诉理由能否成立、上诉请求是否合理则在所不问。

关联法规索引

《最高人民法院关于适用〈中华人民共和国刑事诉讼法〉的解释》第304条、第305条、第308条、第314条

第二百三十二条 【抗诉的程序】地方各级人民检察院对同级人民法院第一审判决、裁定的抗诉,应当通过原审人民法院提出抗诉书,并且将抗诉书抄送上一级人民检察院。原审人民法院应当将抗诉书连同案卷、证据移送上一级人民法院,并且将抗诉书副本送交当事人。

上级人民检察院如果认为抗诉不当,可以向同级人民法院撤回抗诉,并且通知下级人民检察院。

条文解读

本条共有2款,是关于抗诉程序的规定。

本条第1款规定了地方各级人民检察院对一审裁判提出抗诉的程序。依据本条及相关司法解释的规定,抗诉应当通过原审法院提出,而不能直接向第二审法院提出。

检察机关通过原审法院提出抗诉的,应当将抗诉书抄送上一级人民检察院。原审人民法院应当在抗诉期满后的三日内将抗诉书连同案卷、证据移送上一级人民法院,并且将抗诉书副本送交当事人。

本条第2款规定了上级人民检察院对下级人民检察院行使抗诉权的监督。上一级人民检察院对下级人民检察院按照第二审程序提出抗诉的案件,认为抗诉正确的,应当支持抗诉;认为抗诉不当的,应当向同级人民法院撤回抗诉,并且通知下级人民检察院。可见,与上诉主体的独立性不同,抗诉的主体具有不完全独立的特征。上级人民检察院对下级人民检察院的抗诉实施监督,并有决定权。

配套法规及解读

《最高人民法院关于适用〈中华人民共和国刑事诉讼法〉的解释》(2012年12月20日)

第三百零六条 地方各级人民检察院对同级人民法院第一审判决、裁定的抗诉,应当通过第一审人民法院提交抗诉书。第一审人民法院应当在抗诉期满后三日内将抗诉书连同案卷、证据移送上一级人民法院,并将抗诉书副本送交当事人。

《人民检察院刑事诉讼规则(试行)》(2012年11月22日修订)

第五百八十七条 人民检察院对同级人民法院第一审判决、裁定的抗诉,应当制作抗诉书通过原审人民法院向上一级人民法院提出,并将抗诉书副本连同案件材料报送上一级人民检察院。

第五百八十九条 上一级人民检察院对下级人民检察院按照第二审程序提出抗诉的案件,认为抗诉正确的,应当支持抗诉;认为抗诉不当的,应当向同级人民法院撤回抗诉,并且通知下级人民检察院。下级人民检察院如果认为上一级人民检察院撤回抗诉不当的,可以提请复议。上一级人民检察院应当复议,并将复议结果通知下级人民检察院。

上一级人民检察院在上诉、抗诉期限内,发现下级人民检察院应当提出抗诉而没有提出抗诉的案件,可以指令下级人民检察院依法提出抗诉。

※法规解读:上述条文内容基本同《刑事诉讼法》的规定,不同点在于:第一,最高人民法院的司法解释补充规定了第一审人民法院向上一级人民法院移送抗诉案件、将抗诉书副本送交当事人的期限为抗诉期满后的3日内。第二,最高人民检察院的司法解释增加规定了下级人民检察院对上一级人民检察院撤回抗诉的决定有权提请复议一次,上一级人民检察院复议的结果为最终结果。对于应当抗诉而没有抗诉的情况,上一级人民检察院发现后,有权指令下级人民检察院依法提出抗诉。

关联法规索引

《最高人民法院关于适用〈中华人民共和国刑事诉讼法〉的解释》第307～309条；《人民检察院刑事抗诉工作指引》第21条

第二百三十三条 【第二审的全面审查】第二审人民法院应当就第一审判决认定的事实和适用法律进行全面审查，不受上诉或者抗诉范围的限制。

共同犯罪的案件只有部分被告人上诉的，应当对全案进行审查，一并处理。

条文解读

本条共有2款，是关于全面审查原则的规定，第1款规定了第二审实行全面审查不受上诉、抗诉范围的限制；第2款强调了共同犯罪案件部分被告人上诉的，第二审的审查不限于已上诉部分。

现代诉讼中，二审的审理范围以是否受复审理由的限制而分为部分审查和全面审查两种。部分审查是指二审的审理范围仅限于复审中声明不服的部分，对于上诉或要求复审请求中未涉及的部分，即使其存有错误，上诉审也不进行重新审理和改正。目前，绝大多数国家都实行部分审查，在对法律适用问题进行普遍救济的基础上，对事实问题的认定与救济上略有差别。我国则实行全面审查原则，二审的审理范围不限于上诉或抗诉请求。二审法院既要审查原审裁判认定事实是否正确，还要审查适用法律有无错误；既要审查已经上诉或抗诉的部分，又要审查未上诉、抗诉的部分以及共同犯罪案件中涉及未上诉被告人的部分；既要对案件实体问题进行审查，又要对程序问题进行审查；当事人仅对附带民事诉讼部分提出上诉的，既要审查附带民事诉讼部分，也要审查刑事诉讼部分，以正确认定和裁判案件。

配套法规及解读

《最高人民法院关于适用〈中华人民共和国刑事诉讼法〉的解释》（2012年12月20日）

第三百一十条 第二审人民法院审理上诉、抗诉案件，应当就第一审判决、裁定认定的事实和适用法律进行全面审查，不受上诉、抗诉范围的限制。

第三百一十一条 共同犯罪案件，只有部分被告人提出上诉，或者自诉人只对部分被告人的判决提出上诉，或者人民检察院只对部分被告人的判决提出抗诉的，第二审人民法院应当对全案进行审查，一并处理。

第三百一十二条 共同犯罪案件,上诉的被告人死亡,其他被告人未上诉的,第二审人民法院仍应对全案进行审查。经审查,死亡的被告人不构成犯罪的,应当宣告无罪;构成犯罪的,应当终止审理。对其他同案被告人仍应作出判决、裁定。

第三百一十三条 刑事附带民事诉讼案件,只有附带民事诉讼当事人及其法定代理人上诉的,第二审人民法院应当对全案进行审查。经审查,第一审判决的刑事部分并无不当的,第二审人民法院只需就附带民事部分作出处理;第一审判决的附带民事部分事实清楚,适用法律正确的,应当以刑事附带民事裁定维持原判,驳回上诉。

※法规解读:上述条文是对第二审全面审查原则的具体化。

二审法院要通过全面了解案情,通盘考虑上诉、抗诉理由是否充分和原审裁判的正确性。不仅要考虑上诉、抗诉已经提出的部分,上诉、抗诉未涉及的部分也要予以审查。不仅要审查共同犯罪中上诉、抗诉涉及的部分,对未上诉的被告人、未被抗诉的被告人的部分也要审查,即使提出上诉的被告人已经死亡的,也要全案审查。对于附带民事诉讼部分上诉的案件,不仅要审查民事部分,对刑事部分也要一并审查。

关联法规索引

《最高人民法院关于适用〈中华人民共和国刑事诉讼法〉的解释》第314条、第315条

第二百三十四条 【第二审审理的方式和开庭地点】第二审人民法院对于下列案件,应当组成合议庭,开庭审理:

(一)被告人、自诉人及其法定代理人对第一审认定的事实、证据提出异议,可能影响定罪量刑的上诉案件;

(二)被告人被判处死刑的上诉案件;

(三)人民检察院抗诉的案件;

(四)其他应当开庭审理的案件。

第二审人民法院决定不开庭审理的,应当讯问被告人,听取其他当事人、辩护人、诉讼代理人的意见。

第二审人民法院开庭审理上诉、抗诉案件,可以到案件发生地或者原审人民法院所在地进行。

条文解读

本条共有3款,是关于二审审理方式的规定。

本条第1款是关于第二审人民法院开庭审理的规定。开庭审理是指在合议庭的主持下，在检察人员和诉讼参与人的参加下，人民法院依照法定程序和方式在法庭上对案件进行审理。1996年《刑事诉讼法》规定对上诉案件的第二审采用开庭审理的方式，同时规定对事实清楚的案件可以不开庭审理，采用调查讯问的审理方式，即对上诉案件的审理以开庭审理为原则，以调查讯问的审理方式为补充。而对于抗诉案件则一律开庭审理。在2012年《刑事诉讼法》修正过程中，根据上诉、抗诉主体不同而决定开庭审理与否的做法被提出质疑，认为有违控辩平等的原理。应当说对于上诉案件，开庭审理和口头辩论有利于体现程序正义，其裁判结果更易被当事人及社会公众所接受。而且开庭审理给了被告人进一步声明自己主张、宣泄不满的机会，有利于体现程序的公正性和实现为被告人提供充分的程序保护和救济。但是如果规定上诉案件一律开庭审理也没有必要，不符合诉讼经济和效率的原则。因而为了切实维护被告人的合法权益，避免法院在审理方式上的随意性，同时兼顾到诉讼公正和诉讼效率，《刑事诉讼法》明确规定了应当开庭审理的情况，具体是：(1)被告人、自诉人及其法定代理人对第一审判决认定事实、证据提出异议，可能影响定罪量刑的上诉案件。开庭审理和口头辩论有利于发现事实，因而对事实问题有争议的，应当开庭审理。(2)被告人被判处死刑的上诉案件。死刑的适用必须慎重，一旦错误无法补救，因而开庭审理是必要的。(3)人民检察院抗诉的案件。检察机关抗诉的前提是认为原审裁判确实有错误，因而为了保证二审的审判质量，应当开庭审理。(4)其他应当开庭审理的案件。这属于一条概括性规定，由二审法院根据案件实际情况决定是否有必要开庭审理。

本条第2款是关于第二审人民法院不开庭审理的规定。第二审人民法院决定不开庭审理的，应当讯问被告人，听取其他当事人、辩护人、诉讼代理人的意见。这就是调查讯问的审理方式。调查讯问的审理方式不同于书面审理，虽然不开庭，但法院仍然要讯问被告人，听取其他当事人、辩护人、诉讼代理人的意见。对有疑问或不清楚的事实、证据进行庭外调查核对。

本条第3款是关于第二审案件开庭审理时审理地点的规定。第二审人民法院开庭审理上诉、抗诉案件，可以在本院开庭，也可以到案件发生地或者原审人民法院所在地进行。因为被告人通常羁押在原审法院所在地，这样规定能方便当事人、其他诉讼参与人参加诉讼，部分解决开庭审理的困难，同时也能更好地起到法制宣传教育的作用。

配套法规及解读

《最高人民法院关于适用〈中华人民共和国刑事诉讼法〉的解释》(2012年12月20日)

第三百一十七条 下列案件,根据刑事诉讼法第二百二十三条[1]第一款的规定,应当开庭审理:

(一)被告人、自诉人及其法定代理人对第一审认定的事实、证据提出异议,可能影响定罪量刑的上诉案件;

(二)被告人被判处死刑立即执行的上诉案件;

(三)人民检察院抗诉的案件;

(四)应当开庭审理的其他案件。

被判处死刑立即执行的被告人没有上诉,同案的其他被告人上诉的案件,第二审人民法院应当开庭审理。

被告人被判处死刑缓期执行的上诉案件,虽不属于第一款第一项规定的情形,有条件的,也应当开庭审理。

第三百一十八条 对上诉、抗诉案件,第二审人民法院经审查,认为原判事实不清、证据不足,或者具有刑事诉讼法第二百二十七条[2]规定的违反法定诉讼程序情形,需要发回重新审判的,可以不开庭审理。

※法规解读:上述条文是关于二审开庭审理的补充规定。第317条的规定基本同《刑事诉讼法》,不同之处是:第一,将“被告人判处死刑的上诉案件”中的“死刑”解释为“死刑立即执行”。即被告人被判处死刑立即执行的案件,二审必须开庭审理。同时规定,被告人被判处死刑缓期执行的上诉案件,有条件的也应当开庭审理。第二,明确了被判处死刑立即执行的被告人没有上诉,同案的其他被告人上诉的案件,第二审人民法院应当开庭审理。关于此问题,《最高人民法院关于被判处死刑的被告人未提出上诉、共同犯罪的部分被告人或者附带民事诉讼原告人提出上诉的案件应适用何种程序审理的批复》中规定:“中级人民法院一审判处死刑的案件,被判处死刑的被告人未提出上诉,共同犯罪的其他被告人提出上诉的,高级人民法院应当适用第二审程序对全案进行审查,并对涉及死刑之罪的事实和适用法律依法开庭审理,一并处理。”本次司法解释修订吸收了上述批复的有关内容,但将适用对象限缩为“被判处死刑立即执行的被告人”。第318条明确了二审法院经审查认为需要发回重审的案件,二审可以不开庭审理。

---

〔1〕 现行《刑事诉讼法》第二百三十四条。

〔2〕 现行《刑事诉讼法》第二百三十八条。

第三百二十四条 第二审案件依法不开庭审理的，应当讯问被告人，听取其他当事人、辩护人、诉讼代理人的意见。合议庭全体成员应当阅卷，必要时应当提交书面阅卷意见。

※法规解读：本条是关于二审不开庭审理的补充规定。明确了二审不开庭审理时，合议庭全体成员应当阅卷，必要时提交书面阅卷意见。对此，《最高人民法院关于进一步加强合议庭职责的若干规定》第4条也规定："依法不开庭审理的案件，合议庭全体成员均应当阅卷，必要时应提交书面阅卷意见。"

第二百三十五条 【第二审公诉人阅卷和出庭】 人民检察院提出抗诉的案件或者第二审人民法院开庭审理的公诉案件，同级人民检察院都应当派员出席法庭。第二审人民法院应当在决定开庭审理后及时通知人民检察院查阅案卷。人民检察院应当在一个月以内查阅完毕。人民检察院查阅案卷的时间不计入审理期限。

条文解读

本条是关于二审程序中检察人员出庭支持公诉的规定。

依据本条规定人民法院通知人民检察院查阅案卷的时间为"在决定开庭后及时通知"，人民检察院查阅案件的时间为1个月，从而使人民检察院有充足的时间进行审理前的准备，有利于保障抗诉权的正确行使，有利于实现诉讼公正和效率。依据本条规定人民检察院阅卷的时间不计入审理期限。

配套法规及解读

《最高人民法院关于适用〈中华人民共和国刑事诉讼法〉的解释》(2012年12月20日)

第三百二十条 开庭审理第二审公诉案件，应当在决定开庭审理后及时通知人民检察院查阅案卷。自通知后的第二日起，人民检察院查阅案卷的时间不计入审理期限。

第三百二十一条 开庭审理上诉、抗诉的公诉案件，应当通知同级人民检察院派员出庭。

抗诉案件，人民检察院接到开庭通知后不派员出庭，且未说明原因的，人民法院可以裁定按人民检察院撤回抗诉处理，并通知第一审人民法院和当事人。

※法规解读：上述条文对《刑事诉讼法》要求同级人民检察院派员出庭支持抗诉的

义务再次作了规定。同时补充规定了，如果人民检察院无故未派员出庭的，视为撤回抗诉，二审法院可裁定按撤回抗诉处理。

《人民检察院刑事诉讼规则(试行)》(2012年11月22日修订)

第四百七十二条 对提出抗诉的案件或者公诉案件中人民法院决定开庭审理的上诉案件，同级人民检察院应当派员出席第二审法庭。

第四百七十三条 检察人员出席第二审法庭的任务是：

(一)支持抗诉或者听取上诉意见，对原审人民法院作出的错误判决或者裁定提出纠正意见；

(二)维护原审人民法院正确的判决或者裁定，建议法庭维持原判；

(三)维护诉讼参与人的合法权利；

(四)对法庭审理案件有无违反法律规定的诉讼程序的情况制作笔录；

(五)依法从事其他诉讼活动。

第四百七十四条 对抗诉和上诉案件，与第二审人民法院同级的人民检察院可以调取下级人民检察院与案件有关的材料。

人民检察院在接到第二审人民法院决定开庭、查阅案卷通知后，可以查阅或者调阅案卷材料，查阅或者调阅案卷材料应当在接到人民法院的通知之日起一个月以内完成。在一个月以内无法完成的，可以商请人民法院延期审理。

※法规解读：上述条文是对二审公诉人出庭和阅卷的补充规定。其中第472条的规定同《刑事诉讼法》。第473条规定了检察人员出席二审法庭的任务，既要对原审裁判的正确与否提出意见，也要维护诉讼参与人的合法权利，监督法庭审理活动的程序合法性。第474条明确了与二审法院同级的人民检察院有权调取上诉、抗诉案件的有关材料。人民检察院在1个月内无法完成阅卷的，可以商请人民法院延期审理。

关联法规索引

《最高人民检察院刑事抗诉案件出庭规则(试行)》；《最高人民法院研究室关于二审开庭审理过程中检察员当庭提出发回重审建议后人民法院能否对案件继续审理问题的答复》；《人民检察院刑事诉讼规则(试行)》第475~480条

第二百三十六条 【第二审后的处理】第二审人民法院对不服第一审判决的上诉、抗诉案件，经过审理后，应当按照下列情形分别处理：

(一)原判决认定事实和适用法律正确、量刑适当的，应当裁定驳回上诉或者抗诉，维持原判；

（二）原判决认定事实没有错误，但适用法律有错误，或者量刑不当的，应当改判；

（三）原判决事实不清楚或者证据不足的，可以在查清事实后改判；也可以裁定撤销原判，发回原审人民法院重新审判。

原审人民法院对于依照前款第三项规定发回重新审判的案件作出判决后，被告人提出上诉或者人民检察院提出抗诉的，第二审人民法院应当依法作出判决或者裁定，不得再发回原审人民法院重新审判。

条文解读

本条共有2款，是关于上诉、抗诉案件处理结果以及对二审法院再发回重审限制的规定。

依据本条第1款，二审法院经过审理，对上诉和抗诉案件的处理结果有以下几种情况：(1)维持原判。原判决认定事实和适用法律正确、量刑适当的，应当裁定驳回上诉或者抗诉，维持原判。(2)依法改判。原判认定事实没有错误，但适用法律有错误或者量刑不当的，如混淆了罪与非罪、此罪与彼罪的界限，量刑畸轻畸重，或者重罪轻判、轻罪重判等，二审法院应当撤销原判，重新作出新判决，并在判决书中阐明改判的理由和根据。(3)依法改判或发回重审。原判决事实不清楚或者证据不足的，可以在查清事实后改判；也可以裁定撤销原判，发回原审人民法院重新审判。此外，具备《刑事诉讼法》第238条规定的违反法定诉讼程序的情形的，二审法院应当发回重审。

本条第2款规定了对二审法院再发回重审的限制，是2012年《刑事诉讼法》修正时新增加的内容。依据本条规定，因“原判决事实不清楚或者证据不足”而发回重审的案件，发回重审以一次为限。对于发回重审的案件作出判决后，被告人提出上诉或者人民检察院提出抗诉的，第二审人民法院应当依法作出判决或者裁定，不得以任何理由再发回重审。这样规定是为了避免实践中一个案件反复、多次发回重审，两级法院之间踢皮球，从而节约司法资源，实现诉讼效率，使案件及时审结，维护被告人的合法权利。

配套法规及解读

《最高人民法院关于适用〈中华人民共和国刑事诉讼法〉的解释》(2012年12月20日)

第三百二十八条 原判事实不清、证据不足，第二审人民法院发回重新审判的案件，原审人民法院重新作出判决后，被告人上诉或者人民检察院抗诉的，第二审人民法院应当依法作出判决、裁定，不得再发回重新审判。

第三百二十九条 第二审人民法院发现原审人民法院在重新审判过程中，有刑事诉讼法第二百二十七条[1]规定的情形之一，或者违反第二百二十八条[2]规定的，应当裁定撤销原判，发回重新审判。

※法规解读：上述条文是对发回重审的补充规定。第328条的内容同《刑事诉讼法》的规定一致，是对二审再发回重审的限制规定；第329条是对该限制的例外规定。二审法院将案件依法发回重审后，原审法院在重新审判中，有《刑事诉讼法》第237条规定的违反法定程序情形的，或者违反《刑事诉讼法》第238条规定没有依法另行组成合议庭的，二审法院应当裁定撤销原判，发回重新审判。这种情况下，由于重审程序违法，是不公正的，因而为保证当事人的审级利益，理应再发回重审。

第三百三十条 第二审人民法院审理对刑事部分提出上诉、抗诉，附带民事部分已经发生法律效力的案件，发现第一审判决、裁定中的附带民事部分确有错误的，应当依照审判监督程序对附带民事部分予以纠正。

第三百三十一条 第二审人民法院审理对附带民事部分提出上诉，刑事部分已经发生法律效力的案件，发现第一审判决、裁定中的刑事部分确有错误的，应当依照审判监督程序对刑事部分进行再审，并将附带民事部分与刑事部分一并审理。

第三百三十二条 第二审期间，第一审附带民事诉讼原告人增加独立的诉讼请求或者第一审附带民事诉讼被告人提出反诉的，第二审人民法院可以根据自愿、合法的原则进行调解；调解不成的，告知当事人另行起诉。

※法规解读：上述条文是对涉及附带民事诉讼案件二审的一些特殊规定。第一，只有刑事部分上诉、抗诉，二审中发现已生效的附带民事部分确有错误的，对附带民事部分适用审判监督程序纠正。第二，只有附带民事部分上诉，二审中发现已生效的刑事部分确有错误的，适用审判监督程序对刑事部分再审，同时对附带民事部分一并审理。第三，二审中，一审附带民事诉讼原告人增加独立的诉讼请求或者第一审附带民事诉讼被告人提出反诉的，出于两审终审制的要求，二审法院不能直接裁判，但可以根据自愿、合法的原则进行调解。调解不成的，告知当事人另行起诉。

第三百三十三条 对第二审自诉案件，必要时可以调解，当事人也可以自行和解。调解结案的，应当制作调解书，第一审判决、裁定视为自动撤销；当事人自行和解的，应当裁定准许撤回自诉，并撤销第一审判决、裁定。

---

[1] 现行《刑事诉讼法》第二百三十七条。
[2] 现行《刑事诉讼法》第二百三十八条。

第三百三十四条 第二审期间,自诉案件的当事人提出反诉的,应当告知其另行起诉。

※法规解读:上述条文是关于二审中对自诉案件处理的规定。

由于自诉案件中当事人有一定的自由处分的权利,所以在二审中,自诉案件也可以适用法院调解和当事人和解。调解结案的,制作调解书,送达双方当事人签收后即生效,第一审裁判视为撤销。当事人达成和解的,意味着当事人之间的争议已自行协商解决,无须法院裁判,因而第二审法院应当裁定准许撤回自诉,并撤销第一审判决、裁定。考虑到当事人的审级利益,二审中被告人不能提出反诉,提出反诉的,二审法院亦不受理,告知其另行起诉。

《最高人民法院关于适用刑事诉讼法第二百二十五条〔1〕第二款有关问题的批复》(2016年6月23日)

河南省高级人民法院:

你院关于适用《中华人民共和国刑事诉讼法》第二百二十五〔2〕条第二款有关问题的请示收悉。经研究,批复如下:

一、对于最高人民法院依据《中华人民共和国刑事诉讼法》第二百三十九条〔3〕和《最高人民法院关于适用〈中华人民共和国刑事诉讼法〉的解释》第三百五十三条裁定不予核准死刑,发回第二审人民法院重新审判的案件,无论此前第二审人民法院是否曾以原判决事实不清楚或者证据不足为由发回重新审判,原则上不得再发回第一审人民法院重新审判;有特殊情况确需发回第一审人民法院重新审判的,需报请最高人民法院批准。

二、对于最高人民法院裁定不予核准死刑,发回第二审人民法院重新审判的案件,第二审人民法院根据案件特殊情况,又发回第一审人民法院重新审判的,第一审人民法院作出判决后,被告人提出上诉或者人民检察院提出抗诉的,第二审人民法院应当依法作出判决或者裁定,不得再发回重新审判。

※法规解读:本解释是关于不核准死刑案件发回重审,特别是发回第一审人民法院重审的规定。

根据本解释的精神,原则上最高人民法院裁定不予核准死刑,发回第二审人民法院重审的案件,以不再发回第一审法院重审为原则,旨在防止案件无休止地在多层级法院之间循环审理,无休止地进行诉讼资源的消耗,并且侵犯被告人的迅速审判权。因此,当遇有相关情形,确有必要发回第一审法院重新审理的,在程序上,需要报请最

---

〔1〕 现行《刑事诉讼法》第二百三十六条。

〔2〕 现行《刑事诉讼法》第二百三十六条。

〔3〕 现行《刑事诉讼法》第二百五十条。

高人民法院批准。同时,该种情形之下发回第一审法院重新审理的次数原则上以一次为限。

关联法规索引

《刑事诉讼法》第238条、第239条;《最高人民法院关于规范上下级人民法院审判业务关系的若干意见》第6条、第7条

第二百三十七条　【上诉不加刑及其限制】第二审人民法院审判被告人或者他的法定代理人、辩护人、近亲属上诉的案件,不得加重被告人的刑罚。第二审人民法院发回原审人民法院重新审判的案件,除有新的犯罪事实,人民检察院补充起诉的以外,原审人民法院也不得加重被告人的刑罚。

人民检察院提出抗诉或者自诉人提出上诉的,不受前款规定的限制。

条文解读

本条共有2款,是关于上诉不加刑原则的规定。

本条第1款是关于上诉不加刑原则的规定。上诉不加刑,是指第二审人民法院审判仅有被告人一方上诉的案件,不得以任何理由加重被告人刑罚的一项审判原则。作为民主、自由、人道精神在刑事诉讼中的体现,上诉不加刑原则旨在使被告人能够无所顾忌地行使上诉权,保证其诉讼地位不因为上诉而更加恶化。目前,世界各国已普遍采用这一原则。根据这一原则,只有被告人一方上诉时,第二审法院不得以任何原因和理由加重对被告人的刑罚。依据本条规定,上诉不加刑原则的内容包括:第一,适用的案件。只适用于被告人或者他的法定代理人、辩护人、近亲属上诉的案件。人民检察院提出抗诉或者自诉人提出上诉的案件,则不适用这一原则。第二,不加刑的范围。包括:同一刑种不得加重刑罚的数量、不得将较轻的执行刑罚方法改为较重的刑罚执行方法、不得在主刑上增加附加刑、不得将较轻的刑种改变为较重的刑种、不得加重数罪并罚案件的宣告刑或数罪中某一罪的刑罚、不得加重共同犯罪中未提起上诉和未被提起抗诉的被告人的刑罚。第三,适用的程序。只适用于第二审程序和发回重审程序。2012年《刑事诉讼法》增加规定了二审发回原审法院重新审判的案件,除有新的犯罪事实,人民检察院补充起诉的以外,原审人民法院也不得加重被告人的刑罚,即在发回重审程序中,如果没有增加新的犯罪事实,检察机关也未补充起诉的,也适用上诉不加刑原则。二审发回重审程序中的不加刑原则其实质上是上诉不加刑原则的扩展性适用。

本条第2款是关于上诉不加刑适用限制的规定。人民检察院提出抗诉或者自诉人提出上诉的案件，不受前款规定的限制，不适用上诉不加刑原则。

配套法规及解读

《最高人民法院关于适用〈中华人民共和国刑事诉讼法〉的解释》(2012年12月20日)

第三百二十五条 审理被告人或者其法定代理人、辩护人、近亲属提出上诉的案件，不得加重被告人的刑罚，并应当执行下列规定：

（一）同案审理的案件，只有部分被告人上诉的，既不得加重上诉人的刑罚，也不得加重其他同案被告人的刑罚；

（二）原判事实清楚，证据确实、充分，只是认定的罪名不当的，可以改变罪名，但不得加重刑罚；

（三）原判对被告人实行数罪并罚的，不得加重决定执行的刑罚，也不得加重数罪中某罪的刑罚；

（四）原判对被告人宣告缓刑的，不得撤销缓刑或者延长缓刑考验期；

（五）原判没有宣告禁止令的，不得增加宣告；原判宣告禁止令的，不得增加内容、延长期限；

（六）原判对被告人判处死刑缓期执行没有限制减刑的，不得限制减刑；

（七）原判事实清楚，证据确实、充分，但判处的刑罚畸轻、应当适用附加刑而没有适用的，不得直接加重刑罚、适用附加刑，也不得以事实不清、证据不足为由发回第一审人民法院重新审判。必须依法改判的，应当在第二审判决、裁定生效后，依照审判监督程序重新审判。

人民检察院抗诉或者自诉人上诉的案件，不受前款规定的限制。

第三百二十六条 人民检察院只对部分被告人的判决提出抗诉，或者自诉人只对部分被告人的判决提出上诉的，第二审人民法院不得对其他同案被告人加重刑罚。

第三百二十七条 被告人或者其法定代理人、辩护人、近亲属提出上诉的案件，第二审人民法院发回重新审判后，除有新的犯罪事实，人民检察院补充起诉的以外，原审人民法院不得加重被告人的刑罚。

※法规解读：上述条文是对上诉不加刑原则的细化规定，进一步明确了其适用的对象、不加刑的范围以及适用程序。

《最高人民法院关于刑事第二审判决改变第一审判决认定的罪名后能否加重附加刑的批复》(2008年5月12日)

各省、自治区、直辖市高级人民法院，解放军军事法院，新疆维吾尔自治区高级人民法院生产建设兵团分院：

近来，有的高级人民法院请示，在审理被告人提起上诉的第二审刑事案件时，第二审人民法院判决改变第一审判决认定罪名的，能否增加适用附加刑或者将罚金刑改为没收财产刑等问题不明确。经研究，批复如下：

根据刑事诉讼法第一百九十条[1]的规定，第二审人民法院审判被告人或者他的法定代理人、辩护人、近亲属上诉的案件，不得加重被告人的刑罚。因此，第一审人民法院没有判处附加刑的，第二审人民法院判决改变罪名后，不得判处附加刑；第一审人民法院原判附加刑较轻的，第二审人民法院不得改判较重的附加刑，也不得以事实不清或者证据不足发回第一审人民法院重新审理；必须依法改判的，应当在第二审判决、裁定生效后，按照审判监督程序重新审判。

※法规解读：本解释是对上诉不加刑原则的进一步阐释（需要注意的是本解释系2008年作出的，因此解释中所提及条文为1996年的《刑事诉讼法》）。

根据本解释的规定，上诉不加刑原则涵盖附加刑，符合上诉不加刑原则的案件，不得以任何原因理由加重刑罚的适用，包括第一审法院没有判处附加刑的，第二审中不得增加判处附加刑；第一审法院判处较轻附加刑的，二审改判较重附加刑的两种情况。这种不得改判对于第二审法院而言是绝对的，因此，解释中明确阐明，通过变相发回重审的方式加重附加刑的方式也是被明令禁止的。如果确有必要改变，只能通过审判监督程序进行。

第二百三十八条　【第一审程序违法导致的重审】第二审人民法院发现第一审人民法院的审理有下列违反法律规定的诉讼程序的情形之一的，应当裁定撤销原判，发回原审人民法院重新审判：

（一）违反本法有关公开审判的规定的；

（二）违反回避制度的；

（三）剥夺或者限制了当事人的法定诉讼权利，可能影响公正审判的；

（四）审判组织的组成不合法的；

（五）其他违反法律规定的诉讼程序，可能影响公正审判的。

---

[1] 该条文内容在历次修正中并未改变，2012年《刑事诉讼法》第二百二十六条，现行《刑事诉讼法》第二百三十七条。

条文解读

本条是关于违反法定程序发回重审的规定。

依据本条，发现第一审人民法院的审理有下列违反法律规定的诉讼程序的情形之一的，应当裁定撤销原判，发回原审人民法院重新审判：(1)违反本法有关公开审判的规定的；(2)违反回避制度的；(3)剥夺或者限制了当事人的法定诉讼权利，可能影响公正审判的；(4)审判组织的组成不合法的；(5)其他违反法律规定的诉讼程序，可能影响公正审判的。上述五种情形中，有第(1)、(2)、(4)种情况的，一律应当发回原审法院重新审判。因为公开审判制度、回避制度、合议制度是刑事诉讼中最基本的诉讼制度，如果有违反，必然影响案件的公正审理。有第(3)、(5)种情形的，必须产生"可能影响公正审判"的严重后果，才会导致发回重审。

关联法规索引

《最高人民法院关于适用〈中华人民共和国刑事诉讼法〉的解释》第329条；《最高人民法院关于上诉发回重审案件重审判决后确需改判的应当通过何种程序进行的答复》

第二百三十九条　【重审程序】原审人民法院对于发回重新审判的案件，应当另行组成合议庭，依照第一审程序进行审判。对于重新审判后的判决，依照本法第二百二十七条、第二百二十八条、第二百二十九条的规定可以上诉、抗诉。

条文解读

本条是关于发回重审案件审理程序的规定。

依据本条，首先，对于发回重审的案件，在审判组织形式上，原审人民法院应当组成合议庭审理，不得适用独任制。因为案件已经是重审了，所以由合议庭审理有利于保障案件的审理质量。原审法院要另行组成合议庭，即原审参加过案件审理的审判人员不能再参加重审案件的审理，有利于保证重审的客观、公正。其次，对于重新审判后的判决，仍然属于一审判决，依法可以提出上诉和抗诉。

关联法规索引

《刑事诉讼法》第227～229条；《人民检察院刑事诉讼规则(试行)》第590条；《最

高人民法院关于适用〈中华人民共和国刑事诉讼法〉的解释》第329条

第二百四十条　【对一审裁定的二审】第二审人民法院对不服第一审裁定的上诉或者抗诉，经过审查后，应当参照本法第二百三十六条、第二百三十八条和第二百三十九条的规定，分别情形用裁定驳回上诉、抗诉，或者撤销、变更原裁定。

条文解读

本条规定了二审中对依法上诉或抗诉的一审裁定的处理结果。

依据本条，对不服一审裁定的上诉、抗诉的处理一律使用裁定。裁定是人民法院在审理案件或者执行过程中，对诉讼中的程序问题和部分实体问题所作的一种处理。人民法院用裁定处理的程序问题主要有：驳回自诉、中止审理、终止审理、补正法律文书、维持原判、撤销原判并发回重审、维持或者撤销原裁定、核准死刑等。人民法院用裁定处理的实体问题主要在执行程序中，包括减刑、假释、撤销缓刑、减免罚金等。审判程序中的裁定按其所处的诉讼阶段不同可以分为第一审裁定、第二审裁定、死刑复核裁定和再审裁定。地方各级人民法院作出的第一审裁定，有些是可以依法上诉或抗诉的，如第一审人民法院驳回自诉的裁定。对于不服第一审裁定的上诉或者抗诉，第二审人民法院应当进行审理。因为涉及的主要是程序问题，因而二审法院不必开庭审理，而是依职权直接作出处理。经审查，认为上诉或抗诉理由成立的，应当裁定撤销或变更原裁定；认为上诉或抗诉理由不成立的，应当裁定驳回上诉或抗诉，维持原裁定。

关联法规索引

《刑事诉讼法》第236条、第238条、第239条

第二百四十一条　【重审的期限计算】第二审人民法院发回原审人民法院重新审判的案件，原审人民法院从收到发回的案件之日起，重新计算审理期限。

条文解读

本条是关于发回重审案件审理期限计算的规定。

对于发回重审的案件，审理期限自原审人民法院收到发回的案件之日起重新计

算。重审程序本质上仍属一审程序,因而其审理期限仍然按照《刑事诉讼法》关于一审案件审理期限的规定执行。

关联法规索引

《刑事诉讼法》第208条

第二百四十二条 【第二审的其他程序规定】第二审人民法院审判上诉或者抗诉案件的程序,除本章已有规定的以外,参照第一审程序的规定进行。

条文解读

本条是关于第二审审理程序的规定。

依据本条,人民法院审理第二审案件,除法律另有规定的之外,参照第一审程序的规定进行。这里的第一审程序主要指第一审普通程序。第一审普通程序是我国刑事审判活动的基本程序,其规定相对于其他审判程序更详尽、更完备,因而被立法确立为其他程序中未尽事宜所应参照的程序。

配套法规及解读

《最高人民法院关于适用〈中华人民共和国刑事诉讼法〉的解释》(2012年12月20日)

第三百一十六条 第二审期间,被告人除自行辩护外,还可以继续委托第一审辩护人或者另行委托辩护人辩护。

共同犯罪案件,只有部分被告人提出上诉,或者自诉人只对部分被告人的判决提出上诉,或者人民检察院只对部分被告人的判决提出抗诉的,其他同案被告人也可以委托辩护人辩护。

第三百二十二条 开庭审理上诉、抗诉案件,除参照适用第一审程序的有关规定外,应当按照下列规定进行:

(一)法庭调查阶段,审判人员宣读第一审判决书、裁定书后,上诉案件由上诉人或者辩护人先宣读上诉状或者陈述上诉理由,抗诉案件由检察员先宣读抗诉书;既有上诉又有抗诉的案件,先由检察员宣读抗诉书,再由上诉人或者辩护人宣读上诉状或者陈述上诉理由;

(二)法庭辩论阶段,上诉案件,先由上诉人、辩护人发言,后由检察员、诉讼代理人发言;抗诉案件,先由检察员、诉讼代理人发言,后由被告人、辩护人发言;既有上诉又有抗诉的案件,先由检察员、诉讼代理人发言,后由上诉人、辩护人发言。

第三百二十三条　开庭审理上诉、抗诉案件,可以重点围绕对第一审判决、裁定有争议的问题或者有疑问的部分进行。根据案件情况,可以按照下列方式审理:

(一)宣读第一审判决书,可以只宣读案由、主要事实、证据名称和判决主文等;

(二)法庭调查应当重点围绕对第一审判决提出异议的事实、证据以及提交的新的证据等进行;对没有异议的事实、证据和情节,可以直接确认;

(三)对同案审理案件中未上诉的被告人,未被申请出庭或者人民法院认为没有必要到庭的,可以不再传唤到庭;

(四)被告人犯有数罪的案件,对其中事实清楚且无异议的犯罪,可以不在庭审时审理。

同案审理的案件,未提出上诉、人民检察院也未对其判决提出抗诉的被告人要求出庭的,应当准许。出庭的被告人可以参加法庭调查和辩论。

※法规解读:上述条文是关于第二审案件审理程序中涉及的一些具体问题的补充规定。

其中,第316条是关于二审中委托辩护人的规定。第二审程序中提出上诉的被告人及未提出上诉的同案被告人、未被检察机关抗诉或自诉人上诉的同案被告人,均有权自行辩护或委托他人辩护。既可以继续委托第一审中的辩护人,也可以另行委托其他辩护人。需要注意的是,继续委托第一审辩护人的,也需要再办理委托手续。第322条是关于二审案件开庭审理适用程序的补充规定。人民法院开庭审理二审案件的,除参照一审程序的有关规定外,在法庭调查、法庭辩论阶段还要参照本条规定。第323条规定了开庭审理上诉、抗诉案件的重点是围绕对第一审判决、裁定有争议的问题或者有疑问的部分进行,并可根据案件情况,用不同方式审理。

第二百四十三条　【第二审期限】第二审人民法院受理上诉、抗诉案件,应当在二个月以内审结。对于可能判处死刑的案件或者附带民事诉讼的案件,以及有本法第一百五十八条规定情形之一的,经省、自治区、直辖市高级人民法院批准或者决定,可以延长二个月;因特殊情况还需要延长的,报请最高人民法院批准。

最高人民法院受理上诉、抗诉案件的审理期限,由最高人民法院决定。

条文解读

本条共有2款，是关于第二审案件审理期限的规定。

本条第1款规定了地方各级人民法院审理第二审案件的期限。依据本条规定：第一，第二审案件的审理期限为2个月。这主要是考虑到我国的审级制度是两审终审制，第二审即为终审程序，而且第二审奉行全面审查的原则，不受上诉、抗诉请求的限制，既是事实审又是法律审，所以审理期限过短的话不利于保证案件的审理质量。第二，规定了六类案件可以延长审理期限。1996年《刑事诉讼法》规定了四类案件可以延长审理期限，即交通十分不便的边远地区的重大复杂案件、重大的犯罪集团案件、流窜作案的重大复杂案件和犯罪涉及面广、取证困难的重大复杂案件。2012年《刑事诉讼法》修正增加规定了可能判处死刑的案件和附带民事诉讼的案件也可以延长审理期限。可能判处死刑的案件涉及死刑的适用，必须慎重。附带民事诉讼的案件因为既要审理刑事部分，还要审理民事部分，相对于单纯的刑事案件审理程序复杂，花费的时间多。所以这两类案件如果在审理期限内未审结的，也可以依法延长审理期限。第三，上述可能判处死刑的案件等六类案件如果在2个月的审理期限内未审结的，经省、自治区、直辖市高级人民法院批准或者决定，可以延长2个月，因特殊情况未审结经最高人民法院批准可以再延长，至于可以再延长多长时间，本法未作限制性规定。

本条第2款规定了最高人民法院受理上诉、抗诉案件的审理期限，由最高人民法院决定，不受上述审理期限的限制，这主要是考虑到最高人民法院审理的案件都是重大、复杂案件，通常审理期限较长，所以法律未作强制性规定，由最高人民法院根据案件实际情况决定。

关联法规索引

《刑事诉讼法》第156条

第二百四十四条 【终审裁判】第二审的判决、裁定和最高人民法院的判决、裁定，都是终审的判决、裁定。

条文解读

本条是关于终审判决、裁定的规定。

我国的审级制度是两审终审制。第二审既是上诉审，又是终审，因而第二审的判决、裁定和最高人民法院的判决、裁定，都是终审的判决、裁定。审级制度是一国司法制度的重要组成部分,是指一国法院系统的层级划分以及诉讼案件经过多少级法院审判后,判决、裁定即发生法律效力的一种诉讼法律制度。

关联法规索引

《刑事诉讼法》第10条;《最高人民法院关于适用〈中华人民共和国刑事诉讼法〉的解释》第308条

第二百四十五条 【查封、扣押、冻结物品的处理及违法处理的法律责任】 公安机关、人民检察院和人民法院对查封、扣押、冻结的犯罪嫌疑人、被告人的财物及其孳息,应当妥善保管,以供核查,并制作清单,随案移送。任何单位和个人不得挪用或者自行处理。对被害人的合法财产,应当及时返还。对违禁品或者不宜长期保存的物品,应当依照国家有关规定处理。

对作为证据使用的实物应当随案移送,对不宜移送的,应当将其清单、照片或者其他证明文件随案移送。

人民法院作出的判决,应当对查封、扣押、冻结的财物及其孳息作出处理。

人民法院作出的判决生效以后,有关机关应当根据判决对查封、扣押、冻结的财物及其孳息进行处理。对查封、扣押、冻结的赃款赃物及其孳息,除依法返还被害人的以外,一律上缴国库。

司法工作人员贪污、挪用或者私自处理查封、扣押、冻结的财物及其孳息的,依法追究刑事责任;不构成犯罪的,给予处分。

条文解读

本条共有5款,是关于对查封、扣押冻结物品处理的规定。

本条第1款所说的查封、扣押、冻结的犯罪嫌疑人、被告人的财物和孳息主要是指公安机关、人民检察院、人民法院依据本法第2编第2章第6节"查封、扣押物证、书证"的规定以及《刑事诉讼法》第196条的规定,查封、扣押的能够证明犯罪嫌疑人、被告人有罪或无罪的各种财物、文件以及根据需要冻结的犯罪嫌疑人、被告人的存款、汇款、股票、证券、基金份额等财产。依据本款规定,公安机关、人民检察院、人民法院对查封、扣押、冻结的财物及其孳息负有妥善保管的义务,不能随便存放或者调换,要采取有效措施保证这些财物不受损坏、丢失,以便办案过程中随时核查。法律当中还要求对上述财物及文件制作清单、随案移送的规定,加强了对查封、扣押、冻结物品的监督和管理。对查封、扣押、冻结的物品任何单位不得挪作公用,任何个人不得挪作私用,必须依照本条和其他有关法律规定处理,禁止违规擅自处理。对被害人的合法财产,应当及时返还给被害人,以尽量减少其损失,保证其生产、生活的需要。对于国家禁止持有、经营、流通的违禁品,如毒品、淫秽物品等应当没收,依照规定处理。对于易腐烂变质及其他不宜长期保存的物品,应当依照国家有关规定予以变卖,保存其价款。

本条第 2 款是关于查封、扣押、冻结的财物及其孳息随案移送的规定。涉及作为证据使用的实物,如物证、书证等,原则上随案移送。但有些实物由于体积、性质、重量等原因不宜移送的,应当查点清楚、开列清单,将其清单、照片或者其他证明文件随案移送。

本条第 3 款规定了人民法院应当在判决中表明对查封、扣押、冻结的财物及其孳息处理的意见和方式。因为此时,被告人的刑事责任问题已经得到了最终的确定,查封、扣押、冻结的财物及其孳息是否合法,以及权利归属也已清楚,故应该如何处理人民法院应当在判决中予以明确。这对于保证对查封、扣押、冻结的财物及其孳息的妥善处理、维护公民和国家的财产权益具有积极的意义。

本条第 4 款规定,在法院判决生效后,有关机关应当根据判决对被查封、扣押、冻结的财物及其孳息进行处理。对被查封、扣押、冻结的财物及其孳息,其中属于被害人合法财产的,应当及时返还被害人,其他赃款赃物及其孳息,一律没收,上缴国库。

本条第 5 款是关于法律责任的规定。司法工作人员贪污、挪用或者私自处理被查封、扣押、冻结的财物及其孳息构成犯罪的,依法追究刑事责任,不构成犯罪的,给予处分。

关联法规索引

《最高人民法院、最高人民检察院、公安部、国家安全部、司法部、全国人大常委会法制工作委员会关于实施刑事诉讼法若干问题的规定》第 36 ~ 39 条;《最高人民法院关于适用〈中华人民共和国刑事诉讼法〉的解释》第 229 条、第 230 条、第 359 ~ 370 条;《人民检察院刑事诉讼规则(试行)》第 460 条;《人民检察院刑事诉讼涉案财物管理规定》;《公安机关涉案财物管理若干规定》

第四章　死刑复核程序

本章介绍

死刑复核程序是人民法院对判处死刑的案件进行复审核准的一种特别审理程序。其任务是由有死刑复核权的人民法院对下级人民法院报请复核的死刑判决、裁定，在认定事实和适用法律上是否正确进行全面审查，依法作出是否核准死刑的决定。死刑复核程序的意义在于确保死刑适用的正确性和贯彻少杀慎杀方针、防止死刑滥用。本章从第246条至第251条，共6个条文，规定了死刑、死刑缓期执行复核权的归属，死刑核准的程序、死刑、死刑缓期执行复核案件的审判组织形式、处理结果、审理程序，以及最高人民检察院对死刑复核案件的监督。

第二百四十六条　【死刑核准权】死刑由最高人民法院核准。

条文解读

本条是关于死刑核准权的规定。

死刑，是指剥夺犯罪人生命的刑罚，是刑法所规定的刑种中最为严厉的，也称极刑。我国立法一方面将死刑作为惩治犯罪的有力武器；另一方面也强调要严格控制死刑的适用。死刑复核程序就是慎用死刑在程序法中的体现。本条规定了死刑复核权专属于最高人民法院。这里的死刑指的是死刑立即执行，不包括死刑缓期执行。死刑立即执行由最高人民法院核准，地方各级人民法院均无此权。

配套法规及解读

《最高人民法院关于统一行使死刑案件核准权有关问题的决定》(2006年12月28日)

(一)自2007年1月1日起，最高人民法院根据全国人民代表大会常务委员会有关决定和人民法院组织法原第十三条的规定发布的关于授权高级人民法院和解放军军事法院核准部分死刑案件的通知，一律予以废止。

（二）自2007年1月1日起，死刑除依法由最高人民法院判决的以外，各高级人民法院和解放军军事法院依法判处和裁定的，应当报请最高人民法院核准。

※法规解读：本条是对死刑核准权收归最高人民法院统一行使的规定。

我国死刑案件的核准权一直处于发展变化之中。自新中国成立以来至1980年（"文化大革命"期间除外），死刑核准权的行使主体不断得到提高并最终收归最高人民法院行使。1979年制定的《刑法》《刑事诉讼法》《人民法院组织法》均明确规定死刑由最高人民法院核准，1996年修改的《刑事诉讼法》和1997年修改的《刑法》对此规定再次作了重申。但是，自1980年以来，严重经济犯罪和严重刑事犯罪上升，社会治安形势恶化，死刑罪名增多，死刑适用率上升，以致最高人民法院难以承担全部的死刑复核工作。从1980年至1997年，我国曾经对死刑案件的核准权进行了四次集中授权、对毒品案件死刑核准权进行了四次单独授权。死刑核准权被不断下放，且下放范围不断扩大。在二十多年的司法实践中，这些授权逐渐暴露出了一些问题和不足。由于各高级人民法院对死刑适用的标准不统一，以及二审程序与死刑复核程序合而为一，造成死刑案件把关不严，案件质量得不到保证，甚至出现少数冤错案件。经过多年的改革开放和经济建设，中国的政治、经济、文化等各方面都取得了巨大的进步。"依法治国"基本方略与"国家尊重和保障人权"写入宪法。中国已经签署《公民权利和政治权利国际公约》。国家物质文明、精神文明和政治文明的建设与发展，对刑事审判工作提出了新的、更高的要求。在这种形势下，全面落实刑法和刑事诉讼法关于最高人民法院统一行使死刑案件核准权的规定，也就提上了日程。2005年10月26日最高人民法院制定并组织实施的《人民法院第二个五年改革纲要》明确提出，要改革和完善死刑复核程序，由最高人民法院统一行使死刑核准权，并制定死刑复核程序的司法解释。2006年12月28日最高人民法院颁布了《最高人民法院关于统一行使死刑案件核准权有关问题的决定》。自2007年1月1日起，死刑核准权统一由最高人民法院行使，被下放27年的死刑核准权终于重新收归最高人民法院。

第二百四十七条 【死刑核准程序】中级人民法院判处死刑的第一审案件，被告人不上诉的，应当由高级人民法院复核后，报请最高人民法院核准。高级人民法院不同意判处死刑的，可以提审或者发回重新审判。

高级人民法院判处死刑的第一审案件被告人不上诉的，和判处死刑的第二审案件，都应当报请最高人民法院核准。

条文解读

本条是关于死刑核准报请程序的规定。

报请最高人民法院核准的死刑案件，主要有四种情况，应当分别处理：(1)中级人民法院判处死刑的第一审案件未上诉或抗诉的。中级人民法院应当在上诉、抗诉期满后10日内报请高级人民法院复核。高级人民法院同意判处死刑的，应当在作出裁定后10日内报请最高人民法院核准；最高人民法院不同意判处死刑的，应当提审或者发回重新审判。(2)中级人民法院判处死刑的第一审案件提出上诉或抗诉的。高级人民法院作为第二审法院对案件进行审理后，终审裁定维持死刑判决的，应当在作出裁定后10日内报请最高人民法院核准；如果高级人民法院经第二审程序不同意判处死刑的而改为死刑缓期执行的，既为终审程序，也为核准程序，不再报请最高人民法院复核。(3)高级人民法院判处死刑的第一审案件未上诉或抗诉的。高级人民法院在上诉、抗诉期满后10日内报请最高人民法院核准。(4)被判处死刑缓期二年执行的罪犯，在死刑缓期执行期间，如果故意犯罪，经查证属实，应当恢复执行死刑的，由高级人民法院报请最高人民法院核准。

配套法规及解读

《最高人民法院关于适用〈中华人民共和国刑事诉讼法〉的解释》(2012年12月20日)

第三百四十四条　报请最高人民法院核准死刑案件，应当按照下列情形分别处理：

(一)中级人民法院判处死刑的第一审案件，被告人未上诉、人民检察院未抗诉的，在上诉、抗诉期满后十日内报请高级人民法院复核。高级人民法院同意判处死刑的，应当在作出裁定后十日内报请最高人民法院核准；不同意的，应当依照第二审程序提审或者发回重新审判；

(二)中级人民法院判处死刑的第一审案件，被告人上诉或者人民检察院抗诉，高级人民法院裁定维持的，应当在作出裁定后十日内报请最高人民法院核准；

(三)高级人民法院判处死刑的第一审案件，被告人未上诉、人民检察院未抗诉的，应当在上诉、抗诉期满后十日内报请最高人民法院核准。

高级人民法院复核死刑案件，应当讯问被告人。

※法规解读：本条第1款是关于死刑核准报请程序的细化规定，内容参见上述【条文解读】。本条第2款明确了高级人民法院复核死刑案件，应当讯问被告人。即讯问被告人为必经程序。

关联法规索引

《刑法》第50条;《刑事诉讼法》第261条;《最高人民法院关于死刑缓期执行限制减刑案件审理程序若干问题的规定》第1条

典型案例

王某某故意杀人案[1]

※案情简介:被告人王某某与被害人赵某某(女,殁年26岁)在山东省潍坊市科技职业学院同学期间建立恋爱关系。2005年,王某某毕业后参加工作,赵某某考入山东省曲阜师范大学继续专升本学习。2007年赵某某毕业参加工作后,王某某与赵某某商议结婚事宜,因赵某某家人不同意,赵某某多次提出分手,但在王某某的坚持下二人继续保持联系。2008年10月9日中午,王某某在赵某某的集体宿舍再次谈及婚恋问题,因赵某某明确表示二人不可能在一起,王某某感到绝望,愤而产生杀死赵某某然后自杀的念头,即持赵某某宿舍内的一把单刃尖刀,朝赵的颈部、胸腹部、背部连续捅刺,致其失血性休克死亡。次日8时30分许,王某某服农药自杀未遂,被公安机关抓获归案。王某某平时表现较好,归案后如实供述自己罪行,并与其亲属积极赔偿,但未与被害人亲属达成赔偿协议。

山东省潍坊市中级人民法院于2009年10月14日以(2009)潍刑一初字第35号刑事判决,认定被告人王某某犯故意杀人罪,判处死刑,剥夺政治权利终身。宣判后,王某某提出上诉。山东省高级人民法院于2010年6月18日以(2010)鲁刑四终字第2号刑事裁定,驳回上诉,维持原判,并依法报请最高人民法院核准。最高人民法院根据复核确认的事实,以(2010)刑三复22651920号刑事裁定,不核准被告人王某某死刑,发回山东省高级人民法院重新审判。山东省高级人民法院经依法重新审理,于2011年5月3日作出(2010)鲁刑四终字第2-1号刑事判决,以故意杀人罪改判被告人王某某死刑,缓期二年执行,剥夺政治权利终身,同时决定对其限制减刑。

山东省高级人民法院经重新审理认为:被告人王某某的行为已构成故意杀人罪,罪行极其严重,论罪应当判处死刑。鉴于本案系因婚恋纠纷引发,王某某求婚不成,恼怒并起意杀人,归案后坦白悔罪,积极赔偿被害方经济损失,且平时表现较好,故对其判处死刑,可不立即执行。同时,考虑到王某某故意杀人手段特别残忍,被害人亲属不

---

〔1〕 本案根据《最高人民法院关于发布第一批指导性案例》(法〔2011〕354号,2011年12月20日)中的指导案例4号整理。

予谅解,要求依法从严惩处,为有效化解社会矛盾,依照《刑法》第五十条第二款等规定,判处被告人王某某某死刑,缓期二年执行,同时决定对其限制减刑。

※裁判要旨:因恋爱、婚姻矛盾激化引发的故意杀人案件,被告人犯罪手段残忍,论罪应当判处死刑,但被告人具有坦白悔罪、积极赔偿等从轻处罚情节,同时被害人亲属要求严惩的,人民法院根据案件性质、犯罪情节、危害后果和被告人的主观恶性及人身危险性,可以依法判处被告人死刑,缓期二年执行,同时决定限制减刑,以有效化解社会矛盾,促进社会和谐。

第二百四十八条　【死缓核准权】中级人民法院判处死刑缓期二年执行的案件,由高级人民法院核准。

条文解读

本条是关于死刑缓期二年执行案件核准权的规定。

死刑缓期二年执行,是指对于应当判处死刑的犯罪分子,如果不是必须立即执行的,可以判处死刑同时宣告缓期二年执行,即死刑缓期执行,又称死缓。我国《刑法》第48条规定:"死刑只适用于罪行极其严重的犯罪分子。对于应当判处死刑的犯罪分子,如果不是必须立即执行的,可以判处死刑同时宣告缓期二年执行……死刑缓期执行的,可以由高级人民法院判决或者核准。"死刑缓期执行并不是一个独立的刑种,而是死刑的一种执行方式。判处死刑缓期二年执行的前提同判处死刑立即执行一样,必须是"罪行极其严重",应当判处死刑的。如果法律没有规定死刑条款,或者所犯罪行不该判处死刑,就不能适用死刑缓期执行。例如,我国《刑法》规定对犯罪时不满18周岁的未成年人,以及在审判时怀孕的妇女不适用死刑,同样也不适用死刑缓期二年执行。《刑法》第50条规定:"判处死刑缓期执行的,在死刑缓期执行期间,如果没有故意犯罪,二年期满以后,减为无期徒刑;如果确有重大立功表现,二年期满以后,减为二十五年有期徒刑;如果故意犯罪,查证属实的,由最高人民法院核准,执行死刑。对被判处死刑缓期执行的累犯以及因故意杀人、强奸、抢劫、绑架、放火、爆炸、投放危险物质或者有组织的暴力性犯罪被判处死刑缓期执行的犯罪分子,人民法院根据犯罪情节等情况可以同时决定对其限制减刑。"

配套法规及解读

《最高人民法院关于适用〈中华人民共和国刑事诉讼法〉的解释》(2012年12月20日)

第三百四十五条 中级人民法院判处死刑缓期执行的第一审案件,被告人未上诉、人民检察院未抗诉的,应当报请高级人民法院核准。

高级人民法院复核死刑缓期执行案件,应当讯问被告人。

第三百四十六条 报请复核的死刑、死刑缓期执行案件,应当一案一报。报送的材料包括报请复核的报告,第一、二审裁判文书,死刑案件综合报告各五份以及全部案卷、证据。死刑案件综合报告,第一、二审裁判文书和审理报告应当附送电子文本。

同案审理的案件应当报送全案案卷、证据。

曾经发回重新审判的案件,原第一、二审案卷应当一并报送。

第三百四十七条 报请复核的报告,应当写明案由、简要案情、审理过程和判决结果。

死刑案件综合报告应当包括以下内容:

(一)被告人、被害人的基本情况。被告人有前科或者曾受过行政处罚的,应当写明;

(二)案件的由来和审理经过。案件曾经发回重新审判的,应当写明发回重新审判的原因、时间、案号等;

(三)案件侦破情况。通过技术侦查措施抓获被告人、侦破案件,以及与自首、立功认定有关的情况,应当写明;

(四)第一审审理情况。包括控辩双方意见,第一审认定的犯罪事实,合议庭和审判委员会意见;

(五)第二审审理或者高级人民法院复核情况。包括上诉理由、检察机关意见,第二审审理或者高级人民法院复核认定的事实,证据采信情况及理由,控辩双方意见及采纳情况;

(六)需要说明的问题。包括共同犯罪案件中另案处理的同案犯的定罪量刑情况,案件有无重大社会影响,以及当事人的反应等情况;

(七)处理意见。写明合议庭和审判委员会的意见。

第三百四十八条 复核死刑、死刑缓期执行案件,应当全面审查以下内容:

(一)被告人的年龄,被告人有无刑事责任能力、是否系怀孕的妇女;

(二)原判认定的事实是否清楚,证据是否确实、充分;

(三)犯罪情节、后果及危害程度;

(四)原判适用法律是否正确,是否必须判处死刑,是否必须立即执行;

（五）有无法定、酌定从重、从轻或者减轻处罚情节；

（六）诉讼程序是否合法；

（七）应当审查的其他情况。

第三百四十九条　高级人民法院复核死刑缓期执行案件，应当按照下列情形分别处理：

（一）原判认定事实和适用法律正确、量刑适当、诉讼程序合法的，应当裁定核准；

（二）原判认定的某一具体事实或者引用的法律条款等存在瑕疵，但判处被告人死刑缓期执行并无不当的，可以在纠正后作出核准的判决、裁定；

（三）原判认定事实正确，但适用法律有错误，或者量刑过重的，应当改判；

（四）原判事实不清、证据不足的，可以裁定不予核准，并撤销原判，发回重新审判，或者依法改判；

（五）复核期间出现新的影响定罪量刑的事实、证据的，可以裁定不予核准，并撤销原判，发回重新审判，或者依照本解释第二百二十条规定审理后依法改判；

（六）原审违反法定诉讼程序，可能影响公正审判的，应当裁定不予核准，并撤销原判，发回重新审判。

高级人民法院复核死刑缓期执行案件，不得加重被告人的刑罚。

※法规解读：上述条文是对高级人民法院复核死刑、死缓的补充规定。

第345条补充规定了高级人民法院复核死刑缓期执行案件必须讯问被告人。第346条、第347条是关于报送复核死刑、死刑缓期执行案件的方式和需提交材料及其制作要求的规定。第348条规定了复核死刑、死刑缓期执行案件，应当审查哪些内容。第349条规定了高级人民法院复核死刑缓期执行案件的处理结果。其处理结果只能是裁定核准或者不核准。裁定不核准的，应当分情况发回重审或依法改判，但不得以任何理由、任何方式加重被告人刑罚。

关联法规索引

《刑法》第48条、第50条；《最高人民法院关于死刑缓期执行限制减刑案件审理程序若干问题的规定》第3～5条

第二百四十九条　【死刑复核的审判组织】最高人民法院复核死刑案件，高级人民法院复核死刑缓期执行的案件，应当由审判员三人组成合议庭进行。

条文解读

本条是关于死刑和死刑缓期执行案件审判组织的规定。

依据本条,无论是最高人民法院复核死刑案件,还是高级人民法院复核死刑缓期执行案件,都应当组成合议庭审理,而非独任制;应当由审判员组成合议庭,陪审员不能参加;应当由审判员三人组成合议庭,这是人数上的限制。

第二百五十条 【死刑复核处理结果】最高人民法院复核死刑案件,应当作出核准或者不核准死刑的裁定。对于不核准死刑的,最高人民法院可以发回重新审判或者予以改判。

条文解读

本条是对最高人民法院复核死刑案件处理结果的规定。

依据本条,最高人民法院对于死刑案件复核后,应当作出核准死刑或者不核准死刑的裁定。经审查,认为原判认定事实和适用法律正确、量刑适当、诉讼程序合法的,应当裁定核准死刑。认为原判认定事实不清、证据不足,或者认定事实清楚,但不应当适用死刑,或者原审严重程序违法可能导致审判不公的,应当作出不核准死刑的裁定。最高人民法院裁定不核准死刑的,应当裁定撤销原判发回重审或依法改判。

配套法规及解读

《最高人民法院关于适用〈中华人民共和国刑事诉讼法〉的解释》(2012 年 12 月 20 日)

第三百五十条 最高人民法院复核死刑案件,应当按照下列情形分别处理:

(一)原判认定事实和适用法律正确、量刑适当、诉讼程序合法的,应当裁定核准;

(二)原判认定的某一具体事实或者引用的法律条款等存在瑕疵,但判处被告人死刑并无不当的,可以在纠正后作出核准的判决、裁定;

(三)原判事实不清、证据不足的,应当裁定不予核准,并撤销原判,发回重新审判;

(四)复核期间出现新的影响定罪量刑的事实、证据的,应当裁定不予核准,并撤销原判,发回重新审判;

(五)原判认定事实正确,但依法不应当判处死刑的,应当裁定不予核准,并撤销原判,发回重新审判;

(六)原审违反法定诉讼程序,可能影响公正审判的,应当裁定不予核准,并撤销原判,发回重新审判。

第三百五十一条　对一人有两罪以上被判处死刑的数罪并罚案件,最高人民法院复核后,认为其中部分犯罪的死刑判决、裁定事实不清、证据不足的,应当对全案裁定不予核准,并撤销原判,发回重新审判;认为其中部分犯罪的死刑判决、裁定认定事实正确,但依法不应当判处死刑的,可以改判,并对其他应当判处死刑的犯罪作出核准死刑的判决。

第三百五十二条　对有两名以上被告人被判处死刑的案件,最高人民法院复核后,认为其中部分被告人的死刑判决、裁定事实不清、证据不足的,应当对全案裁定不予核准,并撤销原判,发回重新审判;认为其中部分被告人的死刑判决、裁定认定事实正确,但依法不应当判处死刑的,可以改判,并对其他应当判处死刑的被告人作出核准死刑的判决。

第三百五十三条　最高人民法院裁定不予核准死刑的,根据案件情况,可以发回第二审人民法院或者第一审人民法院重新审判。

第一审人民法院重新审判的,应当开庭审理。第二审人民法院重新审判的,可以直接改判;必须通过开庭查清事实、核实证据或者纠正原审程序违法的,应当开庭审理。

第三百五十四条　高级人民法院依照复核程序审理后报请最高人民法院核准死刑,最高人民法院裁定不予核准,发回高级人民法院重新审判的,高级人民法院可以依照第二审程序提审或者发回重新审判。

第三百五十五条　最高人民法院裁定不予核准死刑,发回重新审判的案件,原审人民法院应当另行组成合议庭审理,但本解释第三百五十条第四项、第五项规定的案件除外。

※法规解读:上述条文是对最高人民法院复核死刑案件处理结果及程序的细化规定。第350条规定了最高人民法院复核死刑案件的处理结果有两种形式:第一,通过判决或裁定核准死刑。原审裁判在实体和程序上均无不当的,裁定核准死刑。原审裁判认定的某一具体事实或者引用的法律条款等存在瑕疵,但判处死刑无不当的,纠正后作出核准的判决、裁定。第二,裁定不予核准死刑,撤销原判,发回重审:(1)原判事实不清、证据不足的;(2)复核期间出现新的影响定罪量刑的事实、证据的;(3)原判认定事实正确,但依法不应当判处死刑的;(4)原审违反法定诉讼程序,可能影响公正审判的。第351条、第352条是一人有两罪以上被判处死刑的数罪并罚案件以及有两名以上被告人被判处死刑的案件,最高人民法院复核处理结果的补充规定。第353~355条是关于最高人民法院裁定不予核准死刑案件发回重审的规定:第一,对案件重审的法院,可以是第二审人民法院,也可以是第一审人民法院。经高级人民法院复核的案件,

发回高级人民法院重审的，高级人民法院可以提审或发回重新审判。但依据2016年6月23日《最高人民法院关于适用刑事诉讼法第二百二十五条[1]第二款有关问题的批复》，发回重审原则上由第二审法院重新审判。第二，是否开庭审理。发回第二审法院审理的可直接改判，但必须通过开庭查清事实、核实证据或者纠正原审程序违法的，应开庭审理。发回第一审法院审理的必须开庭审理。第三，发回重审须另行组成合议庭，但两种情形下无须另行组成合议庭：(1)复核期间出现新的影响定罪量刑的事实、证据的；(2)原判认定事实正确，但依法不应当判处死刑的。这两种情况下原审法院认定事实均无错误，只是因出现了新的事实或量刑过重而需要改判，所以不必另行组成合议庭。

《最高人民法院关于适用刑事诉讼法第二百二十五条[2]第二款有关问题的批复》(2016年6月23日)

河南省高级人民法院：

你院关于适用《中华人民共和国刑事诉讼法》第二百二十五条[3]第二款有关问题的请示收悉。经研究，批复如下：

一、对于最高人民法院依据《中华人民共和国刑事诉讼法》第二百三十九条[4]和《最高人民法院关于适用〈中华人民共和国刑事诉讼法〉的解释》第三百五十三条裁定不予核准死刑，发回第二审人民法院重新审判的案件，无论此前第二审人民法院是否曾以原判决事实不清楚或者证据不足为由发回重新审判，原则上不得再发回第一审人民法院重新审判；有特殊情况确需发回第一审人民法院重新审判的，需报请最高人民法院批准。

二、对于最高人民法院裁定不予核准死刑，发回第二审人民法院重新审判的案件，第二审人民法院根据案件特殊情况，又发回第一审人民法院重新审判的，第一审人民法院作出判决后，被告人提出上诉或者人民检察院提出抗诉的，第二审人民法院应当依法作出判决或者裁定，不得再发回重新审判。

此复。

※法规解读：上述条文是对死刑复核案件最高人民法院裁定不予核准死刑发回重审的补充规定，明确了此类案件由第二审人民法院重审，原则上第二审法院不得再发回第一审人民法院重新审判；特殊情况下需要发回第一审法院重审的，报请最高人民法院批准。发回第一审法院重审后的案件上诉或抗诉的，第二审人民法院不得再发回

---

[1] 现行《刑事诉讼法》第二百三十六条。

[2] 现行《刑事诉讼法》第二百三十六条。

[3] 现行《刑事诉讼法》第二百三十六条。

[4] 现行《刑事诉讼法》第二百五十条。

重新审判。这也体现了与《刑事诉讼法》第236条第2款的规定和立法精神相一致。

关联法规索引

《刑事诉讼法》第236条;《最高人民法院、最高人民检察院、公安部关于羁押犯罪嫌疑人、被告人实行换押和羁押期限变更通知制度的通知》一、7,二、8;《最高人民法院关于死刑缓期执行限制减刑案件审理程序若干问题的规定》第6条;《最高人民法院关于对被判处死刑的被告人未提出上诉、共同犯罪的部分被告人或者附带民事诉讼原告人提出上诉的案件应适用何种程序审理的批复》

典型案例

王某某故意杀人、故意伤害案〔1〕

※案情简介:被告人王某某自幼由养祖父王某渠(被害人,殁年80岁)、养祖母陈某莲(被害人,殁年76岁)抚养长大,案发前长期吸食氯胺酮。2013年8月11日,王某某在福建省永春县某小区家中再次吸食氯胺酮。次日凌晨,王某某产生杀害王某渠、陈某莲之念,遂从其卧室拿出一把双刃长剑到王某渠、陈某莲的卧室,持剑朝熟睡中的王某渠、陈某莲乱砍乱刺,致二被害人均因锐器刺破心脏而死亡。后王某某从窗户爬出跳至楼下,王某某的养父王某艺(被害人,时年51岁)闻讯赶到,王某某又持剑砍击王某艺,致王某艺受轻伤。本案由福建省泉州市中级人民法院一审,福建省高级人民法院二审。最高人民法院对本案进行了死刑复核。罪犯王某某已于2015年6月23日被依法执行死刑。

※裁判要旨:被告人王某某持剑砍刺其养祖父母,吸毒后杀害养祖父母,并致养父受伤,罪行极其严重,其行为已分别构成故意杀人罪、故意伤害罪。王某某吸食毒品后行凶杀人、伤人,致2人死亡、1人轻伤,犯罪情节恶劣,手段残忍,后果和罪行极其严重,应依法惩处。对王某某所犯数罪,应依法并罚。据此,依法对被告人王某某判处并核准死刑。

---

〔1〕 本案根据《最高人民法院发布5起毒品犯罪及吸毒诱发的严重犯罪典型案例》(2015年6月25日)中的案例4整理。

第二百五十一条 【死刑复核程序】 最高人民法院复核死刑案件，应当讯问被告人，辩护律师提出要求的，应当听取辩护律师的意见。

在复核死刑案件过程中，最高人民检察院可以向最高人民法院提出意见。最高人民法院应当将死刑复核结果通报最高人民检察院。

条文解读

本条共有2款，是关于死刑复核案件讯问被告人和接受检察监督的规定。

本条第1款是关于讯问被告人和听取辩护律师意见的规定。最高人民法院复核死刑案件，应当讯问被告人，辩护律师提出要求的，应当听取辩护律师的意见。死刑复核程序虽然包括在审判程序之中，但其性质显然不同于第一审和第二审程序。1996年《刑事诉讼法》对于死刑复核采用何种方式并未明确规定。最高人民法院的相关司法解释也只是规定："高级人民法院复核或者核准死刑（死刑缓期二年执行）案件，必须提审被告人。"据此，高级人民法院复核或核准死刑，唯一的必经程序就是提审被告人，而不必开庭审理，亦不必听取辩护人、诉讼代理人的意见。至于对最高人民法院核准死刑则没有任何程序性限制。而且，从上述规定已经显露出，对于报请最高人民法院核准的案件，负责提审被告人的职责已交由高级人民法院行使。因此，最高人民法院在核准死刑案件时，既不必开庭审理，亦不必提审被告人，而完全以书面的形式进行核准，复核与核准实际上是一种行政方式，而非诉讼方式。基于此，2012年《刑事诉讼法》肯定了司法解释中提审被告人的做法，增加了最高人民法院核准死刑案件讯问被告人的要求。根据本条规定，最高人民法院复核死刑案件并不必须听取辩护人意见，但是当辩护人要求最高人民法院听取其意见时，最高人民法院就应当听取辩护律师意见。这对于贯彻落实尊重和保障人权原则、保证死刑核准权的正确适用、完善死刑核准的程序、体现诉讼民主和文明无疑是一种进步。为此，最高人民法院于2014年出台了《关于办理死刑复核案件听取辩护律师意见的办法》，以切实保障死刑复核案件被告人的辩护律师依法行使辩护权，确保死刑复核案件质量。

本条第2款规定了检察机关对死刑核准案件的监督。依据本款，在复核死刑案件过程中，最高人民检察院可以向最高人民法院提出意见。该意见最高人民法院应当接受，作为复核案件的重要参考，但非必须按其意见执行。最高人民法院应当将死刑复核的结果通报最高人民检察院。检察机关对死刑复核案件的介入，增强了死刑复核案件的外部监督和制约，有利于保证死刑案件复核的质量、完善死刑复核的程序和贯彻落实慎杀、少杀原则。

配套法规及解读

《最高人民法院关于适用〈中华人民共和国刑事诉讼法〉的解释》(2012年12月20日)

第三百五十六条 死刑复核期间,辩护律师要求当面反映意见的,最高人民法院有关合议庭应当在办公场所听取其意见,并制作笔录;辩护律师提出书面意见的,应当附卷。

第三百五十七条 死刑复核期间,最高人民检察院提出意见的,最高人民法院应当审查,并将采纳情况及理由反馈最高人民检察院。

第三百五十八条 最高人民法院应当根据有关规定向最高人民检察院通报死刑案件复核结果。

※法规解读:上述条文是对《刑事诉讼法》第251条具体适用的补充规定。第一,明确了听取辩护律师意见的具体方式包括当面听取和接受辩护律师提出的书面意见。当面听取辩护律师意见的,应当在办公场所,并制作笔录。辩护律师提出书面意见的,必须附卷。第二,补充规定了最高人民检察院对死刑复核案件提出的意见,最高人民法院不但应当审查,还要将采纳情况和具体的理由反馈到最高人民检察院。

《人民检察院刑事诉讼规则(试行)》(2012年11月22日修订)

第六百零二条 最高人民检察院依法对最高人民法院的死刑复核活动实行法律监督。

第六百零三条 最高人民检察院死刑复核检察部门负责承办死刑复核法律监督工作。

第六百零四条 最高人民检察院发现在死刑复核期间的案件具有下列情形之一,经审查认为确有必要的,应当向最高人民法院提出意见:

(一)认为死刑二审裁判确有错误,依法不应当核准死刑的;

(二)发现新情况、新证据,可能影响被告人定罪量刑的;

(三)严重违反法律规定的诉讼程序,可能影响公正审判的;

(四)司法工作人员在办理案件时,有贪污受贿,徇私舞弊,枉法裁判等行为的;

(五)其他需要提出意见的。

第六百零五条 最高人民检察院对于最高人民法院通报的死刑复核案件,认为确有必要的,应当在最高人民法院裁判文书下发前提出意见。

第六百零六条 省级人民检察院对于进入最高人民法院死刑复核程序的下列案件,应当制作提请监督报告并连同案件有关材料及时报送最高人民检察院:

(一)案件事实不清、证据不足,依法应当发回重新审判,高级人民法院二审裁定维持死刑立即执行确有错误的;

（二）被告人具有从轻、减轻处罚情节，依法不应当判处死刑，高级人民法院二审裁定维持死刑立即执行确有错误的；

（三）严重违反法律规定的诉讼程序，可能影响公正审判的；

（四）最高人民法院受理案件后一年以内未能审结的；

（五）最高人民法院不核准死刑发回重审不当的；

（六）其他需要监督的情形。

第六百零七条 省级人民检察院发现死刑复核案件被告人自首、立功、达成赔偿协议取得被害方谅解等新的证据材料和有关情况，可能影响死刑适用的，应当及时向最高人民检察院报告。

第六百零八条 死刑复核期间当事人及其近亲属或者受委托的律师向最高人民检察院提出的不服死刑裁判的申诉，由最高人民检察院死刑复核检察部门审查。

第六百零九条 最高人民检察院死刑复核检察部门对死刑复核监督案件的审查可以采取下列方式进行：

（一）书面审查最高人民法院移送的材料、省级人民检察院报送的相关案件材料、当事人及其近亲属或者受委托的律师提交的申诉材料；

（二）听取原承办案件的省级人民检察院的意见，也可以要求省级人民检察院报送相关案件材料；

（三）必要时可以审阅案卷、讯问被告人、复核主要证据。

第六百一十条 最高人民检察院对于受理的死刑复核监督案件，应当在一个月以内作出决定；因案件重大、疑难、复杂，需要延长审查期限的，应当报请检察长批准，适当延长办理期限。

第六百一十一条 最高人民检察院死刑复核检察部门拟就死刑复核案件提出检察意见的，应当报请检察长或者检察委员会决定。

检察委员会讨论死刑复核案件，可以通知原承办案件的省级人民检察院有关检察人员列席。

第六百一十二条 最高人民检察院对于死刑复核监督案件，经审查认为确有必要向最高人民法院提出意见的，应当以死刑复核案件意见书的形式提出。死刑复核案件意见书应当提出明确的意见或者建议，并说明理由和法律依据。

第六百一十三条 对于最高人民检察院提出应当核准死刑意见的案件，最高人民法院经审查仍拟不核准死刑，决定将案件提交审判委员会会议讨论并通知最高人民检察院派员列席的，最高人民检察院检察长或者受检察长委托的副检察长应当列席审判委员会会议。

※法规解读：上述条文是关于人民检察院死刑复核监督的具体规定。

主要内容是:(1)最高人民检察院依法享有死刑复核监督权。(2)最高人民检察院死刑复核检察部门负责承办死刑复核法律监督工作,受理申诉、对死刑复核监督案件审查。(3)明确了最高人民检察院在哪些情况下应当向最高人民法院提出意见。(4)最高人民检察院向最高人民法院提出意见的时间须在裁判文书下发前。(5)明确了哪些情况下省级检察院向最高人民检察院报送提请监督报告和同案件有关材料。(6)有新的证据材料和有关情况,可能影响死刑适用的,省级检察院应当及时向最高人民检察院报告。(7)最高人民检察院死刑复核检察部门对死刑复核监督案件的审查可以采用书面审查、听取原承办案件的省级人民检察院的意见、要求其报送相关材料、审阅案卷、讯问被告人、复核主要证据等方式。(8)最高人民检察院办理死刑复核监督案件的期限为1个月,特殊情况下经检察长批准可延长。(9)提出检察意见应当报请检察长或者检察委员会决定,以死刑复核案件意见书的形式提出。(10)最高人民检察院提出应当核准死刑意见,最高人民法院经审查仍拟不核准死刑的,应当将案件提交审判委员会会议讨论并通知最高人民检察院派员列席。

关联法规索引

《关于办理死刑复核案件听取辩护律师意见的办法》

第五章　审判监督程序

本章介绍

审判监督程序，是指人民法院、人民检察院对已经发生法律效力的判决和裁定，发现在认定事实或者适用法律上确有错误，依法提起并对案件进行重新审理的程序。生效裁判具有确定性，非经法定程序任何国家机关和个人都不能任意变更或撤销，否则有损国家法律的权威和社会秩序的稳定。但司法实践中，由于各种原因，裁判中的错误在所难免，司法的正当性、权威性受到极大的挑战。因而为了使生效裁判在正确性的基础上获得更多的正当性，世界各国均在其诉讼制度的主体结构中确立了对无法避免的司法错误进行事后补救的程序，作为通常诉讼程序的补充与救济手段。我国的审判监督程序即属于此。审判监督程序对于保障刑罚权的正确行使、实现上级司法机关对下级人民法院审判工作的监督、保障当事人的合法权益具有重要的意义。本章从第252条至第258条，共有7条，规定了审判监督程序启动的主体、方式、事由、对案件再审的程序以及审理期限。

第二百五十二条　【申诉人的范围及申诉的效力】当事人及其法定代理人、近亲属，对已经发生法律效力的判决、裁定，可以向人民法院或者人民检察院提出申诉，但是不能停止判决、裁定的执行。

条文解读

本条是关于申诉的主体范围及其效力的规定。

我国《宪法》第41条规定，中华人民共和国公民“对于任何国家机关和国家工作人员的违法失职行为，有向有关国家机关提出申诉、控告或者检举的权利”，“对于公民的申诉、控告或者检举，有关国家机关必须查清事实，负责处理”。申诉有两种情况：第一，诉讼上的申诉，即刑事、民事诉讼当事人或其他公民对司法机关的决定或者已经发生法律效力的判决、裁定不服时，可以向人民法院或人民检察院提出申诉，请求重新处理。第二，非诉讼的申诉。指国家工作人员和政党、社团成员对所受到的纪律处分不服时，可以向原机关或上级机关申述理由，请求重新处理。本条中的申诉指的是前者。

依据本条,有权提起申诉的主体包括刑事诉讼中的当事人及其诉讼代理人、近亲属。申诉的对象是各级法院已经发生法律效力的判决、裁定,即本法第259条规定的三种判决、裁定:(1)已过法定期限没有上诉、抗诉的判决和裁定;(2)终审的判决和裁定;(3)最高人民法院核准的死刑的判决和高级人民法院核准的死刑缓期二年执行的判决。接受申诉的机关是人民法院或者人民检察院。为了维护法律的严肃性,本条还规定,当事人及其法定代理人、近亲属提出申诉不停止判决、裁定的执行。只有当申诉引起人民法院对案件进行再审并改变原判决、裁定的,才能停止原判决、裁定的执行。

配套法规及解读

《最高人民法院关于适用〈中华人民共和国刑事诉讼法〉的解释》(2012年12月20日)

第三百七十一条 当事人及其法定代理人、近亲属对已经发生法律效力的判决、裁定提出申诉的,人民法院应当审查处理。

案外人认为已经发生法律效力的判决、裁定侵害其合法权益,提出申诉的,人民法院应当审查处理。

申诉可以委托律师代为进行。

第三百七十二条 向人民法院申诉,应当提交以下材料:

(一)申诉状。应当写明当事人的基本情况、联系方式以及申诉的事实与理由;

(二)原一、二审判决书、裁定书等法律文书。经过人民法院复查或者再审的,应当附有驳回通知书、再审决定书、再审判决书、裁定书;

(三)其他相关材料。以有新的证据证明原判决、裁定认定的事实确有错误为由申诉的,应当同时附有相关证据材料;申请人民法院调查取证的,应当附有相关线索或者材料。

申诉不符合前款规定的,人民法院应当告知申诉人补充材料;申诉人对必要材料拒绝补充且无正当理由的,不予审查。

第三百七十三条 申诉由终审人民法院审查处理。但是,第二审人民法院裁定准许撤回上诉的案件,申诉人对第一审判决提出申诉的,可以由第一审人民法院审查处理。

上一级人民法院对未经终审人民法院审查处理的申诉,可以告知申诉人向终审人民法院提出申诉,或者直接交终审人民法院审查处理,并告知申诉人;案件疑难、复杂、重大的,也可以直接审查处理。

对未经终审人民法院及其上一级人民法院审查处理,直接向上级人民法院申诉的,上级人民法院可以告知申诉人向下级人民法院提出。

第三百七十四条 对死刑案件的申诉,可以由原核准的人民法院直接审查处理,也可以交由原审人民法院审查。原审人民法院应当写出审查报告,提出处理意见,层报原核准的人民法院审查处理。

※法规解读:上述条文是关于人民法院受理、审查申诉的规定。主要内容是:(1)申诉的主体包括:当事人及其法定代理人、近亲属以及认为已生效裁判影响其权益的案外人,申诉可委托律师代为进行。(2)向人民法院申诉应当提交的材料:申诉状、原审裁判文书、复查或再审的相关法律文书、其他相关材料。(3)受理、审查申诉的法院。具体而言,第一,申诉由终审法院审查。第二,二审撤回上诉的案件,对第一审判决的申诉,可以由第一审法院审查。第三,直接向上一级人民法院申诉的,上一级人民法院可以告知申诉人向终审法院申诉或直接交由终审法院审查处理,案件疑难、复杂、重大的,也可以直接审查处理。第四,直接向上级人民法院申诉的,上级人民法院可以告知申诉人向下级人民法院提出。第五,死刑案件的申诉,可直接向原核准的人民法院提出并由其审查处理。原核准的人民法院也可以将申诉交由原审人民法院审查。原审人民法院审查的意见须层报原核准法院审查处理。

《人民检察院刑事诉讼规则(试行)》(2012年11月22日修订)

第五百九十三条 当事人及其法定代理人、近亲属认为人民法院已经发生法律效力的刑事判决、裁定确有错误,向人民检察院申诉的,由作出生效判决、裁定的人民法院的同级人民检察院刑事申诉检察部门依法办理。

当事人及其法定代理人、近亲属直接向上级人民检察院申诉的,上级人民检察院可以交由作出生效判决、裁定的人民法院的同级人民检察院受理;案情重大、疑难、复杂的,上级人民检察院可以直接受理。

当事人及其法定代理人、近亲属对人民法院已经发生法律效力的判决、裁定提出申诉,经人民检察院复查决定不予抗诉后继续提出申诉的,上一级人民检察院应当受理。

不服人民法院死刑终审判决、裁定尚未执行的申诉,由监所检察部门办理。

第五百九十四条 对不服人民法院已经发生法律效力的刑事判决、裁定的申诉,经两级人民检察院办理且省级人民检察院已经复查的,如果没有新的事实和理由,人民检察院不再立案复查,但原审被告人可能被宣告无罪或者判决、裁定有其他重大错误可能的除外。

第五百九十五条 人民检察院刑事申诉检察部门对已经发生法律效力的刑事判决、裁定的申诉复查后,认为需要提出抗诉的,报请检察长或者检察委员会讨论决定。

地方各级人民检察院刑事申诉检察部门对不服同级人民法院已经发生法律效力的刑事判决、裁定的申诉复查后,认为需要提出抗诉的,报请检察长或者检察委员会讨论决定。认为需要提出抗诉的,应当提请上一级人民检察院抗诉。

上级人民检察院刑事申诉检察部门对下一级人民检察院提请抗诉的申诉案件审查后,认为需要提出抗诉的,报请检察长或者检察委员会决定。

人民法院开庭审理时,由同级人民检察院刑事申诉检察部门派员出席法庭。

第五百九十六条 人民检察院刑事申诉检察部门对不服人民法院已经发生法律效力的刑事判决、裁定的申诉案件复查终结后,应当制作刑事申诉复查通知书,并在十日以内通知申诉人。

经复查向上一级人民检察院提请抗诉的,应当在上一级人民检察院作出是否抗诉的决定后制作刑事申诉复查通知书。

※法规解读:上述条文是关于人民检察院受理、审查申诉的规定。

第593条规定了由作出生效判决、裁定的人民法院的同级人民检察院刑事申诉检察部门受理、审查申诉。第594条规定了人民检察院对申诉不再立案复查的情形。第595条规定了人民检察院对申诉复查后的处理程序。第596条规定了人民检察院将申诉结果通知申诉人的程序。

关联法规索引

《宪法》第41条;《最高人民法院关于规范人民法院再审立案的若干意见(试行)》;《关于调整服刑人员刑事申诉案件管辖的通知》;《人民检察院刑事申诉案件公开审查程序规定》;《最高人民检察院关于办理不服人民法院生效刑事裁判申诉案件若干问题的规定》;《人民检察院复查刑事申诉案件规定》;《人民检察院受理控告申诉依法导入法律程序实施办法》;《人民检察院刑事申诉案件异地审查规定(试行)》

第二百五十三条 【因申诉而重新审判的事由】 当事人及其法定代理人、近亲属的申诉符合下列情形之一的,人民法院应当重新审判:

(一)有新的证据证明原判决、裁定认定的事实确有错误,可能影响定罪量刑的;

(二)据以定罪量刑的证据不确实、不充分、依法应当予以排除,或者证明案件事实的主要证据之间存在矛盾的;

(三)原判决、裁定适用法律确有错误的;

(四)违反法律规定的诉讼程序,可能影响公正审判的;

(五)审判人员在审理该案件的时候,有贪污受贿,徇私舞弊,枉法裁判行为的。

条文解读

本条规定了人民法院重新审判的再审申诉事由。

我国《刑事诉讼法》规定能提起并决定审判监督程序的主体只限于人民法院和人民检察院。当事人及其法定代理人、近亲属只有对生效判决和裁定提出申诉的权利，但刑事申诉并不能直接启动再审程序。案件必须经过检察院或法院审查后，由检察院抗诉或法院决定后才能启动审判监督程序，进行再审。本条规定了五种情况下，对于刑事申诉，人民法院应当决定重新审判：

第一，有新的证据证明原判决、裁定认定的事实确有错误的，可能影响定罪量刑的。这里的新的证据是指原审诉讼中未提出的证据，包括新发现的证据和新获得的证据。2012 年《刑事诉讼法》增加了“可能影响定罪量刑的”这一后缀，在表述上更为科学、准确，符合重新审判的事由比较严格这一特征。

第二，据以定罪量刑的证据不确实、不充分、依法应当予以排除，或者证明案件事实的主要证据之间存在矛盾的。2012 年《刑事诉讼法》在这里增加了“依法应当予以排除”，以适应《刑事诉讼法》第 56 条关于非法证据排除的规定。证据不确实、不充分、依法应当予以排除，或者证明案件事实的主要证据之间存在矛盾，意味着证据链不完整，在证据的数量、质量、关联性上没有达到法定证明要求，则裁判在事实认定上可能有错误。

第三，原判决、裁定适用法律确有错误的。例如，罪名认定错误、量刑档次确定错误和具体量刑畸轻畸重等。

第四，违反法律规定的诉讼程序，可能影响公正审判的。这是 2012 年《刑事诉讼法》增加的一个事由。长期以来，在“重实体、轻程序”的诉讼观念之下，审判监督程序启动的事由偏重于实体方面，而忽视了对程序方面事由的规定。因而，本法作此规定。原审违反法律规定的诉讼程序，可能影响公正审判的，不但难以实现实体公正，而且也损害了程序的正当性，因而应当作为再审的事由。

第五，审判人员在审理该案件的时候，有贪污受贿，徇私舞弊，枉法裁判行为的。审判人员审理案件应当清正廉明、忠于职守、秉公办案，不得徇私枉法。申诉人有证据证明审判人员审理案件时有贪污受贿，徇私舞弊，枉法裁判行为的，人民法院应当通过审判监督程序将错误裁判予以纠正。

配套法规及解读

《最高人民法院关于适用〈中华人民共和国刑事诉讼法〉的解释》(2012 年 12 月 20 日)

第三百七十五条 对立案审查的申诉案件，应当在三个月内作出决定，至迟不得超过六个月。

经审查,具有下列情形之一的,应当根据刑事诉讼法第二百四十二条[1]的规定,决定重新审判:

(一)有新的证据证明原判决、裁定认定的事实确有错误,可能影响定罪量刑的;

(二)据以定罪量刑的证据不确实、不充分、依法应当排除的;

(三)证明案件事实的主要证据之间存在矛盾的;

(四)主要事实依据被依法变更或者撤销的;

(五)认定罪名错误的;

(六)量刑明显不当的;

(七)违反法律关于溯及力规定的;

(八)违反法律规定的诉讼程序,可能影响公正裁判的;

(九)审判人员在审理该案件时有贪污受贿、徇私舞弊、枉法裁判行为的。

申诉不具有上述情形的,应当说服申诉人撤回申诉;对仍然坚持申诉的,应当书面通知驳回。

第三百七十六条 具有下列情形之一,可能改变原判决、裁定据以定罪量刑的事实的证据,应当认定为刑事诉讼法第二百四十二条[2]第一项规定的"新的证据":

(一)原判决、裁定生效后新发现的证据;

(二)原判决、裁定生效前已经发现,但未予收集的证据;

(三)原判决、裁定生效前已经收集,但未经质证的证据;

(四)原判决、裁定所依据的鉴定意见,勘验、检查等笔录或者其他证据被改变或者否定的。

第三百七十七条 申诉人对驳回申诉不服的,可以向上一级人民法院申诉。上一级人民法院经审查认为申诉不符合刑事诉讼法第二百四十二条[3]和本解释第三百七十五条第二款规定的,应当说服申诉人撤回申诉;对仍然坚持申诉的,应当驳回或者通知不予重新审判。

※法规解读:上述条文是关于人民法院对申诉处理的补充规定。

第375条第1款规定了人民法院审查申诉的期限为3个月,最迟不得超过6个月。第2款是对《刑事诉讼法》第253条规定的细化,将因申诉而决定重新审判的事由具体化为9项。第3款规定了申诉不具备法定事由的,应当说服申诉人撤回申诉;对仍然坚持申诉的,应当书面通知驳回。第376条是对如何认定"新的证据"的规定。第377条

---

[1] 现行《刑事诉讼法》第二百五十三条。

[2] 现行《刑事诉讼法》第二百五十三条。

[3] 现行《刑事诉讼法》第二百五十三条。

规定了对申诉人不服驳回申诉的救济程序。

第二百五十四条 【提起再审的主体、理由】 各级人民法院院长对本院已经发生法律效力的判决和裁定，如果发现在认定事实上或者在适用法律上确有错误，必须提交审判委员会处理。

最高人民法院对各级人民法院已经发生法律效力的判决和裁定，上级人民法院对下级人民法院已经发生法律效力的判决和裁定，如果发现确有错误，有权提审或者指令下级人民法院再审。

最高人民检察院对各级人民法院已经发生法律效力的判决和裁定，上级人民检察院对下级人民法院已经发生法律效力的判决和裁定，如果发现确有错误，有权按照审判监督程序向同级人民法院提出抗诉。

人民检察院抗诉的案件，接受抗诉的人民法院应当组成合议庭重新审理，对于原判决事实不清楚或者证据不足的，可以指令下级人民法院再审。

条文解读

本条共有4款，规定了审判监督程序启动的主体、途径和程序。第1、2款是关于人民法院决定再审的规定，第3、4款是关于因抗诉而引发再审的规定。

依据本条，启动审判监督程序的主体包括人民法院和人民检察院。启动审判监督程序的途径有两条：法院决定再审和检察院抗诉再审。各级人民法院审判委员会对本院生效裁判有权决定再审。最高人民法院对地方各级人民法院、上级人民法院对下级人民法院的生效裁判有权决定再审或指令下级人民法院再审。最高人民检察院对地方各级人民法院、上级人民检察院对下级人民法院的生效裁判认为有错误的，有权向同级人民法院提出抗诉。但地方各级人民检察院发现同级人民法院和上级人民法院生效裁判有错误的，无权提出再审抗诉，只能报请上级检察院决定是否抗诉。人民检察院的抗诉一经提出，即具有法律效力，人民法院必须再审。因抗诉而再审的案件，人民法院必须组成合议庭审理，对原判事实认定有问题的可以指令下级人民法院再审。

配套法规及解读

《最高人民法院关于适用〈中华人民共和国刑事诉讼法〉的解释》(2012年12月20日)

第三百七十八条 各级人民法院院长发现本院已经发生法律效力的判决、裁定确有错误的，应当提交审判委员会讨论决定是否再审。

第三百七十九条　上级人民法院发现下级人民法院已经发生法律效力的判决、裁定确有错误的，可以指令下级人民法院再审；原判决、裁定认定事实正确但适用法律错误，或者案件疑难、复杂、重大，或者有不宜由原审人民法院审理情形的，也可以提审。

上级人民法院指令下级人民法院再审的，一般应当指令原审人民法院以外的下级人民法院审理；由原审人民法院审理更有利于查明案件事实、纠正裁判错误的，可以指令原审人民法院审理。

※法规解读：上述条文是对法院决定再审的补充规定。

第一，明确了上级人民法院可以提审的情形，即上级人民法院发现下级人民法院已经发生法律效力的判决、裁定认定事实正确但适用法律错误，或者案件疑难、复杂、重大，或者有不宜由原审人民法院审理情形的，也可以提审。第二，明确了上级人民法院指令再审原则上是指令原审人民法院以外的下级人民法院审理，除非由原审人民法院审理更有利于查明案件事实、纠正裁判错误。

第三百八十条　对人民检察院依照审判监督程序提出抗诉的案件，人民法院应当在收到抗诉书后一个月内立案。但是，有下列情形之一的，应当区别情况予以处理：

（一）对不属于本院管辖的，应当将案件退回人民检察院；

（二）按照抗诉书提供的住址无法向被抗诉的原审被告人送达抗诉书的，应当通知人民检察院在三日内重新提供原审被告人的住址；逾期未提供的，将案件退回人民检察院；

（三）以有新的证据为由提出抗诉，但未附相关证据材料或者有关证据不是指向原起诉事实的，应当通知人民检察院在三日内补送相关材料；逾期未补送的，将案件退回人民检察院。

决定退回的抗诉案件，人民检察院经补充相关材料后再次抗诉，经审查符合受理条件的，人民法院应当受理。

第三百八十一条　对人民检察院依照审判监督程序提出抗诉的案件，接受抗诉的人民法院应当组成合议庭审理。对原判事实不清、证据不足，包括有新的证据证明原判可能有错误，需要指令下级人民法院再审的，应当在立案之日起一个月内作出决定，并将指令再审决定书送达抗诉的人民检察院。

※法规解读：上述条文是对抗诉再审的补充规定。第380条明确了人民法院收到抗诉书后再审立案的期限为1个月。同时补充规定了三种情况下退回抗诉的处理程序。第381条对抗诉案件指令再审的规定进一步细化。即对原判事实不清、证据不足，包括有新的证据证明原判可能有错误，需要指令下级人民法院再审的，应当在立案之日起1个月内作出决定，并将指令再审决定书送达抗诉的人民检察院。

《人民检察院刑事诉讼规则(试行)》(2012年11月22日修订)

第五百九十七条 最高人民检察院发现各级人民法院已经发生法律效力的判决或者裁定,上级人民检察院发现下级人民法院已经发生法律效力的判决或者裁定确有错误时,可以直接向同级人民法院提出抗诉,或者指令作出生效判决、裁定人民法院的上一级人民检察院向同级人民法院提出抗诉。

※法规解读:本条是关于抗诉程序的补充规定。《刑事诉讼法》规定最高人民检察院对地方各级法院的生效裁判、上级人民检察院对下级人民法院的生效裁判认为有错误的,向同级人民法院提出抗诉。本条则对"向同级人民法院提出抗诉"补充规定为"直接向同级人民法院抗诉,或者指令作出生效裁判人民法院的上一级人民检察院向同级人民法院提出抗诉"。

第五百九十八条 人民检察院按照审判监督程序向人民法院提出抗诉的,应当将抗诉书副本报送上一级人民检察院。

※法规解读:本条规定了提出再审抗诉的人民检察院,应当将抗诉书副本报送上一级人民检察院,以便上级人民检察院对下级人民检察院再审抗诉权的行使进行监督。

第五百九十九条 对按照审判监督程序提出抗诉的案件,人民检察院认为人民法院作出的判决、裁定仍然确有错误的,如果案件是依照第一审程序审判的,同级人民检察院应当向上一级人民法院提出抗诉;如果案件是依照第二审程序审判的,上一级人民检察院应当按照审判监督程序向同级人民法院提出抗诉。

对按照审判监督程序提出抗诉的申诉案件,人民检察院认为人民法院作出的判决、裁定仍然确有错误的,由派员出席法庭的人民检察院刑事申诉检察部门适用本条第一款的规定办理。

※法规解读:本条规定了因抗诉再审的案件所作的裁判,人民检察院如何行使抗诉权。

因抗诉再审的案件,如果人民法院进行再审依照的是第一审程序,则所作的裁判为一审裁判,在抗诉期内,人民检察院认为裁判确有错误的,应当依照第二审程序中关于抗诉的规定,由作出一审裁判同级的人民检察院向上一级法院,即第二审法院提出抗诉,属于二审抗诉。如果人民法院对抗诉案件进行再审适用的是第二审程序,则所作的裁判为终审裁判。裁判生效后,人民检察院认为确有错误的,由作出生效裁判人民法院的上一级人民检察院按照审判监督程序向同级人民法院提出抗诉,属于再审抗诉。上述规定亦适用于按照审判监督程序提出抗诉的申诉案件。

关联法规索引

《人民检察院刑事诉讼规则(试行)》第582条、第600条、第601条;《最高人民法院关于适用〈中华人民共和国刑事诉讼法〉的解释》第330条、第331条;《最高人民法院关于审理人民检察院按照审判监督程序提出的刑事抗诉案件若干问题的规定》;《人民检察院刑事抗诉工作指引》第30条、第33条

典型案例

于某某申诉案[1]

※案情简介:1996年12月2日,于某某的妻子韩某在家中被人杀害。安徽省蚌埠市中区公安分局侦查认为于某某有重大犯罪嫌疑,于1996年12月12日将其刑事拘留。1996年12月21日,蚌埠市中市区人民检察院以于某某涉嫌故意杀人罪,将其批准逮捕。在侦查阶段的审讯中,于某某供认了杀害妻子的主要犯罪事实。蚌埠市中区公安分局侦查终结后,移送蚌埠市中市区人民检察院审查起诉。蚌埠市中市区人民检察院审查后,依法移送蚌埠市人民检察院审查起诉。1997年12月24日,蚌埠市人民检察院以涉嫌故意杀人罪对于某某提起公诉。蚌埠市中级人民法院一审判决认定以下事实:1996年12月1日,于某某一家三口在逛商场时,韩某将2800元现金交给于某某让其存入银行,但却不愿告诉这笔钱的来源,引起于某某的不满。12月2日7时20分,于某某送其子去上学,回家后再次追问韩某2800元现金是哪来的。因韩某坚持不愿说明来源,二人发生争吵厮打。厮打过程中,于某某见韩某声音越来越大,即恼羞成怒将其推倒在床上,然后从厨房拿了一根塑料绳,将韩某的双手拧到背后捆上。接着又用棉被盖住韩某头面部并隔着棉被用双手紧捂其口鼻,将其捂昏迷后匆忙离开现场到单位上班。约9时50分,于某某从单位返回家中,发现韩某已经死亡,便先解开捆绑韩某的塑料绳,用菜刀对韩某的颈部割了数刀,然后将其内衣向上推至胸部、将其外面穿的毛线衣拉平,并将尸体翻成俯卧状。接着又将屋内家具的柜门、抽屉拉开,将物品翻乱,造成家中被抢劫、韩某被奸杀的假象。临走时,于某某又将液化气打开并点燃一根蜡烛放在床头柜上的烟灰缸里,企图使液化气排放到一定程度,烛火引燃液化气,达到烧毁现场的目的。后因被及时发现而未引燃。经法医鉴定:死者韩某口、鼻腔受暴力作用,致机械性窒息死亡。

---

〔1〕 本案根据《最高人民检察院关于印发第七批指导性案例的通知》(高检发研字〔2016〕7号,2016年5月31日)检例第25号整理。

1998年4月7日,蚌埠市中级人民法院以故意杀人罪判处于某某死刑,缓期二年执行。于某某不服,向安徽省高级人民法院提出上诉。1998年9月14日,安徽省高级人民法院以原审判决认定于某某故意杀人的部分事实不清,证据不足为由,裁定撤销原判,发回重审。被害人韩某的父母提起附带民事诉讼。1999年9月16日,蚌埠市中级人民法院以故意杀人罪判处于某某死刑,缓期二年执行。于某某不服,再次向安徽省高级人民法院提出上诉。2000年5月15日,安徽省高级人民法院以原审判决事实不清,证据不足为由,裁定撤销原判,发回重审。2000年10月25日,蚌埠市中级人民法院以故意杀人罪判处于某某无期徒刑。于某某不服,向安徽省高级人民法院提出上诉。2002年7月1日,安徽省高级人民法院裁定驳回上诉,维持原判。2002年12月8日,于某某向安徽省高级人民法院提出申诉。2004年8月9日,安徽省高级人民法院驳回于某某的申诉。后于某某向安徽省人民检察院提出申诉。安徽省人民检察院经复查,提请最高人民检察院按照审判监督程序提出抗诉。最高人民检察院经审查,于2013年5月24日向最高人民法院提出再审检察建议。

最高人民检察院审查认为,原审判决、裁定认定于某某故意杀人的事实不清,证据不足,案件存在的矛盾和疑点无法得到合理排除,案件事实结论不具有唯一性。

一、原审判决认定事实的证据不确实、不充分。一是根据安徽省人民检察院复查调取的公安机关侦查内卷中的手写“现场手印检验报告”及其他相关证据,能够证实现场存在的2枚指纹不是于某某及其家人所留,但侦查机关并未将该情况写入检验报告。原审判决依据该“现场手印检验报告”得出“没有发现外人进入现场的痕迹”的结论与客观事实不符。二是关于于某某送孩子上学以及到单位上班的时间,缺少明确证据支持,且证人证言之间存在矛盾。原审判决认定于某某9时50分回家伪造现场,10时20分回到单位,而于某某辩解其在10时左右回到单位,后接到传呼并用办公室电话回此传呼,并在侦查阶段将传呼机提交侦查机关。安徽省人民检察院复查及最高人民检察院审查时,相关人员证实侦查机关曾对有关人员及传呼机信息问题进行了调查,并调取了通话记录,但案卷中并没有相关调查材料及通话记录,于某某关于在10时左右回到单位的辩解不能合理排除。因此依据现有证据,原审判决认定于某某具有20分钟作案时间和30分钟伪造现场时间的证据不足。

二、原审判决定罪的主要证据之间存在矛盾。原审判决认定于某某有罪的证据主要是现场勘查笔录、尸检报告以及于某某曾作过的有罪供述。而于某某在侦查阶段虽曾作过有罪供述,但其有罪供述不稳定,时供时翻,供述前后矛盾。且其有罪供述与现场勘查笔录、尸检报告等证据亦存在诸多不一致的地方,如于某某曾作有罪供述中有关菜刀放置的位置、拽断电话线、用于点燃蜡烛的火柴梗丢弃在现场以及与被害人发生性行为等情节与现场勘查笔录、尸检报告等证据均存在矛盾。

三、原审判决认定于某某故意杀人的结论不具有唯一性。根据从公安机关侦查内卷中调取的手写“手印检验报告”以及DNA鉴定意见,现场提取到外来指纹,被害人阴道提取的精子也不是于某某的精子,因此存在其他人作案的可能。同时,根据侦查机关蜡烛燃烧试验反映的情况,该案存在杀害被害人并伪造现场均在8时之前完成的可能。原审判决认定于某某故意杀害韩某的证据未形成完整的证据链,认定的事实不能排除合理怀疑。

2013年6月6日,最高人民法院将最高人民检察院再审检察建议转安徽省高级人民法院。2013年6月27日,安徽省高级人民法院对该案决定再审。2013年8月5日,安徽省高级人民法院不公开开庭审理了该案。安徽省高级人民法院审理认为,原判决、裁定根据于某某的有罪供述、现场勘查笔录、尸体检验报告、刑事科学技术鉴定、证人证言等证据,认定原审被告人于某某杀害了韩某。但于某某供述中部分情节与现场勘查笔录、尸体检验报告、刑事科学技术鉴定等证据存在矛盾,且韩某阴道擦拭纱布及三角内裤上的精子经DNA鉴定不是于某某的,安徽省人民检察院提供的侦查人员从现场提取的没有比对结果的他人指纹等证据没有得到合理排除,因此原审判决、裁定认定于某某犯故意杀人罪的事实不清、证据不足,指控的犯罪不能成立。2013年8月8日,安徽省高级人民法院作出再审判决:撤销原审判决裁定,原审被告人于某某无罪。

※裁判要旨:坚守防止冤假错案底线,是保障社会公平正义的重要方面。检察机关既要依法监督纠正确有错误的生效刑事裁判,又要注意在审查逮捕、审查起诉等环节有效发挥监督制约作用,努力从源头上防止冤假错案发生。在监督纠正冤错案件方面,要严格把握纠错标准,对于被告人供述反复,有罪供述前后矛盾,且有罪供述的关键情节与其他在案证据存在无法排除的重大矛盾,不能排除有其他人作案可能的,应当依法进行监督。于某某申诉案是检察机关充分发挥法律监督职能,通过发出再审检察建议的方式,监督人民法院纠正已生效的错误判决、裁定,使蒙冤被告人由无期徒刑改判无罪、重获公正与自由的典型案例。通过监督纠正冤错案件,体现了检察机关在刑事审判监督过程中,坚决贯彻证据裁判、疑罪从无原则,严格把握纠错标准,依法监督、敢于监督、善于监督的司法理念和工作要求。

第二百五十五条 【指令再审】上级人民法院指令下级人民法院再审的,应当指令原审人民法院以外的下级人民法院审理;由原审人民法院审理更为适宜的,也可以指令原审人民法院审理。

条文解读

本条是关于指令再审的规定。

依据《刑事诉讼法》第 254 条第 2～4 款，以下几种情况下，人民法院可以指令再审：第一，最高人民检察院适用审判监督程序提出抗诉的案件，接受抗诉的最高人民法院可以指令下级人民法院再审；第二，上级人民检察院适用审判监督程序提出抗诉的案件，接受抗诉的同级人民法院可以指令下级人民法院再审；第三，最高人民法院对下级人民法院生效裁判决定再审的，可以指令下级人民法院再审；第四，上级人民法院对下级人民法院生效裁判决定再审的，可以指令下级人民法院再审。由原审人民法院审理实际上是自己纠正自己的错误，因而，一般情况下，相对于原审人民法院而言，其他法院的立场能够更加客观、公正一些。而且有些案件在原来审理时，已经提交了审判委员会讨论，法院内部对该案已经形成了固定的看法和认识，很难改变。还有些案件有错误是因为原审审判人员存在枉法裁判等行为或受当地外界因素干扰而致，如果仍由原来法院再审，也难以保证公正审判。所以，《刑事诉讼法》规定指令再审时确定了原则上应当指令原审人民法院以外的下级人民法院审理的一般性原则。同时，考虑到有些情况下，案件确实由原审人民法院审理更为合适，那么也可以指令原审人民法院审理，即指令再审以指令其他下级人民法院审理为原则，以指令原审人民法院审理为补充。

第二百五十六条 【再审的程序】人民法院按照审判监督程序重新审判的案件，由原审人民法院审理的，应当另行组成合议庭进行。如果原来是第一审案件，应当依照第一审程序进行审判，所作的判决、裁定，可以上诉、抗诉；如果原来是第二审案件，或者是上级人民法院提审的案件，应当依照第二审程序进行审判，所作的判决、裁定，是终审的判决、裁定。

人民法院开庭审理的再审案件，同级人民检察院应当派员出席法庭。

条文解读

本条是关于再审案件的审理程序的规定。

本条第 1 款规定了再审案件的审理在审判组织形式上，应当采用合议庭审理。由原审法院再审的，应当另行组成合议庭进行，原来参加过案件审理的审判人员不得参加案件的再审。对第一审生效裁判再审的案件则适用第一审程序审理，所作裁判可以上诉、抗诉。对第二审生效裁判再审的案件适用第二审程序审理，所作裁判为终审裁判。上级法院提审的再审案件一律适用第二审程序审理。再审案件重点针对申诉、抗诉和决定再审的事由进行审理，必要时进行全面审查。再审案件的审理结果包括维持原判、依法改判、发回重审、因事实不清证据不足撤销原判宣告无罪、裁定补正有关信息等几种情形。

本条第2款规定了再审案件开庭审理时，同级人民检察院有派员出庭的义务。这里的同级人民检察院指的是对再审案件进行审理的人民法院的同级人民检察院。《刑事诉讼法》此规定，主要是为了解决实践中再审案件审理时，有时检察人员不出庭的问题，这样能更好地发挥检察机关支持公诉、法律监督的职能作用，保证案件审判质量。

配套法规及解读

《最高人民法院关于适用〈中华人民共和国刑事诉讼法〉的解释》(2012年12月20日)

第三百八十三条　依照审判监督程序重新审判的案件，人民法院应当重点针对申诉、抗诉和决定再审的理由进行审理。必要时，应当对原判决、裁定认定的事实、证据和适用法律进行全面审查。

第三百八十四条　原审人民法院审理依照审判监督程序重新审判的案件，应当另行组成合议庭。

原来是第一审案件，应当依照第一审程序进行审判，所作的判决、裁定可以上诉、抗诉；原来是第二审案件，或者是上级人民法院提审的案件，应当依照第二审程序进行审判，所作的判决、裁定是终审的判决、裁定。

对原审被告人、原审自诉人已经死亡或者丧失行为能力的再审案件，可以不开庭审理。

第三百八十五条　开庭审理的再审案件，再审决定书或者抗诉书只针对部分原审被告人，其他同案原审被告人不出庭不影响审理的，可以不出庭参加诉讼。

第三百八十六条　除人民检察院抗诉的以外，再审一般不得加重原审被告人的刑罚。再审决定书或者抗诉书只针对部分原审被告人的，不得加重其他同案原审被告人的刑罚。

第三百八十七条　人民法院审理人民检察院抗诉的再审案件，人民检察院在开庭审理前撤回抗诉的，应当裁定准许；人民检察院接到出庭通知后不派员出庭，且未说明原因的，可以裁定按撤回抗诉处理，并通知诉讼参与人。

人民法院审理申诉人申诉的再审案件，申诉人在再审期间撤回申诉的，应当裁定准许；申诉人经依法通知无正当理由拒不到庭，或者未经法庭许可中途退庭的，应当裁定按撤回申诉处理,但申诉人不是原审当事人的除外。

第三百八十八条 开庭审理的再审案件,系人民法院决定再审的,由合议庭组成人员宣读再审决定书;系人民检察院抗诉的,由检察人员宣读抗诉书;系申诉人申诉的,由申诉人或者其辩护人、诉讼代理人陈述申诉理由。

第三百八十九条 再审案件经过重新审理后,应当按照下列情形分别处理:

(一)原判决、裁定认定事实和适用法律正确、量刑适当的,应当裁定驳回申诉或者抗诉,维持原判决、裁定;

(二)原判决、裁定定罪准确、量刑适当,但在认定事实、适用法律等方面有瑕疵的,应当裁定纠正并维持原判决、裁定;

(三)原判决、裁定认定事实没有错误,但适用法律错误,或者量刑不当的,应当撤销原判决、裁定,依法改判;

(四)依照第二审程序审理的案件,原判决、裁定事实不清或者证据不足的,可以在查清事实后改判,也可以裁定撤销原判,发回原审人民法院重新审判。

原判决、裁定事实不清或者证据不足,经审理事实已经查清的,应当根据查清的事实依法裁判;事实仍无法查清,证据不足,不能认定被告人有罪的,应当撤销原判决、裁定,判决宣告被告人无罪。

第三百九十条 原判决、裁定认定被告人姓名等身份信息有误,但认定事实和适用法律正确、量刑适当的,作出生效判决、裁定的人民法院可以通过裁定对有关信息予以更正。

第三百九十一条 对再审改判宣告无罪并依法享有申请国家赔偿权利的当事人,人民法院宣判时,应当告知其在判决发生法律效力后可以依法申请国家赔偿。

※法规解读:上述条文是关于再审案件审理程序的补充规定。

第383条明确了再审案件的审理范围。即重点针对再审事由进行审查,必要时进行全面审查。第384条规定了再审案件审理的审判组织形式、适用程序,与《刑事诉讼法》第256条的规定基本相同。第385条是关于再审案件开庭审理时同案被告人是否均需要出庭的规定。第386条是关于再审不加刑的规定。第387条是关于人民检察院撤回抗诉、申诉人撤回申诉的规定。第388条是关于开庭审理的案件宣读再审决定书、抗诉书,陈述申诉理由的规定。第389条、第390条是关于再审案件审理结果的规定。包括维持原判、依法改判、发回重审、因事实不清证据不足撤销原判宣告无罪、裁定补正有关信息等几种情形。第391条规定了对再审改判宣告无罪并依法享有申请国家赔偿权利的当事人,人民法院宣判时,有义务告知其依法申请国家赔偿。

典型案例

聂树斌案再审改判无罪[1]

※案情简介:1994年8月10日上午,康某某父亲康某东向公安机关报案称其女儿失踪。同日下午,康某东和康某某同事余某某等人,在石家庄市郊区孔寨村西玉米地边发现被杂草掩埋的康某某连衣裙和内裤。8月11日11时30分许,康某某尸体在孔寨村西玉米地里被发现。经公安机关侦查,认定康某某系被聂树斌强奸杀害。

河北省石家庄市人民检察院以故意杀人罪、强奸妇女罪对原审被告人聂树斌提起公诉,石家庄市中级人民法院于1995年3月15日作出(1995)石刑初字第53号刑事附带民事判决,以故意杀人罪判处聂树斌死刑,以强奸妇女罪判处聂树斌死刑,决定执行死刑。聂树斌不服一审判决,提出上诉。1995年4月25日,河北省高级人民法院作出(1995)冀刑一终字第129号刑事附带民事判决,维持对聂树斌犯故意杀人罪的定罪量刑,撤销对聂树斌犯强奸妇女罪的量刑,改判有期徒刑十五年,决定执行死刑,并根据最高人民法院授权高级人民法院核准部分死刑案件的规定核准聂树斌死刑。1995年4月27日,聂树斌被执行死刑。

2005年1月17日,另案被告人王书金自认系聂树斌案真凶。此事经媒体报道后,引发社会关注。自2007年5月起,聂树斌的亲属向河北省高级人民法院和多个部门提出申诉,认为聂树斌不是凶手,要求改判无罪。2014年12月4日,根据河北省高级人民法院请求,最高人民法院指令山东省高级人民法院复查本案。山东省高级人民法院经复查认为,原审判决缺少能够锁定聂树斌作案的客观证据,被告人作案时间、作案工具、被害人死因等存在重大疑问,据以定罪量刑的证据不确实、不充分,不能排除他人作案的可能性,建议最高人民法院重新审判该案。

最高人民法院同意山东省高级人民法院意见,于2016年6月6日决定提审该案。6月20日,最高人民法院决定该案由第二巡回法庭审理。再审期间,合议庭查阅了该案全部卷宗及相关材料,赴石家庄察看案发现场、核实相关证据、询问原办案人员,咨询了刑侦、法学专家,并多次约谈申诉人及其代理人,听取其意见,依法保障其诉讼权利,多次听取最高人民检察院意见。最高人民检察院提交书面检察意见认为原审判决事实不清、证据不足,应当改判聂树斌无罪。

2016年12月2日,最高人民法院第二巡回法庭对原审被告人聂树斌故意杀人、强奸妇女再审案公开宣判,宣告撤销原审判决,改判聂树斌无罪。判决主要理由是:原判

---

[1] 本案根据罗阳、白沙:《最高人民法院再审改判聂树斌无罪》整理,载 https://www.chinacourt.org/article/detail/2016/12/id/2362769.shtml,上传时间:2016年12月2日,最后访问时间:2019年4月15日。

认定聂树斌犯故意杀人罪、强奸妇女罪的主要依据是聂树斌的有罪供述与在案其他证据印证一致。但是,综观全案,本案缺乏能够锁定原审被告人聂树斌作案的客观证据,聂树斌作案时间不能确认,作案工具花上衣来源不能确认,被害人死亡时间和死亡原因不能确认;聂树斌被抓获之后前5天讯问笔录缺失,案发之后前50天内多名重要证人询问笔录缺失,重要原始书证考勤表缺失;聂树斌有罪供述的真实性、合法性存疑,有罪供述与在卷其他证据供证一致的真实性、可靠性存疑,是否另有他人作案存疑;原判据以定案的证据没有形成完整锁链,没有达到证据确实、充分的证明标准,也没有达到基本事实清楚、基本证据确凿的定罪要求。

※**裁判要旨**:有关聂树斌案件的申诉和再审历时数年,成为司法界乃至于整个社会的热点问题。即便如此,对于聂树斌案件的再审,也需要依照法定程序启动。在聂树斌案件中,最高人民法院开拓性地创建了复查程序之后,最高人民法院依法启动再审程序,并且采用了提审的方式,由最高人民法院对案件进行再审,体现了对法律负责、对人民负责、对历史负责的态度。案件再审严格遵守法定程序,遵循证据裁判原则、疑罪从无原则,还原了司法的公平正义,彰显了时代法治精神,体现了我国法治文明的进步。

第二百五十七条　【再审强制措施】人民法院决定再审的案件,需要对被告人采取强制措施的,由人民法院依法决定;人民检察院提起抗诉的再审案件,需要对被告人采取强制措施的,由人民检察院依法决定。

人民法院按照审判监督程序审判的案件,可以决定中止原判决、裁定的执行。

条文解读

本条是关于再审中对被告人采取强制措施以及中止原判决、裁定执行的规定,共有2款。

本条第1款是关于再审程序中对被告人采取强制措施的规定。再审程序中,如果被告人未被羁押,又存在一定的社会危险性或有可能逃避审判,需要对其采取强制措施的,应当适用《刑事诉讼法》第1编第6章的规定,对其采取强制措施。再审程序中,需要对被告人采取强制措施的,由人民法院依法决定;人民检察院提起抗诉的再审案件,需要对被告人采取强制措施的,由人民检察院依法决定。

本条第2款规定了人民法院按照审判监督程序审判的案件,可以决定中止原判决、裁定的执行。这主要是考虑到再审的案件,原裁判很可能存在错误,为了避免错误扩大,可以暂时停止原判决、裁定的执行,等待再审裁判结果出来后,再终止或恢复执行。

配套法规及解读

《最高人民法院关于适用〈中华人民共和国刑事诉讼法〉的解释》(2012年12月20日)

第三百八十二条　对决定依照审判监督程序重新审判的案件,除人民检察院抗诉的以外,人民法院应当制作再审决定书。再审期间不停止原判决、裁定的执行,但被告人可能经再审改判无罪,或者可能经再审减轻原判刑罚而致刑期届满的,可以决定中止原判决、裁定的执行,必要时,可以对被告人采取取保候审、监视居住措施。

※法规解读:本条是对再审程序的补充规定。

第一,明确了除抗诉再审的案件外,因申诉人民法院决定重新审判的案件,人民法院决定再审的案件,应当制作再审决定书。因抗诉人民法院适用审判监督程序审理案件的,人民法院不必制作再审决定书。因为人民检察院的抗诉一经提出,即具有法律效力,人民法院必须再审而不需要再审查决定。再审决定书中应当写明再审的事由、法律依据、是本院决定再审、本院决定提审还是指令下级法院再审。第二,明确了原判决、裁定可以中止执行的情形,即被告人可能经再审改判无罪,或者可能经再审减轻原判刑罚而致刑期届满。

第二百五十八条　【再审期限】人民法院按照审判监督程序重新审判的案件,应当在作出提审、再审决定之日起三个月以内审结,需要延长期限的,不得超过六个月。

接受抗诉的人民法院按照审判监督程序审判抗诉的案件,审理期限适用前款规定;对需要指令下级人民法院再审的,应当自接受抗诉之日起一个月以内作出决定,下级人民法院审理案件的期限适用前款规定。

条文解读

本条规定了再审案件的审理期限、作出指令再审决定的期间。

依据本条,再审案件的审理期限一般为3个月,最长不得超过6个月。因抗诉而启动再审的案件,接受抗诉的人民法院需指令下级人民法院再审的,作出指令再审决定的期限为1个月。明确再审的有关期限,有利于防止再审的拖延和案件积压,及时审结案件,保护公民的合法权益和提高诉讼效率。

第四编　执　　行

本编介绍

刑事执行是执行机关将人民法院已经生效的判决、裁定所确定的刑罚付诸实施的活动。我国《刑法》规定的刑罚种类分为主刑和附加刑。主刑包括管制、拘役、有期徒刑、无期徒刑、死刑5种;附加刑包括罚金、没收财产、剥夺政治权利3种。此外,还有对外国人可以独立或附加适用的驱除出境。本编规定了执行依据、各种刑罚执行的程序和其他刑事执行制度,如缓刑、监外执行,对新罪、漏罪的追诉,减刑、假释的处理,刑罚执行中错案、申诉的处理以及执行监督。2018年《刑事诉讼法》修正完善了死刑缓期执行的程序和罚金刑的执行。

第二百五十九条　【执行的依据】判决和裁定在发生法律效力后执行。

下列判决和裁定是发生法律效力的判决和裁定:

(一)已过法定期限没有上诉、抗诉的判决和裁定;

(二)终审的判决和裁定;

(三)最高人民法院核准的死刑的判决和高级人民法院核准的死刑缓期二年执行的判决。

条文解读

本条共有2款,是关于执行根据的规定。

刑事执行是指法定的执行机关依法将已经发生法律效力的判决、裁定所确定的内容付诸实施,以实现国家刑罚权,并解决实施中的特定问题的诉讼活动。我国的刑事执行机关包括人民法院、公安机关、监狱等机构。人民法院负责执行死刑、罚金刑、没收财产刑、无罪判决和免除刑罚判决以及附带民事诉讼判决的执行。公安机关负责管制、拘役、缓刑、假释、监外执行等的执行。看守所、监狱等机构负责拘役、有期徒刑、无期徒刑、死刑缓期二年执行的执行。执行活动的根据是已经发生法律效力的判决和裁定,包括:

第一,已过法定期限没有上诉、抗诉的一审判决和裁定。地方各级人民法院作出的第一审判决、裁定,在法定期限内没有上诉、抗诉的,即发生法律效力。

第二,终审的判决和裁定,即第二审的判决、裁定和最高人民法院的判决、裁定。依据《最高人民法院关于刑事案件终审判决和裁定何时发生法律效力问题的批复》,终审的判决和裁定自宣告之日起发生法律效力。

第三,最高人民法院核准的死刑的判决和高级人民法院核准的死刑缓期二年执行的判决。死刑立即执行的判决即使是终审法院作出的,也不能发生法律效力,而是经过死刑复核程序,由最高人民法院核准后生效。中级人民法院作出的死刑缓期执行的判决,没有上诉、抗诉的,经过死刑复核程序,由高级人民法院核准后生效。

关联法规索引

《刑事诉讼法》第 202 条、第 244 条、第 246 ~ 248 条;《最高人民法院关于刑事案件终审判决和裁定何时发生法律效力问题的批复》;《公安机关办理刑事案件程序规定》第 287 条

第二百六十条 【无罪、免除刑事处罚的判决的执行】第一审人民法院判决被告人无罪、免除刑事处罚的,如果被告人在押,在宣判后应当立即释放。

条文解读

本条是关于无罪、免除刑事处罚判决执行的规定。

无罪判决是指人民法院经过审理,认为被告人的行为不构成犯罪,或因证据不足、罪名难以成立而宣告无罪的判决。免除刑事处罚是指人民法院经过审理,认为被告人的行为虽然构成犯罪,应当追究刑事责任,但根据刑法规定,不需要判处刑罚的,作出免除刑罚处罚的判决。

依据本条,第一审人民法院判决被告人无罪、免除刑事处罚的,如果被告人在押,在宣判后应当立即释放。第一审判决宣告后,虽然未生效,但是内容为无罪、免除刑罚的,为了保障公民的人身权利和自由,《刑事诉讼法》仍规定应当立即释放。

第二审法院宣告判决无罪、免除刑罚的,因为第二审判决为终审判决,宣告后立即生效,因而应当立即执行判决的全部内容和相关事项。不仅对在押的被告人立即释放,还应该依判决内容对查封、扣押、冻结的财物及其孳息妥善处理。

对于被宣告无罪、免除刑罚的被告人,在立即释放时,应当发给释放证明,同时做好善后工作,及时恢复公民的名誉,并告知其有申请国家赔偿的权利等。

关联法规索引

《人民检察院刑事诉讼规则(试行)》第633条、第634条;《公安机关办理刑事案件程序规定》第287条;《最高人民法院关于适用〈中华人民共和国刑事诉讼法〉的解释》第490条、第494条、第495条

第二百六十一条 【死刑令签发及死缓执行】最高人民法院判处和核准的死刑立即执行的判决,应当由最高人民法院院长签发执行死刑的命令。

被判处死刑缓期二年执行的罪犯,在死刑缓期执行期间,如果没有故意犯罪,死刑缓期执行期满,应当予以减刑,由执行机关提出书面意见,报请高级人民法院裁定;如果故意犯罪,情节恶劣,查证属实,应当执行死刑,由高级人民法院报请最高人民法院核准;对于故意犯罪未执行死刑的,死刑缓期执行的期间重新计算,并报最高人民法院备案。

友情提示

本条第2款在2018年《刑事诉讼法》修正时作了修改。对死刑缓期执行的罪犯执行死刑增加了"情节恶劣"的限制条件,改变了过去死刑缓期执行期间故意犯罪查证属实的一律执行死刑的规定。

条文解读

本条共有2款,是关于死刑执行令的签发和死刑缓期二年执行处理的规定。

本条第1款规定了死刑执行命令的签发。死刑立即执行判决作出后,即使是终审的判决,也不是立即生效,而是要经过死刑复核程序,经最高人民法院核准。最高人民法院作出核准死刑的裁定后,还要由最高人民法院院长签发死刑执行令后,才能交付执行。死刑执行令是死刑立即执行的最终依据。

本条第2款规定了死刑缓期两年执行的程序。死刑缓期执行,又称死缓,是对死刑的一种特殊执行方式,并不是独立的刑种,在性质上仍然是死刑。死缓设立的目的是贯彻少杀、慎杀原则,对罪行严重的犯罪分子实行改造,以观后效。死缓的执行场所是监狱。被判处死缓的罪犯,应先交付监狱执行。二年缓刑考验期满,没有故意犯罪的,就不再执行死刑,应当依法减刑。对死缓犯实行减刑必须严格依照法定的两年期满后进行,刑事执行机关不能任意拖延或提前减刑。如果死刑缓期二年执行期满后尚未裁定减刑前又犯新罪的,应当依法减刑后对其所犯新罪另行审判。

如果在缓刑考验期内,死缓犯故意犯罪,情节恶劣,查证属实,应当执行死刑的,由高级人民法院提请最高人民法院核准后执行死刑。2015年8月29日颁布的《刑法修正案(九)》对死刑缓期执行的罪犯执行死刑的条件作了修改,增加了"情节恶劣"的限制条件,改变了过去死刑缓期执行期间故意犯罪查证属实的一律执行死刑的规定,体现了严格控制和慎用死刑、惩办与宽大相结合的刑事政策。因而2018年《刑事诉讼法》对本条第2款也作了相应修改,增加了"情节恶劣"的限制条件。同时具备"在缓刑考验期内、故意犯罪、情节恶劣"这三个条件的,应当依法定程序经监狱侦查终结后依据本法第273条规定移送人民检察院处理,经人民法院查证属实的,由当地高级人民法院报请最高人民法院核准后执行死刑。对于故意犯罪未执行死刑的,死刑缓期执行的考验期要重新计算,并报最高人民法院备案。

配套法规及解读

《最高人民法院关于适用〈中华人民共和国刑事诉讼法〉的解释》(2012年12月20日)

第四百一十五条　被判处死刑缓期执行的罪犯,在死刑缓期执行期间故意犯罪的,应当由罪犯服刑地的中级人民法院依法审判,所作的判决可以上诉、抗诉。

认定构成故意犯罪的判决、裁定发生法律效力后,应当层报最高人民法院核准执行死刑。

※法规解读:本条规定是关于死刑缓期执行期间故意犯罪如何处理的补充规定。本条第1款明确了罪犯在死刑缓期执行期间故意犯罪案件的管辖法院和审级。被判处死刑缓期执行的罪犯,在死刑缓期执行期间故意犯罪的,对该新罪由罪犯服刑地的中级人民法院作为一审法院依法审判,经审理后所作的判决为一审判决,可以依法上诉或抗诉。本条第2款明确了对该新罪经审理所作的终审判决、裁定生效后,认定该新罪构成故意犯罪的,层报最高人民法院核准执行死刑。需要注意的是2018年《刑事诉讼法》增加了"情节恶劣"限定条件,因而本条第2款应理解为:认定构成故意犯罪、情节恶劣,应当执行死刑的判决、裁定发生法律效力后,应当层报最高人民法院核准执行死刑。

第四百一十六条　死刑缓期执行的期间,从判决或者裁定核准死刑缓期执行的法律文书宣告或者送达之日起计算。

死刑缓期执行期满,依法应当减刑的,人民法院应当及时减刑。死刑缓期执行期满减为无期徒刑、有期徒刑的,刑期自死刑缓期执行期满之日起计算。

第四百四十八条　被判处死刑缓期执行的罪犯,在死刑缓期执行期间,没有故意犯罪的,死刑缓期执行期满后,应当裁定减刑;死刑缓期执行期满后,尚未裁定减刑前又犯罪的,应当依法减刑后对其所犯新罪另行审判。

※**法规解读:**上述两条是关于死刑缓期二年执行的补充规定。

第416条明确了死刑缓期执行刑期的计算以及死刑缓期执行期满后减刑的,减刑后的刑期从何日起算。第448条规定了死缓执行期满后尚未裁定减刑前又犯新罪,如何处理的问题。被判处死刑缓期二年执行的罪犯,只要其在死刑缓期执行期间没有故意犯罪,二年考验期满的,就应当予以减刑。即使在死刑缓期二年执行期满后尚未裁定减刑前又犯新罪的,也应当先依法裁定减刑,然后对其所犯新罪另行审判,决定合并执行的刑罚。

关联法规索引

《刑法》第50条、第51条;《刑事诉讼法》第273条;《最高人民法院关于死刑缓期执行限制减刑案件审理程序若干问题的规定》;《公安机关办理刑事案件程序规定》第288条

第二百六十二条 【死刑交付执行及执行停止】下级人民法院接到最高人民法院执行死刑的命令后,应当在七日以内交付执行。但是发现有下列情形之一的,应当停止执行,并且立即报告最高人民法院,由最高人民法院作出裁定:

(一)在执行前发现判决可能有错误的;

(二)在执行前罪犯揭发重大犯罪事实或者有其他重大立功表现,可能需要改判的;

(三)罪犯正在怀孕。

前款第一项、第二项停止执行的原因消失后,必须报请最高人民法院院长再签发执行死刑的命令才能执行;由于前款第三项原因停止执行的,应当报请最高人民法院依法改判。

条文解读

本条共有2款,是关于死刑执行期限和停止执行死刑的规定。

本条第1款规定了死刑执行期限和停止执行死刑的条件,本条第2款规定了对停止执行死刑的处理结果。依据本条第1款规定,死刑执行期限为负责执行的下级人民法院接到最高人民法院执行死刑的命令后7日内。最高人民法院的执行死刑命令,由高级人民法院交付原审人民法院执行,原审人民法院接到执行死刑命令后,应当在7

日内执行。但在下列情形下,应当停止执行死刑,报最高人民法院裁定:

在执行前发现判决可能有错误的。死刑一旦执行,即无可挽回,因而在执行前发现判决可能有错误,应暂时停止执行死刑,以防错杀。依据《最高人民法院关于适用〈中华人民共和国刑事诉讼法〉的解释》,"可能有错误"包括下列情形:(1)罪犯可能有其他犯罪的;(2)共同犯罪的其他犯罪嫌疑人归案,可能影响罪犯量刑的;(3)共同犯罪的其他罪犯被暂停或者停止执行死刑,可能影响罪犯量刑的;(4)判决、裁定可能有影响定罪量刑的其他错误的。

在执行前罪犯揭发重大犯罪事实或者有其他重大立功表现,可能需要改判的。这种情况下,说明罪犯具有了减轻刑罚的情节和悔罪表现,不是非杀不可,有改判的可能性,因此需要等对其揭发的犯罪事实及其他重大立功表现进行查证属实后,再决定是否改判。如果不改判的,需要重新签发死刑执行命令才能执行。

罪犯正在怀孕。出于人道主义,应停止执行死刑。我国《刑法》第 49 条规定,审判时怀孕的妇女不适用死刑。

有上述情况之一的,下级人民法院应当暂停执行死刑,立即层报最高人民法院,最高人民法院经审查后作出继续执行死刑或停止执行死刑的裁定。

依据本条第 2 款和相关司法解释,依法已停止执行死刑的案件,依照下列情形分别处理:(1)确认罪犯怀孕的,应当改判;(2)确认罪犯有其他犯罪,依法应当追诉的,应当裁定不予核准死刑,撤销原判,发回重新审判;(3)确认原判决、裁定有错误或者罪犯有重大立功表现,需要改判的,应当裁定不予核准死刑,撤销原判,发回重新审判;(4)确认原判决、裁定没有错误,罪犯没有重大立功表现,或者重大立功表现不影响原判决、裁定执行的,应当裁定继续执行死刑,并由院长重新签发执行死刑的命令。

配套法规及解读

《最高人民法院关于适用〈中华人民共和国刑事诉讼法〉的解释》(2012 年 12 月 20 日)

第四百一十七条 最高人民法院的执行死刑命令,由高级人民法院交付第一审人民法院执行。第一审人民法院接到执行死刑命令后,应当在七日内执行。

在死刑缓期执行期间故意犯罪,最高人民法院核准执行死刑的,由罪犯服刑地的中级人民法院执行。

※法规解读:本条是关于死刑交付执行管辖的规定。依据本条最高人民法院签发的执行死刑的命令,由高级人民法院交付第一审人民法院。第一审人民法院应当在接到命令后 7 日内执行。但死刑缓期执行期间故意犯罪,最高人民法院核准执行死刑的,则由罪犯服刑地的中级人民法院执行。

第四百一十八条 第一审人民法院在接到执行死刑命令后、执行前，发现有下列情形之一的，应当暂停执行，并立即将请求停止执行死刑的报告和相关材料层报最高人民法院：

（一）罪犯可能有其他犯罪的；

（二）共同犯罪的其他犯罪嫌疑人到案，可能影响罪犯量刑的；

（三）共同犯罪的其他罪犯被暂停或者停止执行死刑，可能影响罪犯量刑的；

（四）罪犯揭发重大犯罪事实或者有其他重大立功表现，可能需要改判的；

（五）罪犯怀孕的；

（六）判决、裁定可能有影响定罪量刑的其他错误的。

最高人民法院经审查，认为可能影响罪犯定罪量刑的，应当裁定停止执行死刑；认为不影响的，应当决定继续执行死刑。

※法规解读：本条是关于停止执行死刑适用情形的补充规定，主要是明确了《刑事诉讼法》第262条第1项规定的"判决可能有错误"包括哪些情形的规定。包括：(1)罪犯可能有其他犯罪的。这种情况下，如果执行了死刑，那么罪犯涉嫌的其他犯罪就难以查清了，因而，需要暂时停止执行死刑，以实现对罪犯所涉其他犯罪的追究。(2)共同犯罪的其他犯罪嫌疑人到案，可能影响罪犯量刑的。即其他同案犯的归案，可能使案件事实的认定发生变化，导致原判对罪犯的量刑错误。(3)共同犯罪的其他罪犯被暂停或者停止执行死刑，可能影响罪犯量刑的。即其他同案犯依据《刑事诉讼法》第262条的规定被暂停或者停止执行死刑，而其暂停或者停止执行死刑的原因也可能影响对罪犯的量刑的。(4)判决、裁定可能有影响定罪量刑的其他错误的。此为概括性规定，由法院依据案件实际情况依法裁量。原判在认定事实、适用法律等方面可能有其他错误，影响对罪犯的定罪量刑的，应当暂时停止执行死刑。

第四百一十九条 最高人民法院在执行死刑命令签发后、执行前，发现有前条第一款规定情形的，应当立即裁定停止执行死刑，并将有关材料移交下级人民法院。

第四百二十条 下级人民法院接到最高人民法院停止执行死刑的裁定后，应当会同有关部门调查核实停止执行死刑的事由，并及时将调查结果和意见层报最高人民法院审核。

第四百二十一条 对下级人民法院报送的停止执行死刑的调查结果和意见，由最高人民法院原作出核准死刑判决、裁定的合议庭负责审查，必要时，另行组成合议庭进行审查。

第四百二十二条 最高人民法院对停止执行死刑的案件，应当按照下列情形分别处理：

（一）确认罪犯怀孕的，应当改判；

（二）确认罪犯有其他犯罪，依法应当追诉的，应当裁定不予核准死刑，撤销原判，发回重新审判；

（三）确认原判决、裁定有错误或者罪犯有重大立功表现，需要改判的，应当裁定不予核准死刑，撤销原判，发回重新审判；

（四）确认原判决、裁定没有错误，罪犯没有重大立功表现，或者重大立功表现不影响原判决、裁定执行的，应当裁定继续执行死刑，并由院长重新签发执行死刑的命令。

※法规解读：上述条文是关于停止执行死刑的程序、审查和处理结果的补充规定。最高人民法院作出停止执行死刑的裁定后，应当对下级人民法院报送的请求停止执行死刑的报告及相关材料进行审查。一般情况下，审查由作出核准死刑裁判的原合议庭负责，必要情况下，也可以依法另行组成合议庭审查。审查后的处理结果有以下几种：(1)依法改判。确认罪犯正在怀孕的，依法改判。这种情况下原判对罪犯的犯罪事实、适用法律认定本身没有错误，只是因为罪犯的身体原因不能适用死刑，因而应当直接依法改判。(2)发回重审。经过审查，确认罪犯有漏罪需要追诉的，确认原判决、裁定有错误或者因为罪犯有重大立功表现需要减轻刑罚处罚的，应当裁定不予核准死刑，撤销原判，发回重审。这几种情况下，因为对罪犯的定罪量刑需要重新审理，所以为了保证罪犯的合法权益、保证案件的审理质量，不直接改判，而是发回重审。(3)继续执行死刑。原判没有错误，也不存在需要发回重审的情形的，裁定继续执行死刑，院长重新签发执行死刑的命令。

关联法规索引

《刑法》第 49 条；《最高人民法院研究室关于如何理解"审判的时候怀孕的妇女不适用死刑"问题的电话答复》；《最高人民法院关于对怀孕妇女在羁押期间自然流产审判时是否可以适用死刑问题的批复》；《公安机关办理刑事案件程序规定》第 288 条

第二百六十三条 【死刑执行程序】人民法院在交付执行死刑前，应当通知同级人民检察院派员临场监督。

死刑采用枪决或者注射等方法执行。

死刑可以在刑场或者指定的羁押场所内执行。

指挥执行的审判人员，对罪犯应当验明正身，讯问有无遗言、信札，然后交付执行人员执行死刑。在执行前，如果发现可能有错误，应当暂停执行，报请最高人民法院裁定。

执行死刑应当公布，不应示众。

执行死刑后，在场书记员应当写成笔录。交付执行的人民法院应当将执行死刑情况报告最高人民法院。

执行死刑后，交付执行的人民法院应当通知罪犯家属。

条文解读

本条共有7款，是关于死刑执行程序的规定。

本条第1款是关于检察机关监督死刑执行的规定。依据本款及相关司法解释，人民法院将罪犯交付执行死刑，应当在交付执行3日前通知同级人民检察院派员临场监督。依据相关司法解释的规定，执行死刑的临场监督，由检察人员担任，并配备书记员担任记录。临场监督执行死刑的检察人员应当依法监督执行死刑的场所、方法和执行死刑的活动是否合法。在执行死刑前，发现有法定情形的，应当建议人民法院停止执行。在执行死刑过程中，人民检察院临场监督人员根据需要可以进行拍照、摄像。执行死刑后，人民检察院临场监督人员应当检查罪犯是否确已死亡，并填写死刑临场监督笔录，签名后入卷归档。人民检察院发现人民法院在执行死刑活动中有侵犯被执行死刑罪犯的人身权、财产权或者其近亲属、继承人合法权利等违法情形的，应当依法向人民法院提出纠正意见。

本条第2款是关于死刑执行方法的规定。依据本款，人民法院执行死刑可以采用枪决、注射等方法。现代社会死刑的执行方法逐渐趋于文明化、人道化，有枪决、注射、电刑、毒气等尽量减少痛苦的方式。我国1996年《刑事诉讼法》首次在立法中明确死刑可以采用注射的方法。之后，最高人民法院立即谨慎组织实施这项工作，并在全国范围内逐步推广注射执行死刑的方法。

本条第3款是关于死刑执行场所的规定。执行死刑应当在专门的刑场或指定的羁押场所内。采用枪决方法执行死刑的，应当在专门的刑场进行。采用注射方法执行死刑的，应当在司法机关统一规定的具备执行死刑条件、设备的羁押场所进行。

本条第4款是关于临场执行死刑程序的规定。执行死刑前，指挥执行的审判人员应当对罪犯验明正身，讯问有无遗言、信札，并制作笔录，然后交付执行人员执行死刑。在执行前，如果发现有本法第251条规定的情形的，应当暂停执行死刑，报请最高人民法院裁定。

本条第5款是关于执行死刑应当公布但不能示众的规定。执行死刑应当在法院的布告栏或通过其他方式予以公布，但不能示众，禁止游街示众或其他有辱被执行人人格的行为。

本条第6款是关于执行死刑的笔录的规定。执行死刑后，应当由法医验明罪犯确实死亡,在场书记员制作笔录。负责执行的人民法院应当在执行死刑后 15 日内将执行情况,包括罪犯被执行死刑前后的照片,上报最高人民法院。

本条第 7 款是关于执行死刑后通知家属的规定。执行死刑后,交付执行的人民法院应当通知家属来处理相关事项,如认领罪犯的遗物、尸体或骨灰。

配套法规及解读

《最高人民法院关于适用〈中华人民共和国刑事诉讼法〉的解释》(2012 年 12 月 20 日)

第四百二十三条 第一审人民法院在执行死刑前,应当告知罪犯有权会见其近亲属。罪犯申请会见并提供具体联系方式的,人民法院应当通知其近亲属。罪犯近亲属申请会见的,人民法院应当准许,并及时安排会见。

第四百二十四条 第一审人民法院在执行死刑三日前,应当通知同级人民检察院派员临场监督。

第四百二十五条 死刑采用枪决或者注射等方法执行。

采用注射方法执行死刑的,应当在指定的刑场或者羁押场所内执行。

采用枪决、注射以外的其他方法执行死刑的,应当事先层报最高人民法院批准。

第四百二十六条 执行死刑前,指挥执行的审判人员对罪犯应当验明正身,讯问有无遗言、信札,并制作笔录,再交执行人员执行死刑。

执行死刑应当公布,禁止游街示众或者其他有辱罪犯人格的行为。

第四百二十七条 执行死刑后,应当由法医验明罪犯确实死亡,在场书记员制作笔录。负责执行的人民法院应当在执行死刑后十五日内将执行情况,包括罪犯被执行死刑前后的照片,上报最高人民法院。

第四百二十八条 执行死刑后,负责执行的人民法院应当办理以下事项:

(一)对罪犯的遗书、遗言笔录,应当及时审查;涉及财产继承、债务清偿、家事嘱托等内容的,将遗书、遗言笔录交给家属,同时复制附卷备查;涉及案件线索等问题的,抄送有关机关;

(二)通知罪犯家属在限期内领取罪犯骨灰;没有火化条件或者因民族、宗教等原因不宜火化的,通知领取尸体;过期不领取的,由人民法院通知有关单位处理,并要求有关单位出具处理情况的说明;对罪犯骨灰或者尸体的处理情况,应当记录在案;

(三)对外国籍罪犯执行死刑后,通知外国驻华使、领馆的程序和时限,根据有关规定办理。

※法规解读:上述条文是关于死刑执行程序的补充规定。主要内容有:第一,出于人道主义的考虑,在执行死刑前,人民法院有义务告知罪犯有会见家属的权利。罪犯

或其近亲属提出会见申请的，人民法院应当准许，并及时安排会见。第二，通知同级人民检察院临场监督的时间为将罪犯交付执行的3日前。第三，对采用注射方法执行死刑的场所和程序作了要求。第四，执行死刑一般应采用枪决或者注射的方法，采用枪决、注射以外的其他方法执行死刑的，应当取得最高人民法院的批准。第五，执行死刑前，指挥执行的审判人员对罪犯验明正身、讯问有无遗言、信札的过程应当制作笔录。第六，为了尊重和保障人权，执行死刑禁止游街示众和其他侮辱被执行人人格的行为。第七，执行死刑完毕，须由法医确认罪犯已死亡。执行死刑的情况及时上报最高人民法院。第八，执行死刑后人民法院需要依法办理处理罪犯遗物、遗体等相关事项。

关联法规索引

《最高人民法院、最高人民检察院、公安部、司法部关于进一步严格依法办案确保办理死刑案件质量的意见》；《人民检察院临场监督执行死刑工作规则（试行）》；《人民检察院刑事诉讼规则（试行）》第635～638条

第二百六十四条　【死缓、无期徒刑、有期徒刑、拘役的执行】罪犯被交付执行刑罚的时候，应当由交付执行的人民法院在判决生效后十日以内将有关的法律文书送达公安机关、监狱或者其他执行机关。

对被判处死刑缓期二年执行、无期徒刑、有期徒刑的罪犯，由公安机关依法将该罪犯送交监狱执行刑罚。对被判处有期徒刑的罪犯，在被交付执行刑罚前，剩余刑期在三个月以下的，由看守所代为执行。对被判处拘役的罪犯，由公安机关执行。

对未成年犯应当在未成年犯管教所执行刑罚。

执行机关应当将罪犯及时收押，并且通知罪犯家属。

判处有期徒刑、拘役的罪犯，执行期满，应当由执行机关发给释放证明书。

条文解读

本条共有5款，是关于死刑缓期两年执行、无期徒刑、有期徒刑、拘役的执行的规定。

本条第1款是关于交付执行的人民法院向公安机关、监狱等执行机关送达有关法律文书的规定。这里的“交付执行的人民法院”依最高人民法院司法解释的规定，指的是第一审人民法院。“有关的法律文书”，根据《监狱法》第16条的规定，包括人民检察

院的起诉书副本、人民法院的判决书、执行通知书、结案登记表。这些法律文书既是刑罚执行的依据,同时也可以使刑罚执行机关了解罪犯的犯罪性质、诉讼过程、认罪态度等情况,以便有针对性地采取教育和改造的措施。这里的“其他执行机关”指看守所、拘役所、未成年犯管教所等执行机关。关于本款,2012 年《刑事诉讼法》作了两处修改:第一,增加了对送达法律文书期限的规定,即判决生效后的 10 日内。明确送达法律文书的期限有利于保证执行活动的顺利、及时进行。第二,增加了向公安机关送达有关法律文书的规定。依据本条第 2 款以及《监狱法》第 15 条第 1 款的规定,死刑缓期二年执行、无期徒刑、有期徒刑的执行,都是由公安机关将罪犯依法交送监狱执行的,所以人民法院也应该向公安机关送达相应法律文书,使其送交执行有明确的依据。

本条第 2 款规定了交付执行的场所。依据本条和《监狱法》的相关规定,被判处死刑缓期二年执行、无期徒刑、有期徒刑的罪犯,在监狱内执行刑罚。人民法院应当将执行通知书、判决书送达羁押该罪犯的公安机关,公安机关应当自收到执行通知书、判决书之日起 1 个月内将该罪犯送交监狱执行刑罚。罪犯在被交付执行刑罚前,剩余刑期在 3 个月以下的,由看守所代为执行。因为剩余刑期比较短,所以无须再转交监狱执行,增加不必要的麻烦。2012 年《刑事诉讼法》将 1996 年《刑事诉讼法》规定的“剩余刑期在一年以下的由看守所代为执行”修改为“剩余刑期在 3 个月以下的由看守所代为执行”,主要是考虑看守所的任务是羁押未决犯,其改造、矫正罪犯的功能较弱,按照原来的规定,大量已决犯在看守所服刑不仅增加看守所负担,而且还会增加未决犯羁押的监管风险,不仅不利于对未决犯的侦查、起诉和审判,也不利于对已决犯的看守改造。

对被判处拘役的罪犯,由公安机关执行。拘役是我国刑法规定的主刑的一种,是短期剥夺犯罪人自由,就近实行劳动的刑罚方法。拘役由公安机关在就近的拘役所、看守所或者其他监管场所执行,在执行期间,受刑人每月可以回家一天至两天,参加劳动的,可以酌量发给报酬。拘役的期限为 1 个月以上 6 个月以下,数罪并罚时不得超过 1 年。

本条第 3 款规定了对未成年犯由未成年犯管教所执行刑罚。依据《监狱法》、司法部《未成年犯管教所管理规定》的有关规定,未成年犯管教所是监狱的一种类型,是国家的刑罚执行机关。由人民法院依法判处有期徒刑、无期徒刑未满 18 周岁的罪犯应当在未成年犯管教所执行刑罚、接受教育改造。未成年犯的劳动,应当符合未成年人的特点,以学习文化和生产技能为主。对未成年犯在未成年犯管教所执行,更符合未成年人生理上、心理上的承受能力,避免造成监狱烙印和心理伤害。将成年犯和未成年犯分押分管,可以防止成年犯进行传授、教唆活动,也可以对未成年犯有针对性地进行符合其身心特点的教育改造。

本条第 4 款规定了执行机关应当将罪犯及时收押和通知其家属。依据《监狱法》

的相关规定，罪犯被交付执行刑罚时，交付执行的人民法院应当将人民检察院的起诉书副本、人民法院的判决书、执行通知书、结案登记表同时送达监狱。监狱没有收到上述文件的，不得收监；上述文件不齐全或者记载有误的，作出生效判决的人民法院应当及时补充齐全或者作出更正；对其中可能导致错误收监的，不予收监。此外，罪犯有可能适用暂予监外执行的，可暂不予收押，由交付执行的人民法院决定是否暂予监外执行。罪犯收监后，监狱应当将罪犯罪名通知罪犯家属。通知书应当自收监之日起5日内发出。

本条第5款是关于刑罚执行期满释放罪犯的规定。判处有期徒刑、拘役的罪犯，执行期满，应当按期释放，并发给释放证明书。罪犯释放后，公安机关凭释放证明书办理户籍登记。刑满释放人员依法享有与其他公民平等的权利。

配套法规及解读

《最高人民法院关于适用〈中华人民共和国刑事诉讼法〉的解释》(2012年12月20日)

第四百二十九条 被判处死刑缓期执行、无期徒刑、有期徒刑、拘役的罪犯，交付执行时在押的，第一审人民法院应当在判决、裁定生效后十日内，将判决书、裁定书、起诉书副本、自诉状复印件、执行通知书、结案登记表送达看守所，由公安机关将罪犯交付执行。

罪犯需要收押执行刑罚，而判决、裁定生效前未被羁押的，人民法院应当根据生效的判决书、裁定书将罪犯送交看守所羁押，并依照前款的规定办理执行手续。

第四百三十条 同案审理的案件中，部分被告人被判处死刑，对未被判处死刑的同案被告人需要羁押执行刑罚的，应当在其判决、裁定生效后十日内交付执行。但是，该同案被告人参与实施有关死刑之罪的，应当在最高人民法院复核讯问被判处死刑的被告人后交付执行。

第四百三十一条 执行通知书回执经看守所盖章后，应当附卷备查。

※法规解读：上述条文是关于死刑缓期两年执行、无期徒刑、有期徒刑、拘役的执行的补充规定。主要内容是：第一，明确了死刑缓期两年执行、无期徒刑、有期徒刑、拘役的执行涉及的相关法律文书有哪些，以及如何送达的问题。第二，明确了对需要羁押执行刑罚而判决确定前未被羁押的罪犯如何处理的问题。人民法院应当根据生效的判决书或者裁定书将罪犯羁押后，送交公安机关交付执行。第三，明确了关于同案犯部分被判处死刑，未被判处死刑的被告人何时交付执行的问题。

《公安机关办理刑事案件程序规定》(2012年12月13日)

第二百八十九条 公安机关接到人民法院生效的判处死刑缓期二年执行、无期徒刑、有期徒刑的判决书、裁定书以及执行通知书后,应当在一个月以内将罪犯送交监狱执行。

对未成年犯应当送交未成年犯管教所执行刑罚。

第二百九十条 对被判处有期徒刑的罪犯,在被交付执行刑罚前,剩余刑期在三个月以下的,由看守所根据人民法院的判决代为执行。

对被判处拘役的罪犯,由看守所执行。

第二百九十二条 对被判处有期徒刑由看守所代为执行和被判处拘役的罪犯,执行期间如果没有再犯新罪,执行期满,看守所应当发给刑满释放证明书。

※法规解读:上述条文与《刑事诉讼法》的规定基本相同,但补充规定了公安机关将被判处死刑缓期2年执行、无期徒刑、有期徒刑的罪犯交付执行的期限为收到判决书、裁定书以及执行通知书后的1个月以内。将成年罪犯送交监狱执行,对未成年犯应当送交未成年犯管教所执行刑罚。

关联法规索引

《监狱法》第2条、第15~17条、第20条、第35条、第36条、第38条、第74~76条;《公安机关办理刑事案件程序规定》第150条、第151条

第二百六十五条 【暂予监外执行】 对被判处有期徒刑或者拘役的罪犯,有下列情形之一的,可以暂予监外执行:

(一)有严重疾病需要保外就医的;

(二)怀孕或者正在哺乳自己婴儿的妇女;

(三)生活不能自理,适用暂予监外执行不致危害社会的。

对被判处无期徒刑的罪犯,有前款第二项规定情形的,可以暂予监外执行。

对适用保外就医可能有社会危险性的罪犯,或者自伤自残的罪犯,不得保外就医。

对罪犯确有严重疾病,必须保外就医的,由省级人民政府指定的医院诊断并开具证明文件。

在交付执行前,暂予监外执行由交付执行的人民法院决定;在交付执行后,暂予监外执行由监狱或者看守所提出书面意见,报省级以上监狱管理机关或者设区的市一级以上公安机关批准。

条文解读

本条是关于暂予监外执行的条件和决定权的规定。

暂予监外执行是指对于被处有期徒刑和拘役的罪犯，由于符合法定情形，决定暂不收监或者收监以后又决定改为暂时监外服刑，由公安机关执行，并由基层组织或者罪犯的原所在单位协助进行监督的刑罚执行制度。本条规定共有5款：

本条第1款规定了暂予监外执行适用的对象和条件。对被判处有期徒刑或者拘役的罪犯，如果因为严重疾病、怀孕或哺乳婴儿、生活不能自理等特殊原因，不适合在监狱服刑，且在监狱外服刑不致再危害社会的，可以适用暂予监外执行。其中哺乳婴儿的期限为婴儿出生后的一年内。

本条第2款规定了被判处无期徒刑的罪犯如果正怀孕或哺乳自己婴儿的，也可以适用暂予监外执行，这主要是基于人道主义的考虑，增强对维护女性特殊权益和儿童正当权益的保护。

本条第3款规定了禁止保外就医的情况。“有社会危险性”指罪犯有可能再犯罪或可能有打击报复等其他严重违法行为。这种情况下为了维护社会利益、保护其他公民的人身安全，所以不宜暂予监外执行。“自伤自残”指罪犯为了逃避服刑而故意吞食异物、伤残自己肢体等行为。这种情况下，罪犯的目的是逃避执行机关对其执行刑罚，当然也不能暂予监外执行。

本条第4款规定了保外就医的审批程序。2012年《刑事诉讼法》较1996年《刑事诉讼法》的规定，增加了“诊断”二字，使保外就医的审批程序更加严格、审慎，有利于暂予监外执行的正确适用。

本条第5款规定了暂予监外执行在不同阶段的审批主体及程序。依据本款，在交付执行前，人民法院对暂予监外执行有决定权；在交付执行后，在监狱服刑罪犯的暂予监外执行由省级以上监狱管理机关决定，在看守所服刑的罪犯的暂予监外执行由设区的市一级以上公安机关批准。

2014年4月24日，第十二届全国人民代表大会常务委员会第八次会议通过《关于〈中华人民共和国刑事诉讼法〉第二百五十四条[1]第五款、第二百五十七条[2]第二款的解释》，规定罪犯在被交付执行前，因有严重疾病、妇女怀孕或正在哺乳自己婴儿、生活不能自理等原因，依法提出暂予监外执行申请的，有关病情诊断、妊娠检查和生活不能自理的鉴别，由人民法院负责组织进行。同年10月24日，最高人民法院、最高人民检察院、公安部、司法部、国家卫生计生委联合发布《暂予监外执行规定》，明确被告

---

〔1〕 现行《刑事诉讼法》第二百六十五条。

〔2〕 现行《刑事诉讼法》第二百六十八条。

人及其辩护人提出暂予监外执行申请的，对其病情诊断、妊娠检查和生活不能自理的鉴别，由人民法院依照规定程序组织进行。《暂予监外执行规定》对罪犯适用保外就医的疾病范围有明确界定，但对罪犯生活不能自理鉴别的规定过于原则，在实际工作中难以准确把握适用，为规范对罪犯生活不能自理的鉴别工作，最高人民法院从完善科学标准和便于实践操作的角度出发，研究制定了《罪犯生活不能自理鉴别标准》，为罪犯是否因生活不能自理适用暂予监外执行，提供了明确鉴别标准和规范判断依据。对罪犯因疾病、伤残、年老体弱等原因造成身体机能下降而不能自主处理自己日常生活的情况进行全面鉴别，从进食、大小便、穿衣洗漱、行动（翻身和自主行动）四方面来综合评定罪犯的生活自理能力，所参照的考量标准与目前国际卫生组织（WHO）最新公布《国际功能分类》有关"自理"的标准一致，实现了与有关国际标准的有机衔接。

配套法规及解读

《全国人民代表大会常务委员会关于〈中华人民共和国刑事诉讼法〉第二百五十四条第五款、第二百五十七条第二款的解释》（2014年4月24日）

全国人民代表大会常务委员会根据司法实践中遇到的情况，讨论了刑事诉讼法第二百五十四条[1]第五款、第二百五十七条[2]第二款的含义及人民法院决定暂予监外执行的案件，由哪个机关负责组织病情诊断、妊娠检查和生活不能自理的鉴别和由哪个机关对予以收监执行的罪犯送交执行刑罚的问题，解释如下：

罪犯在被交付执行前，因有严重疾病、怀孕或者正在哺乳自己婴儿的妇女、生活不能自理的原因，依法提出暂予监外执行的申请的，有关病情诊断、妊娠检查和生活不能自理的鉴别，由人民法院负责组织进行。

根据刑事诉讼法第二百五十七条[3]第二款的规定，对人民法院决定暂予监外执行的罪犯，有刑事诉讼法第二百五十七条[4]第一款规定的情形，依法应当予以收监的，在人民法院作出决定后，由公安机关依照刑事诉讼法第二百五十三条[5]第二款的规定送交执行刑罚。

现予公告。

※法规解读：本解释规定了暂予监外执行案件中的鉴定及收监执行罪犯送交执行

[1] 现行《刑事诉讼法》第二百六十五条。
[2] 现行《刑事诉讼法》第二百六十八条。
[3] 现行《刑事诉讼法》第二百六十八条。
[4] 现行《刑事诉讼法》第二百六十八条。
[5] 现行《刑事诉讼法》第二百六十四条。

的问题。

根据《刑事诉讼法》规定暂予监外执行应当具有法定事由，本解释明确规定了罪犯在交付执行前申请暂予监外执行的，相关情况的鉴定以及甄别，由人民法院负责组织。

对于符合法定收监条件的暂予监外执行罪犯，仍由公安机关按照法律规定送交执行，具体而言：对被判处死刑缓期二年执行、无期徒刑、有期徒刑的罪犯，由公安机关依法将该罪犯送交监狱执行刑罚；对被判处有期徒刑的罪犯，在被交付执行刑罚前，剩余刑期在3个月以下的，由看守所代为执行。对被判处拘役的罪犯，由公安机关执行。

该解释进一步明确了暂予监外执行中法定情形的判定主体及收监的相关规则。

《最高人民法院、最高人民检察院、公安部、国家安全部、司法部、全国人大常委会法制工作委员会关于实施刑事诉讼法若干问题的规定》(2012年12月26日)

33. 刑事诉讼法第二百五十四条〔1〕第五款中规定："在交付执行前，暂予监外执行由交付执行的人民法院决定。"对于被告人可能被判处拘役、有期徒刑、无期徒刑，符合暂予监外执行条件的，被告人及其辩护人有权向人民法院提出暂予监外执行的申请，看守所可以将有关情况通报人民法院。人民法院应当进行审查，并在交付执行前作出是否暂予监外执行的决定。

※法规解读：本条是对《刑事诉讼法》第254条〔2〕第5款的补充规定，明确了交付执行前，未决的被告人及其辩护人有权向人民法院提出暂予监外执行的申请。

《最高人民法院关于适用〈中华人民共和国刑事诉讼法〉的解释》(2012年12月20日)

第四百三十二条 被判处无期徒刑、有期徒刑或者拘役的罪犯，符合刑事诉讼法第二百五十四条〔3〕第一款、第二款的规定，人民法院决定暂予监外执行的，应当制作暂予监外执行决定书，写明罪犯基本情况、判决确定的罪名和刑罚、决定暂予监外执行的原因、依据等，通知罪犯居住地的县级司法行政机关派员办理交接手续，并将暂予监外执行决定书抄送罪犯居住地的县级人民检察院和公安机关。

人民检察院认为人民法院的暂予监外执行决定不当，在法定期限内提出书面意见的，人民法院应当立即对该决定重新核查，并在一个月内作出决定。

※法规解读：本条是关于人民法院决定暂予监外执行的补充规定。本条第1款明确了人民法院决定暂予监外执行应当制作暂予监外执行决定书，并将其抄送罪犯居住地的县级人民检察院和公安机关，以便监督和执行。本条第2款规定了因人民检察院行使监督权对暂予监外执行提出书面意见的，人民法院应当立即对暂予监外执行的决

〔1〕 现行《刑事诉讼法》第二百六十五条。

〔2〕 现行《刑事诉讼法》第二百六十五条。

〔3〕 现行《刑事诉讼法》第二百六十五条。

定重新核查,并在一个月内作出是否收监的决定。

《公安机关办理刑事案件程序规定》(2012年12月13日)

第二百九十六条 对依法留所执行刑罚的罪犯,有下列情形之一的,可以暂予监外执行:

(一)有严重疾病需要保外就医的;

(二)怀孕或者正在哺乳自己婴儿的妇女;

(三)生活不能自理,适用暂予监外执行不致危害社会的。

对罪犯暂予监外执行的,看守所应当提出书面意见,报设区的市一级以上公安机关批准,同时将书面意见抄送同级人民检察院。

对适用保外就医可能有社会危险性的罪犯,或者自伤自残的罪犯,不得保外就医。

对罪犯确有严重疾病,必须保外就医的,由省级人民政府指定的医院诊断并开具证明文件。

※法规解读:本条是关于公安机关决定暂予监外执行的规定,内容与《刑事诉讼法》的规定相同。

《最高人民法院、最高人民检察院、公安部、司法部、国家卫生计生委暂予监外执行规定》(2014年10月24日)

第二条 对罪犯适用暂予监外执行,分别由下列机关决定或者批准:

(一)在交付执行前,由人民法院决定;

(二)在监狱服刑的,由监狱审查同意后提请省级以上监狱管理机关批准;

(三)在看守所服刑的,由看守所审查同意后提请设区的市一级以上公安机关批准。

对有关职务犯罪罪犯适用暂予监外执行,还应当依照有关规定逐案报请备案审查。

第五条 对被判处有期徒刑、拘役或者已经减为有期徒刑的罪犯,有下列情形之一,可以暂予监外执行:

(一)患有属于本规定所附《保外就医严重疾病范围》的严重疾病,需要保外就医的;

(二)怀孕或者正在哺乳自己婴儿的妇女;

(三)生活不能自理的。

对被判处无期徒刑的罪犯,有前款第二项规定情形的,可以暂予监外执行。

第六条 对需要保外就医或者属于生活不能自理,但适用暂予监外执行可能有社会危险性,或者自伤自残,或者不配合治疗的罪犯,不得暂予监外执行。

对职务犯罪、破坏金融管理秩序和金融诈骗犯罪、组织(领导、参加、包庇、纵容)黑社会性质组织犯罪的罪犯适用保外就医应当从严审批,对患有高血压、糖尿病、心脏病等严重疾病,但经诊断短期内没有生命危险的,不得暂予监外执行。

对在暂予监外执行期间因违法违规被收监执行或者因重新犯罪被判刑的罪犯,需要再次适用暂予监外执行的,应当从严审批。

第七条 对需要保外就医或者属于生活不能自理的累犯以及故意杀人、强奸、抢劫、绑架、放火、爆炸、投放危险物质或者有组织的暴力性犯罪的罪犯,原被判处死刑缓期二年执行或者无期徒刑的,应当在减为有期徒刑后执行有期徒刑七年以上方可适用暂予监外执行;原被判处十年以上有期徒刑的,应当执行原判刑期三分之一以上方可适用暂予监外执行。

对未成年罪犯、六十五周岁以上的罪犯、残疾人罪犯,适用前款规定可以适度从宽。

对患有本规定所附《保外就医严重疾病范围》的严重疾病,短期内有生命危险的罪犯,可以不受本条第一款规定关于执行刑期的限制。

※法规解读:上述条文是对暂予监外执行的决定机关和适用条件的细化规定,进一步明确了《刑事诉讼法》第265条的适用。

关联法规索引

《监狱法》第17条、第25条;《人民检察院监外执行检察办法》;《中央社会治安综合治理委员会办公室、最高人民法院、最高人民检察院、公安部、司法部关于加强和规范监外执行工作的意见》;《最高人民检察院关于对职务犯罪罪犯减刑、假释、暂予监外执行案件实行备案审查的规定》;《最高人民法院关于罪犯交付执行前暂予监外执行组织诊断工作有关问题的通知》;《最高人民法院、最高人民检察院、公安部、司法部、国家卫生计生委暂予监外执行规定》;《罪犯生活不能自理鉴别标准》

第二百六十六条 【暂予监外执行决定前的监督】监狱、看守所提出暂予监外执行的书面意见的,应当将书面意见的副本抄送人民检察院。人民检察院可以向决定或者批准机关提出书面意见。

条文解读

本条规定了人民检察院对决定或批准暂予监外执行的事前监督。

1996年《刑事诉讼法》只规定了对于暂予监外执行的决定,人民检察院认为不当的，有权提出书面意见，要求决定、批准暂予监外执行的机关重新审核。这是一种事后监督，只能对纠正不当的暂予监外执行裁定起到一定作用。而本条规定则是一种事前监督，检察机关接到监狱、看守所提出适用暂予监外执行的书面意见后，依法进行审查，认为不符合暂予监外执行的法定条件的，可以向决定或者批准机关提出书面意见，从而有利于避免不当暂予监外执行决定的产生。

配套法规及解读

《人民检察院刑事诉讼规则（试行）》（2012年11月22日修订）

第六百四十四条 人民检察院收到监狱、看守所抄送的暂予监外执行书面意见副本后，应当逐案进行审查，发现罪犯不符合暂予监外执行法定条件或者提请暂予监外执行违反法定程序的，应当在十日以内向决定或者批准机关提出书面检察意见，同时也可以向监狱、看守所提出书面纠正意见。

※法规解读：本条是对《刑事诉讼法》第266条规定的细化，明确了人民检察院对决定或批准暂予监外执行进行事前监督时，主要审查罪犯是否具备《刑事诉讼法》第265条规定的暂予监外执行的条件以及提请暂予监外执行是否符合法定程序、具备合法手续。经审查，发现罪犯不符合暂予监外执行法定条件或者提请暂予监外执行违反法定程序的，应当在10日内向决定或者批准机关提出书面检察意见，同时也可以向监狱、看守所提出书面纠正意见。

关联法规索引

《人民检察院刑事诉讼规则（试行）》第643条；《公安机关办理刑事案件程序规定》第297条；《最高人民法院、最高人民检察院、公安部、司法部、国家卫生计生委暂予监外执行规定》第14条、第18条

第二百六十七条 【不当监外执行的监督】决定或者批准暂予监外执行的机关应当将暂予监外执行决定抄送人民检察院。人民检察院认为暂予监外执行不当的，应当自接到通知之日起一个月以内将书面意见送交决定或者批准暂予监外执行的机关，决定或者批准暂予监外执行的机关接到人民检察院的书面意见后，应当立即对该决定进行重新核查。

条文解读

本条是关于检察机关对不当暂予监外执行裁定监督的规定。

决定或者批准暂予监外执行的机关应当将暂予监外执行决定抄送人民检察院，接受人民检察院的监督。本条规定了人民法院对交付执行前的罪犯适用暂予监外执行的规定，检察机关对适用暂予监外执行的监督不仅包括批准机关还包括决定机关。人民检察院接到批准或者决定对罪犯暂予监外执行的通知后，应当进行审查。审查的内容包括：是否符合本法第265条规定的条件、办理暂予监外执行是否符合法定程序。检察人员可以向罪犯所在单位和有关人员调查，可以向有关机关调阅有关材料。经审查认为暂予监外执行不当，应当自接到通知之日起1个月以内，报经检察长批准，向批准或者决定暂予监外执行的机关提出书面纠正意见的，由检察长决定。人民检察院向批准或者决定暂予监外执行的机关送交不同意暂予监外执行的书面意见后，批准或者决定暂予监外执行的机关应当立即进行重新核查。

配套法规及解读

《人民检察院刑事诉讼规则(试行)》(2012年11月22日修订)

第六百四十五条 人民检察院接到决定或者批准机关抄送的暂予监外执行决定书后，应当进行审查。审查的内容包括：

(一)是否属于被判处有期徒刑或者拘役的罪犯；

(二)是否属于有严重疾病需要保外就医的罪犯；

(三)是否属于怀孕或者正在哺乳自己婴儿的妇女；

(四)是否属于生活不能自理，适用暂予监外执行不致危害社会的罪犯；

(五)是否属于适用保外就医可能有社会危险性的罪犯，或者自伤自残的罪犯；

(六)决定或者批准机关是否符合刑事诉讼法第二百五十四条[1]第五款的规定；

(七)办理暂予监外执行是否符合法定程序。

检察人员审查暂予监外执行决定，可以向罪犯所在单位和有关人员调查、向有关机关调阅有关材料。

第六百四十六条 人民检察院经审查认为暂予监外执行不当的，应当自接到通知之日起一个月以内，报经检察长批准，向决定或者批准暂予监外执行的机关提出书面纠正意见。下级人民检察院认为暂予监外执行不当的，应当立即层报决定或者批准暂予监外执行的机关的同级人民检察院，由其决定是否向决定或者批准暂予监外执行的

---

[1] 现行《刑事诉讼法》第二百六十五条。

机关提出书面纠正意见。

第六百四十七条 人民检察院向决定或者批准暂予监外执行的机关提出不同意暂予监外执行的书面意见后，应当监督其对决定或者批准暂予监外执行的结果进行重新核查，并监督重新核查的结果是否符合法律规定。对核查不符合法律规定的，应当依法提出纠正意见，并向上一级人民检察院报告。

※法规解读：本条是关于人民检察院对暂予监外执行监督的具体规定。第645条规定了人民检察院对暂予监外执行决定进行审查的内容、方式。审查的内容主要是看罪犯是否有《刑事诉讼法》第265条规定的暂予监外执行的情形和不得保外就医的情形、决定或批准机关是否具备法定权限、暂予监外执行是否符合法定程序。审查主要采用书面方式，检察人员可以向罪犯所在单位和有关人员调查、向有关机关调阅有关材料。第646条规定了人民检察院向批准或决定暂予监外执行的机关提出纠正意见的期限和程序。第647条规定了人民检察院对批准或决定暂予监外执行的机关的重新核查进行监督的程序。人民检察院对核查不符合法律规定的，有权依法再提出纠正意见，并向上一级人民检察院报告。

《公安机关办理刑事案件程序规定》(2012年12月13日)

第二百九十七条 公安机关决定对罪犯暂予监外执行的，应当将暂予监外执行决定书交被暂予监外执行的罪犯和负责监外执行的社区矫正机构，同时抄送同级人民检察院。

第二百九十八条 批准暂予监外执行的公安机关接到人民检察院认为暂予监外执行不当的意见后，应当立即对暂予监外执行的决定进行重新核查。

※法规解读：上述条文是人民检察院对公安机关暂予监外执行监督的补充规定。明确了对公安机关暂予监外执行的决定由同级人民检察院监督。人民检察院认为暂予监外执行不当提出意见的，公安机关应当立即对暂予监外执行的决定进行重新核查。

关联法规索引

《监狱法》第26条；《最高人民法院关于适用〈中华人民共和国刑事诉讼法〉的解释》第432条；《最高人民法院、最高人民检察院、公安部、司法部、国家卫生计生委暂予监外执行规定》第29～31条；《最高人民法院最高人民检察院公安部司法部关于进一步加强社区矫正工作衔接配合管理的意见》

第二百六十八条 【监外执行的终止】 对暂予监外执行的罪犯，有下列情形之一的，应当及时收监：

（一）发现不符合暂予监外执行条件的；

（二）严重违反有关暂予监外执行监督管理规定的；

（三）暂予监外执行的情形消失后，罪犯刑期未满的。

对于人民法院决定暂予监外执行的罪犯应当予以收监的，由人民法院作出决定，将有关的法律文书送达公安机关、监狱或者其他执行机关。

不符合暂予监外执行条件的罪犯通过贿赂等非法手段被暂予监外执行的，在监外执行的期间不计入执行刑期。罪犯在暂予监外执行期间脱逃的，脱逃的期间不计入执行刑期。

罪犯在暂予监外执行期间死亡的，执行机关应当及时通知监狱或者看守所。

条文解读

本条共有4款，是关于监外执行终止的规定。

本条第1款规定了终止暂予监外执行的情形，包括：（1）发现不符合暂予监外执行条件的，即不具备本法第265条规定的情形的。（2）罪犯在暂予监外执行期间，严重违反有关暂予监外执行监督管理规定的。（3）暂予监外执行的情形消失后，罪犯刑期未满的。如疾病康复或好转无须再保外就医，怀孕、哺乳的情况不再存在，恢复生活自理能力等。有上述情形之一的，应当及时终止暂予监外执行，对罪犯及时收押。

根据《刑事诉讼法》第265条的规定，交付执行前，暂予监外执行由交付执行的人民法院决定。当导致该罪犯暂予监外执行的原因消失时，只能由人民法院决定终止暂予监外执行，并将有关的法律文书送达公安机关、监狱或者其他执行机关。

本条第3款规定了对以不正当手段获得暂予监外执行以及在暂予监外执行期间脱逃的罪犯，其执行期限的计算问题。依据本条，以不正当手段非法获得暂予监外执行的，暂予监外执行的期间不计入执行刑期。虽然依法适用暂予监外执行，但罪犯在外执行期间，不遵守法定义务脱逃的，脱逃的期间不计入执行刑期。

本条第4款规定了罪犯在暂予监外执行期间死亡的处理。罪犯在暂予监外执行期间死亡的，执行程序应当终结，负责对罪犯的执行机关应当及时通知原执行刑罚的机关，使其及时掌握这一情况，办理相关手续。由于原执行刑罚的机关是监狱或者看守所，所以2012年《刑事诉讼法》在“应当及时通知监狱”后面补充了“或者看守所”，表述更为准确、全面。

配套法规及解读

《最高人民法院关于适用〈中华人民共和国刑事诉讼法〉的解释》(2012年12月20日)

第四百三十三条 暂予监外执行的罪犯具有下列情形之一的,原作出暂予监外执行决定的人民法院,应当在收到执行机关的收监执行建议书后十五日内,作出收监执行的决定:

(一)不符合暂予监外执行条件的;

(二)未经批准离开所居住的市、县,经警告拒不改正,或者拒不报告行踪,脱离监管的;

(三)因违反监督管理规定受到治安管理处罚,仍不改正的;

(四)受到执行机关两次警告,仍不改正的;

(五)保外就医期间不按规定提交病情复查情况,经警告拒不改正的;

(六)暂予监外执行的情形消失后,刑期未满的;

(七)保证人丧失保证条件或者因不履行义务被取消保证人资格,不能在规定期限内提出新的保证人的;

(八)违反法律、行政法规和监督管理规定,情节严重的其他情形。

人民法院收监执行决定书,一经作出,立即生效。

第四百三十四条 人民法院应当将收监执行决定书送交罪犯居住地的县级司法行政机关,由其根据有关规定将罪犯交付执行。收监执行决定书应当同时抄送罪犯居住地的同级人民检察院和公安机关。

第四百三十五条 被收监执行的罪犯有不计入执行刑期情形的,人民法院应当在作出收监决定时,确定不计入执行刑期的具体时间。

※法规解读:上述条文是关于人民法院决定对暂予监外执行的罪犯决定收监的规定。其中第433条细化了人民法院作出收监决定的适用情形。第434条规定了人民法院收监决定书送交执行的机关和抄送的机关。第435条规定了人民法院在作出收监决定时应当确定不计入执行刑期的具体时间。

《公安机关办理刑事案件程序规定》(2012年12月13日)

第二百九十九条 对暂予监外执行的罪犯,有下列情形之一的,批准暂予监外执行的公安机关应当作出收监执行决定:

(一)发现不符合暂予监外执行条件的;

(二)严重违反有关暂予监外执行监督管理规定的;

(三)暂予监外执行的情形消失后,罪犯刑期未满的。

对暂予监外执行的罪犯决定收监执行的,由暂予监外执行地看守所将罪犯收监执行。

不符合暂予监外执行条件的罪犯通过贿赂等非法手段被暂予监外执行的,或者罪犯在暂予监外执行期间脱逃的,罪犯被收监执行后,所在看守所应当提出不计入执行刑期的建议,经设区的市一级以上公安机关审查同意后,报请所在地中级以上人民法院审核裁定。

※法规解读:本条是关于公安机关决定对暂予监外执行的罪犯决定收监的规定。本条第1款规定了公安机关作出收监决定的适用情形,内容与《刑事诉讼法》的规定相同。本条第2款规定了收监执行由暂予监外执行地看守所将罪犯收监。本条第3款规定了被收监执行的罪犯有不计入执行刑期情形时,不计入执行刑期具体适用的程序。

关联法规索引

《监狱法》第28条;《最高人民法院、最高人民检察院、公安部、国家安全部、司法部、全国人大常委会法制工作委员会关于实施刑事诉讼法若干问题的规定》第34条、第35条;《社区矫正实施办法》第26条、第27条;《人民检察院刑事诉讼规则(试行)》第648条;《最高人民法院、最高人民检察院、公安部、司法部、国家卫生计生委暂予监外执行规定》第22~26条

典型案例

林某徇私舞弊暂予监外执行案[1]

※案情简介:2003年12月,高某因犯合同诈骗罪,被北京市东城区人民法院判处有期徒刑12年,2004年1月入吉林省吉林监狱服刑。服刑期间,高某认识了服刑犯人赵某,并请赵某为其办理保外就医。赵某找到时任吉林监狱第五监区副监区长的被告人林某,称高某愿意出钱办理保外就医,让林某帮忙把手续办下来。林某答应帮助沟通此事。之后赵某找到服刑犯人杜某,由杜某配制了能表现出患病症状的药物。在赵某的安排下,高某于同年3月24日服药后"发病"住院。林某明知高某伪造病情,仍找到吉林监狱刑罚执行科的王某(另案处理),让其为高某办理保外就医,并主持召开了对高某提请保外就医的监区干部讨论会。会上,林某隐瞒了高某伪造病情的情况,致使讨论会通过了高某的保外就医申请,然后其将高某的保外就医相关材料报到刑罚执

〔1〕 本案根据《最高人民检察院关于印发第一批指导性案例的通知》(高检发研字〔2010〕12号,2010年12月31日)中检例第3号整理。

行科。期间高某授意其弟高某卫与赵某向林某行贿人民币5万元(林某将其中3万元交王某)。2004年4月28日,经吉林监狱呈报,吉林省监狱管理局以高某双肺肺炎、感染性休克、呼吸衰竭,批准高某暂予监外执行一年。同年4月30日,高某被保外就医。2006年5月18日,高某被收监。

2008年10月28日,吉林省长春市宽城区人民检察院对林某涉嫌徇私舞弊暂予监外执行一案立案侦查。2009年8月4日,长春市宽城区人民检察院以林某涉嫌徇私舞弊暂予监外执行罪向长春市宽城区人民法院提起公诉。2009年10月20日,长春市宽城区人民法院作出(2009)宽刑初字第223号刑事判决,以被告人林某犯徇私舞弊暂予监外执行罪,判处有期徒刑3年。

※裁判要旨:减刑、假释、暂予监外执行的适用必须严格依照法律的规定。对不具备法定条件的罪犯,司法工作人员不得利用职务便利为其作出减刑、假释、暂予监外执行的裁定或决定。司法工作人员收受贿赂,对不符合减刑、假释、暂予监外执行条件的罪犯,予以减刑、假释或者暂予监外执行的,应根据案件的具体情况,依法追究刑事责任。通过非法手段获得暂予监外执行的,在监外执行的期间不计入执行刑期。

罪犯车某某依法收监案[1]

※案情简介:罪犯车某某,男,原中国农业银行齐齐哈尔分行风险管理部经理,因犯贪污罪于2012年3月被判处有期徒刑五年。2013年5月9日,经黑龙江省齐齐哈尔市第一医院司法鉴定中心鉴定,车某某患“高血压Ⅲ期”疾病,齐齐哈尔市龙沙区人民法院决定对其暂予监外执行一年,执行期限自2013年5月10日起至2014年5月9日止。

2014年3月14日,齐齐哈尔市第一医院司法鉴定所鉴定,车某某患“多发脑梗死、脑萎缩、高血压Ⅲ期”疾病,符合《罪犯保外就医疾病伤残范围》第三条即“高血压Ⅲ期”之规定。后龙沙区法院依据有关从严把握“三类罪犯”暂予监外执行标准的规定,对车某某的病情进行了重新鉴定。2014年6月3日,经黑龙江省医院司法鉴定中心鉴定,车某某所患疾病为“高血压Ⅱ期”,不符合《罪犯保外就医的疾病伤残范围》的规定。龙沙区法院依法作出收监执行的决定,并及时将罪犯车某某收监继续执行剩余刑期。

※裁判要旨:本案中罪犯车某某根据鉴定,暂予监外执行的情形已经消失,不再符合暂予监外执行的条件,应当及时依法收监执行刑罚。本案说明,对暂予监外执行的的情形要进行动态把握。一时符合不等于一直符合。这也说明对暂予监外执行罪犯监管的重要性。

---

〔1〕 本案根据《最高人民法院发布的减刑、假释、暂予监外执行典型案例》(2015年7月29日)之案例5整理。

第二百六十九条 【社区矫正】对被判处管制、宣告缓刑、假释或者暂予监外执行的罪犯,依法实行社区矫正,由社区矫正机构负责执行。

条文解读

本条是关于对被判处管制、宣告缓刑、假释或者暂予监外执行的罪犯实行社区矫正的规定。

社区矫正是一种不使罪犯与社会隔离并利用社区资源教育改造罪犯的方法,是所有在社区环境中管理教育罪犯方式的总称。简单地说,就是让符合法定条件的罪犯在社区中执行刑罚。国外社区矫正的方式主要包括缓刑、假释、社区服务、暂时释放、工作释放、学习释放、电子监控等。在我国,社区矫正是指将符合社区矫正条件的罪犯置于社区内,由专门的国家机关,在相关社会团体和民间组织以及社会志愿者的协助下,在判决、裁定或决定确定的期限内,矫正其犯罪心理和行为恶习,并促进其顺利回归社会的非监禁刑罚执行活动。作为一种全新的刑罚执行方式,社区矫正蕴含刑罚的惩罚性和恢复性双重价值。我国于2003年开始了社区矫正试点工作,2009年在全国全面试行,2011年2月25日修正的《刑法》明确规定了对判处管制、缓刑以及假释的罪犯依法实行社区矫正,标志着我国社区矫正法律制度的正式确立,2012年《刑事诉讼法》根据2011年《刑法》的内容再次明确了社区矫正的制度。

根据《刑法》和《刑事诉讼法》的规定,社区矫正主要适用于三类服刑人员:(1)罪行比较轻微的罪犯。包括被判处管制、宣告缓刑的服刑人员。(2)罪行虽然比较严重,但是经过改造证明确有悔改,不致再危害社会的服刑人员。例如,被假释的服刑人员。(3)有特殊情况,如暂予监外执行的服刑人员。

根据最高人民法院、最高人民检察院、公安部、司法部共同颁发的《社区矫正实施办法》的规定,人民法院对符合社区矫正适用条件的被告人、罪犯依法作出判决、裁定或者决定。人民检察院对社区矫正各执法环节依法实行法律监督。公安机关对违反治安管理规定和重新犯罪的社区矫正人员及时依法处理。县级司法行政机关社区矫正机构对社区矫正人员进行监督管理和教育帮助。司法所承担社区矫正日常工作。社会工作者和志愿者在社区矫正机构的组织指导下参与社区矫正工作。有关部门、村(居)民委员会、社区矫正人员所在单位、就读学校、家庭成员或者监护人、保证人等协助社区矫正机构进行社区矫正。

配套法规及解读

《最高人民法院关于适用〈中华人民共和国刑事诉讼法〉的解释》(2012年12月20日)

第四百三十六条 对被判处管制、宣告缓刑的罪犯,人民法院应当核实其居住地。宣判时,应当书面告知罪犯到居住地县级司法行政机关报到的期限和不按期报到的后果。判决、裁定生效后十日内,应当将判决书、裁定书、执行通知书等法律文书送达罪犯居住地的县级司法行政机关,同时抄送罪犯居住地的县级人民检察院。

※法规解读:本条规定了人民法院对被判处管制、宣告缓刑的罪犯宣判,向有关机关送达和抄送法律文书的要求。第一,社区矫正在社区矫正人员的居住地实施,因而,人民法院对被判处管制、宣告缓刑的罪犯,应当核实其居住地。第二,依据《社区矫正实施办法》第6条的规定,社区矫正人员应当自人民法院判决、裁定生效之日或者离开监所之日起10日内到居住地县级司法行政机关报到。因而,宣判时,人民法院应当书面告知罪犯到居住地县级司法行政机关报到的期限和不按期报到的后果。第三,依据《社区矫正实施办法》第2条的规定,司法行政机关负责指导管理、组织实施社区矫正工作。人民检察院对社区矫正各执法环节依法实行法律监督。因此,人民法院应当在判决、裁定生效后10日内,将判决书、裁定书、执行通知书等法律文书送达罪犯居住地的县级司法行政机关,同时抄送罪犯居住地的县级人民检察院。

《公安机关办理刑事案件程序规定》(2012年12月13日)

第二百九十一条第一款 对被判处管制、宣告缓刑、假释或者暂予监外执行的罪犯,已被羁押的,由看守所将其交付社区矫正机构执行。

※法规解读:本条相对《刑事诉讼法》的规定明确了看守所负责将在押的被判处管制、宣告缓刑、假释或者暂予监外执行的罪犯交付社区矫正机构执行。至于未被羁押的需要实施社区矫正的罪犯,依据《社区矫正实施办法》第6条的规定,社区矫正人员应当自人民法院判决、裁定生效之日或者离开监所之日起10日内到居住地县级司法行政机关报到。县级司法行政机关应当及时为其办理登记接收手续,并告知其3日内到指定的司法所接受社区矫正。

关联法规索引

《刑法》第38条、第76条、第85条;《最高人民法院、最高人民检察院、公安部等关于进一步加强社区矫正工作衔接配合管理的意见》;《最高人民法院、最高人民法院、公安部、司法部社区矫正实施办法》;《人民检察院刑事诉讼规则(试行)》第659条;《人民检察院办理未成年人刑事案件的规定》第73条;《最高人民法院、最高人民检察院、

公安部、司法部关于对因犯罪在大陆受审的台湾居民依法适用缓刑实行社区矫正有关问题的意见》

第二百七十条 【剥夺政治权利的执行】对被判处剥夺政治权利的罪犯，由公安机关执行。执行期满，应当由执行机关书面通知本人及其所在单位、居住地基层组织。

条文解读

本条是关于剥夺政治权利执行的规定。

剥夺政治权利是剥夺犯罪人参加国家管理和政治活动权利的刑罚方法。根据《刑法》第54条的规定，剥夺政治权利是指剥夺犯罪分子下列四项权利：(1)选举权和被选举权；(2)言论、出版、集会、结社、游行、示威自由的权利；(3)担任国家机关职务的权利；(4)担任国有公司、企业、事业单位和人民团体领导职务的权利。剥夺政治权利可单独判处或附加判处。独立适用剥夺政治权利的，其刑期从判决确定之日起计算并执行。附加剥夺政治权利的，从主刑执行完毕或者假释之日起执行附加剥夺政治权利。依据本条规定，对于被判处剥夺政治权利的罪犯，由公安机关执行。监狱在主刑执行完毕或者罪犯假释时，应将其剥夺政治权利的起止期限在释放证或者假释证上注明连同人民法院的判决书一并转交其居住地公安机关，公安机关应当在其居住地公布。而且，为了及时地恢复其政治权利，保障和便利其行使政治权利，2012年《刑事诉讼法》增加规定了执行期满，执行机关应当通过书面方式通知其本人及其所在单位、居住地基层组织。

配套法规及解读

《最高人民法院关于适用〈中华人民共和国刑事诉讼法〉的解释》(2012年12月20日)

第四百三十七条 对单处剥夺政治权利的罪犯，人民法院应当在判决、裁定生效后十日内，将判决书、裁定书、执行通知书等法律文书送达罪犯居住地的县级公安机关，并抄送罪犯居住地的县级人民检察院。

※法规解读：剥夺政治权利的执行机关为公安机关，刑罚执行活动的监督机关为人民检察院。因而，人民法院对单处剥夺政治权利的罪犯，应当在判决、裁定生效后10日内，将判决书、裁定书、执行通知书等法律文书送达罪犯居住地的县级公安机关，并

抄送罪犯居住地的县级人民检察院。

《公安机关办理刑事案件程序规定》(2012年12月13日)

第二百九十一条第二款 对被判处剥夺政治权利的罪犯,由罪犯居住地的派出所负责执行。

第三百条 负责执行剥夺政治权利的派出所应当按照人民法院的判决,向罪犯及其所在单位、居住地基层组织宣布其犯罪事实、被剥夺政治权利的期限,以及罪犯在执行期间应当遵守的规定。

第三百零一条 被剥夺政治权利的罪犯在执行期间应当遵守下列规定:

(一)遵守国家法律、行政法规和公安部制定的有关规定,服从监督管理;

(二)不得享有选举权和被选举权;

(三)不得组织或者参加集会、游行、示威、结社活动;

(四)不得出版、制作、发行书籍、音像制品;

(五)不得接受采访,发表演说;

(六)不得在境内外发表有损国家荣誉、利益或者其他具有社会危害性的言论;

(七)不得担任国家机关职务;

(八)不得担任国有公司、企业、事业单位和人民团体的领导职务。

第三百零二条 被剥夺政治权利的罪犯违反本规定第三百零一条的规定,尚未构成新的犯罪的,公安机关依法可以给予治安管理处罚。

第三百零三条 被剥夺政治权利的罪犯,执行期满,公安机关应当书面通知本人及其所在单位、居住地基层组织。

※法规解读:上述条文是关于剥夺政治权利执行的规定。剥夺政治权利的执行机关为罪犯居住地的派出所。执行机关应当依据判决向罪犯及其所在单位、居住地基层组织宣布其犯罪事实、被剥夺政治权利的期限,以及罪犯在执行期间应当遵守的规定。被剥夺政治权利的罪犯在执行期间应当遵守8项法定义务,若有违反,构成新的犯罪的,依法追诉;尚未构成新的犯罪的,公安机关依法可以给予治安管理处罚。剥夺政治权利执行期满,公安机关应当书面通知本人及其所在单位、居住地基层组织,以及时恢复其政治权利,保障和便利其行使政治权利。

关联法规索引

《刑法》第54条、第58条;《人民检察院刑事诉讼规则(试行)》第657条

第二百七十一条 【罚金刑的执行】被判处罚金的罪犯,期满不缴纳的,人民法院应当强制缴纳;如果由于遭遇不能抗拒的灾祸等原因缴纳确实有困难的,经人民法院裁定,可以延期缴纳、酌情减少或者免除。

友情提示

2018年《刑事诉讼法》对本条规定作了修改,增加了罚金延期缴纳的规定,扩大了罚金延、减、免适用的范围。

条文解读

本条是关于罚金刑执行的规定。

罚金刑,是指强制犯罪人向国家缴纳一定数额金钱的刑罚方法。罚金刑作为一种财产刑,是以剥夺犯罪人金钱为内容的,这是罚金刑与其他刑罚方法显著区别之所在。对罚金刑的执行由人民法院进行。依据《最高人民法院关于适用〈中华人民共和国刑事诉讼法〉的解释》的规定,发生法律效力的刑事判决、裁定和调解书中涉及财产内容需要执行的,由原审人民法院执行。附带民事判决中财产的执行,依照《民事诉讼法》和最高人民法院的有关规定办理。

司法实践中,由于各种原因一些案件罚金执行难,空判率高。针对此情况,2015年《刑法修正案(九)》修改了关于罚金刑的规定,在减免罚金之外增加延期缴纳的处理,并扩大了罚金延、减、免适用的范围。《刑法》第53条规定:"罚金在判决指定的期限内一次或者分期缴纳。期满不缴纳的,强制缴纳。对于不能全部缴纳罚金的,人民法院在任何时候发现被执行人有可以执行的财产,应当随时追缴。由于遭遇不能抗拒的灾祸等原因缴纳确实有困难的,经人民法院裁定,可以延期缴纳、酌情减少或者免除。"为了与《刑法》规定相衔接,2018年《刑事诉讼法》对本条也作了相应修改。依据本条和《刑法》的规定,罚金缴纳的方式有:

限期一次性缴纳,即罪犯在指定的期限内将罚金一次缴纳完毕。主要适用于罚金数额不多或者数额虽然较多,但缴纳并不困难的情况。关于这里指定的期限,根据《最高人民法院关于适用财产刑若干问题的规定》的规定,"判决指定的期限"应当在判决书中予以确定,应为从判决发生法律效力第2日起最长不超过3个月。

限期分期缴纳,主要适用于罚金数额较多,罪犯无力一次缴纳的情况。限期分期缴纳使罚金缴纳时间有一定伸缩余地,在金额支付上可化整为零,有利于罚金刑的执行。

强制缴纳。判决缴纳罚金,指定的期限届满,罪犯有缴纳能力而拒不缴纳,人民法院强制其缴纳,强制措施包括查封、扣押、冻结等。

随时追缴。对于不能全部缴纳罚金的,人民法院在任何时候,发现被执行人有可以执行的财产,应当随时追缴。

延期缴纳、减少或者免除缴纳。由于遭遇不能抗拒的灾祸等原因缴纳确实有困难的,人民法院可视情况裁定延期缴纳、酌情减少罚金数额或者免除罚金。这里的由于遭遇不能抗拒的灾祸等原因主要是指通常所说的"天灾人祸",如因遭受火灾、水灾、地震等灾祸而丧失财产;罪犯因重病、伤残等而丧失劳动能力,或者需要罪犯抚养的近亲属患有重病,需支付巨额医药费等,确实没有财产可供执行的情形。具有上述事由的,由罪犯本人、亲属或者犯罪单位向负责执行的人民法院提出书面申请,并提供相应的证明材料。人民法院审查以后,根据实际情况,裁定罚金的延、减、免。

此外,行政机关对被告人就同一事实已经处以罚款的,人民法院判处罚金时应当予以折抵。

配套法规及解读

《最高人民法院关于适用〈中华人民共和国刑事诉讼法〉的解释》(2012年12月20日)

第四百三十八条 财产刑和附带民事裁判由第一审人民法院负责裁判执行的机构执行。

第四百三十九条 罚金在判决规定的期限内一次或者分期缴纳。期满无故不缴纳或者未足额缴纳的,人民法院应当强制缴纳。经强制缴纳仍不能全部缴纳的,在任何时候,包括主刑执行完毕后,发现被执行人有可供执行的财产的,应当追缴。

行政机关对被告人就同一事实已经处以罚款的,人民法院判处罚金时应当折抵,扣除行政处罚已执行的部分。

判处没收财产的,判决生效后,应当立即执行。

第四百四十条 执行财产刑和附带民事裁判过程中,案外人对被执行财产提出权属异议的,人民法院应当参照民事诉讼有关执行异议的规定进行审查并作出处理。

第四百四十一条 被判处财产刑,同时又承担附带民事赔偿责任的被执行人,应当先履行民事赔偿责任。

判处财产刑之前被执行人所负正当债务,需要以被执行的财产偿还的,经债权人请求,应当偿还。

第四百四十二条 被执行人或者被执行财产在外地的,可以委托当地人民法院执行。

受托法院在执行财产刑后,应当及时将执行的财产上缴国库。

第四百四十三条 执行财产刑过程中,具有下列情形之一的,人民法院应当裁定中止执行:

(一)执行标的物系人民法院或者仲裁机构正在审理案件的争议标的物,需等待该案件审理完毕确定权属的;

(二)案外人对执行标的物提出异议的;

(三)应当中止执行的其他情形。

中止执行的原因消除后,应当恢复执行。

第四百四十四条 执行财产刑过程中,具有下列情形之一的,人民法院应当裁定终结执行:

(一)据以执行的判决、裁定被撤销的;

(二)被执行人死亡或者被执行死刑,且无财产可供执行的;

(三)被判处罚金的单位终止,且无财产可供执行的;

(四)依照刑法第五十三条规定免除罚金的;

(五)应当终结执行的其他情形。

裁定终结执行后,发现被执行人的财产有被隐匿、转移等情形的,应当追缴。

第四百四十五条 财产刑全部或者部分被撤销的,已经执行的财产应当全部或者部分返还被执行人;无法返还的,应当依法赔偿。

第四百四十六条 因遭遇不能抗拒的灾祸缴纳罚金确有困难,被执行人申请减少或者免除罚金的,应当提交相关证明材料。人民法院应当在收到申请后一个月内作出裁定。符合法定减免条件的,应当准许;不符合条件的,驳回申请。

第四百四十七条 财产刑和附带民事裁判的执行,本解释没有规定的,参照适用民事执行的有关规定。

※法规解读:上述条文是关于财产刑执行的补充规定。

第438条是关于财产刑的执行管辖的规定。发生法律效力的刑事判决、裁定和调解书中涉及财产内容需要执行的,以及附带民事裁判的执行由第一审人民法院执行。第439条和第446条是对罚金执行的补充规定。明确了就同一事实罚款折抵罚金的原则,明确了人民法院裁定减免罚金的期限为1个月。第440条规定了案外人提出执行异议的适用民事诉讼法的有关规定处理。第441条规定了民事赔偿责任的履行优先原则。第442条规定了委托执行的程序。第443条规定了中止执行制度。第444条规定终结执行制度。第445条规定了因财产刑全部或者部分被撤销适用执行回转。第447条明确了财产刑和附带民事裁判执行的法律适用。

关联法规索引

《刑法》第53条;《最高人民法院关于适用财产刑若干问题的规定》;《人民检察院刑事诉讼规则(试行)》第658条

第二百七十二条　【没收财产刑的执行】没收财产的判决,无论附加适用或者独立适用,都由人民法院执行;在必要的时候,可以会同公安机关执行。

条文解读

本条是关于没收财产执行的规定。

没收财产是将犯罪分子个人所有财产的一部或者全部强制无偿地收归国有的刑罚方法。没收财产也是一种财产刑,但它不同于罚金,是适用于罪行严重的犯罪分子的刑罚方法。依据《刑法》的有关规定,没收财产是没收犯罪分子个人所有财产的一部或者全部。没收全部财产的,应当对犯罪分子个人及其扶养的家属保留必需的生活费用。在判处没收财产的时候,不得没收属于犯罪分子家属所有或者应有的财产。没收财产以前犯罪分子所负的正当债务,需要以没收的财产偿还的,经债权人请求,应当偿还。没收财产以前犯罪分子所负的正当债务,是指犯罪分子在判决生效前所负他人的合法债务。没收财产的执行由人民法院进行,在必要的时候,可以会同公安机关执行。

关联法规索引

《最高人民法院关于适用财产刑若干问题的规定》;《最高人民法院关于财产刑执行问题的若干规定》;《人民检察院刑事诉讼规则(试行)》第658条;《最高人民法院关于进一步做好刑事财产执行工作的通知》

第二百七十三条　【新罪、漏罪的追诉及减刑、假释】罪犯在服刑期间又犯罪的,或者发现了判决的时候所没有发现的罪行,由执行机关移送人民检察院处理。

被判处管制、拘役、有期徒刑或者无期徒刑的罪犯,在执行期间确有悔改或者立功表现,应当依法予以减刑、假释的时候,由执行机关提出建议书,报请人民法院审核裁定,并将建议书副本抄送人民检察院。人民检察院可以向人民法院提出书面意见。

条文解读

本条共有2款,是关于对新罪和漏罪的追究程序以及对罪犯适用减刑、假释的规定。

本条第1款是关于对新罪和漏罪的追究程序的规定。新罪是指罪犯在服刑期间实施了触犯刑法,依法应当追究刑事责任的行为。漏罪,是指在罪犯服刑期间发现了其在判决宣告前实施的尚未被判决的罪行。无论是又犯新罪还是发现漏罪,都应当依据本条、本法第308条、《监狱法》第60条的规定,依法追究,由监狱或负责执行的公安机关进行侦查,侦查终结后,移送人民检察院审查决定,向有管辖权的法院提起公诉。

本条第2款是关于适用减刑、假释的规定。减刑是对于被判处管制、拘役、有期徒刑、无期徒刑的犯罪分子,在执行期间确有悔改或者立功表现的,适当减轻其原判刑罚的制度。假释,是对被判处有期徒刑、无期徒刑的犯罪分子,在执行一定刑期后,因其遵守监规,接受教育和改造,确有悔改表现,不致再危害社会,而附条件地将其予以提前释放的制度。依据《刑法》、本条及相关司法解释的规定,减刑、假释适用的对象是被判处管制、拘役、有期徒刑或者无期徒刑的罪犯。适用的条件是罪犯在服刑期间确有悔改表现或立功表现。"确有悔改表现"是指同时具备以下四个方面情形:认罪悔罪;认真遵守法律法规及监规,接受教育改造;积极参加思想、文化、职业技术教育;积极参加劳动,努力完成劳动任务。具有下列情形之一的,应当认定为有"立功表现":(1)阻止他人实施犯罪活动的;(2)检举、揭发监狱内外犯罪活动,或者提供重要的破案线索,经查证属实的;(3)协助司法机关抓捕其他犯罪嫌疑人(包括同案犯)的;(4)在生产、科研中进行技术革新,成绩突出的;(5)在抢险救灾或者排除重大事故中表现突出的;(6)对国家和社会有其他贡献的。

减刑、假释由执行机关提出建议书,报请人民法院审核裁定。对此,2012年《刑事诉讼法》增加规定了执行机关应当将建议书副本抄送人民检察院,人民检察院可以向人民法院提出书面意见。这主要是考虑要加强人民检察院对减刑、假释的监督,特别是事前监督。依据最高人民法院有关司法解释,人民法院审理减刑、假释案件,应当一律予以公示。公示地点为罪犯服刑场所的公共区域。有条件的地方,应面向社会公示,接受社会监督。人民法院审理减刑、假释案件,应当组成合议庭,可以采用书面审理的方式,但下列案件应当开庭审理:(1)因罪犯有重大立功表现提请减刑的;(2)提请减刑的起始时间、间隔时间或者减刑幅度不符合一般规定的;(3)社会影响重大或者社会关注度高的;(4)公示期间收到投诉意见的;(5)人民检察院有异议的;(6)有必要开庭审理的其他案件。

配套法规及解读

《最高人民法院关于适用〈中华人民共和国刑事诉讼法〉的解释》(2012年12月20日)

第四百四十九条 对减刑、假释案件,应当按照下列情形分别处理:

(一)对被判处死刑缓期执行的罪犯的减刑,由罪犯服刑地的高级人民法院根据同级监狱管理机关审核同意的减刑建议书裁定;

(二)对被判处无期徒刑的罪犯的减刑、假释,由罪犯服刑地的高级人民法院,在收到同级监狱管理机关审核同意的减刑、假释建议书后一个月内作出裁定,案情复杂或者情况特殊的,可以延长一个月;

(三)对被判处有期徒刑和被减为有期徒刑的罪犯的减刑、假释,由罪犯服刑地的中级人民法院,在收到执行机关提出的减刑、假释建议书后一个月内作出裁定,案情复杂或者情况特殊的,可以延长一个月;

(四)对被判处拘役、管制的罪犯的减刑,由罪犯服刑地中级人民法院,在收到同级执行机关审核同意的减刑、假释建议书后一个月内作出裁定。

对暂予监外执行罪犯的减刑,应当根据情况,分别适用前款的有关规定。

第四百五十条 受理减刑、假释案件,应当审查执行机关移送的材料是否包括下列内容:

(一)减刑、假释建议书;

(二)终审法院的裁判文书、执行通知书、历次减刑裁定书的复制件;

(三)证明罪犯确有悔改、立功或者重大立功表现具体事实的书面材料;

(四)罪犯评审鉴定表、奖惩审批表等;

(五)罪犯假释后对所居住社区影响的调查评估报告;

(六)根据案件情况需要移送的其他材料。

经审查,材料不全的,应当通知提请减刑、假释的执行机关补送。

第四百五十一条 审理减刑、假释案件,应当审查财产刑和附带民事裁判的执行情况,以及罪犯退赃、退赔情况。罪犯积极履行判决确定的义务的,可以认定有悔改表现,在减刑、假释时从宽掌握;确有履行能力而不履行的,在减刑、假释时从严掌握。

第四百五十二条 审理减刑、假释案件,应当对以下内容予以公示:

(一)罪犯的姓名、年龄等个人基本情况;

(二)原判认定的罪名和刑期;

(三)罪犯历次减刑情况;

(四)执行机关的减刑、假释建议和依据。

公示应当写明公示期限和提出意见的方式。公示地点为罪犯服刑场所的公共区域;有条件的地方,可以面向社会公示。

第四百五十三条 审理减刑、假释案件,应当组成合议庭,可以采用书面审理的方式,但下列案件应当开庭审理:

(一)因罪犯有重大立功表现提请减刑的;

(二)提请减刑的起始时间、间隔时间或者减刑幅度不符合一般规定的;

(三)社会影响重大或者社会关注度高的;

(四)公示期间收到投诉意见的;

(五)人民检察院有异议的;

(六)有必要开庭审理的其他案件。

第四百五十五条 减刑、假释裁定作出前,执行机关书面提请撤回减刑、假释建议的,是否准许,由人民法院决定。

※法规解读:上述条文是对人民法院适用减刑、假释的补充规定。

第449条规定了对减刑、假释案件审查的管辖和程序。第450条规定了人民法院受理减刑、假释案件,就执行机关移送的材料,应当审查哪些内容。经审查,材料不全的,应当通知提请减刑、假释的执行机关补送。第451条规定了审理减刑、假释案件,应当结合财产刑和附带民事裁判的执行情况以及罪犯退赃、退赔情况从宽或从严掌握。第452条规定了审理减刑、假释案件,应当对哪些内容予以公示,从而保证司法公开。第453条规定了审理减刑、假释案件审判组织和审理方式。审理减刑、假释案件,应当组成合议庭,可以采用书面审理的方式,但六类案件应当开庭审理。第455条是关于执行机关提请撤回减刑、假释建议的规定。执行机关提请撤回减刑、假释建议的,须在减刑、假释裁定作出前,并提出书面申请,是否准许,由人民法院决定。

《公安机关办理刑事案件程序规定》(2012年12月13日)

第二百九十四条 对依法留看守所执行刑罚的罪犯,符合减刑条件的,由看守所制作减刑建议书,经设区的市一级以上公安机关审查同意后,报请所在地中级以上人民法院审核裁定。

第二百九十五条 对依法留看守所执行刑罚的罪犯,符合假释条件的,由看守所制作假释建议书,经设区的市一级以上公安机关审查同意后,报请所在地中级以上人民法院审核裁定。

※法规解读:上述条文是对依法留看守所执行刑罚的罪犯,执行机关提请减刑、假释程序的规定。对依法留看守所执行刑罚的罪犯,符合减刑或假释条件的,由看守所制作减刑建议书或假释建议书,经设区的市一级以上公安机关审查同意后,报请所在地中级以上人民法院审核裁定。

第三百零四条 对留看守所执行刑罚的罪犯,在暂予监外执行期间又犯新罪的,由犯罪地公安机关立案侦查,并通知批准机关。批准机关作出收监执行决定后,应当根据侦查、审判需要,由犯罪地看守所或者暂予监外执行地看守所收监执行。

第三百零五条　被剥夺政治权利、管制、宣告缓刑和假释的罪犯在执行期间又犯新罪的,由犯罪地公安机关立案侦查。

对留看守所执行刑罚的罪犯,因犯新罪被撤销假释的,应当根据侦查、审判需要,由犯罪地看守所或者原执行看守所收监执行。

※法规解读:上述条文是对由公安机关负责执行的罪犯又犯新罪如何处理的规定。对留看守所执行刑罚的罪犯,在暂予监外执行期间又犯新罪的,被剥夺政治权利、管制、宣告缓刑和假释的罪犯在执行期间又犯新罪的,均由犯罪地公安机关立案侦查。因犯新罪被停止暂予监外执行、撤销假释的,应当根据侦查、审判需要,依法收监执行。

关联法规索引

《监狱法》第29~34条;《司法部监狱提请减刑假释工作程序规定》;《最高人民法院关于罪犯因漏罪、新罪数罪并罚时原减刑裁定应如何处理的意见》;《最高人民法院关于办理减刑、假释案件具体应用法律若干问题的规定》;《最高人民法院关于适用〈中华人民共和国刑事诉讼法〉的解释》第457条、第458条;《最高人民法院关于减刑、假释案件审理程序的规定》;《最高人民检察院关于对职务犯罪罪犯减刑、假释、暂予监外执行案件实行备案审查的规定》;《人民检察院办理减刑、假释案件规定》;《最高人民法院关于办理减刑、假释案件具体应用法律的规定》

典型案例

罪犯张松坚不予减刑案[1]

※案情简介:罪犯张松坚,男,原安徽省滁州市人大常委会副主任(副厅级),1994年6月至2008年12月先后任滁州市南谯区常务副区长、区长、区委书记、人大常委会主任、明光市委书记、市人大常委会主任等职。因犯受贿罪于2011年5月被判处无期徒刑,剥夺政治权利终身,并处没收个人全部财产,受贿所得现金428.3万元、购物卡7.08万元予以追缴。判决生效后交付执行。2014年11月,执行机关安徽省巢湖监狱向安徽省高级人民法院提出减刑建议,该院立案后将减刑建议书等材料通过互联网向

[1]　本案根据《最高人民法院公布发布减刑、假释、暂予监外执行8件典型案例》(2015年2月13日)案例1整理。

社会公示，同年12月4日在巢湖监狱公开开庭审理本案，并邀请市人大代表旁听庭审。

安徽省高级人民法院经审理查明，罪犯张松坚虽然在狱内遵守监规，积极劳动，服刑期间受到表扬3次，记功3次，表现较好，但庭审中，张松坚对原审认定的受贿事实仅承认不足10万元的礼金和购物卡，其他部分拒不认罪。另查明，案发后张松坚实际退出赃款163万余元。

安徽省高级人民法院认为，罪犯张松坚在服刑期间遵守法律和监规，积极参加劳动，表现较好，但在原判事实清楚，证据确实充分的情况下，仍否认原判认定的绝大部分犯罪事实，未能认识所犯罪行的严重性和社会危害性，不能认定其“认罪悔罪”。张松坚不符合法律规定的减刑条件，依法裁定不予减刑。

※**裁判要旨**：适用减刑的目的旨在通过肯定罪犯已有的改造成绩，激励其继续努力改造，逐步减少以至消除犯罪分子的主观恶性，使其不再危害社会。依据《刑法》《刑事诉讼法》及相关司法解释的规定，减刑的适用的条件是罪犯在服刑期间确有悔改表现或立功表现。“确有悔改表现”是指同时具备以下四个方面情形：认罪悔罪；认真遵守法律法规及监规，接受教育改造；积极参加思想、文化、职业技术教育；积极参加劳动，努力完成劳动任务。本案中罪犯张松坚在服刑期间虽然其他方面表现良好，但未能认真悔罪，因而对其裁定不予减刑是符合法律规定和立法精神的。

第二百七十四条 【对减刑、假释的监督】 人民检察院认为人民法院减刑、假释的裁定不当，应当在收到裁定书副本后二十日以内，向人民法院提出书面纠正意见。人民法院应当在收到纠正意见后一个月以内重新组成合议庭进行审理，作出最终裁定。

条文解读

本条是关于检察机关对减刑、假释裁定监督的规定。

人民法院作出减刑、假释裁定的，应当将裁定书的副本抄送人民检察院。人民检察院经审查，认为不符合法律规定的适用减刑、假释的条件的，即减刑、假释裁定不当的，应当在收到裁定书副本后20日以内，向人民法院提出书面纠正意见。人民法院应当在收到纠正意见后重新组成合议庭进行审理，原来参加减刑、假释审核裁定的审判人员不得再参加。人民法院应当在1个月以内作出最终裁定。

配套法规及解读

《人民检察院刑事诉讼规则(试行)》(2012年11月22日修订)

第六百四十九条　人民检察院收到执行机关抄送的减刑、假释建议书副本后,应当逐案进行审查,发现减刑、假释建议不当或者提请减刑、假释违反法定程序的,应当在十日以内向审理减刑、假释案件的人民法院提出书面检察意见,同时也可以向执行机关提出书面纠正意见。

第六百五十条　人民检察院发现监狱等执行机关提请人民法院裁定减刑、假释的活动有下列情形之一的,应当依法提出纠正意见:

(一)将不符合减刑、假释法定条件的罪犯,提请人民法院裁定减刑、假释的;

(二)对依法应当减刑、假释的罪犯,不提请人民法院裁定减刑、假释的;

(三)提请对罪犯减刑、假释违反法定程序,或者没有完备的合法手续的;

(四)提请对罪犯减刑的减刑幅度、起始时间、间隔时间或者减刑后又假释的间隔时间不符合有关规定的;

(五)被提请减刑、假释的罪犯被减刑后实际执行的刑期或者假释考验期不符合有关法律规定的;

(六)其他违法情形。

第六百五十一条　人民法院开庭审理减刑、假释案件,人民检察院应当指派检察人员出席法庭,发表意见。

第六百五十二条　人民检察院收到人民法院减刑、假释的裁定书副本后,应当及时进行审查。审查的内容包括:

(一)被减刑、假释的罪犯是否符合法定条件,对罪犯减刑的减刑幅度、起始时间、间隔时间或者减刑后又假释的间隔时间、罪犯被减刑后实际执行的刑期或者假释考验期是否符合有关规定;

(二)执行机关提请减刑、假释的程序是否合法;

(三)人民法院审理、裁定减刑、假释的程序是否合法;

(四)按照有关规定应当开庭审理的减刑、假释案件,人民法院是否开庭审理。

检察人员审查人民法院减刑、假释裁定,可以向罪犯所在单位和有关人员进行调查,可以向有关机关调阅有关材料。

第六百五十三条　人民检察院经审查认为人民法院减刑、假释的裁定不当,应当在收到裁定书副本后二十日以内,报经检察长批准,向作出减刑、假释裁定的人民法院提出书面纠正意见。

第六百五十四条　对人民法院减刑、假释裁定的纠正意见,由作出减刑、假释裁定的人民法院的同级人民检察院书面提出。

下级人民检察院发现人民法院减刑、假释裁定不当的，应当向作出减刑、假释裁定的人民法院的同级人民检察院报告。

第六百五十五条 人民检察院对人民法院减刑、假释的裁定提出纠正意见后，应当监督人民法院是否在收到纠正意见后一个月以内重新组成合议庭进行审理，并监督重新作出的裁定是否符合法律规定。对最终裁定不符合法律规定的，应当向同级人民法院提出纠正意见。

※法规解读：上述条文是关于人民检察院对减刑、假释监督的细化规定。

第649条和第650条规定了人民检察院对执行机关提请减刑、假释活动的监督，即事前监督。第651条规定了人民法院开庭审理减刑、假释案件，人民检察院应当派员出席和发表意见，即事中监督。第652～655条规定了人民检察院对人民法院作出的减刑、假释裁定进行监督的内容、方式和程序，即事后监督。

《最高人民法院关于适用〈中华人民共和国刑事诉讼法〉的解释》（2012年12月20日）

第四百五十四条 人民法院作出减刑、假释裁定后，应当在七日内送达提请减刑、假释的执行机关、同级人民检察院以及罪犯本人。人民检察院认为减刑、假释裁定不当，在法定期限内提出书面纠正意见的，人民法院应当在收到意见后另行组成合议庭审理，并在一个月内作出裁定。

※法规解读：本条是关于检察机关对减刑、假释裁定监督的补充规定。相对于《刑事诉讼法》第274条的规定，明确了人民法院向提请减刑、假释的执行机关、同级人民检察院以及罪犯本人送达减刑、假释裁定的期限以及人民法院在收到人民检察院纠正意见后重新作出裁定的期限。

第四百五十六条 人民法院发现本院已经生效的减刑、假释裁定确有错误的，应当另行组成合议庭审理；发现下级人民法院已经生效的减刑、假释裁定确有错误的，可以指令下级人民法院另行组成合议庭审理。

※法规解读：本条规定了人民法院系统内的对减刑、假释裁定的监督程序。

人民法院系统内的审判监督包括各级人民法院对本院审判活动的监督和上级人民法院对下级人民法院审判活动的监督。因而，各级人民法院发现本院已经生效的减刑、假释裁定确有错误的，应当另行组成合议庭审理；上级人民法院发现下级人民法院已经生效的减刑、假释裁定确有错误的，可以指令下级人民法院另行组成合议庭审理。

关联法规索引

《监狱法》第34条；《最高人民法院关于办理减刑、假释案件具体应用法律若干问题的规定》；《人民检察院办理减刑、假释案件规定》

第二百七十五条 【错判及申诉的处理】监狱和其他执行机关在刑罚执行中，如果认为判决有错误或者罪犯提出申诉，应当转请人民检察院或者原判人民法院处理。

条文解读

本条是关于错判、申诉的处理的规定。

监狱和其他执行机关，如果发现原判有错误，应当全面收集证据，整理好材料，提出意见，直接转送人民检察院或者原判人民法院处理。如果认为案情重大，需要由上级司法机关处理，也可以经主管机关审查同意后，转送相应的人民检察院、人民法院处理。

正在服刑的罪犯如果认为生效裁判有错误的，有权提出申诉。对罪犯提出的控告、检举材料，监狱应当及时处理或者转送公安机关或者人民检察院处理，不得扣压。公安机关或者人民检察院应当将处理结果通知监狱。

人民检察院、人民法院应当对执行机关转送的材料和意见，或者罪犯的申诉，进行审查，认为符合审判监督程序规定的条件的，应当提出抗诉或决定再审。经审查，认为不符合抗诉或重新审判条件的，可以不予受理。监狱在执行刑罚过程中，根据罪犯的申诉，认为判决可能有错误的，应当提请人民检察院或者人民法院处理，人民检察院或者人民法院应当自收到监狱提请处理意见书之日起6个月内将处理结果通知监狱。

关联法规索引

《监狱法》第21～24条；《公安机关办理刑事案件程序规定》第293条

第二百七十六条 【执行的监督】人民检察院对执行机关执行刑罚的活动是否合法实行监督。如果发现有违法的情况，应当通知执行机关纠正。

条文解读

本条是关于人民检察院对执行机关执行刑罚进行监督的规定。

依据本条和《人民检察院刑事诉讼规则（试行）》的有关规定，人民检察院对监狱、看守所、公安机关、人民法院等执行机关的执行刑罚活动是否合法实施监督，发现有违法行为的，应当通知执行机关纠正。

关联法规索引

《最高人民法院、最高人民检察院、公安部、司法部关于对判处管制、宣告缓刑的犯罪分子适用禁止令有关问题的规定(试行)》第10条;《人民检察院刑事诉讼规则(试行)》第629~660条;《人民检察院办理未成年人刑事案件的规定》第70~74条;《最高人民检察院关于全面加强和规范刑事执行检察工作的决定》

第五编 特别程序

友情提示

2018年修订后的《刑事诉讼法》第5编增加了一项新的特别程序：缺席审判程序。本编包含五章内容，分别为"未成年人刑事案件诉讼程序"、"当事人和解的公诉案件诉讼程序"、"缺席审判程序"、"犯罪嫌疑人、被告人逃匿、死亡案件违法所得的没收程序"和"依法不负刑事责任的精神病人的强制医疗程序"。

本编程序具有适用对象、适用情况等方面的特殊性，但彼此之间并无适用上的必然联系。本章为特别程序规则，在办理刑事案件过程中，人民法院、人民检察院和公安机关除了遵循一般的刑事程序规则外，如遇有本编所规定的特殊情形，还应当严格遵守本编的规定。若本编规定与一般刑事程序规则相冲突时，依照特别法优于普通法的基本原则，优先使用本编规定。

第一章 未成年人刑事案件诉讼程序

本章介绍

本章从第277条至第287条，共包括11个条文，是对未成年人刑事案件诉讼程序的特别规定。本章的适用对象具有特殊性，即14～18周岁之间的未成年人。在办理未成年人刑事案件时，除了要遵守一般的刑事诉讼程序规则外，还应当遵循本章的规定。本章对未成年人刑事诉讼程序的特别规定在刑事诉讼中优先适用。具体包括：未成年人刑事案件诉讼程序基本原则、法律援助制度、社会调查制度、严格限制适用强制措施原则、适当成年人在场制度、附条件不起诉制度以及不公开审理原则和犯罪记录封存制度。

第二百七十七条 【未成年人犯罪审理原则】对犯罪的未成年人实行教育、感化、挽救的方针，坚持教育为主，惩罚为辅的原则。

人民法院、人民检察院和公安机关办理未成年人刑事案件，应当保障未成年人行使其诉讼权利，保障未成年人得到法律帮助，并由熟悉未成年人身心特点的审判人员、检察人员、侦查人员承办。

条文解读

本条共 2 款，是关于办理未成年人刑事案件诉讼程序特有原则的规定。

第 1 款是关于未成年人刑事案件追诉方针和原则的规定。对于未成年人涉嫌犯罪的，我国一贯坚持实行教育、感化、挽救的方针，坚持教育为主，惩罚为辅的原则。《未成年人保护法》第 54 条和《预防未成年人犯罪法》第 44 条均对此有明确的规定。在办理未成年人涉嫌犯罪的案件时，要特别注意处理好教育和惩罚的关系。由于未成年人年龄的特殊性，在其身心发展尚未完全成熟之际，社会有责任和义务为他们提供更好的保护、改正错误的机会以及自我完善和更好发展的可能，因此对未成年人的刑事追诉相对特殊。“教育”首当其冲，摆在第一位。但并非提倡“教育”就不对犯罪行为进行追究。对未成年犯罪的依法追诉和惩罚既是帮助行为人正确认识错误行为性质的重要方式，同时也是保护社会公共利益和维护法治统一的必然举措。惩罚与教育二者并不矛盾，从正反两个方面，帮助、督促犯罪未成年人认识错误和改正错误，从而达到教育、感化和挽救的宗旨。

第 2 款规定了保障未成年犯罪嫌疑人、被告人诉讼权利的原则。办理未成年人刑事案件的国家专门机关：人民法院、人民检察院和公安机关是该条款确定的义务主体。他们有义务保障未成年被追诉人依法享有刑事诉讼中的各项诉讼权利。除了成年被追诉人所享有的诉讼权利外，未成年被追诉人还享有法律援助、附条件不起诉、适当成年人在场、不公开审理、犯罪记录封存等一系列特殊的诉讼权利。各个专门机关在办理未成年人刑事案件的过程中，要充分注意到案件主体的特殊性，排除阻碍未成年人行使诉讼权利的各种障碍，为未成年人实际依法享有法律规定的诉讼权利提供便利，创造条件。为了最大限度地保障未成年人被追诉人的诉讼权利，本条款特别规定由熟悉未成年人身心特点的审判人员、检察人员、侦查人员承办案件，以确保未成年被追诉人得到公正的审理。

配套法规及解读

《最高人民法院关于适用〈中华人民共和国刑事诉讼法〉的解释》(2012年12月20日)

第四百五十九条 人民法院审理未成年人刑事案件,应当贯彻教育、感化、挽救的方针,坚持教育为主、惩罚为辅的原则,加强对未成年人的特殊保护。

※法规解读:本条是人民法院审理未成年人刑事案件原则的一般性规定。在本条中,人民法院审理未成年人刑事案件的方针和原则旨在加强对未成年人的特殊保护。

第四百六十一条 审理未成年人刑事案件,应当由熟悉未成年人身心特点、善于做未成年人思想教育工作的审判人员进行,并应当保持有关审判人员工作的相对稳定性。

未成年人刑事案件的人民陪审员,一般由熟悉未成年人身心特点,热心教育、感化、挽救失足未成年人工作,并经过必要培训的共青团、妇联、工会、学校、未成年人保护组织等单位的工作人员或者有关单位的退休人员担任。

※法规解读:本条包括2款,是对审理未成年人刑事案件人员的规定。本条第1款规定了审理未成年人刑事案件审判人员的基础条件,即熟悉未成年人的身心特点,善于做未成年人的思想教育工作。对未成年人的审判过程也是与未成年人进行沟通的过程,处于成长过程中的未成年人其心理、生理都呈现出与成年人迥异的特征,需要专业化的方式和方法进行引导。同时为了确保未成年刑事案件审判工作开展的持续性,也需要确保从事相关工作的审判人员的稳定性。

根据相关法律规定,人民陪审员可以参加第一审刑事案件的审理工作,为此,为了更好地参与未成年人刑事案件的审理工作,人民陪审员也需要和审判人员一样对未成年人的情况相对熟悉。为此,本条规定,一方面,人民陪审员要对未成年人的教育挽救工作有热情;另一方面,要有从事未成年人刑事案件审判的能力,即熟悉未成年人的身心特点,为了确保这两点,本条第2款明确要求未成年人刑事案件的人民陪审员需要从共青团、妇联、工会、学校、未成年人保护组织等单位的工作人员或者有关单位的退休人员中选任,而且这些人员需要经过必要的培训才能担任此项工作。

《人民检察院刑事诉讼规则(试行)》(2012年11月22日修订)

第四百八十四条 人民检察院应当指定熟悉未成年人身心特点的检察人员办理未成年人刑事案件。

※法规解读:本条是关于检察机关对办理未成年人刑事案件人员的规定。

由于前述提到的原因,即未成年人及未成年人刑事案件的特殊性,检察机关同样对办理未成年人刑事案件的检察人员提出明确的要求,即熟悉未成年人的身心特点。

《公安机关办理刑事案件程序规定》(2012年12月13日修订)

第三百零六条 公安机关办理未成年人刑事案件,实行教育、感化、挽救的方针,坚持教育为主、惩罚为辅的原则。

※法规解读：本条是关于公安机关对于办理未成年人刑事案件原则的规定。

本条的规定与《刑事诉讼法》《预防未成年人犯罪法》《未成年人保护法》保持了高度的一致，再次重申了办理未成年人刑事案件的六字方针和八字原则。

第三百零七条 公安机关办理未成年人刑事案件，应当保障未成年人行使其诉讼权利并得到法律帮助，依法保护未成年人的名誉和隐私，尊重其人格尊严。

※法规解读：本条是关于公安机关保障未成年人诉讼权利义务的规定。

该条是对《刑事诉讼法》第14条“保障诉讼权利原则”在办理未成年人刑事案件中的具体化。同时，该条文也在《刑事诉讼法》第14条的基础上，进一步明确规定了公安机关保障的具体内容，包括保障涉案未成年人获得法律帮助的权利，名誉权、隐私权以及人格尊严。这些内容在刑事诉讼过程中，既和涉案未成年人的诉讼权利密切联系，同时也是具体且实际的实体性权利，对于这些权利的尊重和保障，一方面体现了《刑事诉讼法》中确立的“尊重和保障人权”的基本宗旨，另一方面也进一步明确了对未成年人诉讼中相关权利的保护内容和范围。

第三百零八条 公安机关应当设置专门机构或者配备专职人员办理未成年人刑事案件。

未成年人刑事案件应当由熟悉未成年人身心特点，善于做未成年人思想教育工作，具有一定办案经验的人员办理。

※法规解读：本条是对公安机关办理未成年人刑事案件机构和人员的规定。

本条共有2款。第1款确立了公安机关办理未成年人刑事案件的专门化原则。具体而言，包括办理机构的专门性以及办理人员的专门性两个方面。第2款则对经办未成年人刑事案件的人员提出了进一步明确的要求，包括三个方面：熟悉未成年人身心特点；善于做未成年人思想教育工作；具有一定的办案经验。机构的专门性，最终需要通过人员的专门性和专业性来体现和落实，因此，对于办理未成年人刑事案件人员提出明确的条件，对于促进未成年人刑事案件办理的专业性大有裨益，同时也有助于办理未成年人刑事案件的准确性和公正性，也有助于尽早开展对涉案未成年人的帮教。

《预防未成年人犯罪法》(2012年10月26日修正)

第四十四条 对犯罪的未成年人追究刑事责任，实行教育、感化、挽救方针，坚持教育为主、惩罚为辅的原则。

司法机关办理未成年人犯罪案件，应当保障未成年人行使其诉讼权利，保障未成年人得到法律帮助，并根据未成年人的生理、心理特点和犯罪的情况，有针对性地进行法制教育。

对于被采取刑事强制措施的未成年学生，在人民法院的判决生效以前，不得取消其学籍。

※法规解读:本条是关于对犯罪的未成年人追究刑事责任遵循的方针、原则和刑事诉讼中司法机关对未成年人的诉讼保障,以及在人民法院判决生效前,不得取消未成年学生学籍的规定。

本条第1款是关于对犯罪的未成年人追究刑事责任所遵循的方针和原则的规定。该项原则早在1991年全国人大常委会制定的《未成年人保护法》(该法已于2006年和2012年进行了两次修正)第38条规定中既已经确定:“对违法犯罪的未成年人,实行教育、感化、挽救的方针,坚持教育为主、惩罚为辅的原则。”

本条第2款是关于在刑事诉讼中司法机关对未成年人的诉讼保障以及对其进行法制教育的规定。未成年人在年龄、智力、社会经验等方面的局限致使其在维护自身合法利益方面与成年人有很大差别,为此,世界各国均对未成年人在法律中给予特殊的关照和保护,为其提供法律帮助,同时结合未成年人的身心特点和教育、改造的需要配备专门人员,改革和完善诉讼程序,如《国务院关于印发中国妇女发展纲要和中国儿童发展纲要的通知》就明确提出:推动建立和完善适合未成年人的专门司法机构。贯彻未成年人保护法,探索未成年人案件办理专业化。加快建设公安机关办理未成年人案件专门机构或落实专门人员。

本条第3款是关于在人民法院的判决生效前,不得取消被采取刑事强制措施的未成年学生学籍的规定。未成年人多处于求学年龄,该阶段对未成年人的发展具有重要意义。未成年人涉嫌刑事犯罪,没有被采用羁押性强制措施的,仍有可能继续学业;即便是采用了羁押性的强制措施,由于强制措施本身旨在防范可能对刑事追诉程序产生的影响和妨碍,根据无罪推定原则,人民法院的判决生效以前,被追诉人在法律上仍为无罪,应当和其他的一般未成年人一样享有相应的权利。因此,不得因被追诉而取消其学籍,即使是人民法院作出的有罪判决生效后,对于不在监管场所服刑的未成年人,也可以考虑保留其学籍,使其继续接受教育。

《未成年人保护法》(2012年10月26日修正)

第五十四条 对违法犯罪的未成年人,实行教育、感化、挽救的方针,坚持教育为主、惩罚为辅的原则。

对违法犯罪的未成年人,应当依法从轻、减轻或者免除处罚。

※法规解读:现行《未成年人保护法》系2012年修正的。该条第1款是对违法犯罪的未成年人基本原则方针的规定,与1991年的条款相比未有任何改变。

该条第2款是对违法犯罪未成年人处罚原则的规定。我国一向秉承教育为主,惩罚为辅的原则处理未成年人的违法犯罪问题。《刑法》第17条第3款规定:已满14周岁不满18周岁的人犯罪,应当从轻或者减轻处罚。《治安管理处罚法》第12条规定:

已满14周岁不满18周岁的人违反治安管理的，从轻或者减轻处罚；不满14周岁的人违反治安管理的，不予处罚，但是应当责令其监护人严加管教。近年来实行的宽严相济的刑事政策中更是对未成年人犯罪进行了重点考虑。根据本条款的规定，未成年人涉嫌违法、犯罪时，其年龄的特殊性是法定的予以轻缓处理的情节。至于轻缓处理的幅度如何，并非是随意而为，而是应当依法进行。

第五十五条 公安机关、人民检察院、人民法院办理未成年人犯罪案件和涉及未成年人权益保护案件，应当照顾未成年人身心发展特点，尊重他们的人格尊严，保障他们的合法权益，并根据需要设立专门机构或者指定专人办理。

※法规解读：本条是关于专门机关要根据未成年人特点办理未成年人案件的规定。

所谓未成年人案件包括未成年人涉嫌犯罪的案件和案件中涉及未成年人权益保护的案件两类。因案件中涉及未成年人，他们与成年人在诸多方面存在差异，因此要求公安、检察、人民法院等专门机关负有更多的照顾义务，充分考虑未成年人的身心发展特点，结合案件办理的具体情况，充分保障他们的合法权益。现在，我国已经有很多人民法院设立了专门审理未成年人案件的少年法庭，以便更好地满足未成年人刑事案件审理的需要。

关联法规索引

《最高人民法院关于审理未成年人刑事案件的若干规定》第3条；《最高人民法院关于审理未成年人刑事案件具体应用法律若干问题的解释》；《最高人民检察院关于在检察工作中贯彻宽严相济刑事司法政策的若干意见》第11条；《检察机关加强未成年人司法保护八项措施》

典型案例

贾某组织卖淫案〔1〕

※案情简介：上海市检察机关在办理贾某等10人组织卖淫案时，针对成年人与未成年人共同犯罪、未成年被害人多达10人的情况，严格依法办案，认真落实特殊刑事政策。一是严厉打击侵害未成年人的成年犯罪行为人。通过及时、准确的司法鉴定，

〔1〕 本案根据《最高人民检察院发布10起检察机关加强未成年人司法保护典型案例》（2016年5月27日）之典型案例5整理。

有效识破1名成年主犯伪装精神病人的伎俩；针对2名女性成年主犯分别因处于哺乳期和患病而被取保候审，但拒不认罪且互相串供的情形，及时建议法院对2人决定逮捕，并提出从严惩处的量刑建议，最终2人分别被判处有期徒刑十四年和七年。二是对未成年被害人予以特殊、优先司法保护。及时通知当地法律援助中心，指派熟悉未成年人身心特点的律师提供法律咨询、代理附带民事诉讼；为避免二次伤害，谢绝媒体采访，并指派具有国家二级心理咨询师资格的检察官介入，采用沙盘疗法等心理疏导手段，缓解未成年被害人的恐惧、焦虑、自卑情绪；针对其中3名未成年被害人因家庭经济困难而无力根治性病，且无法及时获得民事赔偿的情况，通过简化救助流程、提高救助标准、一次性办理等方法着力落实司法救助，帮助解决就医难题，并为其今后生活提供一定的经济保障。三是对涉罪未成年人区别对待，宽严相济。对协助组织卖淫情节较轻的1名在校中学生，及时变更强制措施，联合学校老师和社工开展帮教，建议适用缓刑并获得采纳；对当庭翻供，提出办案人员未给其阅看笔录辩解的未成年被告人，提请当时在场的合适成年人出庭作证，有效驳斥其虚假辩解；对积极实施犯罪、情节严重的未成年主犯，提出依法适当严惩的量刑建议，最终3名未成年主犯分别被判处有期徒刑八年到九年零六个月。

※裁判要旨：本案案情复杂、特殊，检察机关有针对性地采取一系列措施，正确处理严格依法办案和体现特殊刑事政策的关系，对未成年被害人"最高限度保护"，对侵害未成年人的成年犯罪行为人"最低限度容忍"，对涉罪未成年人"宽严相济"，较好地实现了对未成年被害人利益、涉罪未成年人利益和社会公共利益的均衡保护。本案体现了落实宽严相济刑事政策和双向保护原则。

董某某、宋某某抢劫案〔1〕

※案情简介：被告人董某某、宋某某（时年17周岁）迷恋网络游戏，平时经常结伴到网吧上网，时常彻夜不归。2010年7月27日11时许，因在网吧上网的网费用完，二被告人即伙同王某（作案时未达到刑事责任年龄）到河南省平顶山市红旗街社区健身器材处，持刀对被害人张某某和王某某实施抢劫，抢走张某某5元现金及手机一部。后将所抢的手机卖掉，所得赃款用于上网。河南省平顶山市新华区人民法院于2011年5月10日作出（2011）新刑未初字第29号刑事判决，认定被告人董某某、宋某某犯抢劫罪，分别判处有期徒刑二年六个月，缓刑三年，并处罚金人民币1000元。同时禁止董某某和宋某某在36个月内进入网吧、游戏机房等场所。宣判后，二被告人均未上诉，判

〔1〕　本案根据《最高人民法院关于发布第四批指导性案例的通知》（法〔2013〕24号，2013年1月31日）中指导案例14号整理。

决已发生法律效力。

※**裁判要旨**：本案中，法院裁判认为：被告人董某某、宋某某以非法占有为目的，以暴力威胁方法劫取他人财物，其行为均已构成抢劫罪。鉴于董某某、宋某某系持刀抢劫；犯罪时不满十八周岁，且均为初犯，到案后认罪悔罪态度较好，宋某某还是在校学生，符合缓刑条件，决定分别判处二被告人有期徒刑二年六个月，缓刑三年。考虑被告人主要是因上网吧需要网费而诱发了抢劫犯罪；二被告人长期迷恋网络游戏，网吧等场所与其犯罪有密切联系；如果将被告人与引发其犯罪的场所相隔离，有利于家长和社区在缓刑期间对其进行有效管教，预防再次犯罪；被告人犯罪时不满十八周岁，平时自我控制能力较差，对其适用禁止令的期限确定为与缓刑考验期相同的三年，有利于其改过自新。因此，依法判决禁止二被告人在缓刑考验期内进入网吧等特定场所。该裁决坚持了对犯罪的未成年人实行“教育、感化、挽救”的方针，秉持了“教育为主，惩罚为辅”的原则。

第二百七十八条　【法律援助】未成年犯罪嫌疑人、被告人没有委托辩护人的，人民法院、人民检察院、公安机关应当通知法律援助机构指派律师为其提供辩护。

条文解读

本条是关于对未成年犯罪嫌疑人、被告人提供法律援助的规定。

犯罪嫌疑人、被告人系未成年人，同时又没有委托辩护人的，属于本条规定的应当提供法律援助的情形。刑事诉讼中的辩护以委托辩护为主，委托辩护以双方合意为基础，更能充分体现当事人的意志。由于未成年被追诉人年龄的原因，往往影响其辩护权行使的充分性，进而影响辩护的效果。为此，法律将未成年被追诉人纳入法律援助的范围，作为应当提供法律援助的对象，旨在对未成年人的利益给予更多的特殊保护。

根据本条规定，公安机关、人民检察院和人民法院有义务在遇有未成年犯罪嫌疑人、被告人没有委托辩护人的情形时，将此种情况通知法律援助机构，由法律援助机构负责指派律师为未成年人犯罪嫌疑人、被告人提供辩护帮助。

配套法规及解读

《未成年人刑事检察工作指引（试行）》（2017 年 3 月 2 日）

第二十四条　【基本要求】人民检察院办理未成年人刑事案件，应当保障未成年犯罪嫌疑人得到法律帮助，并加强与辩护人的沟通，认真听取辩护人的意见，共同做好涉罪未成年人的教育、感化、挽救工作。

人民检察院应当加强与公安机关、人民法院、司法行政机关的沟通协调，通过建立法律援助律师值班制度、完善法律援助相互衔接机制、组建专业化未成年人法律援助律师队伍等措施，确保强制辩护和被害人法律援助制度有效落实。

第二十五条　【及时通知】人民检察院办理未成年人刑事案件，应当首先了解未成年犯罪嫌疑人委托辩护人及得到法律援助的情况。没有委托辩护人的，应当及时告知未成年犯罪嫌疑人及其法定代理人有权委托辩护人。未成年犯罪嫌疑人及其法定代理人没有委托辩护人且没有得到法律援助的，应当及时通知所在地法律援助机构指派律师为其提供辩护。

第二十六条　【督促公安机关】对于公安机关在侦查环节未通知法律援助机构指派律师为未成年人提供辩护的，人民检察院应当认真履行监督职责，依法督促公安机关予以纠正。

第二十七条　【另行指定】未成年犯罪嫌疑人拒绝法律援助机构指派的律师为其辩护的，人民检察院应当查明原因，有正当理由的，应当准许；同时告知未成年犯罪嫌疑人及其法定代理人另行委托辩护人。未成年犯罪嫌疑人及其法定代理人未另行委托辩护人的，应当及时书面通知法律援助机构另行指派律师为其提供辩护。未成年犯罪嫌疑人再次拒绝且无正当理由的，不予准许。

对于法律援助律师怠于履行职责、泄露隐私和违规辩护的，人民检察院应当依法履行监督职责，通知法律援助机构变更法律援助律师，并书面建议司法行政机关依法作出相应处理。

※法规解读：上述条文是对检察机关办理未成年刑事案件法律援助的规定。

为了更好地落实和推进未成年刑事案件的法律援助工作，最高人民检察院在《未成年人刑事检察工作指引（试行）》中用一节专门规定了办理相关案件中的法律援助。根据上述条文的规定，检察机关办理未成年刑事案件，不仅仅要积极依法帮助未委托辩护人的犯罪嫌疑人享有法律援助权利，同时也肩负帮助此类案件中的被害人实现法律援助权利的义务。条文在重申《刑事诉讼法》中的检察机关对于无委托辩护人未成年被追诉人的保障辩护义务的同时，特别强调该项义务履行的及时性，以确保未成年被追诉人合法权益保障的充分性。鉴于检察机关享有依法对刑事诉讼活动进行监督的职责，因此对于公安机关办理未成年刑事案件时此方面的疏漏，也有督促改正的义务。为了更好地保障未成年被追诉人的合法权益，因此应当适度尊重他们对于法律援助律师的选择权，为此规定了另行指派的程序规则。

第七十五条　【法律援助】人民检察院应当自收到移送审查起诉的案件材料之日

起三日内,书面告知被害人及其法定代理人或者其他近亲属有权委托诉讼代理人,电话告知的应当记录在案;未成年被害人及其法定代理人因经济困难或者其他原因没有委托诉讼代理人的,人民检察院应当帮助其申请法律援助。

遭受性侵害的女性未成年被害人,一般应由女性律师提供法律援助。

※法规解读:本条是对未成年被害人法律援助的规定。

《法律援助条例》第11条规定,刑事诉讼公诉案件中的被害人及其法定代理人或者近亲属,自案件移送审查起诉之日起,因经济困难没有委托诉讼代理人的属于法律援助的范围。截至目前,我国对于未成年被追诉人和未成年被害人进行法律援助的开始时间是不同的,前者在侦查程序即享有该项权利,后者则需要等到案件移送审查起诉之日。

本条共有2款,主要规定了三个层面的内容。第一,规定了人民检察院的告知义务,即告知未成年被害人及其法定代理人享有委托诉讼代理人的权利;告知的形式为书面形式,采用电话告知的应当记录在案;告知的期限为自收到移送审查起诉的案件材料之日起3日内。第二,规定了检察机关的帮助申请法律援助义务。当遇有未成年被害人及其法定代理人因经济困难或者其他原因没有委托诉讼代理人的情况时,人民检察院负有帮助其申请法律援助的义务,该条采用了"应当"式的规定,即意味着此项义务为强制性不可选择性义务。第三,对性侵案件被害人的特殊性规定。该款在现有法律规定框架内,具有一定的前瞻性和进步性,确定了由女性律师提供法律援助的一般性原则,旨在对遭受性侵害的女性未成年被害人提供更加贴心、人性化的法律服务,最大限度地降低司法程序对此类被害人的二次伤害。

《公安机关办理刑事案件程序规定》(2012年12月13日修订)

第三百零九条 未成年犯罪嫌疑人没有委托辩护人的,公安机关应当通知法律援助机构指派律师为其提供辩护。

※法规解读:本条是对公安机关通知法律援助机构为没有委托辩护人的未成年犯罪嫌疑人提供法律帮助义务的规定。

2012年《刑事诉讼法》修改后,辩护制度有两个新变化:第一,允许辩护律师在侦查阶段介入刑事诉讼;第二,法律援助前提至侦查阶段,在未成年人的法律援助问题上,也作了同步调整。公安机关对于没有委托辩护人的犯罪嫌疑人负有通知法律援助机构提供律师辩护的义务。

《人民检察院刑事诉讼规则(试行)》(2012年11月22日修订)

第四百八十五条 人民检察院受理案件后,应当向未成年犯罪嫌疑人及其法定代理人了解其委托辩护人的情况,并告知其有权委托辩护人。

未成年犯罪嫌疑人没有委托辩护人的,人民检察院应当书面通知法律援助机构指派律师为其提供辩护。

※法规解读：本条共有2款，是对人民检察院办理未成年人刑事案件告知委托辩护及通知法律援助义务的规定。

本条第1款是对人民检察院告知委托辩护义务的规定。《刑事诉讼法》第34条第2款明确规定“人民检察院自收到移送审查起诉的案件材料之日起3日内，应当告知犯罪嫌疑人有权委托辩护人”，人民检察院办理未成年人刑事案件，与办理普通刑事案件一样，应当在法定期间内履行告知义务。同时，在检察机关接受案件之前，案件已经经历了侦查阶段，在侦查阶段未成年犯罪嫌疑人依法有权委托辩护人，因此，作为后续承接案件的机关，也需要了解有关辩护的情况，因此检察机关有义务向未成年犯罪嫌疑人本人以及其法定代理人了解委托辩护人的相关情况。

本条第2款是检察机关对没有委托辩护人的未成年犯罪嫌疑人通知法律援助义务的规定。依据法律，未成年犯罪嫌疑人在侦查阶段必须有律师辩护人，律师辩护人要么是当事人一方委托的，要么是法律援助机构指派的。但是，依据律师代理刑事案件的相关规则，律师代理都是分阶段的。因此，侦查阶段接受法律援助的未成年犯罪嫌疑人，到了审查起诉阶段有可能自行委托辩护人；侦查阶段有委托辩护人的未成年犯罪嫌疑人，到了审查起诉阶段未必也有，因此，检察机关要注意审查，在审查起诉阶段，未成年犯罪嫌疑人是否有委托的辩护人，如果没有，检察机关就负有通知法律援助机构的义务，而且根据本条款的规定，该通知应当采用书面的方式。由法律援助机构指派律师提供法律援助。

《最高人民法院关于适用〈中华人民共和国刑事诉讼法〉的解释》(2012年12月20日)

第四百七十二条　审判时不满十八周岁的未成年被告人没有委托辩护人的，人民法院应当通知法律援助机构指派律师为其提供辩护。

※法规解读：本条规定了人民法院审理未成年被告人刑事案件通知法律援助义务的规定。

根据《刑事诉讼法》的规定，人民法院当知晓未成年被告人没有委托辩护人的情况下，承担通知法律援助机构为其指派律师辩护的义务。需要注意的是，人民法院承担此项义务的前提是：审判时被告人仍不满18周岁。若被告人实施犯罪行为时不满18周岁，但是审判时已满18周岁时，则不属于本条所规定的范围。即人民法院并不承担本条所规定的强制性义务。是否通知法律援助机构，以及法律援助机构是否指派律师提供法律援助，则视案件的具体情况而定。

《最高人民法院关于审理未成年人刑事案件的若干规定》(2001年4月4日)

第十五条　人民法院应当依法保证未成年被告人获得辩护。

开庭审理时不满十八周岁的未成年被告人没有委托辩护人的，人民法院应当指定承担法律援助义务的律师为其提供辩护。

在审判过程中，未成年被告人及其法定代理人可以拒绝辩护人为他辩护。

※法规解读：本条是关于人民法院保障未成年被告人获得辩护的规定。

我国《宪法》和《刑事诉讼法》都明确规定人民法院有依法保障被告人获得辩护的义务。作为社会中的弱势群体，未成年人更是法律重点保护的对象。根据《未成年人保护法》第2条的规定，未成年人是指未满18周岁的公民。本条第1款确定了人民法院保障未成年被告人获得辩护的义务。接下来的两款是对人民法院具体履行该项义务的规则。首先，人民法院应当履行告知义务。告知未成年被告人及其法定代理人除了可以自行辩护外，还可以委托辩护人为其进行辩护。当未成年被告人本人或者其法定代理人均未为其委托辩护人时，2012年《刑事诉讼法》之后，人民法院不再直接为其指定辩护人，而是由人民法院通知法律援助机构为其指派律师作为辩护人。根据法理的基本逻辑，在强制指派辩护中，未成年被告人是权利主体，是受益者，其没有必须接受指派的义务，因此本条第3款明确规定，在案件审理过程中，未成年被告人及其法定代理人可以拒绝辩护人继续为其辩护。但当未成年被告人拒指派的辩护人为其辩护之后，其仍有权另行委托辩护人，否则仍应为其指派辩护人，亦即在我国刑事诉讼中若未成年被告人在诉讼中无辩护人辩护，则审判程序为非法。

关联法规索引

《法律援助条例》第11条、第12条；《关于刑事诉讼法律援助工作的规定》第9条；《最高人民法院关于审理未成年人刑事案件的若干规定》第26条；《检察机关加强未成年人司法保护八项措施》第2条、第3条、第7条

第二百七十九条 【社会调查制度】公安机关、人民检察院、人民法院办理未成年人刑事案件，根据情况可以对未成年犯罪嫌疑人、被告人的成长经历、犯罪原因、监护教育等情况进行调查。

条文解读

本条是关于未成年人刑事案件中社会调查制度的规定。

《联合国少年司法最低限度标准规则》第16条规定："所有案件除涉及轻微违法行为的案件外，在主管当局作出判决前的最后处置之前，应对少年生活的背景和环境或

犯罪的条件进行适当的调查,以便主管当局对案件作出明智的审判。”我国刑事诉讼中确立的该项制度,既加强了对未成年被追诉人的保护和关照,同时也是和国际刑事司法准则接轨的体现。对刑事案件中的未成年犯罪嫌疑人、被告人进行社会调查的主要目的在于为其提供特殊的司法保护,以确保对未成年人的刑事追诉合理、正当,罚当其罪,寓教于罚。对于未成年被追诉人的社会调查的内容是相当广泛的,包括他们的成长经历、犯罪原因、监护教育以及其他相关的情况。办理刑事案件的专门机关:公安机关、人民检察院、人民法院在各自负责的诉讼阶段均可以开展相关的调查工作,以作为对案件处理的参考性依据。

配套法规及解读

《未成年人刑事检察工作指引(试行)》(2017年3月2日)

第二十八条　【基本要求】人民检察院办理未成年人刑事案件,应当对公安机关或者辩护人提供的社会调查报告及相关材料进行认真审查,并作为审查逮捕、审查起诉、提出量刑建议以及帮教等工作的重要参考。

第二十九条　【应当调查】对于未成年人刑事案件,一般应当进行社会调查,但未成年人犯罪情节轻微,且在调查案件事实的过程中已经掌握未成年犯罪嫌疑人的成长经历、犯罪原因、监护教育等情况的,可以不进行专门的社会调查。

第三十条　【督促调查】对于卷宗中没有证明未成年犯罪嫌疑人的成长经历、犯罪原因、监护教育等情况的材料或者材料不充分的,人民检察院应当要求公安机关提供或者补充提供。

未成年犯罪嫌疑人不讲真实姓名、住址,身份不明,无法进行社会调查的,人民检察院应当要求公安机关出具书面情况说明。无法进行调查的原因消失后,应当督促公安机关开展社会调查。

第三十一条　【自行调查】人民检察院对于公安机关移送审查起诉的未成年人刑事案件,未随案移送社会调查报告及其附属材料,经发函督促七日内仍不补充移送的;或者随案移送的社会调查报告不完整,需要补充调查的;或者人民检察院认为应当进行社会调查的,可以进行调查或补充调查。

第三十二条　【知情权保护】开展社会调查应当充分保障未成年人及其法定代理人的知情权,并在调查前将调查人员的组成、调查程序、调查内容及对未成年人隐私保护等情况及时告知未成年人及其法定代理人。

第三十三条　【隐私权保护】开展社会调查时,调查人员不得驾驶警车、穿着检察制服,应当尊重和保护未成年人名誉,避免向不知情人员泄露未成年人的涉罪信息。

第三十四条　【调查方式、程序】人民检察院自行开展社会调查的,调查人员不得少于二人。

开展社会调查应当走访未成年犯罪嫌疑人的监护人、亲友、邻居、老师、同学、被害人或者其近亲属等相关人员。必要时可以通过电话、电子邮件或者其他方式向身在外地的被害人或其他人员了解情况。

经被调查人同意,可以采取拍照、同步录音录像等形式记录调查内容。

第三十五条 【心理测评】社会调查过程中,根据需要,经未成年犯罪嫌疑人及其法定代理人同意,可以进行心理测评。

第三十六条 【调查内容】社会调查主要包括以下内容:

(一)个人基本情况,包括未成年人的年龄、性格特点、健康状况、成长经历(成长中的重大事件)、生活习惯、兴趣爱好、教育程度、学习成绩、一贯表现、不良行为史、经济来源等;

(二)社会生活状况,包括未成年人的家庭基本情况(家庭成员、家庭教育情况和管理方式、未成年人在家庭中的地位和遭遇、家庭成员之间的感情和关系、监护人职业、家庭经济状况、家庭成员有无重大疾病或遗传病史等)、社区环境(所在社区治安状况、邻里关系、在社区的表现、交往对象及范围等)、社会交往情况(朋辈交往、在校或者就业表现、就业时间、职业类别、工资待遇、与老师、同学或者同事的关系等);

(三)与涉嫌犯罪相关的情况,包括犯罪目的、动机、手段、与被害人的关系等;犯罪后的表现,包括案发后、羁押或取保候审期间的表现、悔罪态度、赔偿被害人损失等;社会各方意见,包括被害方的态度、所在社区基层组织及辖区派出所的意见等,以及是否具备有效监护条件、社会帮教措施;

(四)认为应当调查的其他内容。

第三十七条 【调查笔录】调查情况应当制作笔录,并由被调查人进行核对。被调查人确认无误,签名后捺手印。

以单位名义出具的证明材料,由材料出具人签名,并加盖单位印章。以个人名义出具的证明材料,由材料出具人签名,并附个人身份证复印件。

第三十八条 【制作报告】社会调查结束后,应当制作社会调查报告,由调查人员签名,并加盖单位印章。

社会调查报告的主要内容包括:

(一)调查主体、方式及简要经过;

(二)调查内容;

(三)综合评价,包括对未成年犯罪嫌疑人的身心健康、认知、解决问题能力、可信度、自主性、与他人相处能力以及社会危险性、再犯可能性等情况的综合分析;

(四)意见建议,包括对未成年犯罪嫌疑人的处罚和教育建议等。

社会调查人员意见不一致的,应当在报告中写明。

调查笔录或者其他能够印证社会调查报告内容的书面材料,应当附在社会调查报告之后。

第三十九条 【委托调查】人民检察院开展社会调查可以委托有关组织或者机构进行。当地有青少年事务社会工作等专业机构的,应当主动与其联系,以政府购买服务等方式,将社会调查交由其承担。

委托调查的,应当向受委托的组织或者机构发出社会调查委托函,载明被调查对象的基本信息、案由、基本案情、调查事项、调查时限等,并要求其在社会调查完成后,将社会调查报告、原始材料包括调查笔录、调查问卷、社会调查表、有关单位和个人出具的证明材料、书面材料、心理评估报告、录音录像资料等,一并移送委托的人民检察院。

第四十条 【保密及回避原则】人民检察院委托进行社会调查的,应当明确告知受委托组织或机构为每一个未成年人指派两名社会调查员进行社会调查;不得指派被调查人的近亲属或者与本案有利害关系的人员进行调查。社会调查时,社会调查员应当出示社会调查委托函、介绍信和工作证,不得泄露未成年犯罪嫌疑人的犯罪信息、个人隐私等情况,并对社会调查的真实性负法律责任。

第四十一条 【了解情况】经人民检察院许可,社会调查员可以查阅部分诉讼文书并向未检检察官了解案件基本情况。

社会调查员进行社会调查,应当会见被调查的未成年犯罪嫌疑人,当面听取其陈述。未成年犯罪嫌疑人未被羁押的,可以到未成年犯罪嫌疑人的住所或者其他适当场所进行会见。未成年犯罪嫌疑人被羁押的,经公安机关审查同意,可以到羁押场所进行会见。

会见未在押的未成年犯罪嫌疑人,应征得其法定代理人的同意。

第四十二条 【审查认定】人民检察院收到公安机关或者受委托调查组织或者机构移送的社会调查报告及相关材料后,应当认真审查材料是否齐全、内容是否真实,听取未成年犯罪嫌疑人及其法定代理人或者其他到场人员、辩护人的意见,并记录在案。

第四十三条 【重新调查】对公安机关或者受委托调查组织或者机构出具的社会调查报告,经审查有下列情形之一的,人民检察院应当重新进行社会调查:

(一)调查材料有虚假成分的;

(二)社会调查结论与其他证据存在明显矛盾的;

(三)调查人员系案件当事人的近亲属或与案件有利害关系,应当回避但没有回避的;

(四)人民检察院认为需要重新调查的其他情形。

第四十四条 【文书表述】承办人应当在案件审查报告中对开展社会调查的情况进行详细说明，并在决定理由部分写明对社会调查报告提出的处罚建议的采纳情况及理由。

人民检察院在制作附条件不起诉决定书、不起诉决定书、起诉书等法律文书时，应当叙述通过社会调查或者随案调查查明的未成年犯罪嫌疑人、被不起诉人、被告人的成长经历、犯罪原因、监护教育等内容。

第四十五条 【移送法院】人民检察院提起公诉的案件，社会调查报告及相关资料应当随案移送人民法院。

社会调查报告的内容应当在庭审中宣读，必要时可以通知调查人员出庭说明情况。委托调查的，可以要求社会调查员出庭宣读社会调查报告。

※法规解读：上述条文是对检察机关办理未成年刑事案件进行社会调查的系统性规定。

为了更好地落实和推进未成年刑事案件的社会调查工作，最高人民检察院在《未成年人刑事检察工作指引（试行）》中用一节专门规定了社会调查工作的相关规则。在这一节中，共有18个条文，分别规定了社会调查的基本要求、一般原则、督促调查、自行调查、调查中的知情权保护、隐私权保护、调查的方式和程序、调查中的心理测评、调查内容、调查笔录、调查报告的制作、委托调查、调查中的保密及回避原则、社会调查员权利、审查认定、重新调查、文字表述以及调查报告的向人民法院的移送等问题。

《公安机关办理刑事案件程序规定》（2012年12月13日修订）

第三百一十一条 公安机关办理未成年人刑事案件，根据情况可以对未成年犯罪嫌疑人的成长经历、犯罪原因、监护教育等情况进行调查并制作调查报告。

作出调查报告的，在提请批准逮捕、移送审查起诉时，应当结合案情综合考虑，并将调查报告与案卷材料一并移送人民检察院。

※法规解读：本条共有2款，规定了公安机关对未成年犯罪嫌疑人的社会调查制度。

公安机关办理未成年人刑事案件，有权根据案件情况，对未成年犯罪嫌疑人进行社会调查，社会调查的内容包括未成年犯罪嫌疑人的成长经历、犯罪原因、监护教育等情况，摸清这些情况，有助于更深入地了解未成年犯罪嫌疑人的主观恶性、犯罪动机、帮教条件、改造可能性信息，以便实现对未成年犯罪嫌疑人的教育、帮助和挽救。公安机关开展社会调查的，要同时制作调查报告。

本条第2款明确规定了对未成年犯罪嫌疑人社会调查报告的作用。一方面，公安机关作出在提请批准逮捕、移送审查起诉等决定时，应当将社会调查报告的内容和结果作为考虑的内容，结合案件的情况综合考量。另一方面，社会调查报告同其他案卷材料一样，要随案移送至人民检察院，实现专门机关的信息共享。

《最高人民法院关于适用〈中华人民共和国刑事诉讼法〉的解释》（2012年12月20日）

第四百七十六条　对人民检察院移送的关于未成年被告人性格特点、家庭情况、社会交往、成长经历、犯罪原因、犯罪前后的表现、监护教育等情况的调查报告，以及辩护人提交的反映未成年被告人上述情况的书面材料，法庭应当接受。

必要时，人民法院可以委托未成年被告人居住地的县级司法行政机关、共青团组织以及其他社会团体组织对未成年被告人的上述情况进行调查，或者自行调查。

※法规解读：本条共有2款，规定了审判阶段的未成年被告人社会调查制度。

本条第1款确定了人民法院对检察机关移送的社会调查报告的接受义务。审判机关应当作为中立的第三方对案件情况进行全面了解和公正裁决。因此，本款规定，具体审理案件的法庭，不仅应当接受检控机关移送的跟未成年人有关的社会调查报告，同时，也应当接受辩护方提交的反映被告人性格特点、家庭情况、社会交往、成长经历、犯罪原因、犯罪前后的表现、监护教育等情况的书面材料，以便确保控辩平等。

本条第2款规定了人民法院有权开展社会调查。人民法院在审理未成年人刑事案件时，有权开展社会调查。人民法院开展社会调查的方式有两种：一种为自行调查；另一种为委托调查。人民法院委托开展社会调查的，根据本款规定，受委托的可以是未成年被告人居住地的三类机关或者组织，具体包括：(1)县级司法行政机关；(2)共青团组织；(3)其他社会团体组织。

第四百八十四条　对未成年被告人情况的调查报告，以及辩护人提交的有关未成年被告人情况的书面材料，法庭应当审查并听取控辩双方意见。上述报告和材料可以作为法庭教育和量刑的参考。

※法规解读：本条是对法庭听取对社会调查报告意见义务的规定。

根据辩论原则，对于任何可能对定罪和量刑产生影响的材料均应当在法庭上出示，并且听取双方意见。《关于规范量刑程序若干问题的意见（试行）》明确规定，有关方面向法庭提交涉及未成年人量刑的社会调查报告的，调查报告应当当庭宣读，并接受质证。为了确保控辩平等对抗，以及法庭审理的直接言词原则，因此本条规定，对控辩双方就未成年人情况提交的材料，法庭均有义务进行审查，并且听取双方的陈述和意见。经过质证和辩论的未成年被告情况材料以及调查报告，法庭可以作为对未成年被告进行教育、引导的资料，并且将这些材料作为量刑时的参考。

关联法规索引

《人民检察院刑事诉讼规则（试行）》第486条；《最高人民法院、最高人民检察院、公安部、国家安全部、司法部关于规范量刑程序若干问题的意见(试行)》第 11 条;《最高人民检察院关于进一步加强未成年人刑事检察工作的决定》第 13 条、第 24 条;《最高人民法院关于进一步加强少年法庭工作的意见》第 13 条、第 18 条、第 20 条、第 25 条

典型案例

李某涉毒不批逮捕案件[1]

※案情简介:2013 年 2 月,江西省全南县检察院在审查一起涉毒案件时,对其中的未成年犯罪嫌疑人李某进行了社会调查。对李某居住地的社区、司法所、派出所进行走访调查,形成了调查报告。通过走访后了解到李某平时在家中表现较好,参与贩毒是受人蛊惑,一时失足而致,人身危险性较小,挽救的可能性较大,所在社区及派出所均认为可以对李某适用非监禁强制措施,李某的家长也表示有能力对未成年人进行管教。经审查后认为,李某虽然涉嫌贩毒,但在案件中所起作用较小,属于从犯,而且系初犯,认罪、悔罪态度好,属于情节较重但可以不捕的情形之一。并根据综合情况对李某作出不予批准逮捕决定。

※裁判要旨:本案中,未成年人李某涉嫌毒品犯罪被移送江西省全南县检察机关审查批捕。该案件的承办人依据《刑事诉讼法》对李某的家庭环境、犯罪原因、人身危险性、社会危险性、教育可能性等方面开展了社会调查,结合社会调查的实际情况,遂依法对李某作出了依法不予批准逮捕决定。全南县检察院在处理李某案件批捕问题上,体现了宽严相济刑事政策的同时,也充分落实了对涉嫌犯罪的未成年人实行"教育、感化、挽救"的方针,坚持了"教育为主、惩罚为辅"的原则。该做法充分发挥了社会调查的功能和作用。

小宝抚养权纠纷申诉案[2]

※案情简介:小宝现年 14 岁,4 岁时父母离婚,跟随母亲生活。12 岁时,母亲以生意失败、身体不好为由向法院起诉要求变更抚养权。法院根据孩子意愿并结合双方的经济状况判决将小宝的抚养权变更给了父亲。但父亲却以自己和孩子长期没有共同生活,缺乏感情基础,且已再婚育子,不适合抚养小宝为由提出上诉,被二审法院驳回。

---

〔1〕 本案根据陈学军:《江西全南县检察院首例未成年人社会调查后不捕案件》整理,载 http://www.jcrb.com/procuratorate/jckx/201302/t20130205_1044000.html,最后访问时间:2019 年 3 月 15 日。

〔2〕 根据《最高人民检察院发布 10 起检察机关加强未成年人司法保护典型案例》(2016 年 5 月 27 日)典型案例 8 整理。

随后,小宝父亲申诉至北京市人民检察院第二分院,要求该院支持其请求。该院受理案件后,在民事案件中首次引入"社会调查"机制,聘请专业司法社工介入案件开展社会调查工作,了解真实情况和双方意愿。司法社工通过对各方当事人的多次家访,得知小宝父亲经济状况良好,完全具备抚养未成年子女的条件,但孩子却被父亲安排和雇佣的工人住在一起,条件极其恶劣,没有任何成年监护人陪伴。同时,司法社工还走访了当事人的亲属、邻居、曾经办理双方离婚诉讼案件的法官、处理过家庭纠纷的民警、孩子所在学校的老师、领导等,为审查办理案件提供了全面、客观的信息。最后,在审查案件的基础上,该院结合社会调查结果作出了不支持申请的决定。通过约谈,让申诉人理解息诉,并加强案件追踪回访,进行教育指导,进一步促使改善亲子关系。

※裁判要旨:本案系首次在涉及未成年人的民事申诉案件中引入"社会调查"机制的典型案例。社会调查不仅仅在办理未成年人刑事案件中大有可为,在涉及未成年人的民事、行政案件中也大有用武之地。本案实践表明:针对未成年人的社会调查借助司法社工的调查优势和中立地位,通过多种途径全面、客观了解案件情况,为按照"儿童利益最大化原则"依法妥善处理涉未成年人民事案件发挥了重要作用。

第二百八十条 【逮捕措施慎用原则】对未成年犯罪嫌疑人、被告人应当严格限制适用逮捕措施。人民检察院审查批准逮捕和人民法院决定逮捕,应当讯问未成年犯罪嫌疑人、被告人,听取辩护律师的意见。

对被拘留、逮捕和执行刑罚的未成年人与成年人应当分别关押、分别管理、分别教育。

条文解读

本条有 2 款,是关于未成年犯罪嫌疑人、被告人适用强制措施的规定。

本条第 1 款首先规定了严格限制对未成年被追诉人适用强制措施的原则。在追诉刑事犯罪过程中,为了确保诉讼程序的顺利进行,必要时国家专门机关可以依法对被追诉人适用强制措施。未成年被追诉人由于其年龄的原因决定了其主观恶性、社会危害性等相对较小,因而按照强制措施适用的比例性原则,理应对未成年被追诉人限制适用强制措施。另外,适用强制措施本身会对未成年被追诉人的身心造成影响,并且可能会中断未成年人的学习生活,因而严格限制适用强制措施的举措也是对未成年被追诉人的特殊性保护。其次该条第 1 款特别强调了对未成年人适用逮捕措施的程序性规则。逮捕是我国刑事诉讼强制措施中最为严厉的一种,是持续时间较长的未决羁押性强制措施,对未成年人适用逮捕措施尤其要特别慎重。根据我国法律的授权,人民检察院和人民法院是逮捕的批准或者决定机关。在审查或者决定是否要对特定的未成年被追诉人适用逮捕措施时,各专门机关及其人员必须要讯问未成年犯罪嫌疑人、被告人,以直接地考察特定对象是否符合逮捕的条件,考量其是否具有逮捕的必要性,并且要听取辩护律师的意见,以便更加客观、公正决定逮捕措施的适用。

本条第2款是关于分别关押、管理和教育的规定。未成年人和成年人在诸多方面存在差异,在刑事追诉的过程中以及刑罚执行过程中,但凡涉及对未成年人适用羁押性措施,包括拘留、逮捕和执行刑罚,均需要和成年人分开进行,包括关押、管理和教育等方面的工作,以确保对未成年被追诉人及罪犯的教育、感化、挽救方针贯彻的连续性。

配套法规及解读

《未成年人刑事检察工作指引(试行)》(2017年3月2日)

第五章　未成年人刑事案件审查逮捕

第一节　一般规定

第一百四十四条　【基本要求】人民检察院审查逮捕未成年犯罪嫌疑人,应当根据其涉嫌的犯罪事实、主观恶性、成长经历、犯罪原因以及有无监护或者社会帮教条件等,综合衡量其妨碍诉讼或者继续危害社会的可能性大小,严格限制适用逮捕措施,可捕可不捕的不捕。

对于依法批准逮捕未成年人的,应当认真做好跟踪帮教考察工作,进行羁押必要性审查,一旦发现不需要继续羁押的,及时建议公安机关释放或者变更强制措施。

第一百四十五条　【法律援助】人民检察院受理审查逮捕未成年人刑事案件后,应当首先了解未成年犯罪嫌疑人是否有辩护人,没有辩护人的,应当通知公安机关纠正,并可以在二十四小时内通知法律援助机构指派律师。

第一百四十六条　【再行提请】公安机关对不在案的未成年犯罪嫌疑人提请批准逮捕的,可以要求公安机关在未成年犯罪嫌疑人归案后再行提请批准逮捕。

第一百四十七条　【应当讯问】人民检察院审查逮捕未成年犯罪嫌疑人,应当对其进行讯问,并制作笔录附卷。

第二节　案件审查

第一百四十八条　【听取意见】人民检察院审查逮捕未成年犯罪嫌疑人,应当听取辩护人意见,并制作笔录附卷。

对辩护人提出的意见及提供的证据材料,应当在审查逮捕意见书中说明是否采纳的情况及理由。必要时可以对辩护人进行说明解释。

对于被害人是未成年人的案件,应当听取被害人及其法定代理人的意见。

第一百四十九条 【及时帮助】人民检察院发现未成年犯罪嫌疑人身体存在严重疾患的,应当及时提供必要的帮助。发现未成年人心理存在问题的,可以根据需要,督促公安机关委托或者自行委托专业人员对其进行心理测评和疏导。

第一百五十条 【精神病鉴定】人民检察院发现未成年犯罪嫌疑人可能存在精神疾患或者智力发育严重迟滞的,应当作出不批准逮捕决定,并通知公安机关依法进行鉴定。

第一百五十一条 【社会调查】人民检察院应当督促公安机关全面收集未成年人犯罪原因、违法情况、不良行为史、成长经历、家庭背景等相关材料。对于公安机关没有提供社会调查报告的,人民检察院应当要求公安机关提供,也可以自行或者委托有关组织和机构进行调查。必要时可以介入侦查,引导取证。

第一百五十二条 【年龄审查】人民检察院审查未成年人刑事案件,应当注重对未成年人年龄证据的审查,重点审查是否已满十四、十六、十八周岁。

对于未成年人年龄证据,一般应当以公安机关加盖公章、附有未成年人照片的户籍证明为准。当户籍证明与其他证据存在矛盾时,应当遵循以下原则:

(一)可以调取医院的分娩记录、出生证明、户口簿、户籍登记底卡、居民身份证、临时居住证、护照、入境证明、港澳居民来往内地通行证、台湾居民来往大陆通行证、中华人民共和国旅行证、学籍卡、计生台帐、防疫证、(家)族谱等证明文件,收集接生人员、邻居、同学等其他无利害关系人的证言,综合审查判断,排除合理怀疑,采纳各证据共同证实的相对一致的年龄。

(二)犯罪嫌疑人不讲真实姓名、住址,年龄不明的,可以委托进行骨龄鉴定或者其他科学鉴定。经审查,鉴定意见能够准确确定犯罪嫌疑人实施犯罪行为时的年龄的,可以作为判断犯罪嫌疑人年龄的证据参考。若鉴定意见不能准确确定犯罪嫌疑人实施犯罪行为时的年龄,而且显示犯罪嫌疑人年龄在法定应负刑事责任年龄上下,但无法查清真实年龄的,应当作出有利于犯罪嫌疑人的认定。

第一百五十三条 【事实证据审查】人民检察院在审查批准逮捕过程中,应当着重查清以下事实:

(一)现有证据是否足以证明有犯罪事实的发生;

(二)现有证据是否足以证实发生的犯罪事实是犯罪嫌疑人所为;

(三)证明犯罪嫌疑人实施犯罪行为的证据是否已经查证属实。

第一百五十四条 【监护帮教审查】符合下列条件之一的，可以认定为具有有效监护或者帮教条件：

（一）能够提供有固定住所和稳定收入、具有监护帮教条件的成年亲友作为保证人的；

（二）未成年犯罪嫌疑人在本地就读、就业，案发后父母亲或者其他监护人表示愿意到本地生活，对犯罪嫌疑人实施有效监护，或者学校、就业单位愿意对其进行观护和帮教的；

（三）居民委员会、村民委员会、社会团体、企事业单位等机构和组织愿意提供条件进行帮教的；

（四）公安、司法机关能够为未成年犯罪嫌疑人提供帮教场所或者临时监护人的；

（五）其他具有有效监护或者帮教条件的。

第一百五十五条 【社会危险性审查】人民检察院应当从以下方面审查未成年犯罪嫌疑人的社会危险性：

（一）审查公安机关提供的社会危险性证明材料，包括被害人、被害单位或者案发地社区出具的相关意见，未成年犯罪嫌疑人认罪、悔罪表现等。公安机关没有提供社会危险性证明材料，或者提供的材料不充分的，人民检察院应当要求公安机关提供或者补充；

（二）审查社会调查报告；

（三）审查未成年犯罪嫌疑人实施犯罪行为的情节、严重程度、犯罪次数等；

（四）审查其他证明未成年犯罪嫌疑人具有社会危险性的材料。

第一百五十六条 【不公开听证】人民检察院对于在押的未成年犯罪嫌疑人是否应当逮捕存在较大争议的，可以举行不公开听证，当面听取各方面意见。

决定举行不公开听证的，一般应当通知未成年犯罪嫌疑人及其法定代理人或者合适成年人、辩护人、侦查人员、被害人及未成年被害人的法定代理人、诉讼代理人等到场。必要时，可以通知羁押场所监管人员、社会调查员等到场。

听证过程应当形成书面记录，交听证参与各方签字确认。听证情况应当在审查逮捕意见书中载明。

对犯罪嫌疑人没有在押的，不宜进行听证。犯罪嫌疑人在押的，可以在看守所举行听证，也可以采用远程视频方式进行听证。

第一百五十七条 【查清犯罪诱因】审查逮捕未成年犯罪嫌疑人，应当注意查明是否有被胁迫、引诱的情节，是否存在他人教唆犯罪、传授犯罪方法或者利用未成年人实施犯罪等情况。

第三节 作出决定

第一百五十八条 【应当不捕】对具有下列情形之一的未成年犯罪嫌疑人,应当作出不批准逮捕决定:

(一)未达刑事责任年龄的;

(二)不存在犯罪事实或者犯罪事实非其所为的;

(三)情节显著轻微、危害不大,不认为是犯罪的;

(四)犯罪已过追诉时效期限的;

(五)经特赦令免除刑罚的;

(六)依照刑法规定告诉才处理的犯罪,没有告诉或者撤回告诉的;

(七)其他法律规定免予追究刑事责任的情形。

第一百五十九条 【证据不足不捕】对于现有证据不足以证明有犯罪事实,或者不足以证明犯罪行为系未成年犯罪嫌疑人所为的,应当作出不批准逮捕决定。

对犯罪嫌疑人实际年龄难以判断,影响对该犯罪嫌疑人是否应当负刑事责任认定的,应当不批准逮捕。需要补充侦查的,同时通知公安机关。

第一百六十条 【无社会危险性不捕】对于未成年犯罪嫌疑人可能被判处三年有期徒刑以下刑罚,具备有效监护条件或者社会帮教措施,不逮捕不致再危害社会和妨害诉讼正常进行的,人民检察院一般应当不批准逮捕。

对于罪行较重,但主观恶性不大,有悔罪表现,具备有效监护条件或者社会帮教措施,具有下列情形之一,不逮捕不致再危害社会和妨害诉讼正常进行的,可以不批准逮捕:

(一)初次犯罪、过失犯罪的;

(二)犯罪预备、中止、未遂的;

(三)防卫过当、避险过当的;

(四)犯罪后有自首或者立功表现的;

(五)犯罪后如实交待罪行,真诚悔罪,积极退赃,尽力减少和赔偿损失,与被害人达成和解的;

(六)不属于共同犯罪的主犯或者集团犯罪中的首要分子的;

(七)属于已满十四周岁不满十六周岁的未成年人或者系在校学生的;

(八)身体状况不适宜羁押的;

(九)系生活不能自理人的唯一扶养人的;

(十)其他可以不批准逮捕的情形。

对于罪行较轻,具备有效监护条件或者社会帮教措施,没有社会危险性或者社会危险性较小,不逮捕不致妨害诉讼正常进行的,应当不批准逮捕。

依据在案证据不能认定未成年犯罪嫌疑人符合逮捕社会危险性条件的,应当要求公安机关补充相关证据,公安机关没有补充移送的,应当作出不批准逮捕的决定。

第一百六十一条 【说理解释】人民检察院对于不批准逮捕的案件,应当制作不批准逮捕理由说明书,连同案卷材料送达公安机关。需要补充侦查的,应当同时通知公安机关。必要时可以向被害人释法说理。

不批准逮捕理由说明书一般应当从事实、证据和法律等方面阐明,但侧重点应当有所不同:

(一)应当不批准逮捕案件。重点围绕不具备犯罪构成要件或者符合刑事诉讼法第十五条规定的不追究刑事责任情形进行说理。

(二)证据不足不批准逮捕案件。重点围绕证据客观性、关联性、合法性进行说理。证据不足的,应当向公安机关提出补充侦查建议;存在瑕疵证据的,应当要求公安机关说明情况予以补证;因非法证据而予以排除的,应当指出违法行为,并说明排除的理由。

(三)无社会危险性不捕案件。重点围绕涉嫌犯罪的性质、社会危害程度、认罪悔罪表现、法定从轻或者减轻、免除处罚情节,以及具备取保候审、监视居住条件、不羁押不致危害社会或者妨碍诉讼、存在不适宜羁押情形等进行说理。因公安机关不移送证明逮捕必要性的证据决定不捕的,应当明确指出。

第一百六十二条 【复议复核】公安机关认为人民检察院不批准逮捕决定有错误要求复议的,人民检察院应当另行指派检察人员进行全面审查,并在收到提请复议意见书和案卷材料后七日内作出决定,并通知公安机关。

公安机关因复议意见不被接受向上一级人民检察院提请复核的,上级人民检察院应当在收到提请复核意见书和案卷材料后十五日内,作出是否变更的决定,通知下级人民检察院和公安机关执行。

第一百六十三条 【不捕帮教】对于作出不批准逮捕决定的未成年犯罪嫌疑人,人民检察院应当进行帮教。必要时可以会同家庭、学校、公安机关或者社会组织等组成帮教小组,制定帮教计划,共同开展帮教。

(一)对于犯罪情节轻微,无逮捕必要而不批准逮捕的,帮助其稳定思想和情绪,促使其认罪悔罪,保障刑事诉讼的顺利进行。

(二)对于确有违法行为,且认知和行为偏差已达到一定程度,因证据不足而未被批准逮捕的,在敦促其配合侦查取证的同时,应加强教育矫治。

(三)对于因未达刑事责任年龄而作出不批准逮捕决定的,责令其家长或者监护人加以管教。根据案件的不同情况,予以训诫或者责令赔礼道歉、赔偿损失、具结悔过等,并开展教育矫治工作。必要时,可以交由政府收容教养。

(四)对于情节显著轻微,危害不大,不认为是犯罪的未成年人,应当对其加强法治教育,预防其违法犯罪。

第一百六十四条 【应当逮捕】人民检察院对有证据证明有犯罪事实,可能判处徒刑以上刑罚的未成年犯罪嫌疑人,采取取保候审尚不足以防止发生下列情形的,应当予以逮捕:

(一)可能实施新的犯罪的;

(二)有危害国家安全、公共安全或者社会秩序的现实危险的;

(三)可能毁灭、伪造证据,干扰证人作证或者串供的;

(四)可能对被害人、举报人、控告人实施打击报复的;

(五)企图自杀或者逃跑的。

有证据证明有犯罪事实是指同时具备下列情形:

(一)有证据证明发生了犯罪事实;

(二)有证据证明该犯罪事实是犯罪嫌疑人实施的;

(三)证明犯罪嫌疑人实施犯罪行为的证据已经查证属实的。

犯罪事实既可以是单一犯罪行为的事实,也可以是数个犯罪行为中任何一个犯罪行为的事实。

对有证据证明有犯罪事实,可能判处十年有期徒刑以上刑罚的,或者有证据证明有犯罪事实,可能判处徒刑以上刑罚,曾经故意犯罪或者身份不明的,应当予以逮捕。但是,曾经故意犯罪被判处五年有期徒刑以下刑罚,经帮教真诚悔罪的,可以不予逮捕。

身份不明是指犯罪嫌疑人不讲身份信息,通过指纹比对、网上户籍信息查询等方式无法确定其真实身份或者虽有供述,但经调查,明显虚假或者无法核实的。

第一百六十五条 【可以转捕】未成年犯罪嫌疑人有下列违反监视居住、取保候审规定行为,人民检察院可以予以逮捕:

(一)故意实施新的犯罪的;

(二)企图自杀、自残的;

(三)毁灭、伪造证据、串供或者企图逃跑的;

(四)对被害人、证人、举报人、控告人及其他人员实施打击报复的。

未成年犯罪嫌疑人有下列违反取保候审、监视居住规定的行为,属于刑事诉讼法第七十九条第三款规定中的“情节严重”,人民检察院可以予以逮捕:

(一)未经批准,擅自离开所居住的市、县或者执行监视居住的处所,造成严重后果的;

（二）两次未经批准，无正当理由擅自离开所居住的市、县或者执行监视居住的处所的；

（三）未经批准，擅自会见他人或者通信，造成严重后果的；

（四）经传讯无正当理由两次不到案的；

（五）经过批评教育后依然违反规定进入特定场所、从事特定活动，或者发现隐藏有关证件，严重妨碍诉讼程序正常进行的。

对于符合上述规定情形的，人民检察院应当核实原因，并结合帮教效果等有关情况慎重作出逮捕决定。

第一百六十六条　【作出逮捕决定】人民检察院办理未成年犯罪嫌疑人审查逮捕案件，应当制作审查逮捕意见书，作出批准逮捕决定的，应当制作批准逮捕决定书，连同案卷材料送达公安机关执行，执行回执附卷。

※法规解读：上述条文是对未成年人刑事案件审查逮捕的系统性规定。

在本章共计23个条文中，对人民检察院办理未成年人刑事案件审查逮捕的一般性问题、案件审查和作出决定等进行了系统规定。

根据上述规定，最高人民检察院进一步将未成年被追诉人可捕可不捕的不捕的刑事政策明确化。同时为了彻底贯彻《刑事诉讼法》中确立的慎捕原则，进一步强化了对于已经逮捕的未成年被追诉人的羁押必要性审查和相关的法律监督。针对未成年人刑事案件的特点，检察机关在是否批准逮捕的审查中要对年龄的关键节点进行重点查证。检察机关在办理相关案件时，除了依照刑事诉讼法中规定的逮捕条件进行审查以外，还要对监护帮教条件、犯罪诱因等问题进行一并核查，以便作出逮捕与否的决定。而且根据上述规定，对于逮捕与否重大争议的案件明确规定要通过不公开听证会的方式听取意见。上述规定中还确定了不批准逮捕的说理解释制度、不捕帮教制度等适合未成年人案件特定的新型诉讼制度。

《监狱法》(2012年10月26日修正)

第三十九条　监狱对成年男犯、女犯和未成年犯实行分开关押和管理，对未成年犯和女犯的改造，应当照顾其生理、心理特点。

监狱根据罪犯的犯罪类型、刑罚种类、刑期、改造表现等情况，对罪犯实行分别关押，采取不同方式管理。

※法规解读：本条是关于分别关押、分别管理的规定。

第1款是关于根据性别和年龄分别关押和管理的规定。监狱在对罪犯进行管理时男性和女性罪犯要分别关押和管理，同时成年罪犯和未成年罪犯亦要分别关押和管理。以便结合他们各自的生理、心理特点进行管理和教育。

第2款是关于根据刑罚的具体情况分别关押和管理的规定。在监狱监管过程中，罪犯的犯罪类型、刑罚种类、刑期、改造表现等方面均会有一定的差异，而这些差异又决定了对他们进行管理和教育改造的方式方法的差异性。因而，监狱根据刑罚的具体情况对罪犯进行关押和管理，既是为了提高监管工作效率，同时更是为了更好地创造罪犯改造条件。

《预防未成年人犯罪法》(2012 年 10 月 26 日修正)

第四十六条　对被拘留、逮捕和执行刑罚的未成年人与成年人应当分别关押、分别管理、分别教育。未成年犯在被执行刑罚期间，执行机关应当加强对未成年犯的法制教育，对未成年犯进行职业技术教育。对没有完成义务教育的未成年犯，执行机关应当保证其继续接受义务教育。

《未成年人保护法》(2012 年 10 月 26 日修正)

第五十七条第 1 款　对羁押、服刑的未成年人，应当与成年人分别关押。

※法规解读：《未成年人保护法》第 57 条第 1 款和《预防未成年人犯罪法》第 46 条第 1 句话的含义基本相同，都是强调了未成年被追诉人和罪犯与成年人分别关押、管理和教育的规定。具体含义前面已经解释过，在此不赘述。

《预防未成年人犯罪法》第 46 条第 2 句和第 3 句特别强调了对未成年罪犯的教育问题。未成年人由于其年龄的原因，有些尚处于义务教育年龄阶段。义务教育是宪法中确定的适龄少年儿童的法定权利，必须保障。未成年罪犯因涉嫌犯罪和被追诉而中断的教育，在追诉已经结束，进入服刑阶段的时候，执行机关就有义务确保其能够继续并完成义务教育。同时，为了更好地贯彻对未成年罪犯教育、感化和挽救的方针，落实以教育为主，惩罚为辅的原则，执行机关还有义务强化对未成年人的法制教育，以便更好地帮助他们认识错误和预防重复犯罪。为了更好地帮助未成年人重新融入社会，执行机关要有针对性地结合未成年人的兴趣和爱好，为他们提供职业技术教育，让他们有机会掌握一技之长，从而成为自食其力，对社会、家庭和个人有用的人。

关联法规索引

《最高人民检察院关于对涉嫌盗窃的不满 16 周岁未成年人采取刑事拘留强制措施是否违法问题的批复》;《看守所条例实施办法(试行)》第 8 条;《公安机关办理未成年人违法犯罪案件的规定》第 21 条;《未成年犯管教所管理规定》第 16 条

第二百八十一条 【合适成年人在场制度】 对于未成年人刑事案件，在讯问和审判的时候，应当通知未成年犯罪嫌疑人、被告人的法定代理人到场。无法通知、法定代理人不能到场或者法定代理人是共犯的，也可以通知未成年犯罪嫌疑人、被告人的其他成年亲属，所在学校、单位、居住地基层组织或者未成年人保护组织的代表到场，并将有关情况记录在案。到场的法定代理人可以代为行使未成年犯罪嫌疑人、被告人的诉讼权利。

到场的法定代理人或者其他人员认为办案人员在讯问、审判中侵犯未成年人合法权益的，可以提出意见。讯问笔录、法庭笔录应当交给到场的法定代理人或者其他人员阅读或者向他宣读。

讯问女性未成年犯罪嫌疑人，应当有女工作人员在场。

审判未成年人刑事案件，未成年被告人最后陈述后，其法定代理人可以进行补充陈述。

询问未成年被害人、证人，适用第一款、第二款、第三款的规定。

条文解读

本条共有5款，是关于办理未成年人刑事案件实行合适成年人在场制度的规定。

本条第1款是关于合适成年人范围及适当成年人在场制度适用程序的规定。合适成年人在场制度来源于英国，也叫适当成年人介入制度。本条第1款规定，适当成年人在场制度主要适用于两种情况：第一，讯问时；第二，审判时。负责讯问和审判的国家专门机关及其工作人员承担通知与未成年被追诉人相关的合适成年人到场出席相应诉讼活动的义务。需要强调的是，本条款中使用的是"应当通知"（1996年《刑事诉讼法》第14条中使用的是"可以通知"），即表明对于专门机关而言通知合适成年人在场的义务是强制性的，不能免除。另外，根据本条款的规定，当讯问或者审判未成年犯罪嫌疑人或者被告人时，必须有合适成年人在场，这是确保讯问或者审判正当性的必要条件之一，否则讯问或者审判违法。合适成年人在场制度中首选的在场成年人为未成年犯罪嫌疑人、被告人的法定代理人。当法定代理人无法通知、不能到场，或者法定代理人是共犯的，也可以通知未成年犯罪嫌疑人、被告人的其他成年亲属，所在学校、单位或者居住地的村民委员会、居民委员会、未成年人保护组织的代表到场。专门机关需要将合适成年人在场情况记录在案。合适成年人在讯问或者审判时在场，能够对相应的诉讼活动起到见证和监督的作用，从而更加充分地保障未成年被追诉人的合法权益。鉴于未成年被追诉人的自身状况，以及法定代理人与未成年人之间的亲密关系，本条款允许到场的法定代理人代为行使未成年犯罪嫌疑人、被告人的诉讼权利，以便强化未成年被追诉人的诉讼行为能力。

本条第2款是关于合适成年人在场时提出意见权和笔录阅读权的规定。合适成年人在场并非是看起来很美的摆设,而是要实质性地发挥作用。为此,在场的成年人就需要有相应诉讼权利。本条款中,首先赋予在场的合适成年人提出意见权,当他们认为办案人员在讯问、审判中侵犯未成年人合法权益时可以提出意见。同时,对于讯问、审判过程中形成的讯问笔录和法庭笔录,在场的合适成年人均有知晓的权利,专门机关及其人员必须将讯问笔录或者法庭笔录交给他们阅读或者向他们宣读。

本条第3款特别对讯问对象是女性未成年人的情况作了特殊规定,根据本条款的要求:必须有女性工作人员在场。这样规定,一方面旨在减缓她们讯问时的心理压力,另一方面为了确保女性未成年被讯问人的合法权益能够得到更加充分地保障。

本条第4款是关于未成年被告人法定代理人最后陈述补充权的规定。值得注意的是,这是一个全新的条款,创制了一项新的权利。该项权利的享有主体是未成年被告人的法定代理人,权利行使的时间是在未成年人案件审理程序中,未成年被告人最后陈述之后。未成年被告人法定代理人补充陈述的目的在于补足未成年被告人最后陈述的不足和疏漏,为未成年被告人最大限度地争取对其有利的判决。结合该条款的规定,未成年被告人案件的法庭审理可以分为开庭、法庭调查、法庭辩论、被告人最后陈述、被告人法定代理人补充陈述、评议和宣判六个阶段。

本条第5款明确规定,合适成年人在场制度、在场合适成年人权利及对女性未成年人的特殊保护均适用于未成年被害人和证人。未成年刑事案件不仅包括被追诉人为未成年人的情况,同时也包括案件中的被害人、证人是未成年人的情形。由于最后陈述权是刑事案件被告人的特殊权利,对被害人和证人并不适用,因此,本条的第4款对未成年被害人和证人并不适用。该条款说明我国对刑事诉讼中的未成年人保护是全面和系统的。

配套法规及解读

《未成年人刑事检察工作指引(试行)》(2017年3月2日)

第三节 法定代理人、合适成年人到场

第四十六条 【基本要求】人民检察院办理涉及未成年人的刑事案件,应当依法通知未成年犯罪嫌疑人、被害人、证人的法定代理人在场,见证、监督整个讯问或者询问过程,维护未成年人合法权益。

对于法定代理人具有下列情形之一,不能或者不宜到场的,要保证未成年人的其他成年亲属,所在学校、单位或者居住地的村民委员会、居民委员会、未成年人保护组

织的代表等合适成年人到场，并将有关情况记录在案：

（一）与未成年犯罪嫌疑人构成共同犯罪的；

（二）已经死亡、宣告失踪或者无监护能力的；

（三）因身份、住址或联系方式不明无法通知的；

（四）因路途遥远或者其他原因无法及时到场的；

（五）经通知明确拒绝到场的；

（六）阻扰讯问或者询问活动正常进行，经劝阻不改的；

（七）未成年人有正当理由拒绝法定代理人到场的；

（八）到场可能影响未成年人真实陈述的；

（九）其他不能或者不宜到场的情形。

讯问、询问女性未成年人的，一般应当选择女性合适成年人到场。

通知到场的法定代理人或者合适成年人一般为一名。

法定代理人不能或者不宜到场的情形消失后，人民检察院应当及时通知法定代理人到场。

第四十七条　【权利义务】到场的合适成年人享有下列权利：

（一）向办案机关了解未成年人的成长经历、家庭环境、个性特点、社会活动以及其他与案件有关的情况；

（二）讯问或者询问前，可以在办案人员陪同下会见未成年人，了解其健康状况、是否告知权利义务、合法权益是否被侵害等情况；

（三）向未成年人解释有关法律规定，并告知其行为可能导致的法律后果；

（四）对未成年人进行法制宣传，有针对性地进行提醒教育；

（五）发现办案机关存在诱供、逼供或其他侵害未成年人合法权益的情形，可以当场提出意见，也可以在笔录上载明自己的意见，并向办案机关主管部门反映情况；

（六）阅读讯问、询问笔录或者要求向其宣读讯问、询问笔录；

（七）法律法规规定的其他权利。

到场的合适成年人应当履行下列义务：

（一）接到参与刑事诉讼通知后持有效证件及时到场；

（二）向未成年人表明自己的身份和承担的职责；

（三）在场发挥监督作用和见证整个讯问、询问过程，维护未成年人基本权利；

（四）抚慰未成年人，帮助其消除恐惧心理和抵触情绪；

（五）帮助未成年人正确理解讯问或者询问程序，但不得以诱导、暗示等方式妨碍其独立思考回答问题，不得非法干涉办案机关正当的诉讼活动；

（六）保守案件秘密，不得泄露案情或者未成年人的个人信息；

（七）发现本人与案件存在利害关系或者其他不宜担任合适成年人的情况后，应当及时告知办案机关或者所在地未成年人保护组织；

（八）法律法规规定的其他义务。

到场的法定代理人除了具有上述规定的权利义务外，还可以代为行使未成年犯罪嫌疑人、被告人的诉讼权利。

第四十八条　【同一原则】人民检察院对同一名未成年人进行多次讯问、询问的，一般应当由同一合适成年人到场。

合适成年人参与其他诉讼活动的，参照上述规定。

第四十九条　【人员变更】未成年人要求更换合适成年人且有正当理由的，应当予以准许。

未成年人虽然没有提出更换合适成年人，但表露出对合适成年人抗拒、不满等情形，导致诉讼活动不能正常进行的，检察人员可以在征询未成年人的意见后，及时更换合适成年人。

更换合适成年人原则上以两次为限，但合适成年人不能正确行使权利、履行义务，不能依法保障未成年人合法权益的除外。

第五十条　【人员选择】选择合适成年人应当重点考虑未成年人的意愿和实际需要，优先选择未成年人的近亲属。

近亲属之外的合适成年人一般由熟悉未成年人身心特点，掌握一定未成年人心理、教育或者法律知识，具有较强社会责任感，并经过必要培训的社工、共青团干部、教师、居住地基层组织的代表、律师及其他热心未成年人保护工作的人员担任。所在地政府部门或者未成年人保护委员会等组织组建了青少年社工或者合适成年人队伍的，应当从社工或者确定的合适成年人名册中选择确定。

人民检察院应当加强与有关单位的沟通协调，制作合适成年人名册，健全运行管理机制，并开展相关培训，建立起一支稳定的合适成年人队伍。

第五十一条　【选任限制】人民检察院应当对到场合适成年人的情况进行审查。有下列情形之一的，不得担任合适成年人：

（一）刑罚尚未执行完毕或者处于缓刑、假释考验期间的；

（二）依法被剥夺、限制人身自由的；

（三）无行为能力或者限制行为能力的；

（四）案件的诉讼代理人、辩护人、证人、鉴定人员、翻译人员以及公安机关、检察机关、法院、司法行政机关的工作人员；

（五）与案件处理结果有利害关系的；

（六）其他不适宜担任合适成年人的情形。

第五十二条　【支持保障】由社会组织的代表担任合适成年人的，其在人民检察院审查逮捕、审查起诉阶段因履行到场职责而支出的交通、住宿、就餐等费用，人民检察院应当给予补助。

对上述合适成年人因履职所需要的其他必要条件，人民检察院应当予以保障。

第五十三条　【加强监督】人民检察院应当对侦查活动中合适成年人到场以及履职情况进行认真审查。发现讯问未成年犯罪嫌疑人、询问未成年被害人应当有合适成年人到场但没有到场，笔录内容无法和同步录音录像相互印证，且无法作出合理解释的，对该证据应当予以排除。

发现询问未成年证人应当有合适成年人到场但没有到场的，或者应当通知法定代理人而通知合适成年人的，应当要求侦查机关进行解释，不能作出合理解释的，对该证据予以排除。

人民检察院应当认真履行监督职责，依法督促公安机关予以纠正。

第四节　亲情会见

第五十四条　【会见条件】人民检察院对于具备下列条件之一，且未成年犯罪嫌疑人的法定代理人、近亲属等与本案无牵连的，经公安机关同意，可以安排在押的未成年犯罪嫌疑人与其法定代理人、近亲属等进行会见：

（一）案件事实已基本查清，主要证据确实、充分，安排会见、通话不会影响诉讼活动正常进行的；

（二）未成年犯罪嫌疑人有认罪、悔罪表现，或者虽尚未认罪、悔罪，但通过会见有可能促使其转化，或者通过会见有利于社会、家庭稳定的；

（三）未成年犯罪嫌疑人的法定代理人、近亲属对其犯罪原因、社会危害性以及后果有一定的认识，并能配合司法机关进行教育的；

（四）其他可以安排会见的情形。

第五十五条　【审查答复】未成年犯罪嫌疑人及其法定代理人或近亲属提出要求进行亲情会见的，人民检察院应当及时审查。对于符合条件的，原则上应当在三个工作日内安排会见。不符合条件的，要对有关情况予以说明和解释。

审查及答复过程应当记录在案。

第五十六条　【会见安排】安排会见应当提前告知看守所会见的时间、人员、地点和方式。

亲情会见可以通过进入羁押场所会见或者视频会见以及通电话等形式进行。

审查逮捕、审查起诉阶段原则上可以各安排一次会见，参加会见的法定代理人或者近亲属限三人以下，每次会见时间一般不超过一个小时。

第五十七条　【会见要求】会见前，应当同未成年犯罪嫌疑人的法定代理人、近亲属等就会见的内容进行沟通交流，告知其会见不得有串供、谈论案情或者其他妨碍诉讼行为，了解其能否使用普通话或者办案当地通俗易懂的方言。对于不能通晓普通话或办案当地通俗易懂方言的，人民检察院可以安排翻译人员在场，以便更好地对未成年犯罪嫌疑人进行教育、感化和挽救。

会见时，应当有检察人员在场进行引导、监督。确定使用电话方式进行亲情会见的，一般应当采用免提通话形式。

会见人员违反法律或者会见场所规定、影响案件办理的，在场检察人员有权提出劝阻或警告；对不听劝阻或警告的，应当终止会见。

会见结束后，检察人员应当将有关内容及时整理并记录在案。

※法规解读：上述12个条文是《未成年人刑事检察工作指引（试行）》中对于合适成年人制度的专门规定。

根据前述规定，合适成年人到场制度适用于讯问或询问未成年犯罪嫌疑人、被害人、证人的情况。合适成年人的主要作用在于：见证、监督讯问或者询问过程，维护未成年人合法权益。

前述规则对于《刑事诉讼法》第281条中法规定的法定代理人不宜到场的情形进行了细化。结合办案实际，明确了到场的合适成年人在场的权利义务、合适成年人在场的数量、合适成年人的更换、合适成年人的选择、法定代理人及合适成年人与未成年犯罪嫌疑人的会见等问题。规定了对于女性未成年人一般选用女性合适成年人、多次讯问（询问）合适成年人同一等原则。

第三章　讯问未成年犯罪嫌疑人

第一节　一般规定

第九十四条　【基本原则】人民检察院讯问未成年犯罪嫌疑人，应当充分照顾不同年龄段未成年人的身心特点，注意营造信任、宽松的沟通氛围，采用平和的讯问方式和通俗易懂的语言，做到耐心倾听、理性引导。

第九十五条　【主要任务】讯问未成年犯罪嫌疑人，不仅要查明犯罪事实、核实主体身份以及是否有自首、立功、坦白等情节，听取其有罪的供述或者无罪、罪轻的辩解，还应当深入了解未成年犯罪嫌疑人的成长经历、犯罪原因、监护教育等相关情况，充分获取其不良行为、违法犯罪、是否曾经遭受侵害以及回归社会的实际需求、有利条件、不利因素等方面的信息，并适时对未成年犯罪嫌疑人进行教育引导。

第九十六条　【人员要求】讯问未成年犯罪嫌疑人，应当由两名熟悉未成年人身心特点的检察人员进行。讯问女性未成年犯罪嫌疑人，应当有女性检察人员参加。

讯问聋、哑或者不通晓当地语言、文字的未成年犯罪嫌疑人，应当有通晓聋、哑手势或者当地语言、文字且与本案无利害关系的人员进行翻译。未成年犯罪嫌疑人的聋、哑或者不通晓当地语言、文字以及翻译人员的姓名、性别、工作单位和职业等情况应当记录在案。

第九十七条 【地点选择】讯问未被羁押的未成年犯罪嫌疑人，一般应当在检察机关专设的未成年人检察工作室进行。未成年犯罪嫌疑人及其法定代理人的住所、学校或者其他场所更为适宜的，也可以在上述地点进行讯问。

讯问被羁押的未成年犯罪嫌疑人，羁押场所设有专门讯问室的，应当在专门讯问室进行；没有设立的，应当协调公安机关设立适合未成年犯罪嫌疑人身心特点的专门讯问室。

第九十八条 【时间要求】讯问未成年犯罪嫌疑人的时间应当以减少对其不利影响为前提。未成年人为在校学生的，应当避免在正常教学期间进行讯问。

在讯问过程中，应当根据未成年犯罪嫌疑人的心理状态、情绪变化等实际情况，及时调整讯问的时间和节奏，避免对其身心造成负面影响，保证讯问活动顺利进行。

第九十九条 【尊重人格】讯问未成年犯罪嫌疑人要维护其人格尊严，不得使用带有暴力性、贬损性色彩的语言。

讯问未成年犯罪嫌疑人一般不得使用械具。对于确有人身危险性，必须使用械具的，在现实危险消除后，应当立即停止使用。

第一百条 【隐私保护】讯问未成年犯罪嫌疑人可以不着检察制服，但着装应当朴素、简洁、大方。

办案人员到未成年犯罪嫌疑人住所、学校或者工作单位进行讯问的，应当避免穿着制服、驾驶警车或者采取其他可能暴露未成年犯罪嫌疑人身份、隐私，影响其名誉的方式。

第一百零一条 【讯问方式】讯问未成年犯罪嫌疑人的语言要符合未成年人的认知能力，能够被未成年人充分理解。

讯问可以采取圆桌或座谈的方式进行。

讯问未成年犯罪嫌疑人应当采取非对抗的讯问方式，详细告知其如实供述案件事实的法律规定和国家对未成年人的保护政策，鼓励其理性决策。

讯问过程中要注意耐心倾听，让未成年犯罪嫌疑人有充分的机会表达自己观点。对于未成年犯罪嫌疑人提出的疑问或者法律问题，应当充分予以解释和说明。

第一百零二条 【专家辅助】根据案件具体情况，人民检察院在讯问未成年犯罪嫌疑人时可以聘请心理专家给予必要的辅助，并记录在案。

第一百零三条 【心理疏导和测评】讯问过程中，应当全程对未成年犯罪嫌疑人的生理、心理、精神状态予以关注,必要时可以进行心理疏导和测评。

第一百零四条 【录音录像】有下列情形之一的,可以对讯问未成年犯罪嫌疑人的过程进行录音录像:

(一)犯罪嫌疑人不认罪的;

(二)犯罪嫌疑人前后供述不一的;

(三)辩护人提出曾受到刑讯逼供、诱供的;

(四)其他必要的情形。

录音录像应当全程不间断进行,保持完整性,不得选择性地录制,不得剪接、删改。

第二节 讯问前准备

第一百零五条 【了解情况】讯问前,办案人员应当认真审查案卷材料。必要时可以调取公安机关同步录音录像资料,并与公安侦查人员、管教干警、法定代理人、法律援助律师等进行沟通,了解未成年犯罪嫌疑人的相关情况;也可以通过电话、信函、走访等方式开展调查,以提高讯问的针对性。

第一百零六条 【制定讯问提纲】办案人员应当根据案件具体情况和未成年犯罪嫌疑人身心特点、成长经历、家庭情况等,制定详细的讯问提纲或者讯问方案。

第一百零七条 【告知文书】讯问未成年犯罪嫌疑人应当准备以下告知法律文书:

(一)未成年犯罪嫌疑人权利义务告知书;

(二)法定代理人或者合适成年人到场通知书;

(三)法定代理人或者合适成年人权利义务告知书;

(四)传唤证或者提讯提解证;

(五)根据案件具体情况应当准备的其他告知文书,如心理测评告知书等。

第一百零八条 【通知到场】讯问未成年犯罪嫌疑人,应当通知其法定代理人到场。无法通知、法定代理人不能到场或者法定代理人是共犯的,可以通知合适成年人到场,并将有关情况记录在案。

讯问前应当将讯问的时间、地点提前通知法定代理人或者合适成年人,并要求其携带到场通知书、身份证或者工作证、户口簿等身份证明文件。

需要对到场参与讯问的法定代理人取证的,应当先行对其进行询问并制作笔录。

目睹案件发生过程,提供证人证言的,不适宜担任合适成年人。

第三节 讯　问

第一百零九条 【介绍参与人员】讯问开始时,办案人员应当首先向未成年犯罪嫌疑人表明身份,告知其讯问人员的姓名、单位、法律职务。

合适成年人到场的，办案人员应当向未成年犯罪嫌疑人介绍合适成年人的身份、职业等基本情况以及合适成年人制度的法律意义等，并让合适成年人与未成年犯罪嫌疑人就生活、学习、家庭等非涉案情况进行短暂交流。交谈情况应当记录在案。

第一百一十条　【权利义务告知】办案人员应当告知未成年犯罪嫌疑人及其法定代理人或者合适成年人依法享有的诉讼权利、相关法律规定以及案件的进展情况。告知时，应当以未成年人可以理解的语言进行解释说明，并通过由未成年犯罪嫌疑人亲笔书写告知内容或者让其复述等方式，以确保未成年人真正理解其诉讼权利、义务以及供述可能产生的法律后果。告知的情形应当记录在案。

第一百一十一条　【缓解情绪】正式讯问开始前，办案人员应当尽可能缓解未成年犯罪嫌疑人的紧张情绪，与其建立信任友善关系，为正式讯问打下良好的基础。

第一百一十二条　【核查主体】讯问未成年犯罪嫌疑人主体方面内容应当注意：

（一）核实未成年犯罪嫌疑人的年龄身份情况，问明出生年月日、公历还是农历、生肖属相、每年何时过生日、就学就业经历、家庭成员的年龄情况等；

（二）掌握未成年犯罪嫌疑人的健康情况，问明是否有影响羁押的严重疾病、生理发育是否有缺陷、是否有病史特别是精神病史、女性未成年犯罪嫌疑人是否处于怀孕或者哺乳期等；

（三）核实未成年犯罪嫌疑人的前科情况；

（四）了解未成年犯罪嫌疑人的监护状况，问明其法定代理人的基本情况及联系方式、父母和亲属是否在本地、是否具备监护能力或者有无其他愿意承担监护责任的人选等；

（五）了解未成年犯罪嫌疑人的生活背景、成长经历，问明其家庭环境、学校教育、社区环境、社会交往、兴趣爱好、脾气性格等；

（六）其他应当注意的内容。

第一百一十三条　【核查客观方面】讯问未成年犯罪嫌疑人客观方面内容应当注意：

（一）讯问实施犯罪行为的具体时间、地点，参与人员、侵害对象、手段、结果，以及在共同犯罪中的地位与作用；

（二）了解被害人是否有过错以及过错程度；

（三）讯问犯罪对象、作案工具的主要特征、与犯罪有关的财物的来源、数量以及去向，核实退赔赃款赃物的情况；

（四）其他应当注意的问题。

第一百一十四条　【核查主观方面】讯问未成年犯罪嫌疑人主观方面内容应当注意：

(一)详细讯问未成年犯罪嫌疑人的作案动机目的,实施犯罪行为时所持有的心理态度等;

(二)共同犯罪的,要问明是否有预谋和分工,是否被他人胁迫、引诱或者被教唆;

(三)问明中止犯罪的原因及案发后到案的情况,以及是否具有自首、立功表现等;

(四)有犯罪前科的,要问明再犯罪的原因,以及犯罪后的主观悔罪认识。

第一百一十五条　【探究犯罪原因】讯问过程中,应当以预防再犯罪为目标,深入探究未成年人走上犯罪道路的主客观原因以及回归社会的不利因素和有利条件。

第一百一十六条　【自书供述】未成年犯罪嫌疑人请求自行书写供述的,办案人员应当准许。必要时,办案人员也可以要求其亲笔书写供述。

第一百一十七条　【适时教育】主要犯罪事实讯问完毕后,办案人员可以结合案情及未成年犯罪嫌疑人个体情况,有针对性地开展教育。

讯问过程中要注意把握教育感化的契机,适时向其讲解相关法律,帮助其明辨是非,促使其认罪悔罪,增强法治意识。

第一百一十八条　【及时鼓励】办案人员要注意掌握未成年犯罪嫌疑人的优点、特长并予以肯定,未成年犯罪嫌疑人认错悔罪或者表现好时,应予及时鼓励。

第一百一十九条　【写致歉信】为释放未成年犯罪嫌疑人的心理压力,促使其深刻反省错误,办案人员根据情况可以建议其给被害人写致歉信。

第一百二十条　【掌控情境】讯问过程中,要注意防止未成年犯罪嫌疑人发生抵触、烦躁、悲观等消极情况。如果发生,应当保持冷静,及时予以安抚、引导。

第一百二十一条　【在场监督】法定代理人或者合适成年人认为办案人员的讯问行为侵犯了未成年犯罪嫌疑人的合法权益时,可以提出意见。对于合理意见,办案人员应当接受并纠正;对于不合理意见,应当说明理由。相关内容应当记录在案。

第一百二十二条　【中止讯问】当未成年犯罪嫌疑人出现恐慌、紧张、激动、疲劳等不宜继续讯问的情形时,办案人员应当及时中止讯问,在法定代理人或者合适成年人协助下消除上述情形后再行讯问。必要时,可以由具有心理咨询师资质的检察人员或者专门的心理咨询师进行心理干预和情绪疏导。

第一百二十三条　【制作笔录】办案人员应当忠实记录讯问过程,讯问笔录应当充分体现未成年人的语言风格。

第一百二十四条　【签名确认】讯问完毕后,讯问笔录应当交未成年犯罪嫌疑人、到场的法定代理人或者合适成年人阅读或者向其宣读。经未成年犯罪嫌疑人、法定代理人、合适成年人核对无误后,分别在讯问笔录上签名并捺指印确认。

※法规解读:上述31个条文是《未成年人刑事检察工作指引(试行)》中对于讯问未成年犯罪嫌疑人的专门规定。

检察机关办理未成年犯罪案件，对于未成年被追诉人坚持教育为主，惩罚为辅的基本原则。刑事诉讼中的讯问具有较强的对抗性和冲突性，为了缓解未成年被讯问人的心理压力，并且充分发挥讯问程序在探究案件真相以及教育挽救方面的功能，在程序规则上，注重细节安排。讯问未成年犯罪嫌疑人，除了依照《刑事诉讼法》规定的进行外，上述条文中还确立了地点专设（未成年人检察工作室或其他合适场所）、非教学时间讯问、尊重人格、隐私保护等原则，规定了讯问过程中的专家辅助、心理疏导和测评等制度，并对讯问方式、被讯问人情绪、讯问情境等都特别的关注。

第四章　询问未成年被害人、证人

第一节　一般规定

第一百二十五条　【主要任务】询问未成年被害人，不仅要查明案件事实，还应当深入了解未成年人因犯罪行为在身体、心理、生活等方面所遭受的不良影响以及确保健康成长的需求等情况，并注重对其合法权益的保护。

第一百二十六条　【地点选择】询问未成年被害人应当选择未成年人住所或者其他让未成年人感到安全的场所进行。

经未成年人及其法定代理人同意，可以通知未成年被害人到检察机关专设的未成年人检察工作室接受询问。

第一百二十七条　【时间要求】询问未成年被害人的时间应当以不伤害其身心健康为前提。

询问不满十四周岁未成年人，由办案人员根据其生理、心理等表现确定时间，每次正式询问持续时间一般不超过一小时，询问间隔可以安排适当的休息。

询问过程中，应当根据未成年被害人的心理状态、情绪变化等实际情况，及时调整询问节奏，避免对其身心造成负面影响，保证询问活动顺利进行。

第一百二十八条　【呵护身心】询问未成年被害人要注意呵护其身心健康，维护人格尊严。

第一百二十九条　【次数限制】询问未成年被害人应当以一次询问为原则，尽可能避免反复询问造成二次伤害。公安机关已询问未成年被害人并制作笔录的，除特殊情况外一般不再重复询问。

第一百三十条　【参与询问】对于性侵害等严重侵害未成年人人身权利的犯罪案件，可以通过提前介入侦查的方式参与公安机关询问未成年被害人工作。对询问过程一般应当进行录音录像，尽量避免在检察环节重复询问。

第一百三十一条　【语言方式】询问未成年被害人的语言要符合未成年人的认知能力，能够被未成年人所充分理解。

询问可以采取圆桌或者座谈的方式进行。

询问过程中要注意耐心倾听，让未成年被害人有充分的机会表达自己观点。尽可能避免程式化的一问一答取证方式，确保其陈述的连贯性和完整性。

对于未成年被害人提出的疑问或者法律问题，应当认真予以解释和说明。

第一百三十二条　【录音录像】询问未成年被害人时，一般应当对询问过程进行录音录像，录音录像应当全程不间断进行，保持完整性，不得选择性地录制，不得剪接、删改。

第一百三十三条　【依照办理】询问被害人时的基本原则、人员选择、隐私保护、专家辅助、心里疏导和测评等方面的内容依照第三章第一节的有关规定办理。

第二节　询问前准备

第一百三十四条　【询问提纲】办案人员应当根据案件具体情况和未成年被害人身心特点、成长经历、家庭情况等制定详细的询问提纲或者询问方案。

第一百三十五条　【告知文书】询问未成年被害人应当告知的法律文书主要包括：

（一）未成年被害人诉讼权利义务告知书；

（二）法定代理人或者合适成年人到场通知书；

（三）法定代理人或者合适成年人权利义务告知书；

（四）询问通知书；

（五）根据案件具体情况需要准备的其他告知文书，如心理测评告知书等。

第一百三十六条　【通知到场】询问未成年被害人，有关通知其法定代理人或者合适成年人到场的要求依照本指引第一百零八条的规定办理。

第三节　询　　问

第一百三十七条　【权利告知】办案人员应当告知未成年人及其法定代理人或者合适成年人依法享有的诉讼权利、相关法律规定以及案件的进展情况，并要求未成年人及其法定代理人或者合适成年人在权利义务告知书上签字确认（年幼的未成年人可以由法定代理人或合适成年人代签）。告知诉讼权利时，应当进行解释说明，重点告知未成年被害人及其法定代理人提起附带民事诉讼及获得赔偿的权利。告知的情形应当记录在案。

第一百三十八条　【作证能力评估】询问年幼的未成年被害人，要认真评估其理解能力和作证能力，并制定交流的基本规则，未成年人的回答可以是"我不理解"。

第一百三十九条　【询问内容】询问未成年被害人主要有以下内容：

（一）核实未成年人，特别是性侵害案件未成年被害人的年龄身份情况，问明具体出生年月日、公历还是农历、生肖属相、每年何时过生日、就学就业经历、家庭成员的年龄情况等；

（二）了解未成年人的健康状况，问明生理发育是否有缺陷、是否有病史特别是精神病史，受侵害后身体、心理康复及生活状况等；

（三）问明案发时间、地点、经过、被侵害具体情况，尤其是侵害者是谁。要根据未成年人的年龄和心理特点突出询问重点，对与定罪量刑有关的事实应当进行全面询问；

（四）了解未成年被害人案发后获得赔偿的情况及其对侵害人的处理意见；

（五）其他应当询问的内容。

第一百四十条 【不同策略】对不同年龄段的未成年人要采取不同的询问策略，防止机械、武断的成年人思维方式和行为伤害到未成年人的身心健康及合法权益。

第一百四十一条 【注意事项】询问中应当尽量使用开放性问题，便于未成年人自由叙述回答，以此获取准确信息。注意避免诱导性询问或者暗示性询问以及对同一问题的反复询问，防止其因产生熟悉感而作出虚假性陈述。对未成年人的回答，办案人员不得用明示或者暗示的方式予以赞赏或者表示失望。

第一百四十二条 【适时引导】询问过程中，对于有过错的未成年被害人，办案人员应当结合具体案情及未成年被害人的个体情况，适时开展有针对性的行为规范和法治教育。

第一百四十三条 【依照适用】询问未成年被害人、证人时，有关介绍参与人员、缓解情绪、在场监督、中止询问、制作笔录及签名确认的要求依照本指引第三章第三节的有关规定办理。

询问未成年证人，适用本章规定。

※法规解读：上述19个条文是《未成年人刑事检察工作指引（试行）》中对于询问未成年被害人、证人的专门规定。

询问未成年被害人、证人不仅要查明案件事实，还应当深入了解未成年人因犯罪行为在身体、心理、生活等方面所遭受的不良影响以及确保健康成长的需求等情况，并注重对其合法权益的保护，防止二次被害。有鉴于此，上述规则对询问地点、方式、时间、次数、人员安排、语言等均进行了明确的规定。且根据未成年人认知有限性的特点，要对询问对象的作证能力进行评估，结合未成年人的特点和思维方式选择询问策略，其间注意进行适当的引导和教育，避免成人化的询问。

关联法规索引

《最高人民法院、最高人民检察院、公安部、国家安全部、司法部关于办理死刑案件审查判断证据若干问题的规定》第11条;《人民检察院刑事诉讼规则(试行)》第17条、第490条;《最高人民法院关于适用〈中华人民共和国刑事诉讼法〉的解释》第466条;《最高人民法院、最高人民检察院、公安部、司法部关于依法惩治性侵害未成年人犯罪的意见》第14条;《公安机关办理刑事案件程序规定》第312~314条

典型案例

小王性侵幼女案〔1〕

※案情简介:幼女小丽的父母控告小王(15岁)以谈对象为名,与小丽发生性关系并致其怀孕。小丽向公安机关陈述曾与小王发生过性关系,小王到案后也承认与小丽发生性关系,公安机关遂对小王以涉嫌强奸罪向检察机关提请批准逮捕。河北省张家口市检察机关受理案件后经过认真审查,发现公安机关并未对被害人腹中胎儿做DNA鉴定,同时认为涉案双方年龄尚幼,对自己行为认知能力有限,对事实的叙述不够准确、全面,此外还了解到小丽有其他男性"朋友",难以认定小王强奸犯罪,在依法对小王作出不批准逮捕决定的同时,积极引导公安机关进一步调查取证。公安机关经过进一步侦查,查明被害人腹中胎儿与小丽的成年网友马某有生物学遗传关系,最终抓获了强奸幼女小丽的"真凶"马某。而小王与小丽系未成年人之间自愿发生性关系,没有造成后果,小王的行为依法不构成犯罪。

在办理本案的过程中,检察机关启用未成年人检察工作室,实现公、检、法"一站式"询问,减少对小丽的二次伤害,并对小丽、小王进行了心理疏导,跟踪帮教,对双方父母进行亲职指导,针对案件中暴露出的宾馆管理混乱的问题,向有关主管部门提出检察建议。

※裁判要旨:本案的被害人、犯罪嫌疑人均系未成年人。按照正常的办案流程,案件在侦查、批捕、公诉、审判等多个环节中均要对犯罪嫌疑人进行讯问,对被害人进行询问,以便核实证据,了解案情。为了更好地保护本案幼女被害人小丽,最大限度地减少伤害,本案创造性地采用了公、检、法"一站式"询问,有效地维护了涉案未成年人的权益,打击了侵害未成年人犯罪。

---

〔1〕 根据《最高人民检察院发布10起检察机关加强未成年人司法保护典型案例》(2016年5月27日)典型案例2整理。

第二百八十二条 【附条件不起诉制度】 对于未成年人涉嫌刑法分则第四章、第五章、第六章规定的犯罪，可能判处一年有期徒刑以下刑罚，符合起诉条件，但有悔罪表现的，人民检察院可以作出附条件不起诉的决定。人民检察院在作出附条件不起诉的决定以前，应当听取公安机关、被害人的意见。

对附条件不起诉的决定，公安机关要求复议、提请复核或者被害人申诉的，适用本法第一百七十九条、第一百八十条的规定。

未成年犯罪嫌疑人及其法定代理人对人民检察院决定附条件不起诉有异议的，人民检察院应当作出起诉的决定。

条文解读

本条有3款，是关于未成年犯罪嫌疑人附条件不起诉制度的规定。

附条件不起诉是轻罪非犯罪化处理的一种起诉替代措施，可以让轻罪未成年犯罪嫌疑人免受刑事起诉，促进他们回归社会，走上健康成长的道路。附条件不起诉的前提是已经符合法定的起诉条件，只是因为主体特殊，罪刑较轻微，悔罪态度好，才附加一定的考验期，以考察其悔过表现，再决定是否起诉的制度。

附条件不起诉的决定产生下列法律后果：(1)确认案件符合起诉条件。(2)附条件不起诉的考验期开始计算。(3)被附条件不起诉的未成年人考验期内仍为犯罪嫌疑人身份。(4)公安机关认为附条件不起诉的决定有错误的时候可以要求复议，如果意见不被接受，可以向上一级检察机关提请复核。(5)被害人对未成年人案件的附条件不起诉及不起诉决定有异议的，有权向上一级人民检察院申诉，但是不能够直接向人民法院提起自诉。(6)检察机关对被附条件不起诉的未成年犯罪嫌疑人进行监督考察。(7)未成年犯罪嫌疑人的监护人有义务对未成年犯罪嫌疑人加强管教，配合检察机关做好监督考察工作。(8)被附条件不起诉的未成年犯罪嫌疑人应当遵守法律法规，服从监督；按照考察机关的规定报告自己的活动情况；离开所居住的市、县或者迁居，应当报经考察机关批准；按照考察机关的要求接受矫治和教育。(9)被附条件不起诉的未成年犯罪嫌疑人考验期内有“实施新的犯罪或者发现决定附条件不起诉以前还有其他犯罪需要追诉的；违反治安管理规定或者考察机关有关附条件不起诉的监督管理规定，情节严重的”情形之一的，附条件不起诉的决定被撤销。(10)考验期满没有撤销情形的，检察机关不能再行使起诉裁量权，应当作出不起诉的决定。

本条第1款是关于未成年犯罪嫌疑人附条件不起诉适用条件的规定。对于未成年犯罪嫌疑人适用附条件不起诉需要具备以下条件：第一，所涉嫌罪名为刑法分则第4章、第5章和第6章所规定的犯罪，即侵犯公民人身权利、民主权利罪；侵犯财产罪；妨害社会管理秩序罪。第二,可能判处一年有期徒刑以下刑罚,包括,独立适用拘役、管制等刑罚种类的。从刑罚种类及期限上能够看出,其罪行较为轻微。第三,达到起诉条件。第四,有悔罪表现。值得注意的是,附条件不起诉权是人民检察院不起诉裁量权的一部分,人民检察院有权根据案件情况,以及涉案当事人的情况进行综合权衡,决定是否适用。人民检察院在作出附条件不起诉决定之前,还需要听取公安机关和被害人的意见。

本条第2款规定的是公安机关和被害人对附条件不起诉决定的异议权及程序。公安机关若对人民检察院作出的不起诉决定不服,可以依法提请作出附条件不起诉决定的检察机关复议,对复议决定仍不服的,还可以向作出决定检察机关的上一级检察机关要求复核。被害人不服人民检察院作出的附条件不起诉决定的,可以依法向上一级人民检察院申诉,请求提起公诉。人民检察院仍然维持该决定的,被害人还有权依法向人民法院提起诉讼。根据《刑事诉讼法》第180条的规定,对被害人而言,申诉并非是提起诉讼的必要条件,被害人可以不经申诉,直接向人民法院提起自诉。

人民检察院作出附条件不起诉决定中涉及的未成年犯罪嫌疑人及其法定代理人也可能认为该决定不妥。因为,毕竟附条件不起诉决定的前提是达到起诉条件,并且蕴含着起诉的可能性。如果未成年犯罪嫌疑人及其法定代理人认为其行为本身不是犯罪,或者根本不符合起诉条件的,有权对附条件不起诉决定提出异议。当人民检察院遇到该种情况,应当直接作出起诉决定,将案件交由人民法院进行裁决。

配套法规及解读

《全国人民代表大会常务委员会关于〈中华人民共和国刑事诉讼法〉第二百七十一条〔1〕第二款的解释》(2014年4月24日)

全国人民代表大会常务委员会根据司法实践中遇到的情况,讨论了刑事诉讼法第二百七十一条〔2〕第二款的含义及被害人对附条件不起诉的案件能否依照第一百七十六条〔3〕的规定向人民法院起诉的问题,解释如下:

人民检察院办理未成年人刑事案件,在作出附条件不起诉的决定以及考验期满作出不起诉的决定以前,应当听取被害人的意见。被害人对人民检察院对未成年犯罪嫌疑人作出的附条件不起诉的决定和不起诉的决定,可以向上一级人民检察院申诉,不适用刑事诉讼法第一百七十六条关于被害人可以向人民法院起诉的规定。

---

〔1〕现行《刑事诉讼法》第二百八十二条。
〔2〕现行《刑事诉讼法》第二百八十二条。
〔3〕现行《刑事诉讼法》第一百八十条。

现予公告。

※法规解读：本解释是对附条件不起诉案件中被害人权利救济的规定。

根据《刑事诉讼法》的规定，人民检察院办理未成年人刑事案件，有权作出附条件不起诉决定，考验期满后，也有权根据情况作出不起诉的决定。但是人民检察院在作出附条件不起诉决定及不起诉决定之前，均有义务听取被害人的意见。

被害人对未成年人案件的附条件不起诉及不起诉决定有异议的，有权向上一级人民检察院申诉，但是不能够直接向人民法院提起自诉。该解释是对附条件不起诉案件中被害人自诉权的限制。

《未成年人刑事检察工作指引（试行）》（2017年3月2日）

第三节　附条件不起诉

第一百八十一条　【适用条件】对于符合以下条件的案件，人民检察院可以作出附条件不起诉的决定：

（一）犯罪嫌疑人实施犯罪行为时系未成年人的；

（二）涉嫌刑法分则第四章、第五章、第六章规定的犯罪的；

（三）可能被判处一年有期徒刑以下刑罚的；

（四）犯罪事实清楚，证据确实、充分，符合起诉条件的；

（五）犯罪嫌疑人具有悔罪表现的。

人民检察院可以参照《最高人民法院关于常见犯罪的量刑指导意见》并综合考虑全案情况和量刑情节，衡量是否“可能判处一年有期徒刑以下刑罚”。

具有下列情形之一的，一般认为具有悔罪表现：

（一）犯罪嫌疑人认罪认罚的；

（二）向被害人赔礼道歉、积极退赃、尽力减少或者赔偿损失的；

（三）取得被害人谅解的；

（四）具有自首或者立功表现的；

（五）犯罪中止的；

（六）其他具有悔罪表现的情形。

对于符合附条件不起诉条件，实施犯罪行为时未满十八周岁，但诉讼时已成年的犯罪嫌疑人，人民检察院可以作出附条件不起诉决定。

第一百八十二条　【积极适用】人民检察院对于符合条件的未成年人刑事案件，应当依法积极适用附条件不起诉，促使未成年犯罪嫌疑人积极自我改造，从而达到教育挽救的目的。对于不具备有效监护条件或者社会帮教措施的未成年犯罪嫌疑人，人民检察院应当积极为其创造条件，实现对未成年人的平等保护。

第一百八十三条　【结合适用】人民检察院可以将附条件不起诉制度与当事人和解制度相结合，通过促使未成年犯罪嫌疑人认真悔罪、赔礼道歉或者赔偿损失等方式，化解矛盾纠纷，修复受损的社会关系，达到对被害人精神抚慰、物质补偿的同时，加速未成年犯罪嫌疑人回归社会的进程。

第一百八十四条　【具体把握】人民检察院对于既可以附条件不起诉也可以起诉的未成年犯罪嫌疑人，应当优先适用附条件不起诉。

对于既可以相对不起诉也可以附条件不起诉的未成年犯罪嫌疑人，应当优先适用相对不起诉。如果未成年犯罪嫌疑人存在一定的认知偏差等需要矫正，确有必要接受一定时期监督考察的，可以适用附条件不起诉。

第一百八十五条　【征求意见】人民检察院在作出附条件不起诉决定前，应当征求未成年犯罪嫌疑人及其法定代理人、辩护人的意见。征求意见时应当让其全面获知和理解拟附条件不起诉决定的基本内容，包括适用附条件不起诉的法律依据、适用程序、救济程序、考察程序、附加义务及附条件不起诉的法律后果等，并给予一定的时间保障。必要时，可以建议未成年犯罪嫌疑人及其法定代理人与其辩护人进行充分沟通，在准确理解和全面权衡的基础上，提出意见。

未成年犯罪嫌疑人及其法定代理人应当在人民检察院书面征求意见书上签署意见，明确表明真实意愿，且一般应当由未成年犯罪嫌疑人及其法定代理人同时签署。确因特殊情况只能以口头方式提出的，人民检察院应当记录在案。

对于未成年犯罪嫌疑人与其法定代理人意见存在分歧的，人民检察院可以综合案件情况，本着有利于对未成年犯罪嫌疑人教育挽救的原则作出决定。

第一百八十六条　【异议处理】对于未成年犯罪嫌疑人及其法定代理人对附条件不起诉决定提出异议的，应当区别对待：

（一）未成年犯罪嫌疑人及其法定代理人对于犯罪事实认定、法律适用有异议并提出无罪意见或辩解的，人民检察院应当认真审查后依法提起公诉。

（二）未成年犯罪嫌疑人及其法定代理人对案件作附条件不起诉处理没有异议，仅对所附条件及考验期有异议的，人民检察院可以依法采纳其合理的意见，对考察的内容、方式、时间等进行调整。但其意见不利于对未成年犯罪嫌疑人帮教的，应当进行耐心的释法说理工作。经说理解释后，若未成年犯罪嫌疑人及其法定代理人仍有异议坚持要起诉的，应当提起公诉。

（三）未成年犯罪嫌疑人及其法定代理人对于适用附条件不起诉有异议的，应当审查后决定是否起诉。

人民检察院作出起诉决定前，未成年犯罪嫌疑人及其法定代理人可以撤回异议。撤回异议的，应当制作笔录附卷，由未成年犯罪嫌疑人及其法定代理人签字确认。

第一百八十七条 【听取意见】人民检察院在作出附条件不起诉决定前，应当听取公安机关、被害人及其法定代理人、诉讼代理人、辩护人的意见。

对公安机关应当采用书面征求意见的方式听取意见，并要求公安机关书面反馈意见。

对被害人及其法定代理人、诉讼代理人听取意见，参照本指引第一百七十一条办理。

对于被害人不同意附条件不起诉的，人民检察院可以作出附条件不起诉决定，但要做好释法说理和化解矛盾工作。

对于审查起诉阶段无法联系到被害人，经审查符合附条件不起诉条件的，可以作出附条件不起诉决定。

第一百八十八条 【不公开听证】对于公安机关或者被害人对附条件不起诉有异议，或者案件本身争议、社会影响较大等，人民检察院可以举行不公开听证会。具体要求参照本指引第一百七十七条。

第一百八十九条 【决定程序】适用附条件不起诉的审查意见，应当由办案人员在审查起诉期限届满十五日前提出，并根据案件的具体情况拟定考验期限和考察方案，连同案件审查报告、社会调查报告等，报请检察长或者检察委员会决定。

第一百九十条 【送达宣布】人民检察院决定附条件不起诉的案件，应当制作附条件不起诉决定书，并在三日内送达公安机关、被害人或者其近亲属及其诉讼代理人、未成年犯罪嫌疑人及其法定代理人、辩护人。

送达时，应当告知被害人或者其近亲属及其诉讼代理人如果对附条件不起诉决定不服的，可以自收到附条件不起诉决定书后七日内向上一级人民检察院申诉，并进行必要的释法说理。

人民检察院应当当面向未成年犯罪嫌疑人及其法定代理人宣布附条件不起诉决定，同时告知考验期限、在考验期内应当遵守的规定和违反规定可能产生的法律后果，以及可以对附条件不起诉决定提出异议等，并制作宣布笔录。

第一百九十一条 【复议、复核】公安机关认为附条件不起诉决定有错误的，可以向同级人民检察院要求复议。人民检察院应当另行指定检察人员进行审查并提出审查意见，报请检察长或者检察委员会决定。人民检察院应当在收到要求复议意见书后的三十日内作出复议决定，并通知公安机关。

公安机关对人民检察院的复议结果不服的，可以向上一级人民检察院提请复核。上一级人民检察院收到公安机关对附条件不起诉决定提请复核的意见书后，应当交由未成年人检察部门办理。未成年人检察部门应当指定检察人员进行审查并提出审查意见，报请检察长或者检察委员会决定。上一级人民检察院应当在收到提请复核意见书后的三十日内作出决定，制作复核决定书送交提请复核的公安机关和下级人民检察院。经复核改变下级人民检察院附条件不起诉决定的，应当撤销下级人民检察院作出的附条件不起诉决定，交由下级人民检察院执行。

第一百九十二条　【被害人申诉】被害人不服附条件不起诉决定，在收到附条件不起诉决定书后七日以内申诉的，由作出附条件不起诉决定的人民检察院的上一级人民检察院立案复查。

被害人向作出附条件不起诉决定的人民检察院提出申诉的，作出决定的人民检察院应当将申诉材料连同案卷一并报送上一级人民检察院受理。

上述申诉的审查由未成年人检察部门负责。承办人员审查后应当提出意见，报请检察长决定后制作复查决定书。

复查决定书应当送达被害人、被附条件不起诉的未成年犯罪嫌疑人及其法定代理人和作出附条件不起诉决定的人民检察院。

被害人不服附条件不起诉决定，在收到附条件不起诉决定书七日后提出申诉的，由作出附条件不起诉决定的人民检察院未成年人检察部门另行指定检察人员审查后决定是否立案复查。

上级人民检察院经复查作出起诉决定的，应当撤销下级人民检察院的附条件不起诉决定，由下级人民检察院提起公诉，并将复查决定抄送移送审查起诉的公安机关。

被害人不能向人民法院提起自诉。

第一百九十三条　【强制措施】未成年犯罪嫌疑人在押的，作出附条件不起诉决定后，人民检察院应当作出释放或者变更强制措施的决定。

考验期未满、取保候审期限届满的，应当解除取保候审强制措施，继续进行监督考察。

第一百九十九条　【不起诉决定】被附条件不起诉的未成年犯罪嫌疑人在考验期内没有本指引所列撤销附条件不起诉的情形，考验期满后，承办人应当制作附条件不起诉考察意见书，报请检察长作出不起诉决定。作出不起诉决定之前，应当听取被害人意见。

第二百条　【送达告知】人民检察院对于考验期满后决定不起诉的，应当制作不起诉决定书，并在三日内送达公安机关、被害人或者其近亲属及其诉讼代理人、被不起诉的未成年犯罪嫌疑人及其法定代理人、辩护人。

送达时，应当告知被送达人，检察机关将对未成年犯罪嫌疑人涉嫌犯罪的不起诉记录予以封存，被送达人不得泄露未成年犯罪嫌疑人的隐私；告知未成年犯罪嫌疑人及其法定代理人，如有单位或者个人泄露已被封存的不起诉记录，可以向检察机关投诉；告知被害人及其诉讼代理人或者其近亲属，如果对不起诉决定不服，可以自收到不起诉决定书后七日以内向上一级人民检察院申诉。上述告知情况应当记录在案。

第二百零一条 【宣布教育】对被不起诉人应当举行宣布教育仪式，具体依照本指引第一百七十九条规定办理。

第二百零二条 【申诉办理】被害人对不起诉决定不服申诉的，依照本指引第一百九十二条规定办理。

第二百零三条 【回访帮教】人民检察院对于经过附条件不起诉考察后作出不起诉决定的，可以与被不起诉的未成年人及其监护人、学校、单位等建立定期联系，在不起诉决定宣布后的六个月内，随时掌握未成年人的思想状态和行为表现，共同巩固帮教成果，并做好相关记录。经被不起诉的未成年人同意，可以在三年以内跟踪了解其回归社会情况，但应当注意避免对其造成负面影响。

※法规解读：上述条文是《未成年人刑事检察工作指引(试行)》中对于附条件不起诉制度的专门规定。

根据上述规定，《刑事诉讼法》中规定的可能判处有期徒刑一年以下刑罚为具体案件中行为人的可罚刑罚，而非法定刑罚；细化了悔罪表现的具体情形；确定了该制度适用对象为犯罪时不满十八周岁的未成年人。同时规定了积极适用、结合适用、具体把握等原则。并对征求意见、听取意见、异议处理、回访帮教等问题进行了具体规定。

《人民检察院刑事诉讼规则(试行)》(2012 年 11 月 22 日修订)

第四百九十二条 对于符合刑事诉讼法第二百七十一条[1]第一款规定条件的未成年人刑事案件，人民检察院可以作出附条件不起诉的决定。

人民检察院在作出附条件不起诉的决定以前，应当听取公安机关、被害人、未成年犯罪嫌疑人的法定代理人、辩护人的意见，并制作笔录附卷。

※法规解读：本条是对人民检察院的附条件不起诉权的规定。

附条件不起诉权是法律赋予检察机关的不起诉裁量权的一部分，是附条件的不起诉，其适用的范围仅为符合法定条件的未成年人刑事案件。

就程序上而言，人民检察院作出该项决定之前，还必须听取相关主体的意见。本条第 2 款中，将检察机关听取意见的范围，从《刑事诉讼法》中确定的公安机关、被害人，扩展到未成年犯罪嫌疑人的法定代理人、辩护人，此举与法律规定并不冲突，并且有助于检察机关更加充分地听取控辩双方的意见，在保障各方诉讼权利的同时，确保附条件不起诉决定作出的正确性。

第四百九十三条 人民检察院作出附条件不起诉的决定后，应当制作附条件不起诉决定书，并在三日以内送达公安机关、被害人或者其近亲属及其诉讼代理人、未成年

---

〔1〕 现行《刑事诉讼法》第二百八十二条。

犯罪嫌疑人及其法定代理人、辩护人。

人民检察院应当当面向未成年犯罪嫌疑人及其法定代理人宣布附条件不起诉决定，告知考验期限、在考验期内应当遵守的规定以及违反规定应负的法律责任，并制作笔录附卷。

※法规解读：本条是对检察机关附条件不起诉决定送达的规定。

附条件不起诉决定是检察机关对特定案件的处理决定。其具体内容需要相关当事人及诉讼代理人知晓。为此，本条第1款规定，检察机关作出的附条件不起诉决定必须以书面的形式呈现，即检察机关应当制作附条件不起诉决定书，并且应当在3日内送达，送达的对象包括公安机关、被害人或者其近亲属及其诉讼代理人、未成年犯罪嫌疑人及其法定代理人、辩护人。以便相关主体了解检察机关决定的内容，并在有异议时，及时寻求法律救济。

附条件起诉决定并非是一个终局意义的处理决定，而是一个附条件、附期限的暂时性的处理意见，为此，其更需要当事人了解其内容和要求。本条第2款规定，人民检察院不仅需要向未成年犯罪嫌疑人及其法定代理人送达附条件不起诉决定，而且必须当面向其宣读，明确告知考验期限，考验期限内的法定义务，以及违反法定义务的法律后果。这一过程，要制作笔录，并附卷备查。

第四百九十四条　对附条件不起诉的决定，公安机关要求复议、提请复核或者被害人申诉的，具体程序参照本规则第四百一十五条至第四百二十条的规定办理。

上述复议、复核、申诉的审查由公诉部门或者未成年人犯罪检察工作机构负责。

未成年犯罪嫌疑人及其法定代理人对人民检察院决定附条件不起诉有异议的，人民检察院应当作出起诉的决定。

※法规解读：本条是对不服附条件不起诉决定的处理规定。

对于检察机关作出的附条件不起诉决定，控辩双方均有可能有异议。

公安机关对附条件不起诉决定有异议要求复议的，人民检察院公诉部门应当另行指定检察人员进行审查并提出审查意见，经公诉部门负责人审核，报请检察长或者检察委员会决定。人民检察院应当在收到要求复议意见书后的30日以内作出复议决定，通知公安机关。公安机关对复议决定仍有异议时，上一级人民检察院收到公安机关对附条件不起诉决定提请复核的意见书后，应当交由公诉部门办理。公诉部门指定检察人员进行审查并提出审查意见，经公诉部门负责人审核，报请检察长或者检察委员会决定。上一级人民检察院应当在收到提请复核意见书后的30日以内作出决定，制作复核决定书送交提请复核的公安机关和下级人民检察院。经复核改变下级人民检察院附条件不起诉决定的，应当撤销或者变更下级人民检察院作出的附条件不起诉决定，交由下级人民检察院执行。

被害人对附条件不起诉决定有异议时，在收到不起诉决定书后7日以内申诉的，由作出附条件不起诉决定的人民检察院的上一级人民检察院刑事申诉检察部门立案复查。被害人向作出附条件不起诉决定的人民检察院提出申诉的，作出决定的人民检察院应当将申诉材料连同案卷一并报送上一级人民检察院。刑事申诉检察部门复查后应当提出复查意见，报请检察长作出复查决定。复查决定书应当送达被害人、被附条件不起诉人和作出附条件不起诉决定的人民检察院。上级人民检察院经复查作出起诉决定的，应当撤销下级人民检察院的附条件不起诉决定，交由下级人民检察院提起公诉，并将复查决定抄送移送审查起诉的公安机关。出庭支持公诉由公诉部门办理。

被害人直接向人民法院提起自诉的，人民检察院收到人民法院受理被害人对被附条件不起诉人起诉的通知后，人民检察院应当终止复查，将作出附条件不起诉决定所依据的有关案件材料移送人民法院。

附条件不起诉案件中的涉案未成年犯罪嫌疑人及法定代理人对决定有异议的，人民检察院将直接撤销附条件不起诉决定，直接将该案件诉至人民法院，由人民法院依法裁决。

关联法规索引

《最高人民检察院关于在检察工作中贯彻宽严相济刑事司法政策的若干意见》第26条；《最高人民检察院关于进一步加强未成年人刑事检察工作的决定》第21条；《公安机关办理刑事案件程序规定》第318条、第319条；《检察机关加强未成年人司法保护八项措施》第8条

典型案例

小刘附条件不起诉案[1]

※案情简介：未成年人小刘为了炫耀其电脑技能，吸引更多人加入其建立的QQ群，非法获取大量公民个人信息并放在群中，供群成员随意下载。后小刘被公安机关以侵犯公民个人信息罪立案侦查。2017年8月，案件移送江苏省淮安市淮阴区人民检察院审查起诉，检察机关经社会调查了解到小刘爱学习、能钻研，对网络技术有兴趣、

〔1〕 本案根据《最高人民检察院发布十起未成年人检察社会支持体系建设工作典型案（事）例》（2019年4月1日）之典型案（事）例三整理。

有天分，一贯表现良好，属于初犯，结合其犯罪情节轻微、认罪悔罪态度好等情节，依法对其作出附条件不起诉决定。同时成立了由检察人员、司法社工、学校老师等组成的帮教小组，制定了有针对性的帮教考察方案。根据方案，在附条件不起诉考验期间，检察机关对小刘进行了法治教育，学校团委、社工定期和小刘谈话，了解他的思想动态，对其进行心理疏导，引导他把天分和技术用于正途。在此期间，经检察机关批准，小刘利用自己的网络技术协助警方破获一起特大网络传销案件。他还积极参与网络安全建设，协助有关部门堵塞网络安全漏洞，由一名“黑客”变成著名“白客”，在国家互联网应急中心官方网站的“白帽子原创积分排名”居于全国前列。2018 年 12 月，淮安市淮阴区人民检察院对小刘作出不起诉决定。

※裁判要旨：附条件不起诉制度体现了我国法律惩罚和教育相结合的特点。这种人性化的执法方式，不仅有利于未成年人的身心健康成长，使未成年人不具有犯罪前科，更有利于未成年人的前途发展，再加上考验期内对其适当的帮教、引导和感化，可使他们更容易回归社会、不再犯罪，更有利于社会稳定。涉罪未成年人可塑性很大，容易改造，但如果处理不当，将来又可能变本加厉危害社会。本案中，检察机关联合团组织、司法社工、心理疏导专业人员等多方社会力量，量身制定帮教方案，精准实施帮教，确保其认识到自身错误，转而利用专业特长服务社会，最大限度地挽救失足未成年人，为国家保住了一个有用之才，取得了良好的效果。本案中，小刘系初犯，且犯罪情节轻微、认罪悔罪态度，符合《刑事诉讼法》附条件不起诉条件，检察机关从多方利益考虑，作出附条件不起诉决定，符合立法本意。

第二百八十三条　【附条件不起诉监督考察】在附条件不起诉的考验期内，由人民检察院对被附条件不起诉的未成年犯罪嫌疑人进行监督考察。未成年犯罪嫌疑人的监护人，应当对未成年犯罪嫌疑人加强管教，配合人民检察院做好监督考察工作。

附条件不起诉的考验期为六个月以上一年以下，从人民检察院作出附条件不起诉的决定之日起计算。

被附条件不起诉的未成年犯罪嫌疑人，应当遵守下列规定：

（一）遵守法律法规，服从监督；

（二）按照考察机关的规定报告自己的活动情况；

（三）离开所居住的市、县或者迁居，应当报经考察机关批准；

（四）按照考察机关的要求接受矫治和教育。

条文解读

本条共有3款,是关于附条件不起诉监督考察的规定。

本条第1款是关于附条件不起诉监督考察的一般性规定。考虑附条件不起诉决定是由检察机关作出的,检察机关事先也对未成年犯罪嫌疑人的情况进行了了解和考察,比较熟悉犯罪嫌疑人的情况;同时,由于附条件不起诉只是一个暂时性决定,待考验期限届满之后才能最终确定是否需要起诉,最终的决定仍需检察机关作出。因此,为了确保对案件跟踪的连续性,以及案件处理的准确性,本条款明确规定:负责对被附条件不起诉的未成年犯罪嫌疑人进行监督考察的机关是人民检察院。仅凭检察机关的一己之力是难以完全担当起对被附条件不起诉人进行全面考察和帮教任务的,因此,本条款同时也明确规定了未成年犯罪嫌疑人监护人的管教义务:第一,加强对未成年犯罪嫌疑人的管教,更加严格地管理和协调其生活、起居、学习和社会交往;第二,配合人民检察院对未成年犯罪嫌疑人进行监督和考察。

本条第2款是关于附条件不起诉考验期的规定。未成年犯罪嫌疑人的监护人有配合检察机关进行监督考察的义务。在此之前,全国各地所进行的附条件不起诉的探索和实践中,附条件不起诉的考验期长短不一,本条款出台之后,全国附条件不起诉的考验期统一为6个月以上,1年以下,作出附条件不起诉的人民检察院有权根据案件具体情况确定具体的考验期限。附条件不起诉的考验期限从人民检察院作出附条件不起诉决定之日起计算。

本条第3款是关于被附条件不起诉的未成年犯罪嫌疑人在考验期限内应当遵守的规定。这些规定一方面旨在确保被附条件不起诉人能够处于人民检察院的监督和考察范围之内;另一方面确保被附条件不起诉人能严格自律,尽快改过自新。本条款中规定了被附条件不起诉人的四项义务:第一,遵守法律、行政法规、服从监督;第二,按照考察机关的规定报告自己的活动情况;第三,离开所居住的市、县或者迁居,应当报经考察机关批准;第四,按照考察机关的要求接受矫治和教育。

配套法规及解读

《未成年人刑事检察工作指引(试行)》(2017年3月2日)

第一百九十四条 【考验期确定】附条件不起诉考验期为六个月以上一年以下,考验期的长短应当与未成年犯罪嫌疑人所犯罪行的性质、情节和主观恶性的大小相适应。可能判处的刑罚在六个月以下的,一般应当将考验期限确定为六个月;可能判处的刑罚在六个月以上的,可以参考未成年犯罪嫌疑人可能判处的刑期确定具体考察期限。

考验期从人民检察院作出附条件不起诉的决定之日起计算。考验期不计入审查起诉期限。

在考验期的前两个月要密切关注被附条件不起诉的未成年犯罪嫌疑人的表现,帮助、督促其改正不良行为,形成良好习惯。根据未成年犯罪嫌疑人在考验期内的表现和教育挽救的需要,人民检察院作出决定后可以在法定期限范围内适当缩短或延长考验期。

第一百九十五条 【所附条件】人民检察院对被附条件不起诉的未成年犯罪嫌疑人应当附下列条件:

(一)遵守法律法规,服从监督;

(二)按照考察机关的规定报告自己的活动情况;

(三)离开所居住的市、区(县)或者迁居,应当报经考察机关批准;

(四)按照考察机关的要求接受矫治和教育。

前款第四项"按照考察机关的要求接受矫治和教育"包括以下内容:

(一)完成戒瘾治疗、心理辅导或者其他适当的处遇措施;

(二)向社区或者公益团体提供公益劳动;

(三)不得进入特定场所、与特定的人员会见或者通信、从事特定的活动;

(四)向被害人赔偿损失、赔礼道歉等;

(五)接受相关教育;

(六)遵守其他保护被害人安全以及预防再犯的禁止性规定。

所附条件应当有针对性,注意考虑未成年犯罪嫌疑人的特殊需求,尤其避免对其就学、就业和正常生活造成负面影响。

第一百九十六条 【监督考察】在附条件不起诉的考验期内,人民检察院应当对被附条件不起诉的未成年犯罪嫌疑人进行监督考察。监督未成年犯罪嫌疑人履行义务、接受帮教的情况,并督促未成年犯罪嫌疑人的监护人对未成年犯罪嫌疑人加强管教,配合人民检察院做好监督考察工作。

人民检察院可以会同司法社工、社会观护基地、公益组织或者未成年犯罪嫌疑人所在学校、单位、居住地的村民委员会、居民委员会、未成年人保护组织等相关机构成立考察帮教小组,明确分工及职责,定期进行考察、教育,实施跟踪帮教。

考察帮教小组应当为考察对象制作个人帮教档案,对考察帮教活动情况及时、如实、全面记录,并在考察期届满后三个工作日内对考察对象进行综合评定,出具书面报告。

第一百九十七条 【心理学运用】人民检察院在附条件不起诉决定适用、监督考察等过程中,可以运用心理测评、心理疏导等方式,提高决策的科学性和考察帮教的针对性。

第一百九十八条　【考察届满】考验期届满,检察人员应当制作附条件不起诉考察意见书,提出起诉或者不起诉的意见,报请检察长决定。

人民检察院应当在审查起诉期限内作出起诉或者不起诉的决定。

作出附条件不起诉决定的案件,审查起诉期限自人民检察院作出附条件不起诉的决定之日起中止计算,自考验期届满之日起或者撤销附条件不起诉决定之日起恢复计算。

※法规解读:上述条文围绕附条件不起诉考察问题进行了规定。

具体适用附条件不起诉制度时,所附加考察是核心问题,也是该项制度的要旨所在。正是通过科学、合理、有效的考验期限和所附条件的设定,帮助未成年犯罪嫌疑人及早改过自新,实现刑事诉讼法所确定的教育、挽救之基本原则。根据上述条文,确定了附条件不起诉的考验期与刑期相适应、附条件不起诉考验期可变性、心理测试疏导贯穿运用等原则。细化了附加条件的规定、协同监督考察的范围和义务和考察届满的处理等问题。

《人民检察院刑事诉讼规则(试行)》(2012 年 11 月 22 日修订)

第四百九十五条　人民检察院作出附条件不起诉决定的,应当确定考验期。考验期为六个月以上一年以下,从人民检察院作出附条件不起诉的决定之日起计算。

※法规解读:本条是关于对附条件不起诉决定考验期的规定。

考验期限是附条件不起诉决定中必须要包括的内容。考验期限需要在附条件不起诉决定中明确载明。考验期限的范围为 6 个月以上 1 年以下,具体期限由检察机关根据案件及当事人的情况综合确定。考验期限从作出附条件不起诉的决定之日起计算。

第四百九十六条　在附条件不起诉的考验期内,由人民检察院对被附条件不起诉的未成年犯罪嫌疑人进行监督考察。未成年犯罪嫌疑人的监护人,应当对未成年犯罪嫌疑人加强管教,配合人民检察院做好监督考察工作。

人民检察院可以会同未成年犯罪嫌疑人的监护人、所在学校、单位、居住地的村民委员会、居民委员会、未成年人保护组织等的有关人员,定期对未成年犯罪嫌疑人进行考察、教育,实施跟踪帮教。

※法规解读:本条是对附条件不起诉决定的监督考察主体及协助主体的规定。

本条第 1 款确认,作出附条件不起诉决定的检察机关是对被不起诉人的监督考察主体,负责对被附条件不起诉人在考验期限内履行义务的情况进行监督考察。同时,未成年人犯罪嫌疑人的监护人有对该未成年人进行管教及配合检察机关进行监督考察的义务。

人民检察院在对被附条件不起诉人进行监督考察的过程中,可以动员对帮教未成年犯罪嫌疑人有益的社会力量,如其所在的学校、单位、居住地的村民委员会、居民委员会、未成年人保护组织的有关人员等,会同他们定期对未成年人犯罪嫌疑人的行为进行考察,开展系统的教育,实施跟踪帮教,以促进未成年人犯罪嫌疑人及时改正错误。

第四百九十七条　被附条件不起诉的未成年犯罪嫌疑人,应当遵守下列规定:

(一)遵守法律法规,服从监督;

(二)按照考察机关的规定报告自己的活动情况;

(三)离开所居住的市、县或者迁居,应当报经考察机关批准;

(四)按照考察机关的要求接受矫治和教育。

※法规解读:本条是对被附条件不起诉的未成年犯罪嫌疑人应当遵守法定义务的规定。

本条规定与《刑事诉讼法》第 283 条第 3 款的规定一致。

第四百九十八条　人民检察院可以要求被附条件不起诉的未成年犯罪嫌疑人接受下列矫治和教育:

(一)完成戒瘾治疗、心理辅导或者其他适当的处遇措施;

(二)向社区或者公益团体提供公益劳动;

(三)不得进入特定场所,与特定的人员会见或者通信,从事特定的活动;

(四)向被害人赔偿损失、赔礼道歉等;

(五)接受相关教育;

(六)遵守其他保护被害人安全以及预防再犯的禁止性规定。

※法规解读:本条是对被附条件不起诉的未成年犯罪嫌疑人接受矫治和教育具体内容的规定。

根据《刑事诉讼法》第 283 条第 3 款第 4 项的规定及《人民检察院刑事诉讼规则(试行)》第 497 条第 4 项的规定,被附条件不起诉决定的未成年人有义务按照考察机关的要求接受矫治和教育。这些矫治和教育是检察机关根据案件及未成年犯罪嫌疑人的具体情况确定的。这些矫治和教育可以是本条所确定的六项内容中的一项或者数项。

关联法规索引

《最高人民检察院关于进一步加强未成年人刑事检察工作的通知》第 3 条、第 5 条

典型案例

琪琪不起诉案[1]

※案情简介:2016年6月,上海市长宁区公安机关依法查处了一家在网络上进行卖淫嫖娼违法活动的“保健中心”,先后抓获涉案人员9人,其中包括年仅17岁的外来未成年人琪琪。经查,琪琪在该组织中担任客服,主要负责接单、排班和电话回访,无违法犯罪前科。2017年7月,琪琪因涉嫌协助组织卖淫罪被长宁区检察院取保候审。长宁区检察院认为琪琪依法可能被判处一年以下有期徒刑,因有悔罪表现,在听取相关意见后,依法作出了附条件不起诉的决定,考验期为7个月。此时,琪琪家长提出了让琪琪回某省户籍所在地接受帮教的请求。2017年8月,长宁区检察院和琪琪户籍所在地检察机关进行沟通,签订了共同帮教协议,决定通过远程跟进等方式进行该案的帮教计划。长宁区检察院还委托上海市阳光社区青少年事务中心长宁工作站参与相距上千里的“联合诊疗”。

在附条件不起诉考验期间,一方面,户籍所在地检察机关通过召开训诫教育会、赠阅图书、心理疏导等多种形式对琪琪进行实地帮教;另一方面,案发地上海的社工组织,根据检察机关的帮教协议制定个性化、精准化的帮教服务,并运用网络,与琪琪建立微信联系,及时动态了解琪琪表现等情况。考察期间,琪琪几次像许多涉罪未成年人一样,对自己的前途感觉迷茫,产生思想波动,社工及时捕捉到这些信息,并对琪琪开展有针对性的心理疏导,帮助其重构自我。在两地“联合诊疗”帮教下,琪琪顺利通过了帮教考察,检察机关对其依法作出了不起诉的决定。

※裁判要旨:该案属于异地帮教的典型案例。考虑到案发时琪琪系未成年人,又是初次犯罪,为最大限度教育感化挽救涉罪未成年人,上海市与某省检察机关开展了跨越千里的异地考察帮教协作。在附条件不起诉考察期间,两地检察机关坚持实地考察与网络监督相结合,综合运用训诫教育、心理疏导等多种方式,更加全面、细致地进行社会规范的指导和帮教,促进了涉罪未成年人真正认识到自己的罪错行为,改过自新,重新融入了社会,从而实现了未成年人的教育、感化和挽救。

第二百八十四条 【附条件不起诉的撤销情形】被附条件不起诉的未成年犯罪嫌疑人,在考验期内有下列情形之一的,人民检察院应当撤销附条件不起诉

[1] 本案根据《最高人民检察院发布十起未成年人检察社会支持体系建设工作典型案(事)例》(2019年4月1日)之典型案(事)例七整理。

的决定，提起公诉：

（一）实施新的犯罪或者发现决定附条件不起诉以前还有其他犯罪需要追诉的；

（二）违反治安管理规定或者考察机关有关附条件不起诉的监督管理规定，情节严重的。

被附条件不起诉的未成年犯罪嫌疑人，在考验期内没有上述情形，考验期满的，人民检察院应当作出不起诉的决定。

条文解读

本条共有2款，是关于附条件不起诉考验期满后的处理规定。

附条件不起诉决定是一种暂时性的处分决定，考验期限届满后，被附条件不起诉的未成年犯罪嫌疑人只有履行考察期间的义务规定，并且根据法律规定属于可以不起诉的范围的，才能最终不被起诉至人民法院。人民检察院作出附条件不起诉决定后仍隐含着在考察期满后对未成年犯罪嫌疑人起诉的可能性。

本条第1款是关于撤销附条件不起诉决定的规定。首先导致附条件不起诉决定撤销的情形是严重违反附条件不起诉考验期内的相关规定。第1款第2项将违反治安管理规定的行为单独提出，旨在特别提醒未成年犯罪嫌疑人，在附条件不起诉考验期内，一般违法行为也是被禁止的，以敦促其彻底规范自己的行为，改过自新。实施后有可能导致附条件不起诉决定的撤销。根据本条第1款第1项的规定，未成年犯罪嫌疑人的其他犯罪行为也是导致附条件不起诉决定撤销的原因。"其他犯罪行为"包括未成年犯罪嫌疑人在考验期内实施的新罪行和专门机关发现的其在附条件不起诉决定之前实施的其他罪行。未成年犯罪嫌疑人在附条件不起诉考验期内仍实施犯罪行为，显然违反了"遵守法律、行政法规、服从监督"的义务，同时也反映出其没有很好地接受矫治，故而应当撤销附条件不起诉决定。犯罪行为是在附条件不起诉决定之前实施的，被附条件不起诉的未成年犯罪嫌疑人并未违反考验期内的相关规定，但是新发现的罪行和原来未成年犯罪嫌疑人涉嫌的罪名加在一起有可能不再符合对《刑事诉讼法》第281条规定的适用附条件不起诉的条件，故也应予以撤销。

配套法规及解读

《未成年人刑事检察工作指引（试行）》（2017年3月2日）

第二百零四条　【撤销附条件不起诉】在考验期内，发现被附条件不起诉的未成年犯罪嫌疑人有下列情形之一的,案件承办人应当制作附条件不起诉考察意见书,报请检察长或者检察委员会作出撤销附条件不起诉、提起公诉的决定:

(一)实施新的犯罪并经人民检察院查证属实的;

(二)发现决定附条件不起诉以前还有其他犯罪需要追诉并经人民检察院查证属实的;

(三)违反治安管理规定,造成严重后果,或者多次违反治安管理规定的;

(四)违反考察机关有关附条件不起诉的监督管理规定,造成严重后果,或者多次违反的。

未成年犯罪嫌疑人如实供述其他犯罪行为,但因证据不足不予认定,在被作出附条件不起诉决定后查证属实的,可以不作出撤销附条件不起诉、提起公诉的决定。

※法规解读:本条是对撤销附条件不起诉的规定。

根据本条第1款的规定,撤销附条件不起诉的情形主要包括四种:实施新的犯罪并经人民检察院查证属实的;发现决定附条件不起诉以前还有其他犯罪需要追诉并经人民检察院查证属实的;违反治安管理规定,造成严重后果,或者多次违反治安管理规定的;违反考察机关有关附条件不起诉的监督管理规定,造成严重后果,或者多次违反的。该四种情形和《刑事诉讼法》第283条规定的两种情形并不冲突,是将法律中规定的两种情形进行了细化。前两种情形基本就是《刑事诉讼法》第283条第1款第1项内容的拆分。第三种和第四种情形则在《刑事诉讼法》第283条第1款第2项的基础上进行了细化。将违反治安管理规定情节严重的细化为,造成严重后果,或者多次违反。违反考察机关有关附条件不起诉的监督管理规定情节严重的细化为,造成严重后果,或者多次违反。

本条第2款是对证据不足情况下作出附条件不起诉决定后的处理。无论何种情况和原因,附条件不起诉的适用都要符合《刑事诉讼法》规定的条件,当条件不符合时,根据具体情况监察机关可以作出不起诉或者提起公诉的决定。

第二百零五条 【漏罪或新罪的处理】人民检察院发现被附条件不起诉的未成年犯罪嫌疑人在考验期内实施新的犯罪或者在决定附条件不起诉以前还有其他犯罪需要追诉的,应当将案件线索依法移送有管辖权的公安机关立案侦查。

被附条件不起诉的未成年犯罪嫌疑人在考验期内实施新的犯罪或者在决定附条件不起诉以前还有其他犯罪,经查证属实的,人民检察院应当将案件退回公安机关补充侦查。原移送审查起诉的公安机关对新罪或者漏罪无管辖权的,应当通知其与有管辖权的公安机关协商,依法确定管辖权,并案侦查。

对于被附条件不起诉的未成年犯罪嫌疑人在考验期内因实施新的犯罪或者因决定附条件不起诉以前实施的其他犯罪被公安机关立案侦查,能够在审查起诉期间内将新罪、漏罪查清的，人民检察院可以一并提起公诉；不能查清的，应当对前罪作出不起诉处理，新罪、漏罪查清后另行起诉。

※法规解读：本条是对附条件不起诉决定作出后发现漏罪或者新罪处理的规定。

附条件不起诉决定作出后，发现未成年犯罪嫌疑人有新罪或者漏罪的，需要依法查证，并依法提起提起公诉。

《人民检察院刑事诉讼规则（试行）》（2012年11月22日修订）

第四百九十九条　考验期届满，办案人员应当制作附条件不起诉考察意见书，提出起诉或者不起诉的意见，经部门负责人审核，报请检察长决定。

※法规解读：本条是对附条件不起诉考验期满后的处理规定。

附条件不起诉决定是附条件、附期限的暂时性决定，当附条件不起诉决定中载明的考验期限届满后，人民检察院仍有义务对附条件不起诉人履行法定义务的情况进行评估。根据本条规定，由办案人员制作附条件不起诉考察意见书，并根据附条件被不起诉人在考察期限内的表现作出提起公诉或者不起诉的具体意见，经部门负责人审核后，交由检察长作出最后决定。

第五百条　被附条件不起诉的未成年犯罪嫌疑人，在考验期内有下列情形之一的，人民检察院应当撤销附条件不起诉的决定，提起公诉：

（一）实施新的犯罪的；

（二）发现决定附条件不起诉以前还有其他犯罪需要追诉的；

（三）违反治安管理规定，造成严重后果，或者多次违反治安管理规定的；

（四）违反考察机关有关附条件不起诉的监督管理规定，造成严重后果，或者多次违反考察机关有关附条件不起诉的监督管理规定的。

※法规解读：本条是对撤销被附条件不起诉决定，提起公诉情形的规定。

撤销附条件不起诉决定，并提起公诉的前提是被附条件不起诉的未成年犯罪嫌疑人在考验期限内违反法定义务，或者被发现不符合附条件不起诉的要求。根据本条规定，被附条件不起诉的未成年犯罪嫌疑人在考验期内实施新的犯罪，或者违反治安管理规定，造成严重后果，或者多次违反治安管理规定，或者违反考察机关有关附条件不起诉的监督管理规定，造成严重后果，或者多次违反考察机关有关附条件不起诉的监督管理规定的，均属于第一类；而发现决定附条件不起诉以前还有其他犯罪需要追诉的则涉案未成年犯罪嫌疑人就不符合《刑事诉讼法》第281条规定的适用附条件不起诉的要求。因此，当发现这两类情况之情形时，则人民检察院就应当撤销附条件不起诉决定，提起公诉。

第五百零一条　被附条件不起诉的未成年犯罪嫌疑人，在考验期内没有本规则第五百条规定的情形，考验期满的，人民检察院应当作出不起诉的决定。

※法规解读：本条是对附条件不起诉决定期限届满后作出不起诉决定条件的规定。

根据附条件不起诉决定的要求，只要被附条件不起诉人在考验期限没有违反法定义务，则考验期限届满，人民法院就应当作出不起诉的决定。

典型案例

张某某附条件不起诉决定撤销案[1]

※案情简介：张某某和王某系一个班的学生，因学校规定如果学生把手机带入校园，应交由班主任保管，故张某某、王某的手机便交由班主任保管，但两人觉得没有手机不方便，便商量要把手机秘密地拿回来。一天凌晨，两人翻进班主任的办公室，在找到各自的手机后，两人对着同班同学的十余个手机，产生了盗窃的想法，经过一翻思想斗争，两人一使眼神，把所有的手机通通拿走。第二天老师通过监控发现手机是张某某和王某盗窃的，便找来二人，张某某、王某便如实交代了盗窃手机的事实，并归还了所有手机，取得了被害人的谅解。

本着对未成年人教育、挽救的方针，罗平检察机关依法对张某某、王某作出附条件不起诉决定，考验期6个月，规定二人每个月到检察机关报道并递交一份思想、生活汇报等。让人没想到的是，张某某和王某对自己的人生作出了不同的选择。张某某自宣布附条件不起诉后就玩起了失踪，连续4个多月不到检察机关报到，挂断检察机关打去的电话，经多次请法定代理人转告张某某来履行规定，张某某依然没有履行规定。无奈之下，检察院根据相关法律规定，决定对张某某撤销附条件不起诉决定，对其批准逮捕，并交由公安机关上网追逃。与此同时，王某一直严格遵守各项要求，如其在最后的一个多月时间内依然遵守规定，检察机关将最终作出不起诉决定。

※裁判要旨：附条件不起诉是针对未成年人的一项特殊诉讼程序，是对犯罪情节轻微，危害不大，且犯罪嫌疑人确有悔改表现，这一程序的设立给未成年人提供了改过自新的机会。但是，如果犯罪嫌疑人不思悔改，不吸取教训，任意妄为，检察机关将会依法予以坚决打击。本案中，张某某自宣布附条件不起诉后就玩起了失踪，连续4个多月不到检察机关报到，挂断检察机关打去的电话，经多次请法定代理人转告张某某来履行规定，张某某依然没有履行规定，违反附条件不起诉的监督管理规定，情节严重。附条件不起诉决定只是一种暂时性的处分决定，附条件不起诉决定考验期内的相

〔1〕 根据黄碧凤：《罗平检察院办理首例"附条件不起诉"撤销案》整理，http://union.china.com.cn/txt/2018－09/10/content_40496498.html，上传时间：2018年9月10日，查询时间：2019年5月26日。

关义务就是所"附条件"的内容，只有认真履行考验期内相关义务，检察机关才能最终作出不起诉决定。

第二百八十五条　【不公开审理】审判的时候被告人不满十八周岁的案件，不公开审理。但是，经未成年被告人及其法定代理人同意，未成年被告人所在学校和未成年人保护组织可以派代表到场。

条文解读

本条是关于未成年人犯罪案件不公开审理的规定。

根据本条规定，凡是刑事案件审理的时候被告人的年龄不满18周岁的，均不公开审理。本条中所规定的"十八周岁"为刑事案件被告人审判时候的年龄。有些刑事案件中，被告人犯罪时尚未年满18周岁，但是案件经过一系列的刑事诉讼程序，进入审判时被告人已经年满18周岁，即不能再依据本条规定的理由不公开审理。

对于审判时尚未年满18周岁而不公开审理的刑事案件，为了更好地保障未成年被告人的合法权益，更有针对性地采取对未成年人的教育和矫正策略，更好地研究导致未成年人犯罪的原因，更好地进行法制宣传和教育，以及预防新的未成年人犯罪，在征得未成年被告人本人及其法定代理人同意的情况下，未成年被告人所在学校和未成年保护组织可以派代表到场旁听审判。本条中，特别强调了其他相关人员的旁听，要以征得未成年被告人本人和其法定代理人的同意为前提，旨在保障未成年被告人的隐私权。旁听人员也应当严格限定在法律规定的范围内，不得随意扩大。早在1991年2月制定实施的《最高人民法院关于办理少年刑事案件的若干规定（试行）》第9条中就对此有过规定，少年被告人的成年近亲属和教师等人到庭有利于审判工作和教育、感化少年被告人的，经过审判庭庭长批准，可以准许或者邀请其到庭，但不得向外界传播或者提供案件审理情况。

未成年被告人刑事案件不公开审理，对未成年人犯罪案件的新闻报道、影视节目、公开出版物不得披露未成年人的姓名、住所、照片、影像及可能推断出该未成年人的资料。未成年被告人案件审理不公开，但是判决仍应当依法公开。

配套法规及解读

《预防未成年人犯罪法》（2012年10月26日修正）

第四十五条　人民法院审判未成年人犯罪的刑事案件，应当由熟悉未成年人身心特点的审判员或者审判员和人民陪审员依法组成少年法庭进行。

对于审判的时候被告人不满十八周岁的刑事案件，不公开审理。

对未成年人犯罪案件，新闻报道、影视节目、公开出版物不得披露该未成年人的姓名、住所、照片及可能推断出该未成年人的资料。

※法规解读：本条共有3款，是关于人民法院审理未成年人犯罪案件的规定。

本条第1款规定人民法院审理未成年人犯罪案件应当由少年法庭进行。1984年11月，在上海市长宁区人民法院建立了我国第一个专门审理未成年人刑事案件的合议庭。2006年7月，最高人民法院下发《关于在全国部分中级人民法院开展设立独立建制的未成年人案件综合审判庭（以下简称少年审判庭）试点工作的通知》，启动试点工作。审理未成年人犯罪案件的审判人员和人民陪审员需要熟悉未成年人的身心特点，依法采取特殊措施保障涉案未成年人的合法权益，以便能够"寓教于审"，承担其对未成年人的心理疏导、评估、矫正工作，有效促进了未成年人罪犯悔过自新，重新回归社会。

本条第2款是关于未成年人犯罪案件不公开审理的规定。修订后的《预防未成年人犯罪法》与《刑事诉讼法》第285条保持一致。

本条第3款是对有关未成年人案件相关报道的规定。为了最大限度地保障未成年人的合法权益，最大限度地为其将来更好地融入社会做好铺垫，所有有关未成年人犯罪案件的新闻报道、影视节目、公开出版物均不得披露该未成年人的姓名、住所、照片以及其他可能推断出该未成年人的资料。这个是国内为数不多的有关新闻媒体对案件报道的禁止性规则。

《最高人民法院关于适用〈中华人民共和国刑事诉讼法〉的解释》（2012年12月20日）

第四百六十七条 开庭审理时被告人不满十八周岁的案件，一律不公开审理。经未成年被告人及其法定代理人同意，未成年被告人所在学校和未成年人保护组织可以派代表到场。到场代表的人数和范围，由法庭决定。到场代表经法庭同意，可以参与对未成年被告人的法庭教育工作。

对依法公开审理，但可能需要封存犯罪记录的案件，不得组织人员旁听。

※法规解读：本条共有2款，是对未成年被告人刑事案件不公开审理的规定。

本条第1款是对未成年被告人不公开审理范围的规定。《刑事诉讼法》第285条规定，不公开审理的案件为审判的时候被告人不满18周岁的案件。根据本条规定，审判的时候，具体操作层面为开庭审理时被告人的年龄，若开庭审理时，被告人尚不满18周岁，则为不公开审理的案件范围。

因不满18周岁不公开审理的案件，仍可以有特定的人员参加庭审。但是需要征得未成年被告人本人及其法定代理人的双重同意，并且旁听人员需要限定在被告人所在学校或者未成年人保护组织的范围内，具体人员及数量，由法庭决定。为了更好地对未成年被告人进行帮教，到场代表经法庭同意，可以参与到对未成年人的法庭教育工作中来，这也是未成年法庭审理程序和成年人法庭审理程序的差别之一。

本条第2款是对可能需要封存犯罪记录案件公开审理的特殊规定。根据《刑事诉讼法》的相关规定，案件的庭审只有公开审理和不公开审理两种。不公开审理是例外，公开审理为一般原则。除了法律有明确规定的案件外，刑事案件应当依法公开审理。但是根据《刑事诉讼法》第286条的规定，为了更好地保护未成年人的合法权益，对于犯罪时不满18周岁，且判处5年有期徒刑以下刑罚的案件，实行犯罪记录封存制度。对于这部分案件，就是要将对未成年人的负面、消极影响控制在最小的范围内。为此，虽然被告人犯罪时不满18周岁，但是开庭审理时已经年满18周岁的，已经不属于不公开审理的案件范围，但是为了最大限度地保障这部分被告人的权益，为他们将来的发展创造好的条件，本条款特别规定了不得组织人员旁听，就是为了将案件影响控制在最小的范围内。

第四百六十九条　审理未成年人刑事案件，不得向外界披露该未成年人的姓名、住所、照片以及可能推断出该未成年人身份的其他资料。

查阅、摘抄、复制的未成年人刑事案件的案卷材料，不得公开和传播。

被害人是未成年人的刑事案件，适用前两款的规定。

※法规解读：本条是对审理未成年人案件不得向外界披露相关信息的规定。

人民法院审理未成年人刑事案件，包括被告人为未成年人和被害人为未成年人的情况，不管是否不公开审理，均不得向外界披露未成年人的相关情况，包括未成年人的姓名、住所、照片以及可能推断出该未成年人身份的其他资料。办理案件的相关人员同时负有保密义务，查阅、摘抄、复制的未成年人刑事案件的案卷材料，不得公开和传播。

这些举措均在于最大限度地保障未成年人的合法权益。

《未成年人刑事检察工作指引（试行）》(2017年3月2日)

第六十八条　【促成和解】对于符合条件的未成年人刑事案件，人民检察院可以应双方当事人的申请促成和解或者通过人民调解委员会等中立的第三方进行和解。申请可以口头提出，也可以书面提出，均应记录在案。

开展和解应当不公开进行。人民检察院应当告知参与人不得泄露未成年人的案件信息。

第一百五十六条　【不公开听证】人民检察院对于在押的未成年犯罪嫌疑人是否应当逮捕存在较大争议的，可以举行不公开听证，当面听取各方面意见。

决定举行不公开听证的，一般应当通知未成年犯罪嫌疑人及其法定代理人或者合适成年人、辩护人、侦查人员、被害人及未成年被害人的法定代理人、诉讼代理人等到场。必要时,可以通知羁押场所监管人员、社会调查员等到场。

听证过程应当形成书面记录,交听证参与各方签字确认。听证情况应当在审查逮捕意见书中载明。

对犯罪嫌疑人没有在押的,不宜进行听证。犯罪嫌疑人在押的,可以在看守所举行听证,也可以采用远程视频方式进行听证。

第一百七十七条 【不公开听证会】人民检察院对于社会影响较大或者争议较大的案件,在作出相对不起诉决定前,可以邀请侦查人员、未成年犯罪嫌疑人及其法定代理人、合适成年人、辩护人、被害人及其法定代理人、诉讼代理人、社会调查员、帮教人员等,召开不起诉听证会,充分听取各方的意见和理由,并制作听证笔录,由参与人员签字确认。

不起诉听证会应当不公开进行。人民检察院应当告知参与人员不得泄露涉案信息,注意保护未成年人的隐私。

第一百八十八条 【不公开听证】对于公安机关或者被害人对附条件不起诉有异议,或者案件本身争议、社会影响较大等,人民检察院可以举行不公开听证会。具体要求参照本指引第一百七十七条。

※法规解读:上述条文是《未成年人刑事检察工作指引(试行)》中涉及的不公开规定。

人民检察院办理未成年人刑事案件,涉及的相关程序包括刑事和解、逮捕听证、不起诉听证、被害人对于附条件不起诉的异议听证等,均采用了不公开的方式。这些做法可以理解为《刑事诉讼法》第285条中确立的不公开审理向审前程序的延伸。对未成年被追诉的权益提供了更加周详的保护。

关联法规索引

《人民检察院刑事诉讼规则(试行)》第501条;《国家互联网信息办公室关于进一步加强对网上未成年人犯罪和欺凌事件报道和管理的通知》第5条、第6条

典型案例

梦鸽申请李某某案件公开审理〔1〕

※案情简介:2013年7月30日,被告人李某某的辩护人向海淀区法院提交了署名梦鸽的《关于公开审理的申请》。

申请全文如下:

关于公开审理的申请

北京市海淀区人民法院:

为了使案件能真正回归到事实与法律的正常轨道上来,得以客观公正的审理,还原事实真相,给社会一个全面真实的交代,我作为本案被告人李某某的监护人,现恳请贵院公开审理此案,让案件所有的证据、事实和办案过程都得以透明公开,切实接受法律、公众、舆论和历史的检阅。

申请人:梦鸽(签名)

海淀区法院认为,该申请违反了《刑事诉讼法》第一百八十三条〔2〕第一款、第二百七十四条〔3〕,《未成年人保护法》第五十八条以及《最高人民法院关于适用〈中华人民共和国刑法诉讼法〉的解释》第四百六十七条第一款有关涉及个人隐私、未成年人的案件不公开审理的规定,故依法当场驳回了该申请并记录在案。

※裁判要旨:本案几乎是个众所周知的案件。案件进行过程中的种种几乎都成为新法治环境下刑事司法的典型教材。在本案的众多热点中,其中有一个涉及是否公开审理的问题。

根据《刑事诉讼法》未成年人刑事案件不公开审理的规定,只要本案被告人开庭审理时不满18周岁即为法定的不公开审理情形。对于具备法定情形的案件,庭审方式没有转为公开审理的可能性,法官无裁量权,当事人及其法定代理人无申请权。此乃国家为了保障未成年合法权益设定的条款。因此,本案中海淀区法院的做法妥当。

---

〔1〕 本案根据《梦鸽申请公开审理李天一案:还原事实真相》,载http://news.163.com/13/0728/16/94SR5KOA0001124J.html,及《梦鸽申请公开审理李天一案遭法院驳回》,载http://news.163.com/13/0730/11/951D0SED0001124J.html,最后访问时间:2019年5月26日。

〔2〕 现行《刑事诉讼法》第一百八十八条。

〔3〕 现行《刑事诉讼法》第二百八十五条。

第二百八十六条 【犯罪记录封存】犯罪的时候不满十八周岁，被判处五年有期徒刑以下刑罚的，应当对相关犯罪记录予以封存。

犯罪记录被封存的，不得向任何单位和个人提供，但司法机关为办案需要或者有关单位根据国家规定进行查询的除外。依法进行查询的单位，应当对被封存的犯罪记录的情况予以保密。

条文解读

本条共有2款，是关于未成年罪犯犯罪记录封存制度的规定。

犯罪记录是国家专门机关对犯罪人员情况的客观记载。犯罪记录制度是现代社会管理制度中的一项重要内容。为深入贯彻落实党和国家对违法犯罪未成年人的"教育、感化、挽救"方针和"教育为主、惩罚为辅"原则，切实帮助失足青少年回归社会，根据《刑事诉讼法》的有关规定，结合我国未成年人保护工作的实际，建立未成年人轻罪犯罪记录封存制度。未成年人犯罪记录封存制度是我国犯罪人员犯罪记录制度中的一个组成部分。

本条第1款是关于适用犯罪记录封存制度条件的规定。适用犯罪记录封存制度的条件有二：一为犯罪时的年龄。本条款规定，要求被适用对象犯罪的时候应当尚未年满18周岁；二为刑期条件。本条款要求涉嫌犯罪的未成年犯罪嫌疑人被判处的刑罚应当为5年以下有期徒刑。犯罪记录封存制度是指对符合法定条件的未成年人犯罪记录予以保密的制度。该项制度的确立旨在促进未成年罪犯更好地回归社会。

本条第2款是关于犯罪记录封存具体内容的规定。符合法定条件的未成年罪犯的犯罪记录根据本条第1款的规定是被封存的，除非因司法机关办理案件的需要或者有关单位依据国家规定进行的查询外，被封存的犯罪记录不能因任何原因和理由向任何单位和个人泄露或者提供。依法进行查询的单位同时承担对被封存的犯罪记录情况保密的义务。根据中央综治委预防青少年违法犯罪工作领导小组、最高人民法院、最高人民检察院、公安部、司法部、共青团中央《关于进一步建立和完善办理未成年人刑事案件配套工作体系的若干意见》的相关规定，封存的内容包括未成年被追诉人被刑事立案、采取刑事强制措施、不起诉或因轻微犯罪被判处刑罚的记录。

配套法规及解读

《未成年人刑事检察工作指引（试行）》（2017年3月2日）

第八十二条 【基本要求】对于犯罪时不满十八周岁，被判处五年有期徒刑以下刑罚以及免除刑事处罚的未成年人的犯罪记录，人民检察院应当在收到人民法院生效判决后，对犯罪记录予以封存。

对于犯罪记录封存的未成年人，人民检察院应当告知其在入学、入伍、就业时，免除报告自己曾受过刑事处罚的义务。

对于二审案件，上级人民检察院封存犯罪记录时，应当通知下级人民检察院对相关犯罪记录予以封存。

对于在年满十八周岁前后实施数个行为，构成一罪或者数罪，被判处五年有期徒刑以下刑罚的以及免除刑事处罚的未成年人的犯罪记录，人民检察院可以不适用犯罪记录封存规定。

※法规解读：本条是对人民检察院犯罪记录封存基本要求的规定。

本条共有4款。第1款规定了人民检察院犯罪记录封存义务开始的节点：收到人民法院生效判决后。第2款规定了人民检察院在执行犯罪记录封存制度中的告知义务。该项义务的履行对象为被封存犯罪记录的未成年人，告知的内容为其免除其在入学、入伍、就业时报告自己曾受过刑事处分的义务。第3款规定了二审案件的犯罪记录封存的执行。由于犯罪记录封存始于人民检察院收到人民法院的生效判决，因此，如果案件是二审审结的，则下级人民检察院则不能收到相关法律文书，为此，上级人民检察院在执行犯罪记录封存时，有义务告知下级人民检察院也应当对犯罪记录予以封存。本条第4款是对不适用犯罪记录封存情形的补充规定。《刑事诉讼法》第286条对犯罪记录封存制度的适用条件有明确的规定。实践中连续犯的持续性有可能从18岁前延续到18岁后，虽然其刑罚状态也符合《刑事诉讼法》的规定，但是年龄上条件上则不能完全吻合，根据本条规定，人民检察院是可以不适用犯罪记录封存制度的。由此可见，本规定对犯罪记录封存制度采用了严格解释的原则，没有扩大适用。但是应当注意，本款中用的是“可以”而非应当，也为适用留了一定的余地。

第八十三条 【具体操作】人民检察院应当将拟封存的有关未成年人个人信息、涉嫌犯罪或者犯罪的全部案卷、材料，均装订成册，加盖“封存”字样印章后，交由档案部门统一加密保存，执行严格的保管制度，不予公开，并应在相关电子信息系统中加设封存模块，实行专门的管理及查询制度。未经法定查询程序，不得对封存的犯罪记录及相关电子信息进行查询。

有条件的地方可以建立专门的未成年人犯罪档案库或者管理区，封存相关档案。

第八十四条 【共同犯罪封存】对于未分案处理的未成年人与成年人共同犯罪案件中有未成年人涉罪记录需要封存的，应当将全案卷宗等材料予以封存。分案处理的，在封存未成年人材料的同时，应当在未封存的成年人卷宗封皮标注“含犯罪记录封存信息”，并对相关信息采取必要保密措施。

对不符合封存条件的其他未成年人、成年人犯罪记录，应当依照相关规定录入全国违法犯罪人员信息系统。

第八十七条 【其他封存】其他民事、行政与刑事案件，因案件需要使用被封存的未成年人犯罪记录信息的，应当在相关卷宗中标明“含犯罪记录封存信息”，并对相关信息采取必要保密措施。

第九十一条 【保密要求】对于许可查询被封存的未成年人犯罪记录的，人民检察院应当告知查询犯罪记录的单位及相关人员严格按照查询目的和使用范围使用有关信息，严格遵守保密义务，并要求其签署保密承诺书。不按规定使用所查询的犯罪记录或者违反规定泄露相关信息，情节严重或者造成严重后果的，应当依法追究相关人员的责任。

※法规解读：上述条文是对人民检察院犯罪记录封存具体操作的规定。

根据上述规定，人民检察院封存犯罪记录采用标记方式，特殊加密保存。纸质文档材料需要按照要求加盖“封存”字样的印章，以电子信息方式存储的信息也要保存在封存模块中。相关档案材料由专门部门严格保存。不予公开，未经法定程序不得查询。

未成年人与成年人共同犯罪案件，未分案处理的，所有材料一并封存；分案处理的，在确保未成年人相关记录封存的同时，对于未被封存的成年人犯罪记录卷宗要进行标注处理，对所含有的相关信息进行提示性标注，采取必要的保密措施。即便是对于其他民事、行政与刑事案件，因案件需要使用被封存的未成年人犯罪记录信息的，应当在相关卷宗中标明“含犯罪记录封存信息”，并对相关信息采取必要保密措施，谨防相关性信息的泄露，严格保障未成年人合法权利和利益。

第八十五条 【封存效力】未成年人犯罪记录封存后，没有法定事由、未经法定程序不得解封。

除司法机关为办案需要或者有关单位根据国家规定进行查询的以外，人民检察院不得向任何单位和个人提供封存的犯罪记录，并不得提供未成年人有犯罪记录的证明。

前款所称国家规定，是指全国人民代表大会及其常务委员会制定的法律和决定，国务院制定的行政法规、规定的行政措施、发布的决定和命令。

第八十六条 【不起诉封存】人民检察院对未成年犯罪嫌疑人作出不起诉决定后，应当对相关记录予以封存。具体程序参照本指引第八十二条至第八十五条规定办理。

第八十八条 【出具无犯罪记录的证明】被封存犯罪记录的未成年人本人或者其法定代理人申请为其出具无犯罪记录证明的，人民检察院应当出具无犯罪记录的证明。如需要协调公安机关、人民法院为其出具无犯罪记录证明的，人民检察院应当积极予以协助。

※法规解读：上述条文是对人民检察院封存犯罪记录效力的具体规定。

人民检察院作出的不起诉决定属于犯罪记录封存的范围。根据《刑事诉讼法》及本司法解释的规定，犯罪记录一旦依法封存即具有绝对性，无法定事由及未经法定程序不得解封。该项原则的确立，确保了犯罪记录封存制度实施的彻底性。司法机关因办案需要或者有关单位根据国家规定可以进行查询。为了该项制度贯彻的彻底性，司法解释特别强调了所谓国家规定是指全国人民代表大会及其常务委员会制定的法律和决定，国务院制定的行政法规、规定的行政措施、发布的决定和命令，即其他法律规范及文件并不具有对抗犯罪记录封存制度的效力等级。被封存犯罪记录的未成年人视为无犯罪记录，其本人及其法定代理人申请出具无犯罪记录证明的，人民检察院有义务为其出具。

第八十九条　【查询封存记录】司法机关或者有关单位需要查询犯罪记录的，应当向封存犯罪记录的人民检察院提出书面申请，列明查询理由、依据和目的，人民检察院应当在受理之后七日内作出是否许可的答复。

对司法机关为办理案件需要申请查询的，可以依法允许其查阅、摘抄、复制相关案卷材料和电子信息。

其他单位查询人民检察院不起诉决定的，应当不许可查询。

依法不许可查询的，人民检察院应当向查询单位出具不许可查询决定书，并说明理由。

许可查询的，查询后，档案管理部门应当登记相关查询情况，并按照档案管理规定将有关申请、审批材料一同存入卷宗归档保存。

第九十条　【共同犯罪查询】确需查询已封存的共同犯罪记录中成年同案犯或者被判处五年有期徒刑以上刑罚未成年同案犯犯罪信息的，人民检察院可以参照本指引第八十九条的规定履行相关程序。

※法规解读：上述条文是对人民检察院封存犯罪记录查询的具体规定。

封存犯罪记录查询采用申请答复制度。依法规定有权对犯罪记录进行查询的是司法机关或者有关单位，其他单位申请查询的，人民检察院有权不许查询。查询申请需要写名查询理由、依据和目的，人民检察院接到查询申请后应当在7日内予以答复，不许查询的应当说明理由。许可查询文书即查询情况应当一并存入卷宗归档。

第九十二条　【解除封存】对被封存犯罪记录的未成年人，符合下列条件之一的，应当对其犯罪记录解除封存：

（一）实施新的犯罪，且新罪与封存记录之罪数罪并罚后被决定执行五年有期徒刑以上刑罚的；

（二）发现漏罪，且漏罪与封存记录之罪数罪并罚后被决定执行五年有期徒刑以上刑罚的。

※法规解读：本条是对解除犯罪记录封存的规定。

封存犯罪记录是为了对未成年人特殊保护的需要。依据法律规定，犯罪记录封存是有明确的条件要求的，因此，若未成年被追诉人实施新的犯罪，或者发现漏嘴，数罪并罚后，被决定执行的刑罚为有期徒刑5年以上的，则已经不在属于犯罪记录封存制度适用的范围之内，因此，依法应当对其犯罪记录解除封存。

第九十三条　【封存监督】未成年人及其法定代理人向人民检察院提出或者人民检察院发现应当封存未成年人犯罪记录而未依法封存的，或者相关单位违法出具未成年人有犯罪记录的证明的，人民检察院应当依法履行法律监督职责，提出纠正意见，督促相关部门依法落实未成年人犯罪记录封存制度。

※法规解读：本条是对犯罪记录封存监督的规定。

人民检察院依法对刑事诉讼活动进行法律监督，犯罪记录封存的适用和实施也在人民检察院法律监督的范围之内。因此，检察机关发现有关单位违反相关规定的，则可以依法提出纠正意见，进行法律监督。

《人民检察院刑事诉讼规则（试行）》（2012年11月22日修订）

第五百零三条　犯罪的时候不满十八周岁，被判处五年有期徒刑以下刑罚的，人民检察院应当在收到人民法院生效判决后，对犯罪记录予以封存。

※法规解读：本条是对人民检察院犯罪记录封存适用范围的规定。

本条规定与《刑事诉讼法》第286条犯罪记录封存制度的适用范围保持一致，主要为两个条件：第一，犯罪时候的年龄不满18周岁；第二，被人民法院判处的刑罚为5年以下有期徒刑。人民检察院有义务对该部分案件的犯罪记录进行封存。封存义务开始的时间为检察院收到人民法院的生效判决时。

第五百零四条　人民检察院应当将拟封存的未成年人犯罪记录、卷宗等相关材料装订成册，加密保存，不予公开，并建立专门的未成年人犯罪档案库，执行严格的保管制度。

※法规解读：本条是对检察机关犯罪记录封存保管制度的规定。

检察机关依照法律规定对未成年人犯罪记录进行封存。但封存不是杂乱无章的保存。因此，对于拟封存的犯罪记录，检察机关仍需要按照相关规则，对材料进行整理，装订成册。同时，需要注意，封存并非是销毁，封存意味着加密保管，不随意对外公开。检察机关建立专门的未成年人犯罪档案库，根据国家的相关保管制度进行保存和管理。

第五百零五条　除司法机关为办案需要或者有关单位根据国家规定进行查询的

以外,人民检察院不得向任何单位和个人提供封存的犯罪记录,并不得提供未成年人有犯罪记录的证明。

司法机关或者有关单位需要查询犯罪记录的,应当向封存犯罪记录的人民检察院提出书面申请,人民检察院应当在七日以内作出是否许可的决定。

※法规解读:本条是对查询封存的犯罪记录的规定。

建立犯罪人员犯罪记录制度,对犯罪人员信息进行合理登记和有效管理,既有助于国家有关部门充分掌握与运用犯罪人员信息,适时制定和调整刑事政策及其他公共政策,改进和完善相关法律法规,有效防控犯罪,维护社会秩序,也有助于保障有犯罪记录的人的合法权利,帮助其顺利回归社会。对查询已经被封存的犯罪记录,只能是为了司法机关办案的需要及国家相关规定进行。检察机关负有不得随意向任何单位和个人提供封存的犯罪记录的义务,同时也不提供未成年人有犯罪记录的证明。

对于有正当需求,需要查询已经被封存的犯罪记录的,相关机关或者单位需要向封存犯罪记录的人民检察院提交书面申请,是否允许其查询,由检察机关在7日内作出决定。

第五百零六条　被封存犯罪记录的未成年人,如果发现漏罪,且漏罪与封存记录之罪数罪并罚后被决定执行五年有期徒刑以上刑罚的,应当对其犯罪记录解除封存。

※法规解读:本条是对解除犯罪记录封存的规定。

根据《刑事诉讼法》第286条的规定,适用犯罪记录封存制度的条件有二:一为犯罪时的年龄未年满18周岁;二为被判处5年以下有期徒刑。犯罪时的年龄是一个事实状态,是不能改变的。但是被判处的刑罚则是跟罪行相适应的。虽然案件已经审结,并且已经对未成年人的犯罪记录实行了封存,但是如果发现了漏罪,而且遗漏罪行需要和已经被封存记录的罪行数罪并罚,并且数罪并罚后决定执行的刑罚为5年以上的,则不再符合犯罪记录封存制度的条件,即应当解除对犯罪记录的封存。

第五百零七条　人民检察院对未成年犯罪嫌疑人作出不起诉决定后,应当对相关记录予以封存。具体程序参照本规则第五百零四条至第五百零六条的规定。

※法规解读:本条规定了未成年犯罪嫌疑人不起诉决定的记录封存制度。

从《刑事诉讼法》第286条规定的条件不难看出,其所确定的犯罪记录封存制度主要适用于被人民法院判决有罪的情况。根据本条的规定,人民检察院创造性地发展了犯罪记录封存制度,将该项制度延展适用于对于未成年人的不起诉决定。由于不起诉决定只是检察机关对案件的程序性处理决定,因此其从法律意义上并不能同人民法院的判决具有同等的法律效力。人民检察院的未成年犯罪嫌疑人不起诉决定封存制度与《刑事诉讼法》中确立的犯罪记录封存制度具有同样的旨趣,但封存记录的性质则是完全不同的。

《最高人民法院关于适用〈中华人民共和国刑事诉讼法〉的解释》(2012年12月20日)

第四百九十条 犯罪时不满十八周岁,被判处五年有期徒刑以下刑罚以及免除刑事处罚的未成年人的犯罪记录,应当封存。

2012年12月31日以前审结的案件符合前款规定的,相关犯罪记录也应当封存。

司法机关或者有关单位向人民法院申请查询封存的犯罪记录的,应当提供查询的理由和依据。对查询申请,人民法院应当及时作出是否同意的决定。

※法规解读:本条共有3款,是对人民法院适用犯罪记录封存制度的条件、范围及记录查询的规定。

本条第1款是对犯罪记录封存适用条件的规定,与《刑事诉讼法》第286条完全一致,不再赘述。

本条第2款是对犯罪记录封存制度适用范围溯及力的规定。根据《刑事诉讼法》的规定,犯罪记录封存制度适用于2013年1月1日以后审结的案件是毋庸置疑的。为了更好地保护未成年被告人的合法权益,根据本条款规定,对于《刑事诉讼法》发生法律效力之前的审结的案件,也适用犯罪记录封存制度。

本条第3款是对查询封存犯罪记录的规定。已经封存的犯罪记录符合法定条件时,允许查询。需要查询封存的犯罪记录的司法机关或者有关单位,需要向人民法院提交查询申请,并陈明查询的理由和依据,人民法院负责对查询申请进行审查,并作出是否同意查询的决定。

关联法规索引

《最高人民检察院关于充分发挥检察职能参与加强和创新社会管理的意见(摘要)》第18条;《关于建立犯罪人员犯罪记录制度的意见》二(四);《最高人民检察院关于进一步加强未成年人刑事检察工作的决定》第22条;《检察机关加强未成年人司法保护八项措施》第3条;《公安机关办理刑事案件程序规定》第320条

第二百八十七条 【其他规定】办理未成年人刑事案件,除本章已有规定的以外,按照本法的其他规定进行。

条文解读

本条是关于办理未成年人刑事案件适用其他相关规则的规定。

各个专门机关办理未成年人刑事案件首先要适用本章的规定,本章对于未成年人刑事案件的办理而言属于“特别法”,适用的时候优先于“一般法”。但是仅仅依照本章中的若干个条文是远远不能满足办理未成年人刑事案件的需要的,因此本章对其他相关问题没有规定的,仍需要依照《刑事诉讼法》中的其他条款所确定的原则和程序办理。

配套法规及解读

《未成年人刑事检察工作指引(试行)》(2017年3月2日)

第二百一十四条 【建议适用缓刑】对于具有下列情形之一,依法可能判处拘役、三年以下有期徒刑,有悔罪表现,宣告缓刑对所居住社区没有重大不良影响,具备有效监护条件或者社会帮教措施,适用缓刑确实不致再危害社会的未成年被告人,人民检察院应当建议人民法院适用缓刑:

(一)犯罪情节较轻,未造成严重后果的;

(二)主观恶性不大的初犯或者胁从犯、从犯;

(三)被害人同意和解或者被害人有明显过错的;

(四)其他可以适用缓刑的情形。

人民检察院提出对未成年被告人适用缓刑建议的,应当将未成年被告人能够获得有效监护、帮教的书面材料于判决前移送人民法院。

第二百一十五条 【建议适用禁止令】人民检察院根据未成年被告人的犯罪原因、犯罪性质、犯罪手段、犯罪后的认罪悔罪表现、个人一贯表现等情况,充分考虑与未成年被告人所犯罪行的关联程度,可以有针对性地建议人民法院判处未成年被告人在管制执行期间、缓刑考验期限内适用禁止令:

(一)禁止从事以下一项或者几项活动:

1. 因无监护人监管或监护人监管不力,经常夜不归宿的,禁止在未经社区矫正机构批准的情况下在外留宿过夜;

2. 因沉迷暴力、色情等网络游戏诱发犯罪的,禁止接触网络游戏;

3. 附带民事赔偿义务未履行完毕,违法所得未追缴、退赔到位,或者罚金尚未足额缴纳的,禁止进行高消费活动。高消费的标准可根据当地居民人均收入和支出水平确定;

4. 其他确有必要禁止从事的活动。

(二)禁止进入以下一类或者几类区域、场所:

1. 因出入未成年人不宜进入的场所导致犯罪的,禁止进入夜总会、歌舞厅、酒吧、迪厅、营业性网吧、游戏机房、溜冰场等场所;

2. 经常以大欺小、以强凌弱进行寻衅滋事,在学校周边实施违法犯罪行为的,禁止进入中小学校区、幼儿园园区及周边地区。确因本人就学、居住等原因的除外;

3. 其他确有必要禁止进入的区域、场所。

(三)禁止接触以下一类或者几类人员:

1. 因受同案犯不良影响导致犯罪的,禁止除正常工作、学习外接触同案犯;

2. 为保护特定人员,禁止在未经对方同意的情况下接触被害人、证人、控告人、举报人及其近亲属;

3. 禁止接触其他可能遭受其侵害、滋扰的人或者可能诱发其再次危害社会的人。

建议适用禁止令,应当把握好禁止令的针对性、可行性和预防性,并向未成年被告人及其法定代理人阐明适用禁止令的理由,督促法定代理人协助司法机关加强监管,促进未成年被告人接受矫治和回归社会。

※法规解读:本条是对建议适用禁止令的规定。

2011 年 4 月《最高人民法院、最高人民检察院、公安部、司法部关于对判处管制、宣告缓刑的犯罪分子适用禁止令有关问题的规定(试行)》发布,对适用禁止令问题进行明确规定。本指引系在 2011 年禁止令有关问题的规定的基础上,结合未成年人刑事案件的具体情况,提出了活动、场所、人员三大类的禁止令适用组合。最大限度地隔绝影响未成人正常行为习惯养成和易诱发未成年人犯罪的因素。

第二百一十六条 【圆桌审判】人民检察院对于符合下列条件之一的未成年人刑事案件,在提起公诉时,可以建议人民法院采取圆桌审判方式审理:

(一)适用简易程序的;

(二)十六周岁以下未成年人犯罪的;

(三)可能判处五年有期徒刑以下刑罚或者过失犯罪的;

(四)犯罪情节轻微,事实清楚,证据确实、充分,被告人对被指控的犯罪事实无异议的;

(五)犯罪性质较为严重,但被告人系初犯或者偶犯,平时表现较好,主观恶性不大的;

(六)其他适合的案件。

※法规解读:本条是对建议圆桌审判的规定。

圆桌审判是一种柔性化审判方式,体现出较一般审判方式更加人性化的特征。最高人民法院在 2010 年 7 月下发的《关于进一步加强少年法庭工作的意见》通知中规定,对未成年被告人轻微犯罪或者过失犯罪案件、未成年人为一方当事人的民事和行政案件,可以采取圆桌审判方式。2010 年 12 月,最高人民法院下发的《关于充分发挥刑事审判职能作用深入推进社会矛盾化解的若干意见》中重申了采取圆桌审判等适合未成年人身心特征的审判方式。本条规定意味着检察系统对该种审判方式的认可。该项规定也是检察系统首次就未成年人刑事案件庭审方式向人民法院提出建议的规定。根据本条规定,检察机关建议人民法院采用圆桌审判方式一共有六种情形,具体为:适用简易程序的;16周岁以下未成年人犯罪的;可能判处五年有期徒刑以下刑罚或者过失犯罪的;犯罪情节轻微,事实清楚,证据确实、充分,被告人对被指控的犯罪事实无异议的;犯罪性质较为严重,但被告人系初犯或者偶犯,平时表现较好,主观恶性不大的;其他适合的案件。

第二百一十八条　【庭前沟通】提起公诉的未成年人刑事案件,可以在开庭前与未成年被告人的法定代理人、合适成年人、辩护人等交换意见,共同做好教育、感化工作。

充分听取未成年被告人及其法定代理人意见后,可以与审判人员沟通是否有选择地通知未成年被告人所在学校、单位、居住地基层组织或者未成年人保护组织代表、社区矫正部门人员等到场。

※法规解读:本条是对庭前沟通的规定。

庭前沟通是对检察机关未成年检察工作实践的总结。为了更有效地做好对未成年被告人的教育、感化工作,公诉人要注意处理好每一个程序细节。在开庭审理前,公诉人可以同未成年被告人提供帮助和辩护的主体:他的法定代理人、合适成年人以及辩护人等进行沟通交流,交换意见。在充分听取意见的基础上,公诉人还可以和审判人员联络沟通,以便确认同未成年被告人相关的机构组织代表(包括其所在学校、单位、居住地基层组织或者未成年人保护组织代表以及社区矫正部门人员等)到场的必要性。

第二章　当事人和解的公诉案件诉讼程序

本章介绍

本章是关于当事人和解的公诉案件诉讼程序的规定，从第 288 条至第 290 条，共有 3 个条文。本章主要规定了公诉案件当事人和解的适用条件、当事人和解协议的审查以及当事人和解后对公诉案件诉讼程序的影响三个方面的内容。

第二百八十八条　【和解情形】下列公诉案件，犯罪嫌疑人、被告人真诚悔罪，通过向被害人赔偿损失、赔礼道歉等方式获得被害人谅解，被害人自愿和解的，双方当事人可以和解：

（一）因民间纠纷引起，涉嫌刑法分则第四章、第五章规定的犯罪案件，可能判处三年有期徒刑以下刑罚的；

（二）除渎职犯罪以外的可能判处七年有期徒刑以下刑罚的过失犯罪案件。

犯罪嫌疑人、被告人在五年以内曾经故意犯罪的，不适用本章规定的程序。

条文解读

本条共有两款，是关于公诉案件当事人和解适用条件的规定。

本条仅仅适用于公诉案件当事人和解问题。根据《刑事诉讼法》第 212 条的规定，自诉案件中的当事人可以通过和解的方式解决纠纷，故而并不适用本条款。根据本条第 1 款的规定，公诉案件当事人和解程序的适用对涉嫌的罪名和可能判处的刑期都有严格的限定，原则上犯罪性质恶劣、社会危害严重的公诉案件不宜适用和解方式予以处理。本条款规定了两类可以适用当事人和解程序的公诉案件：一是可能判处 3 年有期徒刑以下刑罚的，但是所涉嫌的罪名须是《刑法》第 4 章和第 5 章中所规定的犯罪，且系因民间纠纷引起；二是可能判处 7 年以下有期徒刑的过失犯罪案件，刑期较第一种情况有所增加，但是对犯罪行为的主观方面有严格的限定，必须为过失。公诉案件通过和解方式进行处理，主要是出于对此类案件涉及社会矛盾的深刻认识，以及运用法治思维和法治方法化解社会矛盾，维护社会和谐稳定的需要。有鉴于此初衷，适用该程序对涉案的个体，主要是加害方和被害方，对于案件矛盾的处理态度有明确的要求，只有双方都有积极努力化解纠纷的态度，才能有助于纠纷的根本解决。因此本条规定，加害方，即犯罪嫌疑人、被告人要有真诚的认罪悔罪态度，除了言词的表达外，在行动上要通过向被害人赔偿损失、赔礼道歉等方式进行表达，以期获得被害人方面的谅解。但是仅有加害方的努力是不够的，矛盾的解决是双方的事情，因此，被害人一方也要对加害方的努力予以反馈。双方愿意和解的，才能适用该程序。另外，根据本条规定，有两种情况不能适用公诉案件和解程序：

第一种情形为渎职犯罪。虽然渎职犯罪属于过失犯罪，刑期也可能不超过7年有期徒刑，但是由于其侵害的客体的特殊性，因而不适合适用和解方式解决。

第二种情形为5年内曾经故意犯罪的情况。根据本条第2款的规定，此种情况有两个条件必须同时满足：一为故意犯罪；二为前罪和本罪间隔时间不超过5年。这两个方面的因素决定了犯罪嫌疑人或者被告人的主观恶性较大且改过态度不坚决。一方面与当事人和解程序的初衷相悖，另一方面若是适用也有放纵犯罪之嫌。

配套法规及解读

《人民检察院刑事诉讼规则（试行）》（2012年11月22日修订）

第五百一十条　下列公诉案件，双方当事人可以和解：

（一）因民间纠纷引起，涉嫌刑法分则第四章、第五章规定的犯罪案件，可能判处三年有期徒刑以下刑罚的；

（二）除渎职犯罪以外的可能判处七年有期徒刑以下刑罚的过失犯罪案件。

上述公诉案件应当同时符合下列条件：

（一）犯罪嫌疑人真诚悔罪，向被害人赔偿损失、赔礼道歉等；

（二）被害人明确表示对犯罪嫌疑人予以谅解；

（三）双方当事人自愿和解，符合有关法律规定；

（四）属于侵害特定被害人的故意犯罪或者有直接被害人的过失犯罪；

（五）案件事实清楚，证据确实、充分。

犯罪嫌疑人在五年以内曾经故意犯罪的，不适用本节规定的程序。

犯罪嫌疑人在犯刑事诉讼法第二百七十七条[1]第一款规定的犯罪前五年内曾故意犯罪，无论该故意犯罪是否已经追究，均应当认定为前款规定的五年以内曾经故意犯罪。

※法规解读：本条是对检察机关适用当事人和解诉讼程序适用范围的规定。

---

〔1〕　现行《刑事诉讼法》第二百八十八条。

公诉案件当事人和解，首先要符合现行《刑事诉讼法》第288条所确定的条件，包括罪名条件、可能判处刑罚条件以及5年之内无故意犯罪等条件。本款的特别之处在于第4款将现行《刑事诉讼法》第288条第2款的“五年以内曾经故意犯罪”的规定予以进一步说明，不论该故意犯罪是否已经被追究，只要是在五年内实施了故意犯罪的，均不能适用当事人和解程序。

同时，《人民检察院刑事诉讼规则(试行)》又将《刑事诉讼法》第288条第1款的规定采用逐项列明的方式进行了规定，即本条第2款中规定的5项。

《公安机关办理刑事案件程序规定》(2012年12月13日修订)

第三百二十二条 下列公诉案件，犯罪嫌疑人真诚悔罪，通过向被害人赔偿损失、赔礼道歉等方式获得被害人谅解，被害人自愿和解的，经县级以上公安机关负责人批准，可以依法作为当事人和解的公诉案件办理：

(一)因民间纠纷引起，涉嫌刑法分则第四章、第五章规定的犯罪案件，可能判处三年有期徒刑以下刑罚的；

(二)除渎职犯罪以外的可能判处七年有期徒刑以下刑罚的过失犯罪案件。

犯罪嫌疑人在五年以内曾经故意犯罪的，不得作为当事人和解的公诉案件办理。

第三百二十三条 有下列情形之一的，不属于因民间纠纷引起的犯罪案件：

(一)雇凶伤害他人的；

(二)涉及黑社会性质组织犯罪的；

(三)涉及寻衅滋事的；

(四)涉及聚众斗殴的；

(五)多次故意伤害他人身体的；

(六)其他不宜和解的。

※法规解读：上述条文从正反两个方面规定了公安机关办理当事人和解的公诉案件范围。

《公安机关办理刑事案件程序规定》第322条与《刑事诉讼法》第288条规定基本一致，从正面规定了公安机关办理当事人和解的公诉案件范围。《公安机关办理刑事案件程序规定》第223条从反面规定了不属于因民间纠纷引起的案件范围，也就是确定了不能适用当事人和解案件的范围，本条具体规定了六种情况，从反面的规定，弥补了正面规定的不足，具有更强的操作性，包括雇凶伤害他人的；涉及黑社会性质组织犯罪的；涉及寻衅滋事的；涉及聚众斗殴的；多次故意伤害他人身体的；其他不宜和解的。

关联法规索引

《最高人民法院关于适用〈中华人民共和国刑事诉讼法〉的解释》第496条;《最高人民法院关于进一步推进案件繁简分流优化司法资源配置的若干意见》第20条;《未成年人刑事检察工作指引(试行)》第67条

第二百八十九条 【和解协议书】双方当事人和解的,公安机关、人民检察院、人民法院应当听取当事人和其他有关人员的意见,对和解的自愿性、合法性进行审查,并主持制作和解协议书。

条文解读

本条是关于和解协议的规定。

和解反映的是双方当事人的意愿。对于符合和解条件的公诉案件,双方当事人可以在自愿、合法的基础上进行协商。但是刑事和解协议与民事和解协议的性质是不同的,刑事和解协议需要经国家专门机关确认才能发生法律效力。各专门机关,包括公安机关、人民检察院、人民法院对双方当事人达成和解协议的,仍需要听取双方当事人及其他有关人员的意见,认真审查和解协议的自愿性和合法性,对符合法律规定的刑事和解协议,在专门机关的主持下制作和解协议书。该和解协议书是刑事公诉案件双方达成和解协议的标志。

配套法规及解读

《最高人民法院关于适用〈中华人民共和国刑事诉讼法〉的解释》(2012年12月20日)

第四百九十九条 对公安机关、人民检察院主持制作的和解协议书,当事人提出异议的,人民法院应当审查。经审查,和解自愿、合法的,予以确认,无需重新制作和解协议书;和解不具有自愿性、合法性的,应当认定无效。和解协议被认定无效后,双方当事人重新达成和解的,人民法院应当主持制作新的和解协议书。

第五百条 审判期间,双方当事人和解的,人民法院应当听取当事人及其法定代理人等有关人员的意见。双方当事人在庭外达成和解的,人民法院应当通知人民检察院,并听取其意见。经审查,和解自愿、合法的,应当主持制作和解协议书。

第五百零一条 和解协议书应当包括以下内容:

(一)被告人承认自己所犯罪行,对犯罪事实没有异议,并真诚悔罪;

(二)被告人通过向被害人赔礼道歉、赔偿损失等方式获得被害人谅解;涉及赔偿损失的,应当写明赔偿的数额、方式等;提起附带民事诉讼的,由附带民事诉讼原告人撤回附带民事诉讼;

(三)被害人自愿和解,请求或者同意对被告人依法从宽处罚。

和解协议书应当由双方当事人和审判人员签名,但不加盖人民法院印章。

和解协议书一式三份,双方当事人各持一份,另一份交人民法院附卷备查。

对和解协议中的赔偿损失内容,双方当事人要求保密的,人民法院应当准许,并采取相应的保密措施。

第五百零二条 和解协议约定的赔偿损失内容,被告人应当在协议签署后即时履行。

和解协议已经全部履行,当事人反悔的,人民法院不予支持,但有证据证明和解违反自愿、合法原则的除外。

第五百零三条 双方当事人在侦查、审查起诉期间已经达成和解协议并全部履行,被害人或者其法定代理人、近亲属又提起附带民事诉讼的,人民法院不予受理,但有证据证明和解违反自愿、合法原则的除外。

《人民检察院刑事诉讼规则(试行)》(2012 年 11 月 22 日修订)

第五百一十五条 人民检察院应当对和解的自愿性、合法性进行审查,重点审查以下内容:

(一)双方当事人是否自愿和解;

(二)犯罪嫌疑人是否真诚悔罪,是否向被害人赔礼道歉,经济赔偿数额与其所造成的损害和赔偿能力是否相适应;

(三)被害人及其法定代理人或者近亲属是否明确表示对犯罪嫌疑人予以谅解;

(四)是否符合法律规定;

(五)是否损害国家、集体和社会公共利益或者他人的合法权益;

(六)是否符合社会公德。

审查时,应当听取双方当事人和其他有关人员对和解的意见,告知刑事案件可能从宽处理的法律后果和双方的权利义务,并制作笔录附卷。

第五百一十六条 经审查认为双方自愿和解,内容合法,且符合本规则第五百一十条规定的范围和条件的,人民检察院应当主持制作和解协议书。和解协议书的主要内容包括:

(一)双方当事人的基本情况;

(二)案件的主要事实;

(三)犯罪嫌疑人真诚悔罪,承认自己所犯罪行,对指控的犯罪没有异议,向被害人

赔偿损失、赔礼道歉等;赔偿损失的,应当写明赔偿的数额、履行的方式、期限等;

(四)被害人及其法定代理人或者近亲属对犯罪嫌疑人予以谅解,并要求或者同意公安机关、人民检察院、人民法院对犯罪嫌疑人依法从宽处理。

和解协议书应当由双方当事人签字,可以写明和解协议书系在人民检察院主持下制作。检察人员不在当事人和解协议书上签字,也不加盖人民检察院印章。和解协议书一式三份,双方当事人各持一份,另一份交人民检察院附卷备查。

《公安机关办理刑事案件程序规定》(2012 年 12 月 13 日修订)

第三百二十四条　双方当事人和解的,公安机关应当审查案件事实是否清楚,被害人是否自愿和解,是否符合规定的条件。

公安机关审查时,应当听取双方当事人的意见,并记录在案;必要时,可以听取双方当事人亲属、当地居民委员会或者村民委员会人员以及其他了解案件情况的相关人员的意见。

第三百二十五条　达成和解的,公安机关应当主持制作和解协议书,并由双方当事人及其他参加人员签名。

当事人中有未成年人的,未成年当事人的法定代理人或者其他成年亲属应当在场。

第三百二十六条　和解协议书应当包括以下内容:

(一)案件的基本事实和主要证据。

(二)犯罪嫌疑人承认自己所犯罪行,对指控的犯罪事实没有异议,真诚悔罪。

(三)犯罪嫌疑人通过向被害人赔礼道歉、赔偿损失等方式获得被害人谅解;涉及赔偿损失的,应当写明赔偿的数额、方式等;提起附带民事诉讼的,由附带民事诉讼原告人撤回附带民事诉讼。

(四)被害人自愿和解,请求或者同意对犯罪嫌疑人依法从宽处罚。

和解协议应当及时履行。

※法规解读:上述条文分别是人民法院、人民检察院和公安机关对于公诉案件当事人和解协议的相关规定。

各机关在相关的规则中均明确了当事人和解应当遵循自愿和合法及分清是非的原则,达成和解的,应当制作和解协议书,并载明相关事项。

和解协议是载明加害方和被害方共同意愿的法律文书。总体而言,刑事公诉案件的当事人和解是以被追诉人(加害方)认罪为前提的,同时被追诉人还要在认罪的基础上悔罪,并基于以上情势通过向被害人赔礼道歉、赔偿损失等方式取得被害人的谅解,以此才能促成和解的达成。由于被害方的侵权损害已经通过合意的方式获得了赔偿,因此附带民事诉讼的请求就没有提出的必要,若已经提起的,予以撤回。上述三个法律文件中，双方达成的和解协议还有一个重要的共同方面，达成的和解协议中，要写明被害人同意或者请求对被追诉人依法从宽处理。这也是被害人方谅解加害方的一个重要表现，若不能对此达成一致，则和解协议并未达成。需要注意的是，被害方请求或者同意对被追诉人依法从宽处罚的意思表示，对人民法院并无必然的约束力。

各机关均在各自负责的程序中，负有对当事人达成的和解协议进行审查，以及督促履行的义务。

关联法规索引

《最高人民检察院关于办理当事人达成和解的轻微刑事案件的若干意见》第 3 条、第 5 条、第 7 条；《最高人民法院关于深化多元纠纷解决机制改革意见》第 20 条；《未成年人刑事检察工作指引（试行）》第 69 条、第 70 条

第二百九十条 【和解协议书的效力】对于达成和解协议的案件，公安机关可以向人民检察院提出从宽处理的建议。人民检察院可以向人民法院提出从宽处罚的建议；对于犯罪情节轻微，不需要判处刑罚的，可以作出不起诉的决定。人民法院可以依法对被告人从宽处罚。

条文解读

本条是关于达成和解协议的公诉案件从宽处理的规定。

能够达成和解协议的案件，说明加害人和被害人之间的社会关系在一定程度上已经恢复，加害人已经对自己的过错有较好的认识并通过积极的行为进行了弥补，因此，各个专门机关均可以对涉案行为人给予较为宽缓的处理。根据本条规定，公安机关、检察机关可以向其后续程序的经办机关提出从宽处理的建议。人民检察院对于符合不起诉条件的案件，可以作出不起诉决定。人民法院根据案件情况有权依法对被告人从轻或者减轻处罚。

配套法规及解读

《公安机关办理刑事案件程序规定》（2012 年 12 月 13 日修订）

第三百二十七条 对达成和解协议的案件，经县级以上公安机关负责人批准，公安机关将案件移送人民检察院审查起诉时，可以提出从宽处理的建议。

《人民检察院刑事诉讼规则(试行)》(2012年11月22日修订)

第五百一十八条　双方当事人在侦查阶段达成和解协议,公安机关向人民检察院提出从宽处理建议的,人民检察院在审查逮捕和审查起诉时应当充分考虑公安机关的建议。

第五百一十九条　人民检察院对于公安机关提请批准逮捕的案件,双方当事人达成和解协议的,可以作为有无社会危险性或者社会危险性大小的因素予以考虑,经审查认为不需要逮捕的,可以作出不批准逮捕的决定;在审查起诉阶段可以依法变更强制措施。

第五百二十条　人民检察院对于公安机关移送审查起诉的案件,双方当事人达成和解协议的,可以作为是否需要判处刑罚或者免除刑罚的因素予以考虑,符合法律规定的不起诉条件的,可以决定不起诉。对于依法应当提起公诉的,人民检察院可以向人民法院提出从宽处罚的量刑建议。

第五百二十一条　人民检察院拟对当事人达成和解的公诉案件作出不起诉决定的,应当听取双方当事人对和解的意见,并且查明犯罪嫌疑人是否已经切实履行和解协议、不能即时履行的是否已经提供有效担保,将其作为是否决定不起诉的因素予以考虑。当事人在不起诉决定作出之前反悔的,可以另行达成和解。不能另行达成和解的,人民检察院应当依法作出起诉或者不起诉决定。

当事人在不起诉决定作出之后反悔的,人民检察院不撤销原决定,但有证据证明和解违反自愿、合法原则的除外。

《最高人民法院关于适用〈中华人民共和国刑事诉讼法〉的解释》(2012年12月20日)

第五百零五条　对达成和解协议的案件,人民法院应当对被告人从轻处罚;符合非监禁刑适用条件的,应当适用非监禁刑;判处法定最低刑仍然过重的,可以减轻处罚;综合全案认为犯罪情节轻微不需要判处刑罚的,可以免除刑事处罚。

共同犯罪案件,部分被告人与被害人达成和解协议的,可以依法对该部分被告人从宽处罚,但应当注意全案的量刑平衡。

※法规解读:上述条文分别从公检法机关各自的角度对当事人和解协议的效力问题予以了规定。

当事人就公诉案件达成和解协议的,可以对案件的处理产生正面、积极的影响力。但是依据《刑事诉讼法》的规定,只有人民法院依法享有定罪及量刑的最终权力,因此,就案件实体处理结果而言,在侦查、审查起诉阶段当事人达成和解协议的,公安机关、检察机关均可以在各自的意见中陈明对涉案人员予以从轻处罚的意见。只有人民法院享有依法从轻、减轻、免除处罚的权力;就案件程序处理而言,当事人达成和解协议的，决定机关会倾向于不用或者选用更为轻缓的强制措施。

关联法规索引

《最高人民检察院关于办理当事人达成和解的轻微刑事案件的若干意见》第6条；《未成年人刑事检察工作指引（试行）》第71条

典型案例

施某某等17人聚众斗殴案〔1〕

※案情简介：犯罪嫌疑人施某某等9人系福建省石狮市永宁镇西岑村人。犯罪嫌疑人李某某等8人系福建省石狮市永宁镇子英村人。

福建省石狮市永宁镇西岑村与子英村相邻，原本关系友好。近年来，两村因土地及排水问题发生纠纷。永宁镇政府为解决两村之间的纠纷，曾组织人员对发生土地及排水问题的地界进行现场施工，但被多次阻挠未果。2008年12月17日上午8时许，该镇组织镇干部与施工队再次进行施工。上午9时许，犯罪嫌疑人施某某等9人以及数十名西岑村村民头戴安全帽，身背装有石头的袋子，手持木棍、铁锹等器械到达两村交界处的施工地界，犯罪嫌疑人李某某等8人以及数十名子英村村民随后也到达施工地界，手持木棍、铁锹等器械与西岑村村民对峙，双方互相谩骂、互扔石头。出警到达现场的石狮市公安局工作人员把双方村民隔开并劝说离去，但仍有村民不听劝说，继续叫骂并扔掷石头，致使两辆警车被砸损（经鉴定损失价值人民币761元），三名民警手部被打伤（经鉴定均未达轻微伤）。

案发后，石狮市公安局对积极参与斗殴的西岑村施某某等9人和子英村李某某等8人以涉嫌聚众斗殴罪向石狮市人民检察院提请批准逮捕。为避免事态进一步扩大，也为矛盾化解创造有利条件，石狮市人民检察院在依法作出批准逮捕决定的同时，建议公安机关和有关部门联合两村村委会做好矛盾化解工作，促成双方和解。2010年3月16日，石狮市公安局将本案移送石狮市人民检察院审查起诉。石狮市人民检察院在办案中，抓住化解积怨这一关键，专门成立了化解矛盾工作小组，努力促成两村之间矛盾的化解。在取得地方党委、人大、政府支持后，工作小组多次走访两村所在的永宁镇党委、政府，深入两村争议地点现场查看，并与村委会沟通，制定工作方案。随后协调镇政府牵头征求专家意见并依照镇排水、排污规划对争议地点进行施工，从交通安

---

〔1〕 本案根据《最高人民检察院关于印发第一批指导性案例的通知》案例整理。

全与保护环境的角度出发，在争议的排水沟渠所在地周围修建起护栏和人行道，并纳入镇政府的统一规划。这一举措得到了两村村民的普遍认同。化解矛盾工作期间，工作小组还耐心、细致地进行释法说理、政策教育、情绪疏导和思想感化等工作，两村相关当事人及其家属均对用聚众斗殴这种违法行为解决矛盾纠纷的做法进行反省并表示后悔，都表现出明确的和解意愿。2010 年 4 月 23 日，西岑村、子英村两村村委会签订了两村和解协议，涉案人员也分别出具承诺书，表示今后不再就此事滋生事端，并保证遵纪守法。至此，两村纠纷得到妥善解决，矛盾根源得以消除。

石狮市人民检察院认为，施某某等 17 人的行为均已触犯了《刑法》的规定，涉嫌构成聚众斗殴罪，依法应当追究刑事责任。鉴于施某某等 17 人参与聚众斗殴的目的并非私仇或争霸一方，且造成的财产损失及人员伤害均属轻微，并未造成严重后果；两村村委会达成了和解协议，施某某等 17 人也出具了承诺书，从惩罚与教育相结合的原则出发以及有利于促进社会和谐的角度考虑，2010 年 4 月 28 日，石狮市人民检察院根据《刑事诉讼法》之规定，决定对施某某等 17 人不起诉。

※裁判要旨：本案中，施某某等人的行为均依法应当承担刑事责任，但由于施某某等人的主观恶性不大，且尚未造成严重后果，检察机关在办理这样的因群体性事件所引发的犯罪案件时，立足于从根本上化解社会矛盾，秉承惩罚与教育相结合的原则促使双方和解。最终使两村纠纷得到妥善解决，矛盾根源得以消除。人民检察院也对施某某等人作出了不起诉的决定。这些有益的做法被 2012 年《刑事诉讼法》修正时所吸收，体现了检察机关积极参与调处矛盾纠纷的工作作风，达到了促进社会和谐，实现法律效果与社会效果的有机统一的目的。

第三章　缺席审判程序

本章介绍

本章是2018年《刑事诉讼法》修正后新增加的部分，对不能到案或者到庭被告人的审判依据本章程序进行。本章从第291条至第297条，共有7个条文，分别对缺席审判程序的适用范围、送达、辩护、上诉权归属、程序回转、特殊情况处理等问题进行了规定。

第二百九十一条　【适用范围】对于贪污贿赂犯罪案件，以及需要及时进行审判，经最高人民检察院核准的严重危害国家安全犯罪、恐怖活动犯罪案件，犯罪嫌疑人、被告人在境外，监察机关、公安机关移送起诉，人民检察院认为犯罪事实已经查清，证据确实、充分，依法应当追究刑事责任的，可以向人民法院提起公诉。人民法院进行审查后，对于起诉书中有明确的指控犯罪事实，符合缺席审判程序适用条件的，应当决定开庭审判。

前款案件，由犯罪地、被告人离境前居住地或者最高人民法院指定的中级人民法院组成合议庭进行审理。

条文解读

本条共有2款，是对缺席审判程序适用范围、管辖和审判组织形式的规定。

本条第1款规定了缺席审判程序的适用范围。缺席审判是与对席审判相对应的概念。在2018年之前的《刑事诉讼法》中是没有缺席审判程序规定的，被告人不能到庭的刑事审判也是违法的。虽然我国的民事诉讼程序早对缺席审判程序予以了认可，行政诉讼中也开始尝试在部分案件中推行缺席审判的试点，但是刑事诉讼程序则对此一直持保留态度。之所以如此，是因为刑事诉讼程序对被追诉人的权利处分更具有重大性和根本性。为了切实保障被追诉人辩护权，确保刑事追诉的公正性，所以做了如此选择。但是在新的历史时期，为了更好地适应我国反腐不断加强的态势，我国刑事诉讼程序在2012年《刑事诉讼法》设立“犯罪嫌疑人、被告人逃匿、死亡案件违法所得没收程序”这一对物的追索程序之后，在2018年《刑事诉讼法》修正之际，再次推进追逃追赃的力度，增设了缺席审判这一对人的刑事追诉机制。即便如此，缺席审判毕竟存在着本源性辩护权主体不能到庭的缺憾，因此必须严格适用条件，即被告人不到庭情况下的追诉不仅必要而且必须。

缺席审判程序适用的前提条件是犯罪嫌疑人、被告人在境外，同时行为人所涉嫌的罪行，事实已经查清，证据确实、充分，依法应当追究刑事责任。除此之外，更为重要的是缺席审判程序只能适用于特定的案件类型。主要包括一般和特殊两类。一般情况是指贪污贿赂案件，该种类型案件的适用是与缺席审判程序旨在加强反腐、追逃的初衷相吻合的；特殊类型是指严重危害国家安全犯罪、恐怖活动犯罪案件，对于该类案件选择适用缺席审判程序需要由最高人民检察院核准，即由最高人民检察院根据情况具体把握这两种对国家安全有重大威胁情形在行为人逃往境外情况下追诉的必要性。

人民法院对于适用缺席审判程序案件的审查主要为形式审查：第一，起诉书中有明确的指控犯罪事实；第二，符合缺席审判程序适用条件的。符合条件的，人民法院有义务履行审判职责，审判的具体形式为开庭审判。

本条第 2 款规定了缺席审判的管辖法院和审判组织形式。根据本款规定，级别管辖而言，该类由中级人民法院审理；地域管辖而言，可以由犯罪地或者被告人离境前居住地法院管辖，若两者都不适宜，可以由最高人民法院进行指定管辖。适用缺席审判程序审理案件的审判组织形式为合议庭。

关联法规索引

《民事诉讼法》第 144 条；《最高人民法院关于开展行政诉讼简易程序试点工作的通知》第 4 条

第二百九十二条　【送达】人民法院应当通过有关国际条约规定的或者外交途径提出的司法协助方式，或者被告人所在地法律允许的其他方式，将传票和人民检察院的起诉书副本送达被告人。传票和起诉书副本送达后，被告人未按要求到案的，人民法院应当开庭审理，依法作出判决，并对违法所得及其他涉案财产作出处理。

条文解读

本条是对缺席审判中被告人送达的规定。

根据本条规定，刑事诉讼中的缺席审判以被告人知晓审判事宜但未按要求到案的为前提。换句话说，若被告人因根本不了解审判事宜而不到庭，则不能适用该程序。因此，从另外一个角度而言，本条也是缺席审判程序适用的条件之一，即人民法院可以将传票和人民法院的起诉书送达被告人。送达是法定的保障知情权的方式，是权利人行使权利，义务人履行义务的前提。根据本条规定，人民法院送达相关法律文件的方式可以是有关国际条约规定或者外交途径提出的司法协助方式，或者是被告人所在地法律允许的其他方式。《国际刑事司法协助法》明确规定：办案机关需要外国协助送达传票、通知书、起诉书、判决书和其他司法文书的，应当制作刑事司法协助请求书并附相关材料，经所属主管机关审核同意后，由对外联系机关及时向外国提出请求。向外国请求送达文书的，请求书应当载明受送达人的姓名或者名称、送达的地址以及需要告知受送达人的相关权利和义务。

传票和起诉书副本依法送达后，即视为受送达人已经了解了案件即将要适用缺席审判程序的情况，若被告人能够及时到案，则转为普通程序适用对席审判方式进行审理。若被告人仍未按要求到案的，则人民法院即适用缺席审判程序，进行开庭审理，依法对行为是否构成犯罪，以及应否承担刑事责任，应当承担什么刑事责任，以及对违法所得及涉案财产作出处理。

关联法规索引

《国际刑事司法协助法》第20条、第21条

第二百九十三条　【辩护】人民法院缺席审判案件，被告人有权委托辩护人，被告人的近亲属可以代为委托辩护人。被告人及其近亲属没有委托辩护人的，人民法院应当通知法律援助机构指派律师为其提供辩护。

条文解读

本条是对缺席审判程序中辩护人产生权限的规定。

刑事诉讼中的辩护人产生方式主要有两种：一是委托，二是指派。委托方式是辩护人产生的最常见形态，即根据被追诉人本人意愿挑选并授权符合法律规定的人员作为辩护人，帮助其行使辩护权。指派方式具有法律援助性质，是为了保障特定群体利益而设。根据本条规定，缺席审判中，辩护人的产生依然以委托方式为主，指派方式为辅。在该种情况下，虽然被告人在境外，也未到庭接受审判，但是并不影响其本人或者他的近亲属委托辩护人保障其合法权益。若被告人本人以及他的近亲属都没有委托

的情况下,就需要通过法律援助机构指派的方式弥补这一缺憾,最大限度保障刑事诉讼构造的平衡性。若没有辩护人则刑事诉讼中的辩护职能就完全可能因为空位而虚置,刑事诉讼程序就有沦为单项的行政治罪程序之嫌。目前的规定很好地兼顾了当事人的意思自治、程序公正需要以及保障合法权益的多方面需求。

关联法规索引

《法律援助条例》;《最高人民法院、司法部关于开展刑事案件律师辩护全覆盖试点工作的办法》;《最高人民法院、司法部关于扩大刑事案件律师辩护全覆盖试点范围的通知》;《全国刑事法律援助服务规范》

第二百九十四条 【上诉抗诉权】人民法院应当将判决书送达被告人及其近亲属、辩护人。被告人或者其近亲属不服判决的,有权向上一级人民法院上诉。辩护人经被告人或者其近亲属同意,可以提出上诉。

人民检察院认为人民法院的判决确有错误的,应当向上一级人民法院提出抗诉。

条文解读

本条共有2款,是对适用缺席审判判决二审程序提起的规定。

本条第1款是对适用缺席审判程序所作判决上诉权的规定。依照本款规定,对经由缺席审判程序所作判决有独立上诉权的主体为被告人及其近亲属。本条款中独立上诉权的规定有别于对席审判程序中的上诉权的规定的。主要区别在于被告人的近亲属有独立上诉权。该种情况主要缘于被告人未能到庭接受审判。为了更好地保障其合法权益,特别授权其近亲属享有上诉权。该种情形之下的近亲属独立上诉权可以视为被告人上诉权的延伸。也正因于此,人民法院有义务将判决书送达给被告人及其近亲属。根据本条款规定,辩护人是限制上诉权主体,其在征得独立上诉权主体同意后可以上诉。

本条第2款是对适用缺席审判程序所作判决抗诉权的规定。抗诉是人民检察院依法对刑事诉讼进行法律监督的重要方式,在缺席审判程序中也如是。为此,对于人民法院适用的缺席审判程序所作判决,若符合法律规定的条件,人民检察院有权力也有义务依法提出抗诉,从而启动第二审程序。

关联法规索引

《人民检察院组织法》第20条

第二百九十五条　【程序回转】在审理过程中,被告人自动投案或者被抓获的,人民法院应当重新审理。

罪犯在判决、裁定发生法律效力后到案的,人民法院应当将罪犯交付执行刑罚。交付执行刑罚前,人民法院应当告知罪犯有权对判决、裁定提出异议。罪犯对判决、裁定提出异议的,人民法院应当重新审理。

依照生效判决、裁定对罪犯的财产进行的处理确有错误的,应当予以返还、赔偿。

条文解读

本条共有3款,是对缺席审判程序回转的规定。

根据本条第1款和第2款的规定,人民法院重新审理的情形主要有二:第一种情况,被告人在审理过程中(判决、裁定生效前)到案的。包括被告人自动投案或者被告人被抓获的情况。根据对席审理为常态,缺席审理为例外的原则,被告人不管什么原因,已经到案的情况下,符合对席审判的条件,人民法院要重新对案件进行审理。第二种情况,到案罪犯对生效判决、裁定有异议的。根据本条第2款规定,不管罪犯的异议是否成立,人民法院都有义务对案件进行重新审理。但若罪犯并未到案,即便是对生效判决、裁定提出异议也不能导致重新审理的程序后果。为了保障缺席审判罪犯的异议权,该款明确规定,在交付执行前,人民法院有义务告知其所享有的该项权利。

本条第3款是对生效裁判错误处理财产返还、赔偿的规定。

第二百九十六条　【患病缺席】因被告人患有严重疾病无法出庭,中止审理超过六个月,被告人仍无法出庭,被告人及其法定代理人、近亲属申请或者同意恢复审理的,人民法院可以在被告人不出庭的情况下缺席审理,依法作出判决。

条文解读

本条是对缺席审判程序适用情况的补充规定。

实践中存在因被告人患有严重疾病长期无法出庭的情况,为了保障被告人的迅速审判权,防止因案件久拖不决对当事人及利害关系人以及社会利益造成的影响,对于该种特殊情况符合条件的,可以适用缺席审判。其条件为:第一,被告人患有严重疾病无法出庭,严重疾病是导致其无法到庭接受审判的原因;第二,中止审理的时间超过6个月,即表明该种情况导致的诉讼暂停已经持续了较长的时间,且有持续下去的可能性;第三,被告人方愿意恢复审理,被告人方包括被告人本人、其法定代理人、近亲属,愿意恢复审理包括其主动申请或者经征询同意恢复审理程序。同时满足上述三个条件的,人民法院可以适用缺席审判程序进行审理,并依法作出判决。

典型案例

吉某某盗窃案[1]

※案情简介:2017年6月21日晚,被告人吉某某在屏山县王某经营的超市内,趁店内无人之机,将王某存放在收银台抽屉内的1万余元现金盗走。屏山县人民检察院指控被告人吉某某犯盗窃罪向法院提起公诉。在案件审理过程中,因被告人吉某某患有严重疾病,无受审能力,本案中止审理。在征得被告人近亲属的同意后,12月24日该案恢复审理。12月25日,屏山法院在第二审判庭公开开庭缺席审判此案。公诉人员及被告人指定辩护人到庭参加诉讼。整个庭审程序规范、节奏紧凑,法庭当庭作出宣判:被告人吉某某以非法占有为目的,秘密窃取他人财物数额较大的行为,构成盗窃罪,判处其有期徒刑1年4个月,并处罚金3000元。

※裁判要旨:缺席审判制度系2018年10月《刑事诉讼法》修正后新增加的制度。该项制度在全力增强反腐追逃追赃力度的同时,也将较长时间不能交付审判的诉讼中止情况纳入其适用范围。本案即属于此种情况。本案被告人吉某某系患有严重疾病,已经导致了审理中止。因无受审能力,其中止的情况仍会持续。根据2018年10月之前的《刑事诉讼法》,该种中止状态将会一直持续。2018年10月之后的《刑事诉讼法》,该种情形属于缺席审判的适用范围。为此,人民法院在按照程序征得被告人近亲属的同意后,恢复了庭审。采用缺席审判方式对此案进行了判决,不仅保障了被告人的迅速审判权、被害人的财产利益,同时也终结了程序的悬置状态。

---

〔1〕 本案根据相关报道整理,具体参见周华、陈林:《被告人患严重疾病无受审能力 屏山法院审理一起"缺席审判"案》,载http://www.ybwb.cn/news/25815.html,上传时间2019年1月3日,最后访问时间:2019年3月18日。

第二百九十七条 【被告人死亡情形处理】 被告人死亡的，人民法院应当裁定终止审理，但有证据证明被告人无罪，人民法院经缺席审理确认无罪的，应当依法作出判决。

人民法院按照审判监督程序重新审判的案件，被告人死亡的，人民法院可以缺席审理，依法作出判决。

条文解读

本条共有2款，是对审判期间被告人死亡情形的处理。

第1款规定了适用缺席审判程序审理过程中被告人死亡情况的处理。该款规定与《刑事诉讼法》第16条保持一致，被告人在审判过程中死亡的，人民法院应当裁定终止审理。若有证据证明被告人的行为不构成犯罪，即便是适用缺席审判程序也应当依法作出无罪判决。

本条第2款规定了又一种可以适用缺席审判的情况：被告人死亡情况下适用审判监督程序重新审理的案件。

第四章　犯罪嫌疑人、被告人逃匿、死亡案件违法所得的没收程序

本章介绍

本章是以财产为指向的程序规则。在刑事追诉的过程中，遇有犯罪嫌疑人、被告人逃匿、死亡的情况，有违法所得应当依法予以没收时要依法根据本章的程序进行。本章从第298条至第301条，共有4个条文，分别规定了这一特别程序适用的条件、审理程序、对相关权利人及利害关系人的救济和程序终止以及错误没收的处理。

第二百九十八条　【没收违法所得情形】对于贪污贿赂犯罪、恐怖活动犯罪等重大犯罪案件，犯罪嫌疑人、被告人逃匿，在通缉一年后不能到案，或者犯罪嫌疑人、被告人死亡，依照刑法规定应当追缴其违法所得及其他涉案财产的，人民检察院可以向人民法院提出没收违法所得的申请。

公安机关认为有前款规定情形的，应当写出没收违法所得意见书，移送人民检察院。

没收违法所得的申请应当提供与犯罪事实、违法所得相关的证据材料，并列明财产的种类、数量、所在地及查封、扣押、冻结的情况。

人民法院在必要的时候，可以查封、扣押、冻结申请没收的财产。

条文解读

本条共有4款，是关于犯罪嫌疑人、被告人逃匿、死亡案件违法所得没收程序适用的一般性规定。本程序是一种追缴特殊类型案件违法所得的特别程序，并非缺席判决制度。本特别程序只处理与犯罪有关的财产问题，并不涉及对被追诉人的定罪和量刑。

本条第1款规定了犯罪嫌疑人、被告人逃匿、死亡案件违法所得的没收程序的适用主要包括实体和程序两个部分。

适用违法所得没收程序的实体条件包括三个方面：

第一,案件类型条件。没收违法所得程序主要适用于贪污贿赂犯罪、恐怖活动犯罪等重大犯罪案件,一般的刑事案件并不适用,并且不得随意扩大程序适用范围。根据《最高人民法院 最高人民检察院关于适用犯罪嫌疑人、被告人逃匿、死亡案件违法所得没收程序若干问题的规定》,适用该程序的案件具体包括:贪污、挪用公款、巨额财产来源不明、隐瞒境外存款、私分国有资产、私分罚没财物犯罪案件;受贿、单位受贿、利用影响力受贿、行贿、对有影响力的人行贿、对单位行贿、介绍贿赂、单位行贿犯罪案件;组织、领导、参加恐怖组织,帮助恐怖活动,准备实施恐怖活动,宣扬恐怖主义、极端主义、煽动实施恐怖活动,利用极端主义破坏法律实施,强制穿戴宣扬恐怖主义、极端主义服饰、标志,非法持有宣扬恐怖主义、极端主义物品犯罪案件;危害国家安全、走私、洗钱、金融诈骗、黑社会性质的组织、毒品犯罪案件,以及电信诈骗、网络诈骗犯罪案件。所谓"重大"是指在省、自治区、直辖市或者全国范围内具有较大影响,或者犯罪嫌疑人、被告人逃匿境外的情形。第二,犯罪嫌疑人、被告人在逃或者死亡。由于我国刑事诉讼程序中不允许缺席判决,因此,如果出现被追诉人在逃或者死亡的情况,诉讼程序就难以继续。根据无罪推定原则,审判无法正常进行,就不能在法律上认定被追诉人有罪。在原有的法律制度框架下,追缴这部分人员的涉案财产无法无据,严重影响了国家、集体和相关受害者的合法财产权益的保障。这也是《刑事诉讼法》在修改过程中特别增加犯罪嫌疑人、被告人逃匿、死亡案件违法所得没收程序的初衷。启动本特别程序的前提条件是涉案被追诉人不能到庭参与正常的审判活动,并且依照《刑法》规定应当追缴其违法所得及其他涉案财产的。具体包括:被追诉人死亡;被追诉人不能到案,不能到案特指被追诉人潜逃,并且在有关专门机关通缉 1 年后仍不能到案的情况。所谓"逃匿"是指犯罪嫌疑人、被告人为逃避侦查和刑事追究潜逃、隐匿,或者在刑事诉讼过程中脱逃的情形。犯罪嫌疑人、被告人因意外事故下落不明满二年,或者因意外事故下落不明,经有关机关证明其不可能生存的,也按照"逃匿"处理。公安机关发布通缉令或者公安部通过国际刑警组织发布红色国际通报,应当认定为本条款规定的"通缉"。第三,依照《刑法》规定应当追缴其违法所得及其他涉案财产的。所谓"违法所得"系指通过实施犯罪直接或者间接产生、获得的任何财产。违法所得已经部分或者全部转变、转化为其他财产的,转变、转化后的财产以及来自违法所得转变、转化后的财产收益,或者来自已经与违法所得相混合财产中违法所得相应部分的收益,也应当视为"违法所得"。根据《刑法》的规定,"贪污贿赂罪"一章中,1 处提及追缴财产,6 处提及没收财产;资助恐怖活动罪和实施恐怖活动的个人并处罚金或者没收财产。《最高人民法院关于适用〈中华人民共和国刑事诉讼法〉的解释》的规定,实施犯罪行为所取得的财物及其孳息,以及被告人非法持有的违禁品、供犯罪所用的本人财物,应当认定为本条第 1 款规定的"违法所得及其他涉案财产"。

适用违法所得没收程序的程序条件为:由人民检察院向人民法院提出没收违法所得的申请。根据本条第2款的规定,公安机关在办理刑事案件的过程中,如果认为符合申请人民法院没收违法所得条件的,应当写出没收财产意见书,移送人民检察院,由人民检察院审查后,向人民法院提出申请。根据本条第3款的规定,人民检察院向人民法院提出的没收违法所得的申请中应当提供与犯罪事实、违法所得相关的证据材料,并列明财产的种类、数量、所在地及查封、扣押、冻结的情况,以便人民法院对案件进行审理。

人民法院在审理犯罪嫌疑人、被告人逃匿、死亡案件违法所得的没收案件过程中,享有查封、扣押、冻结申请没收的财产的权力,根据实际需要决定采用适当的措施,以便案件审理工作的顺利进行。

配套法规及解读

《最高人民法院、最高人民检察院、公安部、国家安全部、司法部、全国人大常委会法制工作委员会关于实施刑事诉讼法若干问题的规定》(2012年12月26日)

38. 犯罪嫌疑人、被告人死亡,现有证据证明存在违法所得及其他涉案财产应当予以没收的,公安机关、人民检察院可以进行调查。公安机关、人民检察院进行调查,可以依法进行查封、扣押、查询、冻结。

人民法院在审理案件过程中,被告人死亡的,应当裁定终止审理;被告人脱逃的,应当裁定中止审理。人民检察院可以依法另行向人民法院提出没收违法所得的申请。

※法规解读:本条是关于犯罪嫌疑人、被告人死亡案件违法所得的调查程序,以及审判阶段发生被告人死亡、脱逃情况后的程序处理规定。

本条第1款是对犯罪嫌疑人、被告人死亡案件违法所得的调查权限归属及保全措施的规定。根据本条款的规定,当出现犯罪嫌疑人、被告人死亡情况时,已有证据能够证明犯罪嫌疑人、被告人有违法所得及应当予以没收的其他涉案财产的,公安机关和人民检察院有权开展调查活动,讯问或者询问相关当事人、诉讼参与人,收集核实相关证据等。专门机关在调查的过程中,有权依照《刑事诉讼法》第2编第2章的规定,对涉案财产采用查封、扣押、查询、冻结等措施。

根据《刑事诉讼法》的规定,人民法院在案件审判过程中,被告人死亡,且没有证据证明其行为不构成犯罪的,人民法院应当作出终止审理的裁定;若被告人脱逃的,人民法院应当作出中止审理的裁定。虽然人民法院不能或者较长时间内不能对被告人的犯罪行为进行审判,但是若需要没收违法所得的,人民检察院则需要另外向人民法院提出没收违法所得的申请。

《最高人民法院 最高人民检察院关于适用犯罪嫌疑人、被告人逃匿、死亡案件违法所得没收程序若干问题的规定》（2016年12月26日）

第一条 下列犯罪案件，应当认定为刑事诉讼法第二百八十条[1]第一款规定的“犯罪案件”：

（一）贪污、挪用公款、巨额财产来源不明、隐瞒境外存款、私分国有资产、私分罚没财物犯罪案件；

（二）受贿、单位受贿、利用影响力受贿、行贿、对有影响力的人行贿、对单位行贿、介绍贿赂、单位行贿犯罪案件；

（三）组织、领导、参加恐怖组织，帮助恐怖活动，准备实施恐怖活动，宣扬恐怖主义、极端主义、煽动实施恐怖活动，利用极端主义破坏法律实施，强制穿戴宣扬恐怖主义、极端主义服饰、标志，非法持有宣扬恐怖主义、极端主义物品犯罪案件；

（四）危害国家安全、走私、洗钱、金融诈骗、黑社会性质的组织、毒品犯罪案件。

电信诈骗、网络诈骗犯罪案件，依照前款规定的犯罪案件处理。

第二条 在省、自治区、直辖市或者全国范围内具有较大影响，或者犯罪嫌疑人、被告人逃匿境外的，应当认定为刑事诉讼法第二百八十条[2]第一款规定的“重大”。

第三条 犯罪嫌疑人、被告人为逃避侦查和刑事追究潜逃、隐匿，或者在刑事诉讼过程中脱逃的，应当认定为刑事诉讼法第二百八十条[3]第一款规定的“逃匿”。

犯罪嫌疑人、被告人因意外事故下落不明满二年，或者因意外事故下落不明，经有关机关证明其不可能生存的，依照前款规定处理。

第四条 犯罪嫌疑人、被告人死亡，依照刑法规定应当追缴其违法所得及其他涉案财产的，人民检察院可以向人民法院提出没收违法所得的申请。

第五条 公安机关发布通缉令或者公安部通过国际刑警组织发布红色国际通报，应当认定为刑事诉讼法第二百八十条[4]第一款规定的“通缉”。

第六条 通过实施犯罪直接或者间接产生、获得的任何财产，应当认定为刑事诉讼法第二百八十条[5]第一款规定的“违法所得”。

违法所得已经部分或者全部转变、转化为其他财产的，转变、转化后的财产应当视为前款规定的“违法所得”。

来自违法所得转变、转化后的财产收益，或者来自已经与违法所得相混合财产中

---

〔1〕 现行《刑事诉讼法》第二百九十八条。

〔2〕 现行《刑事诉讼法》第二百九十八条。

〔3〕 现行《刑事诉讼法》第二百九十八条。

〔4〕 现行《刑事诉讼法》第二百九十八条。

〔5〕 现行《刑事诉讼法》第二百九十八条。

违法所得相应部分的收益,应当视为第一款规定的"违法所得"。

※法规解读:上述条文是对犯罪嫌疑人、被告人逃匿、死亡案件违法所得没收程序适用条件中涉及的名词的具体解释。具体对"犯罪案件""重大""逃匿""通缉""违法所得"的解释,使得条文的理解更加具体和详尽,更具有可操作性。

关联法规索引

《联合国反腐败公约》第54条第1款第3项;《最高人民检察院关于审查起诉期间犯罪嫌疑人脱逃或者患有严重疾病的应当如何处理的批复》第5条;《最高人民法院关于适用〈中华人民共和国刑事诉讼法〉的解释》第507～509条;《人民检察院刑事诉讼规则(试行)》第533～535条;《人民检察院刑事诉讼涉案财物管理规定》第25条;《最高人民法院、最高人民检察院、公安部、司法部关于办理黑恶势力犯罪案件若干问题的指导意见》第30条

第二百九十九条　【没收违法所得审理程序】没收违法所得的申请,由犯罪地或者犯罪嫌疑人、被告人居住地的中级人民法院组成合议庭进行审理。

人民法院受理没收违法所得的申请后,应当发出公告。公告期间为六个月。犯罪嫌疑人、被告人的近亲属和其他利害关系人有权申请参加诉讼,也可以委托诉讼代理人参加诉讼。

人民法院在公告期满后对没收违法所得的申请进行审理。利害关系人参加诉讼的,人民法院应当开庭审理。

条文解读

本条共有3款,是关于犯罪嫌疑人、被告人逃匿、死亡案件没收违法所得案件管辖及审理的规定。

本条第1款规定了犯罪嫌疑人、被告人逃匿、死亡没收违法所得案件的管辖。根据本条款规定,该类案件由犯罪地或者犯罪嫌疑人、被告人居住地的中级人民法院管辖。一方面,为了便于违法所得没收案件的证据收集、财产保全以及案件的审理;另一方面,也考虑到这类案件由于被追诉人不能到案,故而在事实认定上更加困难,法律适用上更加复杂。同时,根据本款规定,没收违法所得及其他涉案财产案件的审判组织形式只能为合议庭。

本条第2款是关于人民法院对没收违法所得案件进行公告的规定。人民法院审

理没收违法所得案件,案件受理后,应当发出公告,旨在通知犯罪嫌疑人、被告人及其近亲属和其他利害关系人参加诉讼。公告的时间为6个月。根据《刑事诉讼法》第108条的规定,本条款中的"近亲属"指犯罪嫌疑人、被告人的夫、妻、父、母、子、女同胞兄弟姐妹。利害关系人一般认为是指其合法权益与人民法院的审理行为及案件标的之间存在因果关系的公民、法人或其他组织。由于人民法院审理没收违法所得及其他涉案财产的案件可能会对犯罪嫌疑人、被告人的近亲属和其他利害关系人造成影响,故而依法可以亲自参加诉讼,也可以委托诉讼代理人参与诉讼。

本条第3款是关于人民法院审理没收违法所得案件方式的规定。根据《最高人民法院 最高人民检察院关于适用犯罪嫌疑人、被告人逃匿、死亡案件违法所得没收程序若干问题的规定》的规定,本条款的"利害关系人"包括犯罪嫌疑人、被告人的近亲属和其他对申请没收的财产主张权利的自然人和单位。公告期满后,人民法院依法对没收违法所得的申请进行审理。有利害关系人参加诉讼的,人民法院则应当通过开庭的方式进行审理。

配套法规及解读

《最高人民法院、最高人民检察院关于适用犯罪嫌疑人、被告人逃匿、死亡案件违法所得没收程序若干问题的规定》(2016年12月26日)

第七条 刑事诉讼法第二百八十一条[1]第三款规定的"利害关系人"包括犯罪嫌疑人、被告人的近亲属和其他对申请没收的财产主张权利的自然人和单位。

刑事诉讼法第二百八十一条[2]第二款、第二百八十二条[3]第二款规定的"其他利害关系人"是指前款规定的"其他对申请没收的财产主张权利的自然人和单位"。

第八条 人民检察院向人民法院提出没收违法所得的申请,应当制作没收违法所得申请书。

没收违法所得申请书应当载明以下内容:

(一)犯罪嫌疑人、被告人的基本情况;

(二)案由及案件来源;

(三)犯罪嫌疑人、被告人涉嫌犯罪的事实及相关证据材料;

(四)犯罪嫌疑人、被告人逃匿、被通缉、脱逃、下落不明、死亡的情况;

(五)申请没收的财产的种类、数量、价值、所在地以及已查封、扣押、冻结财产清单

〔1〕 现行《刑事诉讼法》第二百九十九条。

〔2〕 现行《刑事诉讼法》第二百九十九条。

〔3〕 现行《刑事诉讼法》第三百条。

和相关法律手续;

(六)申请没收的财产属于违法所得及其他涉案财产的相关事实及证据材料;

(七)提出没收违法所得申请的理由和法律依据;

(八)有无利害关系人以及利害关系人的姓名、身份、住址、联系方式;

(九)其他应当载明的内容。

上述材料需要翻译件的,人民检察院应当将翻译件随没收违法所得申请书一并移送人民法院。

第九条 对于没收违法所得的申请,人民法院应当在三十日内审查完毕,并根据以下情形分别处理:

(一)属于没收违法所得申请受案范围和本院管辖,且材料齐全、有证据证明有犯罪事实的,应当受理;

(二)不属于没收违法所得申请受案范围或者本院管辖的,应当退回人民检察院;

(三)对于没收违法所得申请不符合"有证据证明有犯罪事实"标准要求的,应当通知人民检察院撤回申请,人民检察院应当撤回;

(四)材料不全的,应当通知人民检察院在七日内补送,七日内不能补送的,应当退回人民检察院。

第十条 同时具备以下情形的,应当认定为本规定第九条规定的"有证据证明有犯罪事实":

(一)有证据证明发生了犯罪事实;

(二)有证据证明该犯罪事实是犯罪嫌疑人、被告人实施的;

(三)证明犯罪嫌疑人、被告人实施犯罪行为的证据真实、合法。

第十一条 人民法院受理没收违法所得的申请后,应当在十五日内发布公告,公告期为六个月。公告期间不适用中止、中断、延长的规定。

公告应当载明以下内容:

(一)案由、案件来源以及属于本院管辖;

(二)犯罪嫌疑人、被告人的基本情况;

(三)犯罪嫌疑人、被告人涉嫌犯罪的事实;

(四)犯罪嫌疑人、被告人逃匿、被通缉、脱逃、下落不明、死亡的情况;

(五)申请没收的财产的种类、数量、价值、所在地以及已查封、扣押、冻结财产的清单和相关法律手续;

(六)申请没收的财产属于违法所得及其他涉案财产的相关事实;

(七)申请没收的理由和法律依据;

(八)利害关系人申请参加诉讼的期限、方式以及未按照该期限、方式申请参加诉讼可能承担的不利法律后果；

（九）其他应当公告的情况。

第十二条 公告应当在全国公开发行的报纸、信息网络等媒体和最高人民法院的官方网站刊登、发布，并在人民法院公告栏张贴。必要时，公告可以在犯罪地、犯罪嫌疑人、被告人居住地或者被申请没收财产所在地张贴。公告最后被刊登、发布、张贴日期为公告日期。人民法院张贴公告的，应当采取拍照、录像等方式记录张贴过程。

人民法院已经掌握境内利害关系人联系方式的，应当直接送达含有公告内容的通知；直接送达有困难的，可以委托代为送达、邮寄送达。经受送达人同意的，可以采用传真、电子邮件等能够确认其收悉的方式告知其公告内容，并记录在案；人民法院已经掌握境外犯罪嫌疑人、被告人、利害关系人联系方式，经受送达人同意的，可以采用传真、电子邮件等能够确认其收悉的方式告知其公告内容，并记录在案；受送达人未作出同意意思表示，或者人民法院未掌握境外犯罪嫌疑人、被告人、利害关系人联系方式，其所在地国（区）主管机关明确提出应当向受送达人送达含有公告内容的通知的，受理没收违法所得申请案件的人民法院可以决定是否送达。决定送达的，应当将公告内容层报最高人民法院，由最高人民法院依照刑事司法协助条约、多边公约，或者按照对等互惠原则，请求受送达人所在地国（区）的主管机关协助送达。

第十三条 利害关系人申请参加诉讼的，应当在公告期间内提出，并提供与犯罪嫌疑人、被告人关系的证明材料或者证明其可以对违法所得及其他涉案财产主张权利的证据材料。

利害关系人可以委托诉讼代理人参加诉讼。利害关系人在境外委托的，应当委托具有中华人民共和国律师资格并依法取得执业证书的律师，依照《最高人民法院关于适用〈中华人民共和国刑事诉讼法〉的解释》第四百零三条的规定对授权委托进行公证、认证。

利害关系人在公告期满后申请参加诉讼，能够合理说明理由的，人民法院应当准许。

第十四条 人民法院在公告期满后由合议庭对没收违法所得申请案件进行审理。

利害关系人申请参加及委托诉讼代理人参加诉讼的，人民法院应当开庭审理。利害关系人及其诉讼代理人无正当理由拒不到庭，且无其他利害关系人和其他诉讼代理人参加诉讼的，人民法院可以不开庭审理。

人民法院对没收违法所得申请案件开庭审理的，人民检察院应当派员出席。

人民法院确定开庭日期后，应当将开庭的时间、地点通知人民检察院、利害关系人及其诉讼代理人、证人、鉴定人员、翻译人员。通知书应当依照本规定第十二条第二款规定的方式至迟在开庭审理三日前送达；受送达人在境外的，至迟在开庭审理三十日前送达。

第十五条 出庭的检察人员应当宣读没收违法所得申请书，并在法庭调查阶段就申请没收的财产属于违法所得及其他涉案财产等相关事实出示、宣读证据。

对于确有必要出示但可能妨碍正在或者即将进行的刑事侦查的证据，针对该证据的法庭调查不公开进行。

利害关系人及其诉讼代理人对申请没收的财产属于违法所得及其他涉案财产等相关事实及证据有异议的，可以提出意见；对申请没收的财产主张权利的，应当出示相关证据。

第十六条 人民法院经审理认为，申请没收的财产属于违法所得及其他涉案财产的，除依法应当返还被害人的以外，应当予以没收；申请没收的财产不属于违法所得或者其他涉案财产的，应当裁定驳回申请，解除查封、扣押、冻结措施。

第十七条 申请没收的财产具有高度可能属于违法所得及其他涉案财产的，应当认定为本规定第十六条规定的"申请没收的财产属于违法所得及其他涉案财产"。

巨额财产来源不明犯罪案件中，没有利害关系人对违法所得及其他涉案财产主张权利，或者利害关系人对违法所得及其他涉案财产虽然主张权利但提供的相关证据没有达到相应证明标准的，应当视为本规定第十六条规定的"申请没收的财产属于违法所得及其他涉案财产"。

第十八条 利害关系人非因故意或者重大过失在第一审期间未参加诉讼，在第二审期间申请参加诉讼的，人民法院应当准许，并发回原审人民法院重新审判。

第十九条 犯罪嫌疑人、被告人逃匿境外，委托诉讼代理人申请参加诉讼，且违法所得或者其他涉案财产所在地国（区）主管机关明确提出意见予以支持的，人民法院可以准许。

人民法院准许参加诉讼的，犯罪嫌疑人、被告人的诉讼代理人依照本规定关于利害关系人的诉讼代理人的规定行使诉讼权利。

※法规解读：上述条文是对违法所得没收程序审理程序的规定。

具体而言，犯罪嫌疑人、被告人逃匿、死亡案件违法所得的没收审理程序包括申请、公告以及审理三个部分。该程序由人民检察院依法提出申请，人民法院对申请进行审查。根据本司法解释的规定，人民法院受理申请需要符合"有证据证明有犯罪事实"的条件，否则不予受理。受理案件后，人民法院应当在15日内发布为期为6个月的公告。利害关系人应当在公告期内提出参加诉讼的申请。公告期满后，人民法院应当依法采用合议庭方式对案件进行审理，以开庭审为原则，不开庭审为例外。人民检察院应当派员参加人民法院的开庭审理活动。

关联法规索引

《最高人民法院关于适用〈中华人民共和国刑事诉讼法〉的解释》第510～515条；《人民检察院刑事诉讼规则(试行)》第525～529条；《公安机关办理刑事案件程序规定》第329～330条

第三百条 【没收违法所得审理结果】人民法院经审理，对经查证属于违法所得及其他涉案财产，除依法返还被害人的以外，应当裁定予以没收；对不属于应当追缴的财产的，应当裁定驳回申请，解除查封、扣押、冻结措施。

对于人民法院依照前款规定作出的裁定，犯罪嫌疑人、被告人的近亲属和其他利害关系人或者人民检察院可以提出上诉、抗诉。

条文解读

本条是关于人民法院审理没收违法所得案件的裁决种类及救济手段的规定。

本条第1款是关于人民法院审理没收违法所得案件裁决种类的规定。经过人民法院的审理，对于相关财产而言有两种结果：一是认定相关财产为违法所得；二是不能认定相关财产为违法所得。若是认定为违法所得，首先需要将属于被害人的财产依法返还，其余部分人民法院应当作出裁定予以没收。若是人民法院不能认定财产系违法所得，应当依法裁定驳回申请，同时解除查封、扣押、冻结措施。

本条第2款规定了对人民法院裁决的救济。作为处分财产权的一种裁决，相关权利主体若是对人民法院的裁决有异议，可以依法进行救济。犯罪嫌疑人、被告人的近亲属和其他利害关系人对人民法院的裁决有异议的，依法享有上诉权。人民检察院认为人民法院裁定有错误的，有权进行抗诉。上诉、抗诉的期限为5日内。

配套法规及解读

《最高人民法院、最高人民检察院、公安部、国家安全部、司法部、全国人大常委会法制工作委员会关于实施刑事诉讼法若干问题的规定》(2012年12月26日)

39. 对于人民法院依法作出的没收违法所得的裁定，犯罪嫌疑人、被告人的近亲属和其他利害关系人或者人民检察院可以在五日内提出上诉、抗诉。

※法规解读：本条是对不服人民法院没收违法所得裁定救济的规定。

《刑事诉讼法》中明确规定了对没收违法所得裁定不服时，人民检察院享有抗诉权，犯罪嫌疑人、被告人的近亲属和其他利害关系人有上诉权。本条文进一步明确了上诉和抗诉的期限问题，与刑事诉讼对裁定的抗诉、上诉期限保持一致，为5日。

《最高人民法院、最高人民检察院关于适用犯罪嫌疑人、被告人逃匿、死亡案件违法所得没收程序若干问题的规定》(2017年1月4日)

第二十条　人民检察院、利害关系人对第一审裁定认定的事实、证据没有争议的，第二审人民法院可以不开庭审理。

第二审人民法院决定开庭审理的，应当将开庭的时间、地点书面通知同级人民检察院和利害关系人。

第二审人民法院应当就上诉、抗诉请求的有关事实和适用法律进行审查。

第二十一条　第二审人民法院对不服第一审裁定的上诉、抗诉案件，经审理，应当按照下列情形分别处理：

(一)第一审裁定认定事实清楚和适用法律正确的，应当驳回上诉或者抗诉，维持原裁定；

(二)第一审裁定认定事实清楚，但适用法律有错误的，应当改变原裁定；

(三)第一审裁定认定事实不清的，可以在查清事实后改变原裁定，也可以撤销原裁定，发回原审人民法院重新审判；

(四)第一审裁定违反法定诉讼程序，可能影响公正审判的，应当撤销原裁定，发回原审人民法院重新审判。

第一审人民法院对于依照前款第三项规定发回重新审判的案件作出裁定后，第二审人民法院对不服第一审人民法院裁定的上诉、抗诉，应当依法作出裁定，不得再发回原审人民法院重新审判。

※法规解读：上述条文是对犯罪嫌疑人、被告人逃匿、死亡案件违法所得二审程序的规定。

违法所得没收程序是利益相关人员财产权益的处分，为了更好地贯彻宪法中对于保障公民合法财产权益的规定，该程序中也规定了复审程序。该程序的第二审程序和普通程序一样，可以通过上诉或者抗诉的方式启动，人民法院依法对案件进行复审。人民法院对没收违法所得案件的第二审程序以开庭审理为原则，不开庭审理为例外。人民法院依照第二审程序对违法所得没收案件进行审理，既要对案件事实、证据进行系统的重新审查，同时也对第一审人民法院审理情况履行审判监督职权，对于第一审裁定违反法定诉讼程序，可能影响公正审判的，应当撤销原裁定，发回原审人民法院重新审判(为了防止案件无休止地在一审和二审法院之间进行循环，贯彻迅速审理原则，条文明确对发回原审法院的重审进行了限制)；其他情况，第二审人民法院依法分别作出裁判。

第二十二条　违法所得或者其他涉案财产在境外的，负责立案侦查的公安机关、人民检察院等侦查机关应当制作查封、扣押、冻结的法律文书以及协助执行查封、扣押、冻结的请求函，层报公安、检察院等各系统最高上级机关后，由公安、检察院等各系统最高上级机关依照刑事司法协助条约、多边公约，或者按照对等互惠原则，向违法所得或者其他涉案财产所在地国（区）的主管机关请求协助执行。

被请求国（区）的主管机关提出，查封、扣押、冻结法律文书的制发主体必须是法院的，负责立案侦查的公安机关、人民检察院等侦查机关可以向同级人民法院提出查封、扣押、冻结的申请，人民法院经审查同意后制作查封、扣押、冻结令以及协助执行查封、扣押、冻结令的请求函，层报最高人民法院后，由最高人民法院依照刑事司法协助条约、多边公约，或者按照对等互惠原则，向违法所得或者其他涉案财产所在地国（区）的主管机关请求协助执行。

请求函应当载明以下内容：

（一）案由以及查封、扣押、冻结法律文书的发布主体是否具有管辖权；

（二）犯罪嫌疑人、被告人涉嫌犯罪的事实及相关证据，但可能妨碍正在或者即将进行的刑事侦查的证据除外；

（三）已发布公告的，发布公告情况、通知利害关系人参加诉讼以及保障诉讼参与人依法行使诉讼权利等情况；

（四）请求查封、扣押、冻结的财产的种类、数量、价值、所在地等情况以及相关法律手续；

（五）请求查封、扣押、冻结的财产属于违法所得及其他涉案财产的相关事实及证据材料；

（六）请求查封、扣押、冻结财产的理由和法律依据；

（七）被请求国（区）要求载明的其他内容。

第二十三条 违法所得或者其他涉案财产在境外，受理没收违法所得申请案件的人民法院经审理裁定没收的，应当制作没收令以及协助执行没收令的请求函，层报最高人民法院后，由最高人民法院依照刑事司法协助条约、多边公约，或者按照对等互惠原则，向违法所得或者其他涉案财产所在地国（区）的主管机关请求协助执行。

请求函应当载明以下内容：

（一）案由以及没收令发布主体具有管辖权；

（二）属于生效裁定；

（三）犯罪嫌疑人、被告人涉嫌犯罪的事实及相关证据，但可能妨碍正在或者即将进行的刑事侦查的证据除外；

（四）犯罪嫌疑人、被告人逃匿、被通缉、脱逃、死亡的基本情况；

（五）发布公告情况、通知利害关系人参加诉讼以及保障诉讼参与人依法行使诉讼权利等情况；

（六）请求没收违法所得及其他涉案财产的种类、数量、价值、所在地等情况以及查封、扣押、冻结相关法律手续；

（七）请求没收的财产属于违法所得及其他涉案财产的相关事实及证据材料；

（八）请求没收财产的理由和法律依据；

（九）被请求国（区）要求载明的其他内容。

第二十四条 单位实施本规定第一条规定的犯罪后被撤销、注销，单位直接负责的主管人员和其他直接责任人员逃匿、死亡，导致案件无法适用刑事诉讼普通程序进行审理的，依照本规定第四条的规定处理。

※法规解读：该条是对违法所得或者其他涉案财产在境外情况下的刑事司法协助的规定。

违法所得没收程序是处理犯罪嫌疑人、被告人逃匿、死亡情况下的财产归属问题。实践表明，适用该程序的案件，违法所得或者其他涉案财产在境外的情况不在少数。为此，在办理此类案件的过程中，在调查、取证、追缴等多个环节中均可能会涉及国际刑事司法协助的问题。根据本条规定，有权对外提出国际刑事司法协助的机关为最高人民法院。具体受理没收违法所得申请案件的人民法院经审理裁定没收的，应当制作没收令以及协助执行没收令的请求函，层报最高人民法院后，由最高人民法院依照刑事司法协助条约、多边公约，或者按照对等互惠原则，向违法所得或者其他涉案财产所在地国（区）的主管机关请求协助执行。2018年10月26日通过并实施的《国际刑事司法协助法》第47条规定，办案机关需要外国协助没收违法所得及其他涉案财物的，应当制作刑事司法协助请求书并附相关材料，经所属主管机关审核同意后，由对外联系机关及时向外国提出请求。请求外国将违法所得及其他涉案财物返还中华人民共和国或者返还被害人的，可以在向外国提出没收请求时一并提出，也可以单独提出。外国对于返还被查封、扣押、冻结的违法所得及其他涉案财物有特殊要求的，在不违反中华人民共和国法律的基本原则的情况下，可以同意。需要由司法机关作出决定的，由人民法院作出决定。

关联法规索引

《国际刑事司法协助法》第47条、第48条；《最高人民法院关于适用〈中华人民共和国刑事诉讼法〉的解释》第516～518条；《人民检察院刑事诉讼规则（试行）》第536条

第三百零一条 【终止审理情形】 在审理过程中，在逃的犯罪嫌疑人、被告人自动投案或者被抓获的，人民法院应当终止审理。

没收犯罪嫌疑人、被告人财产确有错误的，应当予以返还、赔偿。

条文解读

本条共有2款，是关于终止审理犯罪嫌疑人、被告人逃匿、死亡案件违法所得没收程序及终止审理后对所涉财产的处理规定。

本条第1款规定了终止审理犯罪嫌疑人、被告人逃匿、死亡案件违法所得没收程序的适用条件。终止审理是诉讼程序的非正常结束，一般在案件没有继续审理的必要或者可能性的情况下适用。犯罪嫌疑人、被告人逃匿、死亡案件违法所得的没收程序是用来处理被追诉人长期逃匿或者死亡的情况下违法所得归属问题的特别程序。在案件审理的过程中，当在逃的犯罪嫌疑人自动投案或者被抓获的，被追诉人可以亲自出席法庭，参与案件审理活动，因而完全可以适用普通程序来解决被追诉人的刑事责任及违法所得的归属问题，特别程序的适用既没有必要，也没有意义。故而，应当终止已经开始的特别程序。

本条第2款是关于错误没收犯罪嫌疑人、被告人财产的法律救济规定。人民法院错误裁定没收犯罪嫌疑人、被告人财产的，若财产能够返还的，依法返还；不能返还的，以及由于错误没收而给当事人造成损失的，依法给予赔偿。

配套法规及解读

《国家赔偿法》(2012年10月26日修正)

第十八条 行使侦查、检察、审判职权的机关以及看守所、监狱管理机关及其工作人员在行使职权时有下列侵犯财产权情形之一的，受害人有取得赔偿的权利：

(一)违法对财产采取查封、扣押、冻结、追缴等措施的；

(二)依照审判监督程序再审改判无罪，原判罚金、没收财产已经执行的。

※法规解读：本条规定了受害人因刑事追诉及执行机关侵犯其财产权而申请赔偿的权利。

公民、法人和其他组织的合法财产权益依法受到宪法及相关法律的保护，严禁侵犯。国家专门机关在追诉和惩罚刑事犯罪的过程中，违法侵犯相关主体的财产权益的，受害人依法享有要求赔偿的权利。

具体情形包括两类：(1)违法对财产采取查封、扣押、冻结、追缴等措施的；(2)依照审判监督程序再审改判无罪,原判罚金、没收财产已经执行的。“违法对财产采取查封、扣押、冻结、追缴等措施的”包括不符合法定条件对财产采取相应的措施,或者对符合条件的采取相应的措施后,未按照法律的规定进行妥善的保管以致造成财产的毁损的情况。另外,根据本条第二项的规定,审判监督程序改判无罪后,对相关当事人的财产剥夺就没有了法律依据,故而应当实行恢复原状。因此造成损失的,应当赔偿。但是依据《最高人民法院关于适用〈中华人民共和国国家赔偿法〉若干问题的解释(一)》第7条的规定:“赔偿请求人认为行使侦查、检察、审判职权的机关以及看守所、监狱管理机关及其工作人员在行使职权时有修正的国家赔偿法第十七条第(一)、(二)、(三)项、第十八条规定情形的,应当在刑事诉讼程序终结后提出赔偿请求,但下列情形除外:(一)赔偿请求人有证据证明其与尚未终结的刑事案件无关的;(二)刑事案件被害人依据刑事诉讼法第一百九十八条的规定,以财产未返还或者认为返还的财产受到损害而要求赔偿的。”

《最高人民法院关于适用〈中华人民共和国刑事诉讼法〉的解释》(2012年12月20日)

第五百二十二条　没收违法所得裁定生效后,犯罪嫌疑人、被告人到案并对没收裁定提出异议,人民检察院向原作出裁定的人民法院提起公诉的,可以由同一审判组织审理。

人民法院经审理,应当按照下列情形分别处理:

(一)原裁定正确的,予以维持,不再对涉案财产作出判决;

(二)原裁定确有错误的,应当撤销原裁定,并在判决中对有关涉案财产一并作出处理。

人民法院生效的没收裁定确有错误的,除第一款规定的情形外,应当依照审判监督程序予以纠正。已经没收的财产,应当及时返还;财产已经上缴国库的,由原没收机关从财政机关申请退库,予以返还;原物已经出卖、拍卖的,应当退还价款;造成犯罪嫌疑人、被告人以及利害关系人财产损失的,应当依法赔偿。

※法规解读:本条是关于对没收违法所得裁定生效后续问题的处理规定。

没收违法所得裁定生效后,若发现其确有错误,一般情况下,应当依照审判监督程序进行重新审理。确为不应当没收的财产的,应当及时返还。因错误裁定给相关当事人造成损失的,则应当依法予以赔偿。

若没收违法所得裁定生效后,犯罪嫌疑人、被告人到案,并且对原没收裁定提出异议,同时,人民检察院也向原没收裁定作出的人民法院提起公诉的,为了节约诉讼资源,可以由同一审判组织进行审理。在案件审理的过程中,既要对定罪量刑问题作出裁判,同时也要对没收违法所得裁定进行审查。经审查,原生效没收违法所得裁定正确的,予以维持;错误的,则撤销原没收违法所得裁定,直接在刑事判决中,一并对涉案财产作出处理即可,无须启动审判监督程序改判。

关联法规索引

《人民检察院刑事诉讼规则(试行)》第522条

第五章　依法不负刑事责任的精神病人的强制医疗程序

本章介绍

本章从第 302 条至第 307 条，共 6 个条文，规定了依法不负刑事责任的精神病人强制医疗程序的适用范围、程序启动、程序启动方式、决定权限以及人民法院审理此类案件的适用程序、审理期限及救济。并且规定了强制医疗的定期评估及解除制度和人民检察院对该程序的法律监督。

第三百零二条　【强制医疗适用条件】实施暴力行为，危害公共安全或者严重危害公民人身安全，经法定程序鉴定依法不负刑事责任的精神病人，有继续危害社会可能的，可以予以强制医疗。

条文解读

本条是关于依法不负刑事责任的精神病人强制医疗程序适用条件的规定。

对依法不负刑事责任的精神病人进行强制医疗需要符合以下条件：

第一，主体条件：行为人为精神病人。是否属于精神病人，并非是一般的医疗诊断或者常识性判断，而是要经过法定程序进行鉴定。根据《刑事诉讼法》的规定，为了查明案情，需要解决案件中某些专门性问题的时候，应当指派、聘请有专门知识的人进行鉴定。且在庭审过程中，对于鉴定人作出的鉴定意见，公诉人、当事人和辩护人、诉讼代理人仍可以申请法庭通知有专门知识的人出庭，对鉴定意见进行质证和辩论。需要注意的是，根据《全国人民代表大会常务委员会关于司法鉴定管理问题的决定》，对法医类鉴定应当委托列入鉴定人名册的鉴定人进行鉴定，因而不再由省级人民政府规定的医院进行。若经过鉴定人鉴定及法庭质证后，最终认定行为人为不需要承担刑事责任的精神病人的，则符合本法规定的强制医疗程序适用对象要求。

第二，行为条件：实施暴力行为，且危害公共安全或者严重危害公民人身安全。虽然行为人为依法不负刑事责任的精神病人，但其所实施的行为危害性较小，或者范围局限，只需要责令家属对行为人的行为进行约束并积极治疗即可的，也没有对其进行强制医疗的必要。刑事诉讼中的强制医疗本质上是对公民自由权的限制与剥夺，按照刑事诉讼中的比例原则，强制医疗应与行为人的社会危害性和人身危险性相一致。

第三，社会危险性条件：有继续危害社会可能性。通常认为，刑事法领域中的强制医疗是保安处分的一种。对实施了危害行为的精神疾病患者适用的强制医疗措施，其目的在于消除精神病患者的人身危险性、防止再犯，达到防卫社会的目的。因此，如果没有继续危害社会可能性的，完全可以责令他的家属或者监护人严加看管和对其进行积极医疗，而不必对其采用强制医疗措施。

配套法规及解读

《刑法》(2017年11月4日修正)

第十八条第一款 精神病人在不能辨认或者不能控制自己行为的时候造成危害结果，经法定程序鉴定确认的，不负刑事责任，但是应当责令他的家属或者监护人严加看管和医疗；在必要的时候，由政府强制医疗。

※法规解读：本条明确规定了精神病人不承担刑事责任。

精神病是积极的刑事抗辩理由之一。主观上存在过错的行为才可能是犯罪。精神病人在不能辨认或者控制自己行为的时候所造成的损害或者危害，并非受其主观意识支配，因而不需要承担刑事责任。当然，行为人在行为时是否处于不能辨认或者控制自己行为的状态，需要进行专业性的评价，要由鉴定人进行鉴定才能确认。一旦认定行为人为精神病人，则行为人将不承担刑事责任。虽然如此，也不能对精神病人听之任之，仍需要对精神病人提供适度的关照和医疗。通常情况下，各个专门机关在不追究其刑事责任的同时，也应当责令精神病人的家属或者监护人对其严格看管，并积极进行治疗。在有必要的情况下，如精神病人的社会危害性较大，或者其家属、监护人难以对其进行有效看管等，应当由政府进行强制医疗。这样既为精神病人提供了医疗关怀，同时也较好地保障了社会和公众的安全。

《最高人民法院关于适用〈中华人民共和国刑事诉讼法〉的解释》(2012年12月20日)

第五百二十四条 实施暴力行为，危害公共安全或者严重危害公民人身安全，社会危害性已经达到犯罪程度，但经法定程序鉴定依法不负刑事责任的精神病人，有继续危害社会可能的，可以予以强制医疗。

※法规解读：本条是对强制医疗适用条件的规定，与《刑事诉讼法》第302条的规定一致。

关联法规索引

《治安管理处罚法》第13条;《保护司法人员依法履行法定职责规定》第17条

典型案例

徐某某强制医疗案[1]

※案情简介:被申请人徐某某在2007年下半年开始出现精神异常,表现为凭空闻声,认为别人在议论他,有人要杀他,紧张害怕,夜晚不睡,随时携带刀自卫,外出躲避。因未接受治疗,病情加重。2012年11月18日4时许,被申请人在其经常居住地听到有人开车来杀他,遂携带刀和榔头欲外出撞车自杀。其居住地的门卫张某某得知其出去要撞车自杀,未给其开门。被申请人见被害人手持一部手机,便认为被害人要叫人来对其加害。被申请人当即用携带的刀刺杀被害人身体,用榔头击打其头部,致其当场死亡。经法医学鉴定,被害人系头部受到钝器打击,造成严重颅脑损伤死亡。

2012年12月10日,被申请人被公安机关送往成都市第四人民医院住院治疗。2012年12月17日,成都精卫司法鉴定所接受成都市公安局武侯区分局的委托,对被申请人进行精神疾病及刑事责任能力鉴定,同月26日该所出具成精司鉴所(2012)病鉴字第105号鉴定意见书,载明:(1)被鉴定人徐某某目前患有精神分裂症,幻觉妄想型;(2)被鉴定人徐某某2012年11月18日4时作案时无刑事责任能力。2013年1月成都市第四人民医院对被申请人的病情作出证明,证实徐某某需要继续治疗。

四川省武侯区人民法院于2013年1月24日作出(2013)武侯刑强初字第1号强制医疗决定书:对被申请人徐某某实施强制医疗。

※裁判要旨:法院生效裁判认为,本案被申请人徐某某实施了故意杀人的暴力行为后,经鉴定属于依法不负刑事责任的精神疾病人,其妄想他人欲对其加害而必须携带刀等防卫工具外出的行为,在其病症未能减轻并需继续治疗的情况下,认定其放置社会有继续危害社会的可能。成都市武侯区人民检察院提出对被申请人强制医疗的申请成立,予以支持。诉讼代理人提出了被申请人是否有继续危害社会的可能应由医疗机构作出评估,本案没有医疗机构的评估报告,对被申请人的强制医疗的证据不充分的辩护意见。法院认为,在强制医疗中如何认定被申请人是否有继续危害社会的可能,需要根据以往被申请人的行为及本案的证据进行综合判断,而医疗机构对其评估也只是对其病情痊愈的评估,法律没有赋予医疗机构对患者是否有继续危害社会可能

---

[1] 本案根据最高人民法院第63号指导性案例整理(法〔2016〕214号,2016年6月30日)。

性方面的评估权利。本案被申请人的病症是被害幻觉妄想症,经常假想要被他人杀害,外出害怕被害必带刀等防卫工具。如果不加约束治疗,被申请人不可能不外出,其外出必携带刀的行为,具有危害社会的可能,故诉讼代理人的意见不予采纳。审理强制医疗案件,对被申请人或者被告人是否"有继续危害社会可能",应当综合被申请人或者被告人所患精神病的种类、症状,案件审理时其病情是否已经好转,以及其家属或者监护人有无严加看管和自行送医治疗的意愿和能力等情况予以判定。必要时,可以委托相关机构或者专家进行评估。

第三百零三条 【强制医疗决定程序】根据本章规定对精神病人强制医疗的,由人民法院决定。

公安机关发现精神病人符合强制医疗条件的,应当写出强制医疗意见书,移送人民检察院。对于公安机关移送的或者在审查起诉过程中发现的精神病人符合强制医疗条件的,人民检察院应当向人民法院提出强制医疗的申请。人民法院在审理案件过程中发现被告人符合强制医疗条件的,可以作出强制医疗的决定。

对实施暴力行为的精神病人,在人民法院决定强制医疗前,公安机关可以采取临时的保护性约束措施。

条文解读

本条共有3款,是关于精神病人强制医疗决定程序的规定。

根据本条第1款的规定,人民法院享有精神病人强制医疗的决定权。刑事法领域中的强制医疗本质也是对人身自由的一种剥夺,且时间具有一定的不确定性。为了更好地保障相关当事人的合法权益,并且保障强制医疗适用的正确性和适用标准的统一性,由人民法院适用审理程序决定。

刑事诉讼是由若干阶段构成的连续的整体,诉讼的不同阶段由不同的主体负责。在审前程序发现精神病人符合强制医疗条件的,根据本条第2款的规定,需要由人民检察院向人民法院提出强制医疗的申请,由人民法院对该申请进行审理后决定。如果是公安机关发现有精神病人符合强制医疗条件的,也应当按照刑事诉讼的基本流程,写出强制医疗意见书,移送人民检察院,再由人民检察院向人民法院提出申请。

人民检察院提出申请也好,人民法院对申请进行审理也罢,都是需要时间的。在审理程序结束之前,不能放任具有人身危险性的行为人继续危害社会和他人,因此本条第3款授权公安机关在人民法院作出强制医疗决定前,可以对实施暴力行为的精神病人采取临时的保护性约束措施。保护性约束是指在精神科医疗过程中,针对患者病情的特殊情况,对其紧急实施的一种强制性的限制其行为活动的医疗保护措施,它是精神科治疗护理这类特殊患者的方法之一,目的是最大限度地减少其他意外因素对患者的伤害。需要注意的是,这种保护性约束措施并非刑事诉讼的强制措施,该种保护性措施的实施以暴力行为的精神病人为对象,并且具有临时性特征。

配套法规及解读

《最高人民法院关于适用〈中华人民共和国刑事诉讼法〉的解释》(2012年12月20日)

第五百二十五条　人民检察院申请对依法不负刑事责任的精神病人强制医疗的案件,由被申请人实施暴力行为所在地的基层人民法院管辖;由被申请人居住地的人民法院审判更为适宜的,可以由被申请人居住地的基层人民法院管辖。

※法规解读:本条是关于对强制医疗案件管辖法院的规定。

根据本条规定,就级别管辖上而言,对依法不负刑事责任的精神病人强制医疗案件的审理由基层人民法院负责;就地域管辖上而言,对依法不负刑事责任的精神病人强制医疗案件的审理以行为所在地管辖法院为主,以被申请人居住地法院管辖为辅。与此相适应,《人民检察院刑事诉讼规则(试行)》第541条规定,强制医疗的申请由被申请人实施暴力行为所在地的基层人民检察院提出;由被申请人居住地的人民检察院提出更为适宜的,可以由被申请人居住地的基层人民检察院提出。

《公安机关办理刑事案件程序规定》(2012年12月13日修订)

第三百三十一条　公安机关发现实施暴力行为,危害公共安全或者严重危害公民人身安全的犯罪嫌疑人,可能属于依法不负刑事责任的精神病人的,应当对其进行精神病鉴定。

※法规解读:本条是关于公安机关对疑似暴力行为人进行精神病鉴定的规定。

公安机关肩负着维护社会治安的任务。一般情况下,公安机关发现实施暴力行为,危害公共安全或者危害公民个人人身安全的嫌疑人时,就应当依法处置。《精神卫生法》第28条第2款、第3款规定:疑似精神障碍患者发生伤害自身、危害他人安全的行为,或者有伤害自身、危害他人安全的危险的,其近亲属、所在单位、当地公安机关应当立即采取措施予以制止,并将其送往医疗机构进行精神障碍诊断。医疗机构接到送诊的疑似精神障碍患者,不得拒绝为其作出诊断。因此,当公安机关发现嫌疑人有可能是精神病人的情况时,就需要对其行为人进行精神病鉴定,通过法定的方式对嫌疑人的精神状态进行判断,以便决定下一步对其进行如何处置。

第三百三十二条　对经法定程序鉴定依法不负刑事责任的精神病人,有继续危害社会可能,符合强制医疗条件的,公安机关应当在七日以内写出强制医疗意见书,经县级以上公安机关负责人批准,连同相关证据材料和鉴定意见一并移送同级人民检察院。

※法规解读:本条是关于对公安机关提出强制医疗意见的规定。

公安机关对于经法医鉴定确认为依法不负刑事责任的精神病人,且判断其有继续危害社会的可能性,符合法定的强制医疗条件的情况,公安机关就一定在法定期限内:7日,撰写强制医疗意见书,由县级以上公安机关负责人批准后,将相关的案件材料和鉴定意见等,一起移送至同级人民检察院,交由人民检察院处置。

第三百三十三条 对实施暴力行为的精神病人,在人民法院决定强制医疗前,经县级以上公安机关负责人批准,公安机关可以采取临时的保护性约束措施。必要时,可以将其送精神病医院接受治疗。

※法规解读:本条是对实施暴力行为的精神病人采取临时的保护性约束措施的规定。

根据法律规定,对实施暴力行为的精神病人的强制医疗决定需要由人民法院作出。对依法不负刑事责任的精神病人的强制医疗的决定程序的进行需要经历一定的时间。在人民法院的最终决定作出之前,公安机关不能放任有社会危害性的人恣意妄为,为此,本条授权公安机关经过县级以上公安机关负责人批准,有权对有实施暴力行为的精神病人采用临时的保护性约束措施。

对该项权利,《人民警察法》第14条亦有明确的规定:公安机关的人民警察对严重危害公共安全或者他人人身安全的精神病人,可以采取保护性约束措施。需要送往指定的单位、场所加以监护的,应当报请县级以上人民政府公安机关批准,并及时通知其监护人。根据《公安部关于〈人民警察法〉第十四条规定的"保护性约束措施"是否包括使用警械的批复》,公安机关的人民警察对严重危害公共安全或者他人人身安全的精神病人,可以采取保护性约束措施,包括使用警绳、手铐等约束性警械。

《精神卫生法》第40条规定,精神障碍患者在医疗机构内发生或者将要发生伤害自身、危害他人安全、扰乱医疗秩序的行为,医疗机构及其医务人员在没有其他可替代措施的情况下,可以实施约束、隔离等保护性医疗措施。实施保护性医疗措施应当遵循诊断标准和治疗规范,并在实施后告知患者的监护人。

禁止利用约束、隔离等保护性医疗措施惩罚精神障碍患者。

第三百三十四条 采取临时的保护性约束措施时,应当对精神病人严加看管,并注意约束的方式、方法和力度,以避免和防止危害他人和精神病人的自身安全为限度。

对于精神病人已没有继续危害社会可能,解除约束后不致发生社会危险性的,公安机关应当及时解除保护性约束措施。

※法规解读：临时的保护性约束措施，顾名思义，其具有临时性、保护性、约束性的特征。临时性，是从时间上而言的，此时，人民法院的强制医疗决定尚未作出，且精神病人处于有社会危险性的期间，该措施与精神病人的危害能力和时间持续长短有关。保护性，即从社会角度而言，保障社会公共安全，也从普通社会公民的角度而言，保护他们的人身和财产安全；精神病人的自身安全而言，保护其不受到自己及他人和不可预知风险的危害。约束性，主要从精神病人的人身自由角度而言，公安机关采用的措施，要使精神病人的活动受到一定的限制和拘束，保护性的目的正是通过约束性的措施来实现的。公安机关依法对精神病人采用了临时的保护性约束措施，同时也要对其进行密切的看管，防止发生意外。

同时对精神病人采用的临时的保护性约束措施要与精神病人的发病程度、社会危害性保持一致。适用减持比例原则，注意约束的方式、方法以及力度，只要能达到防止和避免危害他人和精神病人的自身安全即可。

临时的保护性约束措施的减持比例原则也强调，当精神病人已经没有继续危害社会的可能性时，就要对其解除约束。

关联法规索引

《禁毒法》第37条；《精神卫生法》第28条；《人民警察法》第14条；《最高人民检察院关于审查起诉期间犯罪嫌疑人脱逃或者患有严重疾病的应当如何处理的批复》四；《人民检察院刑事诉讼规则（试行）》第540条、第541条；《公安部关于〈人民警察法〉第十四条规定的“保护性约束措施”是否包括使用警械的批复》；《司法行政机关强制隔离戒毒工作规定》第40条；《公安部关于公安机关办理醉酒驾驶机动车犯罪案件的指导意见》第3条；《公安机关强制隔离戒毒所管理办法》第45条；《拘留所条例实施办法》第46条

典型案例

马冰法医精神病鉴定案[1]

※案情简介：马冰（化名）认为他偷盗邻居张三（化名）的弟弟花生之事被张三发现，还被张三的儿子发到网上。他时常感觉张三在夜间砸他家的墙，遂怀恨在心，购买刀具伺机报复。2012年9月12日上午9时许，马冰朝张三兄弟家的夹道里扔石头，张

〔1〕本案根据《司法部发布三个司法鉴定指导案例》（2018年4月12日）中09号指导案例整理。

三发现后双方争执,马冰持刀刺中张三,并在追赶张三中连续刺其胸部、腰部、背部11刀,致张三心脏破裂死亡。作案后,马冰在家中被抓获。他供述,杀死张三是因为2012年农历3月听村民李四(化名)说,张三的儿子在网上说他偷花生的事,还说村里人都是这么说的,认为是张三告诉他儿子的。还有农历正月,自己在家时常听见后墙响,认为一定是张三砸他家的墙,马冰两次去砸张三家的墙,均被张三发现。

办案机关调查发现,马冰时年24岁,身体健康。父亲早故,母亲改嫁,与爷爷相依为命。爷爷与张氏兄弟交好,常托付他们教育马冰。马冰小学毕业后不再念书,平时宅在家里,不爱说话,比较老实不惹事。考虑马冰家族未发现精神病史,平素未见其精神异常,加上作案动机明确,辩护人未提出,司法机关未进行法医精神病鉴定。

一审马冰因犯故意杀人罪被判处死刑。二审时律师调查发现马冰所称张三儿子在网上公布其偷花生一事纯系乌有,村民李四当时外出打工,从未向马冰说及此事,感觉马冰可能存在精神异常,申请进行法医精神病鉴定。法院审查后认为辩护律师的申请符合本案实际,确有必要进行鉴定,遂批准委托司法鉴定机构对马冰作案时是否有精神障碍进行鉴定,如果有精神障碍,评定其刑事责任能力(精神障碍对其作案行为辨认和控制能力的影响程度)。

司法鉴定科学技术研究所司法鉴定中心依法受理委托,指派三名具有法医精神病鉴定资格的鉴定人进行鉴定。鉴定人认真查阅了卷宗中文书、询问笔录、讯问笔录、一审判决书。向看守所管教人员调查了解马冰的表现和生活情况,管教人员反映马冰在关押期间表现得越来越内向,沉默少语,死刑判决后表示不上诉,问他有什么想法就"嘿嘿"笑两声,人变得越来越懒,不讲卫生,时而莫名发笑,有点痴呆。精神检查发现,马冰意识清楚,情感淡漠,目光茫然,不时莫名独自发笑。他说,偷花生的事被上网公布是听李四站在李家院子里说的,杀人也是因为此事。还经常听见张三说他的坏话,内容是说他偷东西一年多了,在看守所都能听见,作案前也听到其他不熟悉的人说他坏话,男声女声都有,但是就是找不到人。他坚信是张三儿子把他偷花生的事在网上公布的,他对被判死刑感到无所谓。

鉴定人分析认为,马冰无端怀疑自己偷花生一事被人在网上公布,怎样解释说服都无效,还凭空听见旁人说他坏话、听到有人砸他家墙壁,应该属于妄想与幻听,症状已持续一年多,涉案阶段也是如此,作案行为与精神症状直接相关,被精神症状驱动,丧失了对作案行为的实质性辨认能力。按照现行精神障碍诊断标准及刑事责任能力评定规范综合判断,鉴定意见为:马冰患"精神分裂症",作案时处于发病期,受精神病的影响,实质性辨认和控制能力完全丧失,应评定为无刑事责任能力。

二审法院通知鉴定人出庭作证。法庭上,被害人的代理人、公诉人提出质疑,马冰在作案前并没有表现出任何精神异常,仅凭管教的点滴反映,为什么鉴定为精神病?

会不会是伪装精神病?

鉴定人回答说:法医精神病鉴定首先要排除伪装的可能。本案被鉴定人马冰从未接触过精神病学知识,其症状出现、演化符合疾病发展规律,到案后供述前后一致,旁证调查证实其怀疑内容的荒唐性。检查时症状流露自然,否认自己有精神病,据此可排除伪装精神病可能。精神分裂症是一组病因未明的精神病,多起病于青壮年,症状表现多样,具有思维、情感、行为等多方面障碍及精神活动不协调,诊断标准非常严格。大家比较容易发现、认同以行为紊乱为主要表现的所谓“武疯子”,但是以思维障碍为主的“文疯子”的异常行为或精神活动比较隐蔽,一般人难以察觉其存在精神异常。如本案的马冰,周围人觉得他只是不愿与人多接触,年轻怕吃苦不愿外出打工,只有深入了解后才能发现他在偷花生后,逐渐出现了无端怀疑被人网上传播、凭空听见周围人议论此事,讲他坏话,砸他家墙壁等,现实检验能力丧失,与检查所见相互印证,其表现完全符合诊断精神分裂症的症状标准、病程标准、严重程度标准和排除标准,因此鉴定结论为马冰患有精神病。

经审理,法院采信司法鉴定意见,认定马冰作案时处于精神病的发病期,辨认和控制能力完全丧失,未追究其刑事责任,转而依法对其实施强制医疗。

※裁判要旨:法医精神病鉴定:是运用司法精神病学的理论和方法,对涉及与法律有关的精神状态、法定能力(如刑事责任能力、受审能力、服刑能力、民事行为能力、监护能力、被害人自我防卫能力、作证能力等)、精神损伤程度、智能障碍等问题进行鉴定。

精神分裂症是精神病中一种常见类型,症状表现多样化,一些患者在一般人看来并不认为其有精神病,但在涉及妄想内容时,病人出现病态的推理和过激行为,给公共安全带来极大危害。本案二审时,辩护人及时发现并提出鉴定申请,经鉴定人鉴定,马冰作案时处于精神病发病期,无辨认和控制行为的能力,因此并未追究其刑事责任,而是依法对其实施强制医疗。人民法院的做法符合《刑事诉讼法》第303条第2款的规定,既保障了马某的合法权益,也有效防止了可能对社会公众造成的不良影响。

第三百零四条　【强制医疗案件审理程序】人民法院受理强制医疗的申请后,应当组成合议庭进行审理。

人民法院审理强制医疗案件,应当通知被申请人或者被告人的法定代理人到场。被申请人或者被告人没有委托诉讼代理人的,人民法院应当通知法律援助机构指派律师为其提供法律帮助。

条文解读

本条共有 2 款,是关于强制医疗案件审判组织形式和诉讼参与人的规定。

本条第 1 款明确规定,人民法院审理强制医疗案件的审判组织形式只能为合议庭。

为了更好地保障精神病人的合法权益,人民法院在案件审理过程中需要通知其法定代理人到场。涉案行为人已被法定鉴定机构鉴定为精神病人,系无行为能力人,无须承担刑事责任。无行为能力人无法通过自己的意志表达和行为实施保护自身合法权益,根据法律规定,这样的主体需要由其法定代理人帮助其完成诉讼,代享其诉讼权利,代行其诉讼义务。法定代理人同时可以为其委托诉讼代理人,以更好地保障其权利。如果被申请人或者被告人没有委托诉讼代理人的,则该种情形属于法律援助的范围,人民法院有义务通知法律援助机构指派律师为其提供法律帮助。

配套法规及解读

《最高人民法院关于适用〈中华人民共和国刑事诉讼法〉的解释》(2012 年 12 月 20 日)

第五百二十六条 对人民检察院提出的强制医疗申请,人民法院应当审查以下内容:

(一)是否属于本院管辖;

(二)是否写明被申请人的身份,实施暴力行为的时间、地点、手段、所造成的损害等情况,并附相关证据材料;

(三)是否附有法医精神病鉴定意见和其他证明被申请人属于依法不负刑事责任的精神病人的证据材料;

(四)是否列明被申请人的法定代理人的姓名、住址、联系方式;

(五)需要审查的其他事项。

第五百二十七条 对人民检察院提出的强制医疗申请,人民法院应当在七日内审查完毕,并按照下列情形分别处理:

(一)不属于本院管辖的,应当退回人民检察院;

(二)材料不全的,应当通知人民检察院在三日内补送;

(三)属于强制医疗程序受案范围和本院管辖,且材料齐全的,应当受理。

第五百二十八条 审理强制医疗案件,应当通知被申请人或者被告人的法定代理人到场。被申请人或者被告人没有委托诉讼代理人的,应当通知法律援助机构指派律师担任其诉讼代理人,为其提供法律帮助。

第五百二十九条 审理强制医疗案件,应当组成合议庭,开庭审理。但是,被申请人、被告人的法定代理人请求不开庭审理,并经人民法院审查同意的除外。

审理人民检察院申请强制医疗的案件,应当会见被申请人。

第五百三十条 开庭审理申请强制医疗的案件,按照下列程序进行:

(一)审判长宣布法庭调查开始后,先由检察员宣读申请书,后由被申请人的法定代理人、诉讼代理人发表意见;

(二)法庭依次就被申请人是否实施了危害公共安全或者严重危害公民人身安全的暴力行为、是否属于依法不负刑事责任的精神病人、是否有继续危害社会的可能进行调查;调查时,先由检察员出示有关证据,后由被申请人的法定代理人、诉讼代理人发表意见、出示有关证据,并进行质证;

(三)法庭辩论阶段,先由检察员发言,后由被申请人的法定代理人、诉讼代理人发言,并进行辩论。

被申请人要求出庭,人民法院经审查其身体和精神状态,认为可以出庭的,应当准许。出庭的被申请人,在法庭调查、辩论阶段,可以发表意见。

检察员宣读申请书后,被申请人的法定代理人、诉讼代理人无异议的,法庭调查可以简化。

第五百三十一条 对申请强制医疗的案件,人民法院审理后,应当按照下列情形分别处理:

(一)符合刑事诉讼法第二百八十四条[1]规定的强制医疗条件的,应当作出对被申请人强制医疗的决定;

(二)被申请人属于依法不负刑事责任的精神病人,但不符合强制医疗条件的,应当作出驳回强制医疗申请的决定;被申请人已经造成危害结果的,应当同时责令其家属或者监护人严加看管和医疗;

(三)被申请人具有完全或者部分刑事责任能力,依法应当追究刑事责任的,应当作出驳回强制医疗申请的决定,并退回人民检察院依法处理。

第五百三十二条 第一审人民法院在审理案件过程中发现被告人可能符合强制医疗条件的,应当依照法定程序对被告人进行法医精神病鉴定。经鉴定,被告人属于依法不负刑事责任的精神病人的,应当适用强制医疗程序,对案件进行审理。

开庭审理前款规定的案件,应当先由合议庭组成人员宣读对被告人的法医精神病鉴定意见,说明被告人可能符合强制医疗的条件,后依次由公诉人和被告人的法定代理人、诉讼代理人发表意见。经审判长许可,公诉人和被告人的法定代理人、诉讼代理人可以进行辩论。

---

[1] 现行《刑事诉讼法》第三百零二条。

第五百三十三条 对前条规定的案件，人民法院审理后，应当按照下列情形分别处理：

（一）被告人符合强制医疗条件的，应当判决宣告被告人不负刑事责任，同时作出对被告人强制医疗的决定；

（二）被告人属于依法不负刑事责任的精神病人，但不符合强制医疗条件的，应当判决宣告被告人无罪或者不负刑事责任；被告人已经造成危害结果的，应当同时责令其家属或者监护人严加看管和医疗；

（三）被告人具有完全或者部分刑事责任能力，依法应当追究刑事责任的，应当依照普通程序继续审理。

第五百三十四条 人民法院在审理第二审刑事案件过程中，发现被告人可能符合强制医疗条件的，可以依照强制医疗程序对案件作出处理，也可以裁定发回原审人民法院重新审判。

第五百三十五条 人民法院决定强制医疗的，应当在作出决定后五日内，向公安机关送达强制医疗决定书和强制医疗执行通知书，由公安机关将被决定强制医疗的人送交强制医疗。

※法规解读：上述条文是对人民法院审理强制医疗案件的程序规定。

人民法院审理强制医疗案件，也要经过案件审查、受理、法庭审理等阶段。

根据条文规定，人民法院对人民检察院提出的强制医疗申请主要进行形式审查，只要申请文件形式合格、完备，人民法院即受理该案件。人民法院对该类案件采用合议庭的审判组织形式，审理方式以开庭审理为主，不开庭审理为辅。采用不开庭方式审理的，需要被申请人、被告人的法定代理人请求，并经人民法院审查同意。庭审过程中，要对相关情况进行法庭调查及法庭辩论，以便人民法院依据具体的情况作出不同的处理判定。

人民法院决定强制医疗决定的，由公安机关负责执行，将被执行人送交强制医疗。

关联法规索引

《人民检察院刑事诉讼规则（试行）》第 542 ~ 545 条、第 549 条；《公安机关办理刑事案件程序规定》第 332 条

第三百零五条 【强制医疗案件审理期限及救济方式】人民法院经审理，对于被申请人或者被告人符合强制医疗条件的，应当在一个月以内作出强制医疗的决定。

被决定强制医疗的人、被害人及其法定代理人、近亲属对强制医疗决定不服的,可以向上一级人民法院申请复议。

条文解读

本条共有2款,是关于强制医疗案件审理期限及救济程序的规定。

根据本条第1款的规定,人民法院审理强制医疗案件的期限最长为1个月。对于符合强制医疗条件的,作出强制医疗决定。裁判文书的形式为"决定"。

本条第2款规定了对人民法院强制医疗决定的救济程序。对人民法院经过审理作出的强制医疗决定的救济方式为复议。复议机关为上一级人民法院。其利益受到该决定影响的主体,包括被决定强制医疗的人、被害人及其法定代理人、近亲属有权依法寻求救济,依法有权向上一级人民法院申请复议。

配套法规及解读

《最高人民法院关于适用〈中华人民共和国刑事诉讼法〉的解释》(2012年12月20日)

第五百三十六条 被决定强制医疗的人、被害人及其法定代理人、近亲属对强制医疗决定不服的,可以自收到决定书之日起五日内向上一级人民法院申请复议。复议期间不停止执行强制医疗的决定。

※法规解读:本条是对人民法院强制医疗决定不服的申请复议的规定。

根据本条规定,对人民法院作出的强制医疗决定不服的,有权申请复议的主体主要为两类:被决定强制医疗的人一方,被害人一方。申请复议的主体包括他们本人及其法定代理人、近亲属。申请复议的时间为收到决定书之日起5日内。对强制医疗决定进行复议的机关为作强制医疗决定法院的上一级法院。

另外,对强制医疗决定进行复议,还有一个重要的原则:复议期间不停止执行。允许复议,为当事人进行权利救济提供了有效的途径,不停止原决定的执行,主要是为了最大限度地保障社会公众利益,防止可能发生的社会危险性。

第五百三十七条 对不服强制医疗决定的复议申请,上一级人民法院应当组成合议庭审理,并在一个月内,按照下列情形分别作出复议决定:

(一)被决定强制医疗的人符合强制医疗条件的,应当驳回复议申请,维持原决定;

(二)被决定强制医疗的人不符合强制医疗条件的,应当撤销原决定;

(三)原审违反法定诉讼程序,可能影响公正审判的,应当撤销原决定,发回原审人民法院重新审判。

※法规解读：本条是对上一级人民法院审理复议强制医疗案件的审判组织形式、审理期限和决定类型的规定。

根据本条规定，上一级人民法院审理复议强制医疗案件的审判组织形式依然为合议庭。审理期限为最长一个月。上一级人民法院对强制医疗案件进行复议审理后，能够做出三种类型的决定：维持、撤销、发回重审。

第三百零六条　【定期诊断评估制度及强制医疗措施解除】强制医疗机构应当定期对被强制医疗的人进行诊断评估。对于已不具有人身危险性，不需要继续强制医疗的，应当及时提出解除意见，报决定强制医疗的人民法院批准。

被强制医疗的人及其近亲属有权申请解除强制医疗。

条文解读

本条共有2款，是关于被强制医疗人员定期诊断评估制度及强制医疗措施的解除的规定。

本条第1款是关于被强制医疗人员定期诊断评估制度的规定。由于对精神病人的病情及危害性的诊断和考察具有相当的专业性，为此本条规定由强制医疗机构负责对被强制医疗对象进行定期诊断和评估。根据《刑事诉讼法》第302条的规定，强制医疗程序适用于具有暴力倾向的社会危害性较大的精神病人。之所以进行强制医疗一方面是本着医疗人道主义精神治病救人，另一方面也是为了保障社会公共安全。但是强制医疗措施其本质上是一种保安处分，这就决定了其适用的条件性和非长期性。何时解除强制医疗需要对强制医疗对象进行考察和评估后决定。另外，由于强制医疗带有一定的人身强制性，根据刑事司法中的比例原则，当强制医疗对象的病情好转，社会危害性降低，不必要再继续对其进行强制医疗时，强制医疗就不再具有正当性。因此，不管从保障被强制医疗对象人权的角度考虑，还是从节约诉讼资源的角度考虑，均应当实施定期诊断评估制度，以便根据具体情况调整策略。

经强制医疗机构对被强制对象诊断评估后，有两种可能性：一种是人身危险性仍然存在，则需要继续强制医疗；另一种是精神病人经过强制医疗已经治愈或者虽未治愈，但已不具有人身危险性或人身危险性降低，不再需要继续强制医疗的，则强制医疗机构应当提出解除意见，并报请作出强制医疗决定的人民法院批准。需要注意的是，强制医疗决定是一种司法决定，强制医疗机构只享有提出解除强制医疗意见的权利，有权作出解除强制医疗决定的只能是人民法院。

根据本条第2款的规定，在被强制医疗期间，被强制医疗的人本人及其近亲属有向人民法院提出解除强制医疗的申请权。这是赋予被强制医疗人一方的救济权利。当被强制医疗人自己或者他的近亲属觉得其病情好转，社会危险性降低等，已经不再符合强制医疗条件时，也可以据此向人民法院提出申请，由人民法院对情况进行再次审查和判决。但是是否要解除强制医疗，由人民法院决定。

配套法规及解读

《最高人民法院关于适用〈中华人民共和国刑事诉讼法〉的解释》(2012年12月20日)

第五百四十条　被强制医疗的人及其近亲属申请解除强制医疗的，应当向决定强制医疗的人民法院提出。

被强制医疗的人及其近亲属提出的解除强制医疗申请被人民法院驳回，六个月后再次提出申请的，人民法院应当受理。

第五百四十一条　强制医疗机构提出解除强制医疗意见，或者被强制医疗的人及其近亲属申请解除强制医疗的，人民法院应当审查是否附有对被强制医疗的人的诊断评估报告。

强制医疗机构提出解除强制医疗意见，未附诊断评估报告的，人民法院应当要求其提供。

被强制医疗的人及其近亲属向人民法院申请解除强制医疗，强制医疗机构未提供诊断评估报告的，申请人可以申请人民法院调取。必要时，人民法院可以委托鉴定机构对被强制医疗的人进行鉴定。

第五百四十二条　强制医疗机构提出解除强制医疗意见，或者被强制医疗的人及其近亲属申请解除强制医疗的，人民法院应当组成合议庭进行审查，并在一个月内，按照下列情形分别处理：

（一）被强制医疗的人已不具有人身危险性，不需要继续强制医疗的，应当作出解除强制医疗的决定，并可责令被强制医疗的人的家属严加看管和医疗；

（二）被强制医疗的人仍具有人身危险性，需要继续强制医疗的，应当作出继续强制医疗的决定。

人民法院应当在作出决定后五日内，将决定书送达强制医疗机构、申请解除强制医疗的人、被决定强制医疗的人和人民检察院。决定解除强制医疗的，应当通知强制医疗机构在收到决定书的当日解除强制医疗。

※法规解读：上述条文规定了人民法院审理解除强制医疗申请的程序。

强制医疗是对于具有社会危险性、人身危险性，且不具有刑事责任能力的精神病人的一种兼具强制性和医疗性的处置方式。当被强制医疗人员的精神状态有所好转，或者相应的社会危险性、人身危险性降低后，强制医疗的措施就不具有恰当性。根据法律规定，被强制医疗人本人及其近亲属，及强制医疗机构，均具有申请解除强制医疗的权利。被强制医疗人本人及其近亲属申请解除强制医疗，两次申请之间应当间隔6个月。

对申请解除强制医疗的案件，由原决定强制医疗的人民法院管辖，人民法院根据被强制医疗的人的诊断评估报告或者鉴定机构的鉴定报告对被强制医疗人员的情况进行判断，以便做出处理决定。人民法院审理解除强制医疗申请，依然采用合议制方式，审理期限最长仍为1个月。

第三百零七条 【检察机关法律监督】人民检察院对强制医疗的决定和执行实行监督。

条文解读

本条是关于人民检察院对强制医疗决定及执行活动进行监督的规定。

人民检察院是我国专门的法律监督机关，对刑事诉讼活动依法进行监督。对不负刑事责任的精神病人的强制医疗决定及执行都是刑事诉讼活动的一部分，属于人民检察院检察监督的范围。人民检察院对强制医疗决定及执行的监督具体包括强制医疗决定的申请、决定是否正确、程序是否合法、执行是否适当、解除是否适时等内容。

配套法规及解读

《最高人民法院关于适用〈中华人民共和国刑事诉讼法〉的解释》(2012年12月20日)

第五百四十三条 人民检察院认为强制医疗决定或者解除强制医疗决定不当，在收到决定书后二十日内提出书面纠正意见的，人民法院应当另行组成合议庭审理，并在一个月内作出决定。

※法规解读：本条规定了人民法院对人民检察院就强制医疗相关决定提出纠正意见案件的审理。

人民检察院是我国专门的法律监督机关，对整个刑事诉讼活动进行监督，强制医疗的决定及执行程序也包含在内。当检察机关认为人民法院作出的强制医疗决定或者解除强制决定不正确时，其有义务在法定期间内：收到决定书后20日内，对此提出书面纠正意见。人民法院接到人民检察院提出的纠正意见后，有义务另行组成合议庭对案件进行审理，审理的期限仍为1个月。

《人民检察院刑事诉讼规则(试行)》(2012年11月22日修订)

第六百六十一条 人民检察院对强制医疗执行活动是否合法实行监督。

强制医疗执行监督由人民检察院监所检察部门负责。

第六百六十二条 人民检察院对强制医疗的交付执行活动实行监督。发现交付执行机关未及时交付执行等违法情形的，应当依法提出纠正意见。

第六百六十三条 人民检察院在强制医疗执行监督中发现被强制医疗的人不符合强制医疗条件或者需要依法追究刑事责任，人民法院作出的强制医疗决定可能错误的，应当在五日以内报经检察长批准，将有关材料转交作出强制医疗决定的人民法院的同级人民检察院。收到材料的人民检察院公诉部门应当在二十日以内进行审查，并将审查情况和处理意见反馈负责强制医疗执行监督的人民检察院。

第六百六十四条 人民检察院发现强制医疗机构有下列情形之一的，应当依法提出纠正意见：

(一)对被决定强制医疗的人应当收治而拒绝收治的；

(二)收治的法律文书及其他手续不完备的；

(三)没有依照法律、行政法规等规定对被决定强制医疗的人实施必要的医疗的；

(四)殴打、体罚、虐待或者变相体罚、虐待被强制医疗的人，违反规定对被强制医疗的人使用械具、约束措施，以及其他侵犯被强制医疗的人合法权利的；

(五)没有依照规定定期对被强制医疗的人进行诊断评估的；

(六)对于被强制医疗的人不需要继续强制医疗的，没有及时提出解除意见报请决定强制医疗的人民法院批准的；

(七)对被强制医疗的人及其近亲属、法定代理人提出的解除强制医疗的申请没有及时进行审查处理，或者没有及时转送决定强制医疗的人民法院的；

(八)人民法院作出解除强制医疗决定后，不立即办理解除手续的；

(九)其他违法情形。

对强制医疗机构违法行为的监督，参照本规则第六百三十二条的规定办理。

第六百六十五条 人民检察院应当受理被强制医疗的人及其近亲属、法定代理人的控告、举报和申诉，并及时审查处理。对控告人、举报人、申诉人要求回复处理结果的，人民检察院监所检察部门应当在十五日以内将调查处理情况书面反馈控告人、举报人、申诉人。

人民检察院监所检察部门审查不服强制医疗决定的申诉，认为原决定正确、申诉理由不成立的，可以直接将审查结果答复申诉人；认为原决定可能错误，需要复查的，应当移送作出强制医疗决定的人民法院的同级人民检察院公诉部门办理。

第六百六十六条 人民检察院监所检察部门收到被强制医疗的人及其近亲属、法定代理人解除强制医疗决定的申请后，应当及时转交强制医疗机构审查，并监督强制医疗机构是否及时审查、审查处理活动是否合法。

第六百六十七条 人民检察院对于人民法院批准解除强制医疗的决定实行监督，发现人民法院解除强制医疗的决定不当的，应当依法向人民法院提出纠正意见。

※法规解读：上述条文规定在《人民检察院刑事诉讼规则（试行）》第14章“刑事诉讼法律监督”之第9节“强制医疗执行监督”中，是检察机关对强制医疗执行过程进行监督的规定。

人民检察院对强制医疗执行活动进行监督的方式是提出纠正意见。人民检察院除了自己通过法定方式对强制医疗过程进行检察监督，还有权通过受理被强制医疗的人及其近亲属、法定代理人的控告、举报和申诉，并审查处理的方式，发现强制医疗执行过程中的违法和行为，进而督促纠正。

关联法规索引

《宪法》第129条；《刑事诉讼法》第8条；《人民检察院组织法》第1条；《检察官法》第6条

第六编　附　　则

第三百零八条　【军保部门、监狱的侦查权】军队保卫部门对军队内部发生的刑事案件行使侦查权。

中国海警局履行海上维权执法职责，对海上发生的刑事案件行使侦查权。

对罪犯在监狱内犯罪的案件由监狱进行侦查。

军队保卫部门、中国海警局、监狱办理刑事案件，适用本法的有关规定。

条文解读

本条共有4款，是关于军队保卫部门、中国海警局、监狱对特定案件行使侦查权的规定。其中第2款为2018年《刑事诉讼法》修正后新增。

本条第1款规定了军队保卫部门对军队内部刑事案件行使侦查权。军队是不同于地方或其他部门的特殊的武装集团，军队内部发生的刑事案件及其查处活动有一定的特殊性。军队内部发生的刑事案件由军队保卫部门行使侦查权。军队保卫部门办理案件基本采用属人原则。对军人的侦查由军队保卫部门负责。军队文职人员、非现役工勤人员、在编职工、由军队管理的离退休人员、以及执行军事任务的预备役人员和其他人员都按照军人确定管辖。关于军地互涉案件的管辖分工按国家有关部门的规定执行。

本条第2款是关于中国海警局对海上发生的刑事案件行使侦查权的规定。2013年7月22日，重组后的国家海洋局和中国海警局正式挂牌，中国海警局正式成立。2018年6月22日，为了贯彻落实党的十九大精神，按照党中央批准的《深化党和国家机构改革方案》和《武警部队改革实施方案》决策部署，海警队伍整体划归中国人民武装警察部队领导指挥，调整组建中国人民武装警察部队海警总队，称中国海警局。中国海警局统一履行海上维权执法职责。中国海警局履行海上维权执法职责，包括执行打击海上违法犯罪活动、维护海上治安和安全保卫、海洋资源开发利用、海洋生态环境保护、海洋渔业管理、海上缉私等方面的执法任务，以及协调指导地方海上执法工作。

本条第3款是关于监狱对罪犯在监狱内犯罪的案件行使侦查权的规定。《监狱法》第60条规定，对罪犯在监狱内犯罪的案件，由监狱进行侦查。侦查终结后，写出起诉意见书，连同案卷材料、证据一并移送人民检察院。

本条第 4 款是关于军队保卫部门、中国海警局、监狱办理刑事案件适用本法有关规定的规定。军队保卫部门、中国海警局、监狱办理刑事案件，享有本法规定的侦查刑事案件的职权，同时，应当遵守本法的有关规定，承担相应的法定义务。

关联法规索引

《监狱法》第 60 条；《第十二届全国人民代表大会第一次会议关于国务院机构改革和职能转变方案的决定》；《办理地方和军队互涉刑事案件规定》；《中国人民解放军警备条令》第 23 条、第 69 条

后　记

写作分工：

适用提要　夏　红

第一编

第一章至第六章　毛淑玲

第七章至第九章　单丽雪

第二编

第一章　单丽雪

第二章　夏　红

第三章　单丽雪(第169～176条)、毛淑玲(第177～182条)

第三编

第一章　单丽雪

第二章　夏　红

第三章至第五章　单丽雪

第四编　单丽雪

第五编　夏　红

全书由夏红统稿。

本书在编写过程中，参阅了大量有关《刑事诉讼法》修改的文章、报道和新闻资料，并且很多朋友在第一时间为我们提供了最新相关资讯，在此一并表示感谢。

本书在修订过程中，及时吸纳了近两年来陆续出台的与《刑事诉讼法》相关的解释、规则以及新案例，并在认真研读读者对前一版意见和建议的基础上，进一步深化了对《刑事诉讼法》条文本身的理解和诠释。

特别感谢法律出版社的编辑在本书写作及出版过程中所给予的无私帮助，每次沟通都是愉悦之旅，恰如春天午后的阳光般温暖，如春夜喜雨般滋润。

夏　红

2019年5月26日